Der junge Anwalt Mohandas Karamchand Gandhi (1869–1948) wurde 1897 in Südafrika, wo er gegen die Diskriminierung der Inder kämpfte, von einem Mob weißer Siedler attackiert und konnte nur mit Not entkommen. Der Schock dieses lebensbedrohlichen Angriffs bestärkte ihn in einem politischen Kampf, der für ihn zugleich zu einem Ringen um die richtige Lebensweise wurde. Er legte ein Keuschheitsgelübde ab, nahm nur vegetarische rohe, ungewürzte Speisen zu sich oder fastete, gründete besitzlose Kommunen und entwickelte nicht zuletzt gewaltlose Widerstandsformen gegen Rassendiskriminierung und Kolonialismus, die von Dietrich Bonhoeffer über Martin Luther King bis zu Nelson Mandela politischen Widerstand auf der ganzen Welt inspiriert haben.

Auf dem Höhepunkt des gewaltlosen Widerstandskampfes in Indien begann Gandhi in den 1920er-Jahren, die Geschichte seiner Wahrheitssuche und seines Kampfes gegen die britische Herrschaft aufzuschreiben. Das berühmte Buch, das auf einzigartige Weise Spiritualität mit Politik verknüpft, erscheint hier ungekürzt in einer neuen Übersetzung und mit einer unmittelbaren, frischen Sprache.

Ilija Trojanow ist durch Bestseller wie «Der Weltensammler» und Reisereportagen wie «An den inneren Ufern Indiens» einem großen Publikum bekannt. Er lebte unter anderem in Nairobi, Bombay und Kapstadt und wohnt heute, wenn er nicht reist, in Wien. Für seine Romane und Reportagen wurde er mit zahlreichen Preisen ausgezeichnet.

Susann Urban ist nach dem Studium der Germanistik und Anglistik, vielen lehrreichen Jahren im Buchhandel und anderswo als Übersetzerin tätig, u. a. von John Steinbeck, Nuruddin Farah und Nadifa Mohamed.

Mohandas K. Gandhi

Mein Leben

oder
Die Geschichte meiner
Experimente mit der Wahrheit

*Aus dem Englischen
von Susann Urban*

*Herausgegeben, erläutert und
mit einem Nachwort versehen
von Ilija Trojanow*

C.H.Beck

Dieses Buch erschien zuerst 2019 in gebundener Form im Verlag C.H.Beck.
1. Auflage in C.H.Beck Paperback. 2020

Die vorliegende Übersetzung basiert auf der von Mohandas K. Gandhi
autorisierten englischen Übersetzung seiner Autobiografie mit dem Titel:
«An Autobiography or The Story of My Experiments with Truth.
Translated from the original Gujarati by Mahadev Desai»
Sie berücksichtigt zugleich die kritische Edition von Tridip Suhrup,
die die Abweichungen der englischen Übersetzung vom Original
in Gujarati kenntlich macht (Penguin/Yale University Press, 2018).

Mit einer Karte, © Nils Harm, Heidelberg

2. Auflage in C.H.Beck Paperback. 2026

Für die deutsche Ausgabe:
© Verlag C.H.Beck GmbH & Co. KG, München 2019
Wilhelmstraße 9, 80801 München, info@beck.de
Alle urheberrechtlichen Nutzungsrechte bleiben vorbehalten.
Der Verlag behält sich auch das Recht vor, Vervielfältigungen
dieses Werks zum Zwecke des Text and Data Mining vorzunehmen.
www.chbeck.de
Umschlaggestaltung: Verlag C.H.Beck, München,
nach einem Entwurf von Rothfos & Gabler, Hamburg
Umschlagabbildung: Mahatma Gandhi in Panchgani, Juli 1944,
© akg-images/GandhiServe India
Satz: Fotosatz Amann, Memmingen
Druck und Bindung: Druckerei C.H.Beck, Nördlingen
Printed in Germany
ISBN 978 3 406 75720 4

verantwortungsbewusst produziert
www.chbeck.de/nachhaltig
produktsicherheit.beck.de

Inhalt

Zu dieser Übersetzung 11

Vorwort 13

ERSTER TEIL

1. Geburt und Herkunft 21
2. Kindheit 23
3. Kinderheirat 25
4. Ich mime den Ehemann 28
5. Auf der höheren Schule....................... 31
6. Eine Tragödie 35
7. Eine Tragödie (Fortsetzung).................. 38
8. Diebstahl und Buße 41
9. Tod des Vaters und doppelte Schande 44
10. Erste religiöse Erfahrungen 47
11. Vorbereitungen für England 50
12. Kastenlos 54
13. Endlich in England 56
14. Meine Entscheidung 59
15. In «zivilisierter» Kleidung.................. 62
16. Veränderungen 66
17. Ernährungsexperimente 69
18. Schüchternheit, mein Schutzschild 73
19. Das Gift der Unwahrheit 76
20. Bekanntschaft mit anderen Religionen.......... 79
21. निर्बल के बल राम 83
22. Narayan Hemchandra 85
23. Die große Ausstellung 89

24. Anwaltszulassung – doch was nun? 90
25. Meine Hilflosigkeit 93

ZWEITER TEIL

1. Raychandbhai 99
2. Weltliche Betätigungen 102
3. Mein erster Fall 105
4. Der erste Schock 108
5. Vorbereitung auf Südafrika 110
6. Ankunft in Natal 113
7. Neue Erfahrungen 116
8. Unterwegs nach Pretoria 119
9. Weitere Unannehmlichkeiten 123
10. Erster Tag in Pretoria 127
11. Im Kontakt mit Christen 131
12. Ich suche Umgang mit Indern 134
13. Was es heißt, ein «Kuli» zu sein 137
14. Prozessvorbereitungen 140
15. Religiöse Unruhe 143
16. Wer weiß schon, was morgen ist 146
17. Ich bleibe in Natal 148
18. Der schwarze Kragen 153
19. Der Natal Indian Congress 156
20. Balasundaram 159
21. Die Drei-Pfund-Steuer 162
22. Religionsstudien 165
23. Als Haushaltsvorstand 167
24. Heimwärts 170
25. In Indien 173
26. Zwei Leidenschaften 176
27. Die Versammlung in Bombay 180
28. In Poona 182
29. «Kommen Sie schnell zurück!» 185

DRITTER TEIL

1. Vor dem Sturm 191
2. Der Sturm 193
3. Die Prüfung 196
4. Die Ruhe nach dem Sturm 200
5. Ausbildung der Kinder 203
6. Der Geist des Dienens 206
7. Brahmacharya I 208
8. Brahmacharya II 211
9. Bescheidenheit 215
10. Der Burenkrieg 217
11. Hygienemaßnahmen und Hilfe bei Hungersnot 219
12. Zurück nach Indien 221
13. Wieder in Indien 224
14. Bürogehilfe und Dienstbote 227
15. Auf der Versammlung des Congress 229
16. Lord Curzons Darbar 230
17. Ein Monat mit Gokhale I 232
18. Ein Monat mit Gokhale II 234
19. Ein Monat mit Gokhale III 237
20. In Benares 239
21. Niederlassen in Bombay? 243
22. Glaube auf dem Prüfstand 245
23. Erneut nach Südafrika 248

VIERTER TEIL

1. «Verlorene Liebesmüh»? 253
2. Autokraten aus Asien 255
3. Die bittere Pille schlucken 257
4. Zunehmende Opferbereitschaft 259
5. Ergebnis der Selbstprüfung 261
6. Ein Opfer für den Vegetarismus 263
7. Medizinische Experimente mit Erde und Wasser ... 265
8. Eine Warnung 267
9. Machtgerangel 270

10. Kostbare Erinnerung und Buße 272
11. Enge Kontakte mit Europäern 274
12. Kontakte mit Europäern (Fortsetzung) 277
13. *Indian Opinion* 279
14. Kulisiedlungen oder Ghettos? 282
15. Die Pest I 284
16. Die Pest II 286
17. Die Siedlung in Flammen 289
18. Der Zauber eines Buches 291
19. Das Phoenix Settlement 293
20. Die erste Nacht 295
21. Polak wagt den Schritt 297
22. Wen Gott schützt 299
23. Einblick ins häusliche Leben 302
24. Der «Zulu-Aufstand» 305
25. Herzensprüfung 307
26. Die Geburt von Satyagraha 310
27. Fortsetzung der Ernährungsexperimente 311
28. Eine entschlossene Ehefrau 313
29. Satyagraha im eigenen Haus 316
30. Der Weg zur Selbstdisziplin 318
31. Fasten 320
32. Als Lehrer 323
33. Schulbildung 325
34. Atman-Übungen 327
35. Eine Mischung aus Gut und Böse 329
36. Fasten als Buße 330
37. Zu einem Treffen mit Gokhale 332
38. Meine Rolle im Krieg 334
39. Ein spirituelles Dilemma 336
40. Satyagraha im Kleinen 338
41. Gokhales Mitgefühl 342
42. Wie die Krankheit behandelt wurde 343
43. Abreise 345
44. Erinnerungen an die Zeit als Anwalt 347
45. Ein Verfahrenstrick? 349

46. Aus Mandanten werden Mitarbeiter 351
47. Wie ein Mandant vor dem Gefängnis
    gerettet wurde 352

FÜNFTER TEIL

1. Die erste Erfahrung 357
2. Mit Gokhale in Poona 358
3. War es eine Drohung? 360
4. Shantiniketan 363
5. Nöte der Dritte-Klasse-Passagiere 366
6. Meine Bemühungen 367
7. Kumbh Mela 369
8. Lakshman Jhula 373
9. Ashram-Gründung 376
10. Auf dem Amboss 377
11. Abschaffung des Kontraktsystems 380
12. Der Indigo-Schandfleck 383
13. Der einfache Bihari 386
14. Von Angesicht zu Angesicht mit Ahimsa 388
15. Das Verfahren wird eingestellt 391
16. Arbeitsmethoden 394
17. Gefährten 396
18. Auswirkung auf die Dörfer 399
19. Ein guter Gouverneur 401
20. Unter Arbeitern 402
21. Einblick in den Ashram 404
22. Das Fasten 406
23. Satyagraha in Kheda 409
24. «Der Zwiebeldieb» 411
25. Das Ende von Satyagraha in Kheda 413
26. Drang zur Einheit 415
27. Die Rekrutierungskampagne 417
28. An der Schwelle des Todes 423
29. Der Rowlatt Act und mein moralisches
    Dilemma 427

30. Ein großartiges Ereignis! 430
31. Diese unvergessliche Woche I 433
32. Diese unvergessliche Woche II 438
33. «Eine Himalaya-große Fehleinschätzung» 441
34. *Navajivan* und *Young India* 442
35. Im Punjab 445
36. Das Khilafat gegen den Schutz der Kühe? 448
37. Die Congress-Tagung in Amritsar 452
38. Meine Initiation im Congress 455
39. Die Geburt der Khadi-Bewegung 457
40. Endlich gefunden! 459
41. Ein lehrreiches Gespräch 462
42. Die Nicht-Kooperation ist in vollem Gange 464
43. In Nagpur 467

Abschied 469

ANHANG

Ein Mensch ist größer als ein Heiliger
Das inspirierende, widersprüchliche Leben
des Mohandas K. Gandhi
Von Ilija Trojanow 473

Glossar 497

Karte: Britisch-Indien zur Zeit Gandhis 504

Personenregister 505

Zu dieser Übersetzung

Gandhi hat seine Autobiografie auf Gujarati verfasst und unter dem Titel «Satyana Prayogo Athva Atmakatha» (wörtlich: «Meine Experimente mit der Wahrheit, eine Autobiografie») veröffentlicht. Das Buch erschien zunächst von 1925 bis 1928 in wöchentlichen Fortsetzungen in der Gujarati-Zeitschrift *Navajivan* (Ahmedabad). Eine zweibändige Ausgabe folgte 1927 und 1929. Gandhis langjähriger Mitarbeiter Mahadev Desai übertrug den Text 1940 ins Englische, mit Ausnahme der letzten Kapitel 24 bis 43 im fünften Teil, die von Desais Freund und Kollegen Pyarelal Nair übersetzt wurden. Die von Gandhi autorisierte Übersetzung erschien zuerst in wöchentlichen Fortsetzungen in der von ihm gegründeten Zeitschrift *Young India*.

Die vorliegende Übersetzung ins Deutsche basiert auf dieser englischen Fassung, orientiert sich aber auch an der kritischen Edition der englischen Übersetzung von Tridip Suhrud aus dem Jahr 2018 (Penguin/Yale University Press), die den Text detailliert kommentiert und mit dem Original vergleicht. So ist es möglich, bei wesentlichen Abweichungen der englischen Übersetzung vom Gujarati-Original dem Text der Originalausgabe zu folgen.

Die Schreibweise indischer Namen und Begriffe folgt in der Regel der englischen Form, sofern es keine allgemein übliche eingedeutschte Form gibt. Die englische Übersetzung verwendet die im British Empire üblichen Namen indischer Städte wie Benares oder Bombay. Die deutsche Übersetzung folgt dem, auch wenn die offiziellen Bezeichnungen dieser Städte inzwischen anders lauten.

Die Fußnoten mit Übersetzungen und Nachweisen zu Zitaten stammen von der Übersetzerin. Indische Sachbegriffe werden im Glossar erläutert, wichtige Personen im Personenregister.

Vorwort

Vor vier oder fünf Jahren drängten mich einige meiner engsten Mitarbeiter, meine Autobiografie zu schreiben. Aber kaum war die erste Seite fertig, brachen in Bombay Unruhen aus, und die Arbeit blieb liegen. Ereignis folgte auf Ereignis, und schließlich kam es zu meiner Inhaftierung in Yeravda. Jairamdas Doulatram, einer meiner Mitgefangenen, bat mich, alles andere beiseitezulegen und meine Autobiografie zu beenden. Ich habe bereits ein Studienprogramm für mich zusammengestellt und könne erst im Anschluss daran die Autobiografie fertigschreiben, lautete meine Antwort. Hätte ich das Glück gehabt, meine gesamte Haftstrafe zu verbüßen, dann wäre die Autobiografie fertig geworden, denn das eine Jahr, das ich früher entlassen wurde, hätte dazu ausgereicht. Davor war beim besten Willen keine Zeit gewesen.

Swami Anand hat mich nun ebenfalls dazu gedrängt, und nachdem die Geschichte «Satyagraha in Südafrika» beendet ist, bin ich versucht, die Autobiografie zu schreiben. Der Swami meinte, diese solle als eigenständiges Buch erscheinen. Doch dazu fehlt mir die Zeit. Ich schaffe nur ein Kapitel pro Woche. Auch für *Navajivan* muss wöchentlich etwas geschrieben werden – warum dann also nicht in Form einer Autobiografie? Der Swami war damit einverstanden, und so arbeite ich nun daran.

«Warum möchtest du eine Autobiografie schreiben?», fragte allerdings ein gottesfürchtiger Freund leise am Montag, meinem Schweigetag. «Das ist eigentlich nur typisch für die westliche Welt. Hier im Osten kenne ich niemanden, der eine geschrieben hat. Und was wirst du schreiben? Angenommen, du verwirfst morgen deine Prinzipien von heute oder bewertest deine heutigen Pläne anders, das ist doch irreführend für diejenigen, die sich an deinem geschriebenen Wort orientieren. Wäre es nicht besser, du schreibst keine Autobiografie oder zumindest jetzt noch nicht?»

Dieses Argument brachte mich ins Grübeln. Aber soll es überhaupt eine Autobiografie im klassischen Sinn werden? Ich möchte einfach die

Geschichte meiner zahlreichen Experimente mit der Wahrheit erzählen, und da mein Leben ausschließlich aus diesen Experimenten besteht, wird diese Geschichte unweigerlich die Form einer Autobiografie haben. Ich habe nichts dagegen, wenn auf jeder Seite nur von meinen Experimenten die Rede ist. Ich glaube oder bilde es mir zumindest ein, ein zusammenhängender Bericht sämtlicher Experimente könnte durchaus von Nutzen für den Leser sein. Meine politischen Experimente sind mittlerweile nicht nur in Indien, sondern teilweise auch in der «zivilisierten» Welt bekannt. Für mich haben sie keinen besonderen Wert und der Titel Mahatma, den sie mir eingetragen haben, noch weniger. Der hat mir oft großen Kummer bereitet, und ich kann mich an keinen Augenblick erinnern, an dem er mir Freude gemacht hätte. Auf alle Fälle möchte ich gern von meinen spirituellen Experimenten erzählen, die nur ich kenne und aus denen ich die Kraft für meine politische Arbeit geschöpft habe. Wenn die Experimente tatsächlich spiritueller Natur sind, dann gibt es keinen Grund für Eigenlob, sondern nur für noch größere Demut. Je länger ich meine Vergangenheit reflektiere, desto deutlicher sind mir meine Grenzen bewusst.

Was ich erreichen möchte – worum ich mich nun dreißig Jahre lang eifrig bemüht habe –, ist Selbsterkenntnis, Gott von Angesicht zu Angesicht zu sehen, Moksha zu erlangen. Mit diesem Ziel vor Augen lebe ich, bewege ich mich, bin ich. Alles, was ich sage und schreibe, meine sämtlichen politischen Bemühungen haben diesen Zweck. Da ich schon immer überzeugt war, was einem Einzelnen gelingt, gelingt allen, habe ich meine Experimente nicht heimlich, sondern öffentlich durchgeführt, was in meinen Augen ihrem spirituellen Wert nicht schadet. Manches spielt sich natürlich nur in der eigenen Seele ab, darüber lässt sich nicht schreiben. In meinen Experimenten ist das Spirituelle moralisch, Religion Moral, Moral aus Sicht der Seele Religion.

In diesem Buch wird nur behandelt, was sowohl von Kindern als auch von Älteren verstanden werden kann. Wenn ich diese Fragen abgeklärt und demütig abhandele, können Viele darin Inspiration für ihre weiterführenden Experimente finden. Ich habe keinesfalls den Anspruch, dass diese Experimente vollkommen sind, sondern ich sehe mich eher als Wissenschaftler, der trotz größtmöglicher Präzision, Umsicht und Genauigkeit beim Experimentieren niemals behauptet, seine Ergebnisse seien der Weisheit letzter Schluss, sondern sie weiterhin kritisch betrachtet. Ich habe mich intensiv selbst beobachtet, wieder und wieder hinterfragt, jede psychologische Regung beleuchtet und analysiert. Trotzdem behaupte ich keineswegs, dass meine Schlussfolgerungen allgemeingültig, wahr und unfehlbar sind. Einen Anspruch habe ich jedoch: Mir kommen sie vollkommen richtig und bis auf Weiteres auch endgültig vor. Wäre das nicht der Fall, könnten sie nicht die Grundlage meines Handelns sein. Bei jedem Schritt habe ich das Für und Wider abgewogen und entsprechend gehandelt. Und solange mein Handeln meinen Verstand und mein Herz zufriedenstellt, stehe ich zu meinen ursprünglichen Schlussfolgerungen.

Ginge es mir nur darum, akademische Prinzipien zu erörtern, würde ich bestimmt keine Autobiografie in Angriff nehmen. Weil ich aber einen Bericht über verschiedene praktische Anwendungsmöglichkeiten dieser Prinzipien vorlegen möchte, habe ich dem Vorhaben den übergeordneten Titel «Die Geschichte meiner Experimente mit der Wahrheit» gegeben. Natürlich finden sich darin Experimente mit Gewaltfreiheit, Enthaltsamkeit und anderen Verhaltensmaximen, die normalerweise nicht in Verbindung mit Wahrheit gebracht werden. Für mich ist allerdings Wahrheit das oberste Prinzip, das viele andere Prinzipien einschließt. Diese Wahrheit bedeutet nicht nur Ehrlichkeit in Wort und Denken, es geht dabei nicht nur um die relative Wahrheit, wie wir sie verstehen, sondern um die Absolute Wahrheit, das Ewige Prinzip – Gott. Von Gott existieren zahllose Definitionen, denn Seine Erscheinungsformen sind mannigfaltig. Sie lassen mich ehrfürchtig, manchmal geradezu überwältigt staunen. Ich verehre Gott als einzige Wahrheit, nur Er ist wahr, alles andere ist irreal. Gefunden habe ich Ihn noch nicht, aber ich bin auf der Suche nach Ihm. Ich bin bereit, bei dieser Suche alles zu opfern, was mir lieb ist. Sogar mein eigenes Leben. Zumindest hoffe ich, dass ich dazu bereit bin. Doch solange ich diese Absolute Wahrheit nicht erkannt habe, muss ich mich an die relative Wahrheit halten, wie ich sie verstehe. Einstweilen muss mir diese relative Wahrheit Leitstern, Schirm und Schild sein. Auch wenn dieser Pfad schmal ist, immer haarscharf am Abgrund entlang, für mich war er der schnellste und einfachste. Sogar meine schrecklichsten Fehler kommen mir klein vor, eben weil ich strikt auf diesem Pfad geblieben bin. Dieser Pfad hat mich vor Kummer bewahrt, und ich bin ihn immer weitergegangen – geleitet von meinem Licht. Häufig habe ich dabei das Fünkchen der Absoluten Wahrheit, Gott, gesehen, und täglich wächst in mir die Überzeugung, nur Er ist wirklich, alles andere ist unwirklich. Die Leser mögen meinen Weg zu dieser Überzeugung hier nachvollziehen, sich meinen Experimenten anschließen und vielleicht auch meiner Überzeugung.

Mittlerweile bin ich zudem überzeugt, dass alles, was mir möglich ist, sogar einem Kind möglich ist. Dafür habe ich gute Gründe. Die Mittel für die Suche nach der Wahrheit sind so einfach wie komplex. Einem arroganten Menschen kommen sie wahrscheinlich unmöglich, einem unschuldigen Kind jedoch sehr möglich vor. Der Wahrheitssuchende sollte demütiger sein als Staub. Die Welt zertritt den Staub, aber der Wahrheitssuchende sollte so demütig sein, dass ihn sogar der Staub zertreten kann. Nur dann, erst dann, sieht er ein Fünkchen Wahrheit. Dies macht das Gespräch zwischen Vasishtha und Vishvamitra überdeutlich. Auch Christentum und Islam bestätigen das zur Genüge.

Sollte auf diesen Seiten Stolz durchklingen, kann der Leser davon ausgehen, dass mit meiner Suche etwas falschläuft und die Fünkchen, die ich gesehen habe, lediglich Illusion sind. Hunderte wie ich mögen untergehen, doch die Wahrheit soll siegen. Wenn es um die Beurteilung von Alpatmas* geht, von kleinen Seelen wie mich, die sich irren und täuschen, darf der Maßstab der Wahrheit nicht einmal um eine Haaresbreite verändert werden.

Ich hoffe und bete, dass niemand die in den folgenden Kapiteln eingefügten Ratschläge als verbindlich ansieht. Die aufgeführten Experimente sollen als Beispiele dienen, vor deren Hintergrund jeder seine eigenen Experimente durchführen kann, je nach Neigung und Belastbarkeit. Für diesen Zweck sind die autobiografischen Beispiele hoffentlich nützlich, denn ich werde nichts Erwähnenswertes verschweigen oder herunterspielen. Der Leser soll von all meinen Fehlern und Irrtümern erfahren. Ich habe die Absicht, Experimente im Licht von Satyagraha zu beschreiben, es geht nicht darum, dass ich gut dastehe. Ich versuche, mich selbst so unerbittlich zu beurteilen wie die Wahrheit – etwas, was ich mir von

---

* «Alpatma», kleine Seele, ist das Gegenteil von «Mahatma», große Seele.

anderen auch wünsche. Angesichts dieses an mich angelegten Maßstabs möchte ich mit Surdas ausrufen:

> Welche Kreatur ist
> So böse und abscheulich wie ich?
> Meinen Schöpfer habe ich verlassen,
> Treulos wie ich gewesen bin.

Denn es quält mich weiterhin, dass ich Ihm immer noch so fern bin, Ihm, der, wie ich genau weiß, jeden Atemzug meines Lebens bestimmt, der mich mit Salz versorgt. Es sind meine schlechten Leidenschaften, die mich von Ihm fernhalten, und trotzdem kann ich sie nicht abschütteln. Aber jetzt schließe ich, denn in der Einführung sollte nicht von Experimenten die Rede sein. Die eigentliche Geschichte beginnt im nächsten Kapitel.

Sabarmati-Ashram
Magsar Sud 11, 1982 (26. November 1925)

M. K. Gandhi

ERSTER TEIL

1. Geburt und Herkunft

Die Gandhis gehören der Bania-Kaste an und waren ursprünglich wohl Händler. Seit drei Generationen allerdings, angefangen mit meinem Großvater, stellten sie in verschiedenen Kathiawad-Staaten den Premierminister. Mein Großvater, Uttamchand Gandhi, kurz Ota Gandhi, war offenbar ein Mann mit Prinzipien. Aufgrund politischer Intrigen musste er Porbandar verlassen, wo er Diwan war, und nach Junagadh flüchten. Dort grüßte er den Nawab mit der linken Hand. Ein Anwesender, dem die vermeintliche Unhöflichkeit aufgefallen war, verlangte eine Erklärung, die wie folgt lautete: «Meine rechte Hand ist bereits Porbandar verpflichtet.»

Nach dem Tod seiner ersten Frau heiratete Ota Gandhi ein zweites Mal. Von seiner ersten Frau hatte er vier Söhne, von der zweiten zwei. Soweit ich mich erinnere, war mir als Kind nie bewusst, dass Ota Gandhis Söhne nicht alle dieselbe Mutter hatten. Der fünfte Sohn hieß Karamchand Gandhi, kurz Kaba Gandhi, der sechste Tulsidas Gandhi. Nacheinander waren beide Brüder Premierminister von Porbandar. Kaba Gandhi war mein Vater. Nachdem er nicht mehr Premierminister war, gehörte er dem mittlerweile nicht mehr existierenden Rajasthanik Court an, einer damals sehr einflussreichen Institution, zuständig für die Schlichtung der Streitigkeiten zwischen Familienoberhäuptern und deren Angehörigen. Eine Zeitlang war mein Vater Premierminister von Rajkot, anschließend von Vankaner. Zum Zeitpunkt seines Todes bezog er eine Rente vom Staat Rajkot.

Kaba Gandhi heiratete nacheinander viermal, denn seine Frauen starben eine nach der anderen. Aus der ersten Ehe stammten zwei Töchter. Putlibai, seine letzte Frau, bekam eine Tochter und drei Söhne, der jüngste bin ich.

Mein Vater liebte seine Familie, war wahrheitsliebend, unerschrocken und großzügig, aber auch aufbrausend. Der Fleischeslust war er wohl nicht abgeneigt, denn als er zum vierten Mal heiratete, war er bereits über vierzig. Er war unbestechlich und galt, sowohl zu Hause als auch außerhalb der Familie, als absolut unparteiisch. Seine Loyalität gegenüber dem Staat war allgemein bekannt. Als sich ein Vize-Regierungsvertreter beleidigend über den Thakore Saheb von Rajkot ausließ, ergriff er umgehend Partei für seinen Vorgesetzten. Woraufhin der Regierungsvertreter wütend eine Entschuldigung verlangte, Kaba Gandhi sich weigerte und mehrere Stunden im Gefängnis verbrachte. Als der Regierungsvertreter feststellen musste, dass Kaba Gandhi nicht von seinem Standpunkt abrückte, ordnete er seine Freilassung an.

Mein Vater hatte nie den Ehrgeiz gehabt, Reichtum anzuhäufen, und hinterließ uns Brüdern nur wenig.

Seine gesamte Bildung bestand aus seinem großen Erfahrungsschatz. Mit viel Wohlwollen hätte man ihm den Wissensstand eines Fünftklässlers in einer Gujarati-Schule zugebilligt. Von Geschichte und Geografie hatte er keine Ahnung. Aber seine große Lebenserfahrung half ihm bei den vertracktesten Problemen und bei der Führung Tausender Menschen. Auch seine religiöse Bildung war spärlich, doch er hatte wie viele Hindus jene religiöse Kultur, die durch häufige Tempelbesuche und religiöse Vorträge erworben wird. Am Ende seines Lebens begann er auf Drängen eines Familienfreundes, eines gelehrten Brahmanen, die Bhagavad Gita zu lesen, und jeden Tag rezitierte er laut als Gottesdienst einige Verse daraus.

Wenn ich an meine Mutter denke, fällt mir als Allererstes ihre Frömmigkeit ein, sie war zutiefst gläubig. Nie hätte sie gegessen, ohne vorher ein Gebet zu sprechen. Der Gang zum Tempel gehörte für sie zu ihren täglichen Pflichten. Soweit mich meine Erinnerung trägt, fastete sie immer während Chaturmas. Sie erlegte sich die härtesten Gelübde auf, hielt sie unverbrüchlich ein, selbst Krankheit war keine Ausrede. Einmal wurde sie während eines Chandrayana-Gelübdes krank, hielt aber unbeirrbar an der Einhaltung der vorgeschriebenen Fastenregel fest. Zwei- oder dreimal nacheinander zu fasten war für sie ein Leichtes. Während Chaturmas nahm sie täglich nur eine Mahlzeit zu sich, einmal war sie selbst damit nicht zufrieden und aß nur jeden zweiten Tag. Bei einem anderen Chaturmas gelobte sie, erst zu essen, wenn sie die Sonne sehen konnte. An diesen Tagen starrten wir Kinder erwartungsvoll zum Himmel, bis wir unserer Mutter mitteilen konnten, dass die Sonne endlich da war. Bekanntlich zeigt sich während der Regenzeit die Sonne oftmals den ganzen Tag nicht, und ich weiß noch, wie wir, als wir die Sonne sahen, schrien: «Ba, Ba, man kann die Sonne sehen», worauf Ba herausgerannt kam, aber mittlerweile hatte sich die Sonne bereits wieder verzogen. «Das macht nichts», meinte sie dann gutgelaunt, «Gott möchte nicht, dass ich heute esse.» Und widmete sich wieder ihren Pflichten.

Meine Mutter hatte einen äußerst gesunden Menschenverstand, war in allen Angelegenheiten des Rajasthanik Court gut informiert, und die Hofdamen schätzten ihre Klugheit. Als Kind durfte ich sie oft begleiten, und ich kann mich noch gut an viele lebhafte Diskussionen erinnern, die sie mit der verwitweten Mutter des Thakore Saheb führte. Als Sohn dieser Eltern wurde ich in Porbandar, auch als Sudamapuri bekannt, am 2. Oktober 1869 geboren. Dort verbrachte ich meine Kindheit, dort wurde ich eingeschult und haderte mit dem Einmaleins. Meine Erinnerungen an diese Zeit beschränken sich darauf, wie ich gemeinsam mit anderen Jungen unseren Lehrer verspottete, was den Schluss zulässt, dass mein Verstand und mein Gedächtnis damals so halbgar waren wie das *papad* in dem Vers, den wir Jungs trällerten: «Eins ist eins, back *papad*, das *papad* ist noch roh ... ist mein ...!» Die erste Auslassung steht für den Namen des Lehrers, den ich hier nicht verewigen möchte, die zweite für eine Beschimpfung, die ich absichtlich auslasse.

2. Kindheit

Ich war ungefähr sieben, als mein Vater Mitglied des Rajasthanik Court in Rajkot wurde. Dort steckte man mich in die Gujarati-Grundschule, und da lässt mich mein Gedächtnis nicht mehr im Stich, ich erinnere mich an die Namen und Eigenheiten meiner Lehrer. Wie in Porbandar sind auch hier meine Lernerfolge nicht der Rede wert. Mehr als ein durchschnittlicher Schüler war ich wohl nicht. Von dieser Dorfschule wechselte ich auf eine Vorstadtschule, anschließend besuchte ich, da war ich schon zwölf, eine höhere Schule. Ich kann mich nicht erinnern, dass ich während dieses kurzen Zeitraums jemals jemanden belogen hätte, weder meine Lehrer noch meine Klassenkameraden, denn ich war sehr schüchtern und blieb für mich, konzentrierte mich ganz auf meine Bücher und den Unterricht. Tagtäglich lief ich pünktlich mit der Schulglocke ins Gebäude und rannte heim, sobald die Schule aus war. Rennen ist wortwörtlich zu nehmen, denn ich wollte mit niemandem auch nur ein Wort wechseln. Ich hatte Angst, man könnte sich über mich lustig machen.

Ein Vorfall, der sich während der Prüfungen im ersten Jahr ereignete, ist erwähnenswert. Mr. Giles, der Schulinspektor, war zu einem Kontrollbesuch gekommen und stellte uns Sechstklässlern eine Orthografieaufgabe. Diese bestand aus fünf Wörtern, eins davon war *kettle* (Kessel). Ich hatte es falsch geschrieben, und der Lehrer versuchte mich mit einem Stups seiner Stiefelspitze darauf aufmerksam zu machen. Aber ich reagierte nicht, weil ich nicht kapierte, dass er mich aufforderte, ich sollte die korrekte Form von der Tafel meines Nachbarn abschauen. Ich glaubte, der Lehrer sei da, um uns vom Abschreiben abzuhalten. Mit dem Ergebnis, dass bis auf mich alle Jungen sämtliche Wörter richtig geschrieben hatten. Nur ich war zu dumm gewesen. Später versuchte der Lehrer erfolglos, mir meine Dummheit klarzumachen. Die «Kunst» des Abschreibens habe ich nie beherrscht.

Trotzdem kratzte dieser Vorfall keineswegs am Respekt, den ich für meinen Lehrer hegte. Ich war von Natur aus blind für die Fehler von Respektspersonen. Später lernte ich viele weitere Schwächen dieses Lehrers kennen, doch an meiner Achtung für ihn änderte das nichts. Denn ich hatte gelernt, die Anweisungen von Respektspersonen zu befolgen, ihre Handlungen jedoch nicht kritisch zu hinterfragen.

Zwei weitere Vorkommnisse aus derselben Zeit haben sich für immer in meinem Gedächtnis eingeprägt. Außer in meinen Schulbüchern las ich nicht gern. Die täglichen Aufgaben mussten gemacht werden, denn ich wollte von meinem Lehrer genauso wenig gerügt werden wie ihn hinters Licht führen. Daher erledigte ich sie, war aber oft mit den Gedanken woanders. Wenn schon die Aufgaben schludrig erledigt wurden, war natürlich nicht daran zu denken, dass ich darüber hinaus etwas las. Doch zufällig fiel mein Blick auf ein Buch, das mein Vater gekauft hatte. Es war «Shravana Pitribhakti Nataka» (ein Drama über Shravanas hingebungsvolle Liebe zu seinen Eltern), das ich mit größtem Interesse las. Ungefähr zur selben Zeit kamen Schausteller in unseren Ort. Auf einem ihrer Bilder hatte Shravana Schlingen an seinen Schultern befestigt, mit deren Hilfe er seine Eltern zu Pilgerorten trug. Buch und Bild prägten sich mir unauslöschlich ein. «Dieses Beispiel solltest du nachahmen», sagte ich zu mir. Die wehklagenden Eltern, die ihren toten Sohn betrauern, sind mir immer noch lebhaft im Gedächtnis. Ich spielte die anrührende Melodie auf einer Ziehharmonika nach, die mein Vater mir gekauft hatte und auf der ich sehr gern spielte.

Ähnlich ging es mir mit einem anderen Drama. Ungefähr um diese Zeit hatte mein Vater mir erlaubt, ein Schauspiel anzuschauen, das von einer Theatertruppe aufgeführt wurde. «Harishchandra» eroberte mein Herz, ich hätte es gar nicht oft genug sehen können. Aber wie oft würde ich die Erlaubnis dazu bekommen? Es ging mir nicht mehr aus dem Sinn, daher habe ich «Harishchandra» hunderte Male für mich selbst aufgeführt. «Warum können nicht alle so ehrlich wie Harishchandra sein?», fragte ich mich immer wieder. Der Wahrheit zu folgen und alle Prüfungen Harishchandras zu bestehen, wurde auch zu meinem Ideal. Ich glaubte Harishchandras Geschichte Wort für Wort, und oft musste ich deswegen weinen. Heute sagt mir mein gesunder Menschenverstand, Harishchandra kann keine historische Persönlichkeit gewesen sein. Trotzdem sind Harishchandra und Shravana für mich lebendige Wesen, und bestimmt wäre ich, würde ich diese Stücke heute noch einmal lesen, genauso berührt wie damals.

3. Kinderheirat

So ungern ich dieses Kapitel schreibe, ist mir doch klar, dass ich bei der Schilderung meines Lebens noch viele solcher bittern Pillen schlucken muss. Wenn ich der Wahrheit treu bleiben will, geht es nicht anders. Es ist meine schmerzliche Pflicht, von meiner Hochzeit zu berichten, die stattfand, als ich dreizehn war. Wenn ich mir die zwölf-, dreizehnjährigen Kinder ansehe, die unter meiner Obhut stehen, und an meine eigene Eheschließung denke, tue ich mir fast leid und möchte sie beglückwünschen, dass ihnen mein Schicksal erspart bleibt. Mir fällt nichts ein, womit es sich rechtfertigen ließe, dass ich mit dreizehn Jahren verheiratet wurde.

Damit man mich recht versteht: Ich wurde verheiratet, nicht verlobt. In Kathiawad sind Verlobung und Heirat zwei völlig verschiedene Riten. Verlobung ist die vorläufige, nicht absolut bindende Vereinbarung zwischen den Eltern des Jungen und des Mädchens, die beiden zu verheiraten. Stirbt der Junge, wird das Mädchen nicht zur Witwe. Es handelt sich um eine Übereinkunft ausschließlich zwischen den Eltern, die Kinder haben nichts damit zu tun, werden häufig nicht einmal darüber informiert. Ich wurde dreimal ohne mein Wissen verlobt. Die Eheschließung hingegen erfordert die Anwesenheit von Braut und Bräutigam. Man erzählte mir, zwei der für mich ausgewählten Mädchen seien nacheinander gestorben, daraus schließe ich, dass ich dreimal verlobt war. Dunkel erinnere ich mich, dass ich als Siebenjähriger zum dritten Mal verlobt wurde, allerdings nicht daran, dass man mir das mitgeteilt hätte. In diesem Kapitel berichte ich von meiner Hochzeit und Ehe, an die ich mich sehr deutlich entsinne.

Wir waren, wie erwähnt, drei Brüder. Der erste war bereits verheiratet. Die Familienältesten beschlossen, meinen zweiten Bruder, der zwei, drei Jahre älter war als ich, einen ungefähr ein Jahr älteren Cousin und mich gleichzeitig zu verheiraten. Ob uns das gefiel, spielte keine Rolle. Unsere Familie hatte einzig praktische und wirtschaftliche Erwägungen im Sinn. Eine Heirat ist bei Hindus keine schlichte Angelegenheit. Oftmals ruinieren sich dafür die Eltern von Braut und Bräutigam. Vermögen und Zeit werden verschwendet, Monate vergehen über den Vorbereitungen – Kleidung und Dekorationen werden angefertigt, die Festessen für die Gemeinschaft müssen geplant werden. Beide Parteien versuchen, einander hinsichtlich Anzahl und Vielfalt der Gerichte zu übertreffen. Die Frauen, ob sie nun eine schöne Stimme haben oder nicht, singen sich heiser, manche sogar krank und stören die Ruhe der Nachbarn, die ihrerseits Trubel und Lärm, Schmutz und Dreck, den solche Feiern machen, geduldig hinnehmen, weil sie wissen, irgendwann wird sich bei ihnen Ähnliches abspielen.

War es nicht besser, diesen ganzen Aufwand nur ein-, statt dreimal zu betreiben? Das käme billiger, und die Verheiratung selbst stünde im Mittelpunkt? Man konnte großzügiger mit dem Geld umgehen, wenn drei Hochzeiten auf einmal stattfanden. Mein Vater und mein Onkel waren beide alt, und wir waren die letzten Kinder, die sie verheiraten mussten. Wahrscheinlich wollten sie sich ein letztes Mal in ihrem Leben nochmals so richtig amüsieren. Aufgrund all dieser Überlegungen entschloss man sich zu einer Dreifachhochzeit, für deren Vorbereitung, wie schon erwähnt, Monate vergingen.

Kinderheirat 27

Nur durch diese Vorbereitungen bekamen wir Kinder mit, dass Hochzeiten geplant waren. Wahrscheinlich bedeutete es für mich nicht mehr als schöne Kleidung, Trommelmusik, Hochzeitszüge, Festessen und ein unbekanntes Mädchen als Spielgefährtin. Die Sinneslust kam später. Ich schlage vor, wir breiten den Mantel des Schweigens darüber und beschränken uns auf ein paar erwähnenswerte Details, zu denen ich später komme. Doch selbst diese haben so gut wie nichts mit der Kernidee zu tun, die ich beim Niederschreiben dieser Autobiografie verfolge.

Mein Bruder und ich wurden von Rajkot nach Porbandar gebracht. Es wären einige amüsante Kleinigkeiten aus der Vorbereitungsphase zum großen Finale zu erzählen, zum Beispiel, dass wir von Kopf bis Fuß mit Kurkuma beschmiert wurden, aber die lasse ich aus.

Mein Vater war zwar Diwan, aber trotzdem in untergeordneter Stellung, er stand als Favorit des Herrschers Thakore Saheb noch mehr in der Pflicht. Ich könnte erzählen, wie es dazu kam, will aber die Neugier des Lesers nicht wecken. Allerdings ließ der Saheb für meinen Vater besondere Postkutschen bereitstellen, so dass sich die Reise um zwei Tage verkürzt hätte. Das Schicksal wollte es jedoch anders. Porbandar liegt hundertzwanzig Meilen oder eine fünftägige Wagenfahrt von Rajkot entfernt. Mein Vater schaffte die Strecke in drei Tagen, doch bei der dritten Etappe stürzte die Kutsche um, und er verletzte sich schwer. Über und über in Verbände gewickelt, traf er ein. Sowohl ihm als auch uns war die Freude am bevorstehenden Ereignis ziemlich verleidet, aber die Zeremonie musste durchgezogen werden, denn der Hochzeitstermin ließ sich nicht mehr verschieben. Jedenfalls vergaß ich in meiner kindlichen Begeisterung für die Hochzeit den Kummer über die väterlichen Blessuren.

Ich war meinem Vater ergeben. Aber war ich meinen Leidenschaften weniger ergeben? Mit Leidenschaften meine ich nicht nur sexuelles Verlangen, sondern alle Gelüste. Ich musste erst noch lernen, dass man Glück und Vergnügen zugunsten dienstbarer Ergebenheit den eigenen Eltern gegenüber opfern sollte. Und trotzdem ereignete sich, wie als Strafe für meine Vergnügungssucht, ein Vorfall, der mir seitdem zu schaffen macht. «Verzicht auf den Gegenstand der Begierde ohne Verzicht auf Begierde an sich ist kurzlebig, mag man sich noch so sehr bemühen», singt Nishkulanand. Sooft ich dieses Lied singe oder höre, kommt mir dieser unselige Vorfall in den Sinn und ich schäme mich.

Trotz seiner Verletzungen ließ sich mein Vater nichts anmerken und nahm an der Hochzeitsfeier von Anfang bis Ende teil. Noch heute sehe ich vor meinem geistigen Auge, wo er saß, als er die Zeremonie durchführte. Damals hätte ich mir nicht träumen lassen, dass ich meinen Vater später einmal scharf kritisieren würde, weil er mich als Kind verheiratete. An diesem Tag kam mir alles richtig und schön vor. Zudem wollte ich unbedingt heiraten, und weil für mich damals das, was mein Vater tat, richtig und gut war, ist alles in meinem Gedächtnis noch ganz frisch. Noch heute sehe ich vor mir, wie wir auf unserem Hochzeitspodest saßen, wie wir die *saptapadi* ausführten, uns als Neuverheiratete gegenseitig süßen *kansar* in den Mund schoben und zusammenzuleben begannen. Und ach, die erste Nacht. Zwei unschuldige Kinder warfen sich völlig ahnungslos hinein ins Meer des Lebens. Die Frau meines Bruders hatte mich gründlich darauf vorbereitet, wie ich mich in der ersten Nacht zu verhalten hatte. Ich kann mich nicht entsinnen, dass ich meine Frau gefragt hätte, wer sie vorbereitet hatte. Ich habe sie nie gefragt und habe das auch nicht vor. Dem Leser sei gesagt, ich erinnere mich vage daran, dass wir beide Angst voreinander hatten, uns nicht in die Augen sehen konnten. Viel zu schüchtern waren wir überdies. Wie sollte ich mit ihr reden und was? Die erfolgte Aufklärung brachte mich da nicht sehr viel weiter. Aber ist Aufklärung wirklich nötig? Die Eindrücke aus dem vorigen Leben sind so stark, dass jede Vorbereitung überflüssig ist. Nach und nach kamen wir uns näher und lernten, uns unbefangen zu unterhalten. Wir waren gleichaltrig, aber ich mimte sofort den Ehemann.

4. Ich mime den Ehemann

Ungefähr zu der Zeit, als ich verheiratet wurde, kamen kleine Broschüren heraus, die ein Pice oder einen Pie kosteten (ich weiß es nicht mehr genau), darin ging es um eheliche Liebe, Sparsamkeit, Kinderehe und Ähnliches. Wann immer ich eine davon in die Finger bekam, las ich sie von hinten bis vorn durch und vergaß normalerweise, was mir nicht gefiel, und setzte, was mir gefiel, in die Praxis um. Die lebenslange Treue, die einem in diesen Büchlein als Ehemannspflicht eingebläut wurde, prägte sich mir für immer ein. Außerdem hegte ich eine Leidenschaft für die Wahrheit, daher kam es nicht in Frage, meine Frau zu betrügen. Ich hatte auch verstanden, dass man mit keiner anderen Frau eine Beziehung haben darf. Wozu es in diesem zarten Alter für mich ohnehin so gut wie keine Gelegenheit gab.

Diese positiven Gedanken hatten aber auch eine negative Wirkung. «Wenn ich das Gelübde ablege, meiner Frau treu zu sein, sollte sie das umgekehrt auch tun», sagte ich mir. Dieser Gedanke machte mich zum eifersüchtigen Ehemann. Ich leitete daraus ab, dass ich sehr genau beobachten sollte, ob meine Frau dieses Gelübde auch einhielt. Es gab überhaupt keinen Grund, meine Frau der Untreue zu verdächtigen, aber Eifersucht braucht keinen Grund. Ständig musste ich wissen, was sie tat, und daher durfte sie nirgendwo ohne meine Erlaubnis hingehen. Das führte zu einer erbitterten Auseinandersetzung zwischen uns. Diese Beschränkung war praktisch eine Art Haft. Und Kasturba nicht der Typ Mädchen, der sich das gefallen ließ. So verließ sie das Haus, wann sie wollte, und ging, wohin sie wollte, ohne dass sie mich um Erlaubnis fragte. Je mehr Verbote ich aussprach, desto größere Freiheiten nahm sie sich heraus, desto verärgerter wurde ich. Dass wir nicht miteinander sprachen, war bei uns verheirateten Kindern geradezu an der Tagesordnung. Wie hätte ein unschuldiges Mädchen es sich gefallen lassen können, dass sie weder in den Tempel gehen noch Freundinnen besuchen durfte? Wenn ich sie in ihren Rechten einschränken konnte, konnte sie das umgekehrt nicht auch? Heute ist mir das klar. Doch damals wollte ich unbedingt meine Autorität als Ehemann geltend machen.

Man sollte jetzt allerdings nicht denken, dass wir ständig erbittert stritten, denn meine Strenge beruhte ja auf Liebe. Ich wollte aus meiner Frau die ideale Ehefrau machen. Sie sollte ein reines Leben führen, lernen, was ich lernte. Mein Wunsch war, dass wir ganz miteinander verschmolzen.

Ob Kasturba diesen Wunsch ebenfalls hatte, weiß ich nicht. Sie war Analphabetin, von Natur aus schlicht, eigenständig, beharrlich und, zumindest mir gegenüber, zurückhaltend. Ihre Unwissenheit störte sie nicht, und ich kann mich nicht entsinnen, dass mein Lernen sie jemals zu einem ähnlichen Abenteuer angespornt hätte. Vermutlich stand ich mit meinem Wunsch allein da. Meine Leidenschaft konzentrierte sich ganz auf diese eine Frau, und ich wollte Erwiderung. Doch auch ohne Gegenseitigkeit war nicht alles ein einziges Elend, denn zumindest eine Seite liebte.

Ich muss gestehen, ich war leidenschaftlich verliebt in sie. Sogar in der Schule ging sie mir nicht aus dem Sinn, und der Gedanke, dass wir nach Einbruch der Dunkelheit zusammen sein würden, ließ mich nicht los. Trennung war unerträglich. Bis spät in die Nacht hielt ich sie mit süßem, kindischem Geplapper wach. Wenn neben dieser verzehrenden Leidenschaft in mir nicht ein brennendes Pflichtbewusstsein gewohnt hätte, wäre ich entweder Krankheit und vorzeitigem Tod zum Opfer gefallen oder apathisch geworden. Doch jeden Morgen mussten bestimmte Aufgaben erledigt werden, und jemanden zu belügen kam nicht in Frage. Mein Pflichtbewusstsein bewahrte mich vor so manchem Fallstrick.

Wie bereits gesagt, war Kasturba Analphabetin. Ich wollte ihr unbedingt lesen und schreiben beibringen, aber meine Liebeslust kam mir dabei oft in die Quere. Zum einen fand der Unterricht gegen ihren Willen statt, zudem noch abends. Ich wagte es nicht, sie in Anwesenheit der Familienältesten anzusehen, geschweige denn, mit ihr zu reden. In Kathiawad war damals und bis zu einem gewissen Grad auch heute noch eine eigene, sinnlose und barbarische Purdah-Praxis normal. Kein geeignetes Lernumfeld also, daher waren in unserer Jugend die meisten meiner Unterrichtsbemühungen erfolglos. Und wenn ich nach der Liebe aufwachte, gehörte ich wieder dem öffentlichen Leben, das mir kaum freie Zeit ließ. Mein Versuch, sie von Privatlehrern unterrichten zu lassen, war ebenfalls nicht sehr erfolgreich. Daher kann Kasturba heute nur mit Mühe einfache Briefe schreiben und einfaches Gujarati lesen. Wäre meine Liebe für sie ganz und gar ohne sinnliche Begierde gewesen, wäre sie heute bestimmt eine gebildete Dame, denn damals hätte ich ihre Abneigung gegen das Lernen überwinden können. Für reine Liebe ist alles möglich.

Einen Faktor habe ich ja schon erwähnt, der mich mehr oder weniger vor den katastrophalen Folgen der körperlichen Liebe bewahrt hat, und es gibt noch einen weiteren. Etliche Beispiele haben mich überzeugt, dass Gott diejenigen rettet, die reine Motive haben. Neben dem grauenvollen Brauch der Kinderehe gibt es in der Hindu-Gesellschaft einen anderen, der diesen ein Stück weit auffängt. Die Eltern erlauben es den jungen Paaren nicht, lange zusammenzubleiben. Die kindliche Ehefrau verbringt mehr als die Hälfte ihrer Zeit im väterlichen Haushalt, so auch bei uns. Von dreizehn bis achtzehn können wir also nicht mehr als insgesamt drei Jahre gemeinsam verbracht haben. Kaum waren wir sechs bis acht Monate zusammen, da wurde meine Frau von ihren Eltern zurückbeordert, was uns damals sehr unrecht war, aber uns beide rettete. Mit achtzehn ging ich nach England, und das bedeutete eine lange, gesunde Trennungsphase. Sogar nach meiner Rückkehr lebten wir kaum länger als sechs Monate zusammen, denn ich pendelte zwischen Rajkot und Bombay hin und her. Dann kam die Entsendung nach Südafrika, doch zu diesem Zeitpunkt hatte ich schon eine ziemliche Selbstbeherrschung erlangt.

5. Auf der höheren Schule

Wie bereits erwähnt, ging ich, als ich verheiratet wurde, noch auf die höhere Schule. Wir drei Brüder besuchten dieselbe Schule. Mein ältester Bruder war mehrere Klassen über mir, der Bruder, der gleichzeitig mit mir verheiratet wurde, nur eine. Beide hatten wir durch die Hochzeit ein Jahr verloren, für meinen Bruder kam es noch schlimmer, er verließ die Schule nach der Hochzeit schließlich ganz. Weiß der Himmel, wie viele Jugendliche das gleiche Schicksal erleiden. Erst in unserer jetzigen Hindu-Gesellschaft lassen sich Ausbildung und Ehe miteinander vereinbaren.

Ich ging weiterhin auf die Schule, wo man mich nicht für einen Dummkopf hielt und meine Lehrer mich mochten. Alljährlich bekamen die Eltern Berichte über Lernfortschritte und Charakterentwicklung, und meine waren nie schlecht. Tatsächlich gewann ich zum Abschluss der zweiten Klasse sogar Preise. In der fünften und sechsten bekam ich Stipendien in Höhe von vier resp. zehn Rupien, die ich eher meinem Glück als meinen Leistungen verdankte. Diese Stipendien wurden nämlich nur an die besten Schüler vergeben, die aus dem Kathiawad-Sorath-Bezirk kamen. Damals stammten in einer vierzig- bis fünfzigköpfigen Klasse nicht viele Jungen aus Sorath.

Soweit ich mich entsinne, war ich von meinen geistigen Fähigkeiten nicht allzu überzeugt, sondern jedes Mal überrascht, wenn ich Preise und Stipendien bekam. Meinen Charakter hütete ich jedoch sorgfältig, jeder Makel trieb mir die Tränen in die Augen. Wenn ich einen Tadel verdiente, zumindest in den Augen des Lehrers, war das für mich unerträglich. Einmal setzte es eine Prügelstrafe, die mir an sich nicht viel ausmachte, aber dass sie als verdient betrachtet wurde, sehr wohl. Ich weinte herzzerreißend. Damals war ich in der ersten oder zweiten Klasse; ein ähnlicher Vorfall ereignete sich, als ich in der siebten war. Unser Rektor hieß Dorabji Edulji Gimi; er war bei den Schülern beliebt, denn er war zwar ein strenger, aber gerechter und guter Lehrer. Er machte für die Schüler der oberen Klassen Turnen und Kricket obligatorisch. Ich mochte beides nicht. Bevor sie Pflichtfächer geworden waren, hatte ich nie an Turnübungen, Kricket- oder Fußballspielen teilgenommen. Meine Schüchternheit war einer der Gründe für mein Fernbleiben, was ich heute für einen Fehler halte. Damals war ich der irrigen Meinung, Sport habe nichts mit Bildung zu tun. Heute weiß ich, körperlichen Übungen sollte im Lehrplan genauso viel Platz eingeräumt werden wie geistigen.

Der fehlende Sport hat mir allerdings nicht geschadet, denn ich hatte verschiedentlich gelesen, wie gesund lange Spaziergänge im Freien seien. Und da mir dieser Rat gefiel, gewöhnte ich mir zu der Zeit, als ich die oberen Klassen der weiterführenden Schule besuchte, an, viel zu Fuß zu gehen, was ich auch heute noch tue. Diesen Spaziergängen verdanke ich meine robuste Konstitution.

Ein weiterer Grund für meine Abneigung gegen den Schulsport war mein inniger Wunsch, meinen Vater zu pflegen. Sofort nach Schulschluss rannte ich heim und kümmerte mich um ihn. Das Pflichtfach kam mir dabei in die Quere und ich bat, davon befreit zu werden, damit ich Zeit für meinen Vater hatte. Er ging nicht darauf ein. An einem Samstag, wir hatten nur am Vormittag Unterricht gehabt, musste ich um vier Uhr nachmittags wegen des Turnunterrichts nochmals zur Schule. Ich hatte keine Armbanduhr, und weil der Himmel bewölkt war, verschätzte ich mich zeitlich. Als ich in die Schule kam, waren alle anderen Jungen schon weg. Am nächsten Tag bemerkte Mr. Gimi, als er die Anwesenheitsliste durchging, dass ich als fehlend eingetragen war. Nach dem Grund gefragt, erzählte ich ihm, was geschehen war, aber er wollte mir nicht glauben und brummte mir eine Geldstrafe von ein oder zwei Anna auf (an den genauen Betrag erinnere ich mich nicht mehr).

Ich wurde der Lüge bezichtigt! Das traf mich zutiefst. Wie konnte ich meine Unschuld beweisen? Ein Ding der Unmöglichkeit. Innerlich schäumte ich und weinte Tränen des Kummers. Mir wurde klar, wem es mit der Wahrheit ernst ist, der muss auch zuverlässig sein. Dies sollte das erste und letzte Mal während meiner Schulzeit sein, dass ich nachlässig war. Vage erinnere ich mich, dass ich die Geldstrafe nicht zahlen musste. Als mein Vater höchstpersönlich dem Rektor schrieb, er brauche mich nach der Schule zu Hause, damit ich mich um ihn kümmere, wurde ich natürlich vom Sport befreit.

Ich ging lieber spazieren als zum Turnunterricht, auch eine Art, sich fit zu halten, weshalb mir dieses Versäumnis körperlich wahrscheinlich nicht geschadet hat, aber für ein anderes Versäumnis büße ich immer noch. Unklar, woher meine irrige Vorstellung stammte, eine gute Handschrift gehöre nicht unbedingt zur Ausbildung, aber sie hielt sich, bis ich nach England ging. Als ich später, vor allem in Südafrika, die perlengleiche Handschrift der dort geborenen und ausgebildeten Rechtsanwälte und jungen Männer sah, schämte ich mich voller Reue. Ich begriff, dass eine schlechte Handschrift auch immer eine mangelhafte Ausbildung verrät. Später versuchte ich, meine Schrift zu verbessern, aber kann man einem fertig gebrannten Tontopf nachträglich einen Rand aufsetzen? Das Versäumnis der Jugendzeit ließ sich nachträglich nicht mehr beheben. Mein Beispiel soll allen Jungen und Mädchen als Warnung dienen, damit sie begreifen, dass eine gute Handschrift unbedingt Teil der Ausbildung ist. Voraussetzung für die Entwicklung einer guten Handschrift ist zeichnerische Begabung. Mittlerweile bin ich der Ansicht, Kinder sollten erst zeichnen lernen, bevor sie schreiben lernen. Ein Kind sollte die Buchstaben kennenlernen, indem es sie betrachtet, so wie verschiedene andere Dinge wie Blumen, Vögel usw. auch, und zuerst mit Zeichnen beginnen. Dann ist es anschließend in der Lage, zu schreiben wie gedruckt.

Zwei weitere Erinnerungen aus meiner Schulzeit sind erwähnenswert. Durch meine Heirat hatte ich ein Jahr verloren, und der Lehrer wollte, dass ich das mit dem Überspringen einer Klasse wettmachte, ein Privileg, das vielen fleißigen Schülern zuteilwurde. Also verbrachte ich nur sechs Monate in der dritten Klasse und wurde nach den Prüfungen, die kurz vor den Sommerferien stattfanden, in die vierte versetzt. Ab der vierten Klasse war in einigen Fächern Englisch die Unterrichtssprache. Ich war völlig überfordert. Geometrie war ein neues Fach, das mir nicht besonders lag und durch die englische Sprache noch zusätzlich erschwert wurde. Der unterrichtende Lehrer war sehr gut, aber ich konnte ihm nicht folgen. Mehr als einmal verlor ich den Mut und dachte daran, in die dritte Klasse zurückzukehren, denn es war wohl doch zu ehrgeizig, den Stoff von zwei Schuljahren in eines zu packen. Aber das hätte nicht nur meinem Ansehen geschadet, sondern auch dem des Lehrers, der mich, im Vertrauen auf meinen Fleiß, zur Versetzung empfohlen hatte. So hielt ich, aus Angst vor der doppelten Rufschädigung, durch. Als ich allerdings mit viel Mühe zum dreizehnten Lehrsatz des Euklid kam, ging mir plötzlich auf, wie unkompliziert und simpel dieses Fach war. Ein Fach, für das man schlicht und einfach nur seinen logischen Verstand brauchte, konnte nicht schwer sein. Ab da fiel mir Geometrie immer leicht, und interessant fand ich sie auch.

Sanskrit hingegen erwies sich als härtere Nuss. In Geometrie musste man nichts auswendig lernen, in Sanskrit hingegen alles. Auch dieses Fach wurde ab der vierten Klasse unterrichtet. Als ich in die sechste kam, verzweifelte ich fast. Der Lehrer war sehr streng und in meinen Augen darauf aus, uns Jungen richtig zu schinden. Zwischen den Lehrern für Sanskrit und Persisch herrschte eine gewisse Rivalität. Der Persischlehrer war nachsichtig. Oft unterhielten sich die Jungen darüber, wie leicht Persisch sei und der Persischlehrer sehr gut und rücksichtsvoll zu den Schülern. Diese «Leichtigkeit» lockte mich eines Tages in die persische Klasse. Der Sanskritlehrer war enttäuscht und rief mich zu sich. «Hast du vergessen, wer dein Vater ist? Willst du nicht die Sprache deiner Religion lernen? Wenn du Schwierigkeiten hast, warum kommst du dann nicht zu mir? Ich möchte euch Schülern, so gut ich kann, Sanskrit beibringen. Wenn du weiter lernst, werden dir viele interessante Dinge aufgehen. Du solltest nicht den Mut verlieren. Komm wieder in die Sanskritklasse.»

Ich schämte mich. Ich konnte nicht einfach ignorieren, wie gewogen mein Lehrer mir war. Heute denke ich voller Dankbarkeit an Krishnashankar Pandya, denn hätte ich damals nicht das bisschen Sanskrit gelernt, über das ich heute verfüge, hätte ich sicherlich kaum Interesse an unseren heiligen Sanskritschriften gehabt. Zutiefst bedauerlich, dass ich mir keine gründlicheren Sprachkenntnisse aneignen konnte, denn mittlerweile ist mir klar, jedes Hindukind sollte solide Sanskrit-Kenntnisse haben.

Heute finde ich, dass in sämtlichen Lehrplänen für weiterführende Schulen, neben der Muttersprache natürlich, Platz sein sollte für die Nationalsprache Hindi, für Sanskrit, Persisch, Arabisch und Englisch.

Diese umfangreiche Sprachenliste braucht niemanden zu erschrecken. Wäre der Sprachunterricht an den Schulen systematischer und müssten die Jungen den Stoff nicht mühsam in einer fremden Sprache lernen, wäre die Aneignung dieser vielen Sprachen bestimmt keine Last, sondern ein absolutes Vergnügen. Wer eine Sprache gründlich erlernt hat, dem fällt das Erlernen weiterer verhältnismäßig leicht.

Eigentlich könnte man Hindi, Gujarati und Sanskrit als eine Sprache betrachten, Persisch und Arabisch als eine andere. Obwohl Persisch zur arischen, Arabisch zur semitischen Sprachfamilie gehört, besteht eine enge Verwandtschaft zwischen beiden, denn sie verdanken ihren größten Entwicklungsschub dem Aufstieg des Islams. Urdu betrachtete ich nicht als gesonderte Sprache, weil es die Hindi-Grammatik übernommen hat und der Wortschatz sich größtenteils aus dem Persischen und Arabischen speist. Deshalb muss jemand, der Urdu richtig lernen möchte, Persisch und Arabisch studieren, genauso wie jemand, der Gujarati, Hindi, Bengalisch oder Marathi richtig lernen möchte, Sanskrit studieren muss.

6. Eine Tragödie

Unter meinen wenigen Freunden auf der höheren Schule gab es nacheinander zwei, die man als enge Freunde bezeichnen könnte. Eine dieser Freundschaften dauerte nicht lange; nicht ich kündigte sie auf, sondern sie wurde mir aufgekündigt, weil ich mich mit dem anderen Jungen befreundete. Diese zweite Freundschaft ist für mich eine der Tragödien meines Lebens. Sie dauerte lange, und ich schloss sie, beflügelt von der Idee, ihn verändern zu wollen.

Ursprünglich war dieser Kamerad der Freund meines älteren Bruders, sie gingen in dieselbe Klasse. Ich kannte seine Schwächen, hielt ihn aber trotzdem für loyal. Meine Mutter, mein ältester Bruder und meine Frau waren alle drei von der Freundschaft nicht begeistert. Aber auf Warnungen meiner Frau zu hören ging gegen meinen Stolz als Ehemann. Meiner Mutter würde ich gehorchen und meinem ältesten Bruder selbstverständlich auch folgen. Trotzdem legte ich ein gutes Wort für den Jungen ein: «Natürlich weiß ich um die Schwächen, die ihr ihm vorwerft, aber ihr kennt seine guten Seiten nicht. Er wird mich nicht auf Abwege führen können, denn ich bin mit ihm befreundet, weil ich ihn verändern will.

Ich bin sicher, wenn er sich ändert, wird ein guter Mensch aus ihm. Macht euch um mich bitte keine Sorgen.»

Vermutlich waren sie nicht überzeugt, akzeptierten aber meine Erklärungen und ließen mich machen.

Mittlerweile habe ich eingesehen, dass ich mich verschätzt hatte. Man sollte sich nicht ins tiefe Wasser wagen, nicht einmal, wenn es um Reformen geht. Wenn man jemanden ändern möchte, darf man mit diesem Menschen nicht eng befreundet sein. Wahre Freundschaft ist Seelenverwandtschaft, etwas, was man nur selten findet. Nur zwischen Geistesverwandten ist eine wirklich wertvolle und dauerhafte Freundschaft möglich. Freunde beeinflussen sich gegenseitig. Daher gibt es in einer Freundschaft nur wenig Spielraum, den anderen zu ändern, zu formen. Meiner Meinung nach sollte man keine engen Beziehungen eingehen, denn der Mensch übernimmt eher die schlechten Eigenschaften. Wer mit Gott befreundet sein möchte, muss entweder allein bleiben oder mit der ganzen Welt Freundschaft schließen. Vielleicht irre ich mich da, meine Bemühungen um eine enge Freundschaft waren jedenfalls ein Reinfall.

In der Zeit, als ich diesen Freund kennenlernte, schwappte gerade eine «Reform»-Welle über Rajkot. Dieser Junge erzählte mir, viele unserer Hindu-Lehrer seien heimlich Fleisch und Wein zugetan. Angeblich gehörten auch viele angesehene Persönlichkeiten in Rajkot dieser Gruppe an. Einige Schüler aus höheren Schulen seien ebenfalls darunter.

Ich war unangenehm überrascht und fragte meinen Freund nach dem Grund. «Wir sind ein schwaches Volk, weil wir kein Fleisch essen», erklärte er. «Die Engländer herrschen deshalb über uns, weil sie Fleischesser sind. Du weißt, wie zäh ich bin und auch was für ein guter Läufer. Das liegt daran, dass ich Fleisch esse. Leute, die Fleisch essen, haben keine Furunkel, und selbst wenn sie doch mal welche bekommen, heilen sie schnell ab. Unsere Lehrer und andere angesehene Persönlichkeiten essen Fleisch doch nicht ohne Grund. Du solltest es auch mal versuchen. Probieren geht über Studieren. Du wirst sehen, welche Kraft das gibt.»

Sämtliche Argumente für den Fleischverzehr kamen nicht nur einmal zur Sprache, sondern ich wurde, unterstützt von zahlreichen Beispielen, immer wieder damit konfrontiert. Mein älterer Bruder war bereits eingeknickt und daher auf seiner Seite. Im Vergleich zu Bruder und Freund sah ich definitiv schwächlich aus. Beide waren robuster, stärker und mutiger. Ich war von den großartigen Leistungen des Freundes hingerissen. Er konnte außerordentlich schnell lange Strecken laufen, war talentiert bei Hoch- und Weitsprung. Körperliche Züchtigungen steckte er locker weg. Häufig gab er mit seinen Leistungen vor mir an, und da man immer geblendet ist, wenn andere die Eigenschaften besitzen, die einem selbst fehlen, war ich von diesen Leistungen geblendet und wollte gleichzeitig unbedingt so sein wie er. Springen und Laufen waren meine Stärken nicht, vielleicht könnte ich so stark wie er werden?

Außerdem war ich feig. Die Angst vor Dieben, Geistern und Schlangen verfolgte mich, und nachts traute ich mich nicht aus dem Haus. Im Dunkeln schlafen war fast unmöglich für mich, denn ich bildete mir ein, es kämen Gespenster von der einen Seite, Diebe von der anderen und Schlangen von der dritten. Ich wurde schwer von diesen Ängsten gebeutelt. Deshalb konnte ich nur schlafen, wenn Licht im Zimmer brannte. Wie hätte ich meiner Frau, die neben mir schlief und kein Kind mehr war, sondern beinahe eine junge Frau, von diesen Ängsten erzählen können? Sie war mutiger als ich, und ich schämte mich. Sie hatte weder Angst vor Schlangen noch vor Geistern und ging im Dunkeln überallhin. Mein Freund kannte alle meine Schwächen. Er behauptete, er könne Schlangen mit der Hand packen, mit Dieben fertigwerden, und an Geister glaube er nicht. Und natürlich alles nur, weil er Fleisch aß.

Damals machte bei uns Schuljungen folgender holprige Vers des Gujarati-Dichters Narmad die Runde:

> Der Engländer, er herrscht,
> Der Inder wird beherrscht,
> Der eine ist fünf Ellen groß,
> Fällt fünfhundert von uns auf einen Stoß.

Das alles hatte auf mich die entsprechende Wirkung, ich gab mich geschlagen. Mittlerweile meinte auch ich, dass Fleischverzehr gut sei, man davon groß und mutig würde, und wenn das ganze Land Fleisch äße, könnten die Engländer besiegt werden.

Daraufhin wurde ein Tag festgesetzt, an dem das Experiment beginnen sollte, das heimlich geschehen musste. Die Gandhis waren Vaishnavas, meine Eltern nahmen ihren Glauben besonders ernst. Regelmäßig besuchten sie den Haveli. Die Familie hatte sogar ihre eigenen Tempel. Gujarat war eine Hochburg des Jainismus, dessen Einfluss immer und überall spürbar war. Nirgendwo inner- oder außerhalb Indiens war Fleischverzehr derart verhasst und verpönt wie bei den Jainas und Vaishnavas in Gujarat. Mit dieser Tradition war ich aufgewachsen und außerdem meinen Eltern sehr ergeben. Sollten sie erfahren, dass ich Fleisch gegessen hatte, wären sie zu Tode erschrocken. Außerdem war ich, ob durch bewusste oder unbewusste Anstrengungen, ein Diener der Wahrheit. Also kann ich nicht behaupten, mir wäre nicht bewusst gewesen, dass ich meine Eltern hintergehen musste, wenn ich Fleisch essen wollte. Unter diesen Umständen war für mich das Fleischessen eine ernste und schreckliche Sache. Doch ich war zur «Reform» wild entschlossen, um die Gaumenfreuden ging es gar nicht, weil ich ja nicht wusste, ob Fleisch gut schmeckte. Stark und mutig wollte ich sein, und meine Landsleute sollten genauso sein, damit wir die Engländer besiegen und Indien befreien konnten. Das Wort *swaraj* hatte ich noch nicht gehört, aber was Freiheit bedeutet, wusste ich. Der «Reformeifer» machte mich blind.

7. Eine Tragödie (Fortsetzung)

Der große Tag kam. Mein Zustand lässt sich nur schwer beschreiben. Einerseits der «Reformeifer» und das neuartige Gefühl, einen weitreichenden Schritt zu machen, andererseits die Scham, dass ich mich dabei wie ein Dieb verstecken musste. Was überwog, kann ich nicht sagen. Wir suchten uns eine einsame Flussstelle, und dort sah ich zum ersten Mal in meinem Leben Fleisch. Brot vom Bäcker gab es auch. Mir schmeckte beides nicht. Das Ziegenfleisch war zäh wie Leder, ich bekam es einfach nicht hinunter. Mir wurde schlecht und ich musste aufhören.

Die Nacht darauf ging es mir schlecht, ich konnte nicht richtig schlafen. Mich quälte ein fürchterlicher Alptraum, es kam mir vor, als würde in mir eine lebendige Ziege meckern, und ich schrak voller Gewissensbisse hoch. Doch dann fiel mir ein, dass Fleischessen eine Pflicht war und ich nicht den Mut verlieren durfte.

Mein Freund war nicht der Typ, der leicht aufgab. Er fing an, leckere Fleischgerichte zu kochen, die er appetitlich anrichtete. Und gegessen wurde nicht mehr am Versteck beim Fluss, sondern im verlockenden Speisesaal eines staatlichen Gästehauses, das über Tische und Stühle verfügte. Mein Freund hatte dazu das Einverständnis des dortigen Küchenchefs eingeholt.

Das wirkte. Ich überwand meine Abneigung gegen Brot, schwor meinem Mitleid mit den Ziegen ab und fand Geschmack an Fleischgerichten, wenn nicht sogar an Fleisch selbst. So ging es ungefähr ein Jahr lang, in dem es aber alles in allem nicht mehr als ein halbes Dutzend solcher Fleischgelage gab, denn das Gästehaus stand nicht immer zur Verfügung, und natürlich war es schwierig, häufig leckere Fleischgerichte zuzubereiten. Außerdem kosteten diese Mahlzeiten. Ich war nicht einmal im Besitz einer Falschgeldmünze, konnte also nichts zahlen, weshalb mein Freund das nötige Kapital auftreiben musste. Wie er das machte, weiß ich bis zum heutigen Tag nicht, aber irgendwie gelang es ihm, denn er war ganz versessen darauf, mich zu besudeln und aus mir einen Fleischesser zu machen. Doch auch seine Mittel waren begrenzt, daher fanden diese Festessen nur selten und in großen Abständen statt.

Immer wenn eine dieser Schlemmereien stattfand, musste zu Hause das Abendessen ausfallen. Natürlich rief meine Mutter, ich solle mir mein Essen holen, und wollte wissen, warum ich nichts mochte. «Ich habe heute keinen Appetit», log ich, «mit meiner Verdauung stimmt etwas nicht.» Eine Lüge, die mich jedes Mal schmerzte. Ich wusste, dass ich log, meine Mutter belog. Wenn meine Eltern herausgefunden hätten, dass ihre Söhne zu Fleischessern geworden waren, wären sie wie vom Blitz getroffen gewesen. Dieses Wissen nagte an meinem Innersten.

«Fleischessen ist wichtig, die Ernährungsreform im Land voranzubringen genauso», sagte ich mir daher, «aber Vater und Mutter zu belügen und zu betrügen ist schlimmer als Fleischverzicht. Solange sie leben, kommt Fleischessen nicht mehr in Frage. Wenn sie nicht mehr sind und ich frei bin, werde ich ungeniert Fleisch essen, doch bis dahin verzichte ich darauf.»

Ich teilte meinem Freund diese Entscheidung mit und habe seitdem nie wieder Fleisch gegessen. Meine Eltern erfuhren nie von den Fleischexperimenten ihrer zwei Söhne.

Das Fleischessen ließ ich sein, weil ich keinesfalls mehr meine Eltern anlügen wollte, aber nicht den Umgang mit meinem Freund. Mein Eifer, ihn zu verändern, hatte mich selbst verdorben, ohne dass es mir bewusst gewesen wäre.

Beinahe hätte mich dieser Umgang zu einer ausschweifenden Begegnung verführt. Eines Tages nahm mein Freund mich in ein Bordell mit, gab mir die nötigen Anweisungen mit auf den Weg. Alles war bereits geregelt, die Rechnung beglichen. Ich brauchte mich nur noch dem Vergnügen hingeben. Ich begab mich auch tatsächlich in dieses Haus. Aber wen Gott retten möchte, der bleibt rein, auch wenn er sündigen will. Ich wurde in diesem Zimmer beinahe blind, es verschlug mir die Sprache. Verdattert saß ich neben der Frau auf ihrem Bett und brachte partout kein Wort heraus. Natürlich verlor sie die Geduld und scheuchte mich unter Beleidigungen zur Tür hinaus. Damals war ich in meiner Männlichkeit tief gekränkt und wäre am liebsten aus Scham in den Boden versunken. Doch seither bin ich Gott für diese Rettung dankbar. Ich kann mich an vier ähnliche Vorfälle erinnern, in fast allen wurde ich durch die Umstände gerettet, weniger durch eigene Anstrengung. Von einem streng ethischen Standpunkt aus müssen alle diese Ereignisse als moralische Fehltritte gewertet werden, denn die fleischliche Begierde war da, was dem Akt gleichkommt. Vom normalen Standpunkt aus gilt ein Mensch, der vor der körperlichen Sünde bewahrt wird, als gerettet. Und einzig in diesem Sinn war ich gerettet worden. Manche ungeschehenen Taten sind ein Gottesgeschenk sowohl für denjenigen, der davor bewahrt bleibt, wie auch für sein Umfeld. Sobald der Mensch wieder recht bei Sinnen ist, dankt er der Göttlichen Gnade für seine Rettung. Bekanntlich erliegt der Mensch oftmals der Versuchung, wie sehr er auch dagegen ankämpft, aber wir wissen aus Erfahrung, dass oftmals die Umstände rettend eingreifen. Wie das alles geschieht – inwieweit der Mensch frei ist und inwiefern ein Spielball der Umstände, inwieweit der freie Wille eine Rolle spielt und wann das Schicksal auf den Plan tritt –, das ist und bleibt ein Rätsel.

Aber weiter mit meiner Geschichte. Nicht einmal dieser Vorfall öffnete mir die Augen, wie schädlich diese Freundschaft für mich war. Und so blieben mir viele weitere bittere Erfahrungen nicht erspart, bis ich unvermutet Augenzeuge einer seiner Verfehlungen wurde. Doch davon später, denn es soll hier so chronologisch wie möglich zugehen.

Eine Sache muss ich aber schon jetzt erwähnen, da sie sich zu dieser

Zeit abspielte. Ein Grund für die Unstimmigkeiten mit meiner Frau war eindeutig mein Umgang mit diesem Freund. Ich war sowohl ein ergebener als auch ein eifersüchtiger Ehemann, und dieser Freund schürte meine Verdächtigungen gegen meine Frau. Mir kamen nie Zweifel an seiner Ehrlichkeit. Und nie habe ich mir die Gewalttätigkeit gegenüber meiner Frau verziehen, zu der ich mich hinreißen ließ, weil ich seinen Geschichten glaubte. Wahrscheinlich erträgt nur eine Hindu-Ehefrau ein solches Elend, weshalb für mich Frauen die Verkörperung der Duldsamkeit sind. Ein zu Unrecht verdächtigter Diener kann seine Arbeit hinwerfen, ein Sohn in der gleichen Situation das Haus seines Vaters verlassen und ein Freund die Freundschaft aufkündigen. Eine Frau, die ihren Mann verdächtigt, leidet schweigend, aber wenn der Mann sie verdächtigt, ist das ihr Ende. Wohin sollte sie gehen? Eine Hindu-Frau kann vor Gericht keine Scheidung fordern, so einseitig ist das Gesetz. Es ist unvergesslich und unverzeihlich, dass ich meine Frau in eine solche Lage gebracht habe.

Die krankhaften Verdächtigungen wurden erst mit Stumpf und Stiel ausgerottet, als ich die Bedeutung von Ahimsa voll und ganz begriff. Ich erkannte den großartigen Sinn von Brahmacharya und mir wurde klar, dass die Frau nicht die Leibeigene des Mannes ist, sondern seine Kameradin und Gehilfin, eine ebenbürtige Partnerin in Freud und Leid, die genauso wie der Mann ihren guten oder schlechten Weg wählen kann. Wenn ich an diese Tage voller Zweifel und Verdächtigungen zurückdenke, ekeln mich meine Dummheit, meine wollüstige Grausamkeit an, und ich bedaure mich selbst dafür, dass ich meinem Freund so blind ergeben war.

8. Diebstahl und Buße

Ich muss noch von anderen Schwächen berichten, die in meine Fleischphase oder in die Zeit kurz vor oder kurz nach meiner Eheschließung fallen.

Ein Verwandter und ich hatten uns das Rauchen angewöhnt, nicht dass wir uns etwas davon versprachen oder vom *bidi*-Rauch besonders angetan gewesen wären. Wir dachten einfach, dass Rauchwolken produzieren Spaß machen müsse. Mein Onkel war Raucher, den wollten wir nachahmen. Doch uns fehlte das Geld. Daher stibitzten wir die *bidi*-Stummel, die mein Onkel weggeworfen hatte.

Doch häufig gab es keine, und viel Rauch produzieren ließ sich mit ihnen auch nicht. Daher fingen wir an, dem Diener Kupfermünzen zu klauen, damit wir uns *bidis* kaufen konnten. Aber wo aufbewahren? Und vor den uns bekannten Honoratioren konnten wir sie natürlich nicht rauchen. Ein paar Wochen lang kamen wir mit dem gestohlenen Kupfergeld zurande. In dieser Zeit hörten wir, dass man die porösen Stängel einer bestimmten Pflanze, deren Namen ich vergessen habe, rauchen konnte. Wir besorgten sie uns und fingen an, die zu rauchen.

Doch zufrieden waren wir mit diesen Dingern absolut nicht. Allmählich wuchs unser Unabhängigkeitsdrang. Unerträglich, dass wir nichts ohne die Erlaubnis der Honoratioren unternehmen durften. Schließlich entschlossen wir uns aus schierer Empörung zum Selbstmord!

Aber wie anstellen? Woher das Gift nehmen? Stechapfelsamen waren offenbar ein wirksames Gift. Los ging's in den Dschungel, wir suchten und wurden fündig. Für unser Vorhaben wählten wir die Abendstunde, gingen zum Kedarji Mandir, taten Ghee in die Tempellampe, erhielten *darshan* und suchten uns dann einen abgelegenen Winkel. Aber dann verließ uns der Mut. Angenommen, wir waren nicht sofort tot? Und was brachte unser Selbstmord überhaupt? Sollten wir uns nicht lieber damit abfinden, dass wir nicht tun und lassen konnten, was wir wollten? Trotzdem schluckten wir zwei, drei Samen, mehr getrauten wir uns beide todesscheu nicht und entschieden, zum Ramji Mandir zu gehen, um uns zu beruhigen und den Gedanken an Selbstmord zu verwerfen.

Offenbar ließ sich Selbstmord leichter planen als durchführen. Und seitdem macht es auf mich kaum mehr Eindruck, wenn jemand damit droht, sich umzubringen.

Die Selbstmordidee endet damit, dass wir beide aufhörten, *bidi*-Stummel zu rauchen und dem Diener Kleingeld zu stehlen.

Seit ich erwachsen bin, habe ich nie wieder das Bedürfnis nach einer *bidi* gehabt und Rauchen immer als barbarische, schmutzige und schädliche Angewohnheit empfunden. Ich habe nie verstanden, warum die ganze Welt so versessen aufs Rauchen ist. Ich kann in keinem Zugabteil reisen, in dem lauter Raucher sitzen, ohne Erstickungsanfälle zu bekommen.

Weit schwerwiegender aber war ein Diebstahl, den ich etwas später beging. Als ich wegen des Rauchens Fehler machte, war ich zwölf, dreizehn, vielleicht auch jünger, beim anderen Diebstahl fünfzehn. In diesem Fall handelte es sich um ein Stück Gold aus dem Armband meines Bruders, der ebenfalls Fleisch aß. Dieser Bruder hatte ungefähr fünfundzwanzig Rupien Schulden, kein hoher Betrag also, und ich überlegte, wie ich ihn zurückzahlen konnte. Es war einfach, aus dem Armband ein Stück herauszunehmen, ungefähr zehn Gramm schwer.

So machte ich es, und ich beglich seine Schuld. Aber die Tat verfolgte mich, und ich beschloss, nie wieder zu stehlen. Außerdem nahm ich mir vor, meinem Vater die Sache zu beichten, traute mich aber nicht. Nicht, dass ich Angst vor Schlägen gehabt hätte, nein, denn ich erinnere mich nicht, dass er je einen von uns geschlagen hätte. Ich hatte vielmehr Angst, dass ihm meine Beichte sehr wehtun und er sich gegen die Stirn schlagen würde. Aber darauf musste ich es wohl ankommen lassen, denn ohne gewissenhafte Beichte kein reines Gewissen.

Zu guter Letzt beschloss ich, die Beichte niederzuschreiben und sie meinem Vater mit der Bitte um Verzeihung zu überreichen. Ich schrieb sie auf ein Blatt Papier, das ich ihm eigenhändig gab. Auf diesem Zettel gestand ich nicht nur mein Vergehen, sondern bat auch um eine angemessene Strafe und schloss mit der Bitte, er selbst solle sich nicht für mein Fehlverhalten bestrafen. Ich gelobte, nie wieder zu stehlen.

Zitternd überreichte ich das Geständnis meinem Vater, setzte mich ihm gegenüber. Er war damals durch eine Fistel ans Bett gefesselt, das aus einem schlichten Holzbrett bestand.

Er las und ihm perlten Tränen über die Wangen und das Papier wurde feucht. Nachdenklich schloss er kurz die Augen, dann zerriss er das Blatt. Zum Lesen hatte er sich aufgesetzt, nun legte er sich wieder hin. Ich weinte ebenfalls, konnte den Schmerz meines Vaters sehen. Wäre ich ein Maler, könnte ich heute noch die gesamte Szene malen, so lebhaft ist sie mir in Erinnerung.

Diese Tränen durchbohrten mich wie Liebespfeile; ich war von meiner Schuld befreit. Nur wer eine derartige Liebe erfahren hat, weiß, wovon ich rede. Wie es in der Hymne heißt: «Nur wer von Ramas Pfeilen getroffen ist, kennt ihre Macht.»

Das war für mich Anschauungsunterricht in Ahimsa. Damals sah ich darin lediglich Vaterliebe, aber heute weiß ich, es war reinste Ahimsa, die, wenn sie allumfassend wird, alles verwandelt, was sie berührt. Die Macht einer so allumfassenden Ahimsa ist unermesslich.

Typisch war ein derart nobles Verzeihen für meinen Vater nicht. Ich hatte damit gerechnet, dass er wütend werden, harte Worte sagen und sich gegen die Stirn schlagen würde. Doch er blieb wunderbar gelassen, was wahrscheinlich mit meiner umfassenden Beichte zu tun hatte. Eine umfassende Beichte, abgelegt vor einer Autorität und verbunden mit dem Versprechen, diese Sünde nie wieder zu begehen, ist Reue in Reinform. Mein Vater war nach diesem Geständnis beruhigt, dass er mir vertrauen konnte, und liebte mich deswegen noch mehr.

9. Tod des Vaters und doppelte Schande

Zu der Zeit, um die es jetzt geht, war ich fünfzehn. Mein Vater war, wie wir wissen, aufgrund einer Fistel bettlägerig. Hauptsächlich kümmerten sich meine Mutter, eine alte Dienerin und ich um ihn. Mir war die Krankenpflege zugeteilt, die hauptsächlich darin bestand, die Wunde zu versorgen, meinem Vater seine Medizin zu geben und die Arzneimittel zu mischen, die man zu Hause herstellen konnte. Allabendlich massierte ich ihm die Beine und zog mich erst dann zurück, wenn er mich dazu aufforderte oder nachdem er eingeschlafen war. Ich kümmerte mich liebend gern um ihn, kann mich nicht entsinnen, dass ich ihn jemals vernachlässigt hätte. Meine gesamte Zeit, nachdem ich meine täglichen Pflichten erledigt hatte, verbrachte ich entweder in der Schule oder mit der Pflege meines Vaters. Einen Abendspaziergang machte ich nur mit seiner Erlaubnis oder wenn es ihm gutging.

Gleichzeitig erwartete meine Frau damals ein Kind – ein Umstand, der doppelt beschämend für mich war, so sehe ich es heute. Zum einen war ich nicht so enthaltsam gewesen, wie ich es hätte sein sollen, solange ich noch zur Schule ging. Und zum anderen siegte die Fleischeslust oft über den Lerneifer und, schlimmer noch, über die Ergebenheit meinen Eltern gegenüber, die ich, da Shravana seit Kindestagen mein Ideal war, als meine Pflicht empfand. Allabendlich, wenn ich die Beine meines Vaters massierte, war ich in Gedanken in unserem Schlafzimmer, und das zu einem Zeitpunkt, an dem sowohl Religion und Medizinwissenschaft wie auch der gesunde Menschenverstand Geschlechtsverkehr untersagten.

Ich war jedes Mal froh, wenn ich meine Pflicht hinter mich gebracht hatte, und ging, nachdem ich mich vor meinem Vater verbeugt hatte, sofort ins Schlafzimmer.

Mittlerweile ging es meinem Vater täglich schlechter. Die Vaidyas hatten ihre sämtlichen Salben, die Hakims ihre Pflaster und die Quacksalber der Gegend ihre Wundermittelchen an ihm ausprobiert. Auch ein englischer Arzt hatte ihn untersucht und schlug als letzte und einzige Rettung eine Operation vor, doch unser Hausarzt erhob Einspruch. Einen Eingriff in derart fortgeschrittenem Alter lehnte er ab. Er war ein guter, renommierter Arzt, und man folgte seinem Ratschlag. Der Plan einer Operation wurde aufgegeben, mehrere Arzneien, die dafür angeschafft worden waren, kamen nicht zum Einsatz. Die Wunde wäre bestimmt rasch abgeheilt, hätte der Hausarzt der Operation zugestimmt. Diese wäre zudem von einem damals in Bombay berühmten Chirurgen durchgeführt worden. Wer hat schon die richtige Medizin, wenn der Tod bevorsteht? Mein Vater kehrte mit sämtlichen Anschaffungen für die Operation, die jetzt überflüssig waren, aus Bombay zurück. Er hatte die Hoffnung, weiterzuleben, aufgegeben, wurde immer schwächer, bis man ihm letztendlich zuredete, er möge für sämtliche Verrichtungen im Bett bleiben. Doch davon wollte er bis zum Schluss nichts wissen, bestand darauf aufzustehen, so strapaziös es auch war. Die Vaishnava-Vorschriften über körperliche Hygiene sind unerbittlich.

Zweifellos ist körperliche Hygiene sehr wichtig, doch die westliche Medizin hat uns gezeigt, Darmentleerung sowie die gesamte Körperpflege, sogar ein Bad, können im Bett vorgenommen werden, ohne dass die Sauberkeit und die Bequemlichkeit des Patienten auch nur im Geringsten darunter zu leiden haben. Das Bett bleibt dabei stets makellos sauber. Dieses Vorgehen sollte mit den Hygiene-Vorschriften des Vaishnavismus sehr wohl vereinbar sein. Damals bewunderte ich lediglich voller Staunen, dass mein Vater hartnäckig darauf bestand, das Bett zu verlassen.

Dann kam die schreckliche Todesnacht. Mein Onkel war damals bereits in Rajkot. Soweit ich mich entsinne, war er gekommen, nachdem er erfahren hatte, dass es meinem Vater schlechter ging. Die Brüder hingen sehr aneinander. Den ganzen Tag saß mein Onkel am Bett meines Vaters und bestand darauf, nachdem er uns alle weggeschickt hatte, neben ihm zu schlafen. Niemand hatte auch nur geahnt, dass dies die Schicksalsnacht werden würde, auch wenn die Gefahr immer bestand.

Es war halb elf oder elf Uhr nachts. Ich massierte meinem Vater gerade die Füße, da sagte mein Onkel zu mir: «Geh du nur, ich setze mich jetzt zu ihm.» Froh ging ich sofort ins Schlafzimmer. Meine Frau, die Arme, schlief fest. Wie konnte sie bloß schlafen, wenn ich da war? Ich weckte sie. Fünf oder sechs Minuten später klopfte der Diener, den ich vorhin schon erwähnt habe. Erschrocken fuhr ich hoch. «Stehen Sie auf», sagte er, «Vater ist sehr krank.» Das wusste ich natürlich und ahnte daher, was in diesem Moment «sehr krank» bedeutete. Ich sprang aus dem Bett.

«Was ist los? Sag schon!»

«Vater ist nicht mehr.»

Was brachten jetzt meine Gewissensbisse? Ich war zutiefst beschämt und rannte ins Zimmer meines Vaters. Wäre ich nicht blind vor tierischer Leidenschaft gewesen, hätte ich die letzten Augenblicke meines Vaters nicht getrennt von ihm verbracht. Ich hätte ihm weiter die Füße massieren sollen, doch stattdessen musste ich nun von meinem Onkel hören: «Bapu ist von uns gegangen.» Er war seinem älteren Bruder so ergeben gewesen, dass er ihm als Lohn dafür die letzten Dienste erweisen durfte! Mein Vater hatte geahnt, was kommen würde, hatte nach Papier und Stift verlangt und geschrieben: «Triff Vorbereitungen.» Dann hatte er sich das Amulett vom Arm und die Goldkette vom Hals gerissen und fortgeworfen. Einen Augenblick später war er nicht mehr.

Das ist die Schande, die ich in einem früheren Kapitel erwähnt habe; selbst in der Stunde, in der ich meinem Vater hätte dienen sollen, war mir meine Fleischeslust wichtiger. Diesen Makel habe ich nie auslöschen oder vergessen können, und obwohl ich meinen Eltern grenzenlos ergeben war und alles für sie gegeben hätte, wurde ich gewogen und unentschuldbar für zu leicht befunden, weil ich gleichzeitig lüsterne Gedanken hegte. Deshalb habe ich mich immer als wollüstigen, wenn auch treuen Ehemann gesehen. Es dauerte lange und viele Prüfungen mussten bestanden werden, bis ich mich von diesen Fesseln befreien konnte.

Bevor ich dieses Kapitel über meine doppelte Schande beende, sei noch erwähnt, das arme Kind, das meine Frau zur Welt brachte, lebte keine vier Tage. Was hätte man auch anderes erwarten sollen? Möge mein Beispiel allen Eltern oder Kinderehepaaren als Warnung dienen.

10. Erste religiöse Erfahrungen

Vom sechsten oder siebten bis zum sechzehnten Lebensjahr besuchte ich die Schule, erhielt aber keinen Religionsunterricht. Von meinen Lehrern, die mir dieses Thema mühelos hätten näherbringen können, erfuhr ich nichts. Trotzdem schnappte ich hier und da etwas auf. Den Begriff «Religion» gebrauche ich höchst großzügig, im Sinne von Selbsterkenntnis oder Kenntnis des Ichs.

Da ich im Vaishnava-Glauben erzogen wurde, musste ich oft in den Haveli, gehen, was mich allerdings nicht gläubig werden ließ. Prunk und Pomp gefielen mir nicht. Außerdem hatte ich munkeln hören, dass es hier zu unmoralischen Handlungen gekommen sei, und verlor ganz das Interesse. Der Tempel hatte mir nichts zu bieten.

Was ich dort nicht fand, fand ich aber bei meiner Kinderfrau, einer alten Dienerin der Familie, an deren Liebe ich mich heute noch erinnere. Ich habe bereits erwähnt, dass ich mich vor Gespenstern und Geistern fürchtete. Rambha meinte, ein Mittel gegen meine Angst könnte das Ramanama sein. Ich hatte mehr Vertrauen in sie als in Ramanama und begann daher im zarten Alter, den Namen Ramas zu wiederholen, um meine Angst vor Geistern zu besiegen. Natürlich war das nur eine kurze Phase, doch die gute, in der Kindheit gesäte Saat ist nicht vergebens. Wahrscheinlich habe ich es meiner guten Kinderfrau Rambha zu verdanken, dass das Ramanama noch heute Kraft für mich besitzt.

Genau zu dieser Zeit sorgte einer meiner Cousins, ein «Ramayana»-Verehrer, dafür, dass mein zweitältester Bruder und ich das «Rama Raksha» auswendig lernten. Regelmäßig sagten wir es morgens nach dem Bad auf. Das behielten wir bei, solange wir in Porbandar wohnten, in der Atmosphäre von Rajkot vergaßen wir dann unseren Brauch. Ich hatte ohnehin nicht richtig daran geglaubt und das «Rama Raksha» nur deshalb aufgesagt, weil ich meinen älteren Cousin respektierte und teilweise auch, weil ich auf meine korrekte Aussprache stolz war.

Tiefen Eindruck hingegen machten auf mich die Lesungen aus dem «Ramayana» für meinen Vater, der während seiner Krankheit zeitweise in Porbandar war. Dort lauschte er allabendlich im Ramji Mandir Ausschnitten aus dem «Ramayana». Der Vorleser war ein großer Rama-Verehrer, Ladha Maharaj aus Bileshvar. Es hieß, er habe sich selbst von

Vitiligo geheilt, nicht mit einem Medikament, sondern indem er auf die erkrankten Stellen *bilva*-Blätter legte, die dem Bild des Mahadeva im Tempel von Bileshvar dargebracht und anschließend weggeworfen worden waren, sowie mit der regelmäßigen Wiederholung des Ramanama. Sein Glaube, so hieß es, habe die Vitiligo mit Stumpf und Stiel ausgerottet. Das kann stimmen oder nicht, wir jedenfalls glaubten die Geschichte. Und tatsächlich war Ladha Maharaj, als er mit dem Vorlesen begann, ganz und gar gesund. Er hatte eine klangvolle Stimme. Er sang die *dohas* (Zweizeiler) und *chopais* (Vierzeiler) und erklärte sie, wobei er immer weiter ausholte und seine Zuhörerschaft mitriss. Ich muss damals dreizehn gewesen sein, weiß aber noch gut, wie verzückt ich davon war. Sein Vortrag legte den Grundstein für meine große Verehrung für das «Ramayana» des Tulsidas, das für mich heute das bedeutendste religiöse Werk überhaupt ist.

Ein paar Monate später zogen wir nach Rajkot. Dort gab es keine Lesungen mehr aus dem «Ramayana», sondern an jedem Ekadashi aus der Bhagavad Gita. Manchmal hörte ich zu, aber der Rezitator weckte wenig Begeisterung. Heute weiß ich, dass auch die Gita ein Buch ist, das man so vorlesen kann, dass religiöse Begeisterung geweckt wird. Ich habe es mit großem Interesse auf Gujarati gelesen. Aber als mir dann während meines einundzwanzigtägigen Fastens Pandit Madan Mohan Malaviya Teile des Originaltextes vorlas, wünschte ich, ich hätte schon als Kind eine Rezitation von einem großen Verehrer dieses Werks erlebt. Dann hätte es mir ganz sicher schon viel früher gefallen. Frühe Eindrücke wurzeln tief in uns, und ich bedaure es ewig, dass ich damals leider keine Lesungen aus anderen guten Büchern gehört habe.

In Rajkot wurde mir dafür aber fast nebenbei Toleranz gegenüber allen Formen des Hinduismus vermittelt. Meine Eltern besuchten nämlich nicht nur den Haveli, sondern auch Shiva- und Rama-Tempel und nahmen uns Kinder dorthin mit oder schickten uns hin. Oft bekam mein Vater auch Besuch von Jaina-Mönchen, die sogar Essen von uns annahmen, obwohl wir keine Jainas waren. Sie unterhielten sich mit meinem Vater über religiöse und profane Themen.

Zu seinen Freunden gehörten auch Muslime und Parsen, die ihm von ihrem Glauben erzählten, und er hörte ihnen immer respektvoll und meist interessiert zu. Da ich ihn pflegte, ergab es sich oft, dass ich bei diesen Gesprächen anwesend war. Alles zusammen vermittelte mir schon früh das Gefühl, dass alle Glaubensrichtungen gleichwertig sind.

Nur das Christentum, gegen das ich eine gewisse Abneigung entwickelte, bildete damals eine Ausnahme. An einer Ecke in der Nähe der höheren Schule stand damals oft ein christlicher Missionar, der predigte und dabei die Hindus und ihre Götter beschimpfte. Das ertrug ich nicht. Wahrscheinlich habe ich diese Tirade nur einmal gehört, aber das reichte schon – ich wollte dieses Experiment nicht wiederholen. Gleichzeitig hörte ich, dass ein bekannter Hindu zum Christentum bekehrt worden war. Es war das Stadtgespräch. Offenbar musste er nach seiner Taufe Rindfleisch essen, Alkohol trinken und andere Kleidung anziehen. Seitdem trug er einen Mantel, Pantalons und einen englischen Hut. So etwas nervte mich. Eine Religion, die einen zu Rindfleisch- und Alkoholkonsum und Kleiderwechsel zwingt, verdient diesen Namen nicht, fand ich. Außerdem erzählte man sich, der Neubekehrte beschimpfe bereits den Glauben seiner Vorfahren, ihre Bräuche und ihr Land. All das machte mir das Christentum unsympathisch.

Nur weil ich eine tolerante Haltung gegenüber anderen Religionen entwickelt hatte, bedeutete das allerdings nicht, dass ich einen lebendigen Glauben an Gott gehabt hätte. Zufällig stieß ich damals auf die «Manusmriti», die sich unter den Büchern meines Vaters befand und deren Schöpfungsgeschichte und ähnliche Stellen mich nicht besonders beeindruckten, im Gegenteil. Ich tendierte zum Atheismus.

Ich hatte einen Cousin, vor dessen Klugheit ich großen Respekt hatte, und ging daher mit meinen Zweifeln zu ihm, die er jedoch nicht zerstreuen konnte. «Wenn du älter bist, kannst du diese Zweifel selbst ausräumen», gab er mir zur Antwort. «In deinem Alter sollte man sich solche Fragen noch gar nicht stellen.» Das ließ mich verstummen, war mir aber kein Trost. Die Kapitel über Ernährung und ähnliche Themen in der «Manusmriti» widersprachen in meinen Augen der Alltagspraxis. Auch auf diese Fragen bekam ich die gleiche Antwort. «Wenn ich mehr lese und meinen Intellekt schärfe, werde ich das alles besser verstehen», tröstete ich mich.

Ahimsa lehrte mich die «Manusmriti» damals jedenfalls nicht. Ich habe erzählt, wie ich zum Fleischesser wurde, was die «Manusmriti» offenbar befürwortete. Schlangen, Wanzen und dergleichen zu töten, hielt ich ebenfalls für moralisch unbedenklich. Ich entsinne mich, dass ich damals Wanzen und andere Insekten totschlug, weil ich es für meine Pflicht hielt.

Eine Überzeugung allerdings schlug Wurzeln in mir: dass die Wahrheit Kern aller Moral ist. Von da an war Wahrheit mein einziges Ziel. Täglich wurde sie wichtiger und meine Auffassung von ihr wurde immer umfassender.

Ein Gujarati-Lehrgedicht bewegte mein Herz und meinen Verstand sehr. Sein Grundsatz – vergelte Böses mit Gutem – wurde meine Maxime. Es begeisterte mich so, dass ich von nun an damit ständig herumexperimentierte.

Die schönen Worte lauten:

> Für eine Schale Wasser gib ein üppiges Mahl;
> Für einen freundlichen Gruß verneige dich tief;
> Eine kleine Münze vergelte mit Gold;
> Wird dein Leben gerettet, leb es nicht für dich allein;
> Achte der Weisen Taten und Worte;
> Jeden kleinen Dienst vergelten sie zehnfach.
> Aber den wahrhaft Edlen sind alle Menschen gleich,
> Und freudig vergelten sie Böses mit Gutem.

11. Vorbereitungen für England

1887 bestand ich die Reifeprüfung, die damals an zwei zentralen Orten, Ahmedabad und Bombay, abgenommen wurde. Weil im Land Armut herrschte, von der auch die Gandhi-Familie betroffen war, zogen die Kathiawad-Schüler natürlich den näher gelegenen und daher preisgünstigeren Ort vor. Mir blieb ebenfalls nichts anderes übrig. Es war meine erste Reise von Rajkot nach Ahmedabad, und das auch noch allein.

Die Familienältesten wollten, dass ich nach der Reifeprüfung auf ein College ging. Es gab eines in Bhavnagar und eines in Bombay; das erste war billiger, daher entschied ich mich für das Samaldas College. In Bhavnagar war mir alles fremd, alles war schwierig. Ich konnte den Vorlesungen nicht folgen, geschweige denn Interesse dafür aufbringen. Es war nicht die Schuld der Professoren; die Lehrkräfte an diesem College galten als erstklassig. Aber ich war völlig unreif. Nach dem ersten Semester ging ich zurück nach Hause.

Mavji Dave, ein scharfsinniger und gebildeter Brahmane, war ein alter Freund und Berater unserer Familie, der auch nach dem Tod meines Vaters die Verbindung zu uns hielt. Zufällig kam er während meiner Ferien zu Besuch. Im Gespräch mit meiner Mutter und meinem älteren Bruder erkundigte er sich nach meinem Studium. Als er hörte, dass ich am Samaldas College war, sagte er: «Die Zeiten haben sich geändert. Wenn einer von euch Brüdern Kaba Gandhis *gadi*-Amt übernehmen möchte, geht das nicht ohne eine solide Ausbildung. Da der Junge hier noch studiert, übernimmt am besten er diese Bürde. Es wird vier, fünf Jahre dauern, bis er seinen B. A.-Abschluss hat, der ihn dann bestenfalls für einen Posten mit einem Gehalt von sechzig Rupien qualifiziert, nicht jedoch zum Diwan. Wenn er wie mein Sohn anschließend Jura studiert, dauert es bis zum Abschluss noch länger, und bis dahin wird es jede Menge Rechtsanwälte geben, die alle Diwan werden wollen. Besser ihr schickt ihn nach England. Mein Sohn Kevalram meint, dass das Studium dort leichter ist. Nach drei Jahren wäre er bereits wieder daheim. Außerdem kostet es nicht mehr als vier-, fünftausend Rupien. Denkt nur an den Barrister, der gerade aus England zurück ist, was der für ein tolles Leben hat! Der könnte ohne Weiteres Diwan werden, er müsste nur fragen. Ich rate euch dringend, schickt Mohandas noch dieses Jahr nach England. Kevalram hat dort viele Freunde. Wenn er ihm ein paar Empfehlungsschreiben mitgibt, wird Mohandas keine Probleme haben.»

Joshiji, so nannten wir den alten Mavji Dave, der sich völlig sicher war, dass wir seinen Rat annehmen würden, wandte sich an mich. «Bestimmt möchtest du auch lieber nach England, als hier weiterzustudieren?» Nichts war mir lieber – denn die Schwierigkeiten am College machten mir Angst. «Es wäre schön, wenn ich nach England könnte. Es sieht nämlich nicht so aus, als hätte ich meinen College-Abschluss schnell in der Tasche», meinte ich. Ob ich dort nicht eventuell Medizin studieren könne?

Mein Bruder unterbrach mich. «Vater war immer dagegen. Als er sagte, wir Vaishnavas sollten mit Leichensezieren nichts zu tun haben, dachte er an dich. Vater wollte, dass du Anwalt wirst.»

«Im Gegensatz zu Gandhiji habe ich nichts gegen den Arztberuf», schaltete sich Joshiji ein, «unsere Shastren haben nichts dagegen. Aber als Mediziner kannst du nicht Diwan werden, und ich möchte, dass du Diwan wirst oder möglicherweise eine noch bessere Position bekommst. Nur so kannst du deine große Familie versorgen. Die Zeiten ändern sich rasend schnell, alles wird schwieriger. Deshalb ist es das Beste, wenn du Anwalt wirst.» Zu meiner Mutter sagte er: «Ich muss jetzt los. Bitte denk darüber nach. Wenn ich das nächste Mal komme, redet ihr hoffentlich bereits über die Vorbereitungen für England. Sollte es Probleme geben, sagt mir Bescheid.»

Joshiji ging und ich fing an, Luftschlösser zu bauen.

Mein älterer Bruder war sehr besorgt – woher sollte er das Geld für meinen Englandaufenthalt auftreiben? Und sollte ein junger Mann wie ich überhaupt ins Ausland gehen?

Meine Mutter war ganz durcheinander. Sie wollte sich nicht von mir trennen. «Onkel ist jetzt der Familienälteste. Zuerst sollten wir ihn fragen. Wenn er zustimmt, überlegen wir uns die Sache», versuchte sie mich abzuspeisen.

Mein Bruder hatte eine andere Idee. «Der Staat Porbandar ist uns in gewisser Weise verpflichtet, und Mr. Lely hat in der Verwaltung dort einen hohen Posten inne. Er hält viel von unserer Familie, und für Onkel hat er eine besondere Schwäche. Vielleicht empfiehlt er dich ja für ein Auslandsstipendium.»

Begeistert machte ich mich auf den Weg nach Porbandar. Damals gab es keine Züge, daher stand mir eine fünftägige Fahrt mit dem Ochsenkarren bevor, und ich war, wie erwähnt, feige. Aber der Wunsch, nach England zu gehen, war übermächtig. Ich mietete einen Ochsenkarren bis Dhoraji und von dort nahm ich ein Kamel, um schneller in Porbandar zu sein; es war das erste Mal, dass ich auf einem Kamel ritt.

Schließlich kam ich an, verbeugte mich vor meinem Onkel und erzählte ihm alles. Er dachte nach. «Nach allem, was ich gehört habe, bin ich nicht sicher, ob sich ein Englandaufenthalt nicht negativ auf die eigene Religion auswirkt. Wenn ich diese großen Barrister treffe, sehe ich keinen Unterschied zwischen ihrer Lebensweise und der der Sahibs. Sie ignorieren die Speisevorschriften, haben ständig eine Zigarre im Mund und tragen so wenig Kleidung, dass sie fast nackt sind. All das verträgt sich nicht mit unseren Familientraditionen. Demnächst gehe ich auf Pilgerfahrt, ich habe nicht mehr viele Jahre zu leben. Wie kann ich dir auf der Schwelle des Todes die Erlaubnis geben, nach England zu fahren, übers Meer zu reisen? Aber ich will dir nicht im Weg stehen. Auf die Erlaubnis deiner Mutter kommt es an. Wenn sie es erlaubt, dann gute Reise! Sag ihr, ich werde mich nicht einmischen. Meinen Segen hast du.»

«Ich habe gehofft, dass du so reagierst», sagte ich. «Jetzt versuche ich, Mutter dafür zu begeistern. Könntest du mich nicht Mr. Lely empfehlen?»

«Das kann ich nicht», sagte er, «doch er ist ein guter Mensch. Wenn du ihn um einen Termin bittest, sag ihm, mit wem du verwandt bist, dann bekommst du bestimmt einen. Vielleicht hilft er dir ja.»

Warum gab mir mein Onkel kein Empfehlungsschreiben mit? Vermutlich, weil er nicht direkt etwas mit meinem Aufenthalt in England zu tun haben wollte, der in seinen Augen gottlos war.

Ich schrieb Mr. Lely, der mich zu sich nach Hause bestellte. Als ich eintraf, ging er gerade die Treppe hoch. «Kommen Sie wieder, wenn Sie Ihren B. A. in der Tasche haben. Momentan können Sie keine Unterstützung erwarten», sagte er kurz angebunden und lief nach oben. Ich hatte mich sorgfältig auf das Treffen vorbereitet, mir einige Sätze zurechtgelegt, mich tief verbeugt und ihn mit zusammengelegten Händen begrüßt. Leider alles vergeblich.

Der Schmuck meiner Frau kam mir in den Sinn, und ich dachte an meinen älteren Bruder, zu dem ich größtes Vertrauen hatte. Er war mehr als großzügig und liebte mich wie einen Sohn. Ich ging zurück nach Rajkot und berichtete, wie die Reise verlaufen war. Ich befragte Joshiji, der mir riet, notfalls Schulden zu machen. Man könne ja den Schmuck meiner Frau verkaufen, der wahrscheinlich zwei- bis dreitausend Rupien einbringen werde, meinte ich. Mein Bruder versprach, irgendwie werde er das Geld schon auftreiben.

Meine Mutter war jedoch immer noch gegen den Auslandsaufenthalt. Mittlerweile hatte sie sich genau erkundigt. Jemand hatte ihr gesagt, in England würden die jungen Männer auf Abwege geraten. Ein anderer hatte berichtet, sie würden zu Fleischessern, und ein dritter, sie könnten dort nicht ohne Alkohol leben. «Was sagst du dazu?», fragte sie.

«Vertraust du mir nicht?», wollte ich wissen. «Ich werde dich nicht anlügen. Ich schwöre, ich werde weder Fleisch noch Alkohol anrühren. Wenn es dort so gefährlich ist, wäre Joshiji dann nicht dagegen?»

«Ich weiß, dass ich dir vertrauen kann», sagte meine Mutter. «Aber auch, wenn du weit weg bist? Ich bin verwirrt und ratlos. Ich frage Becharji Swami.»

Becharji Swami war ursprünglich Modh Bania, mittlerweile aber Jaina-Mönch. Wie Joshiji war auch er ein Berater der Familie. Er kam mir zu Hilfe. «Ich lasse den Jungen drei feierliche Gelübde ablegen, dann soll er ruhig gehen.» Er nahm mir den Eid ab, bei dem ich gelobte, von Wein, Frauen und Fleisch die Finger zu lassen. Danach gab meine Mutter ihre Zustimmung.

Meine Schule veranstaltete mir zu Ehren eine Abschiedsfeier. Es war ungewöhnlich, dass ein junger Mann aus Rajkot nach England ging. Ich hatte mir ein paar Dankesworte notiert, die ich aber nur stammelnd herausbrachte. Mir war schwindlig und ich zitterte am ganzen Körper, als ich aufstand, um sie vorzulesen.

Mit dem Segen der Familienältesten ging es nach Bombay, das erste Mal, dass ich von Rajkot nach Bombay reiste. Mein Bruder begleitete mich. Aber man soll den Tag nicht vor dem Abend loben. Die Abfahrt aus Bombay war nicht so einfach wie gedacht.

12. Kastenlos

Mit mütterlichem Einverständnis und Segen brach ich begeistert nach Bombay auf, ließ meine Frau mit einem erst wenige Monate alten Baby zurück. Dort erklärten Freunde meinem Bruder, im Juni und Juli sei der Indische Ozean sehr rau und weil dies meine erste Seereise sei, dürfe ich erst nach Diwali, also im November, fahren. Einer erzählte, vor kurzem sei während eines Sturms ein Dampfer sogar gesunken. Mein Bruder wurde unruhig und wollte kein Risiko eingehen. Ich durfte also nicht sofort abreisen. Er brachte mich bei einem Freund unter und kehrte nach Rajkot zu seiner Arbeit zurück. Mein Reisegeld gab er einem Schwager, der es für mich aufbewahrte, und bat einige Freunde, ein Auge auf mich zu haben.

Die Zeit in Bombay wurde mir lang. Ich träumte von England.

Mittlerweile waren die Angehörigen meiner Kaste empört. Bisher war noch nie ein Modh Bania nach England gegangen, und wenn ich das wagen sollte, hatte ich mich ihnen gegenüber dafür zu verantworten.

Eine Generalversammlung der Kaste wurde einberufen und ich vorgeladen. Ich ging hin; woher ich plötzlich den Mut hernahm, weiß ich nicht. Jedenfalls trat ich ohne zu zögern vor die Versammlung. Der Sheth – das Oberhaupt der Gemeinschaft –, der entfernt mit mir verwandt und gut mit meinem Vater ausgekommen war, wandte sich an mich.

«Nach Ansicht der Kaste ist dein Englandplan ungehörig. Unsere Religion verbietet Seereisen. Außerdem haben wir gehört, dass man dort nicht leben kann, ohne gegen unsere Religion zu verstoßen. Man ist gezwungen, mit Sahibs an einem Tisch zu sitzen!»

«Ich glaube, ein Aufenthalt in England widerspricht unserer Religion überhaupt nicht. Ich möchte dort weiterstudieren. Und ich habe bereits meiner Mutter feierlich versprochen, dass ich bei den Dingen enthaltsam bin, die euch die größten Sorgen machen. Bestimmt schützt mich mein Gelübde.»

«Aber wir sind der Meinung, dass du dort unmöglich unsere Religionsvorschriften einhalten kannst», gab der Sheth zurück. «Du weißt, wie ich zu deinem Vater gestanden habe, und solltest auf meinen Rat hören.»

«Ich weiß, wie Sie zu meinem Vater gestanden haben», sagte ich, «und Sie sind wie ein Familienältester für mich. Aber ich kann nicht anders, mein Entschluss steht fest. Der Freund und Berater meines Vaters, ein gelehrter Brahmane, hat nichts gegen meinen Englandaufenthalt, und meine Mutter und mein Bruder sind ebenfalls einverstanden.»

«Du widersetzt dich also dem Verbot der Kaste?»

«Ich kann nicht anders. Die Kaste sollte sich in diese Sache nicht einmischen, finde ich.»

Das brachte den Sheth in Rage. Er beschimpfte mich. Ich blieb ungerührt sitzen. Schließlich verkündete er seinen Beschluss: «Von heute an soll dieser Junge wie ein Kastenloser behandelt werden. Jeder, der ihm hilft oder ihn zum Abschied begleitet, muss eine Rupie vier Anna Strafe zahlen.»

Der Beschluss ließ mich kalt, und ich verabschiedete mich vom Sheth. Doch wie würde mein Bruder reagieren? Was, wenn ihn der Mut verließ? Glücklicherweise blieb er hart und schrieb, auch wenn die Kaste es anders angeordnet habe, er werde mir den Englandaufenthalt nicht verwehren.

Der Vorfall machte mich noch ungeduldiger. Was, wenn sie meinen

Bruder unter Druck setzten? Angenommen, etwas Unvorhergesehenes würde geschehen? Während ich mir Sorgen um meine schwierige Situation machte, bekam ich mit, dass ein Vakil aus Junagadh, der in England als Barrister zugelassen worden war, sich am 4. September einschiffen würde. Ich traf mich mit den Freunden meines Bruders, die ein Auge auf mich haben sollten. Sie fanden auch, ich sollte die Gelegenheit wahrnehmen und in seiner Gesellschaft reisen. Jetzt war keine Zeit zu verlieren. Ich bat meinen Bruder telegrafisch um Erlaubnis und bekam sie. Dann bat ich meinen Schwager, mir das Geld zu geben. Doch er verwies auf den Beschluss des Sheth, er könne es sich nicht leisten, ausgestoßen zu werden. Also suchte ich einen Freund der Familie auf und bat ihn, mir Geld für die Überfahrt und verschiedenen Unkosten auszulegen. Mein Bruder werde ihm den Betrag erstatten. Nicht nur kam dieser Freund netterweise meiner Bitte nach, er munterte mich auch auf. Ich war ihm sehr dankbar. Mit einem Teil der Summe bezahlte ich umgehend die Überfahrt. Nun musste ich mich für die Reise ausstatten. Ein anderer Freund, der sich in diesen Dingen auskannte, besorgte mir Garderobe und anderes. Manche Kleidungsstücke gefielen mir, andere hingegen gar nicht. Die von mir später so geliebte Krawatte fand ich grauenvoll, die kurze Jacke unanständig. Aber diese Abneigung war nichts gegen den Wunsch, nach England zu reisen. Proviant hatte ich noch genug für die Reise. Meine Freunde buchten mir eine Koje in derselben Kabine, in der Tryambakrai Mazmudar, der Vakil aus Junagadh, untergebracht war, dem sie mich sehr ans Herz legten. Er war ein erfahrener Mann mittleren Alters, ich hingegen ein achtzehnjähriges Bürschchen ohne jegliche Erfahrung. Mazmudar versicherte meinen Freunden, sie könnten unbesorgt sein.

Am 4. September segelte ich endlich aus Bombay ab.

13. Endlich in England

Ich spürte auf dem Dampfer den Seegang überhaupt nicht. Aber je länger wir unterwegs waren, desto unruhiger wurde ich. Ich war so schüchtern, dass ich mich nicht einmal den Steward anzusprechen traute. Englisch zu reden war ungewohnt für mich, und außer Mazmudar waren alle Passagiere der zweiten Klasse Engländer. Ich konnte mich nicht mit ihnen unterhalten, denn wenn sie mich ansprachen, verstand ich kein Wort, und selbst wenn ich sie verstand, konnte ich nicht sofort antworten, weil ich mir zuerst jeden Satz zurechtlegen musste, ehe ich ihn herausbrachte. Der Umgang mit Messer und Gabel war mir fremd, und ich brachte nicht den Mut auf, nachzufragen, welche Gerichte auf der Karte fleischlos waren. Daher nahm ich meine Mahlzeiten nie im Speisesaal ein, sondern aß in meiner Kabine, hauptsächlich die mitgebrachten Süßigkeiten etc. Mazmudar kannte solche Schwierigkeiten nicht und mischte sich unter die Leute. Unbeschwert bewegte er sich an Deck, während ich mich den ganzen Tag in der Kabine versteckte und nur dann aufs Deck hochging, wenn sich kaum jemand dort aufhielt. Immer wieder redete Mazmudar mir gut zu, ich solle mich doch unter die Leute begeben und frisch drauflos mit ihnen plaudern. Juristen müssten redegewandt sein, erklärte er und erzählte aus seinem Anwaltsalltag. «Englisch ist nicht unsere Sprache, daher macht man selbstverständlich Fehler, aber trotzdem sollte man ohne Hemmungen drauflosreden», sagte er immer wieder. Aber ich kam gegen meine Schüchternheit nicht an.

Ein englischer Passagier, der älter war als ich, fand mich sympathisch und fing ein Gespräch an. Was ich denn esse, wer ich sei, wohin ich fahre, warum ich so schüchtern sei und so weiter. Er schlug auch vor, dass ich im Speisesaal essen sollte. Über meine entschlossene Fleischabstinenz lachte er und meinte mitfühlend: «Bisher war das ja kein Problem, aber im Golf von Biskaya werden Sie es sich anders überlegen müssen. Und in England ist es dermaßen kalt, man kann dort unmöglich auf Fleisch verzichten.»

«Soweit ich gehört habe, gibt es dort Leute, die ohne Fleisch auskommen.»

«Da hat man Sie definitiv angeschwindelt», sagte er. «Soweit ich weiß, essen alle dort Fleisch. Fällt Ihnen auf, dass ich Ihnen nicht zum Alkohol rate, obwohl ich selbst trinke? Aber Fleisch sollte man meiner Meinung nach essen.»

«Ich danke Ihnen für den freundlichen Ratschlag, aber ich habe meiner Mutter fest versprochen, kein Fleisch anzurühren. Sollte man in England nicht leben können, ohne Fleisch zu essen, gehe ich lieber nach Indien zurück.»

Wir erreichten den Golf von Biskaya, aber mich überkam weder das

Bedürfnis nach Fleisch noch nach Alkohol. Man hatte mir geraten, ich sollte mir den Fleischverzicht schriftlich bestätigen lassen, und bat meinen englischen Bekannten darum, was er gern tat. Eine Weile hob ich das Schreiben auf, aber als ich später erfuhr, dass man eine derartige Bescheinigung auch als Fleischesser bekommen konnte, verlor es seinen Wert. Wenn man meinem Wort keinen Glauben schenkte, was taugte dann ein derartiges Attest?

Irgendwie brachten wir die Reise hinter uns und legten, soweit ich mich erinnere, an einem Samstag in Southampton an. Auf dem Schiff hatte ich einen schwarzen Anzug getragen und den weißen aus Flanell, den meine Freunde mir besorgt hatten, extra für die Anlandung aufbewahrt, in der Annahme, es würde besser aussehen, wenn ich in Weiß an Land ginge. Also trug ich den weißen Flanellanzug. Es war Ende September, und es stellte sich heraus, dass ich als Einziger so gekleidet war. Mein gesamtes Gepäck, einschließlich Schlüssel, hatte ich einem Mitarbeiter von Grindlay & Co. übergeben, weil ich gesehen hatte, dass es viele andere Passagiere so machten.

Ich hatte vier Empfehlungsschreiben dabei: an Dr. P. J. Mehta, an Dalpatram Shukla, an Fürst Ranjitsinhji und an Dadabhai Naoroji. Mazmudar und ich machten uns auf zum Victoria Hotel in London, das uns auf dem Schiff empfohlen worden war. Die Peinlichkeit, dass ich als Einziger weiß gekleidet war, ließ mich beinahe in den Boden versinken. Bestürzt erfuhr ich im Hotel, dass Grindlay meine Sachen am nächsten Tag nicht liefern würde, weil es ein Sonntag war.

Dr. Mehta besuchte mich am selben Abend gegen acht Uhr und machte sich liebevoll über mich lustig, weil ich einen weißen Flanellanzug trug. Beiläufig fuhr ich mit der Hand über seinen Zylinder, weil ich wissen wollte, wie er sich anfühlte, strich allerdings in die falsche Richtung, so dass das Fell hochstand. Dr. Mehta sah, was ich angerichtet hatte, und sagte, ich solle das lassen. Aber der Fauxpas war schon geschehen. Der Vorfall war mir eine Lehre und meine erste Lektion in europäischer Etikette, in deren Feinheiten Dr. Mehta mich humorvoll einweihte. «Fassen Sie anderer Leute Sachen nicht an», sagte er. «Stellen Sie bei der ersten Begegnung keine der Fragen, die wir in Indien stellen würden. Reden Sie leise. In Indien ist es üblich, Sahibs mit Sir anzureden. Das ist hier unnötig, nur Diener und Untergebene reden ihren Herrn mit Sir an.» Auch erklärte er mir, das Leben im Hotel sei teuer, ich solle doch besser privat unterkommen. Am Montag würden wir uns dazu weitere Gedanken machen. Nachdem Dr. Mehta mir noch weitere Ratschläge gegeben hatte, ging er.

Mazmudar und ich fanden den Hotelaufenthalt anstrengend, und teuer war er obendrein. Es gab aber einen Sindhi, der seit Malta mit auf dem Schiff gewesen war und sich mit Mazmudar angefreundet hatte. Er kannte sich in London aus und bot an, eine Unterkunft für uns zu finden. Wir waren einverstanden, und gleich nachdem unser Gepäck am Montag geliefert worden war, zahlten wir unsere Rechnung und zogen in die Zimmer, die der Sindhi-Bekannte für uns gemietet hatte. Ich erinnere mich, dass sich meine Hotelrechnung auf drei Pfund belief, eine schockierende Summe. Und trotz des Riesenbetrags war ich dort beinahe verhungert! Mir schmeckte nichts. Weil ich die eine Speise nicht mochte, bestellte ich eine andere, musste aber beide bezahlen. Eigentlich hatte ich mich die ganze Zeit über von den aus Bombay mitgebrachten Vorräten ernährt.

Doch auch in der neuen Unterkunft fühlte ich mich sehr unwohl. Ständig dachte ich an zu Hause und wie sehr mich meine Mutter liebte. Nachts liefen mir die Tränen übers Gesicht, und da mich alle möglichen Erinnerungen an daheim überkamen, war an Schlaf nicht zu denken. Ich hatte niemanden, mit dem ich über meinen Kummer sprechen konnte. Und selbst wenn, es hätte nichts gebracht. Nichts konnte mich trösten. Alles war mir fremd – die Menschen, ihre Art, sogar wie sie wohnten. Fast jedes Wort, jede Handlung konnte sich als Fauxpas erweisen. Und obendrein die Einschränkungen beim Essen und Trinken. Selbst die Gerichte, die ich essen durfte, schmeckten nach nichts. Ich war wie eine Nuss, die im Nussknacker zerquetscht wird. England war unerträglich, eine Rückreise nach Indien aber undenkbar. Nachdem ich nun einmal hier war, musste ich die drei Jahre auch durchhalten.

14. Meine Entscheidung

Weil er dachte, ich würde dort noch immer wohnen, kam Dr. Mehta am Montag ins Victoria Hotel, erfragte die neue Adresse und besuchte mich in unserer Unterkunft. Durch reine Dummheit hatte ich mir auf dem

Schiff eine Ringelflechte eingefangen. Wir hatten uns mit Meerwasser gewaschen, in dem sich Seife bekanntlich nicht auflöst. Ich hatte trotzdem Seife benutzt, weil ich das für gute Erziehung hielt, mit dem Resultat, dass meine Haut nicht sauber, sondern fettig wurde und ich die Ringelflechte bekam. Als ich sie Dr. Mehta zeigte, riet er zur Behandlung mit Essigsäure. Ich kann mich noch erinnern, wie es mir die Tränen in die Augen trieb. Er begutachtete mein Zimmer und schüttelte missbilligend den Kopf. «Diese Unterkunft taugt nichts», sagte er. «Wir gehen nach England weniger des Studiums wegen, sondern weil wir Erfahrungen sammeln wollen. Deswegen sollten Sie bei einer Familie unterkommen. Aber es wäre wohl sinnvoll, wenn Dalpatram Shukla Sie erst einmal eine Zeitlang unter seine Fittiche nimmt.»

Dankbar ging ich auf den Vorschlag ein und zog bei seinem Freund ein, der mich wie einen Bruder behandelte, mit den englischen Sitten bekannt machte und an die englische Sprache gewöhnte. Nur die Ernährungsfrage wurde ein echtes Problem. Das Gemüse, ohne Salz und Gewürze gekocht, schmeckte mir nicht. Bald wusste die Hausherrin nicht mehr, was sie mir servieren sollte. Zum Frühstück gab es Porridge, der ziemlich satt machte, aber nach dem Mittag- und Abendessen stand ich immer hungrig auf. Ständig redete der Freund mir gut zu, ich solle doch Fleisch essen, aber ich verwies auf mein Gelübde und schwieg dann, weil ich ihm argumentativ nicht gewachsen war. Mittags und abends gab es Spinat, Brot und Marmelade. Ich war ein guter Esser mit geräumigem Magen, wollte aber aus Anstand nie um mehr als zwei, drei Scheiben Brot bitten. Auch Milch gab es nicht dazu. Einmal platzte dem Freund der Kragen. «Wenn Sie mein Bruder wären, hätte ich Sie schon längst an die Luft gesetzt. Was taugt ein Gelübde, das man vor einer ungebildeten Mutter und ohne eine Ahnung von den hiesigen Verhältnissen abgelegt hat? Das ist doch überhaupt kein Gelübde, würde gesetzlich nicht als solches gelten. Ein solches Versprechen einzuhalten ist reinster Aberglaube. Mit dieser Hartnäckigkeit werden Sie hier nichts lernen, was Ihnen zu Hause nützt, das sage ich Ihnen. Sie haben zugegeben, dass Sie früher Fleisch gegessen haben und es Ihnen geschmeckt hat. Damals, als es überhaupt keinen Grund gab, haben Sie welches gegessen, aber jetzt, wo es notwendig ist, verweigern Sie sich. Sehr erstaunlich!»

Doch ich blieb hart.

Tagein, tagaus redete der Freund auf mich ein, meine Antwort war stets das Nein, das sechsunddreißig Krankheiten heilt. Je mehr er auf mich einredete, desto unnachgiebiger wurde ich. Täglich bat ich um Gottes Beistand, den ich auch bekam. Nicht, dass ich eine klare Vorstellung von Gott gehabt hätte. Es war der Glaube, der hier wirkte, der Glaube, dessen Keim von meiner guten Kinderfrau Rambha gesät worden war.

Eines Tages fing der Freund an, mir Benthams «Theory of Utility» vorzulesen. Ich war mit meinem Englisch am Ende; die Sprache zu komplex für mich. Er fing an, mir den Text zu erklären. «Verzeihen Sie bitte vielmals. Bei diesen Feinheiten komme ich nicht mit. Ich gebe zu, dass Fleischverzehr notwendig ist. Aber ich kann mein Gelübde nicht brechen und auch nicht darüber diskutieren, denn ich kann Ihre Argumente nicht widerlegen. Bitte schreiben Sie mich nicht als dumm oder dickköpfig ab. Ich schätze Ihre Zuneigung und verstehe, worauf Sie hinauswollen. Ich weiß, Sie wollen nur mein Bestes. Und ich weiß auch, dass Sie mir das alles immer wieder erzählen, weil Sie sich um mich Gedanken machen. Aber mir sind die Hände gebunden, ein Gelübde ist ein Gelübde und darf nicht gebrochen werden.»

Der Freund sah mich an. Er klappte das Buch zu. «Gut. Keine Einwände mehr.» Ich war froh. Er brachte das Thema nie wieder auf den Tisch. Aber er machte sich weiterhin Sorgen um mich. Er rauchte und trank, forderte mich aber nie dazu auf, sondern bat mich, von beidem die Finger zu lassen. Seine einzige Befürchtung war, dass ich ohne Fleisch sehr geschwächt wäre und mich deshalb in England nicht wohlfühlen würde.

So verbrachte ich also meine einmonatige Lehrzeit. Das Haus des Freundes stand in Richmond, daher kam ich nicht öfter als ein-, zweimal in der Woche nach London. So beschlossen Dr. Mehta und Dalparam Shukla, ich sollte bei einer Familie einquartiert werden. Shukla fand eine Familie in West Kensington, die früher in Indien gelebt hatte, und brachte mich dort unter. Die Vermieterin war Witwe. Ich erzählte ihr von meinem Gelübde. Die alte Dame versprach, sich gut um mich zu kümmern, und ich zog bei ihr ein. Auch hier war ich praktisch am Verhungern. Ich hatte nach Hause geschrieben, man solle mir doch bitte Süßigkeiten und andere Lebensmittel schicken, aber bisher war kein Paket gekommen. Alles schmeckte nach nichts. Jeden Tag fragte die alte Dame, ob mir das Essen schmecke, aber sie bekam nichts aus mir heraus, denn ich war immer noch genauso schüchtern. Sie hatte zwei Töchter, die darauf bestanden, dass ich mehr Brot bekam. Allerdings konnten sie nicht ahnen, dass ich erst nach einem ganzen Laib satt gewesen wäre.

Mittlerweile waren mir jedoch Flügel gewachsen. Mit meinem Studium hatte ich noch nicht begonnen, dafür aber, dank Shukla, mit regelmäßiger Zeitungslektüre, die mir allmählich Spaß machte. In Indien hatte ich nie eine Zeitung in die Hand genommen. Ich blätterte immer *The Daily News, The Daily Telegraph* und *The Pall Mall Gazette* durch, wofür ich nicht einmal eine Stunde brauchte. Deshalb machte ich Spaziergänge, auf denen ich nebenher nach vegetarischen Restaurants Ausschau hielt, denn meine Vermieterin hatte mir gesagt, dass es so etwas in der Stadt gab. Jeden Tag wanderte ich zehn, zwölf Meilen, ging in ein billiges Lokal, wo ich Brot aß, bis ich satt, wenn auch nie richtig zufrieden war. Auf einem dieser Streifzüge stieß ich auf ein vegetarisches Restaurant in der Farringdon Street, bei dessen Anblick ich mich freute wie ein Kind, dem ein Herzenswunsch erfüllt wird. Bevor ich hineinging, fiel mein Blick auf ein Schaufenster neben der Tür, in dem Bücher zum Verkauf ausgestellt waren. Ich entdeckte Salts «Plea for Vegetarianism», bezahlte einen Shilling dafür und ging anschließend in den Speisesaal, wo ich die erste zünftige Mahlzeit seit meiner Ankunft in England bekam. Gott hatte meinen Hunger gestillt.

Ich las Salts Buch, das mich sehr beeindruckte. Seit dieser Lektüre bin ich aus Überzeugung Körner-und-Gemüse-Esser. Ich segnete den Tag, an dem ich vor meiner Mutter mein Gelübde abgelegt hatte. Bis dahin hatte ich der Wahrheit und meines späteren Gelübdes wegen kein Fleisch angerührt, mir aber gleichzeitig gewünscht, dass jeder Fleisch essen sollte, und mich darauf gefreut, das eines Tages selbst in aller Öffentlichkeit zu tun und andere dafür zu gewinnen. Jetzt wollte ich unbedingt Vegetarier bleiben und andere von dieser Lebensweise überzeugen.

15. In «zivilisierter» Kleidung

Mit jedem Tag wurde ich ein immer überzeugterer Vegetarier. Salts Buch hatte mir Appetit auf die Ernährungslehre gemacht. Ich besorgte mir alle verfügbaren Bücher über die vegetarische Lebensweise. Eines davon,

Howard Williams' «The Ethic of Diet», beschreibt die Ernährungsweisen und -ideen von Gelehrten, Inkarnierten und Propheten durch die Zeiten. Er versuchte auch zu beweisen, dass u. a. Pythagoras und Jesus Vegetarier gewesen waren. Ansprechend war auch Dr. Anna Kingsfords «The Perfect Way in Diet». Dr. Allinsons Schriften über Gesundheit und Hygiene waren ebenfalls sehr nützlich. Er befürwortete eine Heilkunde, die auf geregelter Nahrungsaufnahme basierte. Selbst Vegetarier, verschrieb er seinen Patienten eine strikt vegetarische Diät. Die Lektüre dieser Bücher führte dazu, dass Ernährungsexperimente in meinem Leben eine große Rolle spielten. Anfänglich stand dabei die Gesundheit im Mittelpunkt, aber später wurde Religion der entscheidende Faktor.

Währenddessen machte sich mein Freund weiterhin Sorgen um mich. Er befürchtete, wenn ich mich weiterhin dem Fleischkonsum verweigerte, könnte ich nicht nur völlig kraftlos werden, sondern auch ein Dummkopf bleiben, weil ich mich nie unter die Engländer mischte. Als er mitbekam, dass ich mich für Bücher über Vegetarismus interessierte, hatte er sofort weitere Bedenken. Diese Lektüre könnte meinen Geist verwirren, ich würde meine Zeit mit diesen Experimenten verplempern, darüber mein Studium vergessen und zum Sonderling werden. Also unternahm er einen letzten Bekehrungsversuch und lud mich ins Theater ein. Vor Aufführungsbeginn stand ein Abendessen im Holborn Restaurant auf dem Programm, in meinen Augen ein wahrer Palast und das erste große Restaurant, das ich betrat, seit ich aus dem Victoria Hotel ausgezogen war. Der Aufenthalt im Hotel konnte kaum als nennenswerte Erfahrung verbucht werden, denn ich war zu durcheinander gewesen. Und nun saßen mein Freund und ich uns inmitten Hunderter Gäste gegenüber. Als erster Gang kam Suppe auf den Tisch. Ich fragte mich, was wohl drin war, getraute mich aber nicht, meinen Freund zu fragen, und winkte dem Kellner. Mein Freund bekam das mit und fragte gereizt: «Was ist denn los?» Ich zögerte. «Ich wollte fragen, ob da Fleisch drin ist», sagte ich dann leise. «In einem solchen Restaurant ist eine derartige Barbarei nicht angebracht. Wenn Sie weiterhin herumkritteln und herummäkeln wollen, gehen Sie lieber. Essen Sie in einem kleinen Restaurant und warten Sie draußen auf mich.» Begeistert stand ich auf. In der Nähe lag ein vegetarisches Lokal, das aber geschlossen hatte. Da ich nicht wusste, was ich tun sollte, fiel das Abendessen an diesem Tag aus. Später gingen wir gemeinsam ins Theater; mein Freund erwähnte den Vorfall mit keinem Wort. Von meiner Seite gab es ohnehin nichts zu sagen.

Das war unsere letzte Auseinandersetzung; sie brachte uns weder auseinander noch hinterließ sie einen bitteren Nachgeschmack. Ich freute mich über die Zuneigung, die hinter den Bemühungen meines Freundes stand, und meine Achtung vor ihm stieg, gerade weil wir so unterschiedlich dachten und handelten.

Aber ich beruhigte ihn wohl besser und versicherte ihm daher, ich würde mich nie wieder barbarisch aufführen, mir zivilisiertes Verhalten und durch gesellschaftlichen Umgang weitere Kompetenzen aneignen, womit sich mein seltsamer Vegetarismus bemänteln ließe. Und so unternahm ich den oberflächlichen und jenseits meiner Fähigkeiten liegenden Versuch, mir zivilisiertes Verhalten anzueignen.

Meine Kleidung aus Bombay, nach dem Vorbild englischer Mode geschnitten, fand ich ungeeignet für England und kaufte mir in einem Army & Navy Store eine neue Garderobe. Auch einen Zylinder erstand ich, die damals die enorme Summe von neunzehn Shilling kostete. Damit nicht zufrieden, verbriet ich zehn Pfund für einen Abendanzug aus der Bond Street, wo sich die Eleganten und Modebewussten ihre Kleider schneidern ließen. Von meinem gutherzigen Bruder ließ ich mir eine goldene Doppeluhrkette schicken. Vorgebundene Krawatten verstießen gegen die Etikette, daher lernte ich die Kunst des Schlipsbindens. In Indien bekam man einen Spiegel nur an dem Tag zu sehen, an dem man rasiert wurde, hier verplemperte ich täglich zehn Minuten vor einem Riesenspiegel, beobachtete mich, wie ich meine Krawatte richtete und mir einen modischen korrekten Scheitel zog. Mein Haar war alles andere als geschmeidig, und es war ein täglicher Kampf mit der Bürste (die ja fast wie ein Besen aussieht), um es in Form zu bringen. Jedes Mal wenn ich den Hut auf- oder absetzte, fuhr meine Hand automatisch hoch, um den Scheitel wieder in Ordnung zu bringen, die gleiche zivilisierte Handbewegung erfolgte gelegentlich auch, wenn ich mich inmitten feiner Gesellschaft befand.

Mit diesen Dandyallüren allein war es jedoch nicht getan. Macht uns zivilisierte Kleidung bereits zum zivilisierten Menschen? Ich erfuhr von einer anderen charmanten Ausprägung zivilisierten Verhaltens, das ich mir aneignen wollte. Ein zivilisierter Mensch muss das Tanzen beherrschen, passabel Französisch sprechen, weil das die Sprache des benachbarten Frankreichs ist, überdies auch die Verkehrssprache in ganz Europa, wo ich meine Studien treiben wollte. Außerdem muss ein zivilisierter Mensch eloquent reden können. Ich beschloss, an einem Tanzkurs teilzunehmen, für den ich drei Pfund in bar bezahlte. Im Zeitraum von drei Wochen nahm ich an ungefähr sechs Stunden teil, war aber zu rhythmischen Bewegungen geradezu unfähig. Ich konnte dem Klavier nicht folgen und daher den Takt überhaupt nicht halten. Eins, zwei, drei ging noch, aber dazwischen gab das Klavier den Takt vor, was mich überforderte. Was tun? Mir ging es wie in der Fabel vom Einsiedler und der Katze. Der Einsiedler hielt sich eine Katze, die die Ratten verjagt, dann eine Kuh, die Milch für die Katze gibt, einen Mann, der die Kuh hütet, und so weiter. Mein Ehrgeiz wurde wie der Eremitenhausstand immer größer. Ich fand, ich sollte Geige lernen, damit ich ein Gehör für westliche Melodien und Rhythmen entwickelte. Also zahlte ich drei Pfund für eine Geige und investierte Geld in Unterricht. Dann suchte ich mir einen dritten Lehrer, der mir Rhetorik- und Sprechunterricht geben sollte, und zahlte eine Guinea im Voraus. Als Lehrbuch empfahl er Bells «Standard Elocutionist», das ich mir auch besorgte. Ich fing mit einer Rede von William Pitt an.

In Sahib Bell vertieft, hörte ich plötzlich sämtliche Alarmglocken schrillen und wachte auf.

Ich würde nicht mein ganzes Leben in England verbringen, wozu also englische Vortragskunst erlernen? Und wie sollte Tanzen mich zu einem zivilisierten Menschen machen? Geigenunterricht konnte ich auch in Indien nehmen. Ich war Student und zum Studieren hier, sollte mich auf meinen Berufseintritt vorbereiten. Wenn mein Charakter mich zu einem zivilisierten Menschen machte, umso besser. Andernfalls musste ich dieses ehrgeizige Ziel eben aufgeben.

Solche und ähnliche Gedanken ließen mich nicht los, ich formulierte sie in einem Brief, den ich an meinen Sprachlehrer schickte, mit der Bitte, mich vom weiteren Unterricht zu befreien. Bis dahin hatte ich lediglich zwei, drei Stunden genommen. Die Tanzlehrerin bekam einen ähnlichen Brief, zur Geigenlehrerin ging ich persönlich hin und bat sie, meine Geige zu jedem Preis zu verkaufen. Wir hatten uns etwas angefreundet, daher erzählte ich ihr von meinem fehlenden Taktgefühl, und sie bestärkte mich in meinem Entschluss, mich von Hemmschuhen wie Tanz usw. zu befreien.

Meine Verblendung dauerte ungefähr drei Monate an. Was die Kleidung betraf, gab ich aber noch jahrelang den Dandy. Doch von nun an ging ich meinem Studium nach.

16. Veränderungen

Es soll aber nicht der Eindruck entstehen, dass mich meine Tanz- und sonstigen Experimente zum Schlendrian verleiteten. Denn sogar in dieser Zeit hatte ich meine fünf Sinne beieinander, wie der Leser gemerkt haben wird, und die Verblendung wurde gemildert, weil ich mich oft analysierte, mein Denken, Handeln und Fühlen beobachtete. Ich führte Buch über jeden ausgegebenen Farthing und behielt mein Budget genau im Auge, mehr als fünfzehn Pfund monatlich wollte ich nicht ausgeben. Sämtliche kleine Ausgaben wie Omnibusfahrten oder Porto wurden notiert, und allabendlich zog ich vorm Zubettgehen Bilanz. Diese Angewohnheit ist mir bis heute geblieben, und daher habe ich mit den öffentlichen Geldern, die mir anvertraut waren und bis in die Hunderttausende gingen, immer gut gewirtschaftet. Keines meiner Projekte endete mit einem Schuldenberg, sondern mit einem Plus. Jeder junge Mensch sollte über das wenige Geld, das er hat, sorgfältig Buch führen, was ihm wie mir – und der Öffentlichkeit – in der Zukunft zugutekommt.

Bei genauer Analyse meines Lebensstils wurde mir klar, dass gespart werden musste. Ich wollte meine Ausgaben halbieren. Meine Aufstellung enthielt etliche Posten für Fahrgeld, jede Woche fiel das Pensionsgeld an, und außerdem musste ich aus Höflichkeit meine Gastfamilie gelegentlich zum Essen einladen, mit manchen von ihnen gesellschaftliche Veranstaltungen besuchen. Dabei fielen immer Kosten für Verkehrsmittel an. Wenn man eine Dame begleitete, konnte man diese schlecht zur Kasse bitten. Auswärts essen bedeutete ebenfalls Extrakosten, denn von der wöchentlichen Rechnung wurden Mahlzeiten, die man verpasst hatte, nicht abgezogen. Es musste doch möglich sein, diese Ausgaben einzusparen und gleichzeitig meinen durch falsch verstandenen Anstand arg strapazierten Geldbeutel zu entlasten.

Also beschloss ich, statt weiterhin bei einer Familie zu wohnen, mir auf eigene Faust eine Unterkunft zu suchen, dabei in unterschiedliche Viertel zu ziehen, je nachdem, wo ich zu tun hatte, und somit auch Erfahrungen zu sammeln. Ich wählte die Unterkünfte so, dass ich meine Arbeitsstätten innerhalb einer halben Stunde zu Fuß erreichen und das Fahrgeld sparen konnte. Bisher musste ich, wenn ich irgendwohin wollte, immer Geld für ein Verkehrsmittel ausgeben. Andererseits musste ich mir Zeit für Spaziergänge abknapsen. Somit wurden Spaziergänge mit Ökonomie kombiniert, denn ich sparte das Fahrgeld und legte täglich acht bis zehn Meilen zurück. Ich verdankte es vor allem diesen Fußmärschen, dass ich während meines ganzen Englandaufenthalts fast komplett von Krankheiten verschont blieb und körperlich fit wurde.

Ich mietete zwei miteinander verbundene Zimmer, Wohn- und Schlafzimmer. Das war das zweite Stadium; das dritte stand noch bevor.

Diese Veränderungen halbierten meine Ausgaben. Aber wie meine Zeit am besten nutzen? Für Anwaltsprüfungen musste man sich nicht groß vorbereiten, das wusste ich und fühlte mich nicht unter Zeitdruck. Mein schlechtes Englisch war mein ewiger Kummer. Lelys Worte klangen mir immer noch im Ohr: «Machen Sie erst Ihren Abschluss, dann können Sie wiederkommen.» Am besten, ich erwarb nicht nur die Anwaltszulassung, sondern studierte noch ein zusätzliches Fach. Ich informierte mich über ein Studium in Oxford und Cambridge, befragte einige Freunde und fand heraus, dass der Besuch einer dieser Universitäten größere Kosten verursachen würde. Das Studium dort war lang, und ich konnte nicht länger als drei Jahre bleiben.

Ein Freund schlug vor, wenn ich tatsächlich den Ehrgeiz hätte, eine schwere Prüfung zu bewältigen, dann biete sich die London Matriculation an, die Zulassungsprüfung für das Universitätsstudium. Das bedeute zwar ziemlich viel Arbeit, werde aber meine Allgemeinbildung sehr verbessern, und zwar ohne nennenswerte Mehrkosten. Der Vorschlag gefiel mir, der Lehrplan jedoch jagte mir Angst ein. Latein und eine weitere Sprache waren Pflicht! Wie sollte ich Latein je schaffen? Doch der Freund hatte ein gutes Argument parat: «Für Juristen ist Latein nicht unwichtig, denn Lateinkenntnisse sind für das Verständnis von Gesetzestexten höchst nützlich. Und eine Aufgabe zum römischen Recht ist vollständig auf Latein. Außerdem, wer Latein kann, beherrscht auch die englische Sprache besser.» Das war einleuchtend, und ich beschloss,

Latein zu lernen, egal wie schwer das sein würde. Mit Französisch hatte ich bereits angefangen und wollte mich darin vervollkommnen, daher bot es sich als zweite Sprache an.

Ich meldete mich zu einem privaten Vorbereitungskurs für die Matriculation an. Die Prüfungen fanden halbjährlich statt, und ich hatte nur noch fünf Monate Zeit. Beinahe ein Ding der Unmöglichkeit. Doch der Kandidat wollte sich, nach seiner Phase als zivilisierter Mensch, zum ernsthaften Studenten wandeln. Ich stellte einen minutiösen Stundenplan auf, aber weder meine Intelligenz noch mein Gedächtnis ließen hoffen, dass ich neben den anderen Fächern auch noch Latein und Französisch bewältigen konnte. Mit dem Ergebnis, dass ich in Latein durchfiel, was bedauerlich war, mich aber nicht entmutigte. Allmählich machte Latein mir Spaß, und wahrscheinlich würde ich bei Französisch im zweiten Anlauf noch besser abschneiden. Im naturwissenschaftlichen Bereich wollte ich ein neues Fach nehmen, denn das bisherige, Chemie, obwohl aus heutiger Sicht eigentlich höchst interessant, fand ich wenig spannend, weil keine Experimente durchgeführt wurden. In Indien gehörte Chemie zu den Pflichtfächern, daher hatte ich es auch für die London Matriculation gewählt. Diesmal entschied ich mich für Wärme und Licht, ein Fach, das angeblich einfach war, was auch zutraf.

Während ich mich auf die Wiederholungsprüfung vorbereitete, bemühte ich mich, mein Leben weiter zu vereinfachen. Mein Lebensstil passte immer noch nicht zur finanziellen Lage meiner Familie. Der Gedanke an die angespannten Verhältnisse, unter denen mein Bruder trotzdem so großzügig war, quälte mich sehr. Die meisten Studenten, die monatlich zwischen acht und fünfzehn Pfund ausgaben, hatten den Vorteil, dass sie ein Stipendium bekamen. Ich lernte etliche Beispiele frugaler Lebensweise kennen, arme Studenten, die viel bescheidener lebten als ich. Einer von ihnen wohnte im Slum, in einem Zimmer für zwei Shilling pro Woche, und lebte von Kakao und Brot für zwei Pence pro Mahlzeit, die er in Lockhart's Cocoa Rooms zu sich nahm. Das würde ich nicht schaffen, aber bestimmt reichte mir ein Zimmer, und gelegentlich könnte ich mir auch zu Hause etwas kochen. So käme ich mit vier bis fünf Pfund monatlich aus. Bücher über einfache Lebensweise fielen mir in die Hand, und schließlich gab ich meine zwei Zimmer auf. Ich mietete ein einzelnes Zimmer für acht Shilling die Woche, investierte in einen Herd und kochte mir von da an mein Frühstück selbst. Das kostete mich lediglich zwanzig Minuten, denn es musste nur der Porridge gekocht und das Wasser für den Kakao aufgesetzt werden. Mittags aß ich auswärts, abends gab es Brot und Kakao zu Hause. So gelang es mir, meine täglichen Ausgaben auf einen Shilling und drei Pence herunterzuschrauben. Zugleich lernte ich sehr intensiv. Das einfache Leben ließ mir viel Zeit und ich bestand die Aufnahmeprüfung.

Damit kein falscher Eindruck entsteht, mein Leben war keinesfalls langweilig, im Gegenteil, durch die Veränderungen kamen mein Inneres und mein Äußeres in Einklang. Zudem entsprach es eher den finanziellen Mitteln meiner Familie. Mein Leben bekam mehr Sinn, und meine Seele war unbändig glücklich.

17. Ernährungsexperimente

Je mehr ich mich selbst erforschte, desto klarer wurde mir, dass sich sowohl innerlich wie äußerlich etwas ändern musste. So rasch ich meine Lebensweise umkrempelte und meine Ausgaben einschränkte, so rasch, wenn nicht sogar noch zügiger, stellte ich meine Ernährung um. Die Autoren, die sich mit Vegetarismus beschäftigten, beleuchteten seine religiösen, wissenschaftlichen, praktischen und auch medizinischen Aspekte sehr genau. Ethisch kamen sie zu dem Schluss, die Überlegenheit des Menschen bedeute nicht, dass dieser auf Vögel und Tiere Jagd machen dürfe, sondern die Höherstehenden müssten die Niedrigstehenden beschützen und die beiden sich helfen, so wie die Menschen untereinander. Sie betonten auch, der Mensch esse nicht zu seinem Vergnügen, sondern um am Leben zu bleiben. Und so empfahlen einige – und setzten es auch in die Tat um –, nicht nur auf Fleisch zu verzichten, sondern auch auf Eier und Milch. Manche hatten aus dem Körperbau des Menschen geschlossen, dass dieser nicht als kochendes, sondern als frugivores Lebewesen gedacht sei, nur Muttermilch vertrage und sobald er Zähne habe, feste Nahrung zu sich nehmen solle. Aus medizinischer Sicht empfahlen sie, auf sämtliche würzende Zutaten zu verzichten. Praktisch und wirtschaftlich hatten sie bewiesen, dass eine vegetarische Ernährung am kostengünstigsten war. Diese vier Erwägungen machten Eindruck auf mich. In den vegetarischen Restaurants traf ich auf Vertreter aller dieser unterschiedlichen Ausprägungen. In England gab es die Vegetarian Society, die eine eigene Wochenzeitschrift herausbrachte. Ich abonnierte die Zeitschrift, trat der Gesellschaft bei und gehörte in allerkürzester Zeit zum Vorstand. Hier kam ich mit den Menschen in Kontakt, die als Säulen des Vegetarismus galten, und fing mit eigenen Ernährungsexperimenten an.

Ich aß weder die Süßigkeiten, noch benutzte ich die Gewürze, die mir von zu Hause geschickt worden waren. Mit der geistigen Neuorientierung verschwand meine Vorliebe für Gewürze, und der gedünstete Spinat, der mir in Richmond fad und ungewürzt vorgekommen war, schmeckte mir jetzt. Viele solcher Experimente zeigten mir, dass der eigentliche Sitz des Geschmacks nicht die Zunge, sondern der Geist ist.

Die wirtschaftliche Seite war mir selbstverständlich stets präsent. Es gab damals die Fraktion, die Tee und Kaffee für schädlich hielt und Kakao bevorzugte. Und da ich überzeugt war, man sollte nur zu sich nehmen, was den Körper nährt, gab ich Tee und Kaffee fast vollständig auf und wechselte zu Kakao.

In den Restaurants, die ich üblicherweise besuchte, gab es zwei Bereiche. Der eine, der von den wohlhabenderen Gästen besucht wurde, bot unzählige Gerichte an, die man à la carte auswählte und für die man zwischen ein und zwei Shilling bezahlte. Im anderen Bereich gab es für sechs Pence dreigängige Abendessen mit einer Scheibe Brot. An meinen enthaltsamsten Tagen aß ich meistens dort.

Neben diesem Hauptexperiment gab es noch viele kleinere. Beispielsweise verzichtete ich eine Zeitlang auf stärkehaltige Lebensmittel, ein anderes Mal ernährte ich mich nur von Brot und Obst, dann wieder von Käse, Milch und Eiern.

Das letzte Experiment, das nicht einmal vierzehn Tage dauerte, ist eine Erwähnung wert. Der Reformer, der Stärkeverzicht propagierte, hatte Eier in höchsten Tönen gelobt und war der Meinung, Eier seien kein Fleisch. Es sei offensichtlich, dass beim Eierverzehr kein Lebewesen zu Schaden komme. Dieses Plädoyer überzeugte mich, und ich aß, trotz meines Gelübdes, Eier. Doch das war nur ein vorübergehender Ausrutscher. Ich hatte nicht das Recht, das Gelübde neu zu interpretieren. Maßgeblich war die Auslegung der Person, die das Gelübde abnahm. Meine Mutter, die mir das Versprechen abgenommen hatte, hätte nicht einmal im Traum an Eier gedacht. Und sowie mir die wahre Tragweite des Gelübdes klar wurde, gab ich Eier und Experiment auf.

In England stieß ich auf drei Definitionen von Fleisch. Laut der ersten fiel nur das Fleisch von Vögeln und Tieren darunter. Vegetarier, die nach dieser Definition lebten, verzichteten darauf, aßen jedoch Fisch, von Eiern ganz zu schweigen. Laut der zweiten Definition war das Fleisch sämtlicher Lebewesen gemeint. Daher kam Fisch hier nicht in Frage, Eier waren jedoch erlaubt. Bei der dritten Definition fielen unter Fleisch das Fleisch aller Lebewesen sowie sämtliche Lebensmittel tierischen Ursprungs, was Eier und Milch einschloss. Wenn ich mich an die erste Definition hielt, durfte ich auch Fisch essen. Allerdings war ich überzeugt, dass die Definition meiner Mutter für mich verbindlich war. Wollte ich also das abgelegte Gelübde einhalten, musste ich Eiern abschwören. Was ich tat.

Das war mit Unannehmlichkeiten verbunden, denn wie sich herausstellte, enthielten sogar in vegetarischen Restaurants viele Gerichte Eier. Das bedeutete, dass ich jedes Mal, bis ich Bescheid wusste, herausfinden musste, ob ein bestimmtes Gericht Eier enthielt, denn sie waren in vielen Nachspeisen und Kuchen enthalten. Obwohl mir das neue Verständnis meines Gelübdes Schwierigkeiten bescherte, wurde meine Ernährung gleichzeitig einfacher. Ärgerlich war allerdings, dass ich verschiedene Speisen aufgeben musste, die mir geschmeckt hatten. Diese Probleme waren nur vorübergehend, weil die strikte Einhaltung des Gelübdes eine innere Freude auslöste, die eindeutig gesünder, feiner und dauerhafter war als ein vorübergehendes Geschmackserlebnis.

Allerdings stand die eigentliche Prüfung noch aus, die mit einem anderen Gelübde zusammenhing. Doch wer wagt, demjenigen zu schaden, den Gott beschützt?

Bevor ich dieses Kapitel beende, muss ich noch etwas zur Auslegung von Gelübden sagen. Mein Gelübde war ein Vertrag zwischen meiner Mutter und mir. Vertragsauslegungen sind auf der ganzen Welt eine ergiebige Konfliktquelle. Wie eindeutig der Wortlaut des Vertrags auch sein mag, ein Sprachkünstler wird aus einer Krähe einen Tiger machen. Darin sind sich alle gleich. Egoismus macht jeden blind. Vom Fürsten bis zum Bettler legt jeder den Vertrag zu seinen Gunsten aus, täuscht die Welt, sich selbst und Gott. Diese Methode, den Wortlaut und Sinn eines

Vertrags zu verdrehen, ist in der Logik als Sophismus des kollektiven Mittelbegriffs bekannt.

Eine der goldenen Regeln lautet, dass die wörtliche Auslegung der Person, der man ein Versprechen gegeben hat, ehrlich befolgt werden muss. Unsere eigene Interpretation ist entweder falsch oder voreingenommen. Eine andere goldene Regel lautet, dass die Auslegung des Schwächeren übernommen werden sollte, wenn es zwei Interpretationsmöglichkeiten gibt. Werden diese beiden Regeln missachtet, kommt es zu Streit und Sittenverfall. Und Unaufrichtigkeit wurzelt in Ungerechtigkeit. Wer einzig nach der Wahrheit strebt, dem fällt die Befolgung der goldenen Regel leicht. Er braucht dazu keine gelehrten Texte. Für mich war die Fleischdefinition meiner Mutter die einzig richtige und nicht die, die möglicherweise auf meiner größeren Erfahrung oder meinem Stolz auf mehr Wissen beruhte.

Bis dahin waren Wirtschaftlichkeit und Gesundheit Auslöser für meine Experimente. In England spielte der religiöse Aspekt keine Rolle, erst in Südafrika, wo ich strapaziöse Experimente durchführte, auf die ich später zurückkomme. Die Grundlagen dafür wurden allerdings bereits in England geschaffen.

Die Begeisterung und der Missionierungsdrang eines Konvertiten für seine neue Religion sind größer als bei einem Menschen, der mit ihr aufgewachsen ist. Damals war in England Vegetarismus der neue Kult und für mich ebenfalls. Ich war als überzeugter Fleischesser angekommen und später intellektuell zum Vegetarismus bekehrt worden, was einer Konversion gleichkam. Mit dem Feuereifer des Neubekehrten wollte ich in Bayswater, meinem Viertel, einen Vegetarierklub gründen. Ich gewann Sir Edwin Arnold, der ebenfalls dort lebte, als Vizepräsidenten. Dr. Oldfield, der den *Vegetarian* herausgab, wurde Präsident und ich selbst Schriftführer. Der Klub lief eine Weile ganz gut, doch nach ein paar Monaten stand er vor dem Aus. Denn ich war, wie es meine Gewohnheit war, wieder einmal in eine andere Gegend umgezogen. Dieses kurzlebige, bescheidene Experiment vermittelte mir einen ersten Einblick, wie man Institutionen organisiert und leitet.

18. Schüchternheit, mein Schutzschild

Ich wurde zwar in den Vorstand der Vegetarian Society gewählt und legte größten Wert darauf, an jeder Sitzung teilzunehmen, brachte aber nie ein Wort heraus. «Mit mir sprechen Sie doch ganz normal, weshalb machen Sie dann bei den Vorstandssitzungen nie den Mund auf?», fragte Dr. Oldfield einmal. «Sie sind eine Drohne.» Ich fand das recht witzig. Bienen sind immer fleißig, Drohnen durch und durch faul. Und es war tatsächlich ziemlich eigenartig, dass ich bei diesen Sitzungen immer schweigend dabeisaß, während die anderen ihre Meinung äußerten. Ich hätte gelegentlich durchaus gern etwas gesagt, wusste aber nicht, wie ich mich ausdrücken sollte, die anderen Mitglieder wirkten so viel besser informiert. Oft wechselte man auch gerade dann das Thema, wenn ich meinen Mut zusammengenommen hatte und den Mund aufmachen wollte. Das ging lange Zeit so.

Unterdessen stand eine ernste Frage zur Diskussion an. Wegbleiben kam mir wie eine stillschweigende Billigung des Unrechts vor, ohne Meinungsäußerung abzustimmen, fand ich feig. Der Präsident der Society war ein sittenstrenger Mann namens Hills, Eigner der Thames Iron Works. Die Existenz der Society hing quasi von seiner finanziellen Unterstützung ab, und viele Vorstandsmitglieder wurden auf die eine oder andere Weise von ihm gefördert. Ebenfalls zum Vorstand gehörte Dr. Allinson. Er befürwortete eine damals neue Bewegung, die Geburtenkontrolle durch künstliche Empfängnisverhütung propagierte, und verbreitete dieses Wissen unter der Arbeiterschicht. Für Mr. Hills untergruben diese Methoden die Moral. Er war der Meinung, die Vegetarian Society müsse sich nicht nur ernährungswissenschaftlichen, sondern auch moralischen Reformen verschreiben, daher dürfe ein Mann wie Dr. Allinson, dessen Ansichten für die Society schädlich seien, ihr nicht länger angehören. Also wurde der Antrag gestellt, ihn auszuschließen. Die Sache interessierte mich brennend. Ich hielt Dr. Allinsons Haltung zur künstlichen Empfängnisverhütung für gefährlich, Mr. Hills' Widerstand gegen diese Position für höchst moralisch. Außerdem schätzte ich Mr. Hills und seine Großzügigkeit sehr. Aber es kam mir äußerst ungerecht vor, jemanden aus der Society auszuschließen, weil er weder an Sittenstrenge glaubte noch auf sie vertraute. Ich hatte das Gefühl, dass Mr. Hills die Beziehung zwischen Männern und Frauen sehr aus seinem persönlichen Blickwinkel betrachtete, und das hatte nichts mit dem erklärten Zweck der Society zu tun, nämlich der Verbreitung des Vegetarismus, nicht eines bestimmten Wertesystems. Daher hatte in meinen Augen jemand, der manche Moralvorstellungen außer Acht ließ, trotzdem seinen Platz in der Society.

Andere Vorstandsmitglieder teilten meine Meinung, aber ich fühlte mich persönlich berufen, sie zu vertreten. Aber wie? Zum Reden fehlte mir der Mut, daher wollte ich meine Gedanken schriftlich vorbringen und ging mit meinem Papier, das an den Präsidenten gerichtet war, in die Sitzung. Soweit ich mich erinnere, brachte ich es nicht einmal fertig, es vorzulesen; der Präsident musste jemand anderen darum bitten. Dr. Allinsons Lager unterlag. Somit befand ich mich gleich bei der allerersten Auseinandersetzung auf der Verliererseite. Aber ich tröstete mich damit, dass es um eine gerechte Sache gegangen war. Nach diesem Vorfall schied ich aus dem Vorstand aus, wenn ich mich recht erinnere.

Diese Schüchternheit wurde ich während meines gesamten Englandaufenthalts nicht los. Sogar in privatem Rahmen verschlug es mir, wenn fünf, sechs Personen anwesend waren, die Sprache.

Einmal reiste ich mit Mazmudar nach Ventnor, wo wir bei einer Vegetarierfamilie unterkamen. Zur selben Zeit befand sich der Autor von «The Ethics of Diet» in dem Fischerdorf. Bei einem Treffen schlug er uns vor, wir sollten auf einer Veranstaltung zur Förderung des Vegetarismus sprechen. Ich hatte mich vorab erkundigt, ob man seine Rede ablesen durfte; soweit ich wusste, taten das viele, um sich knapp und zusammenhängend zu äußern. Mein Beitrag war also schriftlich formuliert, aber als ich zum Vorlesen aufstand, versagte ich. Mir verschwamm alles vor Augen und ich zitterte, obwohl meine Rede nicht einmal eine Seite lang war. Mazmudar musste sie für mich vorlesen. Seine eigene Rede war natürlich hervorragend und bekam entsprechend Applaus. Meine beschämende Unfähigkeit, öffentlich zu sprechen, machte mich sehr traurig.

Meinen letzten Versuch einer öffentlichen Rede in England machte ich an dem Abend, bevor ich nach Indien heimreiste. «In einem vegetarischen Restaurant ist ein vegetarisches Abendessen nichts Besonderes», sagte ich mir, «aber warum sollte das nicht auch in einem nichtvegetarischen Restaurant möglich sein?» Und so lud ich meine Vegetarierfreunde

Schüchternheit, mein Schutzschild   75

in das Restaurant in Holborn ein, nachdem ich mit dem Manager ein rein vegetarisches Menü vereinbart hatte. Auch wenn meine Vegetarier von diesem neuen Experiment begeistert waren, machte ich mich an diesem Abend lächerlich. Festessen waren schon immer als unterhaltsames Ereignis gedacht, aber der Westen hat daraus eine echte Kunst gemacht. Man zelebriert sie mit viel Aufwand, mit Musik und Reden. Und auch meine kleine Feier war nicht frei von solchen Darbietungen. Als die Redereihe an mir war, stand ich auf. Sorgfältig hatte ich mir einige wenige Sätze zurechtgelegt, kam aber über den ersten nicht hinaus. Ich hatte gelesen, dass Addison seine Antrittsrede im Unterhaus mit einem dreimal wiederholten «Ich denke» begann, und als er daraufhin verstummte, stand ein Witzbold auf und rief: «Selbst dreimaliges Denken fruchtet bei diesem Gentleman nicht.» Meine humorvolle Rede sollte mit dieser Anekdote eingeleitet werden. Ich begann also damit und blieb dann stecken. Mein Gedächtnis ließ mich völlig im Stich, und statt eine humor- und bedeutungsvolle Rede zu schwingen, machte ich mich lächerlich. «Meine Herren, ich danke Ihnen, dass Sie meine Einladung angenommen haben», verkündete ich abrupt und setzte mich.

Diese Schüchternheit überwand ich erst in Südafrika, allerdings kann man nicht behaupten, dass ich sie vollständig im Griff habe. Vor jeder Rede überlege ich meine Worte genau. Jedes Mal, wenn ich einem unbekannten Publikum gegenüberstand, kam ich ins Stocken, und vorm Redenhalten drückte ich mich, wo es ging. Wahrscheinlich könnte ich auch heute noch nicht in einer Freundesrunde locker plaudern und möchte es auch gar nicht.

Auch wenn mich meine angeborene Schüchternheit hin und wieder zum Gespött machte, hat sie sich nicht als nachteilig, sondern im Gegenteil als vorteilhaft erwiesen. Heute genieße ich die Redehemmung, unter der ich früher litt. Ihr größter Pluspunkt besteht darin, dass ich meine Worte sparsam einzusetzen lernte. So habe ich mir angewöhnt, meine Gedanken zu bändigen, und kann heute behaupten, dass mir so gut wie nie ein unbedachtes oder unangemessenes Wort über die Lippen oder aus dem Stift kommt. Soweit ich mich erinnere, hatte ich nie etwas Gesagtes oder Geschriebenes zu bereuen. So sind mir viele Unannehmlichkeiten und verschwendete Stunden erspart geblieben. Die Erfahrung hat mich gelehrt, Schweigen ist Teil der spirituellen Disziplin eines Anhängers der Wahrheit. Die Neigung, die Wahrheit wissentlich oder unwissentlich aufzublasen, zu unterdrücken oder zu verzerren, gehört zu den typisch menschlichen Schwächen; um sie zu überwinden, bedarf es des Schweigens, man muss dieser Gefahr mit Wortkargheit beggnen. Wer nur wenige Worte macht, schwafelt selten gedankenlos daher, sondern wägt seine Rede sorgfältig ab. Wir sind von Menschen umgeben, die unbedingt etwas sagen wollen. Jeder, der eine Versammlung leitet, wird mit Redegesuchen drangsaliert. Wird die Erlaubnis erteilt, überschreitet der Redner fast immer seine Redezeit, möchte länger reden und tut dies auch ohne Erlaubnis. Man könnte nicht behaupten, dass dieses viele Reden die Welt positiv verändert hätte. Es ist reine Zeitverschwendung. Ich denke gern an die Schüchternheit zurück, die mich früher quälte. Sie ist in Wirklichkeit mein Schutzschild. Durch sie habe ich mich weiterentwickelt. Meine Schüchternheit half mir, der Wahrheit zu dienen.

19. Das Gift der Unwahrheit

Vor vierzig Jahren gab es vergleichsweise wenige indische Studenten, die nach England gingen. Üblicherweise gaben sie sich als Junggesellen aus, auch wenn sie verheiratet waren. Alle englischen Schüler und Studenten sind unverheiratet, Studium und Ehe gelten als unvereinbar. In der guten alten Zeit war das auch bei uns der Fall, wer lernte, war unweigerlich ein Brahmachari. Heutzutage gibt es bei uns Kinderehen, die in England praktisch unbekannt sind. Deshalb war es den jungen Indern peinlich zuzugeben, dass sie verheiratet waren. Es gab noch einen weiteren Grund, damit hinterm Berg zu halten: Wurde der wahre Familienstand bekannt, durften die jungen Männer mit den Mädchen der Familie, bei der sie wohnten, weder flirten noch Zeit verbringen. Das Flirten war eher eine unschuldige Angelegenheit, die von den Eltern sogar unterstützt wurde. In England wird diese Art des Umgangs zwischen jungen Männern und Frauen angesichts der Tatsache, dass jeder junge Mann sich seine Lebensgefährtin selbst auswählt, sogar als Notwendigkeit betrachtet. Wenn sich jedoch junge Inder nach ihrer Ankunft in England so verhalten, wie es für junge Engländer ganz normal ist, wird das höchstwahrscheinlich in einer Katastrophe enden, Beispiele dafür gibt es genug. Ich bekam mit, dass unsere jungen Männer der Versuchung nachgegeben und für eine unangemessene Freundschaft, so unschuldig sie auch sein mochte, ein Leben in Unwahrheit gewählt hatten. Auch ich tappte in die Falle, behauptete ohne Zögern, ich sei Junggeselle, obwohl ich seit fünf, sechs Jahren verheiratet und Vater eines Sohnes war. Aber die Lüge bedrückte mich. Nur meine Schüchternheit und Schweigsamkeit retteten mich. Wenn ich den Mund nicht aufbrachte, welches Mädchen würde dann mit mir ausgehen wollen? Kaum ein Mädchen ging je mit mir aus.

Ich war genauso feig wie schüchtern. Bei vielen Familien, so auch bei der in Ventnor, wo ich untergekommen war, gehörte es dazu, dass die Tochter mit den Gästen höflichkeitshalber spazieren ging. Einmal nahm sie mich in das herrliche Hügelland um Ventnor mit. Ich war recht schnell zu Fuß, aber meine Begleiterin war noch schneller, schleifte mich unter ständigem Plaudern hinter sich her. Gelegentlich antwortete ich mit einem leisen «Ja» oder «Nein» oder rang mir ein «Ach, wie schön!» ab. Sie flog wie ein Vogel dahin, während ich mich fragte, wann ich wohl wieder zu Hause sein würde. Leider fehlte mir der Mut zu sagen: «Kehren wir um.» Wir erreichten den höchsten Punkt einer Anhöhe. Die Frage war, wie wieder hinunterkommen. Trotz ihrer hochhackigen Stiefel schoss die junge, fünfundzwanzigjährige Dame munter wie ein Blitz den Abhang hinunter, während ich noch betreten überlegte, wie ich den Abstieg angehen sollte. Lächelnd feuerte sie mich von unten an und fragte, ob sie mir zu Hilfe kommen solle. Wie konnte ich bloß so ein Angsthase sein? Mit größter Mühe, manchmal auf allen vieren, kam ich irgendwie unten an. «Bravo!», lachte sie laut und beschämte mich noch mehr, zu Recht.

Aber ich kam nicht immer unbeschadet davon. Gott wollte mich vom Gift der Unwahrheit befreien. Noch vor meinem Aufenthalt in Ventnor, während meines ersten Jahrs in England, fuhr ich einmal nach Brighton, einem ähnlichen Kurort. Im selben Hotel war eine alte Witwe abgestiegen, die über ein bescheidenes Einkommen verfügte und ebenfalls eine Luftveränderung gesucht hatte. Die Speisekarte war auf Französisch, was mich überforderte. Ich saß am selben Tisch wie die alte Dame, und ihr fiel auf, dass ich mich schwertat. Ich war gerade dabei, mich durch die Karte zu buchstabieren, damit ich den Kellner fragen konnte, aus welchen Zutaten die Gerichte bestanden, als mich die freundliche Dame ansprach. «Sie sind wohl nicht von hier. Sie wirken ratlos», fing sie die Unterhaltung an. «Warum bestellen Sie nichts?»

«Ich kann kein Französisch, muss aber irgendwie herausfinden, was für Vegetarier geeignet ist.»

«Darf ich Ihnen helfen? Ich erkläre Ihnen die Speisekarte und zeige Ihnen, was Sie essen können.» Dankbar nahm ich ihr Angebot an. Das war der Anfang einer Bekanntschaft, aus der eine Freundschaft wurde, die während meines gesamten Englandaufenthalts und noch lange danach bestand. Sie gab mir ihre Londoner Adresse und lud mich ein, jeden Sonntag bei ihr zu essen. Auch bei besonderen Anlässen lud sie mich ein, half mir, meine Schüchternheit zu überwinden, machte mich mit jungen Damen bekannt und bezog mich in die Unterhaltungen ein. Als Gesprächspartnerin hatte sie vor allem die junge Dame erkoren, die bei ihr wohnte, und ließ uns häufig allein.

Anfänglich fand ich das sehr anstrengend. Ich konnte weder ein Gespräch in Gang bringen noch Witzchen machen. Aber sie ließ nicht locker. Ich machte Fortschritte und freute mich allmählich auf die Sonntage und die Unterhaltungen mit der jungen Frau.

Die alte Dame umgarnte mich weiterhin, war an unserem Beisammensein interessiert. Wahrscheinlich hatte sie ihre eigenen Pläne mit uns.

Ich hatte mich in eine schwierige Lage hineinmanövriert. «Hätte ich der guten Frau doch bloß gesagt, dass ich verheiratet bin», sagte ich mir. «Dann würde sie mich jetzt nicht verheiraten wollen. Aber es ist nie zu spät, eine Sache in Ordnung zu bringen. Wenn ich jetzt die Wahrheit sage, bleiben mir weitere Probleme wahrscheinlich erspart.» Also schrieb ich ihr einen Brief, der ungefähr folgendermaßen lautete:

«Seit wir uns in Brighton kennengelernt haben, sind Sie immer sehr liebenswürdig zu mir gewesen, haben sich um mich gekümmert wie eine Mutter um ihren Sohn. Sie finden, ich sollte heiraten, und haben mich deshalb mit jungen Damen bekannt gemacht. Ich kann das nicht länger zulassen, sondern muss jetzt an dieser Stelle gestehen, dass ich Ihre Zuneigung nicht verdiene. Ich hätte Ihnen gleich bei meinem ersten Besuch sagen müssen, dass ich verheiratet bin. Indische Studenten in England verheimlichen oft, dass sie verheiratet sind, und ich habe mir an ihnen ein Beispiel genommen. Mir ist jetzt klar, ich hätte das nicht tun dürfen.

Ich muss Ihnen auch noch sagen, dass ich bereits als Junge verheiratet wurde und einen Sohn habe. Es tut mir sehr leid, dass ich Ihnen das so lange verheimlicht habe. Glücklicherweise hat mir Gott jetzt den Mut gegeben, die Wahrheit zu sagen. Können Sie mir verzeihen? Ich versichere Ihnen, ich habe mir gegenüber der jungen Dame, mit der Sie mich netterweise bekannt gemacht haben, keinerlei Freiheiten herausgenommen. Ich kenne meine Grenzen. Aber natürlich hatten Sie den Wunsch, ich sollte mich mit jemandem verloben, daher muss jetzt die Wahrheit heraus, damit sich diese Hoffnung nicht noch stärker in Ihnen festsetzt.

Wenn Sie jetzt der Ansicht sind, dass ich Ihre Gastfreundschaft nicht mehr verdiene, werde ich Ihnen das gewiss nicht verübeln. Ich bin Ihnen ewig dankbar für Ihre Freundlichkeit und Fürsorge. Wenn Sie mich jetzt nicht fallenlassen, sondern immer noch der Meinung sind, dass ich Ihrer Gastfreundschaft würdig bin, wäre ich natürlich glücklich. Es wäre ein weiteres Zeichen Ihrer Freundlichkeit.»

Man kann sich denken, dass ich einen solchen Brief nicht einfach so aufs Papier geworfen habe. Ich habe ihn unzählige Male geschrieben und umgeschrieben. Danach fiel mir ein Stein vom Herzen. Beinahe postwendend kam ihre Antwort, die ungefähr so lautete:

«Ich habe Ihren offenen und ehrlichen Brief erhalten. Wir waren beide sehr froh und haben herzlich darüber gelacht. Die Unaufrichtigkeit, derer Sie sich, wie Sie sagen, schuldig gemacht haben, ist entschuldbar. Aber es ist gut, dass Sie uns den wahren Stand der Dinge mitgeteilt haben. Meine Einladung gilt weiterhin, und wir rechnen am kommenden Sonntag fest mit Ihnen und freuen uns, alles über Ihre Kinderehe zu hören, und darauf, auf Ihre Kosten zu lachen. Ich muss Ihnen wohl nicht versichern, dass dieser Vorfall unserer Freundschaft überhaupt nicht geschadet hat.»

So befreite ich mich vom Gift der Unwahrheit. Von da an erwähnte ich, wann immer es nötig war, ohne zu zögern, dass ich verheiratet war.

20. Bekanntschaft mit anderen Religionen

Nachdem ich ungefähr ein Jahr lang in England gelebt hatte, begegnete ich zufällig zwei Brüdern, beide unverheiratet und Theosophen. Sie unterhielten sich mit mir über die Bhagavad Gita, die sie gerade in der englischen Übersetzung («The Song Celestial») von Sir Edwin Arnold studierten, und baten mich, das Sanskrit-Original mit ihnen zu lesen. Peinlicherweise hatte ich die Gita weder in Sanskrit noch in Prakrit gelesen. Notgedrungen musste ich gestehen, ich hätte sie nicht gelesen, würde das aber gerne mit ihnen tun. Trotz meiner dürftigen Sanskritkenntnisse würde ich das Original hoffentlich so weit verstehen, dass ich sagen könne, wo die Übersetzung nicht sinngemäß sei. Die Brüder und ich begannen mit unserer Lektüre. Die Verse gegen Ende des zweiten Gesangs beeindruckten mich so, dass ich sie noch heute im Ohr habe.

> If one
> Ponders on objects of the sense, there springs
> Attraction; from attraction grows desire,
> Desire flames to fierce passion, passion breeds Recklessness;
> then the memory – all betrayed –
> Lets noble purpose go, and saps the mind,
> Till purpose, mind, and man are all undone.*

Die Bhagavad Gita kam mir unendlich kostbar vor, ein Eindruck, der sich seither immer mehr bestätigt hat, so dass ich sie heute für das Lehrbuch über Philosophie schlechthin halte. Wenn mir alles hoffnungslos erschien, war sie mir immer eine unschätzbare Hilfe. Nachdem ich fast alle englischen Übersetzungen gelesen habe, halte ich die von Sir Edwin Arnold für die beste. Er hat den Geist des Originals eingefangen, trotzdem liest sie sich nicht wie eine Übersetzung. Ich kann nicht behaupten, dass ich die Gita damals eingehend studiert hätte. Das kam erst nach Jahren, als ich täglich darin las.

Die Brüder empfahlen mir auch «Die Leuchte Asiens» von Sir Edwin Arnold, der mir bisher nur im Zusammenhang mit der Gita-Überset-

---

* «Wer Herr der eignen Sinne ist, bei dem nur steht die Weisheit fest. / Wer an sinnliche Dinge denkt, wird bald zu ihnen neigen sich, / Aus solchem Hange wird Begier, aus der Begier entsteht der Zorn. / Aus dem Zorn die Betörung kömmt, dann tritt Gedächtnisstörung ein, / Dann geht zugrund die Einsicht ihm, und endlich geht er selbst zugrund.» (Kapitel 2, Verse 62, 63; Übs. Leopold von Schroeder, 1922)

zung ein Begriff gewesen war, und ich las das Buch mit noch größerem Interesse als die Bhagavad Gita. Einmal angefangen, konnte ich es nicht mehr zur Seite legen. Bei einer Gelegenheit nahmen sie mich auch mit zur Blavatsky Lodge, wo ich Madame Blavatsky und Mrs. Besant vorgestellt wurde. Letztere gehörte erst seit kurzem der Theosophischen Gesellschaft an, und ich verfolgte höchst interessiert die Kontroverse, die ihre Konversion ausgelöst hatte. Die Freunde meinten, ich solle ebenfalls beitreten, was ich höflich ablehnte. «Da ich mich in Sachen Religion kaum auskenne, möchte ich keiner Sekte angehören.» Auf Drängen der Brüder las ich Madame Blavatskys «Der Schlüssel zur Theosophie». Das Buch weckte in mir den Wunsch, Bücher über den Hinduismus zu lesen, und öffnete mir die Augen über die von Missionaren vertretene Meinung, er sei voller Aberglauben.

Ungefähr zur selben Zeit traf ich in einer Vegetarierpension einen guten Christen aus Manchester. Er erzählte mir vom Christentum, ich ihm von meinen Erfahrungen in Rajkot, die er schwer erträglich fand. «Ich bin Vegetarier und ich trinke nicht», sagte er. «Auch wenn viele Christen Fleisch essen und Alkohol trinken, schreibt das unsere Religion nicht vor. Bitte lesen Sie die Bibel.» Ich nahm seinen Rat an und er besorgte mir eine. Ich meine mich erinnern zu können, dass er selbst Bibeln verkaufte, und erwarb eine Ausgabe mit Karten, Konkordanz und anderem informativen Material. Ich fing mit der Lektüre an, kam jedoch mit dem Alten Testament beim besten Willen nicht zurecht. Ich las das 1. Buch Mose, aber bei den nachfolgenden Kapiteln schlief ich unweigerlich ein. Damit ich jedoch wenigstens sagen konnte, ich hätte die Bibel gelesen, kämpfte ich mich mühsam und ohne ein Fünkchen Interesse oder Verständnis hindurch. Besonders das 4. Buch Mose mochte ich gar nicht.

Doch das Neue Testament machte einen anderen Eindruck auf mich, vor allem die Bergpredigt, die direkt zu mir sprach. Ich verglich sie mit der Gita. Die Verse «Ich aber sage euch, dass ihr nicht widerstreben sollt dem Übel; sondern, so dir jemand einen Streich gibt auf deinen rechten Backen, dem biete den andern auch dar. Und so jemand mit dir rechten will und deinen Rock nehmen, dem lass auch den Mantel»* begeisterten

---

* Matthäus 5,39–40, Lutherbibel 1912.

mich ungemein und erinnerten mich an Shamal Bhatts «Für eine Schale Wasser gib ein üppiges Mahl etc.». Mein jugendlicher Verstand versuchte, die Lehren von Gita, «Die Leuchte Asiens» und Bergpredigt miteinander zu verbinden. Dass Entsagung allen Religionen eigen ist, sprach mich außerordentlich an.

Diese Lektüren hatten mich auf den Geschmack gebracht, ich wollte mich mit den Leben anderer Religionslehrer beschäftigen. Ein Freund empfahl mir Carlyles «Über Helden, Heldenverehrung und das Heldenmütige in der Geschichte». Ich las das Kapitel über den Helden als Propheten und erfuhr von der Größe, Tapferkeit und asketischen Lebensweise des Propheten Mohammed.

Weiter vertiefen konnte ich meine religiösen Bekanntschaften nicht, denn ich musste so viel für meine Prüfung lesen, dass kaum Zeit für anderes blieb. Aber ich nahm mir vor, mich später in alle Hauptreligionen einzulesen.

Und natürlich, wie konnte es anders sein, erfuhr ich dabei auch etwas vom Atheismus. Jeder Inder kannte den Namen Bradlaugh und seinen sogenannten Atheismus. Ich hatte ein Buch über ihn gelesen, dessen Titel mir entfallen ist und das mich überhaupt nicht beeindruckte, denn ich hatte die Sahara des Atheismus bereits durchquert. Mrs. Besant, die damals sehr im Rampenlicht stand und deren Broschüre «Why I Became a Theosophist» ich gelesen hatte, hatte sich vom Atheismus ab- und dem Theismus zugewandt, was meine Abneigung gegen den Atheismus noch verstärkte.

Ungefähr zu dieser Zeit starb Bradlaugh. Er wurde auf dem Brookwood Cemetery bestattet. Wie wahrscheinlich jeder Inder, der in London lebte, ging ich zu seinem Begräbnis. Auch ein paar Geistliche waren anwesend und erwiesen ihm die letzte Ehre. Auf dem Rückweg mussten wir am Bahnhof auf unseren Zug warten. Ein Kämpfer für den Atheismus nahm einen der Geistlichen ins Gebet. «Na, Sir, glauben Sie an die Existenz Gottes?»

«Ja», antwortete der gute Mann leise.

«Sie sind auch der Meinung, dass der Erdumfang achtundzwanzigtausend Meilen beträgt?», wollte der Atheist mit einem selbstsicheren Lächeln wissen.

«Absolut.»

«Dann sagen Sie mir doch bitte schön, wie groß ist Ihr Gott und wo befindet er sich?»

«Soweit wir wissen, wohnt Er in unserer beider Herzen.»

«Na, na, na, jetzt behandeln Sie mich doch nicht wie ein Kind», sagte der Kämpfer und warf uns einen triumphierenden Blick zu. Der Geistliche schwieg ergeben. Dieser Wortwechsel bestärkte mich zusätzlich in meiner Abneigung gegen den Atheismus.

21. निर्बल के बल राम*

Wenn ich auch mit dem Hinduismus und anderen Weltreligionen flüchtige Bekanntschaft geschlossen hatte – dieses Wissen reicht nicht aus, um einen Menschen zu retten. Was genau dem Menschen hilft, seine Prüfungen durchzustehen, davon hat er währenddessen keine Ahnung und schon gar keine Kenntnis. Wenn er nicht gläubig ist, schreibt er seine Rettung dem Glück zu. Wenn er gläubig ist, sagt er, Gott habe ihn gerettet. Wahrscheinlich kommt er zu dem Schluss, seine religiösen Studien oder sein spirituelles Training seien der Grund für Gottes Anwesenheit in seinem Herzen. Eine Vermutung, auf die er ein Anrecht hat. Aber in der Stunde seiner Errettung weiß er nicht, ob er die Hilfe seinem spirituellen Training oder etwas anderem verdankt. Wer stolz auf seine spirituelle Stärke ist, hat auch schon erleben müssen, dass sie sich in Luft auflöst. In solchen Momenten kommt einem die Kenntnis heiliger Schriften wertlos vor.

Wie nutzlos bloßes Wissen über die Religion ist, entdeckte ich in England zum ersten Mal. Wie ich früher in ähnlichen Situationen gerettet wurde, hätte ich nicht sagen können, denn damals war ich noch sehr jung gewesen, aber jetzt war ich zwanzig und hatte Erfahrungen als Haushaltsvorstand gesammelt.

Soweit ich mich erinnere, fand 1890, im letzten Jahr meines Englandaufenthalts, in Portsmouth eine Vegetarier-Konferenz statt, zu der ein

---

* *Nirbal ke bal rama:* «Er ist die Hilfe der Hilflosen, die Stärke der Schwachen»; Refrain in einem religiösen Lied des hinduistischen Dichters Surdas, 16. Jahrhundert.

indischer Freund und ich eingeladen waren. Portsmouth ist eine Hafenstadt mit entsprechend vielen Matrosen. Dort gibt es eine Menge Häuser mit Frauen, die einen schlechten Leumund haben, nicht direkt Prostituierte, aber auch keine Unschuldslämmer. In einem dieser Häuser wurden wir einquartiert, womit ich nicht sagen möchte, dass dies absichtlich geschah. In einer Stadt wie Portsmouth hätte das Organisationskomitee nur mit Mühe feststellen können, welche Unterkünfte für uns geeignet waren und welche nicht.

Abends kamen wir von der Konferenz zurück. Nach dem Essen setzten wir uns zum Kartenspielen hin. Unsere Wirtin gesellte sich dazu, was auch in respektablen englischen Häusern ganz üblich ist. Natürlich geht es dabei recht lustig zu, aber die Bemerkungen, die mein Freund und unsere Gastgeberin von sich gaben, wurden zusehends unanständiger. Ich hatte gar nicht gewusst, dass er diese Kunst beherrschte. Es war ansteckend, und ich machte mit. Gerade als ich den Worten Taten folgen, Karten und Spiel sein lassen wollte, ließ mir Gott durch den lieben Freund die segensreiche Warnung zukommen: «Woher kommt diese dunkle Seite in dir? Das ist nichts für dich. Geh jetzt.»

Ich schämte mich, beherzigte die Warnung und bedankte mich innerlich bei dem Freund. Mir fiel das Gelübde ein, das ich meiner Mutter gegeben hatte, und ergriff die Flucht. An allen Gliedern zitternd erreichte ich mein Zimmer, mein Herz hämmerte wie das eines gejagten Tieres, das gerade noch einmal entkommen ist.

Mir ist dieser Vorfall als das erste Mal in Erinnerung, dass mich eine Frau, die nicht meine Ehefrau war, sexuell erregte und ich mit ihr mein Spiel treiben wollte. Ich hatte eine schlaflose Nacht, alle möglichen Gedanken prasselten auf mich ein. Sollte ich dieses Haus verlassen? Sollte ich aus der Stadt fliehen? Was würde passieren, wenn ich den Kopf verlor? Von nun an würde ich sehr vorsichtig sein, und ich beschloss, nicht nur das Haus, sondern auch Portsmouth bald zu verlassen. Die Konferenz war für lediglich zwei Tage angesetzt, und ich reiste am nächsten Abend ab, während mein Freund noch länger blieb.

Damals wusste ich nichts vom Wesen der Religion oder Gottes und wie Er in uns wirkt. Mir war vage bewusst, dass mich in dieser Situation Gott gerettet hatte. Er rettete mich in vielen anderen Situationen. Die Redewendung «Gott hat mich errettet» hat heute für mich ganz gewiss größere

Bedeutung, und trotzdem spüre ich, dass ich sie noch immer nicht vollumfänglich verstanden habe. Das wird erst nach noch wertvolleren, tiefergehenden Erfahrungen der Fall sein. Bei vielen meiner Prüfungen, ob spirituell oder als Anwalt, ob als Leiter einer Institution oder in der Politik, hat mich Gott errettet. Wenn es keinerlei Hoffnung mehr gibt, wenn sämtliche Bemühungen zum Scheitern verurteilt sind, kommt meistens von irgendwo Hilfe, ich weiß nicht, woher. Anrufung, Anbetung, Gebet sind kein Aberglauben, sind wirklicher als essen, trinken, sitzen, gehen. Es ist nicht übertrieben, nur sie sind wirklich, alles andere ist unwirklich.

Das Gebet ist keine Flucht ins nur Dahingesagte; es hat seinen Ursprung nicht im Wort, sondern im Herzen. Wenn wir erreicht haben, dass wir reinen Herzens sind, dass sämtliche Saiten richtig gestimmt bleiben, klingt seine Musik hoch bis zum Himmel. Das Gebet braucht keine Worte, geht andere geheimnisvolle Wege, das ist sein Wesen. Zweifellos befreit das aufrichtige Gebet das Herz von Leidenschaften. Diese Gnade verdient jedoch nur, wer vollkommen demütig ist.

22. Narayan Hemchandra

Ungefähr zu dieser Zeit kam Narayan Hemchandra, der mir als Autor bekannt war, nach England. Wir begegneten uns im Haus von Miss Manning von der National Indian Association. Miss Manning wusste, dass ich nicht kontaktfreudig war. Wenn ich bei ihr zu Besuch war, brachte ich keinen Ton heraus und sagte nur etwas, wenn ich angesprochen wurde. Sie stellte mich Narayan Hemchandra vor, der kein Englisch sprach. Er war merkwürdig gekleidet: eine Wollkappe mit Troddel, die Hose unförmig, der braune Parsen-Gehrock zerknittert und mit dreckigem Revers, weder Krawatte noch Kragen. Er hatte sich einen langen Bart wachsen lassen.

Narayan Hemchandra war schmächtig und klein, sein rundes Gesicht pockennarbig und seine Nase weder spitz noch platt. Ständig fingerte er an seinem Bart herum. Unter modisch gekleideten Menschen wirkte Narayan Hemchandra wie ein bunter Hund.

«Ich habe schon viel von Ihnen gehört», sagte ich zu ihm. «Und ich habe auch einiges von Ihnen gelesen. Ich würde mich freuen, wenn Sie mich besuchen würden.»

«Gern, wo wohnen Sie denn?», sagte Narayan Hemchandra lächelnd. Er hatte eine ziemlich heisere Stimme.

«In der Store Street.»

«Dann sind wir ja Nachbarn. Ich möchte gern Englisch lernen. Würden Sie mir Unterricht geben?»

«Ich werde Ihnen gern, so gut ich eben kann, alles beibringen, was ich weiß. Wenn Sie möchten, kann ich auch zu Ihnen kommen.»

«Nein, nein. Ich komme zu Ihnen. Und mein Lehrbuch bringe ich mit.» Wir vereinbarten gleich einen Termin. Bald waren wir eng befreundet.

Narayan Hemchandra war in Sachen Grammatik völlig ahnungslos. «Pferd» war für ihn ein Verb und «rennen» ein Substantiv. Mir fallen noch viele weitere ulkige Beispiele ein. Aber er ließ sich von seiner Unwissenheit nicht beirren. Meine spärlichen Grammatikkenntnisse machten überhaupt keinen Eindruck auf ihn und für seine fehlenden schämte er sich absolut nicht.

«Anders als Sie bin ich nie zur Schule gegangen. Meine Gedanken konnte ich auch immer ohne Grammatik ausdrücken. Sprechen Sie Bengalisch? Ich schon. Ich bin durch Bengalen gereist und ich bin derjenige, der die Werke Maharshi Debendranath Tagores denjenigen, die Gujarati sprechen, zugänglich gemacht hat. Und ich würde gern die schönsten Werke anderer Sprachen ins Gujarati übersetzen. Wissen Sie, meine Übersetzungen sind nie wortwörtlich, mir reicht es, wenn ich Sinn und Stimmung erfasse. Nach mir können andere gern tiefer einsteigen. Ich spreche auch Marathi und Hindi, und jetzt habe ich mit Englisch angefangen – ohne mich um Grammatik zu kümmern. Was ich brauche, ist ein umfangreicher Wortschatz. Und glauben Sie nur nicht, dass mir das reicht. Ich möchte auch nach Frankreich, um Französisch zu lernen. Offenbar verfügt diese Sprache über einen großen Literaturschatz. Wenn möglich, gehe ich auch nach Deutschland und lerne dort Deutsch.» Und er sprach ohne Punkt und Komma weiter. Er hatte den unstillbaren Drang, Sprachen zu lernen und fremde Länder zu bereisen.

«Wollen Sie auch nach Amerika reisen?»

«Selbstverständlich. Ich kann doch nicht nach Indien zurück, ohne die Neue Welt gesehen zu haben.»

«Aber woher nehmen Sie das Geld?»

«Wozu brauche ich Geld? Ich bin kein Modefex wie Sie. Was brauche ich schon viel an Essen und Kleidung? Dafür reicht das bisschen, das ich mit meinen Büchern verdiene und von meinen Freunden bekomme. Ich reise immer dritter Klasse. Wenn ich nach Amerika reise, nehme ich eine Deckpassage.»

Narayan Hemchandra war ebenso bescheiden wie geradeaus. Überheblichkeit war ein Fremdwort für ihn, nur von seinen schriftstellerischen Fähigkeiten hatte er eine übertrieben hohe Meinung.

Wir trafen uns täglich, hatten viele Gemeinsamkeiten. Beide waren wir Vegetarier und aßen oft mittags zusammen. Das war zu der Zeit, als ich von siebzehn Shilling die Woche lebte und selbst kochte. Manchmal ging ich zu ihm, manchmal kam er zu mir. Ich kochte englisch, doch er mochte nur die indische Küche und konnte auf Dal nicht verzichten. Wenn ich Karottensuppe machte, bedauerte er, dass mir so etwas schmeckte. Einmal trieb er irgendwo Mungbohnen auf, die er kochte und mitbrachte. Ich war begeistert. Das führte zu einem regelmäßigen Tauschhandel, jeder brachte seine besonderen Leckerbissen mit, wenn er den anderen besuchte.

Damals war der Name Kardinal Mannings, Erzbischof von Westminster, in aller Munde. Dank der Bemühungen von ihm und dem Gewerkschafter John Burns war der Streik der Dockarbeiter rasch beigelegt worden. Ich erzählte Narayan Hemchandra, wie angetan Disraeli von der bescheidenen Art des Kardinals war. «Dann muss ich diesen Weisen kennenlernen», meinte er.

«Er ist ein bedeutender Mann. Wie wollen Sie das hinkriegen?»

«Ich weiß schon, wie. Sie müssen ihm in meinem Namen schreiben. Teilen Sie ihm mit, dass ich Schriftsteller bin und ihm persönlich zu seiner philanthropischen Arbeit gratulieren möchte. Schreiben Sie auch, dass Sie als mein Dolmetscher mitkommen, weil ich kein Englisch kann.»

Also verfasste ich einen entsprechenden Brief. Nach zwei, drei Tagen kam eine Antwort samt Termin, und wir statteten dem Kardinal einen Besuch ab. Ich trug meinen Gesellschaftsanzug, Narayan Hemchandra ging so, wie er war – derselbe Gehrock, dieselbe Hose. Ich zog ihn damit auf, aber er lachte mich aus. «Ihr zivilisierten Burschen seid alle Feiglinge. Große Männer schauen nie auf die Kleidung eines Menschen, sie schauen auf sein Herz.»

Wir betraten die Villa des Kardinals, und was für eine Villa das war. Kaum hatten wir uns gesetzt, erschien ein hagerer, hochgewachsener alter Herr und gab uns die Hand, hieß Narayan Hemchandra willkommen.

«Ich möchte Sie nicht lange behelligen. Ich habe viel von Ihnen gehört und hatte das Bedürfnis, Ihnen persönlich für das zu danken, was Sie für die Streikenden getan haben. Ich habe es mir zur Gewohnheit gemacht, die Weisen der Welt aufzusuchen, deshalb belästige ich Sie heute.»

Narayan Hemchandra bedeutete mir, ich solle diese Sätze übersetzen.

«Ich freue mich über Ihren Besuch und hoffe, London gefällt Ihnen und Sie lernen hier interessante Menschen kennen. Gott segne Sie.» Mit diesen Worten stand der Kardinal auf und verabschiedete sich.

Einmal besuchte mich Narayan Hemchandra in Hemd und Dhoti. Die gute Wirtin, die ihm die Tür aufmachte – es war eine neue Wirtin, die ihn noch nicht kannte (ich wechselte wie gesagt oft meine Unterkunft) –, kam erschrocken angestürzt und rief: «Da ist ein Verrückter, der Sie sprechen möchte.» Ich ging zur Tür und sah zu meiner Überraschung Narayan Hemchandra. Ich war entsetzt. Doch er lächelte wie immer, ungerührt.

«Haben sich die Kinder auf der Straße nicht über Sie lustig gemacht?»

«Sie sind hinter mir hergelaufen, und als ich sie nicht beachtet habe, beruhigten sie sich wieder.»

Noch einigen Monaten London reiste Narayan Hemchandra nach Paris. Er fing an, Französisch zu lernen und auch französische Bücher zu übersetzen. Mein Französisch war gut genug, so dass ich seine Übersetzungen überprüfen konnte, daher gab er sie mir zu lesen. Es waren keine Übersetzungen, sondern die Wiedergabe der wesentlichen Inhalte.

Schließlich setzte er seinen Entschluss, Amerika zu besuchen, in die Tat um. Nur unter großen Schwierigkeiten ergatterte er eine Deckpassage. Während seines Aufenthalts in den Vereinigten Staaten verhaftete man ihn wegen «unsittlicher Bekleidung», denn er war einmal in Hemd und Dhoti auf die Straße gegangen. Soweit ich mich entsinne, wurde er freigesprochen.

23. Die große Ausstellung

1890 fand in Paris die große Weltausstellung statt. Ich hatte von den aufwendigen Vorbereitungen gelesen und wollte außerdem unbedingt einmal Paris sehen. Warum also nicht beides verbinden? Der Eiffelturm war die Attraktion der Ausstellung schlechthin, über eintausend Fuß hoch und ganz aus Stahl. Bis dato war man davon ausgegangen, dass ein derart hohes Bauwerk keinen festen Stand hätte. Natürlich gab es noch viele weitere Sehenswürdigkeiten auf der Ausstellung.

Ich hatte von einem vegetarischen Hotel in Paris gelesen, wo ich mir eine Woche lang ein Zimmer nahm. Ich war sehr sparsam, sowohl was die Reisekosten als auch die Erkundung von Paris betraf. Meistens war ich zu Fuß mit Hilfe eines Stadtplans unterwegs, mit dem ich ohne Schwierigkeiten die wichtigen Straßen und Hauptsehenswürdigkeiten fand. Für die Ausstellung hatte ich eine Broschüre samt Plan.

Von der Ausstellung blieb mir so gut wie gar nichts im Gedächtnis hängen, nur noch, wie riesig und vielfältig sie war. An den Eiffelturm dagegen erinnere ich mich sehr gut, weil ich zwei-, dreimal hochstieg. Auf der ersten Plattform gab es ein Restaurant, und nur um hinterher befriedigt sagen zu können, ich hätte in luftiger Höhe zu Mittag gegessen, verpraßte ich sieben Shilling.

Die alten Pariser Kirchen mit ihrer Erhabenheit, ihrer friedvollen Atmosphäre sind mir noch gut in Erinnerung. Das wunderbare Äußere von Notre Dame und das reichgeschmückte Innere mit den schönen Skulpturen sind mir unvergesslich. Wer so viele Millionen für derartig göttliche Kathedralen ausgegeben hat, muss große Liebe für Gott empfunden haben, ging mir damals durch den Kopf.

Ich hatte viel über die Mode, die Frivolität und die Ausschweifungen von Paris gelesen. Sie prägten das gesamte Straßenbild, doch in den Kirchen herrschte eine völlig andere Atmosphäre. Wer eine von ihnen betrat, vergaß den Lärm und die Hektik draußen. Unversehens benahm man sich würdevoll. Ganz still war es im Innern und immer kniete jemand vor einem Bild der Jungfrau. Mein damaliger Eindruck, dieses Knien und Beten könne nicht nur bloßer Aberglaube sein, und diese Gläubigen, die vor der Jungfrau knieten, beteten nicht nur Marmor an, hat sich seitdem verstärkt. Sie waren von echter Hingabe beseelt und beteten nicht etwa den Stein an, sondern die machtvolle Vorstellung, von der er durchdrungen war. Ich meine, damals hätte ich es so empfunden, dass durch diese Huldigung die Herrlichkeit Gottes nicht geschmälert, sondern vermehrt wurde.

Ich muss noch ein paar Worte über den Eiffelturm loswerden. Ich weiß nicht, wozu er heute dient. Wer eine Ausstellung besucht hat, interessiert sich anschließend auch für Berichte darüber. Damals hörte ich allerdings beides, viel Kritik und viel Lob. Tolstoi gehörte zu den größten Kritikern. Der Eiffelturm sei ein Monument der menschlichen Dummheit, nicht der Weisheit. Er vertrat auch die Ansicht, Tabak sei das schlimmste aller Rauschmittel, und zwar weil der Raucher in Versuchung gerate, Verbrechen zu begehen, die ein Trinker nie wagen würde. Alkohol mache verrückt, aber Tabak vernuble den Verstand und lasse Luftschlösser entstehen. Der Eiffelturm sei die Schöpfung eines Menschen, der unter Tabakeinfluss gestanden habe, erklärte er.

Der Eiffelturm ist mit Sicherheit kein Kunstwerk, und man kann nicht behaupten, er habe die Ausstellung maßgeblich verschönert. Die Scharen strömten dorthin und bestiegen ihn, weil er neu und einmalig in seinen Ausmaßen war. Er war das Spielzeug der Ausstellung. Solange wir uns in Versuchung führen lassen, sind wir wie Kinder. Dieser Turm ist ein guter Beweis dafür, und genau das könnte der Zweck sein, den er erfüllt.

24. Anwaltszulassung – doch was nun?

Bisher habe ich noch nichts über den eigentlichen Grund meines Englandaufenthalts geschrieben, nämlich um als Anwalt vor Gericht zugelassen zu werden. Es ist an der Zeit, kurz darauf einzugehen.

Bevor ein Student offiziell als Anwalt zugelassen wurde, mussten zwei Bedingungen erfüllt werden: ein dreijähriges Jurastudium (jedes Jahr bestand aus vier Semestern), bei dem Anwesenheitspflicht herrschte, und erfolgreich absolvierte Prüfungen. Anwesenheitspflicht hieß, dass man an mindestens sechs von ungefähr vierundzwanzig Dinnern pro Semester teilnehmen musste. Das hieß nicht etwa, dass man tatsächlich am Essen teilnahm, sondern man musste zur festgelegten Zeit erscheinen und während des gesamten Dinners anwesend sein. Natürlich aßen alle normalerweise die leckeren Gerichte und tranken die erlesenen Weine, die aufgetischt wurden. So ein Dinner kostete zwischen zwei Shilling sechs Pence und drei Shilling sechs Pence, also etwa zwei bis drei Rupien. Das galt als preiswert, denn diesen Betrag musste man in einem Hotelrestaurant allein für den Wein zahlen. Uns Inder, falls wir nicht «zivilisiert» waren, überraschte, dass Getränke teurer waren als das Essen. Als ich das erfuhr, war ich ganz entsetzt, wie brachten es Leute fertig, dermaßen viel Geld für Getränke rauszuwerfen. Allmählich verstand ich das jedoch. Häufig aß ich bei diesen Dinnern gar nichts, denn für mich wären nur Brot, gekochte Kartoffeln und Kohl in Frage gekommen, alles Dinge, die ich anfänglich nicht aß, weil ich sie nicht mochte. Als sie mir dann schmeckten, hatte ich auch den Mut, nach anderen Gerichten zu fragen.

Das Essen, das den *benchers*, den Älteren in diesem Lerntempel, aufgetischt wurde, war besser als das für die Studenten. Ein anderer Student, Parse und ebenfalls Vegetarier, und ich fragten, ob wir nicht auch die vegetarischen Gerichte, die den *benchers* serviert wurden, bekommen könnten. Man erfüllte unsere Bitte, und von da an wurden wir mit Obst und Gemüse vom *benchers*-Tisch versorgt.

Jeder Vierergruppe waren zwei Flaschen Wein erlaubt, und weil ich keinen Wein anrührte, war ich als Vierter im Bunde sehr gefragt, denn dann konnten die anderen drei zwei Flaschen leeren. In jedem Quartal fand eine *grand night* statt, in der es außer Port und Sherry noch andere alkoholische Getränke wie Champagner gab. Champagner galt als etwas sehr Besonderes. Daher wurde ich ausdrücklich zur Teilnahme aufgefordert und war in der *grand night* höchst gefragt.

Bis heute ist mir nicht klar, inwiefern die Studenten durch diese Dinner besser für den Anwaltsberuf qualifiziert waren. Es hatte einmal eine Zeit gegeben, als nur wenige Studenten daran teilnahmen und sich so Gespräche zwischen ihnen und den *benchers* ergaben. Auch Reden wurden gehalten. Das ermöglichte ihnen, Welterfahrung, Schliff und gute Umgangsformen zu erwerben sowie ihre Vortragsfähigkeiten zu verbessern. Zu meiner Zeit war das nicht mehr möglich, da die *benchers* wie Unberührbare abseits saßen. Nach und nach war dieser Institution ihr Sinn ganz abhandengekommen, doch das konservative England, das sich nur langsam ändert, hielt trotzdem an ihr fest.

Der Lehrplan war leicht, daher nannte man die Barrister auch scherzhaft Dinner-Barrister. Alle wussten, dass die Examina praktisch wertlos waren. Zu meiner Zeit gab es zwei, eine in römischem, die andere in englischem Recht. Für diese Prüfungen, die man einzeln ablegen konnte, waren bestimmte Lehrbücher vorgeschrieben, doch die las so gut wie niemand. Ich kannte viele, die die Prüfung in römischem Recht bestanden, indem sie vierzehn Tage lang hastig Notizen zum römischen Recht durchpaukten, und die Prüfung in englischem Recht, indem sie sich mit dem Thema zwei, drei Monate lang beschäftigten. Die Prüfungsfragen waren leicht und die Prüfer großzügig. Im Schnitt bestanden fünfundneunzig bis neunundneunzig Prozent die Prüfung in römischem Recht, das Abschlussexamen fünfundsiebzig Prozent und mehr. Deshalb hatte so gut wie niemand Angst vorm Durchfallen. Derart einfache Prüfungen, die zudem nicht nur einmal, sondern viermal jährlich stattfanden, konnten kaum als große Hürde empfunden werden.

Ich aber schaffte es, eine daraus zu machen. Ich war nämlich der Meinung, ich müsste sämtliche Lehrbücher lesen, denn alles andere wäre Betrug, und investierte dafür viel Geld. Ich beschloss, das römische Recht auf Latein zu lesen, dabei kamen mir meine Lateinkenntnisse aus meiner London Matriculation sehr zugute. Später stellte sich diese umfangreiche Lektüre als durchaus nützlich heraus, denn in Südafrika gilt das römisch-niederländische Recht. Justinian trug viel zu meinem Verständnis des südafrikanischen Rechts bei.

Ich ackerte mich neun Monate lang durch das englische Recht hindurch, denn Brooms «Common Law», ein dicker, aber interessanter Wälzer, verschlang viel Zeit. Snells «Equity» war ebenfalls interessant, aber nicht ganz leicht zu verstehen. «Leading Cases» von White und Tudor – bestimmte Fälle darin waren Pflichtlektüre – war interessant und lehrreich. Wissbegierig nahm ich mir auch Williams' «Real Property» und Goodeves «Personal Property» vor. Der Williams las sich wie ein Roman. Das einzige Buch, das ich nach meiner Rückkehr nach Indien genauso interessiert gelesen habe, war Maynes «Hindu Law». Aber das Thema indische Rechtsbücher ist hier fehl am Platz.

Ich bestand mein Examen, wurde am 10. Juni 1891 als Barrister zugelassen und am 11. Oktober ins Register des High Court of Justice eingetragen, nachdem ich zweieinhalb Shilling gezahlt hatte. Am 12. fuhr ich mit dem Schiff nach Hause.

Doch trotz meines Studiums in England fühlte ich mich noch immer hilflos und ängstlich und noch nicht dazu qualifiziert, als Anwalt zu arbeiten.

Um meine Angst zu schildern, ist allerdings ein eigenes Kapitel nötig.

25. Meine Hilflosigkeit

Die Zulassung war einfach gewesen, aber die Praxis war schwierig. Ich hatte zwar die Gesetze studiert, aber nicht gelernt, wie man sie praktisch anwendet. Interessiert hatte ich «Moral Maxims in Law» gelesen, wusste aber nicht, wie ich sie beruflich umsetzen sollte. *Sic utere tuo ut alienum non laedas* (Setze dein Recht so ein, dass anderen kein Schaden entsteht) war so eine moralische Maxime, aber wie diese für einen Klienten anwenden? Ich kannte sämtliche wichtigen Fälle dazu, doch das reichte nicht aus, um sie zuversichtlich in der Rechtspraxis anzuwenden.

Hinzu kam, dass bei meinem Studium der Begriff «indisches Recht» nicht einmal aufgetaucht war. Von hinduistischem oder muslimischem Recht hatte ich ebenfalls keine Ahnung. Nicht einmal, wie man eine Klageschrift aufsetzt, hatte ich gelernt. Ich wusste nicht mehr weiter. Angeblich brüllte Sir Pherozeshah Mehta im Gerichtssaal wie ein Löwe. Aber wie hatte er in England diese Kunst bloß erlernt? In diesem Leben würde ich seinem juristischen Scharfsinn niemals das Wasser reichen können, das war ausgeschlossen, aber ich hegte ernste Zweifel, ob ich überhaupt jemals fähig wäre, mit diesem Beruf meinen Lebensunterhalt zu verdienen.

Diese nagenden Zweifel befielen mich bereits während meines Jurastudiums, und ich vertraute mich einigen Freunden an. Einer meinte, ich solle Dadabhai Naoroji um Rat fragen. Ich erwähnte bereits, dass ich mit einem Empfehlungsschreiben an ihn nach England kam, das erst sehr spät zum Einsatz kam, weil ich in meinen Augen kein Recht hatte, einen so bedeutenden Mann mit meinem Besuch zu belästigen. Jedes Mal, wenn einer seiner Vorträge angekündigt wurde, ging ich hin, hörte ihm in einer Saalecke zu und verschwand, nachdem ich mich an seinem Anblick, seinen Worten begeistert hatte. Um engeren Kontakt mit den Studenten zu haben, hatte er eine Vereinigung gegründet. Ich ging meistens zu den Treffen und freute mich über Dadabhais Interesse an den Studenten und an der Achtung, die sie ihm entgegenbrachten. Irgendwann raffte ich meinen Mut zusammen und überreichte ihm das Empfehlungsschreiben. «Sie können mich jederzeit besuchen und um Rat fragen», meinte er. Darauf kam ich allerdings nie zurück, weil ich ihn nicht mit Kleinigkeiten belästigen wollte. Deshalb traute ich mich damals nicht, dem Rat meines Freundes zu folgen und Dadabhai meine Probleme anzuvertrauen.

Möglicherweise war es derselbe Freund, der meinte, ich solle mich an Frederick Pincott wenden, einen Konservativen, der indischen Studenten mit selbstloser Sympathie begegnete. Viele suchten seinen Rat, und ich bat auch um einen Termin. Es war eine unvergessliche Begegnung. Er begrüßte mich wie einen Freund und lachte meinen Pessimismus einfach weg. «Glauben Sie etwa, jeder kann ein Pherozeshah Mehta sein? Pherozeshahs und Badruddins sind rar gesät. Sie können beruhigt sein, man benötigt keine außergewöhnlichen Fähigkeiten, um ein ordentlicher Feld-Wald-und-Wiesenanwalt zu sein, Anständigkeit und Fleiß reichen vollkommen aus, um in diesem Beruf seinen Lebensunterhalt zu verdienen. Nicht jeder Fall ist kompliziert. Dann erzählen Sie mir doch mal, was Sie für Ihre Allgemeinbildung getan haben.»

Als ich ihn mit meiner übersichtlichen Lektüreliste konfrontierte, war er sichtbar enttäuscht. Doch einen Moment später strahlte er wieder herzlich. «Ich verstehe Ihre Sorge. Ihre Allgemeinbildung ist dürftig, von der Welt haben Sie keine Ahnung, eine Conditio sine qua non für einen Vakil. Sie haben sich nicht einmal mit indischer Geschichte beschäftigt. Ein Vakil muss die menschliche Natur kennen, jedem Menschen den Charakter vom Gesicht ablesen können. Und jeder Inder sollte sich in der indischen Geschichte auskennen. Das hat zwar nichts mit dem Anwaltsberuf zu tun, aber trotzdem. Offenbar haben Sie nicht einmal das Buch von Kaye und Malleson über die Geschichte des indischen Aufstands 1857 gelesen. Besorgen Sie sich das sofort und lesen Sie auch zwei andere Bücher, damit Sie Menschenkenntnis bekommen.» Es handelte sich um die Bücher von Lavater und Shemmelpennick über Physiognomie.

Ich war diesem verehrungswürdigen Freund sehr dankbar. In seiner Gegenwart waren alle meine Ängste verschwunden, aber sobald ich allein war, überfielen sie mich wieder. «Einen Menschen nach seinem Gesicht beurteilen zu können», dieser Satz ging mir immer wieder durch den

Kopf, als ich auf dem Heimweg an die beiden Bücher dachte. Am nächsten Tag besorgte ich mir den Lavater, die Schimmelpenninck hatten sie nicht vorrätig. Ich las Lavaters Buch, fand es schwieriger als Snells «Equity» und eher uninteressant. Ich studierte eingehend Shakespeares Physiognomie, konnte aber trotzdem unter den Passanten auf Londons Straßen keinen nächsten Shakespeare entdecken.

Lavater erweiterte meinen Wissenshorizont nicht. Pincotts Ratschläge nützten mir nicht viel, aber seine Freundlichkeit hatte mir gutgetan. Sein lächelndes, offenes Gesicht ist mir fest in Erinnerung geblieben, und ich hielt mich an seine Aussage, ein erfolgreicher Anwalt müsse nicht notwendigerweise über Pherozeshah Mehtas Scharfsinn, Gedächtnis und Fähigkeiten verfügen, Anständigkeit und Fleiß genügten. Und da ich ein gerüttelt Maß von den letzten beiden besaß, war ich halbwegs beruhigt.

Für Kaye und Malleson hatte ich in England keine Zeit mehr. Aber sobald sich in Südafrika die Gelegenheit ergab, las ich die Bücher.

Daher keimte, als ich mit der S. S. Assam in Bombay ankam, in meiner Verzweiflung ein klein wenig Hoffnung. Weil das Meer im Hafen stürmisch war, landete ich mit einer Barkasse an.

ZWEITER TEIL

1. Raychandbhai

Es ist nicht ungewöhnlich, dass es im Juni, Juli stürmisch auf dem Arabischen Meer hergeht, ab Aden war es schon sehr rau. Fast alle Passagiere waren seekrank, bloß ich blieb verschont und blieb begeistert auf Deck, betrachtete die wogenden Wellentäler. Zum Frühstück tauchten außer mir nur ein, zwei andere auf, die ihre Teller vorsichtig auf dem Schoß balancierten, damit der Porridge nicht überschwappte.

Der Sturm war für mich ein Sinnbild für den Aufruhr in mir selbst. So wie mich der erste ungerührt ließ, würde ich dem zweiten hoffentlich auch standhalten. Da war natürlich der Konflikt mit meiner Kaste; und meine Ratlosigkeit, was meinen Berufsstart betrifft, habe ich bereits erwähnt. Und da ich ein Reformer bin, überlegte ich, wie ich bestimmte Reformen anpacken sollte, die mir durch den Kopf gegangen waren. Andere ergaben sich unerwartet im Laufe der Zeit.

Mein älterer Bruder holte mich am Hafen ab. Dr. Mehta und dessen älteren Bruder kannte er bereits, und da Dr. Mehta darauf bestand, dass wir bei ihm unterkamen, gingen wir zu seinem Haus. So wurde die in England begonnene Bekanntschaft in Indien wieder aufgenommen und entwickelte sich zu einer festen Freundschaft zwischen beiden Familien.

Ich hatte nicht gewusst, dass meine Mutter nicht mehr lebte. Mein Bruder hatte mir ihren Tod verschwiegen, der sich während meines Englandaufenthalts ereignete, weil er mir ersparen wollte, dass mich dieser Schlag in einem fremden Land traf. Jetzt wurde mir die traurige Nachricht mitgeteilt und ich vollzog die übliche rituelle Waschung. Und nun möchte ich meine Trauer, die sogar noch größer war als beim Tod meines Vaters, hinter einem Schleier verbergen. Die meisten meiner Hoffnungen zerschlugen sich damit. Doch ich brach, als ich die Nachricht hörte, nicht in lautes Wehklagen aus. Sogar meine Tränen konnte ich zurückhalten und mich benehmen, als wäre nichts geschehen.

Dr. Mehta stellte mich mehreren Freunden vor, darunter seinem Bruder Shri Revashankar Jagjivan, mit dem mich eine lebenslange Freundschaft verbinden sollte. Doch die Bekanntschaft, die ich besonders hervorheben muss, ist die mit dem Dichter Raychand oder Rajchandra, dem Schwiegersohn eines älteren Bruders von Dr. Mehta, Partner und Geschäftsführer des Schmuckunternehmens, das unter dem Namen Revashankar Jagjivan lief. Damals war er nicht älter als fünfundzwanzig, aber bereits bei unserem ersten Treffen war ich überzeugt, dass er ein ganz besonderer Mensch war und höchst gebildet obendrein. Er war auch bekannt als *shatavadhani* (jemand, der gleichzeitig hundert Dinge im Kopf behalten oder erledigen kann), und Dr. Mehta schlug vor, ich solle sein Gedächtnis auf die Probe stellen. Ich kramte sämtliche mir bekannten Wörter aus den verschiedenen europäischen Sprachen zusammen und bat den Dichter, sie zu wiederholen, was er in genau der Reihenfolge tat, in der ich sie aufgesagt hatte. Ich fand sein Talent beneidens-, aber nicht bewundernswert. Bewundernswert waren allerdings, wie ich später feststellen sollte, seine Kenntnis der heiligen Schriften, sein tadelloser Charakter und sein brennendes Verlangen nach Selbsterkenntnis, die das einzig Wichtige für ihn war. Folgende Zeilen von Muktanand, die er immer im Mund führte, waren in sein Herz gemeißelt:

> Gesegnet fühle ich mich einzig,
> Wenn mein ganzes Tun von Ihm durchwirkt ist;
> Wahrlich, Er ist der Faden,
> an dem Muktanands Leben hängt.

Raychandbhais Umsätze gingen in die Hunderttausende. Er war Experte für Perlen und Diamanten. Kein verzwicktes geschäftliches Problem war ihm zu schwierig. Doch das alles war nicht der Mittelpunkt, um den sich sein Leben drehte, sondern das brennende Verlangen, Gott von Angesicht zu Angesicht zu sehen, um sich selbst zu erkennen. Auf seinem Arbeitstisch lagen immer auch eine religiöse Schrift und sein Tagebuch. Vieles in seinem veröffentlichten Werk stammt aus seinen Tagebüchern. Sobald Feierabend war, schlug er eines von beiden auf. Offenbar war der Mann, der sich sofort nach einem wichtigen Geschäftsabschluss hinsetzte und über die Unergründlichkeit der Seele schrieb, kein Geschäftsmann, sondern jemand, der wirklich nach der Wahrheit suchte. Und ich sah mehr als einmal, dass er mitten im Berufsalltag in diese fromme Beschäftigung versunken dasaß. Nie erlebte ich, dass er sein seelisches Gleichgewicht verlor. Unsere Verbindung war weder beruflicher noch sonstwie eigennütziger Natur und dennoch sehr innig. Damals war ich bloß ein armer Barrister, und trotzdem verwickelte er mich jedes Mal, wenn wir uns trafen, in ein tiefgründiges Gespräch über Religion. Obwohl ich damals noch nicht wirklich auf der Suche war und kein besonderes Interesse an religiösen Erörterungen hatte, fesselten mich seine Ausführungen. Seitdem habe ich viele religiöse Führer und Lehrer kennengelernt und mich um Treffen mit den Oberhäuptern verschiedener Glaubensrichtungen bemüht, aber ehrlich gesagt machte niemand einen solchen Eindruck auf mich wie Raychandbhai. Seine Worte berührten mich, sein Verstand beeindruckte mich genauso wie seine moralische Aufrichtigkeit, und ich war fest davon überzeugt, dass er mich nie absichtlich täuschen und stets sagen würde, was in ihm vorging. In spirituellen Krisen war er deshalb mein Rettungsanker.

Und doch konnte ich ihn trotz meiner Hochachtung nicht zu meinem Guru erheben. Meine Suche dauert an.

Ich glaube an die hinduistische Theorie des Gurus und an dessen Bedeutung für die spirituelle Erkenntnis. In der Auffassung, wahres Wissen sei ohne Guru unmöglich, steckt viel Wahres. In profanen Dingen wie dem Erlernen des Abc mag ein unvollkommener Lehrer hinnehmbar sein, in spirituellen Belangen nicht. Nur ein vollkommener Jnani darf zum Guru erhoben werden. Der Erfolg liegt darin, einen Guru zu finden. Man bekommt den Guru, den man verdient. Das ständige Streben nach Vollkommenheit ist unser Recht, ist schon Lohn an sich. Alles Übrige liegt in Gottes Hand.

Obwohl ich Raychandbhai also nicht zu meinem Guru erheben konnte, würde er, ohne hier ins Detail zu gehen, noch bei vielen Gelegenheiten meine Zuflucht sein. Drei Zeitgenossen haben mein Leben nachhaltig geprägt, mich in ihren Bann gezogen: Raychandbhai im direkten Kontakt, Tolstoi durch «Das Reich Gottes ist in euch» und Ruskin mit «Diesem Letzten». Später an entsprechender Stelle mehr dazu.

2. Weltliche Betätigungen

Mein älterer Bruder setzte große Hoffnungen in mich. Er wollte reich, bekannt und mächtig sein, und er hatte ein großes, fast zu großes Herz. Das hatte ihm in Verbindung mit seinem unkomplizierten Naturell einen großen Freundeskreis eingebracht, durch den er mir Mandate verschaffen wollte. Er hatte angenommen, ich würde jede Menge Geld verdienen, und deshalb das Haushaltsbudget tüchtig überzogen. Er hatte nichts unversucht gelassen, um mir das Feld für meine Anwaltspraxis zu ebnen.

In meiner Kaste war der Sturm, den meine Auslandsreise ausgelöst hatte, noch nicht abgeflaut. Sie war in zwei Lager gespalten, das eine wollte mich sofort wieder aufnehmen, das andere unbedingt an meinem Ausschluss festhalten. Der ersten Fraktion zuliebe ging mein Bruder, bevor wir nach Rajkot heimreisten, mit mir nach Nashik, wo ich ein Bad im heiligen Fluss nehmen musste, und gab anschließend zu Hause ein Essen für die Kaste. Das alles gefiel mir überhaupt nicht. Aber weil die Liebe meines Bruders zu mir grenzenlos war und meine Ergebenheit ihm gegenüber ebenso groß, war sein Wille für mich Gesetz, ich ordnete mich automatisch seinen Wünschen unter. Damit waren die Schwierigkeiten, wieder in die Kaste aufgenommen zu werden, praktisch vom Tisch.

Ich versuchte nie, die Partei, die gegen meine Wiederaufnahme gewesen war, für mich zu gewinnen, grollte nicht einmal ihren Anführern. Manche begegneten mir feindselig, aber ich war sorgfältig darauf bedacht, ihnen weiterhin Respekt entgegenzubringen. Ich beachtete sämtliche Regeln, die bei einem Ausschluss beachtet werden mussten: Keiner meiner Verwandten durfte mich bewirten, einschließlich Schwiegereltern, auch nicht meine Schwester und ihr Mann. Wenn ich bei ihnen war, trank ich nicht einmal Wasser. Sie hätten das Verbot heimlich umgangen, aber mir ging es gegen den Strich, heimlich etwas zu tun, was ich nicht offen tun durfte.

Mein Verhalten war so peinlich korrekt, dass ich nie in Konflikt mit der Kaste kam, im Gegenteil, ein Großteil der Fraktion, die mich auch heute noch als offiziell ausgestoßen betrachtet, war immer freundlich und großzügig zu mir. Sie unterstützte mich sogar bei meiner Arbeit, ohne je zu erwarten, dass ich etwas für die Kaste tat. Bestimmt ist dieser glückliche Ausgang darauf zurückzuführen, dass ich keinen Widerstand geleistet habe. Hätte ich Stimmung für meine Wiederaufnahme gemacht, die Kaste in mehr als zwei Lager spalten wollen oder mich provozierend verhalten, hätten die Kastenangehörigen sicher zurückgeschlagen. Nach der Rückkehr aus England hätte ich dem Sturm nicht ausweichen können, sondern wäre in einen Strudel der Unruhe geraten und hätte mich möglicherweise an Heimlichkeiten beteiligt.

Die Beziehung zu meiner Frau war noch immer nicht so, wie ich mir das gewünscht hätte. Nicht einmal der Englandaufenthalt hatte mich von meiner Eifersucht kuriert. Weil ich weiterhin bei jeder Kleinigkeit misstrauisch und überempfindlich reagierte, blieb alles, was ich mir so wünschte, unerfüllt. Ich hatte mir in den Kopf gesetzt, dass meine Frau lesen und schreiben lernen sollte, und wollte ihr dabei helfen. Doch die Lust kam mir dazwischen, und ich ließ die Wut über meine Schwäche an ihr aus. Einmal ging ich sogar so weit, dass ich sie wieder zu ihrem Vater schickte und erst zurücknahm, als sie todunglücklich war. Erst später begriff ich, dass ich mich wie ein Wahnsinniger gebärdet hatte.

Ich hatte mir in den Kopf gesetzt, die Kindererziehung zu reformieren. Mein Bruder hatte Kinder, und mein eigener Sohn war mittlerweile fast vier. Die Kleinen sollten durch Sportunterricht abgehärtet werden und von meinen Erfahrungen profitieren. Mein Bruder unterstützte mich, und meine Bemühungen waren mehr oder weniger erfolgreich. Ich war gern mit Kindern zusammen, bis heute spiele und scherze ich oft mit ihnen. Seitdem habe ich das Gefühl, aus mir wäre ein guter Lehrer geworden.

Natürlich musste auch die Ernährung «reformiert» werden. Tee und Kaffee gab es in unserem Haushalt bereits. Mein Bruder hatte mich bei meiner Rückkehr mit einem Hauch von England empfangen wollen, also kamen Porzellan und Tee, die bisher entweder ausschließlich für «zivilisierte» Gäste oder zu medizinischen Zwecken vorgesehen waren, täglich auf den Tisch. Meine «Reformen» stellten den letzten Schliff dar. Ich führte Porridge ein, wollte Tee und Kaffee durch Kakao ersetzen, aber letztendlich gab es alle drei Getränke. Stiefel und Socken gab es bereits, und ich vervollkommnete das Ganze noch durch Gehrock und Hose.

Entsprechend stiegen die Ausgaben, ständig kamen neue Gegenstände dazu. Wir hatten uns in eine völlig unsinnige Lebensweise gestürzt, für die uns die finanziellen Mittel fehlten. Mit der Eröffnung einer Anwaltskanzlei in Rajkot hätte ich mich garantiert lächerlich gemacht. Ich verfügte nicht einmal über das Wissen eines Vakil, der seine Ausbildung in Rajkot erhalten hatte, erwartete aber trotzdem das zehnfache Honorar. Kein Mandant wäre so dumm gewesen, mich zu beauftragen. Und selbst wenn sich einer gefunden hätte, wären zu meiner Unwissenheit auch noch Arroganz und Betrug gekommen. Damit hätte ich meine Schuld der Welt gegenüber nur noch vergrößert.

Freunde gaben mir den Rat, ich solle eine Weile nach Bombay gehen, dort am High Court Erfahrungen sammeln, mich eingehend mit indischem Recht beschäftigen und möglichst viele Mandate ergattern. Also ging ich nach Bombay.

Dort richtete ich mir einen Haushalt ein und stellte einen brahmanischen Koch ein, der so ahnungslos war wie ich und von mir nie wie ein Diener behandelt wurde. Er pflegte sich zwar mit Wasser zu übergießen, wusch sich aber nie. Sein Dhoti war verdreckt, ebenso seine heilige Schnur, und von den heiligen Schriften hatte er absolut keine Ahnung. Doch wo einen besseren Koch hernehmen?

«Ravishankar, du kannst zwar nicht kochen, aber bestimmt kennst du die *sandhyas* (die täglichen Gebete) und so weiter?», fragte ich.

«*Sandhyas*, Sir? Der Pflug ist unsere *sandhya* und der Spaten unser tägliches Ritual. So ein Brahmane bin ich. Ich bin auf Ihre Barmherzigkeit angewiesen, sonst muss ich auf dem Feld arbeiten.»

Also musste ich Ravishankar etwas beibringen. Zeit hatte ich genug. Ich übernahm zur Hälfte das Kochen, investierte in einen Herd und nahm die vegetarischen Küchenexperimente aus England wieder auf. Ich hatte keine Skrupel, gemeinsam mit Ravishankar zu essen, er bald auch nicht mehr, und so bildeten wir eine fröhliche Wohngemeinschaft. Es gab nur ein Problem: Ravishankar hatte geschworen, weiterhin dreckig zu bleiben, und auch in der Küche war ihm Sauberkeit egal.

Aber mehr als vier, fünf Monate in Bombay waren nicht machbar, denn mein Einkommen konnte mit den ständig steigenden Ausgaben nicht mithalten. So fing mein Berufsleben an. Der Anwaltsberuf war unangenehm – viel Tamtam und wenig Wissen. Meine Verantwortung drückte mich schwer.

3. Mein erster Fall

In Bombay widmete ich mich einerseits dem Studium des indischen Rechts und andererseits meinen Ernährungsexperimenten, denen sich Virchand Gandhi, ein Freund, anschloss. Mein Bruder seinerseits versuchte, mir möglichst viele Mandate zu verschaffen.

Das Jurastudium war eine zähe Angelegenheit. Mit der Zivilprozessordnung kam ich nicht zurande, mit dem Beweismittelgesetz schon. Virchand Gandhi bereitete sich auf die Solicitor-Prüfung vor und erzählte mir alle möglichen Geschichten über Barrister und Vakils. «Sir Pherozeshah ist deshalb so gut, weil er eine profunde Gesetzeskenntnis hat», sagte er oft. «Er kennt das Beweismittelgesetz auswendig und weiß über sämtliche Fälle in Abschnitt 32 Bescheid. Badruddin Tyabjis Scharfsinn blendet die Richter geradezu. Seine Beweisführung ist beeindruckend.»

Solche Geschichten über die Großen meines Berufs entmutigten mich.

«Es kommt durchaus vor, dass ein Barrister fünf, sechs Jahre lang Staub im Gericht ansetzt», ergänzte er. «Deshalb möchte ich ja Solicitor werden. Wenn du nach drei Jahren genug verdienst, um deine Ausgaben zu decken, läuft es schon gut.»

Monat für Monat summierten sich die Ausgaben. Ich konnte mich nicht damit abfinden, dass vor dem Haus bereits das Anwaltsschild hing, während ich drinnen immer noch für den Barrister-Beruf lernen musste. Das lenkte mich beim Studium ab. Allmählich freundete ich mich mit dem Beweismittelgesetz an und las Maynes «Hindu Law» voller Interesse, hatte aber noch nicht den Mut, einen Fall zu übernehmen. Und niemand, dem ich meinen Kummer anvertrauen konnte. Mein Zustand glich dem einer Braut, die gerade in das Haus ihres Schwiegervaters eingezogen ist.

Wie es das Schicksal wollte, bekam ich dann zufällig den Fall einer gewissen Mamibai übertragen, lediglich eine «harmlose Angelegenheit». «Sie werden dem Vermittler eine Provision zahlen müssen», sagte man mir. Ich lehnte entschieden ab.

«Aber sogar der große Strafverteidiger Mr. Soundso, der drei- bis viertausend im Monat verdient, zahlt Provision.»

«Ich muss ihm doch nicht nacheifern», gab ich zurück. «Ich wäre zufrieden, wenn ich so viel verdienen würde wie mein Vater, dreihundert Rupien im Monat.»

«Diese Zeiten sind vorbei. Die Preise in Bombay sind unglaublich gestiegen, da müssen Sie ganz pragmatisch sein.»

Ich beharrte auf meinem Standpunkt und zahlte keine Provision. Mamibais Fall bekam ich trotzdem; es war ein leichter Fall, dessen Verhandlung voraussichtlich an einem Tag abgeschlossen war. Als Honorar verlangte ich dreißig Rupien.

Bei meinem Debüt im Small Causes Court erschien ich für die Angeklagte und musste die Zeugen des Klägers ins Kreuzverhör nehmen. Mit wackligen Beinen stand ich auf. In meinem Kopf drehte sich alles, und ich hatte das Gefühl, der ganze Gerichtssaal würde sich ebenfalls drehen. Mir fiel keine einzige Frage ein. Bestimmt lachte der Richter innerlich, und für die Vakils war das Ganze zweifellos ein Riesenspaß. Ich nahm gar nichts mehr wahr, setzte mich und erklärte dem Vermittler, ich könne den Fall nicht vertreten. Er solle lieber Patel verpflichten, er bekomme auch mein Honorar zurück. Prompt wurde Mr. Patel für einundfünfzig Rupien verpflichtet. Für ihn war der Fall natürlich ein Kinderspiel.

Ich rannte geradezu aus dem Gericht, ohne zu wissen, ob meine Mandantin ihren Fall gewinnen oder verlieren würde. Ich war derart beschämt, dass ich beschloss, erst wieder einen Fall anzunehmen, wenn ich ihn auch durchstehen könnte. Tatsächlich trat ich, bis ich nach Südafrika ging, nie wieder vor Gericht auf. Mein Entschluss war wenig heldenhaft. Mir hätte ohnehin niemand seinen Fall anvertraut, wenn von vornherein klar war, dass ich diesen verlieren würde.

Aber dann gab es in Bombay doch noch einen Fall, der mir übertragen wurde. Eine Eingabe musste aufgesetzt werden. In Porbandar hatte man einem armen Muslim das Land beschlagnahmt, und er wandte sich an mich, den Barrister-Sohn eines ehrenwerten Vaters. Auch wenn die Sache eher aussichtslos erschien, willigte ich ein, die Eingabe für ihn zu schreiben, die Druckkosten müsse er tragen. Ich setzte das Schreiben auf und las es Freunden vor. Sie hatten keine Einwände, was mir zumindest ein bisschen das Gefühl gab, ich sei wenigstens fähig, Eingaben aufzusetzen. Was ja auch stimmte.

Wenn ich meine Eingaben verfasst hätte, ohne ein Honorar dafür zu berechnen, wären meine Geschäfte glänzend gelaufen. Aber damit hätte ich wohl nicht einmal genug Silber verdient, um einem Kind eine Rassel zu kaufen. Deshalb kam mir die Idee, ich könnte als Lehrer arbeiten. Meine Englischkenntnisse reichten dazu aus, ich hätte liebend gern die vor der Reifeprüfung stehenden Schüler in Englisch unterrichtet. Damit hätte ich meine Ausgaben zumindest teilweise abdecken können. Zufällig sah ich eine Zeitungsannonce: «Englischlehrer für eine Unterrichtsstunde pro Tag gesucht. Gehalt 75 Rupien.» Eine renommierte höhere Schule hatte das Inserat aufgegeben. Ich bewarb mich um die Stelle und wurde zu einem Vorstellungsgespräch eingeladen. In optimistischer Stimmung ging ich hin, aber als der Rektor herausfand, dass ich keinen Hochschulabschluss hatte, lehnte er mich mit Bedauern ab.

«Aber ich habe die London Matriculation bestanden, mit Latein als Zweitsprache.»

«Mag sein, aber wir möchten einen Hochschulabsolventen.»

Da war nichts zu machen. Verzweifelt rang ich die Hände, und auch mein Bruder war höchst beunruhigt. Wir kamen beide zu dem Schluss, ich sollte besser keine Zeit mehr in Bombay verplempern, sondern nach Rajkot ziehen, wo ich für meinen Bruder, der Verteidiger für Bagatellfälle war, Gesuche und Eingaben aufsetzen konnte. Und da in Rajkot bereits ein Haushalt vorhanden war, würden wir durch die Auflösung meiner Unterkunft in Bombay viel Geld sparen. Die Idee gefiel mir. Nach sechs Monaten schloss ich meinen kleinen Laden und kehrte Bombay den Rücken.

Sollte es unter der heutigen Generation ebenfalls mandantenlose Barrister geben, möchte ich ihnen einen Praxistipp für den Alltag verraten. Zwar wohnte ich in Girgaum, benutzte aber so gut wie nie Droschke oder Pferdebahn, sondern ging grundsätzlich zu Fuß zum High Court. Das dauerte ungefähr fünfundvierzig Minuten, und selbstverständlich machte ich auch den Heimweg per pedes; an Sonne und Hitze hatte ich mich gewöhnt. Diese Fußmärsche sparten eine Menge Geld, und anders als viele meiner Bombayer Freunde wurde ich, soweit ich mich erinnere, kein einziges Mal krank. Sogar als ich allmählich etwas Geld verdiente, ging ich stets weiterhin zu Fuß ins Büro und zurück. Davon profitiere ich heute noch.

4. Der erste Schock

Enttäuscht verließ ich Bombay und ging nach Rajkot, wo ich mir ein Büro einrichtete. Ich kam einigermaßen gut über die Runden. Das Abfassen von Klageschriften, Eingaben und Anträgen brachte mir im Monat im Durchschnitt dreihundert Rupien ein, Aufträge, die ich eher meinen Beziehungen als meinen Fähigkeiten verdankte, denn der Sozius meines Bruders war gut im Geschäft. Sämtliche seiner Ansicht nach wichtigen Fälle usw. übergab er an große Barrister, ich bekam die Klageschriften, die für seine armen Mandanten aufgesetzt werden mussten.

Hier konnte ich nicht an meinem Prinzip, keine Provision zu zahlen, festhalten, das ich in Bombay so hartnäckig verteidigt hatte. Die Bedingungen seien unterschiedlich, wurde ich belehrt; während in Bombay dem Vermittler Provision zu zahlen sei, gehe sie hier an den Vakil. Hier wie in Bombay zahlte allerdings ausnahmslos jeder Barrister einen Prozentsatz seines Honorars als Provision. Folgender Argumentation meines Bruders war nicht zu widersprechen: «Bekanntlich teile ich mir die Kanzlei mit einem anderen Vakil», sagte er. «Wann immer möglich, werde ich dir alle diejenigen Fälle übertragen, denen du gewachsen bist. Aber wenn du dich nun weigerst, meinem Sozius Provision zu zahlen, bringt mich das in eine sehr peinliche Lage. Da wir beide einen gemeinsamen Haushalt haben, bekomme ich auf diese Weise automatisch meinen Anteil. Aber was ist mit meinem Sozius? Angenommen, er würde denselben Fall jemand anders übergeben, dann bekäme er auf alle Fälle seine Provision.» Das leuchtete mir ein, mir wurde klar, wenn ich als Barrister praktizieren wollte, konnte ich nicht an meinem Prinzip festhalten. So legte ich mir das zurecht oder, um es knallhart zu formulieren, ich machte mir etwas vor. Allerdings kann ich mich nicht erinnern, dass ich in irgendeinem anderen Fall Provision gezahlt hätte.

Gerade als ich allmählich meinen Lebensunterhalt selbst bestreiten konnte, bekam ich den ersten Schock meines Berufslebens. Über das Verhalten britischer Beamter hatte ich schon einiges gehört, aber jetzt bekam ich es persönlich mit einem zu tun.

Mein Bruder war Sekretär und Berater des Panasaheb von Porbandar gewesen, bevor dieser inthronisiert worden war. Jetzt wurde er beschuldigt, er habe ihn während seiner Amtszeit falsch beraten. Der Fall war

Der erste Schock 109

vor einen Regierungsvertreter gekommen, der Vorurteile gegen meinen Bruder hatte. Genau diesen Mann hatte ich in England kennengelernt, er war mir gegenüber recht freundlich gewesen. Mein Bruder meinte, ich solle diese Beziehung nutzen, um ein gutes Wort für ihn einzulegen. Vielleicht lasse sich der Regierungsvertreter ja von seinen Vorurteilen abbringen. Diese Vorstellung, eine flüchtige Bekanntschaft auszunutzen, gefiel mir ganz und gar nicht. Wenn mein Bruder sich tatsächlich etwas zuschulden hatte kommen lassen, was sollte meine Fürsprache da bringen? Wenn er unschuldig war, sollte er offiziell eine Eingabe machen und, auf seine Unschuld vertrauend, in aller Ruhe das Ergebnis abwarten. Davon wollte mein Bruder nichts wissen. «Du kennst Kathiawad nicht», meinte er, «und welterfahren bist du auch nicht. Hier zählen einzig Beziehungen. Es ist nicht anständig von dir, dass du deinem Bruder nicht helfen willst, wenn du doch ganz leicht bei einem Bekannten ein gutes Wort für mich einlegen könntest.»

Da blieb mir nichts anderes übrig und ich suchte den Beamten auf, mit größtem Widerwillen. Mit welchem Recht kontaktierte ich diesen Mann eigentlich? Außerdem war mir bewusst, dass ich meine Selbstachtung aufs Spiel setzte. Ich bat trotzdem um einen Termin. Beim Wiedersehen erinnerte ich ihn an unsere alte Bekanntschaft, merkte aber sofort, dass Kathiawad nicht England war und ein Beamter auf Urlaub etwas anderes als einer im Dienst. Zwar erkannte der Mann mich, aber beim Hinweis auf unsere Begegnung in England wurde er verkrampft. «Sie sind doch wohl nicht hier, um diese Bekanntschaft auszunutzen», schien sein starrer Gesichtsausdruck zu sagen. Trotzdem brachte ich mein Anliegen vor.

«Ihr Bruder ist ein Intrigant», unterbrach mich der Sahib ungeduldig. «Ich möchte nichts weiter hören. Ich habe keine Zeit. Wenn Ihr Bruder etwas zu sagen hat, soll er das auf offiziellem Wege tun.» Die deutliche Antwort war verdient. Doch Eigennutz ist kritikresistent, und ich redete weiter. Der Sahib stand auf. «Sie gehen jetzt besser.»

«Lassen Sie mich doch bitte ausreden», entgegnete ich, woraufhin er noch wütender wurde. «Bringen Sie ihn hinaus», wies er seinen Bürodiener an. Ich redete immer noch, als der Diener mir die Hände auf die Schultern legte und mich aus dem Zimmer bugsierte.

Wutschnaubend ging ich. Umgehend schrieb ich dem Mann einen Brief. «Sie haben mich beleidigt. Auf Ihre Anweisung hin hat mich Ihr

Bürodiener tätlich angegriffen. Wenn Sie keine Wiedergutmachung leisten, sehe ich mich genötigt, gerichtlich gegen Sie vorzugehen.»

Umgehend kam die Antwort durch seinen *sowar,* einen berittenen Boten: «Sie haben sich mir gegenüber unhöflich benommen. Als ich Sie zum Gehen aufforderte, haben Sie sich geweigert. Mir blieb nichts anderes, als meinen Bürodiener anzuweisen, Sie hinauszuführen. Sogar als er Sie gebeten hat, das Büro zu verlassen, weigerten Sie sich. Daher musste er gezwungenermaßen ein wenig Druck ausüben, um Sie aus dem Raum zu bringen. Es steht Ihnen frei, gerichtlich gegen mich vorzugehen.»

Niedergeschlagen kam ich mit dieser Antwort in der Tasche nach Hause und erzählte meinem Bruder alles. Er war betroffen, wusste nicht, wie er mich trösten sollte. Er beriet sich mit seinen Vakil-Freunden, denn ich hatte keine Ahnung, wie man gegen den Sahib gerichtlich vorgehen konnte. Zufällig hielt sich damals Sir Pherozeshah Mehta wegen eines Prozesses in Rajkot auf. Aber konnte ein Nachwuchs-Barrister wie ich ihn überhaupt deswegen behelligen? Also ließ ich ihm durch den Vakil, der ihm das Mandat übertragen hatte, meine Unterlagen zukommen und um Rat bitten. «Sagen Sie Gandhi», antwortete er, «so etwas gehört zu den üblichen Erfahrungen vieler Vakils und Barristers. Er ist erst seit kurzem wieder in Indien und noch voll englischer Ehrpusseligkeit. Er hat keine Erfahrung mit britischen Beamten. Wenn er hier Geld verdienen und keine Probleme haben will, soll er den Brief zerreißen und die Beleidigung einstecken. Es bringt nichts, wenn er gegen den Sahib prozessiert, im Gegenteil, das wäre höchstwahrscheinlich sein Ruin. Richten Sie ihm aus, dass er noch Lebenserfahrung sammeln muss.»

Der Rat war gallebitter, aber ich nahm ihn an. Ich konnte die Beleidigung nicht vergessen und ließ sie mir eine Lehre sein. «Nie wieder manövriere ich mich in eine solche Lage, nie wieder nutze ich eine Bekanntschaft aus», schwor ich mir, und dieses Versprechen habe ich bis heute nicht gebrochen. Dieser Schock veränderte mein Leben.

5. Vorbereitung auf Südafrika

Zweifellos war es ein Fehler gewesen, dass ich den Beamten aufgesucht hatte, aber seine arrogante Ungeduld und seine anmaßende Wut standen in keinem Verhältnis zu meinem Fauxpas. Der Rauswurf war ungerechtfertigt. Ich hatte ihn kaum mehr als fünf Minuten in Anspruch genommen, aber er konnte mich einfach nicht ausreden lassen. Der Mann hätte mich höflich zum Gehen auffordern können, aber seine Macht war ihm zu Kopf gestiegen. Später erfuhr ich, dass Geduld nicht zu den Tugenden dieses Beamten gehörte und er Besucher des Öfteren beleidigte. Bereits die kleinste Unstimmigkeit ließ den Sahib in Rage geraten.

Auch wenn sich nun ein Großteil meiner Arbeit an seinem Gerichtshof abspielte, sah ich mich außerstande, mich bei ihm einzuschmeicheln, mich bei diesem Beamten durch inkorrektes Verhalten lieb Kind zu machen. Es wurmte mich, dass ich weder einen Strafantrag eingereicht, noch zurückgeschrieben hatte, obwohl ich ihm mit gerichtlichen Schritten gedroht hatte.

Mittlerweile hatte ich ein wenig Einblick in die hiesigen kleinlichen Ränkespiele erhalten. In Kathiawad, einem Konglomerat von Kleinstaaten, gab es natürlich jede Menge politischer Kabalen. Kleinkarierte Intrigen zwischen einzelnen Staaten und heimliche Machtkämpfe der Beamten waren an der Tagesordnung. Die Fürsten waren immer von der Gnade anderer abhängig und liehen ihr Ohr bereitwillig jedem Schmeichler. Selbst der Bürodiener des Sahibs musste umgarnt werden, und sein *shirastedar* war mächtiger als sein Herr selbst, weil er dessen Auge, Ohr und Dolmetsch war. Der Wille des *shirastedar* war Gesetz, angeblich verdiente er mehr als der Sahib. Das war vielleicht übertrieben, aber er lebte ganz sicher über seine Verhältnisse.

Auf mich wirkte die ganze Atmosphäre vergiftet, und die Frage, wie ich meine Autonomie behalten konnte, entwickelte sich zum Dauerbrenner. Ich war durch und durch niedergeschlagen, was meinem Bruder natürlich nicht entging. Beide kamen wir zu der Überzeugung, wenn ich eine Anstellung ergattern würde, könnte ich mich aus diesem Intrigengespinst heraushalten. Doch ohne Intrige kein Ministerposten, keine Richterstelle. Und einer Tätigkeit als Anwalt stand die Querele mit dem Sahib im Wege.

Porbandar, wo ich dem Fürsten größeren Einfluss, mehr Macht verschaffen sollte, wurde damals von einem Administrator verwaltet; ihn musste ich ohnehin wegen der hohen *vighoti* (Landpacht) aufsuchen, die man den Mer abverlangte. Obwohl dieser Beamte Inder war, empfand ich ihn als noch arroganter als den Sahib. Er war zwar ein fähiger Mann, aber das änderte an der Lage der Bauern nichts. Ich konnte für den Rana zusätzlichen Einfluss heraushandeln, aber nahezu keine Pachterleichterung für die Mer, deren Anliegen offenbar nicht einmal sorgfältig geprüft worden war.

So verlief auch diese Sache ziemlich enttäuschend, meiner Meinung nach wurden meine Mandanten um ihr Recht gebracht, aber ich hatte leider keine Handhabe, dagegen vorzugehen. Allenfalls hätte ich beim Gouverneur Einspruch einlegen können, den er mit den Worten «Wir lehnen jegliche Einmischung ab» abgeschmettert hätte. Wenn derartige Entscheidungen aufgrund von Gesetzen oder Vorschriften gefällt worden wären, hätte man dagegen vorgehen können, aber allein Wort und Wille des Sahib waren Gesetz.

Ich war außer mir.

In der Zwischenzeit hatte mein Bruder von einem Handelsunternehmen der Memon in Porbandar folgendes schriftliche Angebot erhalten: «Wir haben geschäftlich in Südafrika zu tun. Wir sind ein großes Unternehmen, und bei einem dortigen Gerichtsprozess, der sich mittlerweile schon sehr lange hinzieht, geht es für uns um vierzigtausend Pfund. Wir haben die besten Vakils und Barrister dafür engagiert. Wenn Sie Ihren Bruder nach Südafrika schicken, wäre das sowohl zu unserem als auch zu seinem Vorteil. Er könnte unseren Anwalt vor Ort besser instruieren als wir. Und er hätte die Möglichkeit, etwas von der Welt zu sehen und neue Bekanntschaften zu knüpfen.»

Mein Bruder besprach diesen Vorschlag mit mir. Mir war nicht klar, ob ich nur den Anwalt instruieren oder auch vor Gericht erscheinen sollte. Das Angebot war jedenfalls verlockend.

Mein Bruder stellte mich Sheth Abdul Karim Jhaveri vor, einem Teilhaber von Dada Abdulla & Co., der betreffenden Firma. «Die Aufgabe ist ganz einfach», versicherte mir der Sheth. «Wir sind mit einflussreichen Europäern befreundet, bei denen uns Ihre Fähigkeiten von Nutzen sein werden. Ein Großteil unserer Korrespondenz wird auf Englisch geführt, da können Sie uns auch unter die Arme greifen. Natürlich wohnen Sie in unserem Bungalow. Sie werden keinerlei Ausgaben haben.»

«Wie lange soll ich für Sie arbeiten?», wollte ich wissen. «Und an welche Bezahlung denken Sie?»

«Nicht länger als ein Jahr. Wir zahlen Ihnen ein Erster-Klasse-Ticket hin und zurück, einhundertfünf Pfund und wie gesagt Kost und Logis.»

Im Klartext – man sah mich nicht als Barrister, sondern ich würde Angestellter des Unternehmens sein. Aber ich wollte aus Indien weg, es war verlockend, ein neues Land kennenzulernen, neue Erfahrungen zu machen. Außerdem konnte ich die einhundertfünf Pfund meinem Bruder als Beitrag für die Haushaltskosten geben. Ich ersparte mir das Feilschen, nahm das Angebot von Sheth Abdul Karim an und machte mich umgehend zur Abreise nach Südafrika fertig.

6. Ankunft in Natal

Bei der Abreise nach Südafrika tat ich mich mit der Trennung weniger schwer als bei der Abreise nach England. Meine Mutter lebte nicht mehr, ich hatte schon ein wenig von der Welt gesehen, hatte Erfahrung mit Auslandsreisen und war regelmäßig von Rajkot nach Bombay gereist.

Diesmal fiel mir nur der Abschied von meiner Frau schwer; seit meiner Rückkehr aus England hatten wir ein weiteres Kind bekommen. Unsere Liebe war noch nicht frei von Wollust, wurde aber allmählich keuscher. Seit meiner Rückkehr hatten wir nicht sehr oft zusammengelebt. Da ich mittlerweile ihr Lehrer war, wenn auch nur halbherzig, und ihr bei der Umsetzung mancher «Reformen» geholfen hatte, wäre es an der Zeit, so fanden wir beide, länger zusammen zu sein, und sei es nur, um diese Reformen fortzuführen. Aber Südafrika lockte und machte die Trennung erträglich. «In einem Jahr sehen wir uns wieder», tröstete ich sie bei meiner Abreise von Rajkot nach Bombay.

In Bombay sollte ich meine Karte für die Überfahrt vom Reiseagenten bekommen, der für Dada Abdulla & Co. arbeitete. Doch auf dem Schiff gab es keine freie Kabine mehr. Wenn ich allerdings nicht jetzt reiste, würde ich einen Monat lang in Bombay festhängen. «Wir haben unser Möglichstes versucht, für Sie eine Fahrkarte zu ergattern», versicherte der Mann, «leider vergeblich. Es sei denn, Sie nehmen eine Deckpassage. Die Mahlzeiten könnten Sie im Speisesaal einnehmen.» Das waren die Zeiten, in denen ich noch als e-Klasse-Passagier unterwegs war. Und überhaupt, ein Barrister als Deckpassagier? Ich lehnte ab. Zudem misstraute ich dem Mann, denn es erschien mir unwahrscheinlich, dass sämtliche Kabinen der ersten Klasse ausgebucht waren. Er war einverstanden, dass ich mich selbst um meine Überfahrt kümmerte. Ich begab mich an

Bord und suchte den Kapitän auf. «Normalerweise sind wir nicht so gefragt», erklärte er ganz offen, «weil aber der Generalgouverneur von Mosambik mitfährt, sind alle Kabinen ausgebucht.»

«Könnten Sie mich nicht doch noch irgendwo reinquetschen?», erkundigte ich mich.

Lächelnd musterte er mich von oben bis unten. «Eine Möglichkeit haben wir», meinte er. «In meiner Kajüte gibt es eine Hängematte, die normalerweise nicht an Passagiere vergeben wird. Aber bei Ihnen würde ich eine Ausnahme machen.» Ich bedankte mich bei ihm und beauftragte den Reiseagenten mit dem Kauf der Fahrkarte. Im April 1893 stach ich voller Elan in See – ob ich mein Glück in Südafrika machen würde?

Nach ungefähr dreizehn Tagen legten wir in Lamu zum ersten Mal an. Mittlerweile hatten der Kapitän und ich uns angefreundet. Er war ein begeisterter Schachspieler, allerdings noch auf Anfängerniveau, und hatte am liebsten Gegner, die noch weniger Übung vorweisen konnten. Ich hatte schon viel von diesem Spiel gehört, aber noch nie ein Brett zu sehen bekommen. Angeblich konnte man dabei seinen Verstand bestens trainieren. Der Kapitän bot an, mir Unterricht zu geben, und fand einen guten, weil sehr geduldigen Schüler in mir. Ich verlor sämtliche Partien, was seinen Eifer als Lehrer noch mehr ansporte. Mir gefiel Schach, doch meine Begeisterung für das Spiel blieb auf diese Schiffsreise beschränkt und auf die bloße Kenntnis, wie man Läufer, Königin usw. ziehen durfte.

In Lamu ging das Schiff drei, vier Stunden lang vor Anker, und ich machte einen Erkundungsgang durch den Hafen. Der Kapitän war ebenfalls an Land gegangen, hatte mich zuvor jedoch gewarnt, das Meer im Hafen sei gefährlich und ich solle ja rechtzeitig wieder an Bord sein.

Die Stadt war sehr klein. Ich ging zum Postamt, wo ich zu meiner Freude auf indische Mitarbeiter stieß, mit denen ich plauderte. Auch Afrikanern begegnete ich und versuchte, etwas über ihre Lebensweise in Erfahrung zu bringen, die mich sehr interessierte. So verging die Zeit.

Einige der Deckpassagiere, mit denen ich Bekanntschaft geschlossen hatte, waren ebenfalls an Land gegangen, weil sie sich dort etwas kochen und anschließend in Ruhe essen wollten. Gemeinsam stiegen wir in ein Boot. Es war Flut und unser Boot überladen. Die Strömung war so stark, dass das Boot die Schiffsleiter nur kurz berührte und dann weggerissen

Ankunft in Natal 115

wurde. Das erste Abfahrtssignal war schon ertönt, ich machte mir allmählich Sorgen. Von der Brücke aus beobachtete der Kapitän unsere Notlage und gab Anweisung, die Abfahrt um fünf Minuten zu verschieben. In der Nähe des Schiffes gab es ein anderes Boot, das ein Freund für zehn Rupien mietete und in das ich aus dem überfüllten umstieg. Die Leiter war bereits hochgezogen worden, so dass ich mit einem Seil nach oben gehievt werden musste. Gleich darauf legte der Dampfer ab. Die anderen Passagiere blieben zurück, und ich begriff, warum der Kapitän mich gewarnt hatte.

Der nächste Hafen war Mombasa, danach kam Sansibar. Hier gab es einen längeren Aufenthalt von acht oder zehn Tagen, nach dem wir das Schiff wechselten.

Der Kapitän mochte mich, aber unsere Freundschaft nahm eine unschöne Wendung. Er lud einen englischen Freund und mich zu einem Ausflug ein, und wir fuhren mit seinem Boot ans Ufer. Ich hatte keine Ahnung, wozu der Ausflug diente. Der Kapitän wiederum wusste nicht, wie unerfahren ich in manchen Dingen war. Ein Schlepper führte uns zu einem Haus mit schwarzen Frauen, wo jeder von uns in ein anderes Zimmer geführt wurde. Ich stand einfach nur schamerstarrt da. Weiß der Himmel, was die arme Frau von mir gedacht hat. Als der Kapitän nach mir rief, kam ich genau so heraus, wie ich hineingegangen war. Erst jetzt begriff er, wie ahnungslos ich war. Anfangs war ich höchst peinlich berührt und beschämt, doch da ich an den Vorfall nur mit Entsetzen denken konnte, fiel die Scham von mir ab, und ich dankte Gott, dass mich der Anblick der Frau überhaupt nicht erregt hatte. Warum hatte ich nicht den Mut gehabt und mich geweigert, das Haus überhaupt zu betreten? Wie hatte ich nur so charakterschwach sein können?

Das war die dritte derartige Prüfung meines Lebens. Bestimmt sind viele unschuldige Jugendliche aus falschem Schamgefühl zur Sünde verleitet worden. Ich muss Ishvar dem Barmherzigen danken, dass ich ungeschoren davonkam. (Mir selbst hätte ich nur dann auf die Schulter klopfen können, wenn ich mich geweigert hätte, den Raum zu betreten.) Dieser Zwischenfall bestärkte mich in meinem Glauben und half mir auch, falschverstandene Scham abzuschütteln.

Da wir eine Woche Aufenthalt hatten, mietete ich mir ein Zimmer und machte lange Erkundungsspaziergänge durch die Nachbarschaft.

Nur Malabar kann der üppigen Vegetation Sansibars das Wasser reichen. Ganz erstaunlich, wie riesig Bäume und Obst hier wurden.

Die nächste Anlaufstation war Mosambik, und von da aus ging's nach Natal, das wir Ende Mai erreichten.

7. Neue Erfahrungen

Durban, auch unter dem Namen Port Natal bekannt, ist der Hafen von Natal. Abdulla Sheth holte mich dort ab. Während das Schiff am Kai anlegte, beobachtete ich die Menschen, die an Bord kamen, um ihre Freunde willkommen zu heißen, und mir fiel auf, dass die Inder mit wenig Respekt behandelt wurden. Abdulla Sheth wurde von seinen Bekannten mit einem gewissen Snobismus behandelt, der mich wurmte, er hingegen hatte sich daran gewöhnt. Mich musterte man neugierig. Ich sah anders aus als die anderen Inder, denn ich trug Gehrock und Turban, die Nachahmung eines bengalischen *purgree*.

Ich wurde zum Bungalow und in das für mich bereitgestellte Zimmer gebracht, das neben dem Abdulla Sheths lag. Er verstand mich nicht. Ich verstand ihn nicht. Er las die Schriftstücke, die sein Bruder mir für ihn mitgegeben hatte, und wurde noch besorgter, kam zu dem Schluss, sein Bruder habe ihm eine teure Fehlinvestition aufgehalst. Meinen Sahib-Lebensstil fand er verschwenderisch. Es gab keine spezielle Aufgabe, die ich hätte übernehmen können. Der Prozess fand im Transvaal statt, aber mich sofort dorthin zu schicken war nicht sinnvoll. Konnte er mir und meinen Fähigkeiten überhaupt trauen? Er würde nicht mit nach Pretoria gehen, und da saßen die Beschuldigten, die mich beeinflussen könnten, so wahrscheinlich seine Befürchtung. Und wenn mir in Verbindung mit dem fraglichen Fall keine Aufgaben übertragen werden konnten, was sollte man mir sonst zu tun geben, wenn doch alles andere von seinen Angestellten viel besser erledigt wurde? Überdies konnten die Angestellten, falls sie Fehler machten, zur Rechenschaft gezogen werden. Würde das auch für mich gelten? Und andere Aufgaben, bis auf den Fall und solche, die von den Angestellten erledigt wurden, gab es nicht. Wenn ich also nicht am Fall arbeiten konnte, hatte man mich für nichts und wieder nichts kommen lassen und musste dafür auch noch bezahlen.

Abdulla Sheth war kein gebildeter Mann, verfügte aber über einen reichen Erfahrungsschatz. Sein Verstand war scharf, und das wusste er auch. Mit der Zeit hatte er sich so viel Englisch angeeignet, dass es für eine Unterhaltung und für die Abwicklung seiner Geschäfte reichte, gleich, ob er es mit Bankmanagern oder europäischen Kaufleuten zu tun hatte oder einem Anwalt seinen Fall erläutern musste. Die Inder schätzten ihn sehr. Sein Unternehmen war damals das größte oder zumindest eines der größten indischen Unternehmen. Und er war von Natur aus misstrauisch.

Er war stolz darauf, Muslim zu sein, und diskutierte leidenschaftlich gern über islamische Philosophie. Obwohl des Arabischen nicht mächtig, kannte er sich im heiligen Koran und der islamischen Literatur im Allgemeinen ziemlich gut aus, hatte stets passende Textstellen parat. Unserem Zusammenleben verdanke ich eine recht fundierte praktische Kenntnis des Islams. Als wir uns besser kannten, führten wir lange Gespräche über religiöse Fragen.

Am zweiten oder dritten Tag nach meiner Ankunft in Durban nahm er mich mit ins Gericht, wo er mich verschiedenen Leuten vorstellte und neben seinen Anwalt platzierte. Der Richter starrte mich ständig an und verlangte schließlich, ich solle meinen Turban abnehmen. Ich weigerte mich und verließ das Gebäude.

Also musste ich auch hier mit Widerstand rechnen.

Abdulla Sheth erklärte mir, warum manche Inder den Turban ablegen mussten. Wer muslimische Tracht trug, durfte ihn aufbehalten, alle anderen Inder mussten ihn beim Betreten des Gerichts ablegen.

Um diesen feinen Unterschied besser verständlich zu machen, muss ich mehr ins Detail gehen. Während dieser zwei, drei Tage war mir aufgefallen, dass hier unterschiedliche indische Gruppen lebten. Da gab es die muslimischen Kaufleute, die sich selbst als «Araber» bezeichneten, Hindu-Angestellte und Parsen-Angestellte. Die Hindus gehörten nirgendwo recht dazu, es sei denn, sie schlossen sich den «Arabern» an. Die Parsen bezeichneten sich selbst als «Perser». Diese drei Klassen unterhielten soziale Beziehungen miteinander. Die bei weitem größte Gruppe setzte sich aus Tamilen, Telugus und Nordindern zusammen, die entweder Kontraktarbeiter oder freie Arbeiter waren. Kontraktarbeiter hatten sich vertraglich für fünf Jahre Arbeit in Natal verpflichtet und wurden unter dem Namen Girmitiyas bekannt (*girmit* ist die Verballhornung des englischen *agreement*, Vertrag). Die drei anderen Gruppen hatten lediglich Geschäftsbeziehungen zu dieser Klasse. Die Engländer nannten sie «Kulis», und da die meisten Inder Arbeiter waren, wurden sämtliche Inder als «Kulis» oder *sami* bezeichnet. *Sami* ist ein Suffix, das vielen tamilischen Namen angehängt wird, gleichbedeutend mit dem Sanskritwort *swami*, Herr. Wenn sich also ein Inder über dieses Wort ärgerte und genügend Schlagfertigkeit besaß, lautete die Antwort ungefähr so: «Nennen Sie mich ruhig *sami*. Offenbar vergessen Sie, dass *sami* «Herr» bedeutet. Ich bin nicht Ihr Herr.» Manche Engländer zuckten zusammen, andere wurden wütend, beschimpften den Inder und wurden, falls die Gelegenheit günstig war, sogar handgreiflich, denn für sie war *sami* ein Ausdruck der Verachtung. Die Bedeutung «Herr» war geradezu eine Beleidigung!

Ergo wurde ich als «Kuli-Barrister» bekannt. Die Händler bezeichnete man als «Kuli-Händler». Die ursprüngliche Wortbedeutung von «Kuli» war in Vergessenheit geraten und zur Bezeichnung für alle Inder geworden. «Ich bin kein Kuli, ich bin Araber» oder «Ich bin Händler», entrüstete sich der muslimische Händler gewöhnlich, und wenn der Engländer ein höflicher Mensch war, entschuldigte er sich.

Infolgedessen war die Frage des Turbantragens von großer Bedeutung. Nahm man gezwungenermaßen seinen Turban ab, steckte man gleichzeitig eine Beleidigung ein. Also kam mir der Gedanke, ich könnte mich vom indischen Turban verabschieden und stattdessen einen englischen Hut tragen, was mir Beleidigungen und unschöne Auseinandersetzungen ersparen würde.

Abdulla Sheth war damit nicht einverstanden. «Wenn Sie das tun, wird das negative Auswirkungen haben. Sie schaden denjenigen, die darauf bestehen, den indischen Turban zu tragen. Übrigens steht Ihnen der Turban gut. Mit einem englischen Hut wird man Sie für einen Kellner halten.»

In diesem Ratschlag mischten sich Pragmatismus, Patriotismus und eine Prise Borniertheit. Der Pragmatismus war offensichtlich, und er hätte auf dem Turban nicht bestanden, wäre dieser nicht patriotisch gewesen, die abfällige Kellner-Anspielung verriet eine gewisse Borniertheit. Unter den Vertragsarbeitern gab es Hindus, Muslime und Christen. Letztere waren die Nachkommen indischer Vertragsarbeiter, die zum

Christentum konvertiert waren. Bereits 1893 war ihre Zahl beachtlich. Sie trugen englische Kleidung, und die meisten von ihnen verdienten ihren Lebensunterhalt als Kellner in Hotels. Abdulla Sheths Kritik spielte auf diese Gruppe an. Diese Arbeit galt als entwürdigend, eine Ansicht, die auch heute noch von vielen vertreten wird.

Im Großen und Ganzen gefiel mir Abdulla Sheths Ratschlag. Ich informierte die Presse über den Vorfall und verteidigte mein Recht, vor Gericht Turban zu tragen. In den Zeitungen wurde der Fall ausgiebig diskutiert und ich als «unerwünschter Besucher» bezeichnet. Nur wenige Tage nach meiner Ankunft wurde dieser Zwischenfall zur unerwarteten Reklame für mich in Südafrika. Die einen unterstützten mich, andere verurteilten meine Unverfrorenheit scharf.

Ich trug meinen Turban praktisch bis zum Ende meines Südafrika-Aufenthaltes. Wann und warum ich später in diesem Land überhaupt keine Kopfbedeckung mehr trug, werden wir später noch erfahren.

8. Unterwegs nach Pretoria

Bald kam ich mit den in Durban lebenden christlichen Indern in Kontakt. Mr. Paul, der Gerichtsdolmetscher, war römisch-katholisch. Außer ihm lernte ich Subhan Godfrey kennen, der damals an der Protestant Mission unterrichtete. Er war der Vater von James Godfrey, der 1924 als Mitglied der südafrikanischen Abordnung Indien besuchte. Ungefähr zur selben Zeit lernte ich Parsi Rustomji und Adamji Miyakhan kennen. Diese Freunde, die sich bisher nur geschäftlich begegnet waren, sollten sich später sehr nahekommen.

Während ich so meinen Bekanntenkreis erweiterte, erhielt Dada Abdulla & Co. einen Brief ihres Anwalts, man solle sich auf den Prozess vorbereiten und Abdulla Sheth entweder persönlich nach Pretoria kommen oder einen Vertreter schicken.

Abdulla Sheth gab mir diesen Brief zu lesen und fragte, ob ich das übernehmen wolle. «Das kann ich erst sagen, wenn Sie mir die Sachlage erklärt haben», erwiderte ich. «Momentan wüsste ich nicht, was ich dort tun sollte.» Woraufhin mich seine Buchhalter in den Fall einweihen mussten.

Als ich mich in den Fall einarbeitete, stellte ich fest, dass ich beim kleinen Einmaleins anfangen musste. Während der paar Tage in Sansibar war ich im Gericht gewesen, um zu sehen, wie dort die Abläufe waren. Ein parsischer Anwalt hatte einen Zeugen verhört und Fragen zu Soll und Haben in den Rechnungsbüchern gestellt. Für mich alles böhmische Dörfer. Ich hatte weder in der Schule noch während meines Englandaufenthaltes Buchführung gelernt. In diesem Fall ging es jedoch hauptsächlich um Bilanzfragen, die nur jemand verstehen und beantworten konnte, der sich in Buchhaltung auskannte. Ständig sprach der Buchhalter über dieses Soll und jenes Haben, und ich wurde zusehends verwirrter. Ich hatte keine Ahnung, was *p. note* bedeuten sollte, fand das Wort auch nicht im Wörterbuch. Ich gestand dem Mann meine Unwissenheit und erfuhr, dass damit eine *promisseroy note* gemeint war, ein Schuldschein. Ich kaufte ein Buch über Buchhaltung und arbeitete es durch, was mir etwas Selbstvertrauen gab. Nun verstand ich den Fall. Abdulla Sheth kannte sich zwar in Buchhaltung nicht aus, aber er durchschaute dank seiner Erfahrung auch komplexe Bilanzsachverhalte. Ich sei bereit für Pretoria, teilte ich ihm mit.

«Wo kommen Sie unter?», fragte der Sheth.

«Wo Sie wollen», antwortete ich.

«Dann schreibe ich unserem Anwalt, der wird eine Unterkunft für Sie organisieren. Ich schreibe auch meinen dortigen Memon-Freunden, rate Ihnen allerdings ab, bei ihnen zu wohnen. Die Gegenpartei verfügt in Pretoria über großen Einfluss. Sollte es einem von ihnen gelingen, Einblick in unsere Korrespondenz zu bekommen, könnte das unserem Fall sehr schaden. Je weniger Umgang Sie mit denen haben, desto besser.»

«Ich wohne dort, wo Ihr Anwalt mich unterbringt, oder suche mir eine neutrale Unterkunft. Machen Sie sich deswegen keine Gedanken. Keine vertrauliche Information wird an die Öffentlichkeit gelangen. Allerdings würde ich gern freundschaftlichen Umgang mit all diesen Leuten pflegen, denn nach Möglichkeit möchte ich den Fall familienintern beilegen. Immerhin ist Tyeb Sheth mit Ihnen verwandt.»

Sheth Tyeb Haji Khan Muhammad war ein enger Verwandter von Abdulla Sheth.

Die Erwähnung eines möglichen Vergleichs irritierte den Sheth. Doch da ich bereits seit sechs oder sieben Tagen in Durban war, kannten und verstanden wir uns mittlerweile. Ich war keine teure Fehlinvestition mehr.

«Ja, ich verstehe», sagte er gedehnt. «Nichts wäre besser als ein Vergleich. Aber wir sind eben alle miteinander verwandt und kennen uns sehr gut. Tyeb Sheth ist nicht der Typ, der schnell einem Vergleich zustimmt. Die kleinste Unaufmerksamkeit unsererseits und er wird alles nur Erdenkliche aus uns herauspressen und uns schließlich über den Tisch ziehen. Bitte denken Sie also gut nach, bevor Sie etwas unternehmen.»

«Nur keine Sorge», entgegnete ich. «Ich muss nicht mit Tyeb Sheth und auch sonst mit niemandem über den Prozess reden. Ich schlage ihm lediglich vor, er soll einer familieninternen Übereinkunft zustimmen, damit sie nicht den Rechtsanwälten die Taschen vollstopfen müssen.»

Am siebten oder achten Tag nach meiner Ankunft verließ ich Durban. Man hatte mir einen Erster-Klasse-Platz gebucht. Für Bettzeug zahlte man üblicherweise fünf Shilling extra. Abdulla Sheth wollte unbedingt, dass ich das tat, aber stolz und dickköpfig und weil ich die fünf Shilling sparen wollte, lehnte ich ab. «Hören Sie, das hier ist nicht Indien», warnte er mich. «Gott sei Dank haben wir genug und können uns was leisten. Bitte seien Sie nicht so knausrig.»

Ich bedankte mich und meinte, er solle sich keine Sorgen machen.

Gegen neun Uhr abends erreichte der Zug Maritzburg, die Hauptstadt von Natal. An diesem Bahnhof wurde normalerweise das Bettzeug ausgegeben. Ein Bahnangestellter fragte mich, ob ich welches wolle. «Nein», sagte ich, «ich habe meine eigenen Sachen dabei.» Er ging. Dann kam ein Mitreisender, musterte mich von oben bis unten und musste feststellen, dass ich ein «Farbiger» war, was ihm sauer aufstieß. Er verließ das Abteil und kam mit zwei Bahnangestellten zurück. Alle schwiegen, bis ein dritter kam. «Kommen Sie, Sie müssen in den Gepäckwagen umziehen.»

«Aber ich habe einen Erste-Klasse-Fahrschein», hielt ich dagegen.

«Das ist egal», mischte sich der zweite Bahnangestellte ein. «Ich sage Ihnen, Sie müssen in den Gepäckwagen.»

«Und ich sage Ihnen, dass man mir in Durban einen Platz in diesem Abteil gegeben hat, und ich bestehe darauf, dass ich genau in diesem Abteil reise.»

«Kommt nicht in Frage», sagte der Eisenbahner. «Entweder Sie verlassen das Abteil oder ich rufe einen Polizisten, der Sie rauswirft.»

«Tun Sie das. Freiwillig gehe ich nicht.»

Der Polizist kam, packte mich an der Hand und zerrte mich nach draußen. Auch mein Gepäck wurde hinausbefördert. Ich weigerte mich, in das andere Abteil umzuziehen, und so dampfte der Zug ohne mich ab. Ich setzte mich in den Warteraum. Mein Handgepäck nahm ich mit, das andere Gepäck hatte das Bahnpersonal irgendwo verstaut.

Es war Winter, der in den höheren Regionen Südafrikas empfindlich kalt ist, und da Maritzburg sehr hoch gelegen ist, herrschte bittere Kälte. Mein Mantel befand sich in meinem Gepäck, aber ich hatte Angst vor weiteren Beleidigungen, daher fragte ich nicht danach, sondern saß bibbernd im Warteraum, in dem es kein Licht gab. Gegen Mitternacht kam ein Reisender herein, der sich vermutlich mit mir unterhalten wollte, doch mir war nicht nach Reden zumute.

Ich dachte darüber nach, wo jetzt meine Pflicht lag. Sollte ich für mein Recht kämpfen oder zurück nach Indien gehen oder nach Pretoria weiterfahren, die Beleidigungen ignorieren und nach Prozessende nach Indien zurückkehren? Es wäre feige, den Fall sausen zu lassen und nach Indien zu flüchten. Die Unannehmlichkeiten, die ich hier durchmachte, waren nur oberflächlich, nur ein Symptom der chronischen Krankheit des Rassismus. Wenn ich dazu in der Lage wäre, sollte ich versuchen, diese Krankheit mit der Wurzel auszurotten, auch wenn ich dabei weiteren Unannehmlichkeiten ausgesetzt sein würde. Wiedergutmachung für Unrecht wollte ich nur so weit anstreben, wie es für die Beseitigung rassistischer Vorurteile nötig war.

Also entschloss ich mich, mit dem nächsten Zug nach Pretoria zu fahren.

Am Morgen darauf schickte ich ein langes Telegramm an den General Manager der Eisenbahn und informierte auch Abdulla Sheth, der sich umgehend mit dem Mann traf. Der General Manager verteidigte das Verhalten seiner Angestellten, teilte ihm aber auch mit, er habe den Bahnhofsvorsteher schon angewiesen, für meine reibungslose Weiterreise zu sorgen. Abdulla Sheth telegrafierte den indischen Händlern in Maritzburg sowie Freunden, die anderswo wohnten, sie sollten sich um mich kümmern. Die Händler holten mich am Bahnhof ab und versuchten mich zu trösten, indem sie mir schilderten, was sie selbst schon alles durchgemacht hatten. Was mir passiert war, sei nichts Ungewöhnliches. Inder, die erster oder zweiter Klasse reisten, müssten immer damit rechnen, dass es zu Schwierigkeiten mit Bahnpersonal und weißen Mitreisenden komme. Ich verbrachte den Tag, indem ich mir diese Leidensberichte anhörte. Der Abendzug fuhr ein, in dem es einen reservierten Schlafplatz für mich gab. In Maritzburg löste ich nun die Karte für das Bettzeug, die ich in Durban noch abgelehnt hatte.

Der Zug brachte mich nach Charlestown.

9. Weitere Unannehmlichkeiten

Der Zug kam morgens in Charlestown an. Damals gab es zwischen Charlestown und Johannesburg noch keine Eisenbahn, nur eine Postkutsche, die in Standerton über Nacht Halt machte. Ich hatte eine Karte für die Kutsche, die auch nach der eintägigen Unterbrechung in Maritzburg noch gültig war. Außerdem hatte Abdulla Sheth dem Postmeister ein Telegramm geschickt.

Der suchte jedoch nur nach einem Vorwand, um mich loszuwerden. Als er merkte, dass ich fremd war, sagte er: «Ihre Fahrkarte ist ungültig.» Ich gab ihm eine entsprechende Antwort. Der wahre Grund für seine Behauptung war jedoch ein ganz anderer. Die Reisenden wurden in der Kutsche untergebracht, und da ich als «Kuli» galt und fremdländisch aussah, meinte der «Führer», wie der für die Kutsche zuständige Weiße genannt wurde, es gehöre sich nicht, dass ich bei den weißen Reisenden säße. Rechts und links vom Kutschbock gab es einen Außensitz. Normalerweise saß der Führer auf einem davon. An diesem Tag fuhr er jedoch innen mit und wies mir seinen Platz zu. Das war absolut ungerecht und eine Beleidigung obendrein, doch der Klügere gab wohl besser nach. Ich konnte mich schlecht gewaltsam in die Kutsche drängen, und wenn ich protestiert hätte, wäre sie ohne mich abgefahren. Damit hätte ich einen weiteren Tag verloren, und am nächsten Tag konnte wer weiß was passieren. Deshalb setzte ich mich, innerlich schäumend, neben den Kutscher.

Ungefähr um drei Uhr erreichten wir Pardekoph. Mit einem Mal wollte der Führer auf meinem Platz sitzen, weil er rauchen, vielleicht auch frische Luft schnappen wollte. Also ließ er sich vom Kutscher ein Stück dreckiges Sackleinen geben, legte es auf das Fußbrett. «*Sami*, du hockst dich da hin, ich will neben dem Kutscher sitzen», sagte er zu mir.

Diese Beleidigung brachte das Fass zum Überlaufen. «Sie haben mir diesen Platz angewiesen, obwohl ich eigentlich im Kutscheninneren hätte mitfahren sollen», sagte ich zitternd vor Furcht. «Ich habe mir diese Beleidigung gefallen lassen. Jetzt wollen Sie draußen sitzen und rauchen und verlangen, dass ich zu Ihren Füßen sitzen soll – das mache ich nicht, ziehe aber gern in die Kutsche um.»

Ich hatte diese Worte noch nicht einmal vollständig herausgestammelt, da fiel der Mann über mich her und versetzte mir ein paar deftige Ohrfeigen. Er packte mich am Arm und wollte mich herunterziehen. Wild entschlossen, meinen Platz zu behaupten, selbst auf die Gefahr hin, dass ich mir dabei die Handgelenke brach, klammerte ich mich wie ein störrischer Kobold an das Messinggeländer des Kutschbocks. Die Mitpassagiere bekamen mit, wie der Mann mich beschimpfte, an mir zerrte und mich bearbeitete, während ich mich nicht wehrte. Er war stark und ich war schwach. Manche bekamen Mitleid. «Mann, lassen Sie ihn doch in Ruhe. Hören Sie auf, ihn zu schlagen, er hat doch nichts getan. Er hat recht, wenn er dort oben nicht bleiben kann, soll er drinnen bei uns sitzen.»

«Kommt nicht in Frage», brüllte der Mann, wirkte aber immerhin etwas zurechtgestutzt und hörte auf, mich zu schlagen. Er ließ meinen Arm los, beschimpfte mich noch ein Weilchen, befahl schließlich dem Hottentotten-Diener, der auf der anderen Seite des Kutschbocks saß, sich aufs Trittbrett zu hocken, und setzte sich selbst auf den frei gewordenen Platz.

Die Fahrgäste nahmen wieder ihre Plätze ein, ein Pfiff ertönte und die Kutsche ratterte los. Mein Herz klopfte wie rasend und ich fragte mich, ob ich mein Reiseziel überhaupt lebend erreichen würde. Gelegentlich starrte mich der Mann verbittert an und zeigte mit dem Finger auf mich. «Warte nur, Freundchen, wenn wir erst mal in Standerton sind, werde ich's dir schon zeigen», knurrte er. Sprachlos saß ich da und flehte Gott um Hilfe an.

Wir erreichten Standerton nach Anbruch der Dunkelheit, und ich atmete erleichtert auf, als ich mehrere indische Gesichter sah. «Wir sollen Sie abholen und zu Isa Sheths Laden bringen», erklärten diese Leute, sobald ich ausgestiegen war, «wir haben ein Telegramm von Dada Abdulla bekommen.» Ich war überglücklich, und wir gingen zum Geschäft von Sheth Isa Haji Sumar, wo mich der Besitzer und seine Mitarbeiter umringten. Höchst teilnahmsvoll hörten sie sich meine Geschichte an und trösteten mich mit den Schilderungen ihrer eigenen bitteren Erfahrungen.

Ich wollte den Vertreter der Postkutschengesellschaft über den Vorfall informieren, also schrieb ich einen Brief, in dem ich ihm alles detailliert schilderte, vor allem die Drohungen, die sein Angestellter gegen mich ausgestoßen hatte. Für die Weiterfahrt am nächsten Morgen verlangte ich die ausdrückliche Zusicherung, dass ich mit den anderen Fahrgästen im Kutscheninneren reisen würde. Worauf ich folgende Antwort bekam: «Ab Standerton ist eine größere Kutsche mit anderem Personal im Einsatz. Der Mann, über den Sie sich beschweren, wird morgen nicht dabei sein, und Sie werden bei den anderen Reisenden sitzen.» Das beruhigte mich halbwegs. Natürlich hatte ich nicht die Absicht, gegen den Mann, der handgreiflich gegen mich geworden war, gerichtlich vorzugehen, und damit war dieses Kapitel abgeschlossen.

Am Morgen brachte mich Isa Sheths Mitarbeiter zur Kutsche. Ich bekam einen guten Sitzplatz und kam abends wohlbehalten in Johannesburg an.

Standerton ist ein kleines Dorf, Johannesburg eine Großstadt. Abdulla Sheth hatte ebenfalls nach Johannesburg telegrafiert und mir die dortige Adresse von Muhammad Kasam Kamruddins Firma genannt. Ein Mitarbeiter des Unternehmens hatte mich an der Poststation abholen sollen, aber ich sah ihn nicht und er erkannte mich nicht. Also beschloss ich, in ein Hotel zu gehen, einige kannte ich dem Namen nach. Ich nahm eine Droschke zum Grand National Hotel, wo ich den Manager um ein Zimmer bat. Er musterte mich kurz. «Tut mir sehr leid, wir sind völlig ausgebucht.» Und mit diesen Worten verabschiedete er sich. Also wies ich den Kutscher an, mich zu Muhammad Kasam Kamruddins Geschäft zu fahren, wo Abdul Gani Sheth mich schon erwartete. Er begrüßte mich herzlich. Über mein Hotelerlebnis lachte er amüsiert. «Wie kommen Sie nur auf die Idee, dass wir ein Hotelzimmer bekommen könnten?»

«Wieso denn nicht?»

«Nach ein paar Tagen hier werden Sie das schon herausfinden. Wir können in einem Land wie diesem nur leben, weil wir gutes Geld verdienen und dafür auch bereit sind, die eine oder andere Beleidigung hinzunehmen», meinte er. «So sieht es aus.» Dann erzählte er mir die Leidensgeschichte der Inder im Transvaal.

«Dieses Land ist nichts für jemanden wie Sie. Morgen müssen Sie weiter nach Pretoria. Sie werden dritter Klasse reisen *müssen*. Im Transvaal sind die Verhältnisse noch schlechter als in Natal. Inder bekommen nie einen Fahrschein für die erste oder zweite Klasse.»

«Bestimmt haben Sie sich nicht energisch genug dagegen zur Wehr gesetzt.»

«Wir sind mehrmals vorstellig geworden, allerdings muss ich sagen, unsere Leute wollen eigentlich gar nicht erster oder zweiter Klasse reisen.»

Ich ließ mir die Beförderungsbedingungen der Eisenbahn bringen, las sie durch und entdeckte eine Lücke in den Vorschriften. Die alte Transvaal-Gesetzgebung war sprachlich recht unpräzise, die Bahnvorschriften noch mehr.

«Ich möchte erster Klasse reisen», erklärte ich dem Sheth, «und wenn das nicht geht, fahre ich lieber mit der Droschke nach Pretoria, es sind ja nur siebenunddreißig Meilen.»

Sheth Abdul Gani machte mich auf die damit verbundene Zeit- und Geldverschwendung aufmerksam, war aber mit meinem Wunsch einverstanden, und so ließen wir dem Bahnhofsvorsteher eine entsprechende Nachricht zukommen, dass ich Barrister sei und immer erster Klasse reise. Außerdem müsse ich so rasch wie möglich nach Pretoria, daher könne ich seine Antwort nicht abwarten, sondern sie erst persönlich am Bahnhof entgegennehmen, wo ich davon ausginge, einen Erster-Klasse-Fahrschein zu erhalten. Natürlich steckte dahinter eine Absicht. Mit Sicherheit würde die schriftliche Antwort des Bahnhofsvorstehers «nein» lauten, weil er garantiert eine bestimmte Vorstellung von einem «Kuli»-Barrister hatte. Daher würde ich in tadellosem englischem Aufzug vor ihn treten und ihn möglichst zu einer Erster-Klasse-Fahrkarte für mich überreden. Also ging ich mit Gehrock und Krawatte zum Bahnhof, legte am Schalter einen Sovereign hin und verlangte einen Fahrschein erster Klasse.

«Haben Sie mir diese Nachricht geschickt?», wollte er wissen.

«Ja, und ich wäre Ihnen höchst verbunden, wenn Sie mir einen Fahrschein geben könnten. Ich muss heute noch nach Pretoria.»

«Ich stamme nicht aus dem Transvaal, ich bin Holländer. Ich verstehe, wie Ihnen zumute ist», sagte er mitfühlend lächelnd, «und ich sehe, dass Sie ein Gentleman sind. Sie bekommen von mir den Fahrschein, aber unter einer Bedingung, nämlich dass Sie mich, wenn der Schaffner Sie in die dritte Klasse abschieben will, nicht in die Sache mithineinziehen. Damit meine ich, dass Sie nicht gerichtlich gegen die Bahngesellschaft vorgehen. Gute Reise!»

Mit diesen Worten stellte er den Fahrschein aus. Ich bedankte mich und beteuerte, die Eisenbahngesellschaft im Falle eines Falles außen vor zu lassen.

Sheth Abdul Gani war zu meiner Verabschiedung an den Bahnhof gekommen. Er war von dem Ausgang positiv überrascht. «Ich bin froh, wenn Sie Pretoria ohne Zwischenfälle erreichen», sagte er warnend. «Ich befürchte allerdings, dass der Schaffner Sie nicht in der ersten Klasse lassen wird, und selbst wenn doch, erheben bestimmt die Mitreisenden Einspruch.»

Ich setzte mich auf meinen Platz im Erster-Klasse-Abteil, und der Zug fuhr los. In Germiston kam der Schaffner die Fahrkarten kontrollieren. Er reagierte verärgert auf meine Anwesenheit und verwies mich mit einer Geste in die dritte Klasse. Ich zeigte ihm meinen Fahrschein für die erste Klasse. «Das spielt keine Rolle», sagte er, «gehen Sie in die dritte Klasse.»

Im Abteil befand sich nur noch ein weiterer Reisender, ein Engländer, der den Schaffner zur Rede stellte. «Sehen Sie denn nicht, dass er einen Fahrschein für die erste Klasse hat? Mir macht es überhaupt nichts aus, dass er mit mir reist.» Dann wandte er sich an mich. «Machen Sie sich's hier ruhig bequem.»

«Wenn Sie unbedingt mit einem Kuli reisen wollen, dann machen Sie's halt», murmelte der Schaffner vor sich hin und ging.

Gegen acht Uhr abends kamen wir in Pretoria an.

10. Erster Tag in Pretoria

Ich hatte erwartet, dass Dada Abdullas Anwalt jemanden schicken würde, der mich am Bahnhof abholte. Es würde kein Inder sein, denn ich hatte ausdrücklich versprochen, in keinem indischen Haus abzusteigen. Doch der Anwalt hatte niemanden geschickt. Später erfuhr ich, dass er, weil es Sonntag war, niemanden als Empfangskomitee gefunden hatte. Ratlos überlegte ich, wohin ich gehen sollte, denn sehr wahrscheinlich würde mich kein Hotel aufnehmen.

1893 sah der Bahnhof von Pretoria ganz anders aus als 1914. Die Beleuchtung war schummrig, und es gab nur wenige Reisende. Ich wartete, bis alle anderen Passagiere gegangen waren und der Bahnsteigschaffner nur wenig zu tun hatte, dann würde ich ihm meinen Fahrschein zeigen und mich nach einem Hotel oder einer Pension erkundigen. Andernfalls würde ich die Nacht im Bahnhof verbringen. Zugegeben, ich scheute sogar davor zurück, ihn zu fragen, aus Angst, er würde mich beschimpfen.

Der Bahnhof hatte sich geleert. Ich gab meinen Fahrschein dem Bahnsteigschaffner und erkundigte mich. Seine Antwort war höflich, doch ich stellte schnell fest, dass er mir nicht weiterhelfen konnte. Da mischte sich ein schwarzer Amerikaner ein, der neben uns stand. «Sie sind hier offensichtlich fremd. Wenn Sie wollen, bringe ich Sie zu einem kleinen Hotel, das einem Amerikaner gehört, den ich sehr gut kenne. Bestimmt gibt er Ihnen ein Zimmer.»

Ich hatte da zwar so meine Zweifel, nahm den Vorschlag aber dankend an. Er brachte mich zu Johnston's Family Hotel, wo er Mr. Johnston kurz zur Seite nahm. Der Hotelbesitzer willigte ein, mich übernachten zu lassen, allerdings unter der Bedingung, dass ich auf meinem Zimmer zu Abend aß.

«Ich persönlich habe garantiert keine Vorurteile gegen andere Hautfarben», sagte er, «aber meine Klientel ist ausschließlich europäisch und wenn Sie im Speisesaal essen, könnten sich meine Gäste daran stoßen und eventuell sogar in ein anderes Hotel gehen.»

«Danke, dass Sie mich überhaupt aufnehmen», sagte ich. «Mittlerweile bin ich mit den Verhältnissen hier halbwegs vertraut und verstehe Ihre schwierige Lage. Es macht mir nichts aus, auf dem Zimmer zu essen. Hoffentlich finde ich morgen anderswo eine Unterkunft.»

Man brachte mich auf ein Zimmer, wo ich auf das Essen wartete und ins Grübeln geriet. Im Hotel gab es kaum Gäste, weshalb ich erwartet hatte, dass bald ein Kellner mit dem Abendessen auftauchen würde. Stattdessen kam Mr. Johnston höchstpersönlich. «Es war mir peinlich, dass ich Sie bitten musste, in Ihrem Zimmer zu essen», sagte er. «Deshalb habe ich die anderen Gäste gefragt, ob sie etwas dagegen haben, wenn Sie in den Speisesaal kommen. Sie haben keine Einwände, ihretwegen können Sie so lange im Hotel bleiben, wie Sie wollen. Kommen Sie also doch bitte in den Speisesaal und bleiben Sie bei uns, solange Sie mögen.» Ich bedankte mich nochmals, ging in den Speisesaal und langte tüchtig zu.

Am nächsten Morgen suchte ich Mr. A. W. Baker, den Anwalt, auf. Abdulla Sheth hatte ihn mir bereits beschrieben, daher überraschte mich seine herzliche Umarmung nicht. Sehr liebenswürdig stellte er mir Fragen, die ich ausführlich beantwortete. «Für Sie als Barrister gibt es hier nichts zu tun», erklärte er daraufhin, «denn wir haben bereits den besten Anwalt engagiert. Der Prozess ist kompliziert und langwierig, deshalb wird sich Ihre Mitwirkung darauf beschränken, Informationen zu beschaffen. Und natürlich erleichtern Sie mir den Austausch mit meinem Mandanten wesentlich, denn zukünftig werden Sie mir sämtliche Informationen, die ich von ihm benötige, übermitteln. Bisher habe ich noch keine Unterkunft für Sie, ich wollte Sie zuvor kennenlernen. Der Rassismus hier ist unglaublich ausgeprägt, deshalb ist es nicht einfach, ein Quartier zu finden. Aber ich kenne eine Frau, die wenig Geld hat, sie ist mit einem Bäcker verheiratet und wird Sie höchstwahrscheinlich aufnehmen, weil sie so ihre Finanzen aufbessern kann. Wir gehen am besten gleich hin.»

Er brachte mich zu ihrem Haus, wo er mit ihr zuerst unter vier Augen sprach. Sie war einverstanden, mich für fünfunddreißig Shilling pro Woche als Pensionsgast aufzunehmen.

Mr. Baker war nicht nur Anwalt, sondern auch ein engagierter Laienprediger. Mittlerweile hat er seinen Anwaltsberuf an den Nagel gehängt und ist nun ausschließlich missionarisch tätig. Er ist ziemlich wohlhabend. Bis heute schreibt er mir regelmäßig; in seinen Briefen reitet er regelmäßig auf einem Thema herum, nämlich der Herrlichkeit des Christentums, die er aus unterschiedlichen Blickwinkeln beleuchtet. Seiner Überzeugung nach kann man unmöglich ewigen Frieden finden, wenn man nicht Jesus als den einzigen Sohn Gottes und Erlöser der Menschheit anerkennt.

Gleich bei unserem ersten Gespräch erkundigte sich Mr. Baker nach meiner religiösen Einstellung. «Ich bin zwar Hindu, weiß aber trotzdem nicht viel über den Hinduismus», erklärte ich ihm, «und noch weniger über andere Religionen. Ehrlich gesagt, ich weiß nicht, wo ich stehe, woran ich glaube oder glauben sollte. Ich habe mir vorgenommen, mich mit meiner eigenen Religion gründlich zu beschäftigen und soweit möglich auch mit anderen Religionen.»

Das gefiel Mr. Baker. «Ich bin einer der Direktoren der South Africa General Mission», erklärte er. «Ich habe auf eigene Kosten eine Kirche bauen lassen, in der ich regelmäßig Predigten halte. Rassismus ist mir fremd. Ich treffe mich täglich mit meinen Mitarbeitern um ein Uhr mittags für ein paar Minuten, in denen wir um Frieden und Erleuchtung beten. Ich fände es schön, wenn Sie dazukämen, dann stelle ich Sie auch meinen Mitarbeitern vor, die sich sehr freuen werden, Sie kennenzulernen. Bestimmt werden Sie sie ebenfalls sympathisch finden. Ich gebe Ihnen auch noch einige religiöse Bücher zum Lesen, wobei natürlich das Buch der Bücher die Heilige Schrift ist, die ich Ihnen ganz besonders ans Herz legen möchte.»

Ich bedankte mich bei Mr. Baker und versprach, dass ich möglichst regelmäßig an den Ein-Uhr-Gebeten teilnehmen wolle.

«Dann erwarte ich Sie also morgen um ein Uhr hier, und dann gehen wir beten», sagte Mr. Baker, ehe wir uns verabschiedeten.

Bis dahin hatte ich so gut wie keine Zeit zum Nachdenken gehabt.

Ich ging zu Mr. Johnston, bezahlte meine Rechnung und zog in mein neues Quartier, wo ich zu Mittag aß. Die Wirtin war eine nette Frau, die sogar vegetarisch für mich gekocht hatte. Es dauerte nicht lange und ich fühlte mich bei der Familie fast wie zu Hause.

Als Nächstes suchte ich den Mann auf, für den Dada Abdulla mir ein Schreiben mitgegeben hatte. Von ihm erfuhr ich mehr über die schwierige Lage der Inder in Südafrika. Er wollte unbedingt, dass ich bei ihm wohnte. Ich bedankte mich und erklärte, ich hätte bereits eine Unterkunft. Wenn ich etwas benötigte, solle ich es ihn sofort wissen lassen, schärfte er mir ein.

Inzwischen war es dunkel geworden. Ich machte mich auf den Heimweg, aß zu Abend und ging in mein Zimmer, wo ich mich hinlegte und meinen Gedanken nachhing. Momentan gab es nichts für mich zu tun. Das hatte ich Abdulla Sheth bereits mitgeteilt. Warum hat Mr. Baker so großes Interesse an mir? Was sollte mir der Kontakt mit seinen gläubigen Mitarbeitern bringen? Wie weit sollte ich mich auf das Christentum einlassen? Wie sollte ich an Literatur über den Hinduismus herankommen? Wie sollte ich das Christentum richtig erfassen, wenn ich meine eigene Religion nicht von Grund auf kannte? Es gab nur einen Schluss: Ich musste allem unvoreingenommen begegnen und Mr. Bakers Gruppe so gegenübertreten, wie es Gott mir eingab. Ich würde keine andere Religion annehmen, ehe ich nicht meine eigene vollkommen verstanden hatte. Mit diesem Gedanken schlief ich ein.

11. Im Kontakt mit Christen

Am nächsten Tag ging ich um ein Uhr zu Mr. Bakers Gebetsversammlung. Dort wurde ich Miss Harris, Miss Gabb, Mr. Coates und einigen anderen vorgestellt. Alle knieten sich zum Beten hin, und ich folgte ihrem Beispiel. Die Gebete waren innige persönliche Bitten an Gott. Meist ging es darum, dass der Tag friedlich verlaufen oder Gott die Herzen öffnen möge.

Dem schloss sich eine Bitte um mein Wohl an: «Herr, weise dem neuen Bruder, der zu uns gekommen ist, den Weg. Gib ihm, Herr, den Frieden, den du uns gegeben hast. Möge der Jesus Christus, der uns erlöst hat, auch ihn erlösen. Wir bitten darum im Namen Jesu.» Bei diesen Zusammenkünften wurden weder Hymnen gesungen noch gab es andere Musik. Nach dem individuellen täglichen Bittgebet gingen wir auseinander und, da es Mittagszeit war, jeder zu seinem Essen. Die Gebete dauerten nicht länger als fünf Minuten.

Miss Harris und Miss Gabb waren ältere unverheiratete Damen, Mr. Coates war Quäker. Die beiden Damen wohnten zusammen und luden mich jeden Sonntag zu sich zum Afternoon Tea ein.

Bei diesen sonntäglichen Treffen gab ich Mr. Coates immer mein religiöses Tagebuch der vergangenen Woche zu lesen und diskutierte mit ihm über meine Lektüre und welchen Eindruck die Bücher bei mir hinterlassen hatten. Die Damen steuerten erbauliche Erlebnisse bei und sprachen über den Frieden, den sie gefunden hatten.

Mr. Coates war jung und ein freimütiger, treuer Quäker. Wir gingen zusammen spazieren, und er nahm mich auch zu seinen anderen befreundeten Christen mit. Als wir uns besser kannten, gab er mir Bücher; er überhäufte mich geradezu mit Lesestoff. Mit den besten Absichten versprach ich ihm, sämtliche Bücher zu lesen, und mit fortschreitender Lektüre gingen wir die Inhalte durch.

1893 las ich jede Menge solcher Bücher. Ich kann mich nicht an alle Titel erinnern, aber darunter waren der «Commentary» von Dr. Parker vom City Temple, Pearsons «Many Infallible Proofs» und Butlers «Analogy of Religion». Manches darin war unverständlich für mich, einiges gefiel mir, anderes nicht, und ich unterhielt mich mit Coates über alles. In «Many Infallible Proofs» ging es dem Autor um Beweise, die Darstellungen der Bibel stützten, Das Buch hinterließ keinerlei Eindruck bei mir. Parkers «Commentary» regte zu moralischen Reflexionen an, brachte aber jemanden, der die vorherrschenden christlichen Anschauungen nicht teilte, nicht weiter. Butlers «Analogy» kam mir sehr profund und komplex vor, ein Buch, das man wahrscheinlich vier-, fünfmal lesen musste, um es ganz zu verstehen, und das wohl mit der Absicht verfasst worden war, Atheisten zum Theismus zu bekehren. Die Beweisführung für die Existenz Gottes benötigte ich nicht, weil ich zu diesem Zeitpunkt das Stadium des Unglaubens überwunden hatte. Die Argumente, dass Jesus die einzige Inkarnation Gottes und der Vermittler zwischen Gott und Mensch sein sollte, fand ich nicht überzeugend.

Aber Mr. Coates, der mich sehr mochte, gab sich nicht so schnell geschlagen. Meine Vishnu-Kette aus Tulsi-Perlen hielt er für Aberglauben, und die Sache ließ ihm keine Ruhe. «Dieser Aberglaube passt nicht zu Ihnen. Darf ich die Kette zerreißen?»

«Kommt nicht in Frage, das ist ein Geschenk meiner Mutter, das mir heilig ist.»

«Aber glauben Sie denn daran?»

«Ich weiß von keiner geheimen Bedeutung und ich glaube auch nicht, dass mir etwas passieren würde, wenn ich sie nicht trage. Aber ich kann eine Kette nicht einfach grundlos ablegen, die meine Mutter mir aus Liebe umgelegt hat und in der Überzeugung, dass sie zu meinem Wohlergehen beiträgt. Wenn sie sich im Laufe der Zeit abnutzt und von selbst reißt, werde ich sie nicht ersetzen. Aber diese Kette darf nicht absichtlich kaputtgemacht werden.»

Mr. Coates hielt nichts von meiner Erklärung, weil er vor meiner Religion keine Achtung hatte. Es war sein Ziel, mich aus dem Tal der Ahnungslosigkeit zu erretten. Er wollte mich davon überzeugen, dass, auch wenn in anderen Religionen ein Fünkchen Wahrheit wohnte, mich allein das Christentum retten konnte, das die Wahrheit verkörperte, und dass meine Sünden nur durch die Fürsprache Jesu abgewaschen werden konnten und sämtliche guten Taten nutzlos waren.

Er machte mich nicht nur mit verschiedenen Büchern, sondern auch mit verschiedenen Freunden bekannt, die er für überzeugte Christen hielt, unter anderem mit einer Familie, die den Plymouth Brethren angehörte.

Die meisten, die ich durch Mr. Coates kennenlernte, waren gute, offenbar gottesfürchtige Menschen. Doch einmal konfrontierte mich einer aus der Brüderbewegung mit einer überraschenden Auffassung.

«Sie begreifen das Wunderbare unserer Religion nicht. Aus Ihren Worten höre ich, dass Sie ständig über Ihre Verfehlungen grübeln, sie immer wiedergutmachen und dafür büßen müssen. Wie kann Ihnen dieser ewige Kreislauf Erlösung bringen? Sie werden nie Frieden finden. Sie stimmen zu, dass wir alle Sünder sind. Nun betrachten Sie einmal die Vollkommenheit unseres Glaubens. Wir streben vergebens nach Besserung und Sühne, müssen aber dennoch Erlösung finden. Wie können wir die Last der Sünde tragen? Nur indem wir sie Jesus aufbürden. Er ist der einzige Sohn Gottes, der einzige, der frei von Sünde ist. Er wäscht diejenigen rein, die an Ihn glauben. Darin liegt Gottes unendliche Gnade. Und indem wir an die Erlösung Jesu glauben, sind wir unserer Sünden entbunden. Und Sünde ist unvermeidbar, denn in dieser Welt ohne Sünde zu leben, ist ein Ding der Unmöglichkeit. Deshalb hat Jesus für die Sünden der gesamten Menschheit gebüßt und sie gesühnt. Nur wer Sein größtes Opfer anerkennt, dem wird ewiger Friede zuteil. Denken Sie darüber nach, wie rastlos Ihr Leben ist und welcher Frieden uns verheißen ist.»

Ich war in keiner Weise überzeugt.

«Wenn das die allgemein akzeptierte Vorstellung des christlichen Glaubens ist, kann ich ihn nicht annehmen», entgegnete ich ruhig. «Ich suche nicht Erlösung von den Folgen meiner Sünden. Ich möchte von der Sünde an sich erlöst werden, genauer gesagt, vom bloßen Gedanken der Sünde. Solange ich dieses Ziel nicht erreicht habe, bleibe ich gern rastlos.»

«Ihre Bemühungen sind absolut fruchtlos. Denken Sie über meine Worte nach», antwortete der Plymouth Brother.

Und der Bruder ließ seinen Worten Taten folgen, beging absichtlich unmoralische Handlungen und war darüber nicht im Geringsten beunruhigt.

Aber ich wusste schon vor dieser Begegnung, dass nicht alle Christen diese Auffassung von Sühne teilten. Mr. Coates selbst fürchtete die Sünde, sein Herz war rein, er glaubte daran, dass die Läuterung des Herzens möglich war. Diesen Glauben teilten auch die beiden Damen. Manche der Bücher, die man mir gab, waren voller Frömmigkeit. Daher konnte ich Mr. Coates, den meine jüngste Erfahrung sehr aufgewühlt hatte, beruhigend versichern, dass mich der Irrglaube eines Plymouth Brother nicht gegen das Christentum an sich einnehmen könne.

Ich hatte andere Bedenken, sie betrafen die anerkannte Interpretation der Bibel.

12. Ich suche Umgang mit Indern

Ehe ich weiter auf meine Kontakte mit Christen eingehe, muss ich von anderen Erlebnissen aus dieser Zeit erzählen.

Sheth Tyeb Haji Khan Muhammad hatte in Pretoria die gleiche Stellung inne wie Dada Abdulla in Natal. Keine öffentliche Aktivität fand ohne ihn statt. Ich lernte ihn gleich in meiner ersten Woche kennen und teilte ihm mit, ich wolle mit sämtlichen Indern in Pretoria Kontakt aufnehmen. Ich wollte die Lebensbedingungen der Inder hier durchleuchten und bat ihn um seine Unterstützung, die er mir gern zusicherte.

Als Erstes rief ich eine Versammlung aller Inder ein, denen ich ihre Lage im Transvaal verdeutlichen wollte. Dieses Treffen fand im Haus von Sheth Haji Muhammad Haji Joosab statt, für den man mir einen Empfehlungsbrief mitgegeben hatte, und wurde hauptsächlich von Memon-Händlern besucht, obwohl auch ein paar Hindus anwesend waren. In Pretoria gab es nur sehr wenige Hindus.

Die Rede, die ich bei diesem Treffen hielt, war eigentlich die erste öffentliche Rede meines Lebens. Ich hatte mich gut auf mein Thema vorbereitet und wollte über Wahrheit reden. Immer hatte ich Kaufleute sagen hören, Wahrheit und Geschäft würden einander ausschließen. Damals wie heute bin ich anderer Meinung. Auch heute noch gibt es unter meinen Freunden Kaufleute, die behaupten, Wahrheit und Geschäft seien unvereinbar. Beim Geschäft gehe es um die Praxis, Wahrheit sei Sache der Religion, und sie argumentieren, Praxis sei das eine, Religion etwas ganz anderes. Die nackte Wahrheit, fahren sie fort, sei im Geschäftsleben undenkbar, man könne sie nur so weit äußern, wie sie nicht geschäftsschädigend sei. In meiner Rede widersprach ich dieser Auffassung entschieden und machte den Händlern bewusst, dass sie eine doppelte Pflicht hätten. In einem fremden Land seien sie der Wahrheit noch mehr verpflichtet, weil am Verhalten weniger Inder das von Millionen ihrer Landsleute gemessen werde.

Ich hatte festgestellt, dass die hiesigen Lebensgewohnheiten unserer Leute, verglichen mit den Engländern in ihrem Umfeld, unhygienisch waren, und machte meine Zuhörer darauf aufmerksam. Nachdrücklich betonte ich, man müsse sämtliche Unterscheidungen wie Hindu, Muslim, Parse, Christ, Gujarati, Madrasi, Pandschabi, Kachchhi, Surti usw. vergessen.

Zum Schluss schlug ich die Gründung einer Vereinigung vor, die die Behörden auf die schlechte Lage der indischen Einwanderer aufmerksam machen solle. Ich sei gern bereit, so viel Zeit und Einsatz wie möglich zu investieren.

Ich hatte offensichtlich beträchtlichen Eindruck auf die Zuhörer gemacht.

Auf meine Rede folgte eine Diskussion. Einige Anwesende boten an, mich mit weiterführenden Informationen zu versorgen. Ich fühlte mich bestärkt. Mir fiel auf, dass nur wenige meiner Zuhörer Englisch konnten. Da ich der Meinung war, Englischkenntnisse seien in diesem Land sehr nützlich, riet ich allen, die die Zeit dazu hatten, Englisch zu lernen. Sogar in fortgeschrittenem Alter könne man noch eine Sprache lernen, sagte ich aufmunternd und zählte entsprechende Beispiele auf. Außerdem bot ich an, einen Englischkurs zu geben, wenn einer zustande komme, oder Interessierten Einzelunterricht zu geben.

Der Kurs kam nicht zustande, aber drei junge Männer wollten die Sprache lernen, wenn sich der Unterricht in ihren Tagesablauf einfügen ließe und ich zu ihnen nach Hause käme. Zwei davon waren Muslime, ein Barbier und ein Büroangestellter, der dritte, der einen Kramladen besaß, war Hindu. Ich versprach, mich nach ihnen zu richten. An meinen Fähigkeiten als Lehrer hatte ich keine Zweifel, vielleicht würden meine Schüler die Lust verlieren, ich jedenfalls nicht. Wenn ich zu ihnen kam, waren sie manchmal noch mit ihrer Arbeit beschäftigt, aber ich verlor trotzdem nie die Geduld. Keiner der drei war an einem umfassenden Englischstudium interessiert, aber zwei machten innerhalb von ungefähr acht Monaten ziemlich gute Fortschritte, ausreichend für rudimentäre Buchhaltung und einfache Briefe. Der Ehrgeiz des Barbiers beschränkte sich darauf, gerade so viel Englisch zu erwerben, wie für den Umgang mit seinen Kunden nötig war. Dank des Unterrichts hatten zwei Schüler schließlich ein angemessenes Einkommen.

Ich war mit dem Erfolg der Versammlung zufrieden. Soweit ich mich erinnere, beschloss man, wöchentlich oder auch nur monatlich solche Treffen zu veranstalten. Sie fanden mehr oder weniger regelmäßig statt, und jedes Mal kam es zu einem offenen Austausch von Ideen und Gedanken – mit der Folge, dass es in Pretoria kaum einen Inder gab, den ich nicht kannte oder mit dessen Lebensumständen ich nicht vertraut war. Daraus ergab sich wiederum die Bekanntschaft mit Jacobus de Wet, dem britischen Regierungsvertreter in Pretoria, der Sympathie und Verständnis für die Inder hatte, aber leider wenig Einfluss. Trotzdem sagte er uns im Rahmen seiner Möglichkeiten jegliche Hilfe zu. Ich könne ihn jederzeit aufsuchen, bot er mir an.

Ich schrieb nun an die Eisenbahnbehörde, selbst in ihren eigenen Beförderungsbedingungen finde sich nichts, wodurch die schäbige Behandlung indischer Reisender gerechtfertigt werde. Im Antwortbrief hieß es, Fahrscheine der ersten und zweiten Klasse würden an Inder ausgegeben, die anständig gekleidet seien. Das war keineswegs die erhoffte Änderung, da es ganz dem Bahnhofsvorstand überlassen blieb, was «anständige Kleidung» war und was nicht.

Der britische Regierungsvertreter zeigte mir verschiedene Dokumente, die indische Angelegenheiten betrafen. Tyeb Sheth hatte mir bereits ähnliche Schriftstücke gegeben, die mir vor Augen führten, mit welcher Brutalität die Inder aus dem Oranje-Freistaat vertrieben wurden.

Mein Aufenthalt in Pretoria bot mir Gelegenheit, mich ausführlich mit den sozialen, wirtschaftlichen und politischen Bedingungen der Inder im Transvaal und im Oranje-Freistaat zu beschäftigen. Ich ahnte nicht, dass mir diese Kenntnisse später noch von unschätzbarem Wert sein sollten, denn ursprünglich hatte ich vorgehabt, gegen Ende des Jahres oder sogar noch früher heimzufahren, sollte der Prozess vor Jahresende abgeschlossen sein.

Aber Gott entschied anders.

13. Was es heißt, ein «Kuli» zu sein

Das ist nicht die geeignete Stelle, detailliert über die Lebensbedingungen der Inder im Transvaal und im Oranje-Freistaat zu berichten. Wer sich darüber umfassend informieren möchte, der kann mein Buch «Satyagraha in Südafrika» lesen. Ein kurzer Abriss ist hier trotzdem notwendig.

Durch ein Sondergesetz, das 1888 oder noch früher erlassen wurde, waren die Inder im Oranje-Freistaat sämtlicher Rechte beraubt worden. Wollten sie weiterhin hier leben, durften sie nur als Hotelkellner arbeiten oder ähnliche niedrige Tätigkeiten ausführen. Die Händler hatte man mit einer geringen Ausgleichssumme davongescheucht. Sie reichten Beschwerden und Petitionen ein, aber wer hörte schon auf diese leisen, schwachen Stimmen?

Im Transvaal war 1885 ein äußerst strenges Gesetz verabschiedet worden, das 1886 minimal geändert wurde. Dieses geänderte Gesetz schrieb vor, dass jeder Inder bei der Einreise in den Transvaal eine Kopfsteuer von drei Pfund zu zahlen hatte. Sie durften Land nur in zugewiesenen Gebieten besitzen, in der Praxis war nicht einmal dieses Land ihr Eigentum. Sie durften nicht wählen. All das war durch das Sondergesetz für Asiaten geregelt, für die auch noch die Gesetze für Farbige galten. Laut letzterem durften Inder keine öffentlichen Gehwege benutzen und nach neun Uhr abends nicht ohne Ausgangserlaubnis das Haus verlassen. Bei Indern wurde diese Genehmigung unterschiedlich streng gehandhabt. Wer als «Araber» durchging – was natürlich völlig von der Laune der Polizei abhing –, wurde gnädig davon befreit.

Ich bekam die Auswirkungen beider Verordnungen zu spüren. Abends machte ich oft mit Mr. Coates einen Spaziergang, und wir kamen selten vor zehn Uhr zurück. Was, wenn mich nun die Polizei verhaftete? Mr. Coates beschäftigte diese Frage mehr als mich. Für seinen schwarzen Bediensteten hatte er Ausgangsgenehmigungen ausstellen müssen. Aber bei mir ging das nicht, denn die konnte nur ein Dienstherr seinem Personal ausstellen. Selbst wenn Mr. Coates mir gern eine Ausgangserlaubnis gegeben hätte, konnte er das nicht, denn es wäre Betrug gewesen.

Daher ging Mr. Coates (vielleicht war es auch jemand anders) zu Dr. Krause, einem Staatsanwalt. Es stellte sich heraus, dass wir beide Barrister desselben Inns waren. Dass ich eine solche Ausgangsgenehmigung benötigte, fand er unerträglich und drückte mir sein Mitgefühl aus. Statt mir eine entsprechende Erlaubnis ausstellen zu lassen, gab er mir einen Freibrief. Ich hatte nun schriftlich die Berechtigung, mich jederzeit in der Öffentlichkeit zu bewegen, ohne Konsequenzen durch die Polizei befürchten zu müssen. Dieses Dokument hatte ich immer bei mir, wenn ich außer Haus ging. Es war reiner Zufall, dass es nie zum Einsatz kam.

Dr. Krause lud mich zu sich ein und wir freundeten uns an. Hin und wieder schaute ich bei ihm vorbei und lernte auch seinen berühmteren Bruder kennen, der in Johannesburg Staatsanwalt war. Während des Burenkrieges wurde er vor das Kriegsgericht gestellt, weil er ein Mordkomplott gegen einen englischen Offizier geschmiedet hatte, und zu sieben Jahren Gefängnis verurteilt. Seine Anwaltszulassung wurde ihm ebenfalls aberkannt. Nach Beendigung der Kampfhandlungen wurde er freigelassen und nahm, nachdem er rehabilitiert und zum zweiten Mal als Anwalt im Transvaal zugelassen worden war, seine Tätigkeit wieder auf. Diese Verbindungen erwiesen sich in meinem späteren öffentlichen Leben als nützlich und erleichterten mir meine Arbeit sehr.

Die Vorschrift zur Benutzung von Gehwegen hingegen hatte ernsthafte Auswirkungen für mich. Auf meinen Spaziergängen aufs freie Feld hinaus ging ich immer durch die President Street. In dieser Straße lag das Haus von Präsident Kruger, ein sehr bescheidenes, unauffälliges Gebäude ohne Garten, das sich nicht von den Nachbarhäusern unterschied. Die meisten Millionäre Pretorias besaßen viel imposantere Villen, die inmitten von großen Gärten lagen. Präsident Krugers Bescheidenheit war geradezu sprichwörtlich. Nur der Polizeiposten vor dem Haus ließ ahnen, dass hier ein hoher Beamter wohnte. Meistens ging ich auf dem Gehweg an dieser Wache vorbei und wurde kein einziges Mal daran gehindert.

Gelegentlich wurde der Posten ausgewechselt. Einmal stieß mich einer dieser Männer ohne Vorwarnung – nicht mal zum Verlassen des Gehwegs hatte er mich aufgefordert – auf die Straße und trat nach mir. Bevor ich ihn wegen seines Verhaltens zur Rede stellen konnte, rief mir Mr. Coates, der zufällig vorbeiritt, freundlich zu:

«Gandhi, ich habe alles mitbekommen. Wenn Sie den Mann verklagen wollen, bin ich gern Ihr Zeuge. Es tut mir sehr leid, dass Sie so böse angegriffen worden sind.»

«Das braucht Ihnen nicht leidzutun», erwiderte ich. «Der arme Kerl hat ja keine Ahnung. Für ihn sind alle Menschen mit dunkler Hautfarbe gleich. Bestimmt stößt er Schwarze vom Gehsteig und hat es bei mir eben genauso gemacht. Mein Grundsatz lautet, dass ich nie aus persönlichen Gründen vor Gericht ziehe. Also werde ich nichts unternehmen.»

«Das ist typisch für Sie», meinte Mr. Coates, «aber überlegen Sie es sich nochmal. Wir müssen solchen Leuten eine Lektion erteilen.» Dann sprach er mit dem Polizisten ein ernstes Wort. Ich konnte ihrem Gespräch nicht folgen, denn es war auf Niederländisch, da der Polizist Bure war. Aber er entschuldigte sich bei mir. Ich hatte ihm auch so schon verziehen.

Allerdings ging ich nie wieder durch diese Straße. Woher sollten andere Polizisten von diesem Vorfall wissen und mich nicht genauso behandeln? Warum sollte ich weitere Tritte herausfordern? Daher wählte ich zukünftig einen anderen Weg.

Der Vorfall brachte mich den indischen Einwanderern noch näher, mit denen ich mich beratschlagte, ob ein Musterprozess sinnvoll sei, falls dies nach einem Besuch bei dem britischen Regierungsvertreter wegen dieser Vorschriften noch nötig wäre.

So lernte ich die Lebensumstände der indischen Einwanderer genau kennen, nicht nur durch Lektüre und Gespräche, sondern auch direkt am eigenen Leib. Südafrika war kein Land für Inder mit Selbstachtung, und ich beschäftigte mich immer intensiver mit der Frage, wie sich ihre Lage verbessern ließ.

Doch erst einmal musste ich mich meiner eigentlichen Aufgabe widmen – Dada Abdullas Prozess.

14. Prozessvorbereitungen

Das Jahr in Pretoria war eine äußerst wertvolle Erfahrung. Hier hatte ich die Möglichkeit, öffentlich tätig zu sein, und konnte sehen, ob ich das nötige Talent dazu hatte. Hier wurde meine Religiosität immer wichtiger, und hier gewann ich tiefe Einblicke in die tatsächliche Rechtspraxis. Hier lernte ich, was ein junger Barrister in der Kanzlei eines älteren Kollegen lernt, und hier bekam ich das nötige Selbstvertrauen, dass ich als Anwalt doch kein Versager war. Und hier lernte ich auch, was das Geheimnis eines guten Anwalts ist.

Dada Abdullas Prozess war kein unbedeutender Fall. Es ging um vierzigtausend Pfund. Der Grund waren geschäftliche Transaktionen, der Fall daher gespickt mit verzwickten Buchhaltungsdetails. Die Forderung gründete sich einerseits auf Schuldscheine, andererseits auf die spezifischen Umstände des Versprechens, Schuldscheine auszustellen. Die Verteidigung behauptete, die Schuldscheine seien betrügerisch erschlichen worden, ohne entsprechende Gegenleistung. In diesem verzwickten Fall mussten viele Fakten, Gesetze und Buchhaltungsfragen berücksichtigt werden.

Beide Parteien hatten die besten Anwälte und die führenden Verteidiger engagiert, wodurch ich die wunderbare Gelegenheit hatte, ihnen bei der Arbeit über die Schulter zu sehen. Meine Aufgabe war es, die Darstellung des Klägers für den Anwalt vorzubereiten und das Beweismaterial zu sichten. Es war interessant, was der Verteidiger aus meinen Unterlagen heranzog und was nicht, und auch, wie sehr sich der Anwalt auf den Schriftsatz des Verteidigers stützte. Durch die Prozessvorbereitungen konnte ich mein Auffassungsvermögen und meine Fähigkeit, Beweismaterial zusammenzustellen, schulen.

Ich interessierte mich brennend für diesen Prozess, stürzte mich geradezu hinein, las sämtliches Aktenmaterial, das mit den Transaktionen zu tun hatte. Mein Mandant war ein höchst fähiger Mann, der uneingeschränktes Vertrauen in mich hatte, was mir die Arbeit erleichterte. Ich befasste mich eingehend mit Buchhaltung und schärfte meine Übersetzerfähigkeiten, denn ich musste die Korrespondenz übersetzen, die größtenteils auf Gujarati war.

Ich war sehr fleißig. Und obwohl ich mich, wie bereits erwähnt, sehr für Glaubensgemeinschaften und öffentliche Tätigkeiten interessierte, denen ich immer einen Teil meiner Zeit widmete, standen diese beiden Dinge nicht im Vordergrund, sondern die Vorbereitung des Prozesses. Den Großteil der Zeit vertiefte ich mich in Gesetzestexte und suchte, wo nötig, nach vergleichbaren Fällen. Dadurch wusste ich so detailliert über den Fall Bescheid, wie vielleicht nicht einmal die beteiligten Parteien selber, weil mir die Akten beider Seiten vorlagen.

Ich erinnerte mich an den Rat von Mr. Pincutt: Tatsachen machen drei Viertel des Rechts aus. Diese Maxime wurde später einmal von Mr. Leonard, dem berühmten südafrikanischen Barrister, nachdrücklich vertreten. In diesem Prozess, bei dem das Recht zwar auf Seiten meines Mandanten war, das Gesetz aber offenbar gegen ihn, wandte ich mich in meiner Verzweiflung hilfesuchend an Mr. Leonard. Auch er hatte den Eindruck, dass die Tatsachen in diesem Fall sehr überzeugend waren. «Gandhi, ich habe eines gelernt», rief er aus, «und zwar, wenn man sich auf die Fakten eines Falles konzentriert, regelt den Rest schon das Gesetz. Wir wollen uns noch eingehender mit dem Tatbestand dieses Falles beschäftigen.» Wenn ich alles noch intensiver durchgegangen sei, solle ich wiederkommen, forderte er mich auf. Bei der erneuten Prüfung des Tatbestandes sah ich diesen in ganz neuem Licht und stieß auch auf einen alten südafrikanischen Fall, der ähnlich gelagert war. Entzückt ging ich zu Mr. Leonard und berichtete ihm alles. «Bestens», erklärte er, «wir werden den Prozess gewinnen. Nur müssen wir im Auge behalten, welcher Richter ihn übernimmt.»

Bei der Vorbereitung auf Dada Abdullas Prozess war mir noch nicht ganz klar, welche überragende Bedeutung den Fakten zukommt. Fakten sind Wahrheiten, und wenn wir uns an die Wahrheit halten, kommt uns das Gesetz von ganz allein zu Hilfe. Die Fakten in Dada Abdullas Fall sprachen sehr für ihn, daher musste das Gesetz auf unserer Seite sein. Aber die Weiterführung des Rechtsstreits würde sowohl Kläger als auch Beklagte, die miteinander verwandt waren und aus derselben Stadt kamen, ruinieren. Niemand konnte einschätzen, wie lange der Prozess dauern würde. Wenn er weiterhin vor Gericht ausgetragen würde, konnte er sich endlos hinziehen, ohne dass eine der beiden Parteien einen Vorteil davon hatte. Es war also im Interesse beider, den Prozess so schnell wie möglich zu beenden.

Ich ging auf Tyeb Sheth zu und riet ihm zu einer familieninternen Lösung, er solle sich mit seinem Anwalt besprechen. Wenn ein Schlichter gefunden werde, der das Vertrauen beider Parteien habe, sei der Prozess rasch beendet, erklärte ich ihm.

Die Anwaltskosten waren mittlerweile so hoch, dass sie sämtliche finanziellen Mittel der Mandanten zu verschlingen drohten, mochten sie noch so erfolgreiche Kaufleute sein. Der Prozess nahm ihre gesamte Aufmerksamkeit in Anspruch, da blieb kaum mehr Zeit für ihre Geschäfte. Inzwischen wuchs die Feindseligkeit auf beiden Seiten. Mich ekelte mein Beruf allmählich an. Die Anwälte der zwei Parteien mussten jeweils rechtserhebliche Einwände finden. Erstmals wurde mir bewusst, dass der Gewinner die entstandenen Kosten nie komplett zurückbekommt. In der Gerichtskostenordnung gab es eine Tabelle, die die Prozesskosten zwischen zwei Parteien fix regelte, doch das, was der Anwalt vom Mandanten verlangte, war sehr viel höher. Das war mehr als ich ertragen konnte. Ich empfand es als meine Pflicht, mich mit beiden Parteien anzufreunden und die Verwandten an einen Tisch zu bringen, und bot meine sämtlichen Kräfte auf, um einen Vergleich zu erreichen. Schließlich willigte Tyeb Sheth ein. Ein Schlichter wurde bestimmt, der Fall ihm vorgetragen und Dada Abdulla gewann.

Aber ich war damit nicht zufrieden. Bestand mein Mandant auf sofortiger Erfüllung des Schiedsspruchs, hätte Tyeb Sheth unmöglich die festgelegte Summe bezahlen können, und unter den Porbandar Memons, die in Südafrika lebten, gab es das ungeschriebene Gesetz: lieber tot als bankrott. Es war also ausgeschlossen, dass Tyeb Sheth die Summe von ungefähr siebenunddreißigtausend Pfund zuzüglich Prozesskosten auf einmal begleichen konnte. Er war entschlossen, keine einzige Paisa weniger zu bezahlen, wollte aber auch nicht Konkurs anmelden. Daher gab es nur einen Ausweg – Dada Abdulla musste ihm ein ausreichendes Zahlungsziel einräumen. Er war verständnisvoll und räumte Tyeb Sheth Ratenzahlungen über einen sehr langen Zeitraum ein. Mich kostete es mehr Mühe, diese Vereinbarung über die Ratenzahlung zu erreichen, als die Zustimmung der beiden Parteien zum Schlichtungsverfahren zu bekommen. Aber beide Seiten waren schließlich mit dem Ergebnis zufrieden und stiegen im öffentlichen Ansehen.

Ich freute mich unbändig. Ich hatte wahre Rechtspraxis gelernt. Ich hatte gelernt, das Gute in einem Menschen zu erkennen und an sein Herz zu appellieren. Die wahre Aufgabe eines Anwalts ist es, zerstrittene Parteien zu versöhnen. Diese Lektion hat sich mir derart eingeprägt, dass ich in meinen zwanzig Jahren Anwaltstätigkeit einen Großteil meiner Zeit damit verbrachte, in Hunderten Fällen Vergleiche herbeizuführen. Ich habe dabei nichts verloren, nicht einmal Geld und ganz bestimmt nicht meine Seele.

15. Religiöse Unruhe

Jetzt komme ich wieder auf die Erfahrungen zurück, die ich mit christlichen Freunden machte.

Mr. Baker machte sich Sorgen über meine Zukunft und nahm mich mit zur Wellington Convention. Alle paar Jahre veranstalten die Protestanten Treffen, um religiöse Erleuchtung zu finden oder anders gesagt: zum Zweck der Selbstläuterung. Man könnte das als religiöse Erneuerung oder Erweckung bezeichnen. Die Wellington Convention war ein solches Treffen. Vorsitzender war der berühmte Geistliche aus dieser Stadt, Reverend Andrew Murray. Mr. Baker hatte gehofft, die religiös aufgeladene Atmosphäre bei der Versammlung und der Enthusiasmus und die Ernsthaftigkeit der Teilnehmer würden mich unweigerlich dem Christentum in die Arme treiben.

Seine größte Hoffnung war jedoch die Wirksamkeit des Gebets. Unerschütterlich vertraute er dem Gebet, war der festen Überzeugung, Gott könne gar nicht anders als inbrünstige Gebete erhören. Er führte Beispiele an wie das von George Muller, einem für seine Frömmigkeit bekannten Christen aus Bristol, der sich ganz auf das Gebet verließ, selbst bei weltlichen Bedürfnissen. Aufmerksam und unvoreingenommen hörte ich mir seinen Vortrag über die Wirksamkeit des Gebets an und versicherte ihm, ich würde ohne zu zögern Christ, wenn ich den entsprechenden inneren Ruf vernähme. Seit langem hatte ich nämlich gelernt, meiner inneren Stimme zu folgen. Ich hörte gern auf sie, ihr zuwiderzuhandeln wäre für mich schwierig und schmerzlich.

Wir machten uns also nach Wellington auf. Mr. Baker musste viel durchmachen mit einem «Farbigen» wie mir als Reisegefährten, er hatte häufig nur aufgrund meiner Person Scherereien. Einmal mussten wir die

Reise unterbrechen, weil es Sonntag war, und Mr. Baker und seine Gruppe reisten am Sabbat nicht. Nach langem Hin und Her gab mir der Manager des Bahnhofhotels zwar ein Zimmer, verweigerte mir aber rundweg den Zutritt zum Speisesaal. Mr. Baker war jemand, der sich nicht leicht geschlagen gab, und beharrte auf dem Recht des Hotelgastes. Auch in Wellington kamen wir gemeinsam unter. Obwohl er sich mehr als bemühte, vor mir die kleinen Unannehmlichkeiten zu verbergen, die er meinetwegen hatte, registrierte ich sie alle.

Die Convention war eine Zusammenkunft frommer Christen, deren Glaube mich begeisterte. Ich lernte Reverend Murray kennen und stellte fest, dass viele für mich beteten. Manche der Kirchenlieder gefielen mir gut, sie waren sehr berührend.

Die Convention dauerte drei Tage. Ich verstand und schätzte die Frömmigkeit der Teilnehmer, aber es gab keinen Grund für mich, meinen Glauben, meine Religion zu wechseln. Ich konnte unmöglich daran glauben, dass ich nur in den Himmel kommen oder Erlösung erlangen würde, wenn ich Christ wurde. Als ich das frei heraus einigen meiner guten christlichen Freunde sagte, waren sie entsetzt. Aber es ließ sich nun einmal nicht ändern.

Die Problematik ging für mich tiefer. Ich konnte einfach nicht glauben, dass Jesus der einzige menschgewordene Sohn Gottes sein sollte und nur die, die an ihn glaubten, das ewige Leben haben sollten. Wenn Gott Söhne haben konnte, waren wir alle Seine Söhne. Wenn Jesus gottgleich oder Gott Selbst war, dann waren alle Menschen gottgleich und konnten Gott Selbst sein. Noch ging es über meinen Verstand, dass Jesus durch seinen Tod und mit seinem Blut buchstäblich die Sünden der Welt gesühnt hatte, ich konnte nicht daran glauben, auch wenn metaphorisch genommen etwas Wahres daran sein mochte. Dann besaßen nach christlicher Lehre nur menschliche Wesen eine Seele, andere Lebewesen hingegen nicht, für die der Tod das absolute Ende bedeutete; ich sah das genau anders. Jesus konnte ich als Märtyrer anerkennen, als große Seele und göttlichen Lehrer, aber nicht als Mensch ohne seinesgleichen. Sein Tod war ein großes Beispiel für die Welt, aber dass darin eine geheimnisvolle oder wundersame Kraft liegen sollte, dagegen wehrte sich mein Gefühl.

Das fromme Leben der Christen gab mir nicht mehr als das Leben der

Menschen, die einen anderen Glauben hatten. Ich hatte bei anderen genau die gleiche geistige Erneuerung mitbekommen, die mir von Christen erzählt worden war. Philosophisch betrachtet waren die christlichen Grundsätze nichts Außergewöhnliches. Was Verzicht und Askese betraf, schienen mir die Hindus den Christen weit überlegen. Ich konnte unmöglich das Christentum als vollkommene Religion oder als größte aller Religionen sehen.

Wann immer sich die Gelegenheit bot, sprach ich mit meinen christlichen Freunden über diese Fragen, die mein Gemüt bewegten, aber ihre Antworten waren unbefriedigend.

Für mich war also das Christentum weder eine vollkommene noch die größte Religion, aber meiner Überzeugung nach traf dies auch nicht auf den Hinduismus zu, dessen Mängel mir nur allzu bewusst waren. Wenn die Unberührbarkeit Teil des Hinduismus war, konnte es sich nur um einen scheußlichen Auswuchs, um eine Fehlentwicklung handeln. Die Existenz der unzähligen Sekten und Kasten war mir unbegreiflich. Was war gemeint, wenn man die Veden als göttlich inspiriertes Wort bezeichnete? Wenn dem so war, warum nicht auch Bibel und Koran?

Nicht nur meine christlichen Freunde wollten mich missionieren, auch meine muslimischen Freunde. Abdulla Sheth wollte mich weiterhin zum Studium des Islams bewegen, dessen Schönheit er natürlich immer rühmte.

In einem Brief erzählte ich Raychandbhai von meinen Nöten, schrieb auch anderen religiösen Koryphäen in Indien und erhielt Antwort. Raychandbhais Brief beruhigte mich etwas. Ich solle Geduld haben und mich eingehender mit dem Hinduismus beschäftigen, bat er mich. «Wenn ich die Frage neutral betrachte, bin ich überzeugt, dass keine andere Religion die gedankliche Tiefe oder die Subtilität des Hinduismus besitzt, und auch nicht seine Auffassung von Seele oder Barmherzigkeit.»

Ich kaufte mir Sales Koran-Übersetzung und fing an, sie zu lesen. Auch andere Bücher über den Islam besorgte ich mir. Ich korrespondierte mit christlichen Freunden in England, von denen mich einer mit Edward Maitland, dem Gründer der Esoteric Christian Union, bekannt machte, mit dem ich in Briefwechsel trat. Er schickte mir «The Perfect Way», das er zusammen mit Anna Kingsford verfasst hatte, ein Buch, das den aktuellen christlichen Glauben ablehnte. Er schickte mir ein weiteres

Buch, «The New Interpretation of the Bible». Mir gefielen beide; sie schienen mir für den Hinduismus zu sprechen. Tolstois «Das Reich Gottes ist in Euch» überwältigte mich geradezu und hat einen bleibenden Eindruck hinterlassen. Vor dem unabhängigen Denken, der tiefen Moral und Wahrhaftigkeit dieses Buches verblassten alle Bücher, die mir Mr. Coates gegeben hatte, zur Bedeutungslosigkeit.

Meine Studien führten mich so in eine Richtung, die meinen christlichen Freunden gar nicht in den Sinn gekommen war. Mein Briefwechsel mit Edward Maitland währte ziemlich lange, der mit Raychandbhai bis zu seinem Tod. Ich las einige der Bücher, die er mir schickte, darunter «Panchikaran», «Maniratnamala», «Mumukshu Prakaran» aus dem «Yogavasishtha» und Haribhadra Suris «Shaddarshana Samuchchaya».

Obwohl ich einen anderen als den von meinen christlichen Freunden vorgesehenen Weg einschlug, bin ich ihnen für die religiöse Sinnsuche, die sie in mir auslösten, dankbar. Ich werde die Begegnung mit ihnen immer in guter Erinnerung behalten. Die darauffolgenden Jahre hielten nicht weniger, sondern noch mehr solch schöner und segensreicher Begegnungen für mich bereit.

16. Wer weiß schon, was morgen ist

Nach Prozessende gab es keinen Grund, weshalb ich länger in Pretoria bleiben sollte, daher kehrte ich nach Durban zurück, wo ich mich auf die Heimreise vorbereitete. Aber Abdulla Sheth war nicht einer, der mich einfach so absegeln ließ, er gab mir zu Ehren in Sydenham ein Abschiedsfest.

Die Feier sollte den ganzen Tag dauern. Während ich einige Zeitungen durchblätterte, die herumlagen, fiel mein Blick zufällig auf eine Notiz mit der Überschrift «Indisches Wahlrecht». Es ging um die Gesetzesvorlage, die zu dieser Zeit im Parlament diskutiert wurde und den Indern das Recht entziehen sollte, Mitglieder für die Natal Legislature Assembly zu wählen. Ich hatte von dieser Gesetzesvorlage nichts mitbekommen, die anderen Gäste ebenso wenig.

Ich befragte Abdulla Sheth. «Was verstehen wir schon von diesen Dingen?», sagte er. «Wir kümmern uns um so was nur, insofern unsere Geschäfte betroffen sind. Sie wissen ja, dass im Oranje-Freistaat unser gesamter Handel zerschlagen wurde. Wir haben dagegen protestiert, leider vergeblich. Letztlich können wir wenig ausrichten, weil wir ungebildet sind. Zeitungen nehmen wir nur in die Hand, um Tageskurse usw. zu erfahren. Was verstehen wir schon von Gesetzgebung? Unsere Augen und Ohren sind die europäischen Anwälte hier.»

«Aber es gibt doch so viele junge Inder, die hier geboren und ausgebildet wurden», wandte ich ein. «Sind die denn keine Hilfe?»

«Die?», rief Abdulla Sheth und schlug sich gegen die Stirn. «Die kümmern sich nicht um uns und, um ehrlich zu sein, uns sind sie gleichfalls egal. Sie sind Christen und stehen unter der Kuratel der weißen Geistlichen, die wiederum von der Regierung abhängig sind.»

Das öffnete mir die Augen. Diese Gruppe sollte zu uns stehen, fand ich. War das der Sinn des Christentums? Hörte man auf Inder zu sein, wenn man Christ geworden war?

Doch ich war bereits auf dem Sprung nach Hause und zögerte auszusprechen, was mir durch den Kopf ging. Daher sagte ich zu Abdulla Sheth lediglich: «Wenn dieses Gesetz verabschiedet wird, erschwert das Ihr Leben sehr. Das ist der erste Schritt, mit dem die Inder ausgelöscht werden sollen, das ist ein Schlag gegen die Wurzeln unserer Selbstachtung.»

«Das mag sein», meinte Abdulla Sheth. «Ich erkläre Ihnen, wie die Sache mit dem Wahlrecht begann. Wir hatten davon keine Ahnung. Erst Mr. Escombe, einer unserer besten Anwälte, Sie kennen ihn ja, hat uns diese Idee in den Kopf gesetzt. Und das kam so: Er und der Hafeningenieur lieferten sich ein Kopf-an-Kopf-Rennen, die Chancen standen nicht schlecht, dass Mr. Escombe die Wahl verlieren würde. Und weil er ja eine Kämpfernatur ist, klärte er uns über unsere Rechte auf. Wir ließen uns alle als Wähler registrieren und stimmten für ihn. Das Wahlrecht hat für uns also einen anderen Wert als für Sie. Aber wir verstehen, was Sie uns damit sagen wollen. Was sollen wir Ihrer Meinung nach tun?»

Die anderen Gäste hörten uns aufmerksam zu, einer von ihnen sagte: «Soll ich Ihnen sagen, was getan werden sollte? Sie stornieren Ihre Fahrkarte für dieses Schiff, bleiben einen Monat länger hier, und wir kämpfen unter Ihrer Führung.»

«Genau, genau», stimmten die anderen mit ein. «Abdulla Sheth, Sie müssen Gandhibhai festhalten.»

Der Sheth war gewieft. «Ich darf ihn nicht festhalten oder vielmehr, Sie alle könnten ihn mit demselben Recht festhalten wie ich. Aber Sie haben völlig recht. Vielleicht können wir ihn *gemeinsam* zum Bleiben überreden. Doch denken Sie daran, dass er Barrister ist. Wie steht es mit seinem Honorar?»

Die Erwähnung eines Honorars war mir unangenehm. «Abdulla Sheth», unterbrach ich ihn, «ein Honorar kommt nicht in Frage. Für Tätigkeiten im Dienst der Öffentlichkeit darf kein Honorar verlangt werden. Wenn ich überhaupt bleibe, dann als Ihr aller Diener. Wie Sie wissen, kenne ich die Anwesenden hier nicht alle. Wenn Sie der Meinung sind, dass sie mit mir zusammenarbeiten, bleibe ich gern den einen Monat länger. Eines muss Ihnen aber klar sein. Auch wenn Sie mich nicht bezahlen müssen, braucht es für das angedachte Projekt eine finanzielle Grundlage. Wahrscheinlich müssen wir Telegramme verschicken, Broschüren und Ähnliches drucken, eventuell fallen Reisekosten an, müssen die hiesigen Anwälte konsultiert werden, und da ich Ihre Gesetze nicht kenne, brauche ich möglicherweise einige juristische Nachschlagewerke. Und natürlich kann ein Mann allein dieses Projekt nicht stemmen, er muss von vielen Freiwilligen unterstützt werden.»

«Allah ist groß und barmherzig», ertönte es da im Chor. «Geld ist kein Problem. Helfer gibt es genügend. Bitte bleiben Sie und alles wird gut.»

Aus der Abschiedsfeier wurde ein Arbeitskreis. Ich schlug vor, wir sollten schnell das Abendessen beenden und nach Hause gehen. Innerlich machte ich bereits einen Rohentwurf für die Kampagne. Ich ließ mir die Namen geben, die auf den Wahllisten standen, und beschloss, einen weiteren Monat zu bleiben.

So legte Gott den Grundstein für mein Leben in Südafrika und säte den Samen für den Kampf um die Selbstachtung.

17. Ich bleibe in Natal

1893 galt Sheth Haji Muhammad Haji Dada als der Kopf der indischen Gemeinschaft in Natal. Am finanzkräftigsten war Sheth Abdulla Hadji Adam, aber in öffentlichen Angelegenheiten räumten er und die anderen Sheth Haji Muhammad immer den ersten Platz ein. Daher fand unter seinem Vorsitz ein Treffen bei Abdulla Sheth statt, bei dem beschlossen wurde, Widerstand gegen die Gesetzesvorlage zum Wahlrecht zu leisten.

Es meldeten sich Freiwillige. Zu der Versammlung waren in Natal geborene Inder eingeladen worden, hauptsächlich junge christliche Männer. Anwesend waren auch Mr. Paul, der Gerichtsdolmetscher von Durban, und Subhan Godfrey, Rektor einer Missionsschule, denen es zu verdanken war, dass viele jungen Christen gekommen waren. Sie meldeten sich alle als freiwillige Helfer.

Natürlich meldeten sich auch viele der Kaufleute, besonders erwähnenswert sind die Sheths Dawud Muhammad, Muhammad Kasam Kamruddin, Adamji Miyakhan, A. Kolandavellu Pillai, C. Lachhiram, Rangasami Padiachi und Amad Jiva. Natürlich war auch Parsi Rustomji dabei. Unter den Angestellten meldeten sich unter anderem die Herren Manekji, Joshi, Narsinhram und andere, die entweder bei Dada Abdulla & Co. oder bei anderen großen Unternehmen arbeiteten. Sie waren alle angenehm überrascht, dass sie Teil einer solchen öffentlichen Kampagne sein sollten. Zur Mitarbeit bei einer derartigen Aktion aufgefordert zu werden, war eine neue Erfahrung für die Gemeinschaft. Angesichts der Bedrohung waren alle Unterschiede wie hoch und niedrig, klein und groß, Herr und Diener, Hindu, Muslim, Parse, Christ, Gujarati, Madrasi, Sindhi vergessen. Alle waren gleich, Kinder und Diener Indiens.

Der Gesetzentwurf hatte bereits die zweite Lesung passiert oder stand kurz davor. Dabei wurde in der Diskussion die Tatsache, dass die Inder keine Einwände gegen die drastische Vorlage geäußert hatten, als Beweis dafür gewertet, dass es sie ohnehin nicht kümmerte und sie nicht qualifiziert waren, an Wahlen teilzunehmen.

Ich erklärte den Versammelten die Sachlage. Als Erstes schickten wir dem Parlamentspräsidenten ein Telegramm mit der Bitte, er möge die weitere Debatte über den Gesetzentwurf vertagen. Ein gleichlautendes Telegramm ging an den Premierminister Sir John Robinson, ein weiteres an Mr. Escombe, den Freund Dada Abdullas. Der Parlamentspräsident antwortete postwendend, die Debatte werde um zwei Tage verschoben. Wir waren hocherfreut.

Die Petition für das Parlament wurde aufgesetzt. Es waren drei Ausfertigungen nötig sowie eine weitere für die Presse. Auch wollten wir so viele Unterschriften wie möglich sammeln – all das musste in einer einzigen Nacht über die Bühne gehen. Die freiwilligen Helfer, die über Englischkenntnisse verfügten, und mehrere andere arbeiteten die ganze Nacht durch. Mr. Arthur, ein alter Mann, dessen Kalligrafiekünste weithin bekannt waren, schrieb die Hauptausfertigung. Die übrigen wurden anderen Freiwilligen diktiert, und so wurden fünf Exemplare gleichzeitig fertig. Freiwillige aus den Reihen der Kaufleute schwärmten mit eigenen oder gemieteten Kutschen aus, um Unterschriften zu sammeln. Die Petition konnte eingereicht werden. Die Zeitungen veröffentlichten sie mit positiven Kommentaren. Auch das Parlament war von der Petition beeindruckt und debattierte lange darüber. Befürworter der Vorlage brachten zugegebenermaßen schwache Argumente gegen die in der Petition aufgeführten Punkte vor. Trotzdem wurde die Gesetzesvorlage verabschiedet.

Uns allen war bewusst gewesen, dass das Ergebnis von vornherein so gut wie festgestanden hatte, doch die Kampagne hatte die indische Gemeinschaft mit neuem Leben erfüllt und ihr bewusst gemacht, dass sie eine Einheit war. Nun sah sie es geradezu als ihre Pflicht an, nicht nur für ihre Handelsrechte, sondern auch für ihre politischen Rechte zu kämpfen.

Zu der Zeit war Lord Ripon Kolonialminister. Wir beschlossen, ihm eine Massenpetition zu überreichen, ein aufwendiges Projekt, das sich nicht innerhalb eines Tages abwickeln ließ. Wieder meldeten sich Freiwillige, unter denen die Arbeit aufgeteilt wurde.

Ich gab mir große Mühe beim Aufsetzen dieser Petition, las sämtliche zu diesem Thema verfügbare Literatur. Meine Argumentation ging von einem Prinzip einerseits und einer Zweckmäßigkeit andererseits aus. Ich argumentierte, dass wir ein Anrecht auf das Wahlrecht in Natal hatten, weil wir in Indien auch eine Art Wahlrecht hatten. Ich betonte, dass es völlig unproblematisch sei, dieses beizubehalten, denn die Zahl der Inder, die von ihm Gebrauch machen würden, sei sehr klein.

Innerhalb von vierzehn Tagen kamen zehntausend Unterschriften zusammen. Derart viele Unterschriften in der gesamten Provinz Natal zu sammeln, war keine leichte Aufgabe, vor allem angesichts der Tatsache, dass die Freiwilligen keinerlei Erfahrung auf diesem Gebiet hatten. Wir suchten dafür besonders kompetente Männer aus, denn wir hatten beschlossen, dass niemand unterschreiben durfte, der die Petition nicht vollumfänglich verstanden hatte. Die Dörfer lagen weit auseinander.

Die Arbeit konnte nur dann flott von der Hand gehen, wenn eine gewisse Anzahl von Freiwilligen sich mit Herz und Hand engagierte. Und das taten sie. Alle führten die ihnen übertragenen Aufgaben mit Feuereifer aus. Während ich diese Zeilen schreibe, sehe ich vor meinem geistigen Auge ganz deutlich Sheth Dawud Muhammad, Rustomji, Adamji Miyakhan und Amad Jiva, die die meisten Unterschriften sammelten. Dawud Sheth war den gesamten Tag mit seiner Kutsche unterwegs. Nicht einmal die Erstattung ihrer Auslagen verlangten sie.

Dada Abdullas Haus verwandelte sich von einem Tag auf den anderen in eine Karawanserei und ein öffentliches Büro. Mehrere gebildete Anhänger der Sache, die mir halfen, und viele andere bekamen hier zu essen. Jedem Helfer entstanden also erhebliche Kosten.

Schließlich wurde die Petition eingereicht. Wir hatten ungefähr tausend Kopien drucken lassen, damit der Text möglichst große Verbreitung fand. Zum ersten Mal überhaupt wurde die indische Öffentlichkeit über die Situation in Natal informiert. Ich schickte den Text an alle mir bekannten Zeitungen und wichtigen Persönlichkeiten.

Die *Times of India* unterstützte in einem Leitartikel über die Petition die Forderungen der Inder vehement. Der Text ging auch an die Vorsitzenden aller Parteien in England. Die *Times* stellte sich hinter uns, und allmählich wuchs bei uns die Hoffnung, dass ein Veto gegen die Gesetzesvorlage eingelegt würde.

Ich konnte Natal jetzt unmöglich verlassen. Von allen Seiten drangen meine indischen Freunde auf mich ein, ich sollte für immer hierbleiben. Ich erläuterte die damit verbundenen Schwierigkeiten. Ich hatte beschlossen, nicht mehr auf Kosten der Allgemeinheit zu leben, es war nötig, dass ich einen eigenen Hausstand gründete. Zu der Zeit dachte ich an ein nettes Haus, das in einer anständigen Gegend lag. Ich war auch der Meinung, dass ich zum Ansehen der indischen Gemeinschaft nur beitragen konnte, wenn ich einen Lebensstil führte, wie er eines Barristers würdig war. Ein solcher Haushalt verschlang mit Sicherheit dreihundert Pfund jährlich. Also würde ich nur bleiben, wenn die Gemeinschaft mir Arbeit als Rechtsanwalt in Höhe dieses Minimums zusicherte. Ich teilte den Mitgliedern meinen Entschluss mit.

«Uns wäre es aber lieber, wenn Sie diesen Betrag, den wir leicht erübrigen können, für Ihre öffentliche Tätigkeit erhalten», erwiderten sie.

«Natürlich kommt obendrauf noch das Honorar, das Sie für Ihre private Anwaltstätigkeit erheben.»

«Nein, ich würde für meine öffentliche Tätigkeit keine derartige Summe verlangen», widersprach ich. «Diese Arbeit wird nur selten juristischer Natur sein, sondern meistens darin bestehen, Ihnen allen Arbeit aufzuhalsen. Wie kann ich dafür Geld verlangen? Außerdem werde ich Sie häufig um finanzielle Unterstützung für unsere Arbeit bitten müssen. Wenn Sie mir die Kosten für meinen Lebensunterhalt geben, könnte ich Sie schlecht um größere Summen bitten, wodurch unser Karren letztendlich steckenbleiben würde. Außerdem möchte ich, dass die Gemeinschaft mehr als dreihundert Pfund jährlich in öffentliche Tätigkeiten investiert.»

«Wir kennen Sie nun schon eine Weile und sind überzeugt, dass Sie nicht mehr Geld als nötig verlangen werden. Da wir wollen, dass Sie hierbleiben, sollten wir auch für Ihre Ausgaben aufkommen.»

«Das sagen Sie nur, weil Sie momentan voller Euphorie und Enthusiasmus sind. Aber wie sicher ist es, dass Euphorie und Enthusiasmus ewig anhalten? Außerdem müsste ich gelegentlich deutliche Worte sprechen. Weiß der Himmel, ob Sie mir dann immer noch gewogen sind. Wie dem auch sei, ich kann jedenfalls für meine öffentliche Tätigkeit kein Gehalt beziehen. Mir genügt es, wenn Sie alle damit einverstanden sind, mir Ihre Rechtsangelegenheiten zu übertragen. Sogar das könnte bereits problematisch werden, denn ich bin kein weißer Barrister. Wie sicher ist es, dass mich das Gericht ernst nimmt? Wie sicher ist es, dass ich als Anwalt erfolgreich bin? Sie gehen ja bereits ein Risiko ein, wenn Sie mir einen Honorarvorschuss zahlen. Schon allein die Tatsache, dass Sie bereit dazu sind, betrachte ich als Belohnung für meine öffentliche Tätigkeit.»

Am Ende der Diskussion gaben mir ungefähr zwanzig Kaufleute Jahresvorschüsse für mein Anwaltshonorar. Außerdem kaufte mir Dada Abdulla, anstelle des Geldgeschenks, das er mir bei meiner Abfahrt hatte geben wollen, die notwendigen Einrichtungsgegenstände.

So ließ ich mich in Natal nieder.

18. Der schwarze Kragen

Das Symbol des Gerichts ist eine zweischalige Waage, die von einer unparteiischen, blinden, aber weisen alten Frau im Gleichgewicht gehalten wird. Das Schicksal hat sie absichtlich erblinden lassen, damit sie einen Menschen nicht nach seinem äußeren, sondern seinem inneren Wert beurteilen möge. Dagegen wollte die Anwaltskammer von Natal den Supreme Court dazu überreden, aufgrund von Äußerlichkeiten zu urteilen. Doch in diesem Fall erwies sich das Gericht des Symbols würdig.

Ich beantragte die Zulassung als Anwalt beim Obersten Gerichtshof. Ich besaß eine Zulassungsurkunde für den Bombay High Court; meine englische Zulassungsurkunde hatte ich bei der Eintragung dort hinterlegen müssen. In Natal benötigte man für den Zulassungsantrag zwei Leumundszeugnisse. Da diese meiner Meinung nach größeren Eindruck machten, wenn sie von Europäern ausgestellt waren, bat ich zwei bekannte europäische Kaufleute darum, die ich über Sheth Abdulla kannte. Der Antrag musste von einem Mitglied der Anwaltschaft gestellt werden, für gewöhnlich übernahm das der Generalstaatsanwalt, ohne dafür ein Honorar zu verlangen. Generalstaatsanwalt war Mr. Escombe, bekanntlich der Rechtsbeistand der Firma Dada Abdulla & Co. Ich suchte ihn auf, und er war gern bereit, meinen Antrag einzureichen.

Die Anwaltskammer hielt eine Überraschung für mich parat: Sie lehnte meinen Zulassungsantrag ab, unter anderem mit dem Einwand, meinem Antrag liege nicht die Originalurkunde bei. Der Haupteinwand allerdings lautete: Als die Zulassungsbedingungen aufgestellt wurden, habe man die Möglichkeit, ein schwarzer oder «gelber» Anwalt könnte einen Antrag stellen, nicht bedacht. Natal verdanke seine Entwicklung dem europäischen Unternehmergeist, daher müsse das europäische Element am Gericht vorherrschen. Würden Farbige zugelassen, könnten diese nach und nach den Europäern zahlenmäßig überlegen werden, und dann könnte deren Bollwerk zusammenbrechen.

Die Anwaltskammer hatte einen hervorragenden Rechtsanwalt engagiert, um meine Ablehnung durchzuboxen. Da er auch mit Abdulla & Co zu tun hatte, ließ er mir durch Sheth Abdulla ausrichten, ich solle ihn aufsuchen. Er sprach ganz offen mit mir und erkundigte sich nach meinem Vorleben. Ich gab ihm die gewünschte Auskunft.

«Es ist nichts gegen Sie einzuwenden», meinte er. «Ich hatte Sorge, Sie wären so ein in den Kolonien geborener Abenteurer. Dass bei Ihrem Antrag die Originalurkunde gefehlt hat, machte mich nur noch misstrauischer. Es gab schon Leute, die sich mit Urkunden anderer beworben haben. Die Leumundszeugnisse der europäischen Kaufleute, die Sie eingereicht haben, sind für mich wertlos. Was wissen diese Menschen schon über Sie? So eng kann die Bekanntschaft doch gar nicht sein.»

«Aber ich kenne hier doch niemanden richtig», wandte ich ein. «Sogar Sheth Abdulla hat mich erst hier kennengelernt.»

«Aber haben Sie nicht gesagt, dass er aus derselben Gegend stammt wie Sie? Wenn Ihr Vater da drüben Premierminister war, muss Sheth Abdulla Ihre Familie doch kennen. Wenn Sie mir seine eidesstattliche Versicherung bringen, habe ich absolut keinen Einwand mehr und werde der Anwaltskammer gern mitteilen, dass ich Ihren Antrag unmöglich ablehnen kann.»

Sein Gerede machte mich wütend, aber ich riss mich zusammen. «Wenn ich Dada Abdullas Leumundszeugnis beigelegt hätte, wäre es abgelehnt worden», sagte ich zu mir, «und sie hätten europäische Leumundszeugnisse haben wollen. Was haben meine Geburt und meine Vorfahren mit meiner Zulassung als Anwalt zu tun? Wie kann meine Herkunft, ob einfach oder fragwürdig, gegen mich verwandt werden?» Doch ich beherrschte mich und sagte gelassen: «Ich bin zwar nicht der Ansicht, dass die Anwaltskammer rechtlich befugt ist, diese Einzelheiten einzufordern, aber ich bin natürlich bereit, die von Ihnen gewünschte eidesstattliche Erklärung vorzulegen.»

Sheth Abdullas eidesstattliche Erklärung wurde aufgesetzt und ordnungsgemäß dem Rechtsvertreter der Anwaltskammer vorgelegt, der damit zufrieden war. Nicht so die Anwaltskammer. Sie erhob vor dem Supreme Court Einspruch gegen meinen Antrag, der aber abschlägig beschieden wurde, das Gericht forderte Mr. Escombe nicht einmal zu einer Replik auf. «Der Einwand, dass der Antragsteller die Originalurkunde nicht beigefügt hat, ist unerheblich», erklärte der oberste Richter sinngemäß. «Wenn er eine falsche eidesstattliche Erklärung eingereicht hat, kann er gerichtlich belangt werden, und im Falle, dass er schuldig ist, wird sein Name aus dem Anwaltsregister gelöscht. Das Gesetz macht keinen Unterschied zwischen Weißen und Farbigen. Daher ist das Gericht nicht befugt, Mr. Gandhi die Zulassung als Anwalt zu verweigern. Ihrem Antrag wird stattgegeben, Mr. Gandhi. Sie können jetzt Ihren Eid ablegen.»

Ich stand auf und leistete vor dem Gerichtsbeamten den Eid. Gleich nach meiner Vereidigung wandte sich der oberste Richter an mich. «Sie müssen jetzt Ihren Turban abnehmen, Mr. Gandhi. Sie haben die Vorschriften des Gerichts zu befolgen, was die Bekleidung für praktizierende Anwälte betrifft.»

Ich kannte meine Grenzen, gehorchte der Anordnung des Supreme Court und legte den Turban ab, auf dem ich im Durban Magistrate's Court bestanden hatte. Hätte ich mich geweigert, hätte ich diese Weigerung natürlich rechtfertigen können, aber ich wollte mir meine Kräfte für größere Kämpfe aufsparen. Ich durfte meine kämpferischen Fähigkeiten nicht verschwenden, indem ich weiterhin auf meinem Turban beharrte, es gab wichtigere Schlachten zu schlagen.

Sheth Abdulla und andere Freunde waren über meine Nachgiebigkeit (oder Schwäche?) wenig erfreut. Ich hätte mein Recht verteidigen müssen, bei meiner Arbeit am Gericht den Turban zu tragen, fanden sie. Ich versuchte, ihnen mittels des Gujarati-Sprichworts «Andere Länder, andere Kleider» meinen Standpunkt zu verdeutlichen. «Eine Weigerung wäre angebracht, wenn einen in Indien ein englischer Beamter oder Richter auffordert, den Turban abzunehmen», erklärte ich. «Aber als Beamter dieses Gerichts wäre es nicht angebracht, eine Usance des Gerichts der Provinz Natal zu missachten.»

Mit diesen und ähnlichen Argumenten stellte ich meine Freunde halbwegs zufrieden, konnte sie aber wohl nicht vollständig davon überzeugen, dass auch in diesem Fall der Grundsatz galt, eine Sache sollte unter verschiedenen Umständen unterschiedlich beurteilt werden. Doch mein ganzes Leben lang gab es keinen Widerstand ohne Nachgeben. Später begriff ich, dass diese Haltung ein integraler Bestandteil von Satyagraha ist, die mich oft in Lebensgefahr gebracht und meine Freunde erbost hat. Aber die Wahrheit ist hart wie ein Diamant und zart wie eine Lotusblume.

Die Ablehnung der Anwaltskammer sorgte dafür, dass ich in Südafrika noch bekannter wurde. Die meisten Zeitungen verurteilten die Ablehnung und warfen der Anwaltskammer Neid vor. Diese Reklame machte mir bis zu einem gewissen Grad meine Arbeit leichter.

19. Der Natal Indian Congress

Meine Anwaltstätigkeit war und blieb für mich zweitrangig. Damit mein Aufenthalt in Natal wirklich einen Sinn hatte, musste ich mich auf meine öffentliche Tätigkeit konzentrieren. Mit dem Absenden der Petition gegen die Gesetzesvorlage, die den Indern das Wahlrecht absprechen wollte, war es da nicht getan. Wenn der Kolonialminister beeindruckt werden sollte, mussten wir mehr Aufsehen erregen. Ich beratschlagte mich mit Abdulla Sheth und anderen Freunden, und wir beschlossen, eine Organisation zu gründen.

Die Namensfindung für die neue Organisation warf ein moralisches Dilemma auf. Er durfte nicht in Verbindung mit einer bestimmten Richtung oder Partei stehen. Der Name «Congress» hatte bei den Konservativen in England keinen guten Klang, andererseits war der «Congress» geradezu die Verkörperung Indiens, und das sollte hierdurch bestärkt werden. Es wäre feige gewesen, den Namen nicht zu nehmen. Daher schlug ich vor, nachdem ich meine Gründe ausführlich dargelegt hatte, die Organisation solle Natal Indian Congress heißen, und am 22. Mai 1894 wurde sie unter diesem Namen gegründet.

Dada Abdullas geräumiges Haus war an diesem Tag gerammelt voll. Stürmisch wurde der Congress von allen Anwesenden begrüßt. Seine Gründung war einfach, der Mitgliedsbeitrag deftig. Nur wer monatlich fünf Shilling zahlte, konnte beitreten. Die wohlhabenden Kaufleute wurden überredet, einen so hohen Betrag wie möglich zu zahlen. Abdulla Sheth trug sich mit zwei Pfund im Monat ein. Zwei andere Freunde schrieben sich mit dem gleichen Beitrag ein. Ich fand, ich dürfe nicht knauserig sein und trug ein Pfund ein, was eigentlich meine Mittel überstieg. Aber wenn ich erst einmal meinen Lebensunterhalt verdiente, wäre dieser Betrag kein Problem. Und Gott half mir. Wir bekamen so eine beträchtliche Zahl an Mitgliedern zusammen, die sich zu einem Pfund verpflichteten. Noch mehr Mitglieder trugen sich für zehn Shilling ein. Überdies gab es Spenden von Nichtmitgliedern, die dankbar angenommen wurden.

Leider stellte sich heraus, dass niemand auf einfaches Bitten hin seinen Beitrag zahlte. Und man konnte schlicht nicht ständig jene Mitglieder aufsuchen, die außerhalb Durbans lebten. Die erste Begeisterung schien rasch verflogen. Sogar die in Durban lebenden Mitglieder musste man energisch mahnen, bis sie ihren Beitrag zahlten.

Als Sekretär des Congress war ich für das Einsammeln der Beiträge zuständig. Wir erreichten den Punkt, an dem mein Mitarbeiter mit nichts anderem beschäftigt war. Der Mann hatte das Geldeintreiben bald ziemlich satt, und mir kam der Gedanke, man könnte die Sache durch einen Jahres- statt einen Monatsbeitrag in den Griff kriegen. Und zwar im Voraus. Also berief ich eine Sitzung des Congress ein. Alle stimmten meinem Vorschlag zu, der Mindestbeitrag wurde auf drei Pfund jährlich festgelegt. Das vereinfachte das Geldeinsammeln beträchtlich.

Schon in meinen Anfängen hatte ich gelernt, dass man öffentliche Aktionen nicht mit geliehenem Geld durchführt. Man konnte sich meistens auf Versprechen verlassen, nur nicht, wenn es um Geld ging. In aller Regel zahlten die Leute den zugesicherten Betrag nicht sofort, die Inder in Natal waren da keine Ausnahme. Deshalb hat der Natal Indian Congress nie mit geliehenem Geld operiert.

Meine Mitarbeiter waren ganz besonders eifrig, wenn es um die Anwerbung neuer Mitglieder ging. Diese Tätigkeit war nicht nur interessant, sondern gleichzeitig eine unschätzbare Erfahrung. Viele Menschen zahlten ihren Beitrag gern gleich in bar. Die Arbeit in den weit im Landesinnern liegenden Dörfern war schwierig, denn den Bewohnern waren derartige öffentliche Aktionen fremd. Und trotzdem erhielten wir Einladungen in entlegene Gebiete, wo wir dann bei den wichtigsten Händlern vor Ort zu Gast waren.

Während einer solchen Tour gerieten wir einmal in eine ziemlich schwierige Lage. Wir hatten erwartet, dass der Mann, bei dem wir übernachten sollten, sechs Pfund Mitgliedsbeitrag zahlen würde, er wollte jedoch nicht mehr als drei geben. Hätten wir diesen Betrag akzeptiert, hätten sich andere Dorfbewohner an ihm ein Beispiel genommen, und die von uns angestrebte Summe wäre nicht zusammengekommen. Es war bereits spät, und wir hatten alle Hunger. Aber wir konnten uns unmöglich zum Essen hinsetzen, ehe wir nicht den angesteuerten Betrag zusammenhatten. Unsere Überredungskünste blieben wirkungslos. Der Gastgeber blieb halsstarrig. Andere Händler aus dem Ort redeten ihm gut zu, und wir blieben die ganze Nacht auf, denn keine Seite wollte auch nur einen Fingerbreit nachgeben. Fast alle meine Mitarbeiter kochten vor Wut, blieben aber höflich. Als der Morgen schon graute, war der Gastgeber endlich weichgekocht, zahlte die sechs Pfund und bewirtete uns festlich. Dieser Vorfall fand in Tongaat statt, hatte aber Auswirkungen bis nach Stanger an der Nordküste und Charlestown im Landesinnern. Auch unsere Sammelei wurde dadurch beschleunigt, wenn es auch mit Geldauftreiben allein nicht getan war. Ich hatte übrigens gelernt, dass man nicht mehr Geld haben sollte als tatsächlich nötig.

Unsere Versammlungen fanden einmal monatlich statt, bei Bedarf sogar einmal die Woche. Es wurde das Protokoll der letzten Sitzung verlesen, und man diskutierte alle möglichen Fragen. Die Anwesenden hatten keinerlei Erfahrung mit öffentlichen Diskussionen oder wie man sich kurz und knapp fasste. Alle hatten Hemmungen, sich öffentlich zu äußern. Ich erklärte ihnen, wie die Sitzungen ablaufen sollten, und sie hielten sich an diese Regeln. Ihnen wurde klar, dass sie davon profitieren würden, und viele, die noch nie zuvor vor Publikum das Wort ergriffen hatten, konnten bald über öffentlich relevante Themen laut nachdenken und dozieren.

Da sich bekanntlich bei öffentlichen Aktionen auch kleine Ausgaben zu einer großen Summe zusammenläppern, ließ ich anfänglich nicht einmal Quittungsblöcke drucken. In meinem Büro stand ein Hektografiergerät, mit dem ich Quittungen und Berichte vervielfältigte, Unterlagen, die ich erst dann drucken ließ, als die Congress-Kasse wohlgefüllt und sowohl die Mitgliederzahl als auch die anfallende Arbeit gewachsen waren. Gutes Wirtschaften ist die Grundlage jeder Organisation, wenn auch nicht immer danach gehandelt wird. Deshalb fand ich es wichtig, gleich am Anfang bei einer kleinen, aber wachsenden Organisation, auf solche Einzelheiten Wert zu legen.

Die Leute scherten sich nicht um Quittungen für ihre Beiträge, aber wir bestanden darauf, dass sie welche bekamen. Jede Paisa wurde verbucht, und wahrscheinlich sind unsere vollständigen Rechnungsbücher aus dem Jahr 1894 heute immer noch im Archiv des Natal Indian Congress einsehbar. Sorgfältige Buchhaltung ist das A und O jeder Organisation, sonst leidet ihre Reputation. Ohne korrekte Buchführung kann die Wahrheit nicht in ihrer ganzen Reinheit bewahrt werden.

Die Unterstützung gebildeter Inder, die in den Kolonien geboren worden waren, bildete einen weiteren Schwerpunkt des Congress. Unter der

Schirmherrschaft des Congress wurde die Colonial-born Indian Educational Association gegründet, ein Bildungsverein für die in den Kolonien geborenen Inder, dessen Mitglieder hauptsächlich gebildete junge Menschen waren. Sie mussten lediglich einen minimalen Beitrag zahlen. Die Association sollte ein Forum für sie sein, wo sie sich über ihre Bedürfnisse und Ideen austauschen, mit indischen Kaufleuten in Kontakt kommen konnten, und wo ihnen auch die Möglichkeit gegeben wurde, sich für die Gemeinschaft zu engagieren. Es war eine Art Debattierclub. Die Mitglieder trafen sich regelmäßig und diskutierten oder lasen sich in verschiedene Themen ein. Es entstand auch eine kleine Bibliothek.

Dritter Schwerpunkt des Congress war die Aufklärungsarbeit. Engländer in Südafrika und England sollten ebenso wie die Menschen in Indien über die tatsächlichen Zustände in Natal informiert werden. Zu diesem Zweck verfasste ich zwei Pamphlete. Zum einen «An Appeal to Every Briton in South Africa», bei dem es, gestützt auf Beweismaterial, um die Lage der Inder in Natal im Allgemeinen ging. Das andere trug den Titel «The Indian Franchise. An Appeal» und enthielt einen kurzen Abriss über das Wahlrecht der Inder in Natal samt Fakten und Zahlen. Ich hatte viel Recherche und Arbeit in diese beiden Pamphlete gesteckt, was sich aber absolut gelohnt hatte, denn sie fanden weite Verbreitung.

Durch diese Aktivitäten gewannen die hiesigen Inder zahlreiche Freunde in Südafrika sowie die lebhafte Sympathie aller Parteien in Indien und England, und sie machten ihnen deutlich, in welche Richtung ihr Engagement gehen sollte.

20. Balasundaram

Ein ernsthafter und reiner Herzenswunsch geht immer in Erfüllung, das habe ich selbst oft erfahren. Mein Wunsch ist es gewesen, den Menschen, das heißt den Armen zu dienen. Er hat mich immer mitten unter sie geführt, so dass ich mich mit ihnen identifizieren konnte.

Zu den Mitgliedern des Natal Indian Congress gehörten zwar unter anderem die in den Kolonien geborenen Inder und die Büroangestellten, aber die ungelernten Arbeiter sowie die Kontraktarbeiter waren noch nicht dabei. Noch hatten sie keinen Bezug zur Organisation, sie konnten den Beitrag nicht zahlen, daher nicht Mitglied werden. Der Congress konnte ihre Sympathien nur gewinnen, indem er ihnen diente. Die Gelegenheit dazu kam zu einem Zeitpunkt, als weder der Congress noch ich bereit dazu waren. Ich hatte gerade mal drei, vier Monate Erfahrung gesammelt und auch der Congress steckte noch in den Kinderschuhen, als ein Tamile in zerlumpter Kleidung, die Kopfbedeckung in der Hand, mit zwei ausgeschlagenen Vorderzähnen und blutendem Mund zitternd und weinend vor mir stand. Sein Herr hatte ihn schwer misshandelt. Von meinem Mitarbeiter, der Tamilisch sprach, erfuhr ich alles über ihn. Balasundaram, so hieß mein Besucher, leistete seine Zeit als Kontraktarbeiter bei einem in Durban ziemlich bekannten Europäer ab. Der war wütend geworden, hatte die Selbstbeherrschung verloren, brutal auf Balasundaram eingedroschen und ihm zwei Zähne ausgeschlagen.

Ich schickte ihn zum Arzt. Damals gab es nur weiße Mediziner. Ich wollte eine Bescheinigung über die Verletzung, die Balasundaram zugefügt worden war. Ich bekam sie und ging mit dem Verletzten sofort zum Friedensrichter, dem ich das Attest überreichte. Der Friedensrichter sah es sich an, war empört und ließ den Arbeitgeber vorladen.

Es ging mir überhaupt nicht darum, den Arbeitgeber mit einem Gerichtsurteil zu belegen, ich wollte lediglich, dass Balasundaram nicht mehr für ihn arbeiten musste. Ich las mich in das Gesetz zur Kontraktarbeit ein. Ein gewöhnlicher Bediensteter, der ohne Kündigung sein Arbeitsverhältnis verließ, konnte von seinem Dienstherrn vor einem Zivilgericht verklagt werden. Bei einem Kontraktarbeiter lag der Fall völlig anders. Ihm drohte unter ähnlichen Umständen ein Gerichtsverfahren und, falls er verurteilt wurde, eine Haftstrafe. Für Sir William Hunter war deshalb Kontraktarbeit beinahe so schlimm wie Sklaverei. Wie der Sklave war der Kontraktarbeiter das Eigentum seines Herrn.

Es gab nur zwei Möglichkeiten, Balasundaram vor dem Gefängnis zu bewahren: entweder man brachte den Aufsichtsbeamten der Kontraktarbeiter dazu, seinen Kontrakt aufzuheben bzw. ihn einem anderen Arbeitgeber zu unterstellen, oder man überzeugte seinen jetzigen Dienstherrn, Balasundaram freizulassen. Ich suchte Letzteren auf. «Ich möchte nicht gerichtlich gegen Sie vorgehen. Es geht nicht darum, Sie zu bestrafen. Sie wissen selbst am besten, wie brutal Sie den Mann geschlagen haben. Mir reicht es schon, wenn Sie seinen Kontrakt auf jemand anders übertragen.» Er stimmte bereitwillig zu. Der Aufsichtsbeamte, den ich anschließend aufsuchte, stimmte ebenfalls zu, unter der Bedingung, dass ich einen neuen Dienstherrn fand.

Also machte ich mich auf die Suche. Es musste ein Europäer sein, da Inder keine Kontraktarbeiter beschäftigen durften. Zu dieser Zeit kannte ich nur sehr wenige Europäer. Einer von ihnen erklärte sich netterweise bereit, Balasundaram zu übernehmen. Ich bedankte mich für seine Freundlichkeit. Der Friedensrichter erklärte Balasundarams Dienstherrn für schuldig und ließ im Gerichtsprotokoll vermerken, dass er den Kontrakt auf jemand anders übertragen hatte.

Balasundarams Fall sprach sich bei allen Kontraktarbeitern herum, die mich von nun an als Freund betrachteten. Ich begrüßte diese Verbindung sehr. Bald kamen regelmäßig Kontraktarbeiter in mein Büro, was mir die schöne Möglichkeit gab, von ihren Freuden und Nöten zu erfahren.

Das Echo des Falles Balasundaram war sogar bis ins ferne Madras zu hören. Männer aus verschiedenen Teilen der Provinz, die sich als Kontraktarbeiter nach Natal verpflichtet hatten, erfuhren davon durch ihre Kollegen, die ihre Arbeit bereits angetreten hatten.

Der Fall an sich war nicht außergewöhnlich, aber die Tatsache, dass sich jemand ihrer Sache annahm und öffentlich für sie einsetzte, überraschte die Kontraktarbeiter positiv und gab ihnen das Gefühl, jemand kümmere sich um sie.

Ich habe erwähnt, dass Balasundaram mit der Kopfbedeckung in der Hand mein Büro betrat, was merkwürdig anrührend wirkte, aber auch ein Zeichen für unsere Unterdrückung war. Den Vorfall, als ich aufgefordert wurde, meinen Turban abzunehmen, habe ich ja bereits geschildert. Allen Kontraktarbeitern und Indern war vorgeschrieben, dass sie bei einer näheren Begegnung mit Europäern ihre Kopfbedeckung abzunehmen hatten, sei es Kappe, Turban oder ein um den Kopf geschlungenes Tuch. Ein Gruß, selbst mit aneinandergelegten Handflächen, genügte nicht. Balasundaram hatte gemeint, er müsse auch mir so gegenübertreten. Mir war so etwas noch nie passiert. Peinlich berührt bat ich ihn, er solle sich wieder sein Tuch um den Kopf schlingen. Zögernd tat er das, aber die Freude war ihm anzusehen.

Mir war es schon immer ein Rätsel, wie sich der Mensch durch die Erniedrigung seiner Mitmenschen geehrt fühlen kann.

21. Die Drei-Pfund-Steuer

Balasundarams Fall brachte mich in Kontakt mit den indischen Kontraktarbeitern. Was mich jedoch zu einer eingehenden Beschäftigung mit ihrer Lage führte, waren die Pläne, diese Menschen mit einer hohen Sonderbesteuerung zu belasten.

Im selben Jahr, 1894, gab es einen Gesetzentwurf der Natal-Regierung, der vorsah, dass indische Kontraktarbeiter eine jährliche Steuer von fünfundzwanzig Pfund zu entrichten hatten, ein Gesetz, das mich erstaunte. Ich trug die Sache dem Congress vor, und sofort wurde beschlossen, den nötigen Widerstand zu organisieren.

Zuvor muss ich kurz den Hintergrund dieses Steuervorhabens erklären.

Ungefähr um 1860 stellten die Weißen in Natal fest, dass sich hier ungeahnte Möglichkeiten zum Anbau von Zuckerrohr boten, ihnen aber die dazu nötigen Arbeitskräfte fehlten. Ohne fremde Arbeitskräfte waren Zuckerrohranbau und Zuckerherstellung unmöglich, da die einheimischen Zulus für diese Arbeit nicht geeignet waren. Also wandte sich die Natal-Regierung an die indische Regierung und bekam die Erlaubnis, indische Arbeiter anzuwerben. Diese Arbeitskräfte mussten sich zu fünfjähriger Kontraktarbeit verpflichten, nach deren Erfüllung sie sich dort niederlassen konnten und volles Landbesitzrecht erhielten. Mit solchen Anreizen versuchte man sie herzulocken, denn die Weißen hofften insgeheim, dass die fleißigen indischen Arbeiter nach Erfüllung ihres Vertrags die Landwirtschaft beflügeln würden.

Die Inder übererfüllten die Erwartungen. Sie bauten Gemüse in großen Mengen an, führten verschiedene indische Sorten ein, unter anderem die Mango, und schafften es, die einheimischen Sorten billiger anzubauen. Ihr Unternehmergeist beschränkte sich nicht auf die Landwirtschaft allein. Sie begannen, Handel zu treiben. Sie kauften Bauland, und viele schafften den Aufstieg vom Arbeiter zum Grund- und Hausbesitzer. Aus Indien wanderten Kaufleute ein, die ihrem Beispiel folgten. Der Erste war der mittlerweile verstorbene Sheth Abubakar Anod, der rasch ein großes Unternehmen aufbaute.

Die weißen Händler waren alarmiert. Als sie die indischen Arbeiter willkommen geheißen hatten, war nicht mit einer derartigen Geschäftstüchtigkeit zu rechnen gewesen. Als unabhängige Landwirte konnte man sie ja hinnehmen, aber doch nicht als Geschäftskonkurrenz.

Damit war die Feindseligkeit gegenüber den Indern gesät. Sie wurde durch unsere andere Lebensweise, unsere Einfachheit, unsere Gleichgültigkeit Hygienevorschriften gegenüber, unsere laxe Einstellung in Bezug auf Sauberkeit und Ordnung, dass wir mit kleinem Gewinn zufrieden waren, ungern Geld für die Instandhaltung unserer Häuser ausgaben – all das in Kombination mit einer anderen Religion –, noch zusätzlich angeheizt. In der Gesetzgebung äußerte sich diese Feindseligkeit im Gesetz zur Aberkennung des Wahlrechts und in der erwähnten Vorlage zur Besteuerung der indischen Kontraktarbeiter. Unabhängig davon gab es bereits eine Anzahl von Hindernissen, die uns in den Weg gelegt wurden.

Erstens der Vorschlag, dass die indischen Arbeiter gewaltsam in ihr Heimatland verfrachtet werden und dort den Rest ihres Kontraktes erfüllen sollten. Eher unwahrscheinlich, dass die indische Regierung dem zustimmen würde. Daher machte man einen anderen Vorschlag, der folgendermaßen aussah:

1. Der Kontraktarbeiter sollte nach Ablauf seines Kontrakts nach Indien zurückkehren oder

2. er sollte alle zwei Jahre einen neuen Kontrakt unterzeichnen, der jeweils eine höhere Entlohnung beinhaltete, und

3. falls er sich weigerte, nach Indien zurückzukehren oder den Kontrakt zu erneuern, sollte er eine jährliche Steuer von fünfundzwanzig Pfund zahlen.

Eine Abordnung, Sir Henry Binns und Mr. Mason, wurde nach Indien geschickt, um diesen Vorschlag von der dortigen Regierung absegnen zu lassen. Vizekönig war damals Lord Elgin, der die Fünfundzwanzig-Pfund-Steuer ablehnte, sich aber mit einer Kopfsteuer von drei Pfund einverstanden erklärte. Damals wie heute in meinen Augen ein schwerer Fehler des Vizekönigs. Mit seiner Zustimmung hatte er die Interessen Indiens überhaupt nicht berücksichtigt. Es gehörte weiß Gott nicht zu seinen Aufgaben, den Europäern in Natal dermaßen entgegenzukommen. Innerhalb von drei oder vier Jahren würde ein Kontraktarbeiter mit seiner Frau und jedem männlichen Kind über sechzehn sowie jedem weiblichen Kind über dreizehn Jahren unter diese Auflage fallen. Eine vierköpfige Familie, Mann, Frau, zwei Kinder, mit einer jährlichen Steuer von zwölf Pfund zu belasten, wenn das Durchschnittseinkommen des Mannes nie mehr als vierzehn Shilling im Monat betrug, war grausam und suchte auf der Welt seinesgleichen.

Wir organisierten eine erbitterte Kampagne gegen diese Steuer. Hätte der Natal Indian Congress seine Stimme nicht erhoben, hätte der Vizekönig eventuell sogar die Fünfundzwanzig-Pfund-Steuer abgesegnet. Möglicherweise ist es einzig dem Engagement des Congress zu verdanken, dass die Steuer von fünfundzwanzig auf drei Pfund gesenkt wurde, aber ich mag mich irren. Vielleicht war die indische Regierung ja von Anfang an gegen die Fünfundzwanzig-Pfund-Steuer und hätte auch ohne den Widerstand des Congress nur drei Pfund akzeptiert. Jedenfalls wurden damit die Interessen Indiens missachtet. Da ihm das Wohl und Wehe des indischen Staates anvertraut worden war, hätte der Vizekönig nie und nimmer diese unmenschliche Steuer absegnen dürfen.

Der Congress rechnete es sich nicht als große Leistung an, dass man die Minderung der Steuer von fünfundzwanzig auf drei Pfund erreicht hatte, bedauerte im Gegenteil, dass die Interessen der Kontraktarbeiter nicht vollständig geschützt werden konnten. Man war hartnäckig entschlossen zu erreichen, dass diese Steuer ganz aufgehoben wurde, doch bis es so weit war, sollten zwanzig Jahre Hartnäckigkeit nötig sein. Und zwar nicht nur der Inder in Natal, sondern aller in Südafrika lebenden Inder. Mr. Gokhale wurde zum Auslöser für die entscheidende Kampagne, bei der die indischen Kontraktarbeiter einen riesigen Beitrag leisteten. Manche verloren ihr Leben, als schließlich Schusswaffen zum Einsatz kamen, und über zehntausend landeten im Gefängnis.

Am Ende aber siegte doch die Wahrheit. Das Leiden der Inder war Ausdruck dieser Wahrheit, die aber nicht gesiegt hätte, wären da nicht unbeirrbarer Glaube, große Geduld und unermüdlicher Einsatz gewesen. Hätte die Gemeinschaft den Kampf verloren gegeben, hätte der Congress die Kampagne abgebrochen und die Steuer als unvermeidlich hingenommen, so würde die verhasste Abgabe bis heute erhoben, zur ewigen Schande der Inder in Südafrika und ganz Indiens.

22. Religionsstudien

Ich ging ganz im Dienst an der Gemeinschaft auf, dahinter verbarg sich mein Wunsch nach Selbsterkenntnis. Ich hatte das Dienen zu meiner Religion gemacht, denn ich hatte das Gefühl, Gott könne nur im Dienen geschaut werden. Und das hieß für mich Indien dienen, denn dies war an mich herangetragen worden und dazu eignete ich mich. Ich war nach Südafrika gegangen, weil ich reisen, den Intrigen in Kathiawad entfliehen und meinen Lebensunterhalt verdienen wollte. Ich befand mich auf der Suche nach Gott und strebte nach Selbsterkenntnis.

Der Umgang mit christlichen Freunden hatte meinen Wunsch vertieft, mehr über Religion wissen zu wollen. Doch selbst wenn ich desinteressiert gewesen wäre, hätten sie keine Ruhe gegeben. In Durban spürte mich Spencer Walton auf, der Leiter der South Africa General Mission, und ich wurde fast ein Mitglied seiner Familie. Hinter dieser Bekanntschaft steckten natürlich meine christlichen Freunde in Pretoria. Mr. Walton war anders als die meisten. Ich kann mich nicht entsinnen, dass er mich jemals zur Konversion bewegen wollte. Aber er sorgte dafür, dass sein Leben ein offenes Buch für mich war. Mrs. Walton war eine sehr feine Frau mit vielen Talenten. Mir sagte die Haltung des Paars sehr zu. Wir sahen die grundlegenden Unterschiede zwischen uns, keine Diskussion der Welt hätte sie beseitigen können. Aber wo Toleranz, Großzügigkeit und Wahrheit sind, können sogar Unterschiede nützlich sein. Mir gefiel die Demut der Waltons, ihre Beharrlichkeit und ihr Fleiß; wir kamen sehr oft zusammen.

Diese Freundschaft weckte mein Interesse an Religion erneut, auch wenn ich nicht so viel Zeit für meine religiösen Studien übrig hatte wie in Pretoria. Aber die wenigen Stunden, die ich mir abzwacken konnte, nutzte ich zum Lesen. Meine Briefwechsel über religiöse Fragen, bei denen Raychandbhai mir ein Leitstern war, dauerten an. Ein Freund schickte mir «Dharma Vichar» von Narmadashankar, dessen Vorwort sich als sehr lehrreich erwies. Ich hatte vom ausschweifenden Leben des Dichters gehört und war gefesselt von der Beschreibung, wie er sich gewandelt hatte. Das Buch gefiel mir immer mehr, und ich las aufmerksam. Interessiert las ich «Indien in seiner weltgeschichtlichen Bedeutung» von Max Müller und die von der Theosophischen Gesellschaft herausgegebene Übersetzung der Upanishaden. Dabei stieg meine Achtung vor dem Hinduismus, dessen Einzigartigkeit ich zu schätzen begann, was mich aber nicht gegen andere Religionen einnahm. Ich las Washington Irvings «Mahomet and His Successors» sowie Carlyles Lobschrift auf den Propheten. Durch diese Bücher stieg der Prophet in meiner Achtung. Ich las auch ein Buch mit dem Titel «The Sayings of Zarathustra».

So sammelte ich immer mehr Wissen über die verschiedenen Religionen. Diese Beschäftigung regte mich zur Selbstbeobachtung/Innenschau an und motivierte mich, alles, was mir gefiel, in die Praxis umzusetzen. Also fing ich mit *pranayam* an, hinduistischen Atemübungen, so gut ich sie nach der Lektüre einiger Bücher verstanden hatte, kam aber so nicht sehr weit und beschloss, sie später in Indien mit Hilfe eines Experten wiederaufzunehmen. Dazu kam es leider nie.

Auch etliche Bücher von Tolstoi arbeitete ich gründlich durch. Die «Übersetzung der vier Evangelien», Tschernyschewskis «Was tun?» und anderes machten großen Eindruck auf mich. Immer mehr begriff ich, wohin die universale Liebe einen Menschen führen kann.

Ungefähr um diese Zeit lernte ich eine andere christliche Familie kennen. Auf ihren Vorschlag hin besuchte ich allsonntäglich eine methodistische Kirche und war anschließend bei ihnen zum Mittagessen eingeladen. Diese Kirche machte keinen guten Eindruck auf mich; die Predigten wirkten uninspiriert, die Gemeinde kam mir nicht besonders religiös vor, der Gottesdienst um elf Uhr schien keine Versammlung frommer Seelen, sondern es waren eher weltlich gesinnte Menschen, die zur Erholung und um der Etikette willen in die Kirche gingen. Gelegentlich döste ich hier unwillkürlich ein. Ich schämte mich deswegen, aber da es manchen meiner Banknachbarn ebenso ging, ließ dieses Gefühl nach. Ich ertrug das Ganze nicht lange und ging nicht mehr in diese Kirche.

Man könnte sagen, dass die Familie, die ich eine Zeitlang jeden Sonntag besuchte, mir signalisierte, ich solle mich zurückziehen. Meine Gastgeberin war eine gute und einfache, aber etwas engstirnige Frau. Wir unterhielten uns immer über religiöse Themen. Ich las damals gerade wieder «Die Leuchte Asiens» von Arnold. Einmal verglichen wir das Leben Jesu mit dem Buddhas. «Betrachten Sie einmal Gautamas Barmherzigkeit», sagte ich. «Es beschränkte sich nicht nur auf die Menschheit, sondern galt allen Lebewesen. Geht einem nicht das Herz vor Liebe über, wenn man an das Lamm denkt, das froh auf seinen Schultern ruhte? In der Geschichte Jesu vermisst man die Liebe zu allen Lebewesen.» Die nette Dame war durch den Vergleich verletzt. Ich konnte sie verstehen, ließ das Thema fallen und wir gingen ins Esszimmer. Ihr Sohn, ein knapp fünfjähriger Wonneproppen, war ebenfalls anwesend. Ich fühle mich unter Kindern am wohlsten, und dieser kleine Kerl und ich waren seit langem Freunde. Ich machte mich über das Stück Fleisch auf seinem Teller lustig und lobte den Apfel, der auf meinem lag. Der unschuldige Junge wurde davon angesteckt und stimmte in mein Loblied ein.

Und seine Mutter? Die Arme war verletzt.

Ich war vorgewarnt, riss mich zusammen und wechselte das Thema. In der folgenden Woche besuchte ich wie üblich die Familie, wenn auch leicht beklommen. Einerseits sah ich keinen Grund, warum ich nicht mehr kommen sollte, andererseits schien es mir aber auch nicht mehr richtig. Die nette Dame erleichterte mir meine Entscheidung.

«Mr. Gandhi, nehmen Sie mir es bitte nicht übel, aber ich muss Ihnen sagen, meinem Sohn tut der Umgang mit Ihnen nicht gut», sagte sie. «Jeden Tag stellt er sich an, wenn er Fleisch essen soll, und möchte lieber Obst haben, wobei er immer Ihre Begründung anführt. Das geht so nicht. Wenn er kein Fleisch mehr isst, wird er unweigerlich geschwächt, wenn nicht sogar krank. Das könnte ich nicht ertragen. Deshalb sollten Sie in Zukunft ausschließlich mit uns Erwachsenen über solche Dinge diskutieren. Auf Kinder hat das einen schlechten Einfluss.»

«Mrs. Askew, das tut mir leid», entgegnete ich. «Ich kann Ihre Gefühle als Mutter verstehen, denn ich habe selbst Kinder. Wir können diese unschöne Situation ganz einfach beenden. Was ich esse und was nicht, macht auf ein Kind zwangsläufig größeren Eindruck als meine Worte. Am besten ich besuche Sie sonntags nicht mehr, das muss ja unserer Freundschaft keinen Abbruch tun.» «Ich danke Ihnen», sagte sie sichtlich erleichtert.

23. Als Haushaltsvorstand

Die Einrichtung eines Haushalts war nichts Neues für mich, aber hier in Natal musste ich anders als in Bombay oder London vorgehen. Diesmal ging ein Teil der Ausgaben einzig für Prestige drauf. Ich fand, der Haushalt sollte meine Position als indischer Barrister in Natal und als Repräsentant der Gemeinde widerspiegeln, daher bezog ich ein nettes kleines Haus in guter Lage, das entsprechend eingerichtet war. Das Essen war einfach, aber da ich des Öfteren englische Freunde und indische Kollegen einlud, waren die Haushaltskosten immer recht hoch.

Einen Diener zu haben war für mich immer problematisch, weil ich niemanden als solchen behandeln konnte. Ein Freund zog bei mir ein, und es gab einen Koch, der bald zur Familie gehörte. Auch mehrere Büroangestellte waren Pensionsgäste in meinem Haus. Dieses Experiment war ziemlich erfolgreich, auch wenn ich die eine oder andere bittere Erfahrung machen musste

Mein Freund war ein sehr gewitzter Bursche und sehr loyal, glaubte ich zumindest. Doch ich täuschte mich. Er wurde auf einen der ebenfalls bei mir wohnenden Büroangestellten eifersüchtig und spann ein derartiges Lügengespinst, dass ich den Büroangestellten verdächtigte, der ein eigenständiger Geist war. Sobald er bemerkte, dass ich ihn verdächtigte, zog er aus und kündigte. Betroffen schlich sich bei mir der Gedanke ein, ich könnte ihn fälschlich verdächtigt haben. Mein Gewissen plagte mich.

Inzwischen musste der Koch, den ich behalten hatte, damit er den Freund versorgte, einige Tage Urlaub nehmen oder war aus einem anderen Grund nicht da. Während seiner Abwesenheit musste ihn jemand vertreten. Wie ich später feststellen sollte, war der ein absolut durchtriebener Bursche, für mich aber jetzt ein Geschenk des Himmels. Nach zwei, drei Tagen entdeckte er, welche Schlechtigkeit sich unter meinem Dach abspielte, ohne dass ich eine Ahnung hatte, und beschloss, mich darauf hinzuweisen. Ich hatte den Ruf, leichtgläubig, aber anständig zu sein, weshalb ihn seine Entdeckung umso mehr entsetzte. Ich ging jeden Tag um ein Uhr zum Mittagessen nach Hause. Eines Tages kam der neue Koch gegen zwölf Uhr in meinem Büro angekeucht. «Gehen Sie bitte sofort heim, wenn Sie eine gewisse Sache sehen wollen.»

«Was soll das sein?», fragte ich. «Sie müssen mir sagen, worum es geht. Ich kann doch nicht einfach das Büro um diese Uhrzeit verlassen.»

«Wenn Sie nicht mitkommen, werden Sie das noch bereuen. Mehr kann ich nicht sagen.»

Seine Hartnäckigkeit gab mir zu denken. Von einem Büroangestellten begleitet, marschierte ich heim, der Koch ging voraus. Er führte mich gleich in den ersten Stock, zeigte auf das Zimmer meines Freundes. «Wenn Sie die Tür aufmachen, werden Sie es mit eigenen Augen sehen.»

Ich klopfte. Keine Antwort! Ich klopfte so heftig, dass die Wände wackelten. Die Tür ging auf und ich sah es mit eigenen Augen. Im Zimmer befand sich eine Prostituierte. «Bitte, Schwester, Sie müssen auf der Stelle gehen. Betreten Sie dieses Haus nie wieder», sagte ich.

«Von diesem Augenblick an sind wir geschiedene Leute», wandte ich mich an meinen Freund. «Ich habe mich schwer täuschen und zum Narren machen lassen. So hast du mein Vertrauen belohnt?»

Mein Freund wurde fuchsteufelswild und drohte mir mit öffentlicher Bloßstellung.

«Ich habe nichts zu verbergen», gab ich zurück. «Zerr ruhig alles an die Öffentlichkeit. Aber verlass auf der Stelle mein Haus.»

Das brachte ihn noch mehr in Rage. Deshalb sagte ich zu dem Büroangestellten, der sich im Erdgeschoss aufhielt: «Bitte grüßen Sie den Police Superintendent sehr herzlich von mir. Sagen Sie ihm, dass mich einer meiner Mitbewohner hintergangen hat. Ich möchte ihn nicht länger in meinem Hause sehen, er weigert sich aber zu gehen. Ich wäre für Polizeiunterstützung sehr dankbar.»

Nun begriff er, dass ich es ernst meinte. Sein schlechtes Gewissen brachte ihm eine Entschuldigung über die Lippen und er bat mich inständig, die Polizei aus dem Spiel zu lassen. Er werde sofort das Haus verlassen, was er auch tat.

Spitzbuben sind feige. Mit diesem Vorfall verschwand viel Unreines aus meinem Leben. Erst jetzt begriff ich, welch bösen Einfluss dieser Freund auf mich ausgeübt hatte. Indem ich ihn bei mir aufnahm, hatte ich ein schlechtes Mittel zum guten Zweck gewählt. Ich hatte von einer Kriechpflanze Jasminblüten erwartet, wie man auf Gujarati sagt, hatte gewusst, dass mein Freund ein schlechter Mensch war, und trotzdem an seine Loyalität geglaubt. Beim Versuch, ihn zu verändern, hätte ich mich beinahe selbst ruiniert. Die Warnungen guter Freunde hatte ich in den Wind geschlagen, war völlig verblendet gewesen. Hätte mir dieser Vorfall nicht die Augen geöffnet, hätte ich nicht die Wahrheit erfahren, wäre ich wahrscheinlich nicht für die Opfer geeignet gewesen, die ich habe machen können. Mein Dienst wäre auf ewig unvollkommen geblieben, denn dieser Freund hätte meine Fortschritte unweigerlich behindert. Ich hätte ständig Zeit an ihn und mit ihm verschwendet. Er hatte die Macht, mich im Dunkeln zu lassen und auf Abwege zu führen.

Aber wie kann jemand, der von Ram beschützt wird, zu Schaden kommen? Meine Absichten waren rein, daher wurde ich trotz der Fehler, die ich gemacht hatte, gerettet. Diese Erfahrung war mir eine gute Lehre für die Zukunft.

Der Koch war so etwas wie ein Himmelsbote. Vom Kochen hatte er keine Ahnung, daher hätte ich ihn nicht als Koch behalten. Aber er war der Einzige, der mir die Augen geöffnet hatte. Später erfuhr ich, dass die Frau nicht zum ersten Mal in meinem Haus gewesen war. Doch nur der Koch hatte den Mut gehabt, alle anderen wussten nämlich, dass ich dem Freund blind vertraute. Nachdem er mir diesen Dienst erwiesen hatte, kündigte mir der Koch auf der Stelle.

«Bei Ihnen kann ich nicht bleiben», erklärte er. «Sie lassen sich zu leicht übers Ohr hauen. Das ist nichts für mich.»

Ich versuchte ihn nicht, von seiner Entscheidung abzubringen.

Jetzt wurde mir klar, dass niemand anderes als dieser Freund mich gegen meinen Büroangestellten verhetzt hatte. Ich bemühte mich sehr um Wiedergutmachung bei dem Mann. Zu meinem ewigen Bedauern konnte ich die Sache nie ganz ungeschehen machen. Ein zerbrochener Gegenstand, mag er noch so gut gekittet sein, ist und bleibt kaputt, er wird nie wieder ganz.

24. Heimwärts

Mittlerweile hatte ich drei Jahre in Südafrika verbracht. Ich hatte die Menschen dort etwas kennengelernt, und sie kannten mich. 1896 bat ich, sechs Monate zu Hause verbringen zu dürfen, denn mir war klar geworden, dass mein Aufenthalt in Südafrika noch länger dauern würde. Mittlerweile lief meine Kanzlei ganz gut, und ich konnte sehen, dass die Leute meine Anwesenheit hier erforderlich fanden. Daher beschloss ich, mit meiner Familie hier zu leben, und so war eine Reise nach Hause nötig. Auch konnte ich in Indien eventuell durch Öffentlichkeitsarbeit das Interesse an der Lage der Inder in Südafrika wecken. Die Drei-Pfund-Steuer war eine offene Wunde. Erst wenn sie abgeschafft wäre, würde Ruhe einkehren.

Doch wer sollte in meiner Abwesenheit die Arbeit für den Congress und die Education Society übernehmen? Mir fielen zwei Männer ein, Adamji Miyakhan und Parsi Rustomji. Es gab zwar viele engagierte Männer in der Kaufmannschaft, aber unter denjenigen, die sowohl die anfallende Arbeit des Sekretärs übernehmen konnten als auch die Wertschätzung der in Südafrika geborenen Inder besaßen, waren dies die beiden Spitzenkandidaten. Natürlich musste der Sekretär auch über entsprechende Englischkenntnisse verfügen. Ich schlug Adamji Miyakhan vor, und der Congress stimmte seiner Ernennung zu – eine äußerst glückliche Wahl, wie sich zeigen würde. Adamji Miyakhan überzeugte alle durch Beharrlichkeit und Toleranz, Freundlichkeit und Höflichkeit, er bewies, dass für die Arbeit des Sekretärs weder Anwaltstitel noch englische Ausbildung nötig waren.

Mitte des Jahres 1896 trat ich mit der S. S. Pongola, die nach Kalkutta fuhr, die Heimreise an.

An Bord gab es nur sehr wenige Passagiere, darunter zwei englische Offiziere, denen ich mich eng anschloss. Mit einem spielte ich täglich eine Stunde lang Schach. Vom Schiffsarzt bekam ich ein Tamilisch-Lehrbuch, in das ich mich vertiefte. Meine Erfahrungen in Natal hatten mir klargemacht, dass Urdu-Kenntnisse hilfreich wären, um in engeren Kontakt mit den Muslimen zu treten, und Tamilisch für den engeren Kontakt mit den Indern aus Madras.

Auf Vorschlag des englischen Freundes, der gemeinsam mit mir Urdu lernte, machte ich unter den Deckpassagieren einen guten Urdu-Munshi ausfindig. Von da an kamen wir großartig voran. Der Offizier hatte ein besseres Gedächtnis als ich, vergaß ein einmal gesehenes Wort nie wieder. Mir fiel es oft schwer, die Urdu-Schriftzeichen zu entziffern. Ich war zwar ausdauernder beim Lernen, überflügeln konnte ich den Mann jedoch nie.

Mein Tamilisch machte ziemlich gute Fortschritte; es gab zwar niemanden, der mir dabei helfen konnte, doch das Lehrbuch war so geschrieben, dass ich auf Hilfe fast verzichten konnte.

Ich hatte gehofft, meine Sprachstudien auch in Indien fortzusetzen, doch das stellte sich als unmöglich heraus. Wenn ich nach 1893 gelesen und Studien betrieben habe, dann hauptsächlich im Gefängnis. Mein Tamilisch und mein Urdu machten Fortschritte – Tamilisch in südafrikanischen Gefängnissen, Urdu im Yeravda-Gefängnis. Tamilisch sprechen lernte ich leider nie, und meine kärglichen Lesekünste sind durch fehlende Praxis eingerostet.

Ich empfinde das immer noch als Handikap. Die Zuneigung, mit der mich die Inder aus Madras in Südafrika überschütteten, habe ich in schönster Erinnerung. Jedes Mal, wenn ich mit einem tamilischen oder Telegu-Freund zusammen bin, muss ich unwillkürlich an das Vertrauen, die Hartnäckigkeit und selbstlose Opferbereitschaft seiner Landsleute in Südafrika denken. Und die meisten von ihnen waren Analphabeten, die Männer genauso wie die Frauen. Der Kampf in Südafrika war für diese Menschen und er wurde von analphabetischen Soldaten ausgefochten, es ging um die Armen, die vollen Einsatz dafür brachten.

Obwohl ich ihre Sprache nicht sprach, hatte ich nie Probleme, die Herzen dieser einfachen, guten Landsleute zu gewinnen. Sie sprachen gebrochen Hindi oder Englisch, und unsere Zusammenarbeit war immer reibungslos. Ich wollte ihre Zuneigung erwidern, indem ich Tamilisch und Telegu lernte. In Tamilisch machte ich, wie bereits erwähnt, kleine Fortschritte, aber in Telegu, das ich mir in Indien anzueignen versuchte, kam ich über das Alphabet nicht hinaus. Mittlerweile habe ich die Hoffnung fast aufgegeben, dass ich diese Sprachen irgendwann noch lerne, und hoffe deshalb, diejenigen, die dravidische Sprachen sprechen, lernen Hindi. Die dravidischen «Madrasis» in Südafrika sprechen etwas Hindi. Nur die, die Englisch sprechen, wollen es nicht lernen, als ob die Kenntnis dieser Sprache ein Hinderungsgrund wäre, unsere eigenen zu lernen.

Aber ich schweife ab, statt meinen Reisebericht zu Ende zu erzählen. Ich muss meinen Lesern den Kapitän der S. S. Pongola vorstellen, mit dem ich mich angefreundet hatte. Der gute Mann war ein Plymouth Brother. Unsere Gespräche drehten sich mehr um spirituelle als um seemännische Themen. Für ihn waren Moral und Glaube zwei Dinge. Die Deutung der Bibel war für ihn denkbar einfach, ihre Schönheit lag in ihrer Schlichtheit begründet. Alle, Männer, Frauen und Kinder, sollten an Jesus und sein Opfer glauben, meinte er immer, dann würden sie ganz bestimmt von ihren Sünden erlöst. Dieser Freund erinnerte mich an den Plymouth Brother in Pretoria. Eine Religion, die moralische Einschränkungen oktroyierte, war nichts für ihn. Auslöser für diese Freundschaft und unsere religiösen Gespräche war meine vegetarische Ernährungsweise. Warum sollte ich kein Fleisch, genauer gesagt Rindfleisch, essen? Hatte Gott nicht die niederen Kreaturen erschaffen, damit der Mensch sie genieße, so wie Er auch deshalb das Pflanzenreich erschaffen hatte? Von diesen Fragen war es nur ein Katzensprung zu einer Diskussion über Religion.

Keiner konnte den anderen überzeugen. Ich blieb bei meiner Meinung, dass Religion und Moral das Gleiche seien, und der Kapitän zweifelte weiterhin nicht an der Richtigkeit seiner Überzeugung.

Nach vierundzwanzig Tagen hatte die angenehme Reise ein Ende, voller Bewunderung für die Schönheit des Hugli landete ich in Kalkutta. Noch am selben Tag bestieg ich den Zug nach Bombay.

25. In Indien

Auf der Fahrt nach Bombay hielt der Zug eine Dreiviertelstunde in Allahabad. Ich beschloss, diese Zeit für einen Spaziergang durch die Stadt zu nutzen. Außerdem benötigte ich auch Medikamente. Der Apotheker war völlig verschlafen und brauchte unverschämt lange, bis er das Gewünschte angefertigt hatte. Deshalb erreichte ich den Bahnhof erst in dem Moment, als der Zug losrollte. Der Bahnhofsvorsteher hatte netterweise meinetwegen eine Minute gewartet und, als er mich dann immer noch nicht hatte kommen sehen, vorausschauend dafür gesorgt, dass mein Gepäck ausgeladen wurde.

Ich nahm ein Zimmer im Hotel Kellner und beschloss, sofort mit der Arbeit anzufangen. Ich hatte viel vom *Pioneer* gehört, der in Allahabad publiziert wurde und offenbar gegen die indischen Bestrebungen für eine Veränderung war. Soweit ich mich erinnere, war damals Mr. Chesney jr. der Herausgeber. Da ich mir die Unterstützung aller politischen Parteien sichern wollte, ließ ich ihm eine Nachricht zukommen, ich hätte meinen Zug verpasst und ob wir uns treffen könnten, denn ich wolle am nächsten Tag weiterfahren Er schlug noch für denselben Tag einen Termin vor, was mich sehr freute, besonders nachdem sich herausstellte, dass er mir geduldig zuhörte. Er sagte zu, in seiner Zeitung alles zu besprechen, was ich zukünftig schreiben würde. «Aber ich kann Ihnen nicht zusichern, dass ich alle Ihre Forderungen unterstützen werde», fügte er hinzu, «schließlich müssen wir auch den Standpunkt der Kolonialherren verstehen und berücksichtigen.»

«Es reicht mir», sagte ich, «wenn Sie sich mit dem Thema beschäftigen und in Ihrer Zeitung zur Sprache bringen. Ich bitte, und das ist mein großer Wunsch, lediglich um gleichberechtigte Behandlung.»

Den Rest des Tages verbrachte ich mit einem Stadtbummel, bewunderte den Triveni, den imposanten Zusammenfluss der drei Flüsse, und machte mir Gedanken über die Arbeit, die vor mir lag.

Dieses unerwartete Interview sollte den Grundstein dafür bilden, dass ich in Natal angegriffen wurde.

Ohne Aufenthalt in Bombay reiste ich gleich nach Rajkot weiter, wo ich an einem Pamphlet über die Situation in Südafrika zu arbeiten begann. Das Schreiben und Publizieren dauerte ungefähr einen Monat. Die Broschüre hatte einen grünen Einband, daher hieß sie später das Grüne Pamphlet, und ich beschrieb darin, bewusst abgeschwächt, die Situation der Inder in Südafrika. Die Sprache, die ich verwandte, war zurückhaltender als in den beiden bereits früher erwähnten und in Natal verfassten Pamphleten, denn in der Ferne geschehene Vorkommnisse hören sich immer eindringlicher an, als sie es tatsächlich sind.

Es wurden zehntausend Exemplare gedruckt, die an sämtliche Zeitungen und wichtigen Mitglieder aller Parteien in Indien verschickt wurden. Als Erstes beschäftigte sich der *Pioneer* damit, eine Zusammenfassung des Artikels wurde nach England telegrafiert und eine Zusammenfassung dieser Zusammenfassung von Reuters nach Natal gekabelt. Im Druck ergab das lediglich drei Zeilen. Es war eine komprimierte Version des Bildes, das ich von der Behandlung der Inder in Natal gezeichnet hatte, aber nicht mit meinen Worten. Später kommen wir noch darauf, welche Wirkung das in Natal hatte. In der Zwischenzeit brachte jede wichtige Zeitung einen ausführlichen Kommentar darüber.

Die Pamphlete für den Versand vorzubereiten war mit großem Aufwand verbunden und wäre auch teuer gekommen, wenn ich Helfer hätte bezahlen müssen. Aber mir fiel eine einfachere Lösung ein. Ich rief alle Kinder aus der Nachbarschaft zusammen und bat sie, mich an einem Morgen zwei, drei Stunden lang zu unterstützen, was sie gern machten. Im Gegenzug versprach ich ihnen als Belohnung gestempelte Briefmarken aus meiner Sammlung. Für die Jungen war das keine Arbeit, sondern Spiel. Es war mein erstes Experiment mit Kindern, die mir freiwillig halfen. Zwei dieser jungen Freunde sind heute meine Mitarbeiter.

Genau zu dieser Zeit brach in Bombay die Pest aus, was überall Panik auslöste. Man fürchtete auch einen Krankheitsausbruch in Rajkot. Ich glaubte, dass ich in Hygienefragen Hilfestellung leisten könnte, und bot dem Staat meine Dienste an. Man nahm sie an, und so arbeitete ich bei dem Ausschuss mit, der sich mit dem Problem befasste. Mir war besonders die Hygiene der Latrinen wichtig, und der Ausschuss entschied, sie überall zu inspizieren. Die Armen hatten nichts dagegen, sondern setzten vielmehr die vorgeschlagenen Verbesserungen in die Tat um. Als wir aber die Häuser der Beamten und Politiker überprüfen wollten, verweigerten uns manche den Zutritt, unseren Ratschlägen schenkte man ohnehin keine Beachtung. Uns fiel auf, dass die Latrinen der Reichen meistens dreckiger waren, dunkel, stinkend, verkotet und voller Maden. Es war, als führe man täglich in die Hölle. Die Verbesserungen, die wir vorschlugen, waren höchst simpel, zum Beispiel für die Exkremente Eimer zu verwenden, statt diese auf den Boden fallen zu lassen, Urin ebenfalls in Eimern zu sammeln, statt ihn in den Boden sickern zu lassen, sowie die Trennwände zwischen den Außenwänden und den Latrinen zu entfernen, damit mehr Licht hereinkam und die Latrinenputzer richtig saubermachen konnten. Besonders gegen den letzten Verbesserungsvorschlag erhob die Oberschicht zahlreiche Einwände, er wurde größtenteils auch nicht umgesetzt.

Auch die Viertel der Unberührbaren mussten überprüft werden. Nur ein einziges Ausschussmitglied war bereit, mich dorthin zu begleiten. Die anderen fanden es absurd, in diesen Stadtteil zu gehen und erst recht, die Latrinen dort zu inspizieren. Ich jedoch war von diesem Viertel positiv überrascht. Es war mein erster Besuch in einem solchen Bezirk. Die Einwohner waren erstaunt, als wir auftauchten. Ich fragte, ob wir ihre Latrinen inspizieren dürften.

«Latrinen bei uns?», riefen sie perplex. «Die Wildnis ist unsere Latrine. Latrinen sind was für Großkopferte wie Sie.»

«Dann haben Sie bestimmt nichts dagegen, wenn wir einen Blick in Ihre Häuser werfen?», meinte ich.

«Sehr gern, Sir. Schauen Sie ruhig in jeden Winkel. Als Häuser würden wir unsere Behausungen allerdings nicht bezeichnen.»

Ich ging hinein und war begeistert, dass es drinnen so sauber war wie draußen. Die Eingänge waren ordentlich gefegt, die Böden hatten einen schönen Belag aus Kuhdung und die wenigen Töpfe und Pfannen blitzten nur so.

Bei den Reichen stießen wir auf eine Latrine, die ich unbedingt näher beschreiben muss. In jedem Raum gab es eine Ablaufrinne, die für Abwasser und Urin genutzt wurde, weshalb das gesamte Haus stank. Eines dieser Häuser hatte allerdings im Obergeschoss ein Schlafzimmer, dessen Rinne sowohl als Urinal wie auch als Latrine diente. Von der Rinne führte ein Rohr ins Erdgeschoss. Der grauenvolle Gestank in diesem Raum war unerträglich. Wie die Bewohner hier schlafen konnten, überlasse ich der Phantasie der Leser.

Der Ausschuss suchte auch den Haveli auf. Der dortige Priester stand mit meiner Familie auf freundschaftlichem Fuß. Deshalb durften wir alles inspizieren und so viele Verbesserungsvorschläge machen, wie wir wollten. Einen Bereich des Haveli hatte er selbst noch nie betreten; er lag hinter einer Mauer, über die alle Abfälle und die als Teller dienenden Blätter geworfen wurden. Hier wimmelte es von Krähen und Raubvögeln. Natürlich waren die Latrinen verdreckt. Ich blieb nicht lange genug in Rajkot, so dass ich nicht mitbekam, inwieweit der Priester unsere Vorschläge umsetzte.

Es tat mir weh, einen so verdreckten Haveli zu sehen. Man würde erwarten, dass an einem Ort, der als geweiht und heilig betrachtet wird, die Hygienevorschriften sorgfältig eingehalten werden. Die Verfasser der Smritis haben, das wusste ich damals bereits, größten Wert auf die innere wie die äußere Sauberkeit gelegt.

26. Zwei Leidenschaften

Ich kenne nur wenige, die sich der britischen Verfassung so verpflichtet fühlen wie ich. Mittlerweile ist mir klar, dass meine angeborene Wahrheitsliebe der Grund für diese Loyalität ist. Mir war es schon immer unmöglich, Loyalität oder sonst eine Tugend vorzutäuschen. Bei jeder Versammlung, an der ich in Natal teilnahm, wurde «God Save the King» gesungen, und ich musste automatisch mitsingen. Natürlich war ich mir der Mängel der britischen Herrschaft bewusst, glaubte damals aber, sie und ihre Beamte wirkten im Großen und Ganzen zum Wohl der Untertanen, ich fand sie alles in allem akzeptabel.

Der Rassismus in Südafrika stand in völligem Gegensatz zur britischen Tradition, und ich hielt ihn für eine lediglich vorübergehende, örtlich begrenzte Erscheinung. Deshalb wetteiferte ich mit den Engländern in Sachen Loyalität zum Thron. Hingebungsvoll prägte ich mir die Melodie der britischen Nationalhymne ein, in die ich einstimmte, wann und wo sie gesungen wurde. Ich ergriff jede sich bietende Gelegenheit, bei der ich meine Loyalität unauffällig zeigen konnte.

Niemals habe ich diese Loyalität instrumentalisiert, nie auf diese Weise egoistische Ziele erreichen wollen, sie war für mich eher eine Schuld, die ich abzugelten hatte.

Als ich in Indien eintraf, liefen gerade die Vorbereitungen zum sechzigsten Thronjubiläum der Königin. Ich erhielt eine Einladung, dem Ausschuss beizutreten, der dazu in Rajkot gebildet worden war, und nahm sie an, befürchtete allerdings, die Feierlichkeiten würden hauptsächlich reine Show sein. In der Tat war jede Menge Unsinn geplant, besorgt fragte ich mich, ob ich überhaupt im Ausschuss bleiben sollte. Schließlich beschloss ich, mich auf die mir zugewiesenen Aufgaben zu konzentrieren.

Unter anderem gab es den Vorschlag, Bäume zu pflanzen. Mir kam das wie Verstellung vor, denn offenbar wurde das nur getan, um den Sahibs zu gefallen. Das Baumpflanzen sei nicht vorgeschrieben, sondern lediglich ein Vorschlag, redete ich ihnen gut zu, der entweder mit dem nötigen Ernst umgesetzt werden solle oder gar nicht. Wahrscheinlich lachten sie über meine Einstellung. Ich jedenfalls pflanzte den mir zugewiesenen Baum voller Ernsthaftigkeit, und er gedieh.

Auch den Kindern meiner Familie brachte ich «God Save the King» bei. Soweit ich mich entsinne, habe ich sie auch den Schülern des dortigen Training College vermittelt, weiß jedoch nicht mehr, ob es anlässlich dieses Jubiläums oder der Krönung von Edward VII. zum Kaiser von Indien war. Später verletzte mich der Text zunehmend. Als mein Ahimsa-Konzept immer mehr Gestalt annahm, achtete ich immer stärker auf meine Gedanken und Worte. Vor allem dieser Teil der Hymne biss sich mit meiner Geisteshaltung:

Scatter her enemies,
And make them fall;
Confound their politics,
Frustrate their knavish tricks.*

Ich teilte Pfarrer Dr. Booth meine Gedanken mit, der mir zustimmte, zu einem Ahimsa-Anhänger passe es tatsächlich nicht, diese Zeilen zu singen. Wie konnten wir davon ausgehen, die sogenannten «Feinde» seien «schurkisch»? Und waren sie, weil Feinde, automatisch im Unrecht? Von Gott konnten wir nur Gerechtigkeit erbitten. Dr. Booth pflichtete mir völlig bei und komponierte für seine Gemeinde eine neue Hymne.

Wie Loyalität war auch die Neigung zur Krankenpflege tief in mir verwurzelt; ich pflegte gern Kranke, ob nun Verwandte oder Fremde.

Während ich in Rajkot an meinem Pamphlet arbeitete, ergab sich die Gelegenheit zu einer Stippvisite in Bombay. Ich hatte vor, in verschiedenen Städten die Öffentlichkeit über dieses Thema aufzuklären. Dazu wollte ich jeweils Versammlungen organisieren, und Bombay machte den Anfang. Als Erstes traf ich mich mit Richter Ranade, der mir aufmerksam zuhörte und riet, Sir Pherozeshah Mehta aufzusuchen. Richter Badruddin Tyabji, den ich als Nächstes traf, riet mir genau das Gleiche. «Richter Ranade und ich können Sie nur sehr wenig unterstützen», erklärte er. «Sie wissen, dass wir uns in unseren Positionen nicht aktiv in öffentliche Angelegenheiten einmischen dürfen, aber wir sind auf Ihrer Seite. Der Mann, der Ihnen am besten helfen kann, ist Sir Pherozeshah.»

Ich wollte Sir Pherozeshah unbedingt treffen, und die Tatsache, dass diese wichtigen Männer mir empfahlen, mich nach seinen Vorschlägen zu richten, machte mehr als deutlich, welchen immensen Einfluss er in der Öffentlichkeit hatte. Kurz darauf lernte ich ihn kennen und rechnete damit, in seiner Anwesenheit vor Ehrfurcht zu erstarren. Mir waren seine populären Spitznamen bekannt; ich würde den «Löwen von Bombay» treffen, den «Ungekrönten König der Bombay Presidency». Der König ließ mich seine Überlegenheit jedoch nicht spüren. Er empfing mich wie

---

* «Zerstreue ihre Feinde / Und bringe sie zu Fall; / Vereitle ihre Winkelzüge, / Durchkreuze ihre schurkischen Listen.»

ein liebender Vater seinen erwachsenen Sohn. Unsere Begegnung fand in seiner Kanzlei statt. Er war von Freunden und Anhängern umgeben, darunter Dinshaw Edulji Wacha und Mr. Cama, denen ich vorgestellt wurde. Von Mr. Wacha hatte ich schon gehört, er galt als Sir Pherozeshahs rechte Hand. Virchand Gandhi hatte ihn mir als großen Statistiker beschrieben. «Gandhi», sagte Mr. Wacha, «wir müssen uns wiedersehen.»

Dieses Vorstellen dauerte bestimmt nicht länger als zwei Minuten. Sir Pherozeshah hörte mir aufmerksam zu; ich berichtete ihm, dass ich Ranade und Tyabji getroffen hatte. «Gandhi, ich sehe, ich muss Ihnen helfen», sagte er. «Ich muss hier eine öffentliche Versammlung einberufen.» Mit diesen Worten wandte er sich an Mr. Munshi, seinen Sekretär, und wies ihn an, einen Termin festzusetzen. Anschließend verabschiedete er sich, wobei er mich bat, einen Tag vor der Versammlung bei ihm vorbeizusehen. Das Gespräch hatte mir alle Ängste genommen, und ich ging beglückt nach Hause.

Während meines Aufenthalts in Bombay besuchte ich meinen Schwager, der dort ernsthaft erkrankt war. Er war nicht wohlhabend und seine Frau mit der Pflege überfordert. Ich bot daher an, ihn nach Rajkot mitzunehmen. Er war einverstanden, und so kehrte ich mit meiner Schwester und ihrem Mann nach Hause zurück. Seine Krankheit war schwerer als vermutet. Ich quartierte meinen Schwager in mein Zimmer ein und blieb Tag und Nacht an seiner Seite. Gleichzeitig musste ich aber an meinem Südafrika-Projekt weiterarbeiten. Schließlich starb mein Schwager, aber es war ein großer Trost für mich, dass ich ihn während seiner letzten Tage hatte pflegen dürfen.

Allmählich wuchs sich mein Hobby, die Krankenpflege, zu einer Leidenschaft aus, für die ich häufig meine Arbeit vernachlässigte und manchmal nicht nur meine Frau, sondern den gesamten Haushalt einspannte.

Ich bezeichne diese Neigung als Hobby, weil sich so ein Dienst nur aufrechterhalten lässt, wenn man Freude daran hat. Wer ihn nur aus selbstdarstellerischen Gründen oder aus Furcht vor dem Urteil der Umwelt leistet, verkümmert seelisch. Wer ihn lustlos ableistet, hilft weder sich noch dem Kranken. Wer sich aber gern und von Herzen um die Kranken kümmert, bekommt etwas zurück, was mit anderen Freuden oder mit Geld nicht aufzuwiegen ist.

27. Die Versammlung in Bombay

Genau einen Tag, nachdem mein Schwager verstorben war, musste ich zu der öffentlichen Versammlung nach Bombay. Ich hatte kaum Zeit gehabt, meine Rede vorzubereiten. Nach Tagen und Nächten, in denen ich besorgt am Krankenbett gewacht hatte, war ich erschöpft und heiser. Ganz auf Gott vertrauend fuhr ich trotzdem nach Bombay. An eine schriftliche Ausarbeitung meiner Rede hatte ich nicht im Traum gedacht.

Wie mit Sir Pherozeshah vereinbart, erschien ich um fünf Uhr nachmittags am Tag vor der Versammlung in seinem Büro.

«Sind Sie mit Ihrer Rede fertig, Gandhi?», wollte er wissen.

«Nein, Sir», ich zitterte vor Angst, «eigentlich wollte ich ex tempore sprechen.»

«Das genügt in Bombay nicht. Die Berichterstattung lässt hier zu wünschen übrig, und wenn diese Versammlung Wirkung zeitigen soll, muss Ihre schriftliche Rede bis morgen früh gedruckt vorliegen. Hoffentlich schaffen Sie das.»

Ich würde es versuchen, sagte ich ziemlich nervös.

«Dann sagen Sie mir, wann Mr. Munshi das Redemanuskript abholen kann.»

«Um elf Uhr heute Abend», antwortete ich.

Am nächsten Tag begriff ich, wie klug Sir Pherozeshahs Ratschlag gewesen war. Die Versammlung fand im Saal des Sir Cowasji Jehangir Institute statt, der offenbar immer so gerammelt voll war, wenn Sir Pherozeshah eine Rede hielt, dass es nicht einmal mehr Stehplätze gab. Hauptsächlich waren es Studenten, die ihn unbedingt hören wollten. Für mich war es die erste derartige Versammlung. Mir wurde bewusst, dass meine Stimme nicht weit tragen würde. Zitternd fing ich an, meine Rede vorzulesen. Immer wieder rief Sir Pherozeshah Mehta mir aufmunternd zu, ich solle lauter sprechen, noch lauter. Offenbar erreichte er dadurch das Gegenteil, und ich wurde immer leiser.

Mein alter Freund Keshavrao Deshpande kam mir zu Hilfe, und ich reichte ihm mein Manuskript. Er hatte genau die richtige Stimme, aber das Publikum wollte ihn nicht hören. «Wacha», «Wacha» schallte es durch den Saal. Also stand Mr. Wacha auf, nahm Deshpande das Manuskript ab und übernahm. Das Publikum wurde mucksmäuschenstill und hörte die Rede bis zum Schluss an, dabei brandete immer wieder Applaus auf oder an den passenden Stellen erklang der Ruf «Schande!». Das stimmte mein Herz froh. Sir Pherozeshah gefiel die Rede gut, für mich war das, als hätte ich ein Bad im Ganges genommen.

Diese Versammlung brachte mir die tatkräftige Zuneigung von Deshpande und einem Parsen-Freund ein, dessen Namen ich nicht erwähnen möchte, weil er mittlerweile ein hochrangiger Regierungsbeamter ist. Beide teilten mir mit, sie hätten beschlossen, mich nach Südafrika zu begleiten. Allerdings brachte Richter Cursetji den Parsen-Freund davon ab, der Grund war eine Frau. Er musste sich zwischen Heirat und Südafrika-Reise entscheiden und wählte Ersteres. Aber Parsi Rustomji sorgte für Wiedergutmachung, indem etliche Parsinnen für die Dame einsprangen, die der Grund für seine Meinungsänderung war, und sich dem Khadi-Projekt verschrieben. Daher habe ich dem Paar gern verziehen. Bei Deshpande lockten keine Hochzeitspläne, doch leider konnte er ebenfalls nicht mit. Heute leistet er höchstpersönlich genug Einsatz, um das gebrochene Versprechen aufzuwiegen. Auf dem Rückweg nach Südafrika traf ich auf Sansibar einen der Tyabjis, der ebenfalls sein Kommen und seine Hilfe zusagte. Er tauchte nie auf, eine Scharte, die Abbas Tyabji mittlerweile auswetzt. Meine drei Versuche, Barrister zum Mitkommen nach Südafrika zu bewegen, scheiterten somit alle.

In diesem Zusammenhang fällt mir Pestonji Padshah ein, dem ich seit meinem Englandaufenthalt freundschaftlich verbunden bin. Unsere erste Begegnung fand in einem vegetarischen Restaurant in London statt. Sein Bruder, Barjorji Padshah, war angeblich ein Sonderling, den ich nie kennengelernt hatte, aber Freunde beschrieben ihn als exzentrisch. Weil ihm die Pferde leidtaten, fuhr er nicht mit der Pferdebahn, trotz seines fabelhaften Gedächtnisses weigerte er sich, einen akademischen Titel zu erwerben, er war ein unabhängiger Geist, der sich niemandem unterwarf, und obwohl Parse, Vegetarier. Pestonjis Ruf hatte nicht ganz diesen Donnerhall, aber er war sogar in London für seine Belesenheit berühmt. Uns verband der Vegetarismus, nicht die Gelehrsamkeit, denn in dieser Hinsicht konnte ich ihm nicht das Wasser reichen.

Wir trafen uns in Bombay wieder, wo er Prothonotary am High Court war. Als ich ihn besuchte, war er mit seinem Beitrag für ein großes Gujarati-Wörterbuch beschäftigt. Alle meine Freunde hatte ich um Mithilfe bei meiner Arbeit in Südafrika gebeten, aber Pestonji Padshah verweigerte diese nicht nur, sondern riet mir sogar, nicht dorthin zurückzukehren.

«Ich kann dir unmöglich helfen», sagte er. «Außerdem gefällt es mir auch nicht, dass gerade du nach Südafrika gehst. Gibt es denn in unserem Land nicht genügend zu tun? Zum einen gibt es bei unserer Sprache einen enormen Bedarf, es müssen wissenschaftliche Begriffe erfunden werden. Aber das ist nicht alles. Denk nur einmal an die Armut im Land. Zweifellos ist die Situation unserer Leute in Südafrika schwierig, aber ich bin dagegen, dass sich ein Mann wie du dafür aufopfert. Wenn wir hier die Selbstverwaltung erreichen, helfen wir damit automatisch unseren Landsleuten dort. Natürlich kann ich dich nicht davon abbringen, aber ich werde niemand mit deinem Potential raten, sich dir anzuschließen.»

Sein Rat gefiel mir nicht, andererseits wuchs meine Hochachtung für Pestonji Padshah, dessen Liebe zu seinem Land und zu seiner Sprache beeindruckend war. Dieser Vorfall brachte uns einander näher. Ich konnte seinen Standpunkt verstehen, war aber weit davon entfernt, meine Arbeit in Südafrika aufzugeben, sondern hatte vielmehr das Gefühl, dass ich sogar von seinem Standpunkt aus daran festhalten sollte. Ein Patriot darf seinem Vaterland keinen Dienst verweigern. Und in dieser Sache bezog die Gita für mich eindeutig und eindringlich Position: «Es ist besser, die eigene Pflicht unvollkommen, als die Pflicht eines anderen gut zu erfüllen. Besser ist der Tod bei eigener Pflichterfüllung, die Pflicht eines anderen bedeutet Gefahr.»*

28. In Poona

Sir Pherozeshah hatte mir den Weg geebnet, daher reiste ich von Bombay nach Poona, wo es zwei Parteien gab. Ich wollte die Unterstützung aller, egal welchen weltanschaulichen Standpunkt sie einnahmen. Als Erstes traf ich Lokamanya Tilak. «Sie haben vollkommen recht, wenn Sie die Unterstützung aller Parteien suchen. In der Südafrika-Frage darf es nur eine Meinung geben. Als Versammlungsleiter brauchen Sie aller-

---

* Kapitel 3, Vers 35; Übs. Michael von Brück, 1993.

dings jemand Unparteiischen. Wenden Sie sich an Professor Bhandarkar. Er hat sich in letzter Zeit jeder öffentlichen Aktivität enthalten. Aber diese Sache könnte ihn womöglich wieder aus der Reserve locken. Treffen Sie sich mit ihm und berichten Sie mir, was er dazu meint. Von meiner Seite sichere ich Ihnen sämtliche Unterstützung zu. Sie sollten auch mit Professor Gokhale sprechen. Selbstverständlich können Sie mich jederzeit aufsuchen, ich stehe Ihnen zur Verfügung.» Das war also meine erste Begegnung mit Lokamanya, bei der mir auch gleich klar wurde, warum er so außerordentlich beliebt war.

Als Nächstes traf ich Gokhale, den ich auf dem Gelände des Fergusson College aufstöberte. Er umarmte mich herzlich und gewann sofort mein Herz. Auch ihn sah ich zum ersten Mal, doch es war, als hätten wir uns schon früher getroffen. Sir Pherozeshah war mir wie der Himalaya vorgekommen, Lokamanya wie der Ozean, aber Gokhale war wie der Ganges. Im heiligen Fluss konnte man ein erfrischendes Bad nehmen. Der Himalaya war unbezwingbar, im Ozean konnte man ertrinken, aber der Ganges umarmte einen. Es war die reine Freude, mit Boot und Ruder auf ihm unterwegs zu sein. Gokhale befragte mich gründlich, so wie ein Rektor jemanden, der in seine Schule aufgenommen werden möchte, befragt. Er erklärte mir, wen ich aufsuchen und wie ich dabei vorgehen sollte, wollte meine Rede lesen. Er führte mich durch das College, beteuerte, er werde mir immer zur Verfügung stehen und bat mich, ihm anschließend mitzuteilen, wie das Gespräch mit Dr. Bhandarkar gelaufen sei. Im Bereich der Politik nimmt Gokhale in meinem Herzen einen einzigartigen Platz ein, zu seinen Lebzeiten und auch jetzt noch.

Dr. Bhandarkar empfing mich mit väterlicher Wärme. Es war Mittag, als ich ihn aufsuchte. Es gefiel diesem unermüdlichen Gelehrten sehr, dass ich selbst zu dieser Zeit damit beschäftigt war, mich mit Leuten zu treffen, und dass ich unbedingt auf einem unparteiischen Mann als Versammlungsleiter bestand, fand sofort seine Zustimmung, die sich in einem spontanen «Gut so!» äußerte.

«Jeder wird Ihnen bestätigen, dass ich mich momentan aus der Politik heraushalte», sagte er, nachdem er mich angehört hatte. «Aber bei Ihnen kann ich nicht nein sagen. Ihre Sache ist so gewichtig und Ihr Einsatz so bewundernswert, da kann ich die Teilnahme an Ihrer Versammlung nicht ablehnen. Es war gut, dass Sie Tilak und Gokhale hinzugezogen haben. Richten Sie ihnen bitte aus, ich übernehme gern den Vorsitz der Versammlung, die unter der gemeinsamen Schirmherrschaft der beiden Parteien steht. Sie brauchen sich mit dem Termin nicht nach mir zu richten, wann immer es den beiden passt.» Er verabschiedete sich mit Glück- und Segenswünschen.

Ohne großes Aufheben hielt diese gelehrte, selbstlose Gruppe in Poona an einem unspektakulären, kleinen Ort eine Versammlung ab, woraufhin ich bester Stimmung abreiste, voller Zuversicht in meine Mission.

Mein nächstes Ziel war Madras, wo die Begeisterung auf der dortigen Versammlung hohe Wellen schlug. Besonderen Eindruck machte der Balasundaram-Vorfall. Meine Rede lag gedruckt vor und war für meine Verhältnisse recht lang, aber das Publikum hing aufmerksam an jedem meiner Worte. Am Schluss der Versammlung setzte ein regelrechter Ansturm auf das «Grüne Pamphlet» ein, von dessen zweiter, revidierter Auflage ich in Madras zehntausend Exemplare gedruckt hatte. Eine große Stückzahl wurde verkauft, aber ich stellte fest, dass ich in meinem Überschwang die Nachfrage überschätzt hatte, ganz so hoch hätte die Auflage nicht sein müssen. Meine Rede hat sich an die englisch sprechende Öffentlichkeit gerichtet, die in Madras nicht so groß war, dass sie alle zehntausend Exemplare hätte abnehmen können.

Die größte Hilfe war mir G. Parameshvaran Pillay, der Herausgeber des *Madras Standard*. Er hatte sich tief in das Thema eingearbeitet, lud mich häufig in sein Büro ein und beriet mich. G. Subrahmaniam vom *Hindu* sowie Dr. Subrahmaniam Iyer sympathisierten ebenfalls sehr mit der Sache. G. Parameshvaran Pillay bot mir sogar an, ich könne jederzeit Meinungsbeiträge im *Madras Standard* veröffentlichen, was ich gern und oft wahrnahm. Soweit ich mich entsinne, wurde die Versammlung unter Leitung von Dr. Subrahmaniam in der Pachaiappa's Hall abgehalten.

Die Zuneigung, mit der mich die meisten Leute überschütteten, denen ich in Madras begegnete, und ihre Begeisterung für die Sache waren so groß, dass ich mich absolut zu Hause fühlte, obwohl ich mich mit ihnen auf Englisch unterhalten musste. Liebe überwindet alle Hindernisse.

29. «Kommen Sie schnell zurück!»

Von Madras ging es weiter nach Kalkutta, wo ich von Schwierigkeiten umzingelt war. Weil ich dort niemanden kannte, nahm ich mir ein Zimmer im Great Eastern Hotel, wo ich Mr. Ellerthorpe kennenlernte, der für den *Daily Telegraph* arbeitete. Er lud mich in den Bengal Club ein, wo er untergekommen war, denn zu diesem Zeitpunkt wusste er nicht, dass man keinen Inder in den Salon des Clubs mitbringen durfte. Als er von diesem Verbot erfuhr, nahm er mich mit in sein Zimmer. Er bedaure, wie vorurteilbehaftet die hiesigen Engländer seien, und entschuldigte sich bei mir, dass er mich nicht mit in den Salon nehmen konnte.

Selbstverständlich musste ich Surendranath Banerji, «das Idol Bengalens» kennenlernen. Als wir uns begegneten, war er von Besuchern umringt.

«Ich fürchte, die Leute werden sich nicht für Ihre Arbeit interessieren», sagte er. «Wie Sie wissen, haben wir hier selbst mit jeder Menge Problemen zu kämpfen. Aber geben Sie trotzdem unbedingt Ihr Bestes. Sie müssen die Unterstützung der Maharadschas gewinnen. Denken Sie daran, sich mit einigen Vertretern der British Indian Association zu treffen. Sie sollten auch Radscha Sir Pyarimohan Mukarji und Maharadscha Tagore kennenlernen. Beide sind liberal eingestellt und sehr engagiert in öffentlichen Belangen.»

Ich traf beide Herren, konnte allerdings nicht einmal den Schnabel nässen. Beide sagten, eine öffentliche Veranstaltung in Kalkutta sei keine einfache Sache und wenn hier etwas erreicht werden solle, hänge das praktisch ganz von Surendranath Banerji ab.

Meine Aufgabe wurde eindeutig immer schwieriger. Ich suchte das Büro von *Amrita Bazar Patrika* auf. Der Herr, den ich antraf, hielt mich für einen Vagabunden. Beim *Bangabasi* kam es noch besser; der Herausgeber ließ mich eine Stunde lang warten. Er hatte ganz offensichtlich viele Besucher, aber selbst als einer nach dem anderen gegangen war, würdigte er mich keines Blickes. Als ich nach der langen Wartezeit so frech war und mein Anliegen vorbringen wollte, sagte er: «Sehen Sie denn nicht, dass wir alle Hände voll zu tun haben? Ständig tauchen Leute wie Sie hier auf. Sie gehen jetzt lieber, ich bin nicht in Stimmung, Ihnen zuzuhören.» Kurz war ich gekränkt, begriff aber schnell das Dilemma des

Herausgebers. Mir war der Ruf des *Bangabasi* bekannt und wie ich gesehen hatte, riss der Besucherstrom dort nicht ab, alles Menschen, die er kannte. Seinem Blatt mangelte es nicht an Themen, und Südafrika war damals noch recht unbekannt.

Wie dramatisch ein Anliegen in den Augen des Betroffenen sein mag, für den Herausgeber ist er nur einer von vielen, die sein Büro belagern, jeder davon mit seinem eigenen Problem. Wie soll der Mann sie alle anhören? Überdies ist der Betroffene der Meinung, der Herausgeber sei eine wichtige Macht im Lande. Nur er selbst weiß, dass seine Macht kaum weiter als bis zur Schwelle seiner Bürotür reicht. Trotzdem verlor ich nicht den Mut und suchte weitere Herausgeber auf, darunter auch Engländer. Der *Statesman* und der *Englishman* begriffen, wie wichtig die Sache war. Ich gab ausführliche Interviews, die sie ungekürzt abdruckten.

Mr. Saunders, der Herausgeber des *Englishman*, behandelte mich wie seinesgleichen, stellte mir sein Büro und sein Blatt zur Verfügung. Sogar an seinem Leitartikel, den er zu diesem Thema verfasst hatte, durfte ich vor dessen Erscheinen beliebig Änderungen vornehmen. Es ist nicht übertrieben, wenn ich sage, dass wir mit der Zeit Freunde wurden. Er sagte mir zu, dass er mich nach besten Kräften unterstützen werde, bat darum, dass wir auch noch nach meiner Rückkehr nach Südafrika korrespondieren sollten. Wir schrieben einander, bis er schwerkrank wurde.

Mein ganzes Leben lang hatte ich das Glück, viele solche unerwarteten Freundschaften zu schließen. Mr. Saunders schätzte an mir, dass ich nie übertrieb und mich der Wahrheit verschrieben hatte. Er hatte mich geradezu einem Kreuzverhör unterzogen und festgestellt, dass ich mich nach bestem Wissen und Gewissen bemühte, ein unparteiisches Bild Südafrikas zu zeichnen, auch mit einem gewissen Verständnis für die Lage der Weißen dort.

Meine Erfahrung hat gezeigt, dass man am schnellsten Gerechtigkeit bekommt, wenn man der anderen Seite ebenfalls Gerechtigkeit widerfahren lässt.

Mr. Saunders unerwartete Unterstützung hatte mich gerade hoffen lassen, dass man in Kalkutta vielleicht doch eine öffentliche Versammlung organisieren konnte, als ich folgendes Telegramm aus Durban bekam: «Parlamentseröffnung im Januar. Kommen Sie schnell zurück.»

Also verfasste ich eine Pressemitteilung, warum ich Kalkutta so unvermittelt verlassen musste, und reiste nach Bombay. Noch vor der Abfahrt telegrafierte ich dem in Bombay sitzenden Reisebüro von Dada Abdulla & Co., mir eine Passage auf dem nächsten Schiff nach Südafrika zu buchen. Kurz zuvor hatte Dada Abdulla den Dampfer Courland gekauft und bestand nun darauf, dass ich mit diesem Schiff reiste, bot mir und meiner Familie kostenfreie Überfahrt an. Dankbar nahm ich an und segelte Anfang Dezember zum zweiten Mal nach Südafrika, diesmal mit meiner Frau, zwei Söhnen und dem einzigen Sohn meines verstorbenen Schwagers.

Gleichzeitig fuhr auch der Dampfer Naderi nach Durban. Die Vertreter der Schifffahrtsgesellschaft waren Dada Abdulla & Co. Insgesamt befanden sich auf den beiden Schiffen achthundert indische Passagiere, davon wollte die Hälfte in den Transvaal.

DRITTER TEIL

1. Vor dem Sturm

Zum ersten Mal reiste ich mit meiner Familie. Ich habe häufig beobachtet, dass bei Kinderehen in der hinduistischen Mittelklasse der Mann eine gewisse Bildung erwirbt, die Frau hingegen nahezu unwissend bleibt. Eine tiefe Kluft trennt die beiden, und der Mann muss zum Lehrer seiner Frau werden. Also musste ich bis ins Kleinste entscheiden, wie meine Frau und die Kinder sich kleiden, was sie essen und wie sie sich in ihrer neuen Umgebung verhalten sollten. Manches aus diesen Tagen ist im Rückblick durchaus amüsant.

Eine Hindu-Ehefrau betrachtet den bedingungslosen Gehorsam ihrem Mann gegenüber als oberste religiöse Pflicht. Ein Hindu-Ehemann betrachtet sich als Herr und Meister seiner Frau, die daher nach seiner Pfeife tanzen muss.

Damals war ich der Meinung, wenn wir einen zivilisierten Eindruck machen wollten, müssten wir uns in Kleidung und Benehmen so weit wie möglich dem europäischen Durchschnitt anpassen. Nur so könnten wir Einfluss nehmen, dachte ich, und ohne Einfluss könne man der Gemeinschaft nicht dienen.

Deshalb schrieb ich meiner Frau und den Kindern vor, wie sie sich zu kleiden hatten. Man sollte sie nicht schon auf den ersten Blick als Banias aus Kathiawad identifizieren können. Damals hielt man die Parsen für die zivilisiertesten Inder, daher trugen wir teilweise deren Tracht, weil es unpassend schien, uns von Kopf bis Fuß europäisch zu kleiden. Also trug meine Frau einen parsischen Sari und die Jungen entsprechende Jacken und Hosen. Natürlich mussten alle Schuhe und Strümpfe tragen, aber es dauerte lange, bis sich meine Frau und die Kinder daran gewöhnt hatten. Ihre Füße wurden in den Schuhen zusammengequetscht und die Strümpfe stanken nach Schweiß. Oft waren die Zehen wundgescheuert, doch auf alle ihre Beschwerden hatte ich stets die passende Antwort parat. Wahrscheinlich waren es weniger meine Erklärungen, sondern eher die Macht der Autorität, die überzeugte. Sie waren mit der

Bekleidung einverstanden, weil es keine Alternative gab. Aus dem gleichen Grund, allerdings mit noch größerem Aber, lernten sie den Umgang mit Messer und Gabel. Als meine Begeisterung schwand, ließen sie sofort das Besteck fallen, zogen Schuhe und Strümpfe aus. Nachdem sie sich über lange Zeit den neuen Lebensstil angewöhnt hatten, war es wahrscheinlich ähnlich belastend, wieder zum Ursprung zurückzukehren. Heute ist mir allerdings klar, dass wir uns alle freier und unbeschwerter fühlen, die abgenutzte Haut der «Zivilisation» abgestreift zu haben.

An Bord des Dampfers befanden sich auch mehrere unserer Verwandten und Bekannten. Da das Schiff einem befreundeten Mandanten gehörte, mir daher wie ein Zuhause war, konnte ich mich frei bewegen, mich mit ihnen und anderen Deckpassagieren treffen.

Der Dampfer nahm direkt Kurs auf Natal, ohne Zwischenstation zu machen, daher dauerte unsere Reise nur achtzehn Tage. Aber wie um uns auf den bevorstehenden eigentlichen Sturm an Land vorzubereiten, wurden wir, nur vier Tagesreisen von Natal entfernt, von einem schrecklichen Orkan gebeutelt. Im Dezember ist auf der südlichen Halbkugel Sommer und Monsunzeit, daher gibt es in dieser Jahreszeit im südlichen Meer häufig sowohl schwere als auch leichte Stürme. Der Orkan, in den wir gerieten, war so gewaltig und anhaltend, dass die Passagiere sehr verängstigt waren. Es war ein feierlicher Anblick, wie wir im Angesicht der Gefahr eins wurden. Alle vergaßen die Unterschiede und dachten an den einen und einzigen Gott, ob Muslim, Hindu oder andere Konfession. Manche legten Gelübde ab. Auch der Kapitän schloss sich dem Gebet seiner Passagiere an. Auch wenn dieser Orkan nicht ungefährlich sei, habe er schon viel schlimmere erlebt, sagte er beruhigend und erklärte, ein solides Schiff gehe nicht einfach so unter. Aber sie ließen sich nicht beruhigen. Ständig krachte und knirschte es, als könnte das Schiff jeden Moment leck schlagen oder auseinanderbrechen. Es schwankte und stampfte derart, als müsste man jederzeit mit dem Kentern rechnen. Alle mussten das Deck verlassen, und man hörte nur noch den Ruf «Sein Wille geschehe». Wenn ich mich richtig entsinne, dauerte diese schlimme Situation vierundzwanzig Stunden an. Endlich klarte der Himmel auf, der Sonnengott erschien, und der Kapitän verkündete, der Sturm sei vorüber. Die Leute strahlten vor Freude, und als die Gefahr verschwand,

verschwand auch der Name Gottes von ihren Lippen. Man ging wieder zur Tagesordnung über: Speis und Trank, Gesang und Spiel. Die Todesangst war besiegt, und das intensive Bedürfnis zu beten wich der *maya*. Natürlich gab es die üblichen *namaz* und Gebete, doch die Ernsthaftigkeit der Schreckensstunde fehlte.

Aber der Sturm hatte die Passagiere und mich vereint. Ich hatte schon ähnliche Stürme erlebt und daher keine große Angst gehabt. Da ich seetauglich bin und von der Seekrankheit verschont bleibe, konnte ich zwischen den anderen Passagieren umhergehen, sie trösten und aufmuntern, den stündlichen Rapport des Kapitäns an sie weitergeben. Wie sich zeigen würde, kamen mir die so entstandenen Freundschaften später sehr zugute.

Unser Schiff ging am 18. oder 19. Dezember im Hafen von Durban vor Anker. Auch die Naderi lief am selben Tag ein. Doch der eigentliche Sturm stand noch bevor.

2. Der Sturm

In keinem südafrikanischen Hafen dürfen die Passagiere an Land gehen, bevor sie nicht medizinisch auf Herz und Nieren untersucht worden sind. Wenn auch nur ein Passagier an einer ansteckenden Krankheit leidet, steht das Schiff für eine bestimmte Zeit unter Quarantäne. Da es in Bombay zum Zeitpunkt unserer Abreise mehrere Pestfälle gegeben hatte, befürchteten wir eine mehrtägige Quarantäne. Vor der Untersuchung muss jedes Schiff eine gelbe Flagge hissen, die erst eingeholt werden darf, wenn der Arzt alle Passagiere für gesund erklärt hat, und erst dann dürfen Verwandte und Freunde an Bord kommen. Ordnungsgemäß wehte auf unserem Schiff die gelbe Flagge, als der Arzt zur Untersuchung kam. Er verhängte eine fünftägige Quarantäne, denn die Inkubationszeit des Pesterregers betrage dreiundzwanzig Tage. Also wurde über unseren Dampfer so lange Quarantäne verhängt, bis seit unserer Abfahrt aus Bombay dreiundzwanzig Tage vergangen waren. Doch hinter dieser Anordnung verbargen sich nicht nur medizinische Gründe.

Ein weiterer war, dass Durbans weiße Einwohner agitiert hatten, um unsere Rückführung nach Indien zu erreichen. Dada Abdulla & Co. hielten uns über das, was sich in der Stadt ereignete, auf dem Laufenden.

Tagtäglich hielten die Weißen Massenversammlungen ab, stießen alle möglichen Drohungen gegen Dada Abdulla & Co. aus, versuchten es sogar mit finanziellen Anreizen. Sie waren bereit, das Unternehmen zu entschädigen, wenn beide Schiffe zurückfahren würden. Aber Dada Abdulla & Co. ließen sich nicht einschüchtern. Sheth Abdul Karim Haji Adam, der damalige geschäftsführende Gesellschafter, war um jeden Preis entschlossen, die Schiffe anlegen und die Passagiere an Land gehen zu lassen. Er sandte mir täglich ausführliche Briefe. Glücklicherweise war Manshukhlal Naazar in Durban, weil er mich dort hatte treffen wollen, ein fähiger und mutiger Mann, der die Führung der indischen Gemeinschaft übernahm. Der Anwalt von Dada Abdulla & Co., Mr. Laughton, war genauso mutig. Er verurteilte die Handlungsweise der weißen Einwohner und beriet die Gemeinschaft nicht nur als Anwalt, der dafür bezahlt wurde, sondern auch wie ein wahrer Freund.

Durban war zum Schauplatz eines Duells geworden. Auf der einen Seite eine Handvoll armer Inder mit ein paar englischen Freunden, auf der anderen die Phalanx der Weißen, die ihnen an Waffen, Bildung und Reichtum überlegen waren. Sie hatten zudem staatlichen Rückhalt, denn die Natal-Regierung unterstützte sie ganz offen. Harry Escombe, das einflussreichste Kabinettmitglied, nahm ebenso offen an ihren Versammlungen teil.

Das eigentliche Ziel der Quarantäne bestand darin, die Passagiere zur Rückkehr nach Indien zu nötigen, indem man sie oder die Schifffahrtsgesellschaft einschüchterte, die ständigen Drohungen ausgesetzt war. Auch wir wurden mittlerweile bedroht. «Wenn Ihr nicht umkehrt, werdet Ihr ganz sicher ins Meer gestoßen. Aber wenn Ihr freiwillig zurückfahrt, bekommt Ihr vielleicht sogar die Kosten für die Schiffspassage erstattet.» Unermüdlich ging ich von einem Mitreisenden zum nächsten, munterte sie auf und schickte auch tröstliche Nachrichten an die Passagiere der S. S. Naderi. Alle blieben tapfer und gefasst.

Zur Unterhaltung organisierten wir an Bord alle möglichen Spiele. Am Weihnachtstag lud der Kapitän die Passagiere der ersten Klasse zum Dinner ein, die Ehrengäste waren meine Familie und ich. Kein Dinner ohne anschließende Tischreden; ich sprach über westliche Zivilisation. Natürlich waren ernste Reden bei dieser Gelegenheit nicht angebracht, aber ich konnte nicht anders. Zwar stimmte ich in die Fröhlichkeit mit ein, aber mein Herz war bei dem Kampf, der in Durban tobte. Denn eigentlich war ich die Zielscheibe. Die Anklage lautete folgendermaßen: 1. dass ich während meines Aufenthaltes in Indien gegen die Weißen in Natal haltlose Vorwürfe erhoben hätte; 2. dass ich die Absicht hätte, Natal mit Indern zu überschwemmen, weshalb ich eigens zu diesem Zweck die Naderi und die Courland mit Menschen vollgeladen hätte, die sich hier niederlassen sollten.

Ich war mir meiner Verantwortung bewusst. Dada Abdulla & Co. hatten meinetwegen große Verluste riskiert; das Leben meiner Mitpassagiere war in Gefahr, und meine Familie, die ich mitgeschleppt hatte, stürzte ich ebenfalls ins Unglück.

Aber ich war völlig unschuldig. Ich hatte niemanden dazu veranlasst, sich in Natal niederzulassen, kannte keinen einzigen der Passagiere der Naderi. Und einige Verwandte an Bord der Courland ausgenommen, wusste ich von keinem der vielen hundert Mitreisenden Namen oder Herkunft. Außerdem hatte ich, während ich mich in Indien aufhielt, nichts über die Weißen in Natal geäußert, das ich nicht bereits in Natal selbst gesagt hatte. Und ich konnte bestens belegen, was genau ich gesagt hatte.

Ich verurteilte deshalb die Zivilisation, deren Frucht die Weißen in Natal waren und die sie vertraten und verteidigten. Ich hatte lange darüber nachgedacht und trug nun meine Ansichten der kleinen Gesellschaft vor. Der Kapitän und die anderen Freunde nahmen meine Rede so auf, wie sie gemeint war. Ich weiß nicht, ob ihr Leben dadurch beeinflusst wurde, jedenfalls diskutierte ich anschließend lang und breit mit dem Kapitän und einigen Offizieren. Für mich stellte sich die westliche Zivilisation im Gegensatz zur östlichen als primär gewalttätig dar. Man klopfte meine Überzeugungen ab, und jemand, soweit ich mich entsinne der Kapitän, wollte wissen:

«Angenommen die Weißen machen ihre Drohungen wahr, wie wollen Sie da an Ihrem Prinzip der Gewaltlosigkeit festhalten?»

«Gott wird mir hoffentlich den Mut und den Verstand geben, ihnen zu vergeben und sie nicht vor ein Gericht zu bringen», antwortete ich. «Selbst jetzt habe ich keine Wut auf sie, mir tun aber ihre Unwissenheit und Engstirnigkeit weh. Sie sind völlig von der Richtigkeit ihres Tuns und Redens überzeugt, daher habe ich keinen Grund, wütend auf sie zu sein.»

Der Fragesteller lächelte, möglicherweise war er nicht überzeugt.

Die Tage zogen sich quälend in die Länge. Wann die Quarantäne beendet sein würde, war immer noch nicht sicher. Der Quarantänebeamte sagte, der Vorgang sei ihm aus der Hand genommen worden. Sobald er Anweisungen von der Regierung bekomme, lasse er uns an Land gehen.

Zu guter Letzt wurde den anderen Passagieren und mir ein Ultimatum gestellt. Wenn wir mit dem Leben davonkommen wollten, müssten wir aufgeben. Die Passagiere und ich antworteten, wir würden auf unserem Recht beharren, in Port Natal an Land zu gehen, und seien fest entschlossen, Natal unter allen Umständen zu betreten.

Nach dreiundzwanzig Tagen durften die Schiffe in den Hafen einlaufen, und die Passagiere bekamen die Erlaubnis, an Land zu gehen.

3. Die Prüfung

Die Dampfer machten also am Kai fest, und die Passagiere begannen an Land zu gehen. Mr. Escombe hatte dem Kapitän allerdings Folgendes ausrichten lassen: «Bitte lassen Sie Gandhi und seine Familie erst von Bord, wenn es dunkel ist. Die Weißen sind sehr aufgebracht, sein Leben ist in Gefahr. Mr. Tautam, der Hafendirektor, wird ihn abends begleiten.» Der Kapitän reichte die Nachricht an mich weiter und ich war einverstanden. Aber kaum eine halbe Stunde später kam Mr. Laughton zum Kapitän. «Wenn er nichts dagegen hat, würde ich Mr. Gandhi gern auf eigene Gefahr mitnehmen», sagte er. «Als Rechtsberater von Dada Abdulla & Co. kann ich Ihnen sagen, dass Sie sich nicht an den Vorschlag von Mr. Escombe halten müssen.» Anschließend kam er zu mir. «Wenn Sie keine Angst um Ihr Leben haben, schlage ich vor, dass Mrs. Gandhi und die Kinder zu Mr. Rustomjis Haus fahren, während Sie und ich über die Hauptstraße zu Fuß nachkommen. Mir gefällt der Gedanke gar nicht, dass Sie sich nachts in die Stadt stehlen müssen. Ich glaube nicht, dass wir mit einem Angriff auf Sie rechnen müssen. Die Lage ist jetzt völlig ruhig, die Weißen haben sich alle zerstreut. Jedenfalls bin ich überzeugt, Sie sollten die Stadt nicht klammheimlich betreten.» Bereitwillig stimmte ich zu. Meine Frau und die Kinder fuhren mit der Kutsche und erreichten unbeschadet Mr. Rustomjis Haus. Mit Erlaubnis des Kapitäns ging ich gemeinsam mit Mr. Laughton von Bord. Mr. Rustomjis Haus lag ungefähr zwei Meilen vom Hafen entfernt.

Kaum waren wir an Land, erkannten mich einige Jugendliche und schrien: «Gandhi, Gandhi!» Ungefähr ein halbes Dutzend Männer rannte hinzu und stimmte in die Rufe mit ein. Besorgt, es könnte zu einem Menschenauflauf kommen, winkte Mr. Laughton eine Rikscha heran. Der Gedanke einer Rikschafahrt war mir nie sympathisch gewesen. Es wäre also meine erste gewesen, aber die Burschen ließen mich nicht einsteigen. Sie jagten dem Jungen, der die Rikscha ziehen sollte, eine solche Angst ein, dass er Fersengeld gab. Während wir uns zu Fuß auf den Weg machten, wurde die Menge immer größer, und was für eine Menge das war! Als Erstes zerrten sie Mr. Laughton von mir weg, dann bewarfen sie mich mit Steinen, Ziegelbrocken und faulen Eiern. Einer riss mir den Turban herunter, während andere auf mich einschlugen und nach mir traten. Fast bewusstlos bekam ich das Treppengeländer eines Hauses zu packen und rang nach Luft. Aber ich konnte unmöglich stehen bleiben, denn sie drangen prügelnd auf mich ein. Zufällig kam die Frau des örtlichen Polizeichefs vorbei, die mich kannte. Kaum hatte sie mich gesehen, stellte sie sich neben mich und spannte ihren Sonnenschirm auf, obwohl die Sonne gar nicht schien. Das versetzte dem Zorn des Mobs einen Dämpfer, denn sie konnten nicht weiter auf mich einschlagen, ohne Mrs. Alexander zu verletzen.

Mittlerweile war ein junger Inder, der den Vorfall mitbekommen hatte, zur Polizeiwache gerannt. Der Polizeichef schickte einen Trupp, der mich in die Mitte nahm und sicher zu meiner Zieladresse bringen sollte. Die Männer kamen gerade rechtzeitig. Die Polizeiwache lag auf unserem Weg, und als wir daran vorbeikamen, fragte Mr. Alexander, ob ich hier nicht Asyl suchen wolle, doch ich lehnte das Angebot ab. «Wenn sie ihren Irrtum einsehen, beruhigen sie sich bestimmt», sagte ich. «Ich habe Vertrauen in den Gerechtigkeitssinn der Leute.» Mit meiner Polizeieskorte erreichte ich ohne weitere Zwischenfälle das Haus von Mr. Rustomji. Ich hatte Prellungen und Blutergüsse am ganzen Körper, aber nur an einer einzigen Stelle eine Abschürfung. Der Schiffsarzt Dr. Dadi Barjor, der zufällig anwesend war, versorgte mich bestens.

Im Haus war alles still, aber draußen war es von Weißen umstellt. Die

Nacht brach an, und die Menge brüllte: «Heraus mit Gandhi!» Der vorausschauende Polizeichef war bereits vor Ort und versuchte die Menge unter Kontrolle zu bringen, nicht durch Drohungen, sondern indem er sie bei Laune hielt. Aber ganz frei von Angst war auch er nicht. Er ließ mir eine Nachricht zukommen. «Wenn Sie wollen, dass Haus und Eigentum Ihres Freundes nicht demoliert werden und Ihrer Familie nichts passiert, verlassen Sie lieber verkleidet das Haus, so wie ich vorgeschlagen habe.»

So wurde ich an ein und demselben Tag mit zwei widerstreitenden Positionen konfrontiert. Als Lebensgefahr reine Einbildung schien, riet mir Mr. Laughton, ich solle ganz ungeniert auftreten. Ich folgte dem Ratschlag. Als die Gefahr höchst real war, gab mir ein anderer Freund den genau gegensätzlichen Ratschlag, den ich ebenfalls befolgte. Wer kann schon sagen, ob ich das tat, weil mein Leben in Gefahr war oder weil ich Leben und Eigentum meines Freundes oder das Leben meiner Frau und der Kinder nicht gefährden wollte? Oder traf alles drei zu? Wer kann mit Sicherheit sagen, ob ich mich beide Male richtig entschied, als ich erst tapfer vom Dampfer marschierte und dann anschließend angesichts echter Gefahr verkleidet flüchtete?

Es ist müßig zu räsonieren, welche Entscheidungen in der Vergangenheit richtig waren, welche falsch. Man sollte sie hinterfragen und, wenn möglich, Lehren für die Zukunft daraus ziehen. Schwer zu sagen, wie ein bestimmter Mensch unter bestimmten Umständen handeln wird. Auch jemanden nach seinem Handeln zu beurteilen, ist reine Spekulation, da man nicht alle Informationen besitzt.

Die Fluchtvorbereitungen ließen mich jedenfalls meine Verletzungen vergessen. Wie der Superintendent vorgeschlagen hatte, zog ich die Uniform eines indischen Constable an, auf dem Kopf trug ich einen improvisierten Helm – eine mit einem Madras-Schal umwickelte Schüssel. Zwei Kriminalbeamte begleiteten mich; einer war als indischer Händler verkleidet und hatte sich das Gesicht bemalt, damit er aussah wie ein Inder. Wie sich der andere kostümiert hatte, weiß ich nicht mehr. Über eine Nebengasse gelangten wir zu einem benachbarten Laden, drückten uns an den im Lagerraum gestapelten Lagersäcken vorbei, entwischten durch die Ladentür und schlängelten uns durch die Menge zu einer Droschke, die am Ende der Straße wartete. Darin fuhren wir genau zu jener Wache, wo mir Mr. Alexander kurz zuvor Asyl angeboten hatte, und ich bedankte mich bei ihm und den beiden Beamten.

Während ich geflüchtet war, hatte Mr. Alexander die Menge mit einem Liedchen unterhalten.

Hang old Gandhi
On the sour apple tree.

Nachdem er informiert worden war, dass ich heil und gesund die Polizeiwache erreicht hatte, wandte er sich mit diesen Worten an die Menge: «Ihrem Opfer ist die Flucht durch einen Laden nebenan geglückt.» Manche waren wütend, andere lachten, einige glaubten ihm nicht.

«Dann wählen Sie ein, zwei Männer aus Ihrer Mitte», sagte der Superintendent, «ich bin gewillt, sie ins Haus zu lassen. Wenn es ihnen gelingt, Gandhi zu finden, liefere ich ihn gern an Sie aus. Falls sie aber keinen Erfolg haben, müssen Sie auseinandergehen. Bestimmt haben Sie nicht die Absicht, Mr. Rustomjis Haus zu verwüsten oder Mr. Gandhis Frau und seinen Kindern etwas anzutun.»

Zwei Männer wurden ausgewählt, das Haus zu durchsuchen. Kurz darauf kamen sie mit enttäuschenden Nachrichten wieder heraus, und schließlich zerstreute sich die Menge. Die meisten bewunderten, wie elegant der Superintendent die Situation gerettet hatte, ein paar schäumten vor Wut.

Mr. Chamberlain, damals Kolonialminister, kabelte an die Regierung von Natal, meine Angreifer seien strafrechtlich zu verfolgen. Mr. Escombe ließ mich holen. «Glauben Sie mir, ich bedaure selbst die kleinste Verletzung, die Ihnen zugefügt worden ist», sagte er. «Natürlich hatten Sie jedes Recht, Mr. Laughtons Ratschlag anzunehmen und sich all dem auszusetzen, aber bestimmt wäre es nicht zu diesen bedauerlichen Vorfällen gekommen, wenn Sie meinem Vorschlag gefolgt wären. Wenn Sie Ihre Angreifer identifizieren können, bin ich bereit, sie verhaften und strafrechtlich belangen zu lassen. Das ist auch Mr. Chamberlains Wunsch.»

«Ich möchte niemanden strafrechtlich belangen», erwiderte ich. «Eventuell kann ich den einen oder anderen Angreifer identifizieren, aber was bringt mir deren Bestrafung? Außerdem halte ich nicht die Angreifer für die Schuldigen. Ihnen wurde eingeredet, ich hätte mich in Indien über die

Weißen in Natal extrem abfällig und verleumderisch geäußert. Wenn die Leute diesen Berichten geglaubt haben, ist es kein Wunder, dass sie in Rage geraten sind. Schuld sind die politischen Führer und, wenn ich das so sagen darf, auch Sie. Statt die Leute wahrheitsgemäß zu informieren, haben auch Sie der Darstellung von Reuters geglaubt, dass ich maßlos übertrieben habe. Ich möchte niemanden zur Rechenschaft ziehen. Bestimmt wird es diesen Leuten leidtun, wenn die Wahrheit ans Licht kommt.»

«Würden Sie mir das netterweise schriftlich bestätigen?», fragte Mr. Escombe. «Ich muss nämlich Mr. Chamberlain telegrafisch über den Stand der Dinge informieren. Ich möchte Sie nicht zu einer sofortigen Äußerung drängen, holen Sie ruhig den Rat von Mr. Laughton und anderen Freunden ein, ehe Sie eine endgültige Entscheidung fällen. Allerdings muss ich gestehen, wenn Sie auf das Recht verzichten, Ihre Angreifer zur Verantwortung zu ziehen, würden Sie mir enorm helfen, die Ruhe wiederherzustellen. Außerdem gewinnen Sie dadurch an Ansehen.»

«Ich danke Ihnen», sagte ich, «aber ich muss niemanden um Rat fragen. Ich hatte meine Entscheidung schon gefällt, noch bevor ich zu Ihnen gekommen bin. Ich bin fest davon überzeugt, dass ich die Angreifer nicht strafrechtlich verfolgen sollte, und sofort bereit, Ihnen meine Entscheidung schriftlich zu geben.»

Woraufhin ich ein entsprechendes Schriftstück aufsetzte.

4. Die Ruhe nach dem Sturm

Ich war immer noch in der Polizeiwache gewesen, als Mr. Escombe mich hatte holen lassen. Mir wurden zwei Polizisten als Eskorte mitgegeben, obwohl eine solche Vorsichtsmaßnahme nicht mehr nötig war.

Am Tag der Anlandung war, sobald die gelbe Flagge eingeholt worden war, ein Reporter des *Natal Advertiser* gekommen, um ein Interview mit mir zu führen. Er hatte mir etliche Fragen gestellt, und meine Antworten konnten sämtliche Vorwürfe entkräften, die gegen mich erhoben worden waren. Dank Sir Pherozeshah hatte ich in Indien nur Reden gehalten, die ich zuvor niedergeschrieben hatte. Von allen sowie meinen anderen Schriften hatte ich Kopien dabei; ich übergab dem Reporter dieses Literaturbündel, damit er sah, dass ich in Indien nichts gesagt hatte, was ich nicht schon in Südafrika expliziter formuliert hatte. Zudem verdeutlichte ich ihm, ich hätte keineswegs meine Hand im Spiel gehabt, dass die Passagiere der Courland und der Naderi nach Südafrika wollten. Viele waren langjährige Einwohner, und die meisten wollten gar nicht in Natal bleiben, sondern weiter in den Transvaal. Damals konnte man eher im Transvaal reich werden als in Natal, das gerade von einer Rezession betroffen war, weshalb es die meisten Inder dorthin zog.

Diese Klarstellung und meine Weigerung, die Angreifer strafrechtlich belangen zu lassen, machten einen derartigen Eindruck, dass sich die Weißen für ihr Verhalten schämten. Die Presse erklärte mich für unschuldig und verurteilte den Mob. Letztendlich kam mir der gesamte Vorfall zugute. Und was mir zugutekam, kam der Sache zugute. Die indische Gemeinschaft in Südafrika gewann an Ansehen, was mir die Arbeit erleichterte.

Drei oder vier Tage später kehrte ich in mein Haus zurück und hatte mich kurz darauf bereits wieder eingelebt. Auch für meine Kanzlei wirkte sich der Vorfall positiv aus.

Auch wenn die Gemeinschaft an Ansehen gewonnen hatte, waren die Vorurteile leider ebenso bestärkt worden. Den Weißen war klar geworden, dass die Inder sich durchaus wehren konnten, und ihre Angst wuchs. Im Parlament von Natal wurden zwei Gesetzesvorlagen eingebracht, eine davon richtete sich gegen die indischen Händler, die andere sollte die Einwanderung von Indern drastisch einschränken. Zum Glück hatte der Kampf um das Wahlrecht dazu geführt, dass kein Gesetz ausschließlich gegen Inder erlassen werden durfte, genauer gesagt, das Recht sollte keine Unterschiede zwischen Hautfarben und Rassen machen. Dem Wortlaut nach ließen sich beide Gesetzesvorlagen auf alle anwenden, doch sie hatten eindeutig zum Ziel, den indischen Einwohnern Natals weitere Einschränkungen aufzuerlegen.

Diese Gesetzesvorlagen bewirkten, dass ich noch mehr öffentlich tätig war und dass die Gemeinschaft sich ihrer Pflicht mehr denn je bewusst wurde. Die Vorlagen wurden in indische Sprachen übersetzt und detailliert erklärt, damit die Gemeinschaft ihre verdeckten Auswirkungen verstand. Wir appellierten an den Kolonialminister, der sich allerdings weigerte einzugreifen, und so wurden aus den Vorlagen Gesetze.

Mittlerweile verschlang meine öffentliche Tätigkeit den Großteil meiner Zeit. Mansukhlal Naazar, der sich ja bereits in Durban aufhielt, zog zu mir, und da er viel Zeit in die Sache investierte, entlastete er mich etwas.

Während meiner Abwesenheit hatte Sheth Adamji Miyakhan seine Aufgabe als Sekretär bestens gemeistert. Er hatte neue Mitglieder gewonnen und die Kasse des Natal Indian Congress um tausend Pfund bereichert. Ich nutzte die Aufmerksamkeit, die durch die Gesetzesvorlagen und die Demonstration gegen die Passagiere entstanden war, und rief zum Beitritt und zu Spenden auf, die sich auf fünftausend Pfund beliefen. Der Congress, das war mein Ziel, sollte festes Kapital haben, damit er eine Immobilie erwerben und aus deren Mieteinnahmen seine Arbeit finanzieren konnte. Dann wäre die Zukunft des Congress gesichert.

Ich hatte bisher noch keine Erfahrung mit der Leitung einer öffentlichen Institution, daher unterbreitete ich meinen Mitarbeitern den Vorschlag, und sie begrüßten ihn. Die Immobilie wurde verpachtet, und die Einnahmen reichten aus, um die laufenden Ausgaben des Congress zu bestreiten. Die Verwaltung der Immobilie wurde einem zuverlässigen Treuhändergremium anvertraut, das sich bis heute darum kümmert. Allerdings kam es zu vielen internen Streitigkeiten, die so hässlich wurden, dass sich die Einnahmen mittlerweile beim Gericht ansammeln.

Zu dieser bedauerlichen Entwicklung kam es nach meiner Abreise aus Südafrika, aber ich hatte schon dort meine Meinung zu festem Kapital für öffentliche Institutionen geändert. Aufgrund der vielfältigen Erfahrungen, die ich bei der Gründung und Leitung solcher Institutionen gesammelt habe, bin ich mittlerweile fest überzeugt, dass keine öffentliche Institution sich über festes Kapital finanzieren sollte. Festes Kapital birgt in sich bereits den moralischen Verfall einer Institution. Eine öffentliche Institution bedeutet, die Einrichtung lebt von der Zustimmung und der Finanzierung der Öffentlichkeit. Verliert eine derartige Institution die öffentliche Unterstützung, so hat sie ihre Daseinsberechtigung verwirkt. Oftmals ignorieren Institutionen, die mittels festen Kapitals finanziert werden, die öffentliche Meinung und handeln häufig gegen die Interessen der Öffentlichkeit – eine Erfahrung, die wir in unserem Land auf Schritt und Tritt machen. Einige der sogenannten religiösen Stiftungen legen überhaupt keine Rechenschaftsberichte mehr vor. Aus Treuhändern wurden Eigentümer, die niemandem gegenüber mehr verantwortlich sind. Zweifellos wäre es ideal, wenn öffentliche Institutionen, so wie die Natur, von einem Tag auf den anderen leben. Eine Institution, die von der Öffentlichkeit nicht unterstützt wird, hat keine Daseinsberechtigung. Die Jahresbeiträge, die eine Institution von ihren Mitgliedern erhält, sind der Beweis für ihre Beliebtheit und die Vertrauenswürdigkeit ihres Managements, und meiner Meinung nach sollten sich alle Institutionen einer solchen Prüfung stellen. Das gilt nicht für Körperschaften, die naturgemäß nicht ohne festes Dach über dem Kopf agieren können. Laufende Ausgaben sollten aus den jährlich freiwillig gezahlten Mitgliedsbeiträgen bestritten werden.

Diese Einstellung sollte sich während der Satyagraha-Kampagne in Südafrika bestätigen. Diese wunderbare, sechs Jahre dauernde Kampagne wurde ohne festes Kapital durchgeführt, obwohl Hunderttausende von Rupien dazu nötig waren. Ich kann mich an Zeiten erinnern, da wusste ich nicht, wie wir den nächsten Tag überleben sollten, wenn keine Beträge eingingen. Aber ich will nicht vorgreifen.

5. Ausbildung der Kinder

Bei meiner Landung in Durban hatte ich drei Kinder bei mir, den zehnjährigen Sohn meiner Schwester und meine beiden Söhne, neun und fünf. Wo sollten sie unterrichtet werden?

Ich hätte sie in eine der europäischen Schulen schicken können, doch da hätte man unseretwegen eine Ausnahme gemacht. Andere indische Kinder hatten dort keinen Zutritt. Für sie gab es christliche Missionsschulen, aber ich war nicht bereit, meine Kinder dorthin zu schicken, denn mir sagte die Bildung, die dort vermittelt wurde, nicht zu. Außerdem würden sie dort nicht auf Gujarati unterrichtet, sondern ausschließlich auf Englisch oder möglicherweise auf inkorrektem Tamilisch oder Hindi, und selbst das zu organisieren wäre schwierig gewesen. Diese und andere Nachteile konnte ich unmöglich hinnehmen. Also versuchte ich mich selbst als Lehrer, was allerdings nur ab und zu möglich war. Ich konnte keinen geeigneten Gujarati-Lehrer auftreiben.

Ich war mit meiner Weisheit am Ende und suchte über eine Annonce nach einer englischen Lehrkraft, die die Kinder nach meinen Vorgaben unterrichten sollte. Somit hätten sie zumindest teilweise einen geregelten Unterricht, der durch meinen unregelmäßigen Einsatz ergänzt würde.

Ich engagierte für sieben Pfund im Monat eine englische Erzieherin, wir wurschtelten uns irgendwie durch. Ich sprach mit den Jungen ausschließlich Gujarati, so dass sie die Sprache zumindest halbwegs beherrschten. Ich wollte sie ungern nach Indien zurückschicken, denn kleine Kinder sollten nicht von ihren Eltern getrennt werden. Die Bildung, die Kinder in einem wohlgeordneten Haushalt automatisch aufsaugen, kann auswärts unmöglich vermittelt werden, daher blieben meine Kinder meistens bei mir. Zwar schickte ich meinen Neffen und meinen Ältesten für mehrere Monate in Internate nach Indien, musste sie aber schon relativ bald zurückholen. Lange nach seiner Volljährigkeit zog mein ältester Sohn freiwillig nach Indien, um in Ahmedabad auf eine höhere Schule zu gehen. Mein Neffe war offenbar zufrieden mit der Ausbildung, die ich ihm geben konnte. Leider starb er nach kurzer Krankheit in der Blüte seiner Jugend. Meine anderen drei Söhne besuchten nie eine öffentliche Schule, erhielten allerdings zumindest teilweise regulären Unterricht an einer Schule, die ich im Rahmen von Satyagraha einrichtete.

Alle meine Experimente waren unzulänglich. Ich konnte den Kindern nicht so viel Zeit widmen, wie ich wollte. Viele unvermeidbare Gründe hinderten mich daran, ihnen die von mir gewünschte Bildung mitzugeben. Alle meine Söhne haben mir deswegen mehr oder weniger Vorwürfe gemacht. Jedes Mal, wenn sie einem M. A. oder B. A. begegnen oder auch nur jemandem, der die höhere Schule abgeschlossen hat, scheint ihnen das Handicap einer lückenhaften Schulbildung bewusst zu werden.

Hätte ich jedoch darauf bestanden, sie auf irgendeine öffentliche Schule zu schicken, wäre ihnen meiner Meinung nach die Bildung vorenthalten worden, die nur in der Schule der Erfahrung oder durch das ständige Beisammensein mit den Eltern vermittelt werden kann. Auch wäre ihnen weniger Selbständigkeit vermittelt worden. Im Gegensatz zu heute hätte ich ständig Angst um sie gehabt, und die gekünstelte Bildung, die sie in England oder Südafrika hätten bekommen können, hätte ihnen niemals Einfachheit oder Dienen vermittelt. Überdies hätte ihre gekünstelte Lebensweise ein ernsthaftes Problem für meine öffentliche Tätigkeit sein können. Obwohl ich ihnen keine in meinen Augen zufriedenstellende Bildung habe geben können, bin ich rückblickend nicht sicher, ob ich meine Pflicht ihnen gegenüber nicht doch nach besten Kräften erfüllt habe. Im Gegenteil, ich bedauere nichts. Vielmehr habe ich das Gefühl, dass die unschönen Charaktereigenschaften, die ich heute an meinem Ältesten wahrnehme, aus meiner eigenen undisziplinierten, planlosen Jugend herrühren – in der ich unreflektiert und genusssüchtig war. Zu dieser Zeit war er in einem Alter, in dem man sehr deutliche Erinnerungen hat. Wie konnte er ahnen, dass ich damals, aus heutiger Sicht, zügellos und unreflektiert in den Tag hineinlebte? Weshalb sollte er nicht glauben, dass ich damals völlig vernünftig und klug handelte, so dass die anschließenden Veränderungen ihm nicht erstrebenswert schienen, auf einem Irrtum basierten? Warum sollte er nicht glauben, dass ich zu dieser Zeit ganz offensichtlich den Königsweg gefunden hatte und die anschließenden Veränderungen Anzeichen für gesteigerten Egoismus und Unverstand waren?

Häufig haben Freunde mir die bohrende Frage gestellt, ob es denn wirklich so schlimm gewesen wäre, wenn meine Söhne einen akademischen Abschluss, z. B. Barrister, erworben hätten. Mit welchem Recht stutzte ich ihnen derart die Flügel? Warum stellte ich mich ihrem Universitätsabschluss und einer selbstbestimmten Laufbahn in den Weg?

Ich finde diese Fragen recht sinnlos. Ich habe viel Kontakt mit Studenten gehabt. Ich habe an einigen Kindern verschiedene pädagogische Experimente ausgeführt oder andere bei solchen unterstützt und habe die Ergebnisse gesehen. Ich kenne eine Reihe junger Männer, die im Alter meiner Söhne sind. Ich glaube nicht, dass ihre Menschlichkeit ausgeprägter ist als bei meinen Söhnen oder dass meine Söhne viel von ihnen lernen können.

Das endgültige Ergebnis meiner Experimente liegt noch in der Zukunft. Ich gehe deshalb hier auf dieses Thema ein, damit ein Geschichtsstudent ungefähr die Unterschiede zwischen der Unterrichtung zu Hause und in einer Schule einzuschätzen weiß sowie die möglichen Auswirkungen, die Veränderungen im Leben der Eltern auf die Kinder haben. Dieses Kapitel soll auch zeigen, wie weit einerseits ein Anhänger der Wahrheit seine Experimente mit dieser treibt und andererseits wie viele Opfer dem Anhänger der Freiheit diese gestrenge Göttin abfordert. Hätte ich keine Selbstachtung gehabt und meinen Wunsch nicht unterdrückt, meinen eigenen Kindern zu bieten, was anderen indischen Kindern nicht zugänglich war, so hätte ich ihnen den Anschauungsunterricht in Freiheit und Selbstachtung vorenthalten, den ich ihnen statt einer Schulbildung gab. Und wenn man die Wahl zwischen Freiheit und Schulbildung hat, wer würde nicht sagen, Erstere sei tausendmal vorzuziehen?

Die jungen Menschen, die ich 1920 aus diesen Sklavenhochburgen – ihren Schulen und Colleges – herausrief und denen ich sagte, es sei weitaus besser, ungebildet für die Freiheit Steine zu klopfen, als sich für eine Bildung in Sklavenketten zu entscheiden, werden jetzt wahrscheinlich nachvollziehen können, woher mein Rat kam.

6. Der Geist des Dienens

Beruflich lief alles zufriedenstellend, was mir aber nicht genügte. Ständig hatte mich die Frage beschäftigt, wie ich mein Leben noch weiter vereinfachen und meinen Mitmenschen konkret helfen konnte, als ein schwer von Lepra gezeichneter Mann an meine Tür klopfte. Ich brachte es nicht übers Herz, ihm etwas zu essen zu geben und dann wegzuschicken. Also bot ich ihm Obdach, versorgte seine Wunden und kümmerte mich um ihn. Aber das konnte ich nicht auf Dauer leisten, dazu fehlten mir das nötige Kleingeld und der Mut, deshalb schickte ich ihn ins staatliche Krankenhaus für Kontraktarbeiter.

Aber ich fühlte immer noch eine innere Unruhe, ich wollte regelmäßig pflegerisch tätig sein. Dr. Booth war der Leiter der St. Aidan's Mission, ein gütiger Mann, der seine Patienten kostenlos behandelte. Dank Parsi Rustomjis Wohltätigkeit war eine kleine Klinik eröffnet worden. Ich war bereit, mich dort als Pfleger zu engagieren. Täglich mussten ein, zwei Stunden lang Medikamente ausgegeben werden, eine Tätigkeit, die entweder von einer bezahlten oder einer freiwilligen Kraft geleistet wurde, und ich beschloss, genau diese Zeit von meiner Büroarbeit abzuzwacken

Meine berufliche Tätigkeit bestand zum Großteil aus Rechtsberatung, Eigentumsübertragungen und Schiedsverfahren. Natürlich hatte ich auch einige Fälle vor dem Friedensrichter, die meisten waren allerdings unstrittig und wurden, wenn ich nicht da war, von Mr. Khan übernommen, der mir nach Südafrika gefolgt war und zu der Zeit bei mir wohnte. Damit hatte ich Zeit für meinen Einsatz in der kleinen Klinik, der jeden Vormittag zwei Stunden in Anspruch nahm, einschließlich des Hin- und Rückwegs. Die Aufgabe gab mir eine gewisse innere Ruhe. Ich nahm die

Beschwerden der Patienten auf, teilte sie dem Arzt mit und gab die verschriebenen Medikamente aus. Dabei kam ich in engen Kontakt mit kranken Menschen, die meisten davon Kontraktarbeiter, Tamilen, Telegus, Nordinder.

Diese Erfahrung sollte mir zugutekommen, als ich während des Burenkrieges anbot, kranke und verletzte Soldaten zu pflegen.

Kinderpflege und -erziehung waren Themen, die mich schon lange beschäftigten. Zwei meiner Söhne wurden in Südafrika geboren, wobei mir mein Einsatz im Krankenhaus sehr zugutekam. Mein unabhängiger Geist war und ist ständig auf der Suche nach Neuem. Meine Frau und ich wollten für ihre Niederkunft die beste medizinische Hilfe, aber was, wenn uns Arzt und Krankenschwester im entscheidenden Moment im Stich ließen? Zudem musste die Krankenschwester Inderin sein. Man kann sich vorstellen, wie schwierig es ist, in Südafrika eine ausgebildete indische Krankenschwester zu finden, das ist ja schon in Indien so. Also brachte ich mir selbst bei, was man für eine sichere Entbindung wissen sollte. Ich las «Ma-ne Shikhaman» (Ratgeber für Mütter) von Dr. Tribhuvandas und versorgte meine beiden jüngeren Kinder, wie in diesem Buch beschrieben, griff dabei auch auf meine bisherigen Erfahrungen zurück. Wir nahmen auch eine Krankenschwester in Anspruch – allerdings nie länger als jeweils zwei Monate –, die sich hauptsächlich um meine Frau kümmerte; anfangs badete und wickelte ich die Säuglinge.

Die Geburt meines letzten Kindes stellte mich auf die härteste aller Bewährungsproben. Die Wehen setzten ganz überraschend ein. Der Arzt war nicht sofort erreichbar, und es hätte zu lange gedauert, bis die Hebamme zur Stelle gewesen wäre. Daher musste ich dafür sorgen, dass das Baby heil auf die Welt kam. Es erwies sich als unschätzbare Hilfe, dass ich Dr. Tribhuvandas Buch so aufmerksam gelesen hatte. Ich war nicht nervös.

Für eine gute Kindererziehung ist wichtig, dass die Eltern Grundkenntnisse in Säuglingspflege und -ernährung haben. Es war sehr sinnvoll, dass ich mich mit diesem Thema so intensiv beschäftigte und mein Wissen in die Praxis umsetzte, andernfalls wären meine Kinder heute nicht so gesund. Wir wiegen uns in dem Irrglauben, ein Kind brauche in den ersten fünf Lebensjahren nichts zu lernen. Im Gegenteil, nie wieder lernt ein Kind so viel und schnell wie in dieser Phase. Die Bildung des

Kindes beginnt mit der Empfängnis. Der körperliche und geistige Zustand der Eltern im Augenblick der Empfängnis gehen auf das Baby über. Während der Schwangerschaft wird das Kind von den Stimmungen und Wünschen, dem Temperament, der Ernährung und Lebensweise der Mutter beeinflusst. Nach der Geburt ahmt das Kind seine Eltern nach, und aufgrund seiner Hilflosigkeit hängt seine Entwicklung über sehr viele Jahre ausschließlich von ihnen ab.

Ein Paar, das dies weiß, vereinigt sich nicht zur Befriedigung seiner Lust, sondern nur wenn es sich Nachkommen wünscht. Ich halte es für eine bodenlose Dummheit zu glauben, sexuelle Befriedigung sei eine von allem losgelöste Handlung. Der Weiterbestand der Welt hängt vom Fortpflanzungsakt ab, und da die Welt Gottes Spielplatz und ein Spiegel Seiner Herrlichkeit ist, sollte dieser Akt im Sinne eines geordneten Weltwachstums kontrolliert werden. Wer das begreift, wird alles tun, um seine Lust im Zaum zu halten, er wird sich die nötigen Kenntnisse aneignen, damit sein aus diesem Akt entstandener Nachwuchs sich körperlich, seelisch und spirituell gut entwickelt, und er wird das Wissen darum an die folgenden Generationen weitergeben.

7. Brahmacharya I

Jetzt ist es an der Zeit, über das Brahmacharya-Gelübde zu reden. Seit meiner Heirat war das Ideal der Monogamie mir eine Herzensangelegenheit, denn meiner Frau treu zu sein, war Teil der Liebe zur Wahrheit. Aber in Südafrika wurde mir klar, wie wichtig es war, auch gegenüber meiner Frau Brahmacharya zu üben. Ich weiß nicht mehr genau, welcher Auslöser oder welches Buch meine Gedanken in diese Richtung lenkte, aber ich entsinne mich, dass der Einfluss von Raychandbhai den Ausschlag gab. Noch heute kann ich mich an unser Gespräch erinnern, bei dem ich begeistert erwähnte, wie sehr Mrs. Gladstone ihrem Mann ergeben gewesen sei. Irgendwo hatte ich gelesen, dass sie darauf bestanden hatte, ihrem Mann selbst im Unterhaus den Tee zuzubereiten, was sich zur Gewohnheit dieses berühmten Ehepaares entwickelte, dessen Leben und Handeln von Gewohnheit geprägt war. Ich las die Stelle dem Dichter vor und hielt anschließend eine Lobrede auf die eheliche Liebe. «Was schätzen Sie mehr – Mrs. Gladstones Liebe zu ihrem Mann als seine Ehefrau oder ihren hingebungsvollen Dienst, unabhängig von ihrer Beziehung zu Mr. Gladstone?», fragte er mich. «Was hätten Sie gesagt, wenn sie seine Schwester oder seine ergebene Dienerin gewesen wäre und ihm genauso liebevoll Tee aufgebrüht hätte? Gibt es denn nicht Beispiele für solche ergebene Schwestern oder Dienerinnen? Angenommen, Sie hätten die gleiche liebende Ergebenheit bei einem Mann statt bei einer Frau erlebt, hätte Ihnen das genauso gefallen? Denken Sie einfach einmal über diesen Gesichtspunkt nach.»

Raychandbhai war selbst verheiratet. Seine Worte kamen mir damals schroff vor, zogen mich aber magnetisch an. Die Ergebenheit eines Dieners war nach meinem Gefühl tausendmal lobenswerter als die Ergebenheit einer Ehefrau. Mann und Frau fühlen sich als Einheit, daher ist Liebe zwischen ihnen nicht erstaunlich. Aber damit zwischen Herr und Diener eine vergleichbare Ergebenheit entsteht, braucht es eine ganz besondere Anstrengung. Allmählich gefiel mir der Standpunkt des Dichters.

Wie also sollte die Beziehung zu meiner Frau aussehen? Bestand meine Treue darin, dass ich meine Frau zum Instrument meiner Lust machte? Solange ich Sklave der Lust war, war meine Treue wertlos. Um meiner Frau Gerechtigkeit widerfahren zu lassen, muss ich sagen, dass sie nie die Initiative ergriff. Daher hätte ich jederzeit das Brahmacharya-Gelübde ablegen können, wenn ich es nur gewollt hätte. Aber mein schwacher Wille oder meine lüsterne Zuneigung hinderten mich daran.

Selbst nachdem mein Gewissen sich rührte, scheiterte ich zweimal. Ich versagte, weil das Hauptmotiv hinter meiner Bemühung nicht besonders edel war – ich wollte nämlich nicht noch mehr Kinder. In England hatte ich von Hilfsmitteln gelesen. Im Kapitel über Vegetarismus habe ich bereits Dr. Allinsons Kampagne für Geburtenkontrolle erwähnt. Möglich, dass ich kurzfristig davon beeinflusst war, aber Mr. Hill, der entschieden gegen diese Methoden war und für eigene Bemühungen statt Hilfsmittel eintrat, in einem Wort: für Selbstdisziplin, hatte sehr viel mehr Wirkung. Eine Wirkung, die Bestand hatte. Da ich also keine weiteren Kinder wollte, rang ich um Selbstbeherrschung, was unendlich schwierig war. Wir schliefen von da ab in getrennten Betten. Ich beschloss, erst dann ins Bett zu gehen, wenn ich von der Arbeit völlig erschöpft war. Beides war nicht besonders erfolgreich, aber im Rückblick habe ich den Eindruck, dass die vielen Bemühungen in ihrer Summe zur endgültigen Entscheidung führten.

Die endgültige Entscheidung konnte frühestens 1906 fallen. Satyagraha hatte noch nicht begonnen, ich ahnte nicht einmal, dass es dazu kommen würde. Als kurz nach dem Burenkrieg der sogenannte Zulu-Aufstand ausbrach, war ich gerade in Johannesburg tätig und glaubte, auch in dieser Situation sollte ich der Regierung von Natal meine Dienste anbieten. Mein Angebot wurde angenommen. Durch diese Arbeit ging mir ständig das Thema Selbstdisziplin durch den Kopf; wie üblich besprach ich meine Überlegungen mit meinen Mitarbeitern und war bald davon überzeugt, dass Fortpflanzung und Kindererziehung nicht mit dem Dienst für die Öffentlichkeit vereinbar waren. Damit ich während der Unruhen meiner Arbeit nachgehen konnte, musste ich meinen so umsichtig eingerichteten Haushalt in Johannesburg auflösen, und zwar innerhalb eines Monats, nachdem ich mich zur Verfügung gestellt hatte. Ich brachte Frau und Kinder nach Phoenix und übernahm die Leitung des indischen Sanitärkorps, das den Streitkräften von Natal zugeordnet war. Während der beschwerlichen Märsche, die wir absolvieren mussten, blitzte mir ein Gedanke durch den Kopf: Wollte ich mich in dieser Art dem Dienst an der Gemeinschaft verschreiben, musste ich auf den Wunsch nach Kindern und Wohlstand verzichten und das Leben eines *vanaprastha* führen, eines Menschen, der sich von den häuslichen Pflichten zurückzieht.

Der Zulu-«Aufstand» nahm mich nicht mehr als sechs Wochen in Anspruch, doch diese kurze Zeitspanne sollte ein sehr wichtiger Lebensabschnitt werden. Immer deutlicher begriff ich, wie wichtig Gelübde waren, dass sie keine Fesseln, sondern ein Tor zur Freiheit waren. Bis zu diesem Moment war ich erfolglos geblieben, weil mir der Wille gefehlt, weil ich nicht an mich, nicht an die Gnade Gottes geglaubt hatte und mein Geist deshalb auf der stürmischen See des Zweifels hin und her geschleudert und von allen möglichen Leidenschaften versklavt worden war. Wer sich weigert, ein Gelübde abzulegen, wird in Versuchung geführt, die Bindung an ein Gelübde ähnelt dem Übergang von Libertinage zur monogamen Ehe. «Ich glaube an Selbstdisziplin, ich möchte mich nicht durch Gelübde binden», lautet die Einstellung der Schwäche, die den unterschwelligen Wunsch nach Vergnügen verrät. Was steht dem vollständigen Verzicht im Weg? Ich gelobe, vor der Schlange davonzulaufen, von der ich weiß, dass sie mich beißen wird, ich bemühe mich nicht nur darum. Das Bemühen allein kann den Tod bedeuten.

Bloßes Bemühen bedeutet, ich ignoriere die Tatsache, dass mich die Schlange töten wird. Wenn ich mich also mit dem bloßen Bemühen zufriedengebe, heißt das, dass ich die Notwendigkeit einer konkreten Maßnahme noch nicht klar erkannt habe. «Aber angenommen, meine Meinung ändert sich einmal?» Solche Zweifel hindern uns oft daran, ein Gelübde abzulegen, verraten aber auch mangelnde Klarsicht, dass auf eine bestimmte Sache verzichtet werden muss. Deshalb sang Nishkulanand: «Ein Verzicht, der nicht schmerzt, ist nicht von Dauer.»

Wo das Verlangen abhandengekommen ist, folgt daher unweigerlich ein Entsagungsgelübde.

8. Brahmacharya II

Nach ausgiebiger Diskussion und reiflicher Überlegung legte ich 1906 das Gelübde ab. Ich weihte meine Frau erst ein, als ich das Gelübde ablegen wollte. Sie hatte nichts dagegen. Doch mir fiel der endgültige Entschluss sehr schwer, es fehlte an der dazu notwendigen Kraft. Wie sollte ich meine Leidenschaften beherrschen? Auf die geschlechtliche Beziehung mit der eigenen Frau zu verzichten, kam mir damals seltsam vor. Und trotzdem begriff ich, dass es meine Pflicht war. Meine Absichten waren rein, und ich ging das Gelübde an, vertraute darauf, dass Gott mir Kraft geben würde.

Verwundert und beglückt betrachte ich die zwanzig Jahre, die seitdem vergangen sind. Der Wunsch nach Selbstbeherrschung war seit 1901 sehr intensiv gewesen, und ich setzte ihn mehr oder weniger erfolgreich auch um. Aber die Freiheit und die Freude, die ich empfand, nachdem ich 1906 das Gelübde abgelegt hatte, waren eine ganz neue Erfahrung. Davor hatte mich jederzeit die Versuchung überwältigen können. Jetzt hatten Leidenschaft und Begierde keine Macht mehr über mich. Immer deutlicher begriff ich, welches große Potential Brahmacharya hat. Ich hatte das Gelübde in Phoenix abgelegt. Sobald ich meinen Einsatz beim Sanitätskorps beendet hatte, ging ich nach Phoenix, von dort musste ich nach Johannesburg zurück. Ungefähr einen Monat später wurde die Grundlage für Satyagraha geschaffen. Unbewusst hatte mich das Brahmacharya-Gelübde darauf vorbereitet; Satyagraha war nicht geplant gewesen, sondern kam spontan zustande. Aber es war offensichtlich, dass sämtliche meiner früheren Schritte eine Vorbereitung gewesen waren. Ich hatte meine hohen Haushaltskosten in Johannesburg reduziert und war gewissermaßen nach Phoenix gegangen, um dort das Brahmacharya-Gelübde abzulegen.

Das Wissen, dass eine strikte Einhaltung von Brahmacharya bedeutet, Brahman zu erkennen, verdanke ich nicht der intensiven Lektüre der Shastren, sondern es kam im Laufe der Erfahrung. Die Shastren-Texte zu diesem Thema las ich erst später. Jeder Tag mit dem Gelübde hat mich der Erkenntnis nähergebracht, dass Brahmacharya Körper, Geist und Seele schützt. Brahmacharya war nämlich nun keine harte Selbstkasteiung, sondern ein Quell der Freude. Täglich offenbarte sich eine Facette seiner Schönheit.

Doch auch wenn die Freude immer größer wurde, soll niemand glauben, dass mir die Einhaltung des Gelübdes leichtfiel. Sogar mit über sechsundfünfzig merke ich, wie schwer es ist. Jeden Tag wird mir bewusster, dass es wie das Balancieren auf einer Schwertklinge ist und ich jeden Moment auf der Hut sein muss.

Erste Voraussetzung für die Einhaltung des Gelübdes ist die Beherrschung des Gaumens. Wird der Gaumen völlig beherrscht, fällt das Einhalten leichter, weshalb ich meine Ernährungsexperimente nicht nur aus vegetarischer Sichtweise anging, sondern auch aus der eines Brahmachari. Ich kam zu dem Resultat, dass die Nahrung eines Brahmachari frugal, einfach, ungewürzt und möglichst roh sein sollte.

Sechs Jahre Experimentieren haben gezeigt, dass die optimale Ernährung eines Brahmachari sich aus frischem Obst und Nüssen zusammensetzt. Hielt ich mich an diese Ernährung, war ich immun gegen Leidenschaft, so wie ich es bis dahin nicht gekannt hatte. Als ich ausschließlich Obst und Nüsse aß, war Brahmacharya geradezu die natürliche Lebensweise, die ich mühelos befolgen konnte. Seit ich angefangen habe, Milch zu trinken, sind größere Anstrengungen nötig. Warum ich die Obstdiät nicht mehr einhalten konnte und zu Milch griff, wird an entsprechender Stelle behandelt werden. Hier genügt die Bemerkung, dass der Genuss von Milch die Einhaltung des Brahmacharya-Gelübdes eindeutig erschwert. Was nicht heißen soll, dass alle Brahmacharis auf Milch verzichten müssen. Erst nach zahlreichen Experimenten kann man mit Sicherheit sagen, wie sich die unterschiedlichen Nahrungsmittel auswirken. Ich habe immer noch keine Frucht gefunden, die genauso gut für den Muskelaufbau und leicht verdaulich ist wie Milch. Ob Arzt, *vaidya* oder *hakim,* keiner konnte mir eine derartige Frucht oder Getreidesorte nennen. Obwohl Milch teilweise stimulierend wirkt, kann ich momentan niemandem raten, auf sie zu verzichten.

Als äußeres Hilfsmittel ist das Fasten beim Brahmacharya ebenso notwendig wie die Auswahl und die Beschränkung in der Ernährungsweise. Die Sinne sind so überwältigend stark, dass sie nur dann kontrolliert werden können, wenn sie von allen Seiten und von oben und unten im Zaum gehalten werden. Bekanntermaßen sind sie ohne Nahrung machtlos, weshalb vorsätzliches Fasten zweifellos sehr hilft. Bei manchen bringt Fasten allerdings nichts, weil sie in der Annahme, Fasten allein mache immun, zwar nichts essen, aber in Gedanken alle möglichen Köstlichkeiten schmausen, sich ausmalen, was sie nach dem Fasten alles essen und trinken werden. Sie beschweren sich, dass diese Art des Fastens weder den Gaumen noch die Lust zu beherrschen hilft. Fasten ist sinnvoll, wenn der Geist mit dem hungernden Körper zusammenarbeitet, wenn er einen Widerwillen gegen das entwickelt, was dem Körper versagt wird. Alle Sinnlichkeit liegt im Geist begründet. Fasten ist deshalb nicht immer von Erfolg gekrönt, weil jemand, der fastet, trotzdem weiterhin von sexueller Begierde gebeutelt werden kann. Aber man kann sagen, dass das Auslöschen sexueller Leidenschaft, unverzichtbar für die Einhaltung von Brahmacharya, normalerweise nicht ohne Fasten erzielt werden kann. Viele, die nach Brahmacharya streben, scheitern, weil sie weiterhin so essen, trinken, sehen usw. wollen wie diejenigen, die keine Brahmachari sind. Ihre Bemühungen lassen sich mit dem Versuch vergleichen, in sengend heißen Sommermonaten die erfrischende Kühle des Winters spüren zu wollen. Es sollte einen deutlichen Unterschied geben zwischen jemandem, der Selbstbeherrschung übt, und jemandem, der ein ausschweifendes Leben führt, zwischen dem Leben eines Menschen, der sich seinen Leidenschaften hingibt, und einem, der ihnen abschwört. Es gibt nur eine scheinbare Ähnlichkeit zwischen den beiden, der Unterschied sollte sonnenklar sein. Beide gebrauchen ihre Augen, der Brahmachari dazu, die Herrlichkeiten Gottes zu schauen, der andere, um das Banale ringsum zu betrachten. Beide gebrauchen ihre Ohren, doch während der eine nur das Lob Gottes hört, ergötzt sich der andere an Ferkeleien. Beide bleiben oft lange auf, aber während der eine in den Abendstunden zu Rama betet, der in seinem Herzen wohnt, verplempert der andere sie mit wilden, sinnlosen Vergnügungen. Beide essen, der eine nur, um die Miete zu bezahlen, damit der Tempel Gottes in der Form seines Körpers erhalten bleibt, während der andere sich mästet und das heilige Gefäß zum stinkenden Abflussgraben macht. Beide trennen Welten, und der Abstand zwischen ihnen wird im Laufe der Zeit größer, nicht kleiner.

Brahmacharya bedeutet, alle Sinne in Gedanken, Wort und Tat zu beherrschen. Jeden Tag ist mir bewusst geworden, wie notwendig die oben beschriebenen Einschränkungen sind. Es gibt unendlich viele Möglichkeiten von Verzicht, ebenso von Brahmacharya. Brahmacharya ist mit halbherzigem Einsatz unmöglich. Selbst heute wird es für viele bloßes Ideal bleiben. Wer nach Brahmacharya strebt, wird sich seiner Unzulänglichkeiten immer bewusst sein, die in den Tiefen seines Herzens verborgenen Leidenschaften aufspüren und immer aufs Neue den Befreiungsschlag versuchen. Solange das Denken nicht vollständig vom Willen kontrolliert wird, ist Brahmacharya noch nicht vollständig erlangt. Der Geist neigt zu unwillkürlichem Denken, wer das Denken bändigt, bändigt auch den Geist, was noch schwieriger ist als die Zähmung des Windes. Doch wenn Atman existiert, ist sogar die Beherrschung des Geistes möglich, niemand soll sie für unmöglich halten, nur weil sie schwierig ist. Sie ist das höchste Ziel, wenig verwunderlich, dass die größten Anstrengungen nötig sind, um es zu erreichen. Erst nachdem ich wieder in Indien war, begriff ich, dass Brahmacharya mit bloßer menschlicher Anstrengung nicht erlangt werden kann. Bis dahin hatte ich in der Selbsttäuschung gelebt, die Obstdiät allein würde mich in die Lage versetzen, sämtliche Leidenschaften auszurotten, und in meinem Stolz geglaubt, ich müsse sonst nichts weiter tun.

Doch ich sollte das Kapitel meiner Kämpfe nicht vorwegnehmen. Bis dahin möchte ich deutlich machen, wer Brahmacharya mit dem Ziel einhält, Gott zu erkennen, sollte nicht verzweifeln – vorausgesetzt, er glaubt an Gott und hat Vertrauen in die eigenen Bemühungen.

विषया विनिवर्तन्ते निराहारस्य देहिनः ।
रसवर्ज रसोऽप्यस्य परं दृष्ट्वा निवर्तते ।।

Die Sinnesobjekte wenden sich ab von der enthaltsamen Seele,
nur die Vorliebe dafür bleibt.
Doch durch das Schauen des Höchsten verschwindet auch
die Vorliebe.

Deshalb sind Sein Name und Seine Gnade die letzte Zuflucht für den, der nach Moksha strebt. Eine Wahrheit, die ich erst in Indien erkannte.

9. Bescheidenheit

Anfangs führte ich ein entspanntes Leben voller Komfort, aber das dauerte nicht lange. Obwohl ich das Haus sorgfältig eingerichtet hatte, lag mir nicht besonders viel daran. Sobald ich mit der Einrichtung fertig war, suchte ich schon nach Möglichkeiten, die Haushaltskosten zu drücken. Die Rechnung des Wäschers war hoch, und da er außerdem alles andere als zuverlässig war, reichten meine zwei, drei Dutzend Hemden und Kragen nicht. Der Kragen musste täglich und das Hemd, wenn nicht täglich, mindestens jeden zweiten Tag gewechselt werden. Das war eine unnötige Ausgabe, daher besorgte ich mir alles, was zum Waschen nötig war. Ich kaufte mir ein Buch zu diesem Thema, studierte diese Kunst und brachte sie auch meiner Frau bei. Natürlich war das mehr Arbeit, doch weil sie neu war, machte sie Spaß.

Nie werde ich den ersten Kragen vergessen, den ich eigenhändig wusch. Ich hatte zu viel Stärke verwendet, das Bügeleisen war nicht heiß genug, und da ich Angst hatte, den Kragen zu versengen, hatte ich nicht genug aufgedrückt. Mit dem Resultat, dass zwar der Kragen ziemlich steif war, die überschüssige Stärke aber ständig abbröckelte. Mit diesem Kragen marschierte ich zum Gericht, wo ich mich zum Gespött der Barrister-Kollegen machte. Doch schon damals prallte Spott meistens an mir ab.

«Weil das mein erster Versuch im Kragenwaschen war, habe ich zu viel Stärke verwendet, was aber nicht schlimm ist. Außerdem hat es den netten Nebeneffekt, dass ich zu Ihrer Erheiterung beitrage.»

«Gibt es denn nicht genügend Wäschereien hier?», fragte ein Freund.

«Die Wäscherechnung ist sehr hoch», sagte ich. «Einen Kragen waschen zu lassen, kostet beinahe so viel wie ein neuer Kragen. Außerdem ist man dem Wäscher ausgeliefert, da wasche ich lieber selbst.»

Aber meine Freunde wollten nicht verstehen, wie befreiend es war, wenn man die Dinge selbst in die Hand nahm. Nach und nach wurde ich ein wahrer Waschexperte, was meine eigenen Sachen betraf, und meine Arbeit stand der einer Wäscherei in nichts nach. Meine Kragen waren genauso steif und glänzend wie die anderer Männer.

Bei seinem Besuch in Südafrika hatte Gokhale einen Schal dabei, den ihm Mahadeo Govind Ranade geschenkt hatte. Er behandelte dieses Erinnerungsstück höchst behutsam und trug es nur bei besonderen Anlässen. Eine solche Gelegenheit war das Bankett, das die Inder in Johannesburg ihm zu Ehren gaben. Der Schal war zerknittert und musste gebügelt werden. Zeitlich reichte es nicht mehr, ihn in die Wäscherei zu geben. Ich bot an, meine Kunstfertigkeit unter Beweis zu stellen.

«Ich vertraue Ihren Fähigkeiten als Anwalt, aber ich lasse Sie Ihre Fähigkeiten als Wäscher nicht an diesem Schal ausprobieren», erklärte Gokhale. «Was, wenn Sie ihn ruinieren? Wissen Sie, was er mir bedeutet?»

Und er erzählte voller Freude die Geschichte dieses Geschenks. Ich blieb hartnäckig, garantierte gute Arbeit, bekam die Erlaubnis, den Schal zu bügeln, und letztendlich seine Anerkennung. Danach war es mir egal, wenn sie mir der Rest der Welt versagte.

Nicht nur befreite ich mich von meiner Abhängigkeit vom Wäscher, sondern bekam auch noch die Gelegenheit, das Joch des Barbiers abzustreifen. Jeder, der nach England geht, lernt dort zumindest die Kunst des Rasierens, aber, soweit ich weiß, nicht, wie man sich selbst die Haare schneidet. Einmal ging ich in Pretoria zu einem englischen Friseur, der verächtlich ablehnte, mir die Haare zu schneiden. Natürlich war ich verletzt, kaufte mir aber umgehend auf dem Markt eine Schere und schnitt mir vor dem Spiegel die Haare. Vorn gelang es mir recht gut, doch der Hinterkopf war schwierig, der Schnitt geriet höchst ungleichmäßig. Die Freunde im Gericht schüttelten sich vor Lachen.

«Was ist denn mit Ihrem Haar los, Gandhi? Waren da die Ratten dran?»

«Nein, der weiße Barbier wollte sich nicht dazu herablassen, meine schwarzen Haare zu berühren», klärte ich sie auf, «daher habe ich sie mir lieber selbst geschnitten, egal wie schlecht das Ergebnis aussieht.»

Meine Freunde waren nicht sehr überrascht.

Man kann es dem Friseur nicht verübeln, dass er sich weigerte, mir die Haare zu schneiden. Sehr wahrscheinlich hätte er seine Kundschaft verloren, wenn er einen Schwarzen bedient hätte. Unseren Barbieren ist es auch nicht erlaubt, unsere unberührbaren Brüder zu bedienen. Die Quittung dafür erhielt ich in Südafrika nicht nur einmal, sondern mehrfach, und nur die Überzeugung, dass dies die Strafe für unsere eigenen Sünden war, ließ mich ruhig bleiben.

An passender Stelle gehe ich darauf ein, welche extremen Formen meine Leidenschaft für Selbsthilfe und Einfachheit annahm. Die Saat war vor langer Zeit gesät worden, sie musste nur noch gegossen werden, um Wurzeln zu schlagen, Blüten zu treiben und Früchte zu tragen. Die Bewässerung kam schließlich zur rechten Zeit.

10. Der Burenkrieg

Ich überspringe die vielen Ereignisse und Erfahrungen aus der Zeit zwischen 1897 und 1899 und komme direkt zum Burenkrieg.

Als der Krieg erklärt wurde, sympathisierte ich ganz mit den Buren, war aber damals noch der Meinung, ich hätte nicht das Recht, entsprechend meiner Überzeugung zu handeln. Meine inneren Kämpfe dazu habe ich bereits minutiös in meiner Geschichte der Satyagraha-Bewegung in Südafrika geschildert und muss mich hier nicht wiederholen. Wer sich dafür interessiert, soll diesen Bericht lesen. Es genügt der Hinweis, dass ich mich aus Loyalität zur britischen Herrschaft bei diesem Kampf auf deren Seite schlug. Wenn ich die Rechte eines britischen Bürgers für mich forderte, dann war es auch meine Pflicht, mich an der Verteidigung des British Empire zu beteiligen – zumal Indien seine völlige Emanzipation nur innerhalb dieses Empire erreichen konnte, so meine damalige Sichtweise. Deshalb rief ich so viele Kameraden wie möglich zusammen und erreichte unter großen Schwierigkeiten, dass sie ins Sanitärkorps aufgenommen wurden.

Der Durchschnittsengländer hielt die Inder für feige, risikoscheu und unfähig, über ihre eigenen, momentanen Interessen hinauszudenken; deshalb ließen mich viele englische Freunde im Regen stehen. Dr. Booth hingegen unterstützte meinen Plan voll und ganz. Er bildete uns zu Sanitätern aus, und wir erhielten Tauglichkeitsatteste. Mr. Laughton und

Mr. Escombe waren von dem Plan gleichfalls angetan, und so meldeten wir uns schließlich für den Frontdienst. Höflich teilte uns die Regierung mit, unsere Dienste würden derzeit nicht benötigt. Ich wollte mich damit nicht abfinden. Dr. Booth vermittelte mir ein Gespräch mit dem Bischof von Natal, zu dem er mich auch begleitete. In unserem Korps gab es viele christliche Inder. Der Bischof war von meinem Angebot sehr angetan und versprach, sich dafür einzusetzen, dass unsere Dienste angenommen würden.

Auch die Zeit arbeitete für uns. Die Buren waren von einer tapferen Entschlossenheit, die ihnen nicht zugetraut worden war, weshalb unser Einsatz schließlich nötig wurde. Die Regierung benötigte viele Rekruten.

Unser Korps war elfhundert Mann stark, angeführt von einem vierzigköpfigen Führungsstab. Ungefähr dreihundert waren freie Inder, die anderen Kontraktarbeiter. Dr. Booth war ebenfalls dabei. Das Korps bewährte sich. Obwohl wir außerhalb der Feuerlinie unsere Arbeit tun sollten und unter dem Schutz des Roten Kreuzes standen, hatten wir auch die Gelegenheit, in einem kritischen Moment Dienst in der Kampfzone zu leisten. Die eingeschränkte Verwendung des Korps war nicht auf unseren Wunsch zurückzuführen, sondern weil uns die Befehlshaber nicht im Schussbereich haben wollten. Nachdem aber die Buren bei Spion Kop zurückgeschlagen hatten, änderte sich die Lage. General Buller teilte uns mit, wir müssten das Risiko zwar nicht eingehen, die Regierung wäre jedoch dankbar, wenn wir die Verwundeten vom Schlachtfeld transportierten. Wir gingen das Risiko nur zu gern ein und arbeiteten bei Spion Kop mitten im Kriegsgeschehen. Täglich legten wir zwanzig bis fünfundzwanzig Meilen zurück, einmal sogar mit Tragen, auf denen Verwundete lagen. Wir hatten die Ehre, Männer wie General Woodgate zu transportieren.

Nach sechs Wochen Einsatz wurde das Korps aufgelöst. Nach den Niederlagen bei Spion Kop und Vaalkranz gab der britische Oberbefehlshaber den Plan auf, Ladysmith und andere Orte mit einem Sturmangriff zu befreien, und beschloss stattdessen, auf die Verstärkung aus England und Indien zu warten.

Unser bescheidener Einsatz wurde zu diesem Zeitpunkt viel gelobt, und das Ansehen der Inder stieg. Die Zeitungen veröffentlichten Lobverse mit dem Kehrreim: «*We are sons of the Empire after all.*»

General Buller würdigte die Tätigkeit des Korps in seinem Bericht, und die Dienstobersten erhielten den Kriegsorden.

Mittlerweile war die indische Gemeinschaft besser organisiert. Mein Kontakt mit den Kontraktarbeitern wurde enger. Sie wachten allmählich auf, die Erkenntnis, dass Hindus, Muslime, Tamilen, Gujaratis und Sindhis alle Inder und Kinder desselben Vaterlandes sind, verbreitete sich und schlug Wurzeln. Alle glaubten, dass sich die elenden Lebensumstände der Inder bald ändern würden. Einen Moment lang schien sich die Einstellung der Weißen spürbar gewandelt zu haben. Durch den Krieg hatte sich die Beziehung zu ihnen zum Besseren gewendet. Wir waren mit Tausenden Tommys zusammengekommen. Sie waren nett zu uns, dankbar, dass wir sie unterstützten.

Ich muss unbedingt eine schöne Erinnerung daran schildern, wie sich die menschliche Natur in Momenten der Prüfung von ihrer besten Seite zeigt. Wir marschierten nach Chievely Camp, wo Lieutenant Roberts, der Sohn von Lord Roberts, dem Oberbefehlshaber, tödlich verwundet worden war. Unser Korps hatte die Ehre, den Leichnam vom Schlachtfeld zu tragen. An diesem Tag war es sehr schwül, und wir waren alle sehr durstig. Wir kamen zu einem kleinen Bach, wo wir unseren Durst löschen konnten – aber wer sollte zuerst trinken? Wir hatten vorgeschlagen zu warten, bis die Tommys fertig waren. Aber sie wollten nicht den Anfang machen, wir sollten es tun, und so wogte eine Zeitlang der freundschaftliche Wettstreit hin und her, wer wem den Vortritt lassen würde.

11. Hygienemaßnahmen und Hilfe bei Hungersnot

Jeglicher Aspekt des Gemeinwesens, der im Argen liegt, tut mir weh. Ich fand es immer problematisch, vor den Schwachpunkten der Gemeinschaft die Augen zu verschließen oder auf ihre Rechte zu pochen, ohne ihre Missstände beheben zu wollen. Deshalb hatte ich mich, seit ich in Natal war, darum bemüht, die Gemeinschaft gegen einen nicht ganz aus der Luft gegriffenen Vorwurf zu verteidigen. Indern war häufig vorgeworfen worden, sie seien schlampig, würden ihre Häuser und ihr Umfeld nicht sauber halten. Deshalb hatten die Honoratioren der Gemeinschaft bereits begonnen, Ordnung in ihre Häuser zu bringen, aber erst als gemeldet wurde, Duran sei von der Pest bedroht, wurde jedes einzelne Haus inspiziert. Zuvor hatte man sich mit den Beamten der Stadt beratschlagt, die um Zusammenarbeit gebeten hatten. Unsere Mithilfe erleichterte ihnen die Arbeit und bewahrte uns gleichzeitig vor Unannehmlichkeiten. Wenn eine Epidemie wie die Pest ausbricht, wird die ausführende Staatsgewalt normalerweise nervös, neigt zur Überreaktion und geht gern gegen die Gruppen, die ihren Unmut erregt haben, mit eiserner Strenge vor. Dem kam die Gemeinschaft zuvor, indem sie selbst hygienische Maßnahmen ergriff.

Aber ich machte dabei bittere Erfahrungen. Wenn die Gemeinschaft in der Bringschuld war, konnte ich nicht mit der gleichen Unterstützung rechnen, wie es umgekehrt der Fall war, wenn es um die Einforderung ihrer Rechte bei der Stadtverwaltung ging. In manchen Häusern wurde ich mit Beleidigungen empfangen, in anderen mit höflicher Gleichgültigkeit. Die Leute konnten sich nicht aufraffen, ihre Umgebung sauber zu halten. Zu erwarten, dass sie Geld dafür ausgaben, war abwegig. Diese Erfahrungen verdeutlichten mir mehr denn je, dass es unendlich viel Geduld braucht, um die Menschen zur Tat zu bewegen. Der Reformer drängt auf Reformen, nicht die Gesellschaft, von der sollte er nichts als Widerstand, Abneigung oder sogar Bedrohung seines Lebens erwarten. Kann die Gesellschaft das, was der Reformer als Reform versteht, nicht auch als Rückschritt betrachten? Warum sonst bleibt die Gesellschaft so gleichgültig?

Immerhin führte die Aktion dazu, dass die indische Gemeinschaft allmählich mehr oder weniger einsah, warum es notwendig war, Haus und Umgebung sauber zu halten. Ich gewann die Achtung der Behörden, die sahen, dass ich nicht nur mit Beschwerden ankam und auf Rechte drängte, sondern genauso engagiert auf Einhaltung der Hygienestandards pochte.

Als nächster Schritt musste den indischen Siedlern jetzt begreiflich gemacht werden, dass sie dem Vaterland verpflichtet waren. Indien war arm, die indischen Siedler gingen nach Südafrika, weil sie dort auf Reichtum hofften, und es war ihre Pflicht, den Landsleuten in Notzeiten einen Teil ihres Verdienstes abzugeben. Großzügig spendeten sie für Hilfsmaßnahmen, 1899 noch mehr als 1897. Wir hatten auch die Engländer um finanzielle Unterstützung gebeten, was sie gern getan hatten. Sogar die Kontraktarbeiter trugen ihr Scherflein bei. Dieses während der Hungersnöte entstandene System existiert weiterhin, bekanntlich senden die Inder aus Südafrika bei nationalen Katastrophen verlässlich größere Beträge nach Indien.

Der Dienst an den südafrikanischen Indern lehrte mich in jeder Phase Neues. Wahrheit ist wie ein riesiger Baum, der, je besser man ihn hegt, umso mehr Früchte trägt. Und immer mehr und immer mehr, bis ins Unendliche. Je tiefer man im Stollen der Wahrheit schürft, desto mehr Möglichkeiten zu dienen finden sich.

12. Zurück nach Indien

Nach meiner Entlassung aus dem Kriegsdienst hatte ich das Gefühl, meine Arbeit liege nicht mehr in Südafrika, sondern Indien. Natürlich gab es auch in Südafrika viel zu tun, aber ich hatte Angst, der reine Gelderwerb könnte zu meiner Hauptbeschäftigung werden. Auch die Freunde daheim bestanden auf meiner Rückkehr, und wahrscheinlich konnte ich in Indien mehr bewirken. Zudem konnten Mr. Kahn und Mansukhlal Naazar die Arbeit in Südafrika übernehmen, und so bat ich meine Mitarbeiter, mich gehen zu lassen. Nach vielem Hin und Her wurde meiner Bitte stattgegeben, und zwar unter der Bedingung, dass ich nach Südafrika zurückkommen müsste, wenn mich die Gemeinschaft innerhalb des nächsten Jahres brauchen würde. Eine harte Bedingung, aber weil mich so viel Liebe mit der Gemeinschaft verband, akzeptierte ich.

> Der Herr hat mich gefesselt,
> Mit dem Baumwollfaden der Liebe,
> Ich bin sein Sklave

sang Mirabai. Auch für mich war der Baumwollfaden der Liebe, der mich an die Gemeinschaft band, unzerreißbar. Volkes Stimme ist Gottes Stimme, und in diesem Fall war die Stimme der Freunde nicht überhörbar. Ich akzeptierte die Bedingung und durfte heimreisen.

Damals hatte ich nur in Natal enge Verbindungen. Die dortigen Inder badeten mich im Nektar der Liebe. Überall wurden Abschiedsfeiern veranstaltet, und ich bekam wertvolle Geschenke überreicht.

Auch vor meiner Abreise 1896 nach Indien hatte ich Geschenke erhalten, doch diesmal war ich von den Geschenken und der Verabschiedung überwältigt. Unter den Präsenten waren natürlich Gegenstände aus Gold und Silber, aber auch solche mit teuren Diamanten.

Hatte ich das Recht, diese Geschenke anzunehmen? Wenn ich es tat, wie konnte ich dann noch sagen, dass ich der Gemeinschaft unentgeltlich diente? Alle Geschenke, mit Ausnahme weniger, die von meinen Mandanten stammten, waren für meine Dienste für die Gemeinschaft, und ich konnte schlecht einen Unterschied zwischen meinen Mitarbeitern und meinen Mandanten machen, die mich ebenfalls bei meiner öffentlichen Tätigkeit unterstützten.

Unter den Geschenken befand sich auch eine Goldkette im Wert von fünfzig Guineas, die für meine Frau war. Sogar dies hatte ich für meine öffentliche Tätigkeit erhalten, daher konnte keine Ausnahme gemacht werden.

An dem Tag, an man mir den Großteil dieser Gegenstände überreicht hatte, lag ich nachts wach, wie jemand, der den Verstand verloren hat. Aufgewühlt ging ich im Zimmer auf und ab, fand aber keine Lösung. Es war schwierig, so wertvolle Geschenke abzulehnen, sie anzunehmen, noch schwieriger.

Selbst wenn ich von diesen Geschenken unbeeindruckt bliebe, wie sollte ich meinen Kindern erklären, warum ich sie angenommen hatte? Wie meiner Frau? Sie waren zu einem Leben des Dienens erzogen worden, zu der Auffassung, dass der Dienst selbst die Belohnung ist.

Im Haus gab es keine kostspieligen Ziergegenstände. Wir hatten uns sehr rasch einen einfachen Lebensstil angewöhnt. Wie konnten wir dann goldene Uhren besitzen? Wie konnten wir Goldketten und Diamantringe tragen? Bereits damals hatte ich den Menschen sehr ernsthaft zugeredet, sie sollten ihre Schwäche für Schmuck überwinden. Was also tun mit dem Schmuck, der mir geschenkt worden war?

Ich entschied, dass ich die Sachen nicht behalten konnte, und setzte eine Verfügung auf, in der ich sie zum Treuhandvermögen der Gemeinschaft erklärte und Parsi Rustomji und einige andere zu Treuhändern bestimmte. Am Morgen beriet ich mich mit meiner Frau und den Kindern und wurde den schweren Albdruck endlich los.

Meine Frau zu überzeugen, würde bestimmt schwierig werden, im

Gegensatz zu meinen Kindern, daher machte ich sie zu meinen Anwälten.

Die Kinder stimmten meinem Vorschlag bereitwillig zu. «Wir brauchen die teuren Geschenke nicht, wir müssen sie der Gemeinschaft zurückgeben, und wenn wir je was davon brauchen, können wir es uns einfach kaufen», erklärten sie.

Ich war heilfroh. «Dann werdet ihr euch für diese Lösung bei eurer Mutter einsetzen?», wollte ich wissen.

«Klar, wir machen das», sagten sie. «Sie braucht keinen Schmuck zu tragen. Vielleicht will sie ihn für uns aufbewahren, aber wenn wir das nicht wollen, dann will sie ihn bestimmt nicht mehr behalten.»

Leichter gesagt als getan.

«Du brauchst den Schmuck vielleicht nicht, deine Söhne, die du so beschwatzt hast, dass sie nach deiner Pfeife tanzen, brauchen ihn vielleicht nicht. Ich sehe ein, dass ich ihn nicht tragen darf. Aber was ist mit meinen Schwiegertöchtern? Die brauchen ihn ganz bestimmt. Und wer weiß, was morgen ist? Man kann sich nicht von Geschenken trennen, die mit so viel Liebe überreicht wurden.»

Und so wogte die Auseinandersetzung hin und her, am Ende flossen sogar Tränen. Doch die Kinder blieben hart. Und ich ließ mich ebenfalls nicht erweichen.

«Die Kinder sind doch noch gar nicht verheiratet», wandte ich ruhig ein. «Und wir wollen nicht, dass sie jung heiraten. Wenn sie erwachsen sind, können sie für sich selbst sorgen. Und wir wollen für unsere Söhne ja wohl keine schmuckversessenen Bräute. Und wenn wir ihnen doch Schmuck geben müssen, bin ich ja da. Bitte mich dann darum.»

«Dich bitten? Inzwischen kenne ich dich. Du hast mir meinen Schmuck weggenommen, mir keine Ruhe deswegen gelassen. Und jetzt versprichst du, dass du deinen Schwiegertöchtern Schmuck kaufst, nicht zu fassen! Ausgerechnet du, der du jetzt schon aus meinen Söhnen Sadhus machen willst. Und welches Anrecht hast du überhaupt auf meine Kette?»

«Hast du die Kette für deine oder meine Dienste bekommen?», wollte ich wissen.

«Schon gut. Allerdings sind deine Dienste genauso von mir geleistet worden. Tag und Nacht habe ich mich für dich abgerackert. Fällt das nicht unter Dienste? Du hast mir die halbe Welt aufgehalst, mich für sie unter bitteren Tränen schuften lassen.»

Das waren spitze Seitenhiebe, von denen manche trafen. Aber ich war entschlossen, den Schmuck zurückzugeben, und irgendwie presste ich eine Zustimmung aus ihr heraus. Sämtliche Geschenke, die wir 1896 und 1901 bekommen hatten, gingen zurück. Ein Treuhandvertrag wurde aufgesetzt, die Geschenke wurden in einer Bank deponiert. Sie sollten nach meinen oder den Wünschen der Treuhänder für Zwecke eingesetzt werden, die der Gemeinschaft zugutekamen.

Wenn mir für öffentliche Zwecke die Mittel fehlten und ich auf das Treuhandvermögen zurückgreifen wollte, ist es mir häufig gelungen, den entsprechenden Betrag anderweitig aufzutreiben, ohne das Vermögen anzutasten. Es existiert immer noch, steht in Notzeiten zur Verfügung und hat sich tüchtig vermehrt.

Ich habe diesen Schritt nie bereut, und mit den Jahren hat auch Kasturba eingesehen, dass er weise war. Er hat uns vor vielen Versuchungen bewahrt.

Für eine öffentliche Tätigkeit sollte man keine persönlichen Geschenke annehmen.

13. Wieder in Indien

Ich fuhr also nach Hause. Einer der Häfen, in dem wir unterwegs anlegten, war Mauritius, und da das Schiff länger ankerte, ging ich an Land und machte mich mit den Verhältnissen einigermaßen vertraut. An einem Abend war ich bei Sir Charles Bruce zu Gast, dem Gouverneur der Kolonie.

Nach meiner Ankunft in Indien reiste ich einige Zeit durchs Land. Das war 1901; der Congress tagte unter dem Vorsitz von Dinshaw Wacha in Kalkutta, und ich nahm natürlich daran teil. Es war meine erste Erfahrung mit dem Congress.

Von Bombay reiste ich im selben Zug wie Sir Pherozeshah Mehta, denn ich musste mit ihm über die Lage in Südafrika reden. Sein königlicher Lebensstil war mir bekannt; er hatte sich einen eigenen Salonwagen gemietet, und ich sollte ein Stück darin mitfahren, damit wir uns unterhalten konnten. Deshalb fand ich mich am vereinbarten Bahnhof in seinem Wagen ein. Bei ihm waren Wacha und Chimanlal Setalvad; sie redeten über Politik. Sir Pherozeshah erblickte mich und sagte sofort: «Gandhi, es sieht so aus, als könnte nichts für Sie getan werden. Natürlich verabschieden wir Ihre Resolution, aber welche Rechte haben wir denn in unserem eigenen Land? Solange wir im eigenen Land keine Macht haben, darf es meiner Ansicht nach den Kolonien nicht bessergehen.»

Ich war sprachlos. Setalvad war offenbar der gleichen Meinung. Wacha warf mir einen mitleidigen Blick zu.

Ich versuchte, Sir Pherozeshah umzustimmen, aber jemand wie ich hatte beim ungekrönten König Bombays keine Chance. Ich gab mich damit zufrieden, dass ich meine Resolution einbringen durfte.

«Zeigen Sie mir doch die Resolution», wollte Wacha mich aufmuntern. Ich dankte ihm, beim nächsten Halt lief ich nach draußen und in mein eigenes Abteil.

Wir trafen in Kalkutta ein. Unter viel Pomp und Beifall wurde der Präsident vom Begrüßungskomitee zu seinem Quartier gebracht. Ich fragte einen freiwilligen Helfer, wo ich hinsolle. Er brachte mich zum Ripon College, wo etliche Delegierte untergebracht waren. Ich hatte Glück – der Lokamanya war im selben Gebäude einquartiert wie ich.

Und natürlich war der Lokamanya nie ohne seinen Darbar. Wäre ich Maler, könnte ich ihn malen, wie er auf seinem Bett saß, so lebhaft habe ich diesen Anblick immer noch vor Augen. Von den vielen Menschen, die zu ihm kamen, ist mir nur einer in Erinnerung geblieben, nämlich Babu Motilal Ghosh, der Herausgeber der *Amrita Bazar Patrika*. Ihr schallendes Gelächter und ihre Gespräche über die Vergehen der herrschenden Klasse sind mir unvergessen.

Doch ich möchte genauer auf die Verhältnisse im Quartier eingehen. Die Zusammenarbeit der Freiwilligen funktionierte nur schlecht; wenn man einen um etwas bat, delegierte er die Aufgaben an einen anderen, der seinerseits an einen dritten und so weiter. Und was die Delegierten betraf, die spielten so gut wie keine Rolle.

Ich freundete mich mit ein paar Freiwilligen an, denen ich von Südafrika erzählte, worauf sie leicht beschämt wirkten. Ich versuchte, ihnen das Geheimnis des Dienens nahzubringen. Sie schienen zu begreifen, aber Dienen lernt man nicht von heute auf morgen. Zuerst muss die Bereitschaft dazu vorhanden sein und dann die Erfahrung. An der Bereitschaft fehlte es diesen guten, einfachen jungen Männern nicht, aber sehr wohl an Erfahrung und Anleitung. Der Congress kam für drei Tage im Jahr zusammen und verschwand dann wieder in der Versenkung. Was konnte man während einer solchen Schauveranstaltung schon lernen? Und die Delegierten waren nicht besser als die Freiwilligen, sie waren ebenfalls nicht auf ihre Arbeit vorbereitet worden. Sie rührten überdies keinen Finger. «Freiwilliger, machen Sie dieses», «Freiwilliger, tun Sie jenes», lauteten ständig ihre Anweisungen.

Ich bekam einen ziemlich guten Eindruck von dem, was der Dichter Akha Bhagat «überflüssige Glieder» nennt. Das Prinzip der Unberührbarkeit war weit verbreitet. Die Küche der Tamilen befand sich ein Stück abseits. Wenn die tamilischen Delegierten aßen, war für sie schon der Anblick anderer Menschen eine Verunreinigung. Deshalb musste für sie auf dem College-Gelände eine separate, hinter Rohrgeflecht abgeschirmte Küche eingerichtet werden, die so verraucht war, dass man Erstickungsanfälle bekam. Sie war Küche, Speisesaal, Waschraum in einem – ein enger geschützter Raum ohne Abzug, der mir wie eine Karikatur von *Varnadharma* vorkam. Wenn schon unter den Congress-Delegierten die Unberührbarkeit so stark war, konnte man sich gut vorstellen, welches Ausmaß sie bei ihren Wählern hatte. Angesichts dieser Hochrechnung musste ich seufzen.

Die hygienischen Verhältnisse spotteten jeder Beschreibung. Überall Wasserlachen, es gab nur wenige Latrinen, noch heute bedrückt mich die Erinnerung an ihren Gestank. Ich wies die Freiwilligen darauf hin, die unverblümt ablehnten. «Das ist nicht unsere Aufgabe, sondern die der Latrinenputzer.» Ich fragte nach einem Besen. Verdutzt starrte der Mann mich an. Ich besorgte mir einen und reinigte die Latrine. Allerdings nur für meine Bedürfnisse, denn der Andrang auf die wenigen Latrinen war so groß, dass man sie hätte ständig säubern müssen, was außerhalb meiner Möglichkeiten lag. Deshalb musste ich mich damit zufriedengeben. Und den anderen machten Schmutz und Gestank offenbar nichts aus.

Doch das war nicht alles. Einige der Delegierten hatten keine Hemmungen, nachts die Veranda vor ihrem Zimmer zu benutzen, wenn sie ein Bedürfnis überkam. Ich machte morgens die Freiwilligen auf die Stellen aufmerksam; keiner war bereit, das Putzen zu übernehmen, und ich fand niemanden, der sich diese Ehre mit mir teilen wollte. Seitdem haben sich die Verhältnisse erheblich verbessert; allerdings gibt es auch heute noch genügend gedankenlose Delegierte, die ihren Darm auf dem Gelände des Congress entleeren, wo es ihnen passt. Und die Freiwilligen sind nicht immer bereit, ihnen hinterherzuputzen.

Wenn der Parteitag noch länger gedauert hätte, wären die Voraussetzungen für einen Epidemieausbruch durchaus gegeben gewesen.

14. Bürogehilfe und Dienstbote

Zwei Tage vor Beginn des Parteitags hatte ich beschlossen, dem Congress-Büro meine Arbeitskraft zur Verfügung zu stellen, um Erfahrung zu sammeln. Deshalb ging ich dorthin, gleich nachdem ich mich nach der Ankunft in Kalkutta gewaschen hatte.

Babu Bhupendranath Basu und Janki Nath Ghosal waren die Sekretäre des Congress. Ich bot Bhupendranath meine Dienste an. Er sah mich an. «Ich habe keine Arbeit für Sie, aber vielleicht Mr. Ghosal, gehen Sie doch bitte zu ihm.»

Also ging ich zu Mr. Ghosal, der mich lächelnd musterte. «Ich kann Ihnen lediglich Büroarbeit anbieten. Würden Sie das machen?»

«Natürlich, ich bin zu allem bereit, wenn es nicht meine Fähigkeiten übersteigt», antwortete ich.

«Das ist die richtige Einstellung, junger Mann», sagte er und wandte sich an die Freiwilligen um ihn herum. «Haben Sie gehört, was der junge Mann hier gesagt hat?»

Dann richtete er das Wort wieder an mich. «Also gut, dieser Briefstapel hier muss abgearbeitet werden. Nehmen Sie sich diesen Stuhl und fangen Sie an. Wie Sie sehen, wollen mich Hunderte Menschen treffen. Was soll ich tun? Soll ich ihnen einen Termin geben? Soll ich den Wichtigtuern antworten, die mich mit Briefen zuschütten? Das ist eine Aufgabe, die ich keinem meiner Mitarbeiter anvertrauen kann. In den meisten Briefen steht nichts Wichtiges, aber lesen Sie sie trotzdem durch. Bestätigen Sie den Eingang derer, die es wert sind, und leiten Sie die an mich weiter, die wohlüberlegt beantwortet werden müssen.»

Ich war begeistert über das Vertrauen, das er in mich setzte.

Als er mir diese Arbeit zuwies, wusste Ghosal nicht, wer ich war. Erst später erkundigte er sich nach meinen Qualifikationen.

Das Abarbeiten der Briefe war einfach und ich damit schnell fertig, worüber sich Ghosal freute. Er war ein gesprächiger Mann und konnte stundenlang erzählen. Als er etwas mehr über mich wusste, war er recht betroffen, dass er mir Büroarbeit zugewiesen hatte. «Machen Sie sich keine Gedanken», beruhigte ich ihn, «wer bin ich denn im Vergleich mit Ihnen? Sie sind ein altgedienter Streiter für den Congress und wie ein Weiser für mich. Ich bin lediglich ein unerfahrener Jungspund, der Ihnen verpflichtet ist, weil Sie ihm diese Arbeit anvertraut haben. Ich möchte nämlich für den Congress arbeiten, und Sie haben mir die seltene Möglichkeit gegeben und einen Blick hinter die Kulissen gewährt.»

«Das ist absolut die richtige Einstellung», sagte Ghosal. «Aber die jungen Männer von heute begreifen das nicht. Natürlich kenne ich den Congress, seit es ihn gibt. Ich darf sogar sagen, dass ich gemeinsam mit Mr. Hume an seiner Gründung nicht ganz unbeteiligt war.» Damit wurden wir gute Freunde, und er bestand darauf, dass wir zusammen zu Mittag aßen.

Normalerweise knöpfte ihm sein Diener sogar das Hemd zu. Ich bot mich gern für diese Aufgabe an, denn ich hatte immer große Hochachtung für Honoratioren. Nachdem ihm das klar wurde, hatte er nichts dagegen, wenn ich ihm kleine persönliche Gefallen tat, sondern freute sich darüber. Wenn er mich bat, ihm das Hemd zuzuknöpfen, sagte er hochzufrieden: «Jetzt bekommen Sie höchstpersönlich mit, dass der Sekretär des Congress vor lauter Arbeit nicht einmal Zeit hat, sich selbst das Hemd zuzuknöpfen.» Ich fand Ghosals Treuherzigkeit lustig und tat ihm diese Gefälligkeiten gern. Letztendlich waren sie für mich unendlich wertvoll.

Innerhalb weniger Tage verstand ich, wie der Congress funktionierte, und lernte den Großteil der Führungsriege kennen. Ich beobachtete, wie sich Experten wie Gokhale und Surendranath verhielten. Mir fiel – schon damals mit Bedauern – auf, welche dominante Rolle Englisch spielte und wie viel Zeit verschwendet wurde. Mehrere taten die Arbeit, die ein Einzelner gut hätte bewältigen können, und vieles Wichtige wurde ganz ignoriert.

Auch wenn ich einiges auszusetzen hatte, dachte ich nachsichtig, dass man es unter diesen Umständen wahrscheinlich nicht besser machen konnte, und war niemandem böse.

15. Auf der Versammlung des Congress

Endlich mitten im Congress. Der gewaltige Pavillon, das enorme Aufgebot der Freiwilligen und die Honoratioren auf dem Podium brachten mich aus der Fassung. Mich beschäftigte der Gedanke, wo ich inmitten dieser Riesenmenge meinen Platz finden sollte.

Die Rede des Präsidenten hatte Buchlänge – sie in Gänze vorzutragen, war ein Ding der Unmöglichkeit. Daher wurden nur einige Ausschnitte verlesen. Anschließend stand die Wahl des Fachausschusses an. Gokhale nahm mich zu den Ausschusssitzungen mit.

Zwar hatte Sir Pherozeshah zugesagt, meine Resolution zuzulassen, aber ich fragte mich, wer sie dem Ausschuss vorlegen würde und wann. Denn zu jeder Resolution gab es lange Reden, zudem auch noch in Englisch, und jede Resolution wurde von einem bekannten Mann der Führungsriege unterstützt. Ich war nur eine leise Flöte unter diesen altgedienten Trommeln, und als es allmählich Nacht wurde, bekam ich Herzklopfen. Die allerletzten Resolutionen handelte man blitzschnell ab. Jeder sehnte das Sitzungsende herbei. Es war elf Uhr abends, mir fehlte der Mut, mich zu Wort zu melden. Gokhale hatte sich meine Resolution bereits zuvor angesehen. «Bitte helfen Sie mir», flüsterte ich ihm zu. «Ich habe Sie nicht vergessen», sagte er. «Aber Sie sehen ja, wie zügig die Resolutionen abgefertigt werden. Ich werde nicht zulassen, dass man Ihre übergeht.»

«Sind wir jetzt durch?», fragte Sir Pherozeshah Mehta.

«Nein, nein, da ist immer noch die Resolution zu Südafrika», rief Gokhale. «Mr. Gandhi wartet schon lange.»

«Haben Sie sich die Resolution angesehen?», fragte Sir Pherozeshah.

«Natürlich.»

«Findet sie Ihre Zustimmung?»

«Sie ist ziemlich gut.»

«Na, dann lassen Sie hören, Gandhi.»

Zitternd verlas ich meine Resolution.

Gokhale unterstützte sie.

«Einstimmig angenommen!», rief der gesamte Ausschuss.

«Sie bekommen fünf Minuten Redezeit, Gandhi», erklärte Mr. Wacha. Dieser Ablauf gefiel mir ganz und gar nicht. Niemand hatte sich bemüht, die Resolution zu verstehen, jeder wollte so schnell wie möglich gehen, und weil Gokhale sie gelesen hatte, fanden die anderen, sie könnten sich die Lektüre sparen.

Am nächsten Morgen machte mir meine Rede Sorgen. Was sollte ich in den fünf Minuten sagen? Ich hatte mich ziemlich gut vorbereitet, aber mir fehlten die richtigen Worte. Ich wollte frei sprechen, aber die dazu nötige Lockerheit, die ich mir in Südafrika antrainiert hatte, schien abhandengekommen zu sein.

Als meine Resolution an der Reihe war, rief Mr. Wacha meinen Namen. Ich stand auf. Mir drehte sich der Kopf. Irgendwie gelang es mir, die Resolution zu verlesen. Jemand hatte unter den Delegierten ein selbstverfasstes Gedicht verteilt, ein Loblied auf die Auswanderung. Ich las das Gedicht vor und schlug den Bogen zu der schlimmen Lage der südafrikanischen Siedler. Genau in diesem Augenblick ließ Mr. Wacha die Glocke klingeln. Ich hatte doch ganz bestimmt noch keine fünf Minuten gesprochen! Ich wusste nicht, dass mir das Läuten anzeigen sollte, dass ich noch zwei Minuten Redezeit hatte. Andere hatten eine halbe oder Dreiviertelstunde lang geredet, ohne dass ihnen die Glocke dazwischengefahren war. Gekränkt setzte ich mich nach dem Klingeln sofort wieder hin. Naiv, wie ich damals war, hatte ich gemeint, das Gedicht sei eine Antwort auf Sir Pherozeshah.

Die Verabschiedung der Resolution stand nicht in Frage. Damals machte man so gut wie keinen Unterschied zwischen Delegierten und Besuchern. Die Ablehnung einer Resolution war undenkbar. Jeder hob die Hand und alle Resolutionen wurden einstimmig verabschiedet, so auch meine, weshalb sie sämtliche Bedeutung für mich verlor. Und doch begeisterte mich die bloße Tatsache, dass der Congress sie verabschiedet hatte. Das Wissen, dass ihre Billigung durch den Congress gleichbedeutend mit der Billigung des gesamten Landes war, hätte jeden begeistert.

16. Lord Curzons Darbar

Die Tagung des Congress war vorbei, aber weil ich in Zusammenhang mit Südafrika Vertreter der Handelskammer und andere Personen treffen wollte, blieb ich einen Monat lang in Kalkutta. Da ich diesmal nicht in einem Hotel unterkommen mochte, besorgte ich mir die nötige Empfehlung für ein Zimmer im India Club. Häufig stiegen prominente Inder in diesem Club ab, ich freute mich darauf, sie kennenzulernen und ihr Interesse zu wecken. Gokhale kam regelmäßig zum Billardspielen in den Club, und als er mitbekam, dass ich länger in Kalkutta blieb, lud er mich ein, bei ihm zu wohnen. Dankend nahm ich an, fand es aber nicht angemessen, wenn ich einfach so bei ihm zu Hause auftauchte. Er wartete ein, zwei Tage und holte mich höchstpersönlich ab. Als er registrierte, wie zurückhaltend ich war, meinte er: «Gandhi, Sie müssen im Land bleiben, mit möglichst vielen Menschen in Kontakt treten. Ich möchte, dass Sie für den Congress arbeiten. Da ist Ihre Zurückhaltung sehr hinderlich.»

Bevor ich von meiner Zeit bei Gokhale erzähle, möchte ich noch auf einen Vorfall eingehen, der sich im India Club ereignete. In dieser Zeit hielt Lord Curzon seinen *darbar* ab. Einige Radschas und Maharadschas, die er dazu eingeladen hatte, waren Mitglieder des India Club. Im Club trugen sie immer elegante bengalische Dhotis, Hemden und Tücher. Am *darbar*-Tag schlüpften sie in blankpolierte Stiefel, zogen Hose und langes Hemd an und setzten einen Turban auf, ein Aufzug, wie ihn eigentlich nur *khansamas*, Kellner, trugen. Das tat mir im Herzen weh, und ich fragte einen von ihnen nach dem Grund.

«Wir allein kennen unseren Schmerz. Wir allein wissen, welche Beleidigungen wir einstecken müssen, damit wir Vermögen und Titel behalten dürfen», erwiderte er.

«Aber was sollen diese *khansama*-Turbane und die blankpolierten Stiefel?», fragte ich.

«Sehen Sie einen Unterschied zwischen den *khansamas* und uns?», stellte er die Gegenfrage. «Sie sind unsere *khansamas* und wir sind Lord Curzons *khansamas*. Wenn ich der Audienz fernbleibe, müsste ich die Konsequenzen tragen. Wenn ich in meiner normalen Kleidung auftauche, würde das als Beleidigung verstanden. Glauben Sie vielleicht, ich hätte dort die Möglichkeit, mit Lord Curzon zu reden? Kein Gedanke!»

Der Mann, der so offen sprach, tat mir leid.

Da fällt mir ein anderer *darbar* ein.

Als Lord Hardinge, der britische Vizekönig, den Grundstein für die Hindu University legte, fand ein *darbar* statt. Natürlich waren Radschas und Maharadschas anwesend, aber Pandit Malaviyaji hatte auch ganz dezidiert mich eingeladen, und ich kam gern.

Mit Bedauern sah ich, dass die Maharadschas wie Frauen geschmückt waren – *paijamas* und *achkans* aus Seide, Perlenketten um den Hals, Armbänder an den Handgelenken, Perlen- und Diamantenquasten an den Turbanen, zudem hatten sie sich Schwerter mit goldenem Heft umgeschnallt.

Jemand erzählte mir, dass es sich nicht um Insignien ihrer Fürstenwürde, sondern ihrer Versklavung handele. Sie trugen diese Orden ihrer Ohnmacht allerdings nicht freiwillig, sondern waren bei solchen Anlässen dazu verpflichtet, ihren wertvollen Schmuck anzulegen. Ich bekam mit, dass einige diesen Schmuck nur äußerst widerwillig trugen und ihn nur bei Feierlichkeiten wie dem *darbar* anlegten.

Ich weiß nicht, inwieweit diese Informationen zutreffen. Doch ob sie den Schmuck nun zu anderen Gelegenheiten tragen oder nicht, es ist deprimierend genug, dass sie beim *darbar* des Vizekönigs und ähnlichen Anlässen Schmuck anlegen müssen, der normalerweise nur von Frauen getragen wird.

Reichtum, Macht und Prestige fordern dem Menschen einen hohen Tribut an Sünden und Unrecht ab!

17. Ein Monat mit Gokhale I

Vom allerersten Tag an sorgte Gokhale dafür, dass ich mich bei ihm wie zu Hause fühlte. Er behandelte mich wie einen jüngeren Bruder, erkundigte sich nach meinen Wünschen und kümmerte sich darum, dass ich alles bekam, was ich benötigte. Zum Glück hatte ich kaum Ansprüche, und weil ich mir angewöhnt hatte, das meiste selbst zu machen, brauchte ich so gut wie keine persönliche Betreuung. Diese Unabhängigkeit, dass ich meine Kleidung sauber hielt, meine Beharrlichkeit und Pünktlichkeit beeindruckten ihn tief, und er überschüttete mich häufig mit Lob.

Er ging mit allem Privaten sehr offen um, stellte mich allen wichtigen Leuten vor, die ihn besuchten. Besonders gut in Erinnerung geblieben ist mir Dr. P. C. Ray, der praktisch nebenan wohnte und sehr oft vorbeikam.

Gokhale stellte mir Dr. Ray folgendermaßen vor: «Das ist Professor Ray, der von seinen achthundert Rupien Monatsgehalt gerade einmal vierzig für sich behält und den Rest für öffentliche Zwecke spendet. Er ist unverheiratet und will es auch bleiben.»

Zwischen dem Dr. Ray von heute und dem von damals kann ich kaum einen Unterschied feststellen. Er kleidete sich fast genauso schlicht wie jetzt, mit dem Unterschied, dass er heute *khadi* trägt, während es damals wahrscheinlich Stoff aus indischen Spinnereien war, weil es seinerzeit keinen *khadi* gab. Ich konnte von den Gesprächen zwischen Gokhale und Dr. Ray nicht genug bekommen, denn sie betrafen immer das öffentliche Wohl oder waren lehrreich. Manchmal taten sie aber auch weh, nämlich wenn heftige Kritik an öffentlichen Persönlichkeiten geübt wurde. Manche, die für mich bisher aufrechte Kämpfer gewesen waren, verloren an Glanz.

Gokhale bei der Arbeit zu beobachten, war die reine Freude und zugleich eine Schulung. Er verplemperte keine einzige Minute. Alle seine persönlichen Beziehungen und Freundschaften waren zum Wohle der Öffentlichkeit. In seinen Gesprächen ging es immer nur um das Wohl des Landes, es fand sich kein Wörtchen Unreinheit, Unwahrheit oder Unaufrichtigkeit darin. Indiens Armut und Abhängigkeit beschäftigten ihn zutiefst und ohne Unterlass. Verschiedene Leute versuchten, ihn für anderes zu interessieren. Seine Antwort war stets die gleiche: «Machen Sie nur und lassen Sie mich meine Arbeit machen. Ich will Freiheit für mein Land. Wenn das erreicht ist, können wir uns anderen Dingen zuwenden. Momentan benötigt diese eine Aufgabe meine gesamte Energie und Zeit.»

Seine Verehrung für Ranade war offensichtlich. Dessen Autorität war stets ausschlaggebend, und er berief sich bei jedem Schritt auf ihn. Während ich bei Gokhale wohnte, jährte sich Ranades Geburtstag oder Todestag, den er regelmäßig beging. Neben mir waren zwei seiner Freunde anwesend, Prof. Kathavate und ein Richter, und er lud uns alle zu der Gedenkfeier ein. In seiner Rede sprach er von seinen Erinnerungen an Ranade. An dieser Stelle verglich er Ranade, Telang und Mandlik. Er lobte Telangs Sprachgewalt und Mandliks Errungenschaften als Reformer. Als Beispiel für Mandliks Engagement für seine Mandanten erzählte er die Anekdote, wie dieser, als er seinen üblichen Zug verpasst hatte, einen Sonderzug mietete, damit er rechtzeitig für seinen Mandanten vor Gericht erscheinen konnte. Ranade aber, dieses vielseitig begabte Genie, habe sie alle überragt. Nicht nur sei er ein großer Richter gewesen, sondern ein ebenso großer Historiker, Ökonom und Reformer. Obwohl

Richter, habe er mutig an Versammlungen des Congress teilgenommen, und alle hätten ein solches Vertrauen in seine Weisheit gehabt, dass seine Entscheidungen unwidersprochen akzeptiert wurden. Voller Begeisterung beschrieb Gokhale die Größe seines Meisters.

Damals besaß Gokhale eine Kutsche. Ich wusste nicht, aus welchen Gründen er das für nötig hielt. «Sie können doch genauso gut mit der Pferdebahn fahren», hielt ich ihm vor. «Oder verträgt sich das nicht mit der Würde einer führenden Persönlichkeit?»

«Sie verstehen mich also auch nicht», sagte er bekümmert, «Ich nutze meine Vergünstigungen als Parlamentsmitglied nicht aus Bequemlichkeit. Ich beneide Sie um Ihre Freiheit, Sie können jederzeit mit der Pferdebahn herumkutschieren, ich leider nicht. Wenn man so bekannt ist wie ich, ist es schwierig, ja geradezu unmöglich, die Pferdebahn zu benutzen. Es trifft keineswegs zu, dass alles, was die Führungsriege tut, aus Bequemlichkeit geschieht. Mir gefällt, wie einfach Sie leben. Ich versuche das ebenfalls, aber für einen Mann wie mich ist ein gewisser Aufwand fast unumgänglich.»

Damit hatte er einen meiner Kritikpunkte erfolgreich ausgeräumt, bei einem anderen gelang ihm das jedoch nicht.

«Aber Sie gehen nicht einmal spazieren», sagte ich. «Kein Wunder, dass Sie ständig angeschlagen sind. Lässt Ihnen Ihre Tätigkeit denn wirklich keine Zeit für körperliche Bewegung?»

«Wann soll ich denn Zeit für Spaziergänge haben, können Sie mir das sagen?», entgegnete er.

Ich hatte so große Hochachtung vor Gokhale, dass ich nie mit ihm stritt. Zwar war ich mit seiner Antwort alles andere als zufrieden, schwieg aber. Damals wie heute finde ich, egal, wie viel Arbeit sich auftürmt, man sollte immer die Zeit finden, sich zu bewegen. Fürs Essen findet sie sich ja auch. Es arbeitet sich dadurch besser, nicht schlechter.

18. Ein Monat mit Gokhale II

Während ich unter Gokhales Dach wohnte, war ich alles andere als ein Stubenhocker. Meinen christlichen Freunden in Südafrika hatte ich versprochen, dass ich in Indien christliche Inder treffen und mich über ihre Situation informieren würde. Ich hatte von Babu Kalicharan Banerji gehört und schätzte ihn sehr. Er hatte eine Führungsposition im Congress inne und ich hegte ihm gegenüber nicht die Bedenken wie beim durchschnittlichen christlichen Inder, der Abstand zum Congress hielt und sich von Hindus und Muslimen abkapselte. Ich erzählte Gokhale, dass ich vorhatte, Banerji zu treffen. «Was soll das bringen?», fragte er. «Er ist ein wirklich guter Mann, aber ich fürchte, die Begegnung wird Sie enttäuschen. Aber natürlich können Sie ihn aufsuchen, wenn Sie wollen.»

Ich bat Banerji um ein Treffen, und er stimmte bereitwillig zu. Als ich bei ihm eintraf, lag seine Frau im Sterben. Sein Haus war einfach. Bei der Congress-Versammlung hatte er Gehrock und Hose angehabt, aber jetzt war er bengalisch angezogen, *dhoti* und Hemd. Mir gefiel diese schlichte Kleidung, obwohl ich selbst damals parsisch in Gehrock und Hose gewandet war. Ich kam sofort zum Punkt und schilderte ihm meine Probleme. «Glauben Sie an die Lehre von der Erbsünde?», fragte er.

Ich bejahte.

«Der Hinduismus bietet keine Erlösung von ihr an, das Christentum schon. Der Tod ist der Lohn der Sünde, und die Bibel sagt, der einzige Weg zur Erlösung besteht darin, sich ganz in Jesu Hände zu begeben.» Vergeblich führte ich den *Bhakti-marga* (den Weg der Gottesliebe) der Bhagavad Gita an. Ich bedankte mich für seine Freundlichkeit; das Gespräch hatte mich nicht zufriedengestellt, aber ich profitierte trotzdem davon.

Während dieser Wochen streifte ich durch Kalkutta, meistens zu Fuß. Ich traf Richter Mitter und Sir Gurdas Banerji, die ich für meine Arbeit in Südafrika gewinnen wollte. Und ich lernte Radscha Sir Pyarimohan Mukarji kennen.

Kalicharan Banerji hatte mir vom Kali-Tempel erzählt, den ich unbedingt sehen wollte, auch weil ich davon gelesen hatte. Also machte ich mich eines Tages auf den Weg dorthin. Da Richter Mitter in derselben Gegend wohnte, ging ich an dem Tag zum Tempel, an dem ich ihn besuchen wollte. Unterwegs sah ich immer wieder Schafe, die Kali geopfert werden sollten. Bettler säumten die Gasse zum Tempel, darunter auch Bettelmönche. Schon damals war ich entschieden dagegen, wohlgenährten Bettlern Almosen zu geben. Eine ganze Schar von ihnen hängte sich an mich. Einer von ihnen, der auf einer Treppe hockte, sprach mich an. «Wohin gehst du, mein Sohn?» Ich gab ihm Auskunft.

Er forderte meinen Begleiter und mich auf, uns zu setzen.

«Ist dieses Tieropfer für Sie Religion?», wollte ich wissen.

«Wer sollte das Töten von Tieren als Religion betrachten?»

«Warum predigen Sie dann nicht dagegen?»

«Das ist nicht meine Aufgabe. Unsere Aufgabe ist es, Gott zu verehren.»

«Aber können Sie Gott nicht anderswo verehren?»

«Für uns sind alle Orte gleich gut. Die Menschen sind wie eine Herde Schafe, sie folgen ihren Führern überallhin. Das hat mit uns *sadhus* nichts zu tun.»

Wir setzten das Gespräch nicht fort, sondern gingen weiter zum Tempel, von dem uns ganze Blutströme entgegenkamen. Ich hielt es dort nicht aus, war bedrückt und unruhig. Ich habe diesen Anblick nie vergessen.

Am selben Abend war ich bei bengalischen Freunden zum Essen eingeladen, wo ich mich mit einem von ihnen über diese grausame Form der Anbetung unterhielt. «Wir glauben, dass die Schafe nichts spüren. Der Krach und der Lärm der Trommeln töten das Schmerzempfinden vollständig ab», sagte er.

Das ging mir nicht hinunter. Wenn Schafe reden könnten, würden sie das anders darstellen, hielt ich dagegen. Dieser grausame Brauch sollte beendet werden, fand ich und dachte an die Geschichte von Buddha. Aber mir war klar, dass diese Aufgabe meine Fähigkeiten übersteigen würde.

Meine Meinung hat sich seitdem nicht geändert. Für mich ist das Leben eines Lamms nicht weniger wertvoll als das eines Menschen. Ich würde ein Lamm nicht dem leiblichen Bedürfnis eines Menschen opfern wollen. Je hilfloser ein Geschöpf, desto mehr Anspruch hat es darauf, durch den Menschen vor der Grausamkeit des Menschen geschützt zu werden. Wer sich allerdings nicht für einen solchen Einsatz qualifiziert, kann keinen Schutz bieten. Bevor ich diese Lämmer vor solch unheiliger Opferung retten kann, muss ich mich noch weiterer Selbstreinigung und weiteren Opfern unterziehen. Mittlerweile glaube ich, dass ich mich nach Selbstreinigung und Opfern sehnen werde, bis ich sterbe. Ich bete ständig darum, dass ein großer, von heiligem Mitleid beseelter Geist, ob Mann oder Frau, geboren wird, der uns von dieser verabscheuungswürdigen Sünde erlöst, das Leben unschuldiger Geschöpfe rettet und den Tempel reinigt. Wie kann Bengalen mit all seinem Wissen, seiner Klugheit, Hingabe und seinem Idealismus dieses Abschlachten dulden?

19. Ein Monat mit Gokhale III

Das grässliche Opfer, das Kali im Namen der Religion gebracht wurde, verstärkte in mir den Wunsch, mehr über Bengalen zu erfahren. Ich hatte viel über den Brahmo Samaj gehört und gelesen, wusste einiges über das Leben von Pratap Chandra Mazumdar und war auf mehreren Versammlungen gewesen, bei denen er Reden gehalten hatte. Ich besorgte mir sein «Life of Khesav Chandra Sen», las es mit großem Interesse und verstand den Unterschied zwischen dem Sadharan Brahmo Samaj und dem Adi Brahmo Samaj. Ich lernte Pandit Shivanath Shastri kennen und ging gemeinsam mit Professor Kathavate zu Maharshi Debendranath Tagore; weil aber damals keine Gespräche mit ihm erlaubt waren, wurden wir nicht vorgelassen. Allerdings wurden wir zu einer Feier des Brahmo Samaj eingeladen, die in seinem Haus stattfand, und durften dort großartiger bengalischer Musik lauschen. Seitdem bin ich ein Verehrer der bengalischen Musik.

Nachdem ich einiges über den Brahmo Samaj erfahren hatte, musste ich natürlich unbedingt auch Swami Vivekananda kennenlernen. Also ging ich sehr beschwingt zur Belur Math, größtenteils, vielleicht auch den ganzen Weg, zu Fuß. Die Abgeschiedenheit der Tempelanlage gefiel mir. Enttäuscht und traurig erfuhr ich, dass der Swami krank in seinem Haus in Kalkutta lag und keinen Besuch empfing.

Stattdessen fand ich heraus, wo Schwester Nivedita wohnte, die ich dann in einem Haus in Chowringhee besuchte. Ich war verblüfft, von wie viel Prunk sie umgeben war, und selbst im Gespräch fanden wir kaum Gemeinsamkeiten. Ich erzählte Gokhale davon und er meinte, es wundere ihn nicht, dass es zwischen mir und einer sprunghaften Person wie ihr keine Berührungspunkte gebe.

Wir trafen uns ein zweites Mal bei Pestonji Padshah. Zufällig kam ich dazu, als sie seiner alten Mutter eine Predigt hielt, und fungierte als Dolmetscher für die beiden. Auch wenn wir in nichts übereinstimmten, musste ich doch ihre überbordende Liebe zum Hinduismus bewundern. Von ihren Büchern hörte ich erst später.

Meine Tage verbrachte ich einerseits damit, die führenden Persönlichkeiten Kalkuttas wegen der Arbeit in Südafrika zu treffen, und andererseits mit der Besichtigung und Erkundung der religiösen und öffentlichen Einrichtungen der Stadt. Einmal sprach ich auf einer Versammlung, die von Dr. Mullick geleitet wurde, über den Einsatz des indischen Sanitätskorps im Burenkrieg. Auch hier kam mir mein Kontakt zum *Englishman* zugute. Gokhale gefiel mein Vortrag und freute sich, als Dr. Ray ihn ebenfalls lobte.

Mein Aufenthalt unter Gokhales Dach machte mir die Arbeit in Bengalen sehr viel leichter, brachte mich mit den dortigen führenden Familien zusammen und legte den Grundstein für meine enge Beziehung zu dieser Region.

Ich muss vieles aus diesem unvergesslichen Monat überspringen; unter anderem ging ich auch nach Birma, wo ich die *foongis* besuchte. Die Lethargie dieser Mönche entsetzte mich. Ich besichtigte die goldene Pagode; die zahllosen kleinen Kerzen, die im Tempel brannten, gefielen mir nicht, und die Ratten, die durch das Heiligtum wuselten, ließen mich an Swami Dayanand denken, er hatte ein recht ähnliches Erlebnis gehabt. Von der Unabhängigkeit und Energie der Burmesinnen war ich begeistert, über die Trägheit der Männer empört. Während meines kurzen Aufenthaltes wurde mir klar, dass Rangun so wenig mit Birma gleichzusetzen war wie Bombay mit Indien und dass wir uns in Birma mit den englischen Kaufleuten zusammengetan haben, um die Burmesen zu unseren Kommissionären zu machen, so wie wir in Indien Kommissionäre der englischen Kaufleute geworden sind. Nach meiner Rückkehr aus Birma verabschiedete ich mich von Gokhale. Die Trennung fiel schwer, aber meine Arbeit in Bengalen oder vielmehr in Kalkutta war beendet.

Bevor ich mich endgültig niederlassen würde, hatte ich die Idee, eine kurze Rundreise mit dem Zug durch Indien zu machen, und zwar in der dritten Klasse, denn ich wollte am eigenen Leib erfahren, wie es den Reisenden dieser Klasse erging. Ich erzählte Gokhale davon. Anfänglich machte er sich über die Idee lustig, als ich ihm aber die Hintergründe erklärte, war er ganz angetan. Als Erstes wollte ich nach Benares, um die erkrankte Mrs. Besant zu besuchen.

Für die Tour in der dritten Klasse musste ich mich neu ausstatten. Gokhale höchstpersönlich schenkte mir eine Tiffin-Box aus Messing, die er mit *magas ladu,* süßen Kichererbsenbällchen, und *puris,* frittierten Weizenfladen, füllte. Für zwölf Anna kaufte ich eine Segeltuchtasche und einen langen Mantel aus Chhaya-Wolle. In die Tasche passten dieser Mantel, ein *dhoti,* ein Handtuch und ein Hemd. Zudem nahm ich eine Decke mit und einen Wasserkrug. Mit dieser Ausrüstung brach ich auf. Gokhale und Dr. Ray brachten mich zum Bahnhof. Sie brauchten sich nicht die Mühe machen, hatte ich beide gebeten, doch sie bestanden darauf. «Wären Sie erster Klasse gereist, wäre ich nicht gekommen, aber so blieb mir nichts anderes übrig», meinte Gokhale.

Niemand hinderte Gokhale am Betreten des Bahnsteigs. Er trug seinen Seidenturban, Jacke und *dhoti*; Dr. Ray war bengalisch gekleidet. Er wurde vom Bahnsteigkontrolleur aufgehalten, durfte aber passieren, nachdem Gokhale erklärt hatte, er sei sein Freund.

Von ihren guten Wünschen verabschiedet, machte ich mich auf die Reise.

20. In Benares

Die Reise ging von Kalkutta nach Rajkot, und ich wollte unterwegs in Benares, Agra, Jaipur und Palanpur unterbrechen, für weitere Orte fehlte die Zeit. In jeder Stadt blieb ich einen Tag lang und übernachtete wie jeder Pilger in einer *dharmsala* oder bei *pandas,* Priestern, einzige Ausnahme war Palanapur. Soweit ich mich erinnere, kostete mich die Reise (einschließlich Fahrkarten) nicht mehr als einunddreißig Rupien.

Als Reisender der dritten Klasse fuhr ich lieber in den normalen Zügen statt in den Postzügen, denn die waren voller und teurer.

Die Dritter-Klasse-Abteile waren damals mehr oder weniger genauso dreckig und die sanitären Einrichtungen ebenso übel wie heute. Vielleicht ist die Lage heute ein klein wenig besser, aber die unterschiedlichen Ausstattungen der ersten und der dritten Klasse stehen in keinem Verhältnis zum Preisunterschied zwischen den beiden. Die Passagiere der dritten Klasse werden wie Schafe behandelt, der gebotene Komfort ist gleichfalls schafsmäßig. Ein einziges Mal reiste ich in Europa dritter Klasse, der Erfahrung wegen, aber derartige Unterschiede sind mir dort nicht aufgefallen. In Südafrika sind die Reisenden dritter Klasse meist Schwarze, trotzdem ist die dritte Klasse dort komfortabler. Teilweise haben die Dritter-Klasse-Abteile in Südafrika Schlafmöglichkeiten, und die Sitze sind gepolstert. Es ist auch festgelegt, wie viele Reisende mitfahren dürfen, damit die Abteile nicht überfüllt sind, wohingegen hier das festgesetzte Limit so gut wie immer ignoriert wird.

Den Bahnbehörden ist es egal, ob es die Passagiere der dritten Klasse bequem haben, die Reisenden selbst sind gedankenlos und haben unhygienische Angewohnheiten, all das zusammen macht die Fahrt in der dritten Klasse für jemanden, der auf Sauberkeit Wert legt, zur Strapaze. Zu diesen unangenehmen Gewohnheiten gehört, dass der Abfall gleich auf den Abteilboden geworfen, ständig und überall geraucht, Tabak und Betel gekaut und am Sitzplatz ausgespuckt, unter Einsatz von Schimpfworten gebrüllt und herumgeschrien wird, ohne auf die Mitreisenden Rücksicht zu nehmen. Es gibt so gut wie keinen Unterschied zwischen meinen Reiseerfahrungen in der dritten Klasse von 1902 und dem Zeitraum 1915–1919, als ich ausschließlich in dieser Klasse unterwegs war.

Mir fällt nur ein Weg ein, wie diesem Grauen ein Ende gemacht werden kann: Gebildete Männer müssten in der dritten Klasse reisen und die Angewohnheiten der Leute ändern, sie müssten die Bahnbehörde unter Druck setzen, indem sie sich wenn nötig schriftlich beschweren, sich nie durch Bestechung Vorteile verschaffen und keinen Verstoß gegen die Regularien dulden, von wem auch immer.

Leider bin ich durch meine schwere Krankheit im Jahre 1918/19 seit 1920 praktisch gezwungen, meine Fahrten in der dritten Klasse aufzugeben, was mich immer bedrückt und beschämt hat, weil das ausgerechnet zu der Zeit war, als die Aktionen, die sich gegen die Zustände in der dritten Klasse richteten, allmählich Erfolg zu haben schienen. Die üblen Bedingungen für die mittellosen Bahn- und Dampfschiffpassagiere, durch ihre grässlichen Gewohnheiten zusätzlich verschlimmert, die unzulässigen Vorteile, die dem Auslandshandel durch die Regierung eingeräumt werden, und Ähnliches stellen wichtige Probleme dar, deren sich ein oder zwei findige und hartnäckige Gentlemen annehmen sollten, die sich dieser Aufgabe voll und ganz widmen können.

Aber jetzt genug von den Passagieren dritter Klasse und zu meinen Erlebnissen in Benares. Ich kam morgens an und wollte bei einem *panda* unterkommen. Kaum aus dem Zug gestiegen, war ich von Brahmanen umringt und suchte einen aus, der mir vergleichsweise sauberer und besser vorkam als die anderen. Es zeigte sich, dass ich eine gute Wahl getroffen hatte. In seinem Hof gab es eine Kuh und in seinem Haus ein oberes Stockwerk, wo ich einquartiert wurde. Ich wollte erst essen, nachdem ich das rituelle Bad im Ganges genommen hatte. Der *panda* traf die entsprechenden Vorbereitungen. Ich hatte ihm von vornherein gesagt, ich könne ihm keinesfalls mehr als eine Rupie und vier Anna als *dakshina*, als Geschenk geben, er solle das bei seinen Vorbereitungen nicht vergessen.

Bereitwillig stimmte der *panda* zu. «Mag der Pilger reich oder arm sein», meinte er, «das Ritual bleibt das gleiche. Die Höhe unseres *dakshina* hängt hingegen vom Willen und Vermögen des Pilgers ab.» Ich konnte nicht feststellen, dass der *panda* bei mir den üblichen Ablauf verkürzt hätte. Die *puja* war um zwölf Uhr mittags beendet, und ich ging zum Kashi-Vishvanath-Tempel für *darshan*. Was ich hier mitansehen musste, entsetzte mich zutiefst. Als ich 1891 in Bombay als Barrister tätig gewesen war, hatte ich die Gelegenheit gehabt, in der Prarthana Samaj Hall einen Vortrag über die «Pilgerreise nach Kashi» zu hören und war deswegen halbwegs gewappnet. Aber die Enttäuschung war größer als erwartet.

Man kam über eine enge, rutschige Gasse zum Tempel, wo an Ruhe nicht zu denken war. Die Fliegenschwärme und der Lärm, den Händler und Pilger veranstalteten, waren schlichtweg unerträglich. Wo man eine Atmosphäre der Meditation und Spiritualität erwartete, wurde man schmählich enttäuscht. Man musste sie in sich selbst finden. Ich beobachtete fromme Frauen, die ganz in Meditation versunken waren und nichts von ihrer Umwelt mitbekamen. Aber das war nicht den Tempelverantwortlichen zu verdanken, die dafür sorgen sollten, dass im und um den Tempel eine reine, schöne und gelassene Atmosphäre herrscht. Stattdessen fand ich einen Bazar vor, wo gerissene Händler Süßigkeiten und das allerneueste Spielzeug anboten.

Beim Tempeleingang empfing mich ein vor sich hin faulender und stinkender Blumenteppich. Der Boden bestand aus elegantem Marmor, in den allerdings ein Gläubiger Münzen eingelegt hatte, in denen sich nun wunderbar der Dreck festsetzte.

Ich ging zum Jnana-vapi (Brunnen der Erkenntnis), wo ich nach Gott suchte, ihn aber nicht finden konnte. Ich kochte innerlich. Auch rund um den Jnana-vapi war alles dreckig. Ich war nicht in der Stimmung, *dakshina* zu geben und spendete eine Pie. Wütend warf der *panda*, der für den Brunnen zuständig war, die Münze weg. «Für diese Beleidigung kommst du auf direktem Weg in die Hölle», verfluchte er mich.

«Hoher Herr, egal, was das Schicksal für mich bereithält», sagte ich gelassen, «jemand wie Sie sollte nicht so vulgär reden. Wenn Sie wollen, nehmen Sie diese Münze, oder Sie verlieren die auch noch.»

«Hau ab», entgegnete er, «deine Pie ist mir völlig egal.» Und er gab einen weiteren Schwall an Beleidigungen von sich.

Ich hob die Münze auf und ging, innerlich klopfte ich mir auf die Schulter, dass der Brahmane eine Pie verloren und ich eine gespart hatte. Nun war dieser hohe Herr allerdings niemand, der auf eine Pie einfach so verzichtete. «Na schön, lass die Münze hier», rief er, «ich will mal nicht so sein. Wenn ich deine Pie nicht annehme, ist das schlecht für dich.»

Ohne ein weiteres Wort gab ich ihm seufzend die Pie und ging.

Seitdem bin ich noch zweimal beim Kashi Vishvanath gewesen, aber das war, nachdem man mir den Titel «Mahatma» gegeben hatte. Ein solches Erlebnis wäre daher nicht noch einmal möglich gewesen. Leute, die unbedingt meinen *darshan* erhalten wollten, ließen es nicht zu, dass ich den *darshan* des Tempels erhielt. Nur ein Mahatma weiß um die Nöte eines Mahatma. Übrigens war es genauso schmutzig und laut wie damals.

Wer an Gottes unendlicher Güte zweifelt, sollte sich solche heiligen Stätten ansehen. Wie viel Heuchelei und Religionslosigkeit, die in Seinem heiligen Namen verbrochen werden, muss der Fürst der Yogis noch erleiden? Vor langer Zeit hat er verkündet: «Wer mich verehrt, den erhebe ich.»

Das Gesetz des Karma ist unerbittlich, und man kann ihm nicht entrinnen. Deshalb muss Gott nicht unbedingt eingreifen. Er erließ das Gesetz und wollte damit nichts mehr zu tun haben.

Nach dem Tempelbesuch wollte ich Mrs. Besants *darshan* erhalten. Ich wusste, dass sie gerade eine Krankheit hinter sich hatte. Ich ließ mich melden, und sie kam sofort. Weil ich ihr nur kurz meine Verehrung erweisen wollte, sagte ich: «Ich weiß, dass Sie noch nicht ganz gesund sind, ich wollte Ihnen nur rasch meine Verehrung erweisen. Ich bin Ihnen dankbar, dass Sie mich freundlicherweise trotz Ihres Zustands begrüßen. Ich möchte Sie nicht länger aufhalten.» Damit verabschiedete ich mich.

21. Niederlassen in Bombay?

Gokhale war sehr daran gelegen, dass ich mich in Bombay niederließ, als Barrister praktizierte und ihn bei der öffentlichen Tätigkeit unterstützte. Damals war mit öffentlicher Tätigkeit hauptsächlich Arbeit für den Congress gemeint, die Institution, die er mitbegründet hatte.

Das entsprach genau meinen Wünschen, allerdings war ich skeptisch, ob ich Arbeit als Barrister bekommen würde. Mir waren meine früheren Niederlagen noch allzu gut in Erinnerung, und ich scheute mich immer noch davor, durch Schmeichelei Mandate zu ergattern.

Deshalb wollte ich meine Anwaltstätigkeit zunächst in Rajkot aufnehmen, wo Kevalram Mavji Dave lebte, mein alter Gönner, der mich zum England-Aufenthalt überredet hatte. Er übertrug mir gleich drei Rechtsangelegenheiten, darunter zwei Berufungen an den Rechtsbeauftragten des Regierungsvertreters in Kathiawad sowie ein erstinstanzlicher Fall in Jamnagar, der ziemlich wichtig war. Ich war nicht sicher, ob ich dieses Risiko auf mich nehmen sollte. «Sollte der Fall nicht gewonnen werden, haben wir ihn gemeinsam verloren, in Ordnung?», rief Kevalram Dave. «Sie geben einfach Ihr Bestes, und ich unterstütze Sie selbstverständlich.»

Der Anwalt der Gegenseite hieß Samarth. Ich war ziemlich gut vorbereitet. Nicht dass ich mich im indischen Recht gut ausgekannt hätte, aber Kevalram Dave hatte mich äußerst gründlich instruiert. Bevor ich nach Südafrika gegangen war, hatte ich Freunde sagen hören, Sir Pherozeshah Mehta beherrsche das Beweisrecht aus dem Effeff, das sei das Geheimnis seines Erfolgs. Das hatte ich mir gemerkt und während der Reise das indische Beweisrecht samt Kommentaren durchgearbeitet. Meine juristische Erfahrung in Südafrika kam mir natürlich ebenfalls zugute.

Ich gewann den Fall und damit mehr Selbstvertrauen. Die Berufungen machten mir keine Sorgen; sie waren erfolgreich. Allmählich begann ich zu hoffen, dass ich sogar in Bombay nicht untergehen würde.

Bevor ich darauf eingehe, warum ich mich für Bombay entschied, möchte ich meine Erfahrungen mit rücksichtslosen und ignoranten englischen Beamten schildern. Der Rechtsbeauftragte hatte keinen festen Gerichtssitz, sondern zog durchs Land, und die Vakils und ihre Mandanten mussten ihm dorthin folgen, wo er Gericht hielt. Die Vakils berechneten mehr, wenn sie die Hauptverwaltung verlassen mussten, daher entstanden den Mandanten doppelt so hohe Kosten. Dem Rechtsbeauftragten war das egal.

Die fragliche Berufung sollte in Veraval verhandelt werden, wo die Pest wütete. Täglich gab es bis zu fünfzig Pestfälle an diesem Ort mit seinen fünfeinhalbtausend Einwohnern. Er war praktisch ausgestorben, und ich kam in einer verlassenen *dharmsala* unter, die außerhalb lag. Aber wo sollten die Mandanten absteigen? Wenn sie arm waren, konnten sie nur auf Gottes Gnade vertrauen.

Einige Vakil-Freunde, deren Fälle ebenfalls verhandelt werden sollten, baten mich telegrafisch, ich solle den Antrag stellen, das Gericht müsse wegen der Pest in Veraval anderswo tagen. «Haben Sie Angst?», wollte der Sahib wissen, als ich den Antrag einreichte.

«Es geht nicht darum, ob ich Angst habe, ich komme schon zurecht, aber was ist mit den Mandanten?»

«Die Pest ist in Indien mittlerweile ein Dauerzustand», entgegnete der Sahib. «Weshalb sollte man Angst davor haben? Das Klima in Veraval ist herrlich. (Der Sahib wohnte in einem herrschaftlichen Zelt, das weit weg von der Stadt an der Küste aufgeschlagen worden war.) Die Menschen werden notgedrungen lernen müssen, im Freien zu leben.»

Gegen diese Philosophie Einwände vorzubringen, war sinnlos. Seinen *shirastedar* wies er an: «Notieren Sie Mr. Gandhis Anmerkungen und lassen Sie mich wissen, ob es den Vakils und den Mandanten große Unannehmlichkeiten bereitet.»

Der Sahib hatte getan, was nach seiner ehrlichen Überzeugung das Richtige war. Woher sollte er auch wissen, wie hart das Leben der Armen war? Woher sollte er über die Bedürfnisse, Gewohnheiten, Eigenheiten und Gebräuche Bescheid wissen? Wie sollte jemand, der es gewohnt ist, alles in Goldsovereigns zu beziffern, plötzlich mit kleinsten Kupfermünzen rechnen? So wie der Elefant trotz aller Bemühungen unfähig ist, sich in eine Ameise hineinzuversetzen, so unfähig ist der Engländer, wie ein Inder zu denken oder Gesetze für ihn zu erlassen.

Um wieder den Erzählfaden aufzunehmen: Trotz meiner Erfolge hatte ich mit dem Gedanken gespielt, länger in Rajkot zu bleiben, als eines Tages Kevalram Dave zu mir kam. «Gandhi, wir dürfen Sie hier nicht festhalten. Sie müssen sich in Bombay niederlassen.»

«Aber selbst der Geringste unter den Geringen wird mir keine Arbeit geben», wandte ich ein. «Wollen Sie für die Kosten aufkommen?»

«Ja, genau», sagte er. «Hin und wieder lassen wir Sie als großen Barrister hierherkommen, und Unterlagen für Vertragsentwürfe und Ähnliches schicken wir Ihnen auch. Wir Vakils haben die Macht, einen Barrister erfolgreich zu machen oder zu ruinieren. Sie haben in Jamnager und Veraval bewiesen, was Sie können, deshalb mache ich mir absolut keine Sorgen um Sie. Sie sind dazu bestimmt, in und für die Öffentlichkeit zu arbeiten, wir werden es nicht zulassen, dass Sie in Kathiawad versauern. Also sagen Sie mir, wann Sie nach Bombay gehen.»

«Ich erwarte Geld aus Natal, sobald es da ist, reise ich ab», antwortete ich.

Ungefähr zwei Wochen später war das Geld da, und ich ging nach Bombay. Ich kam in der Kanzlei von Payne, Gilbert & Sayani unter, und es sah ganz so aus, als hätte ich mich hier ernstlich niedergelassen.

22. Glaube auf dem Prüfstand

Obwohl ich Kanzleiräume im Fort und ein Haus in Girgaum gemietet hatte, wollte Gott nicht, dass ich zur Ruhe kam. Kaum war ich ins neue Haus gezogen, als Manilal, mein Zweitgeborener, der vor Jahren schon die Pocken gehabt hatte, schwer an Typhus erkrankte. Hinzu kamen noch eine Lungenentzündung und nächtliche Delirien.

Wir riefen den Arzt, einen sehr freundlichen Parsen, der meinte, Medikamente seien nahezu zwecklos, aber Eier und Hühnerbrühe könnten helfen.

Manilal war erst zehn Jahre, es kam nicht in Frage, ihn nach seiner Meinung zu fragen, als sein Erziehungsberechtigter musste ich entscheiden. Ich erklärte dem Arzt, wir seien alle Vegetarier, weshalb ich meinem Sohn beides nicht geben könne. Was er stattdessen empfehle.

«Ihr Sohn schwebt in Lebensgefahr», sagte der gute Doktor, «wir könnten ihm mit Wasser verdünnte Milch geben, was aber nicht kräftigend genug ist. Wie Sie wissen, werde ich zu vielen Hindu-Familien gerufen, und noch nie wurde meine Behandlung abgelehnt. Ich rate Ihnen sehr, bei Ihrem Sohn nicht so rigide zu sein.»

«Was Sie sagen, ist völlig richtig», sagte ich, «als Arzt müssen Sie das sagen. Aber ich trage eine große Verantwortung. Wäre mein Sohn erwachsen, hätte ich natürlich herauszufinden versucht, was er will, und mich danach gerichtet. Aber so muss ich für das Kind entscheiden. Meiner Meinung nach wird unser Glaube erst in solchen Fällen wirklich auf die Probe gestellt. Ob richtig oder falsch, es gehört zu meiner religiösen Überzeugung, dass der Mensch Fleisch, Eier und dergleichen nicht essen darf. Selbst wenn es um die Erhaltung des Lebens geht, sollte es Grenzen geben. Gewisse Dinge sollten wir selbst dann nicht tun, wenn es um unser Leben geht. Religion, wie ich sie begreife, verbietet mir und meiner Familie selbst in solchen Krisen, Fleisch und dergleichen zu essen. Deshalb muss ich dieses von Ihnen diagnostizierte Risiko eingehen. Um eines möchte ich Sie jedoch bitten – da ich Ihre Behandlung ablehnen muss, würde ich es gerne mit einer Wasserheilkur versuchen, die ich zufällig kenne. Ich weiß aber nicht, wie man den Puls des Jungen misst, seine Brust, seine Lungen abhört etc. Wenn Sie freundlicherweise gelegentlich vorbeischauen könnten, um ihn zu untersuchen, und mich über seinen Zustand informieren, wäre ich Ihnen dankbar.»

Der gute Doktor, der mein Dilemma begriff, willigte ein. Auch wenn Manilal die Entscheidung nicht selbst hatte treffen können, erklärte ich ihm, was der Arzt und ich besprochen hatten, und fragte ihn nach seiner Meinung.

«Versuch deine Wasserkur», sagte er, «ich will keine Eier und auch keine Hühnerbrühe.»

Das freute mich, obwohl mir klar war, er hätte beides gegessen, wenn ich es ihm gegeben hätte.

Ich hatte Louis Kuhnes Behandlung schon einmal ausprobiert. Auch Fasten konnte durchaus unterstützend wirken. Daher bekam Manilal Sitzbäder, wie sie Kuhne empfahl, wobei ich ihn nie länger als drei Minuten in der Wanne ließ. Zudem bekam er drei Tage lang nur mit Wasser verdünnten Orangensaft.

Doch das Fieber sank nicht, sondern stieg auf 40 °C. Nachts delirierte er. Allmählich wurde ich besorgt. Was würden die Leute sagen, wenn das Kind mir starb? Was mein älterer Bruder denken? Sollten wir nicht lieber einen anderen Arzt hinzuziehen? Vielleicht einen ayurvedischen Doktor? Mit welchem Recht zwangen Eltern ihren Kindern ihr Halbwissen auf?

Glaube auf dem Prüfstand 247

Von solchen Fragen geplagt, wanderten meine Gedanken in die entgegengesetzte Richtung. Bestimmt war es für Gott in Ordnung, wenn ich meinem Sohn die Behandlung verordnete, die ich mir an seiner Stelle ebenfalls verordnet hätte. Ich hatte Vertrauen in die Hydrotherapie und wenig in die Allopathie. Die Ärzte hatten nicht die Gabe, Leben zu schenken, sie konnten bestenfalls herumexperimentieren. Gottes Hand hielt den Lebensfaden. In Seinem Namen und im Vertrauen auf Ihn bleibe deinem Weg treu.

Ich war hin und her gerissen. Es war Nacht und ich lag neben Manilal im Bett. Ich beschloss, ihm einen kalten Umschlag zu machen. Ich stand auf, machte ein Leintuch nass, wrang es aus und wickelte Manilal darin ein, so dass nur noch der Kopf herausschaute. Dann breitete ich zwei Decken über ihn. Auf seinen Kopf legte ich ein feuchtes Handtuch. Sein ganzer ausgetrockneter Körper glühte wie heißes Eisen. Er schwitzte überhaupt nicht.

Ich war todmüde. Meine Frau löste mich bei der Krankenwache ab, und ich machte einen Spaziergang auf der Chowpatty-Promenade, um den Kopf frei zu bekommen. Es war ungefähr zehn Uhr. Nur wenige Fußgänger waren unterwegs, die ich, ganz in Gedanken versunken, kaum wahrnahm. «Meine Ehre liegt in Deiner Hand, o Herr, in dieser Stunde der Prüfung», wiederholte ich immer wieder. Das Ramanama war auf meinen Lippen. Kurz darauf kehrte ich mit klopfendem Herzen um.

Kaum hatte ich das Zimmer betreten, sagte Manilal: «Du bist wieder da, Bapu?»

«Ja, Bhai.»

«Bitte nimm das alles weg. Ich glühe.»

«Schwitzt du, mein Junge?»

«Ich bin ganz nass. Bitte hol mich da raus.»

Ich legte ihm die Hand auf die Stirn, die mit Schweißperlen bedeckt war. Das Fieber sank, und ich dankte Gott.

«Manilal, bald hast du kein Fieber mehr. Willst du nicht noch ein klein wenig länger schwitzen?»

«Nein, nein. Hol mich aus diesem Backofen raus. Wenn es sein muss, wickel mich später noch mal ein.»

Ich konnte ihn ablenken und die Schwitzkur ein paar Minuten verlängern. Ihm lief der Schweiß nur so von der Stirn. Ich entfernte die Tücher und trocknete ihn ab. Vater und Sohn fielen im selben Bett in den Schlaf.

Beide schliefen tief und lang. Am nächsten Morgen war das Fieber ziemlich gesunken. Auch in den nächsten vierzig Tagen wurde er ausschließlich mit verdünnter Milch und Obstsaft ernährt. Ich hatte keine Angst mehr. Zwar zeigte sich das Fieber hartnäckig, war aber unter Kontrolle.

Heute ist keiner meiner Söhne so gesund wie Manilal. Wer kann sagen, ob sich seine Genesung Gottes Gnade, der Wasserheilkunde oder dem besonderen Diätplan und der aufmerksamen Pflege verdankt? Das soll jeder nach seinem Glauben entscheiden. Ich jedenfalls war und bin bis heute sicher, dass meine Ehre von Gott gerettet wurde.

23. Erneut nach Südafrika

Manilal war wieder gesund, aber das Haus in Girgaum stellte sich als unbewohnbar heraus; es war feucht und düster. Also beschloss ich nach kurzer Beratung mit Shri Revashankar Jagjivan, einen luftigen Bungalow in einem Bombayer Vorort zu mieten, und durchstreifte Bandra und Santa Cruz. Gegen Bandra sprach das dortige Schlachthaus. Ghatkopar und seine Umgebung lagen zu weit vom Meer entfernt. Schließlich stießen wir auf einen schönen Bungalow in Santa Cruz, den wir mieteten, weil er unter hygienischen Gesichtspunkten die beste Wahl war.

Ich kaufte mir eine Zeitkarte erster Klasse von Santa Cruz nach Churchgate und war häufig ein klein wenig stolz, weil ich der einzige Fahrgast in meinem Abteil war. Oft ging ich zu Fuß nach Bandra, um von dort den Schnellzug direkt nach Churchgate zu nehmen.

Beruflich lief es besser als erwartet. Meine südafrikanischen Mandanten betrauten mich mit genug Arbeit, dass es für den Lebensunterhalt reichte.

Bisher hatte ich noch keine Arbeit am High Court bekommen, besuchte aber die *moots*, bei denen fiktive Fälle durchgespielt wurden, auch wenn ich mich nie getraute, mitzumachen. Wie andere Barrister-Frischlinge legte ich großen Wert darauf, bei Verhandlungen des High Court anwesend zu sein, betrüblicherweise eher um ein Nickerchen in der einschläfernden Brise zu halten, die vom Meer her wehte, als um meinen

Wissensschatz zu vergrößern. Ich kann nicht behaupten, dass ich dort etwas gelernt hätte, dazu waren meine Vorkenntnisse zu gering. Oft konnte ich den Verhandlungen nicht folgen und döste ein. Anderen ging es ähnlich, deshalb war ich nicht ganz so beschämt. Nach einiger Zeit kam ich gar zu der unverfrorenen Auffassung, ein Nickerchen im High Court sei modern.

Immerhin nutzte ich aber nach und nach die Bibliothek des High Court, machte neue Bekanntschaften und hatte das Gefühl, nicht mehr lange und ich würde am High Court arbeiten.

Während ich mich beruflich allmählich sicherer fühlte, schmiedete Gokhale, der mich immer im Auge behielt, seinerseits eifrig Pläne für mich. Zwei-, dreimal wöchentlich kam er in meiner Kanzlei vorbei, brachte oft Freunde mit, die er mir vorstellen wollte, und hielt mich über seine Arbeit auf dem Laufenden.

Doch man kann sagen, Gott hat nie zugelassen, dass einer meiner Pläne in die Tat umgesetzt wurde. Er hat sie auf die Ihm eigene Weise durchkreuzt.

Gerade als ich mich fast schon in Bombay eingelebt hatte, erhielt ich unerwartet ein Telegramm aus Südafrika: «Chamberlain hier erwartet. Bitte sofort kommen.» Mir fiel mein Versprechen ein, und ich kabelte zurück, sobald man mir Geld schicke, sei ich auf dem Weg. Was prompt geschah; ich gab meine Kanzleiräume auf und machte mich nach Südafrika auf.

Ich ahnte, dass mich die Arbeit dort mindestens ein Jahr lang festhalten würde, und weil es mir sinnvoll erschien, dass Frau und Kinder in Indien blieben, behielt ich den Bungalow in Santa Cruz.

Damals fand ich, unternehmungslustige junge Menschen, die in ihrem Heimatland keine Möglichkeiten sahen, sollten auswandern, und nahm vier oder fünf solche jungen Männer mit. Einer davon war Maganlal Gandhi.

Die Gandhis waren und sind eine große Familie. Mir war es ein Anliegen, diejenigen Mitglieder, die unabhängig sein wollten, in diesem Wunsch zu bestärken. Mein Vater hatte einige im Staatsdienst untergebracht – von diesem Bann wollte ich sie befreien. Ich konnte und wollte ihnen keine Anstellung verschaffen; ich wollte, dass sie selbständig wurden.

Als meine Ideale konkreter wurden, versuchte ich die Jugendlichen von diesen zu überzeugen. Den größten Erfolg hatte ich bei Maganlal Gandhi.

Mich von Frau und Kindern zu trennen, ein sorgfältig gebautes Nest zu verlassen, die Gewissheit gegen die Ungewissheit einzutauschen – das schmerzte vorübergehend, aber ich hatte mich an ein Leben in Ungewissheit gewöhnt. Man sollte in einer Welt, in der alles ungewiss ist außer Gott, der die Wahrheit ist, keine Gewissheiten erwarten. Alles, was mit und um uns geschieht, ist ungewiss, ist vergänglich. In allem aber ist ein Höchstes Wesen als Gewissheit verborgen, und wenn man einen Blick darauf werfen, daran glauben könnte, nur dann hätte das Leben eine Bedeutung. Das Streben danach ist die höchste Berufung.

Ich traf keinen Tag zu früh in Durban ein, wo die Arbeit auf mich wartete; der Termin, an dem Mr. Chamberlain die Abordnung empfangen sollte, war schon festgelegt worden. Ich musste das Memorandum, das ihm überreicht werden sollte, aufsetzen und die Abordnung begleiten.

VIERTER TEIL

1. «Verlorene Liebesmüh»?

Mr. Chamberlain war gekommen, weil er von Südafrika fünfunddreißig Millionen Pfund bekommen sowie die Herzen der Engländer und, wenn möglich, auch der Buren gewinnen wollte. Daher zeigte er der indischen Abordnung die kalte Schulter.

«Sie wissen, dass die Regierung des Empire in den selbstverwalteten Kolonien nur nominelle Macht besitzt. Ihre Beschwerden kommen mir fundiert vor. Ich werde tun, was ich kann, doch Sie müssen die Europäer so gut wie möglich beschwichtigen, wenn Sie unter ihnen leben wollen.»

Die Mitglieder der Abordnung waren ernüchtert, auch ich war enttäuscht. Seine Antwort hatte uns allen die Augen geöffnet, und mir dämmerte, dass wir wieder bei null anfangen mussten. Ich erklärte meinen Mitstreitern die Situation.

War Mr. Chamberlains Antwort falsch? Es war richtig, dass er kein Blatt vor den Mund nahm. Er hatte uns einigermaßen behutsam das Gesetz des Schwertes klargemacht. Ein Schwert hatten wir jedoch nicht, ja fast nicht einmal den Mut und die Muskelkraft, Schwerthiebe auszuhalten.

Mr. Chamberlain sollte nur wenige Wochen bleiben. Südafrika ist alles andere als ein kleines Gebiet, es ist ein Land, ein Kontinent. Afrika besteht aus vielen Subkontinenten. Wenn es von Srinagar nach Kap Komorin neunzehnhundert Meilen sind, dann von Durban nach Kapstadt nicht weniger als elfhundert, und Mr. Chamberlain musste diese Strecke in Windeseile zurücklegen.

Er eilte von Natal in den Transvaal, wo ich ebenfalls die Eingabe der Inder vorbereiten und ihm überreichen musste. Aber wie sollte ich nach Pretoria kommen? Unsere Leute waren nicht in der Lage, die notwendigen rechtlichen Voraussetzungen für ein rechtzeitiges Eintreffen meinerseits zu schaffen. Der Krieg hatte aus dem Transvaal ein nahezu unbewohnbares Gebiet gemacht. Es gab weder Nahrungsmittel noch Kleidung. Die Läden waren leer oder geschlossen, warteten auf Waren oder Neueröffnung, aber das würde dauern. Sogar diejenigen, die aus ihrer Heimat geflohen waren, durften erst zurückkehren, wenn wieder Lebensmittel verkauft wurden. Deshalb musste sich jeder Transvaaler einen Passierschein besorgen. Für die Europäer stellte das kein Problem dar, für die Inder sehr wohl.

Während des Krieges waren viele Offiziere und Soldaten aus Indien und Ceylon nach Südafrika versetzt worden. Die britischen Behörden wurden nun gewissermaßen in die Pflicht genommen, sich um diejenigen aus ihren Reihen zu kümmern, die sich hier niederlassen wollten. Sie mussten ohnehin neue Beamte ernennen, da kamen ihnen diese erfahrenen Männer gerade recht. Man schaltete rasch und kreierte findig eine neue Behörde, die für die Schwarzen zuständig war. Warum sollte es dann nicht auch eine geben, die sich um die Asiaten kümmerte? Das schien ziemlich einleuchtend. Als ich in den Transvaal kam, war diese neue Behörde bereits eingerichtet und warf ihr Netz aus. Die Beamten, die den zurückkehrenden Flüchtlingen die Passierscheine ausstellten, hätten dies durchaus für alle Personen tun können, aber wie mit den Asiaten verfahren, ohne dass sich das neue Amt einmischte? Würden die Passagierscheine auf Empfehlung des neuen Amts ausgestellt, so würde den Beamten Verantwortung und teilweise auch Arbeit abgenommen, lautete die Argumentation. In Wirklichkeit aber musste die Funktion der neuen Behörde legitimiert werden, und die Mitarbeiter wollten ein Gehalt. Ohne Funktion wäre diese Behörde überflüssig gewesen und geschlossen worden, also erfanden die Beamten kurzerhand eine Aufgabe für sich.

Die Inder mussten ihre Anträge bei diesem Amt stellen; mit der Antwort ließ man sich sehr lange Zeit. Da viele in den Transvaal zurück wollten, stand bald ein ganzes Heer von Mittelsmännern und Schwarzhändlern parat, das gemeinsam mit den Beamten aus den armen Indern Tausende herauspresste. Einen Passierschein könne man nur mit Beziehungen bekommen, und selbst dann müssten manchmal bis zu hundert Pfund gezahlt werden, sagte man mir. Damit schien mir der Weg versperrt. Ich ging zu meinem alten Freund, dem Polizeichef von Durban. «Stellen Sie mich dem zuständigen Beamten vor, damit ich einen Passierschein bekomme», bat ich. «Wie Sie wissen, habe ich im Transvaal gewohnt.» Sofort setzte er sich den Hut auf, ging los und besorgte mir den Passierschein – knapp eine Stunde, bevor mein Zug abfuhr. Ich hatte mein Gepäck schon gepackt, bedankte mich bei Mr. Alexander und reiste nach Pretoria.

Mir war ungefähr klar, welche Probleme gelöst werden mussten. Gleich nach meiner Ankunft in Pretoria setzte ich das Memorandum auf. Soweit ich weiß, hatten in Durban die Inder nicht schon vorab die Namen ihrer Vertreter nennen müssen, doch hier gab es diese neue Behörde, die das verlangte. Die Inder in Pretoria hatten bereits mitbekommen, dass die Beamten mich ausschließen wollten.

Für diesen schmerzlichen, aber auch unterhaltsamen Zwischenfall ist allerdings ein neues Kapitel nötig.

2. Autokraten aus Asien

Den leitenden Beamten der neuen Behörde war es ein Rätsel, wie ich in den Transvaal hineingekommen war. Sie befragten die Inder, die zu ihnen kamen, doch diese wussten nichts Genaues. Die Beamten wagten die Vermutung, dass es mir womöglich aufgrund meiner alten Beziehungen gelungen war, ohne Passierschein einzureisen. Wenn dem so war, konnte man mich verhaften!

Nach Beendigung eines großen Krieges wird die amtierende Regierung normalerweise vorübergehend mit Sonderbefugnissen ausgestattet, so auch in Südafrika. Zur Wahrung des Friedens hatte die Regierung eine Verordnung erlassen, die unter anderem vorsah, dass man jeden, der ohne Genehmigung in den Transvaal einreiste, verhaftete. Es war diskutiert worden, ob man mich auf Grundlage dieser Verordnung festnehmen sollte, doch niemand brachte den Mut auf, mich nach meinem Passierschein zu fragen.

Natürlich hatten die Beamten nach Durban telegrafiert und erfuhren enttäuscht, dass ich mit einem Passierschein eingereist war, gaben sich aber nicht so schnell geschlagen. Ich war zwar in den Transvaal hineingekommen, aber sie konnten mich immer noch daran hindern, zu Mr. Chamberlain vorzudringen.

Daher wurde die indische Gemeinschaft aufgefordert, die Namen der Vertreter zu nennen, aus denen die Abordnung bestehen würde. Rassismus war natürlich in ganz Südafrika präsent; wie in Indien schlug mir der Gestank von Hinterhältigkeit und Korruption entgegen. In Südafrika dienten Behörden dem Wohl der Bevölkerung und mussten sich vor der Öffentlichkeit verantworten. Also gaben sich die zuständigen Beamten einigermaßen höflich und bescheiden, wovon auch die Menschen mit schwarzer und gelber Hautfarbe halbwegs profitierten. Mit den Beamten aus Asien hielten auch die dortige Autokratie, ihre Intrigen und ihre sonstige Verkommenheit Einzug. In Südafrika gab es so etwas wie eine verantwortliche Regierung oder Demokratie, der asiatische Import hingegen war reinste Autokratie, denn in Asien hatte das Volk keine Macht, es gab nur Macht über das Volk. Die Europäer in Südafrika waren Emigranten, die sich hier dauerhaft niedergelassen hatten, sie waren südafrikanische Bürger geworden und bestimmten über die Beamten in den Behörden. Doch dann tauchten die Autokraten aus Asien auf, und die Inder wurden zwischen ihnen wie eine Betelnuss zwischen den Schenkeln eines Nussknackers zerquetscht.

Ich bekam einen Vorgeschmack dieser Autokratie, als ich vom Amtsleiter, einem Beamten aus Ceylon, vorgeladen wurde. Damit es nicht so aussieht, als würde ich übertreiben, wenn ich sage, der Leiter ließ mich «vorladen», erkläre ich das kurz. Ich bekam keine schriftliche Aufforderung; die Führungsriege der indischen Gemeinschaft, darunter auch Sheth Tyeb Haji Khan Muhammad, musste häufig das Asiatic Department aufsuchen. Der Amtsleiter befragte ihn, wer ich sei und weshalb ich hier sei.

«Er ist unser Berater», erklärte Tyeb Sheth, «und ist hier, weil wir ihn darum gebeten haben.»

«Und wozu sind dann wir da? Ist unser Amt nicht eingerichtet worden, um Sie zu beschützen? Was weiß denn Gandhi schon von den Verhältnissen hier?», fragte der Sahib.

Tyeb Sheth parierte den Angriff, so gut er konnte. «Natürlich gibt es Sie, aber Gandhi ist einer von uns, er spricht unsere Sprache und versteht uns. Sie sind schließlich alle Beamte.»

Der Sahib wies Tyeb Sheth an, mich zu holen. Ich ging mit Tyeb Sheth und einigen anderen zu ihm. Man bot uns keinen Sitzplatz an, sondern ließ uns stehen.

«Was führt Sie hierher?», wandte sich der Sahib an mich.

«Ich bin hier, weil mich meine Landsleute um Rat gebeten haben», erwiderte ich.

«Wissen Sie denn nicht, dass Sie gar nicht das Recht haben, hierherzukommen? Ihr Passierschein wurde irrtümlich ausgestellt. Sie gelten nicht als hier ansässiger Inder und müssen deshalb abreisen. Sie werden Mr. Chamberlain nicht aufsuchen. Das Asiatic Department wurde eigens zum Schutz der hier ansässigen Inder eingerichtet. Sie können jetzt gehen.» Damit verabschiedete er mich, ohne dass ich hätte antworten können.

Meine Begleiter hielt er allerdings zurück, putzte sie herunter und gab ihnen den Rat, mich wegzuschicken. Sie kamen verbittert heraus. Wir waren in eine unvorhergesehene Lage geraten.

3. Die bittere Pille schlucken

Diese Beleidigung nagte an mir, auch wenn ich daran gewöhnt war, denn ich hatte schon viele einstecken müssen. Daher beschloss ich, diese zu vergessen und das zu tun, was nach nüchterner Betrachtung der Situation sinnvoll schien.

In dem Schreiben, das wir vom Leiter des Asiatic Department erhielten, wurde uns mitgeteilt, mein Name sei von der Liste der Delegierten, die bei Mr. Chamberlain vorsprechen sollten, gestrichen worden, schließlich habe ich ihn ja bereits in Durban aufgesucht. Der Brief brachte für meine Mitstreiter das Fass zum Überlaufen. Sie schlugen vor, den Plan einer Abordnung ganz fallen zu lassen. Ich verwies auf die schwierige Lage der Gemeinschaft.

«Wenn Sie Mr. Chamberlain Ihr Anliegen nicht vortragen», meinte ich, «wird man annehmen, dass Ihre Situation gar nicht so dramatisch ist. Die Erklärung muss schriftlich vorliegen, und sie ist ja bereits fertig. Es ist völlig egal, ob ich oder jemand anders sie vorträgt, Mr. Chamberlain wird ohnehin nicht mit uns darüber diskutieren. Wir müssen die Beleidigung wohl leider einstecken.»

Kaum hatte ich ausgeredet, da rief Tyeb Sheth: «Wenn Sie beleidigt werden, wird dann nicht unsere ganze Gemeinschaft beleidigt? Wie könnten wir vergessen, dass Sie uns repräsentieren?»

«Nur zu wahr», sagte ich, «aber sogar die Gemeinschaft muss derartige Beleidigungen einstecken. Oder haben wir eine Alternative?»

«Komme was da wolle, warum sollten wir eine weitere Beleidigung hinnehmen?», meinte Tyeb Sheth. «Was soll uns denn noch Schlimmes passieren? Wir haben ohnehin kaum Rechte zu verlieren.»

Mir gefiel diese temperamentvolle Antwort, auch wenn mir der beschränkte Spielraum der Gemeinschaft sehr wohl bewusst war. Ich beruhigte meine Freunde und schlug vor, George Godfrey, ein indischer Barrister, solle mich vertreten.

Also wurde Mr. Godfrey der Sprecher der Abordnung. Bei seiner Antwort ging Mr. Chamberlain indirekt auf meinen Ausschluss ein. «Ist es nicht besser, eine neue Stimme zu hören statt immer denselben Beauftragten?», versuchte er die Wunde zu heilen. Doch damit war die Sache ganz und gar nicht abgeschlossen, sondern verursachte der Gemeinschaft und auch mir nur noch zusätzliche Arbeit. Wir mussten von vorn anfangen.

«Auf Ihre Veranlassung hin hat die Gemeinschaft Kriegsdienst geleistet, und das ist jetzt der Dank», stichelten manche. Doch das war mir gleichgültig. «Ich stehe zu meinem Ratschlag», sagte ich, «es war richtig, dass wir am Krieg teilgenommen haben, denn damit haben wir schlicht unsere Pflicht getan. Wir sollten dafür wahrscheinlich nicht mit Anerkennung rechnen, doch ich bin felsenfest überzeugt, dass jede gute Tat letztendlich Früchte trägt. Wir sollten die Vergangenheit vergessen und an die Arbeit denken, die vor uns liegt.» Die anderen waren einverstanden.

«Eigentlich ist die Arbeit, für die Sie mich haben kommen lassen, so gut wie beendet. Aber ich glaube, ich sollte im Transvaal bleiben, auch wenn ich von Ihrer Seite aus heimreisen kann. Statt wie früher von Natal aus zu arbeiten, sollte das hier mein Stützpunkt sein. Ich verabschiede mich von dem Gedanken, innerhalb der nächsten zwölf Monate nach Indien zurückzufahren, und bemühe mich stattdessen um die Zulassung beim Transvaal Supreme Court. Bestimmt komme ich dieser neuen Behörde irgendwie bei. Wenn uns das nicht gelingt, wird die Gemeinschaft aus dem Land vertrieben und davor noch finanziell komplett ausgepresst. Wir müssen täglich mit neuen Beleidigungen rechnen. Dass Mr. Chamberlain mich nicht empfangen wollte und der Beamte mich beleidigt hat, ist nichts im Vergleich zu der Demütigung unserer ganzen Gemeinschaft. Wir können es nicht hinnehmen, dass wir hier zu einem Hundeleben verdammt werden.»

Ich besprach die Lage mit Indern in Pretoria und Johannesburg und entschloss mich letztendlich, eine Kanzlei in Johannesburg zu eröffnen.

Es war gar nicht sicher, ob ich meine Zulassung beim Transvaal Supreme Court erhalten würde. Doch die Anwaltskammer erhob keinen Einspruch, und das Gericht genehmigte meinen Antrag. Für einen Inder war es schwierig, in einer geeigneten Gegend Kanzleiräume zu mieten. Mittlerweile hatte ich aber guten Kontakt zu Mr. Ritch, einem hiesigen Kaufmann, und durch einen ihm bekannten Makler fand ich entsprechende Räumlichkeiten in einem guten Viertel. Ich nahm meine juristische Tätigkeit wieder auf.

4. Zunehmende Opferbereitschaft

Ehe ich vom Kampf für die Rechte der Gemeinschaft im Transvaal sowie von ihren Auseinandersetzungen mit dem Asiatic Department erzähle, muss ich kurz ein paar andere Aspekte meines Lebens erwähnen.

Bisher hatte ich nebenbei auch reich werden wollen; zwei Seelen wohnten in meiner Brust: Eigeninteresse und der Wunsch, anderen zu dienen.

Ungefähr um die Zeit, als ich in Bombay als Anwalt angefangen hatte, war ein amerikanischer Versicherungsvertreter bei mir hereingeschneit, ein Mann mit angenehmem Gesicht und schmeichelnder Stimme. Er wollte mit mir meine Zukunft besprechen, als wären wir alte Freunde. «In Amerika hat jeder Mann, der einen ähnlichen Status hat wie Sie, eine Lebensversicherung. Wollen Sie sich nicht auch absichern? Das Leben ist etwas Ungewisses. Für uns Amerikaner ist es geradezu religiöse Pflicht, dass wir versichert sind. Kann ich Sie nicht mit einer kleinen Police locken?»

Bis dato hatte ich mit allen Versicherungsvertretern, denen ich in Südafrika und Indien begegnet war, kurzen Prozess gemacht, denn ich war der Meinung, der Abschluss einer Lebensversicherung basiere auf Angst und mangelndem Gottvertrauen. Doch jetzt erlag ich der Verführungskunst dieses Mannes. Während er die Vorteile vor mir ausbreitete, sah ich vor meinem geistigen Auge Frau und Kinder. «Mann, du hast beinahe den gesamten Schmuck deiner Frau verkauft», sagte ich mir. «Sollte dir etwas zustoßen, müsste dein armer Bruder, der bereits so großherzig die Vaterrolle bei dir übernommen hat, für sie und die Kinder sorgen. Was für einen Eindruck würde das machen?» Mit solchen Gedanken überredete ich mich zu einer Lebensversicherung über zehntausend Rupien.

Als sich in Südafrika meine Lebensweise änderte, änderte sich auch meine Einstellung. Jeden Schritt, den ich in dieser Zeit der Prüfungen machte, geschah mit Gott als Zeuge. Ich wusste nicht, wie lange ich in Südafrika bleiben würde. Vielleicht würde ich nie wieder nach Indien zurückkönnen; daher holte ich meine Frau und die Kinder zu mir und beschloss, so viel zu verdienen, dass es für unseren Lebensunterhalt reichte. Jetzt bedauerte ich den Abschluss der Lebensversicherung und schämte mich, dass ich dem Versicherungsvertreter ins Netz gegangen war. Wenn mein Bruder tatsächlich wie ein Vater für mich war, dann war es für ihn bestimmt keine allzu große Belastung, im Fall des Falles meine Witwe zu versorgen. Und mit welchem Grund nahm ich an, dass mich der Tod früher holen würde als die anderen? Schließlich war der wahre Beschützer weder mein Bruder noch ich, sondern der Allmächtige. Indem ich mein Leben versichert hatte, hatte ich meiner Frau und den Kindern ihre Selbständigkeit geraubt. Warum sollten sie denn nicht für sich selbst sorgen können? Wie erging es den Familien der zahllosen Armen überall auf der Welt? Warum sollte ich mich nicht als einen von ihnen betrachten?

Mir schwirrte der Kopf, aber es blieb vorerst nur bei den Gedanken, ich setzte keinen in die Tat um. Ich habe in Südafrika mindestens eine Versicherungsprämie bezahlt.

Die äußeren Umstände begünstigten diesen Gedankengang zusätzlich. Während meines ersten Aufenthaltes in Südafrika hatte das Christentum mein Interesse an der Religion wachgehalten, jetzt wurde es durch die Theosophie beflügelt. Mr. Ritch war Theosoph und machte mich mit der theosophischen Gesellschaft in Johannesburg bekannt. Zwar wurde ich nie Mitglied, weil ich in Vielem anders dachte, hatte aber engen Kontakt mit fast allen Theosophen, mit denen ich mich täglich über religiöse Themen austauschte. Häufig gab es Lesungen aus theosophischen Büchern, und hin und wieder hatte ich die Möglichkeit, bei ihren Treffen einen Vortrag zu halten. Im Zentrum der Theosophie steht die Botschaft der Brüderlichkeit, die gepflegt und verbreitet werden soll. Darüber hatten wir hitzige Diskussionen, ich wies die Mitglieder energisch darauf hin, wenn ich fand, dass ihr Verhalten und ihr Ideal auseinanderklafften. Diese Kritik stellte sich auch für mich selbst als positiv heraus, denn sie führte zu einer Selbstprüfung.

5. Ergebnis der Selbstprüfung

Als ich 1893 in engen Kontakt mit Christen kam, war ich nahezu unbeleckt. Sie bemühten sich sehr, mir die Botschaft der Bibel nahezubringen, und ich hörte demütig, respektvoll, aber auch unvoreingenommen zu. Damals befasste ich mich intensiv mit dem Hinduismus und bemühte mich auch, andere Religionen kennenzulernen und zu verstehen.

1903 war die Situation eine andere. Natürlich wollten mich auch die theosophischen Freunde in ihrer Gesellschaft haben, doch hofften sie dabei, von mir etwas über Hinduismus zu erfahren. In der theosophischen Literatur finden sich hinduistische Einflüsse zuhauf, daher gingen die Freunde davon aus, dass ich ihnen eine große Hilfe sein würde. Ich erklärte, dass meine Sanskritkenntnisse kaum der Rede wert seien, ich die alten hinduistischen Schriften nicht im Original gelesen hätte und auch die Übersetzungen nur flüchtig kannte. Da sie jedoch an *samskara* (Eindrücke aus früheren Leben) und *punarjanma* (Wiedergeburt) glaubten, meinten sie, ich könne ihnen zumindest in Ansätzen helfen. Und so kam ich mir wie ein Riese unter Zwergen vor. Mit einigen Freunden begann ich «Rajayoga» von Swami Vivekananda zu lesen, mit anderen «Rajayoga» von M. N. Dvivedi. Mit einem Freund musste ich das «Yogasutra» von Patanjali lesen, mit mehreren anderen die Bhagavad Gita. Wir bildeten eine Art Klub der Suchenden, der regelmäßig Lesungen und Diskussionen veranstaltete. Ich glaubte bereits an die Gita, die mich faszinierte, begriff aber, dass ich tiefer darin eintauchen musste. Mit Hilfe von ein, zwei Übersetzungen versuchte ich das Sanskrit-Original zu verstehen. Außerdem beschloss ich, jeden Tag ein paar Verse auswendig zu lernen, und wählte dazu die Zeit, in der ich mich morgens für den Tag zurechtmachte. Ich brauchte zwanzig Minuten fürs Bad und fünfzehn fürs Zähneputzen, das ich, wie im Westen üblich, im Stehen erledigte. Also befestigte ich an der Wand Zettel mit den Gita-Versen, auf die ich immer wieder einen Blick warf, um meinem Gedächtnis auf die Sprünge zu helfen. Die Zeit genügte, um das tägliche Pensum zu lernen und die bereits gelernten Verse zu wiederholen. Auf diese Weise habe ich mir dreizehn Kapitel eingeprägt. Doch das Auswendiglernen der Gita wurde von anderer Arbeit verdrängt, vor allem von der Entwicklung und Gestaltung von Satyagraha, was meine gesamte Zeit, in der ich nachdenken konnte, beanspruchte. Das tut Satyagraha bis heute.

Ich kann nicht sagen, welche Wirkung diese Lektüre auf meine Freunde hatte, das können sie nur selbst, aber für mich wurde die Gita zum unfehlbaren Kompass für mein Verhalten und zum spirituellen Nachschlagewerk. So wie ich im Englischwörterbuch unbekannte Ausdrücke recherchierte, wandte ich mich an die Gita, wenn es um moralische Fragen, das richtige Verhalten ging. Wörter wie *aparigraha* (Besitzlosigkeit) und *samabhava* (Gleichmut) fesselten mich. Wie konnte man diesen Gleichmut erlangen und bewahren? Wie konnte man alle gleich behandeln – anmaßende und korrupte Beamte, die einen beleidigten, ehemalige Kollegen, die grundlos gegen einen intrigierten, und Menschen, die immer gut zu einem gewesen waren? Wie sich von allem Besitz freimachen? War nicht der Körper bereits Besitz genug? Waren nicht Frau und Kinder Besitz? Sollte ich sämtliche Bücherschränke zerstören? Sollte ich alles aufgeben, was ich besaß, und nur Ihm folgen? Die Antwort war eindeutig: Ich konnte Ihm nur folgen, wenn ich alles aufgab, was ich besaß.

Mein Studium des britischen Rechts kam mir zu Hilfe. Mir fiel Snells Abhandlung zu den Grundsätzen des Billigkeitsrechts wieder ein. Durch die Gita verstand ich besser, was das Wort «Treuhänder» alles implizierte. Meine Achtung vor der Jurisprudenz wuchs, ich entdeckte darin eine Art Religion. Ich verstand die Gita so, dass Besitzlosigkeit bedeutet, dass diejenigen, die nach Erlösung streben, wie Treuhänder handeln sollen, die zwar große Besitztümer verwalten, aber nichts davon als ihr Eigentum betrachten. Sonnenklar, dass Besitzlosigkeit und Gleichmut einen Herzenswandel, einen Verhaltenswandel voraussetzten. Daraufhin schrieb ich Revashankerbhai, er solle die Versicherung widerrufen und versuchen, möglichst viel von der Einzahlung zurückzubekommen, den Rest als Verlust abschreiben. Mittlerweile war ich nämlich überzeugt, dass Gott, der meine Frau, die Kinder und auch mich geschaffen hatte, für sie sorgen werde. Meinem Bruder, der wie ein Vater zu mir gewesen war, erklärte ich brieflich, dass ich ihm bis zu diesem Zeitpunkt meine gesamten Ersparnisse gegeben habe, er nun aber nichts mehr von mir erwarten könne, weil zukünftig alles Angesparte für die Gemeinschaft verwendet werde.

Das stieß bei meinem Bruder auf Unverständnis. In harschen Worten erklärte er, ich hätte ihm gegenüber Pflichten. Ich solle nicht klüger als unser Vater sein wollen, müsse wie dieser die Familie unterstützen. Ich wies ihn darauf hin, dass ich ja genau das tue, was unser Vater getan hatte. Der Begriff «Familie» müsse nur etwas weiter gefasst werden, dann werde klar, welch weisen Schritt ich machte.

Mein Bruder brach darauf praktisch den Kontakt ab. Ich war sehr traurig, wäre aber noch trauriger gewesen, wenn ich das aufgegeben hätte, was ich als meine Pflicht begriff. Das änderte aber nichts an meiner Zuneigung zu ihm, die so groß und rein war wie immer. Sein Groll wurzelte in seiner großen Liebe zu mir. Es ging ihm weniger um das Geld, als vielmehr darum, dass ich meine Pflichten gegenüber der Familie nicht vernachlässigen dürfe. Gegen Ende seines Lebens begriff er meinen Standpunkt. Als er beinahe schon auf dem Sterbebett lag, schrieb er mir einen geradezu rührenden Brief, in dem er sich entschuldigte, wenn sich denn ein Vater überhaupt bei seinem Sohn entschuldigen muss. Er gab darin seine Söhne in meine Obhut, damit ich sie in meinem Sinne erzöge, und äußerte den dringenden Wunsch, mich zu sehen. Er würde gerne nach Südafrika kommen, telegrafierte er, und ich kabelte zurück, er solle ruhig kommen. Aber es sollte nicht sein. Auch sein Wunsch, was seine Söhne betraf, wurde nicht erfüllt. Er starb in Indien. Seine Söhne waren noch im alten Geist erzogen worden und unfähig, ihre Lebensweise zu ändern. Ich konnte sie nicht für mich gewinnen. Das war aber nicht ihre Schuld. Wer kann gegen seine eigene Natur ankämpfen? Wer kann die Eindrücke auslöschen, mit denen er geboren wurde? Die Erwartung, dass Kinder und Mündel zwangsläufig genau den gleichen Weg einschlagen wie man selbst, ist unsinnig.

6. Ein Opfer für den Vegetarismus

Als mein Alltag zunehmend von den Idealen Opferbereitschaft und Einfachheit bestimmt und von meinem religiösen Bewusstsein beflügelt wurde, drängte es mich immer mehr, den Vegetarismus zu verbreiten.

Bei der Bekehrung habe ich immer nur einen Weg gekannt – persönliches Vorbild sein und Gespräche mit denjenigen führen, die auf der Suche waren.

In Johannesburg gab es ein vegetarisches Restaurant, das von einem Deutschen geführt wurde, der auf Kuhnes Hydrotherapie vertraute. Ich besuchte dieses Restaurant öfter und brachte auch englische Freunde mit, um es zu unterstützen, sah jedoch, dass es sich aufgrund ständiger finanzieller Probleme nicht würde halten können. Ich half, indem ich eine gewisse Summe hineinsteckte, aber letztendlich musste es doch schließen.

Die meisten Theosophen sind fast reine Vegetarier. Eines Tages erschien eine unternehmungslustige Dame auf der Bildfläche, die deren Gesellschaft angehörte und im großen Stil ein vegetarisches Restaurant eröffnen wollte. Sie war mondän, liebte die Kunst und hatte keinerlei Geschäftssinn. Ihr Freundeskreis war ziemlich groß. Sie hatte klein angefangen, beschloss aber später, das Restaurant zu vergrößern und in andere Räumlichkeiten umzuziehen. Sie bat mich um Hilfe; ich hatte keine Ahnung, wie es um ihre Finanzen bestellt war, nahm aber an, dass ihre Einschätzung im Großen und Ganzen stimmte. Und ich konnte ihr tatsächlich behilflich sein. Oft gaben mir Mandanten größere Summen zur Aufbewahrung, und nachdem einer von ihnen seine Zustimmung gegeben hatte, lieh ich der Dame aus seinem Depot ungefähr tausend Pfund. Es handelte sich um Badri, einen sehr großzügigen und vertrauensvollen Mann, der ursprünglich als Kontraktarbeiter nach Südafrika gekommen war. «Leihen Sie ihr ruhig das Geld. Ich kenne mich in solchen Dingen nicht aus, aber ich kenne Sie.» Er spielte später eine große Rolle in der Satyagraha-Kampagne, kam ebenfalls ins Gefängnis. Also gab ich der Dame das Darlehen, in der Annahme, seine Zustimmung sei ausreichend.

Zwei, drei Monate später erfuhr ich, dass das Darlehen nicht zurückgezahlt werden würde. Einen solchen Verlust konnte ich mir nur schlecht leisten, diese Summe hätte für vieles andere verwendet werden können. Aber Badri, der so gutgläubig war und mir so vertraut hatte, durfte nicht der Leidtragende sein. Ich beglich den Verlust.

Ich erzählte einem Mandanten, mit dem ich befreundet war, davon, und er schimpfte mich gutmütig aus.

«Bhai (zum Glück war ich noch nicht «Mahatma» oder «Bapu», Vater, sondern Freunde redeten mich liebevoll mit «Bhai», Bruder, an), das hätten Sie nicht tun dürfen. Unser Vertrauen in Sie ist unsere Leitschnur. Sie werden die Summe nie zurückbekommen, und da Sie es nicht zulassen werden, dass Badri darunter leiden muss, erstatten Sie ihm den Betrag aus eigener Tasche. Wenn Sie aber Ihre Reformpläne weiterhin mit Mandantengeld finanzieren, sind die armen Kerle demnächst bankrott, Sie gehen am Bettelstab, und Ihre öffentliche Arbeit leidet.»

Ich bin noch keiner reineren Seele als diesem Freund begegnet, weder in Südafrika noch sonstwo. Wenn er einmal jemanden fälschlicherweise verdächtigte, entschuldigte er sich und unterzog sich einer Reinigung.

Er hatte mich zu Recht ermahnt. Obwohl ich Badris Verlust ersetzen konnte, wäre mir das ein zweites Mal nicht möglich gewesen, und ich hätte mich verschulden müssen – etwas, was ich noch nie in meinem Leben gemacht und immer verabscheut habe. Man sollte sich auch nicht durch seinen Reformeifer verleiten lassen, die eigenen Grenzen zu überschreiten. Zudem hatte ich, indem ich mir anvertrautes Geld verlieh, eines der Hauptgebote der Gita missachtet, nämlich die Pflicht zu handeln, ohne auf das Ergebnis des Handelns zu schielen. Dieser Fehler war mir eine große Warnung.

Das Opfer, das ich auf dem Altar des Vegetarismus brachte, war keineswegs beabsichtigt gewesen, sondern eine aus der Not geborene Tugend.

7. Medizinische Experimente mit Erde und Wasser

Je einfacher ich lebte, desto mehr lehnte ich Medikamente ab. In Durban litt ich hin und wieder unter Schwächeanfällen und rheumatischen Entzündungen. Dr. P. J. Mehta, der mich wieder unterstützte, behandelte mich. Ich wurde gesund und bis zu meiner Rückkehr nach Indien nie wieder ernsthaft krank.

In Johannesburg litt ich allerdings öfter unter Verstopfung und Kopfschmerzen. Ich nahm gelegentlich Abführmittel ein und hielt streng Diät. Aber ich war alles andere als gesund und fragte mich, wann wohl endlich der Abführmittelalbtraum ein Ende haben würde.

Ungefähr zu dieser Zeit las ich, dass sich in Manchester eine No Breakfast Association gegründet hatte. Die Gründer waren der Meinung, die Engländer äßen zu viel und zu häufig, ihre Arztrechnungen seien deshalb so hoch, weil sie bis Mitternacht schmausten, und sie müssten zumindest das Frühstück ausfallen lassen, wenn sich das ändern sollte. Auch wenn nicht alles auf mich zutraf, fühlte ich mich doch ertappt. Ich nahm täglich drei richtige Mahlzeiten zu mir, dazu kam noch der Nachmittagstee. Ich war nie ein zurückhaltender Esser gewesen und gönnte mir so viele Leckerbissen, wie das bei einer vegetarischen und gewürzlosen Ernährung möglich war. Da ich selten vor sechs, sieben Uhr aufstand, konnte ich auf das Frühstück verzichten und so hoffentlich meine Kopfschmerzen loswerden. Also probierte ich es aus. Einige Tage lang kam es mich ziemlich hart an, doch die Kopfschmerzen verschwanden völlig. Also aß ich wohl mehr, als ich brauchte.

Allerdings litt ich trotzdem weiterhin an Verstopfung. Ich versuchte es mit Kuhnes Sitzbädern, die mir Linderung verschafften, mich aber nicht vollständig kurierten. Mittlerweile hatte mir jemand, entweder der Deutsche mit dem vegetarischen Restaurant oder ein anderer Freund, «Kehr zur Natur zurück!» von Just in der englischen Übersetzung in die Hand gedrückt. Darin fand ich etwas zur Behandlung mit Heilerde. Der Autor vertrat auch die Meinung, frisches Obst und Nüsse seien die natürliche Ernährung des Menschen. Ich stellte nicht sofort auf reine Obstdiät um, aber begann umgehend mit Heilerde zu experimentieren – mit wunderbaren Ergebnissen. Ich legte mir einen Umschlag aus Heilerde, die mit kaltem Wasser angerührt und auf ein Stück Leintuch gestrichen wurde, auf den Unterleib, und zwar abends vor dem Schlafengehen. Nachts oder morgens, wann ich eben aufwachte, nahm ich ihn ab. Die Kur heilte mich von meiner Verstopfung. Seitdem habe ich die Behandlung nicht nur an mir selbst, sondern auch bei Freunden und Gefährten angewandt, und sie hat so gut wie nie versagt. In Indien konnte ich sie nicht mit der gleichen Zuversicht anwenden, weil ich nie lange genug an einem Ort war, um die Experimente durchzuführen. Aber ich habe weiterhin Vertrauen in die Heilmittel Erde und Wasser. Noch heute mache ich mir gelegentlich diese Umschläge und empfehle sie auch meinen Mitarbeitern.

Obwohl ich in meinem Leben zweimal schwer krank war, glaube ich, dass der Mensch kaum Grund hat, sich mit Medikamenten vollzustopfen. Neunhundertneunundneunzig von tausend Fällen können mit einer geregelten Diät, mit Wasser- und Heilerdebehandlungen sowie ähnlichen Hausmitteln kuriert werden. Wer ständig zum Arzt, *vaidya* oder *hakim* rennt und alle möglichen pflanzlichen und mineralischen Medikamente schluckt, verkürzt nicht nur sein Leben, sondern verliert auch, weil er sich zum Sklaven seines Körpers macht, statt dessen Herr zu bleiben, die Kontrolle über sich und hört auf, Mensch zu sein.

Niemand sollte diese Betrachtungen abtun, nur weil sie im Krankenbett geschrieben wurden. Ich kenne die Ursachen meiner Erkrankungen, weiß, dass ausschließlich ich dafür verantwortlich bin, und habe aus diesem Grund nicht die Geduld verloren. Vielmehr sehe ich sie als Prüfungen, für die ich Gott danke, und habe erfolgreich der Versuchung widerstanden, zuhauf Medikamente einzunehmen. Natürlich ist mein Starrsinn für die Ärzte eine Herausforderung, aber sie sind nachsichtig und geben mich nicht auf.

Aber ich will nicht länger auf meinen derzeitigen Zustand eingehen, daher begeben wir uns jetzt in die Jahre 1904/05. Zuvor aber kurz noch eine Warnung an den Leser: Wer sich aufgrund meiner Ausführungen Justs Buch kauft, sollte nicht alles für der Weisheit letzten Schluss nehmen. Der Autor hebt fast immer nur einen Aspekt hervor, wo doch jede Sache von mindestens sieben Standpunkten aus betrachtet werden kann, von denen jeder für sich genommen wahrscheinlich richtig ist, nur nicht zur selben Zeit und unter denselben Umständen. Zudem werden viele Bücher mit Hinblick auf einen möglichst großen Leserkreis geschrieben oder um des Ruhmes willen. Diejenigen, die solche Bücher lesen, sollten dies mit kritischem Auge tun und sich Rat bei Experten suchen, ehe sie eines der beschriebenen Experimente ausprobieren. Oder sie sollten nach gründlicher Lektüre den Inhalt überdenken, ehe sie zur Tat schreiten.

8. Eine Warnung

Leider muss ich wohl noch etwas weiter abschweifen. Neben meinen Experimenten mit Heilerde verfolgte ich auch weiterhin meine Diätexperimente, daher ist es wohl sinnvoll, sie bereits jetzt kurz zu schildern. Weder hier noch später möchte ich in diesem Bericht ausführlich auf meine Ernährungsexperimente und meine Ansichten darüber eingehen, weil ich das bereits vor Jahren in einer Gujarati-Artikelreihe getan habe, die in der *Indian Opinion* und später als Buch erschien, das in Englisch als «A Guide to Health» bekannt ist. Von meinen kleinen Büchern ist dieses wundersamerweise sowohl im Osten wie im Westen besonders verbreitet. Es wurde für die Leser der *Indian Opinion* geschrieben, hat aber das Leben vieler Menschen in Ost und West nachhaltig beeinflusst, die nie eine Ausgabe dieser Wochenzeitung zu Gesicht bekommen haben. Ich weiß das, weil sie mit mir darüber korrespondiert haben. Deshalb erschien es mir sinnvoll, an dieser Stelle das Büchlein zu erwähnen. Obwohl es keinen Grund gibt, von den darin vertretenen Ansichten abzuweichen, habe ich teilweise radikale Veränderungen bei meiner Ernährungsweise vorgenommen, über die nicht alle Leser des Buches Bescheid wissen, aber informiert sein sollten.

Wie alle meine Schriften wurde das Büchlein mit einer spirituellen Absicht geschrieben, die immer jede meiner Handlungen begleitet, weshalb ich zutiefst traurig und beschämt bin, dass ich heute einige der im Buch dargelegten Theorien nicht praktisch umsetzen kann.

Ich bin absolut davon überzeugt, dass der Mensch bis auf die Muttermilch, die er als Baby zu sich nimmt, keine Milch braucht. Seine Ernährung sollte lediglich aus luftgetrocknetem Obst und Nüssen bestehen, denn Früchte wie Trauben oder Nüsse und Mandeln beinhalten ausreichend Nährstoffe für Körper und Geist. Wer sich so ernährt, der kann Sexualität und andere Leidenschaften leichter zügeln. Meine Mitarbeiter und ich haben durch Erfahrung gelernt, dass die indischen Sprichwörter «Der Mensch ist, was er isst» und «Wer isst, rülpst» sehr der Wahrheit entsprechen.

Leider konnte ich in Indien einige meiner Theorien nicht praktisch umsetzen. Während der Rekrutierungskampagne in Kheda ernährte ich mich falsch und war dem Tod nahe. Vergeblich versuchte ich, ohne Milch wieder auf die Beine zu kommen. Ich bat die mir bekannten Ärzte, *vaidyas* und Chemiker, mir einen Milchersatz zu empfehlen. Manche empfahlen Mungbohnenwasser, andere *Mowhra*-Öl, einige Mandelmilch. Mein Körper wurde durch das Ausprobieren noch schwächer, nichts half mir vom Krankenbett auf. Die *vaidyas* lasen mir die entsprechenden Passagen aus dem Ayurvedatext «Charaka» vor, um zu beweisen, dass religiöse Skrupel bezüglich der Ernährung während einer Krankheit kontraindikativ sind. Von ihnen konnte ich also keine Unterstützung für meine milchlose Diät erwarten. Zudem empfahlen sie mir, ohne mit der Wimper zu zucken, Rinderbrühe und Weinbrand.

Kuh- und Büffelmilch waren mir durch mein Gelübde verboten. Das Gelübde bezog sich natürlich auf sämtliche Milcharten, aber weil ich, als ich es ablegte, nur an Kuh- und Büffelmilch gedacht hatte und zudem am Leben bleiben wollte, beschummelte ich mich selbst, indem ich mich an den genauen Wortlaut des Gelübdes klammerte und beschloss, Ziegenmilch zu trinken. Als ich die trank, war mir vollauf bewusst, dass damit der Sinn meines Gelübdes zerstört war.

Aber ich war von der Idee besessen, eine Kampagne gegen den Rowlatt Act zu führen. Und mit ihr wuchs mein Lebenswille und endete eines der größten Experimente meines Lebens.

Es wird behauptet, die Seele habe nichts mit dem zu tun, was man isst oder trinkt, weil die Seele weder isst noch trinkt. Es zähle nicht, was von außen ins Innere gelangt, sondern was von innen heraus zum Ausdruck gebracht wird. Das hört sich durchaus plausibel an, doch ich möchte darauf nicht eingehen, sondern lediglich sagen, dass ich fest überzeugt bin, wer als Suchender gottesfürchtig lebt und Ihn von Angesicht zu Angesicht schauen will, sollte sich beim Essen zügeln, sowohl hinsichtlich Menge als auch Auswahl, denn das ist genauso wesentlich wie Gedanken und Worte im Zaum zu halten.

Einmal hat mich meine Theorie allerdings im Stich gelassen, darauf möchte ich nicht nur hinweisen, sondern eindrücklich vor Nachahmung warnen. Wer aufgrund meiner Theorie auf Milch verzichtet, soll das Experiment nicht weiterführen, es sei denn, es wird als rundum wohltuend empfunden oder von erfahrenen Ärzten begleitet. Meine Erfahrung hat bisher gezeigt, dass es für Menschen, die eine schlechte Verdauung haben oder bettlägerig sind, kein leichteres und zugleich nahrhafteres Lebensmittel als Milch gibt.

Ich wäre sehr dankbar, wenn ein *vaidya*, Arzt, *hakim* oder sonst jemand, der in diesem Punkt Erfahrung hat, also nicht nur über Buchwissen verfügt, mir mitteilen könnte, ob er einen pflanzlichen Ersatz für Milch kennt, der genauso nahrhaft und gut verdaulich ist.

9. Machtgerangel

Wieder zurück zum Asiatic Department. Johannesburg war die Hochburg der Beamten aus Asien. Sie schützten die Inder, Chinesen usw. keineswegs, sondern schikanierten sie. Täglich hörte ich Beschwerden wie: «Die, die eigentlich Anspruch darauf haben, werden nicht in den Transvaal hineingelassen, aber die, die keinen Anspruch haben, für hundert Pfund hineingeschmuggelt. Nur Sie können an diesem Zustand etwas ändern.» Dem konnte ich nur zustimmen. Wenn es mir nicht gelang, diesen Missstand zu beheben, hatte ich mich umsonst im Transvaal niedergelassen.

Also sammelte ich Beweismaterial und als ich genügend zusammenhatte, ging ich zum Police Commissioner, der ein freundlicher und gerechter Mann zu sein schien. Er ignorierte die Sache nicht etwa, sondern hörte mir geduldig zu und forderte mich auf, ihm mein gesamtes Beweismaterial zu zeigen. Die Zeugen befragte er höchstpersönlich und war mit dem Ergebnis zufrieden, wusste aber so gut wie ich, wie schwierig es in Südafrika war, eine weiße Jury zu bewegen, einen Weißen zu verurteilen, der eine Straftat gegen Farbige begangen hatte. «Aber wir versuchen es trotzdem», sagte er. «Es ist nicht in Ordnung, solche Kriminelle ungeschoren zu lassen, nur weil eine Jury sie freisprechen könnte. Ich muss irgendwie ihre Festnahme erwirken. Ich versichere Ihnen, ich lasse nichts unversucht.»

Ich brauchte seine Versicherung nicht. Ich hatte eine ganze Reihe von Beamten im Verdacht, aber weil ich nicht gegen alle hieb- und stichfeste Beweise hatte, wurden nur gegen die beiden Haftbefehle erlassen, von deren Schuld ich völlig überzeugt war.

Was ich tat und wohin ich ging, ließ sich nicht geheim halten. Viele wussten, dass ich praktisch jeden Tag den Police Commissioner aufsuchte. Die beiden Beamten, gegen die Haftbefehl erlassen worden war, verfügten über mehr oder weniger tüchtige Spione, die vor meiner Kanzlei patrouillierten und sie über meine Aktivitäten auf dem Laufenden hielten. Allerdings waren sie so miese Beamten, dass sie kaum jemanden fanden, der für sie spionieren wollte. Wenn mir die Inder und Chinesen nicht geholfen hätten, wären sie übrigens nie verhaftet worden.

Einer der beiden machte sich aus dem Staub. Der Police Commissioner erwirkte einen Auslieferungsbefehl, ließ ihn verhaften und in den Transvaal bringen. Die Männer wurden vor Gericht gestellt, und obwohl der Jury der Beweis vorlag, dass einer von ihnen geflohen war, wurden sie freigesprochen. Ich war zutiefst enttäuscht; auch der Police Commissioner bedauerte das Urteil sehr. Mich ekelte die Juristerei an, ja der menschliche Verstand an sich, weil er missbraucht werden konnte, um Verbrechen zu decken.

Allerdings waren die beiden Beamten so offenkundig schuldig, dass die Regierung sie trotz des Freispruchs nicht länger beschäftigen konnte. Beide wurden unehrenhaft entlassen, im Asiatic Department ging die Korruption zurück, und die indische Gemeinschaft war halbwegs beruhigt.

Der Vorfall verhalf mir zu größerem Ansehen und mehr Aufträgen. Die Gemeinschaft sparte monatlich viele hundert Pfund ein, die bisher für Bestechung vergeudet worden waren. Noch immer wurde eine gewisse Summe dafür geopfert, denn es gab weiterhin unehrliche Beamte. Aber für die ehrlichen unter ihnen war es jetzt möglich, ehrlich zu bleiben.

Obwohl die beiden Entlassenen schlechte Beamte waren, hatte ich nichts gegen sie persönlich. Das wussten sie auch. Als sie sich in ihrer Notlage an mich wandten, half ich ihnen ebenfalls. Sofern ich keinen Einspruch erhob, bestand die Möglichkeit, dass sie von der Stadtverwaltung in Johannesburg eingestellt wurden. Einer ihrer Freunde suchte mich deshalb auf, und ich erklärte mich bereit, ihnen zu helfen. Sie bekamen die Stellen.

Meine Haltung sorgte bei den Weißen, mit denen ich es zu tun hatte, für eine entspannte Atmosphäre, und auch wenn ich mich oft mit ihrem Amt anlegen und deutliche Worte gebrauchen musste, blieben sie meistens ganz freundlich. Damals war mir noch nicht recht bewusst, dass dieses Verhalten meinem Naturell entsprach. Später erkannte ich, dass es ein wesentlicher Bestandteil von Satyagraha und ein Merkmal von Ahimsa war.

Der Mensch und seine Handlungen sind zwei unterschiedliche Dinge. Während eine gute Tat mit Lob und eine schlechte Tat mit Tadel bedacht werden sollte, verdient der Handelnde, ob er nun ein guter oder schlechter Mensch ist, Respekt oder Mitleid, je nachdem. Dieser Grundsatz, so leicht er zu verstehen ist, wird nur selten umgesetzt, darum breitet sich das Gift des Hasses in der Welt aus.

Ahimsa bildet die Grundlage für die Suche nach der Wahrheit. Tagtäglich stelle ich fest, dass diese Suche vergeblich ist, wenn sie nicht auf Ahimsa basiert. Es ist völlig in Ordnung, gegen ein System Widerstand zu leisten, es anzugreifen, aber gegen dessen Urheber Widerstand zu leisten, ihn anzugreifen, kommt dem Widerstand und dem Angriff auf die eigene Person gleich. Keiner von uns ist besser als der andere, wir sind alle Kinder desselben Brahma, und als solche besitzen wir unendliche göttliche Kräfte. Einen einzigen Menschen geringzuschätzen bedeutet, diese göttlichen Kräfte geringzuschätzen und damit nicht nur diesem Menschen, sondern der ganzen Welt zu schaden.

10. Kostbare Erinnerung und Buße

In meinem Leben bin ich verschiedentlich in engen Kontakt mit Menschen gekommen, die unterschiedlichen Glaubensrichtungen und Gemeinschaften angehörten, und nach meinen vielen Erfahrungen mit ihnen darf ich behaupten, dass ich zwischen Verwandten und Fremden, Landsleuten und Ausländern, Weißen und Farbigen, Hindus, Muslimen, Parsen, Christen und Juden nie einen Unterschied gemacht habe. Mein Herz ist zu solchen Unterscheidungen unfähig, etwas, was ich nicht als Tugend reklamieren kann, da es meine Natur ist und nicht durch Bemühung errungen wurde – im Gegensatz zu *ahimsa* (Gewaltlosigkeit), *brahmacharya* (Enthaltsamkeit), *aparigraha* (Besitzlosigkeit) und anderen Kardinaltugenden, um deren Umsetzung ich ständig kämpfen muss.

Als ich in Durban als Barrister arbeitete, wohnten meine Büroangestellten oft bei mir, darunter Hindus und Christen oder, wenn man sie nach ihrer Herkunft bezeichnet, Gujaratis und Tamilen. Ich bin mir sicher, dass ich sie immer als Verwandte betrachtet und wie Familienmitglieder behandelt habe. Wenn meine Frau mein Verhalten ihnen gegenüber monierte, wurde es unschön. Einer der Angestellten war Christ, dessen Eltern der Panchama-Kaste angehörten.

Unser Haus war im westlichen Stil erbaut, daher fehlten in den Räumen Abwasserabflüsse. Stattdessen gab es in jedem Zimmer Nachttöpfe, die nicht von einem Diener oder Latrinenputzer, sondern von meiner Frau oder mir geleert wurden. Die Büroangestellten, die sich völlig zu Hause fühlten, reinigten ihr Nachtgeschirr natürlich selbst. Der Angestellte, der aus einer Panchama-Familie stammte, war jedoch neu, und es lag an uns, seinen Topf zu leeren. Meine Frau kümmerte sich um die Töpfe der anderen, aber diesen einen zu putzen schien ihr doch zu viel. Wir gerieten aneinander. Sie ertrug es nicht, dass ich das Nachtgeschirr reinigte, wollte es aber selbst auch nicht tun. Noch heute sehe ich sie vor mir, wie sie schimpfend, mit zornesroten Augen und tränenüberströmten Wangen die Treppe herunterkam, den Topf in der Hand. Ich war ein ebenso grausamer wie liebender Gatte; ich sah mich als ihren Lehrer und drangsalierte sie aus blinder Liebe.

Es genügte mir nicht, dass sie den Topf trug, sie sollte es mit Freuden tun. Ich wurde laut. «Ich dulde in meinem Haus derartige Streitigkeiten nicht.»

Die Worte durchbohrten sie wie Pfeile.

«Behalte dein Haus und lass mich gehen», brüllte sie zurück. Ich hatte Gott vergessen. Kein Quäntchen Mitleid war in mir. Ich packte ihre Hand, zerrte die hilflose Frau zur Haustür, die gegenüber der Treppe lag, und wollte sie hinausstoßen. Ganga und Jamuna strömten aus ihren Augen. «Schämst du dich nicht? Ich schon. Hab wenigstens einen Funken Anstand. Wo soll ich hin? Hier habe ich keine Eltern oder Verwandten, bei denen ich unterkommen kann. Du glaubst wohl, weil ich deine Frau bin, muss ich mir deine Schläge und Tritte gefallen lassen? Schäm dich und mach die Tür zu. Wenn uns jemand beobachtet, sehen wir beide schlecht aus.»

Ich machte ein gleichmütiges Gesicht, schämte mich aber innerlich und schloss die Tür. Meine Frau konnte mich nicht verlassen, ich sie aber auch nicht. Wir stritten uns häufig, versöhnten uns aber schlussendlich stets. Meine Frau, mit ihrer beispiellosen Leidensfähigkeit, ging immer als Siegerin hervor.

Heute kann ich den Vorfall halbwegs neutral schildern, weil er sich in einer Phase ereignete, die ich zum Glück überwunden habe. Ich bin kein vor Liebe blinder Ehemann mehr, auch nicht mehr der Lehrer meiner Frau. Heute kann mich Kasturba, wenn sie möchte, tadeln. Wir sind gute Freunde, die den anderen nicht mehr als Lustobjekt sehen. Während meiner Krankheiten hat sie mich mit großem Einsatz gepflegt, ohne etwas dafür zu erwarten.

Dieser Vorfall ereignete sich 1898, als ich noch nicht an Brahmacharya dachte. Damals dachte ich, die Frau sei das Lustobjekt ihres Ehemannes, geboren, um seinen Forderungen nachzukommen, statt als Gehilfin, Kameradin und Partnerin seine Freuden und Sorgen zu teilen.

Seit 1900 kam es zu einer radikalen Veränderung dieser Einstellung, die 1906 eine konkrete Form annahm, worüber ich an entsprechender Stelle erzählen werde. Es genügt hier zu sagen, dass mein Leben immer friedlicher, schöner und glücklicher wurde und wird, seit meine fleischlichen Gelüste abnehmen.

Niemand soll aus dieser kostbaren Erinnerung schließen, wir seien ein ideales Ehepaar oder meine Frau ohne Fehl und Tadel oder wir beide hätten dieselben Ideale. Kasturba weiß vielleicht gar nicht, ob sie unabhängig von mir Ideale hat. Wahrscheinlich ist sie bis heute mit vielem, was ich tue, nicht einverstanden. Wir diskutieren über solche Themen nicht, weil das in meinen Augen nichts bringt, denn sie wurde weder von ihren Eltern noch von mir unterrichtet, jedenfalls nicht zu der Zeit, als ich es hätte tun sollen. Aber eine Eigenschaft besitzt sie in hohem Maße, eine Eigenschaft, die die meisten Hindufrauen zumindest teilweise haben: Ob willentlich oder unwillentlich, bewusst oder unbewusst hat sie in ihrem Leben Erfüllung gefunden, indem sie mir gefolgt ist. Nie hat sie mich gehindert, ein Leben der Einschränkung, der Zurückhaltung zu führen. Daher habe ich, obwohl wir intellektuell sehr unterschiedlich sind, immer das Gefühl gehabt, dass wir ein zufriedenes, glückliches und spirituell fortschreitendes Leben führen.

11. Enge Kontakte mit Europäern

In diesem Kapitel muss ich dem Leser endlich erklären, wie mein Bericht der «Experimente mit der Wahrheit» wöchentlich seine Fortsetzung findet.

Am Anfang hatte ich keinen festen Plan; ich habe weder Bücher noch Tagebücher oder Dokumente, auf die ich mich stützen kann. Ich schreibe, wie es mir der in meinem Inneren Wohnende im Augenblick des Schreibens eingibt. Ich weiß nicht mit Sicherheit, ob alle meine Handlungen als die des in meinem Inneren Wohnenden gelten können. Wenn ich allerdings die wichtigsten Lebensschritte betrachte sowie die, die man als die unwichtigsten betrachten könnte, kann durchaus behauptet werden, dass alle von dem in meinem Inneren Wohnenden inspiriert wurden.

Ich habe Ihn weder geschaut noch erkannt. Ich habe mir den Glauben der Welt an Gott zu eigen gemacht, und weil mein Glaube unauslöschlich ist, kommt er in meinen Augen der Erfahrung gleich. Es könnte als Manipulation der Wahrheit betrachtet werden, wenn man den Glauben als Erfahrung bezeichnet, daher sollte es wohl besser heißen, dass mir das richtige Wort fehlt, um meinen Glauben an Gott in seiner tatsächlichen Form zu beschreiben.

Ich schreibe diesen Bericht, wie es der unsichtbar in meinem Inneren Wohnende mir eingibt. Als ich das vorige Kapitel anfing, gab ich ihm die Überschrift, die jetzt dieses Kapitel trägt. Beim Schreiben wurde mir klar, dass ich zuerst die kostbare Erinnerung schildern sollte, bevor ich auf meine Erfahrungen mit Europäern eingehe. Das tat ich und änderte die Überschrift.

Auch bei diesem Kapitel stoße ich gleich zu Beginn auf ein neues Problem. Was soll ich über die englischen Freunde schreiben, was weglassen – das ist ein ernstes Problem. Lasse ich Wichtiges weg, wird die Wahrheit getrübt. Es ist schwierig, sofort zu entscheiden, was wichtig ist, wenn ich mir nicht einmal sicher bin, ob es überhaupt wichtig ist, diesen Bericht zu schreiben.

Heute verstehe ich viel besser, was ich vor langem über Autobiografien als unzuverlässige und problematische historische Quellen gelesen habe. Natürlich schreibe ich in dieser «Autobiografie meiner Experimente mit der Wahrheit» nicht alles nieder, an das ich mich erinnere. Wer kann sagen, wie viel ich im Interesse der Wahrheit erzählen, wie viel weglassen muss? Und welchen Wert hätte vor Gericht der einseitige, von mir selbst erbrachte Beweis, den ich für bestimmte Ereignisse meines Lebens vorlege? Wenn ein Wichtigtuer mich zu den bereits geschriebenen Kapiteln ins Kreuzverhör nähme, würde er wahrscheinlich mehr Klarheit hineinbringen, und wenn es sich um das Kreuzverhör eines Kritikers handelte, könnte der sich vielleicht sogar einbilden, dass er nachgewiesen hat, «wie bedeutungslos manche meiner Behauptungen» sind.

Deshalb frage ich mich einen Augenblick lang, ob es nicht angebrachter wäre, diese Kapitel überhaupt nicht zu schreiben. Doch solange der in meinem Inneren Wohnende keinen Einspruch einlegt, muss ich weitermachen. Ich muss der weisen Maxime folgen, dass nichts, was einmal begonnen wurde, aufgegeben werden sollte, es sei denn, es erweist sich als moralisch falsch.

Ich schreibe die Autobiografie nicht, um den Kritikern zu gefallen. Sie zu schreiben, ist selbst eines der Experimente mit der Wahrheit. Eines ihrer Ziele ist sicher, dass sie meinen Mitarbeitern Trost spenden soll, denn ich habe sie auf ihren Wunsch hin begonnen. Hätten nicht Swami Anand und Jairamdas darauf bestanden, würde sie vielleicht gar nicht geschrieben. Sollte es also ein Fehler sein, dass ich diese Autobiografie verfasse, trifft ein Teil der Schuld die beiden.

Aber jetzt zum Thema der Überschrift. In Durban wohnten nicht nur Inder bei mir, die gewissermaßen zur Familie gehörten, sondern nach und nach auch einige englische Freunde – was nicht allen Hausgenossen gefiel, aber ich bestand trotzdem darauf, was sich nicht immer als klug erwies. Ich machte einige bittere Erfahrungen, allerdings sowohl mit Indern als auch mit Europäern – und ich bedaure sie nicht. Trotz dieser Erfahrungen, trotz der Scherereien und Sorgen, die ich mit Freunden oft gemacht habe, habe ich mein Verhalten nicht geändert, und sie haben es tapfer ertragen. Jedes Mal, wenn meine Freunde unter meinem Kontakt mit Fremden gelitten haben, habe ich sie ohne Zögern selbst dafür verantwortlich gemacht. Gläubige sollten in anderen denselben Gott sehen wie in sich selbst und daher fähig sein, unter anderen Menschen zu leben, mit dem nötigen inneren Abstand. Diese Fähigkeit kann sich weiterentwickeln, wenn man unvorhergesehenen Begegnungen nicht aus dem Weg geht, sondern sie in einem Geist des Dienens begrüßt und ansonsten nicht allzu sehr an sich heranlässt.

Obwohl deshalb mein Haus bei Ausbruch des Burenkriegs bereits voll war, nahm ich zwei Engländer auf, zwei Theosophen, die aus Johannesburg gekommen waren, einer davon hieß Kitchin. Meine Frau vergoss im Zusammenleben mit diesen Freunden viele bittere Tränen. Leider musste sie meinetwegen viele solcher Prüfungen durchstehen. Es war das erste Mal, dass englische Freunde wie Familienmitglieder bei mir wohnten. Als ich während meiner Zeit in England bei einheimischen Familien gewohnt hatte, passte ich mich deren Lebensweise an. Es war eher so, als wäre ich in einer Pension untergekommen. Hier war es genau umgekehrt. Die englischen Freunde wurden Mitglieder der Familie, übernahmen teilweise die indische Lebensweise. Das Haus war zwar im westlichen Stil eingerichtet, aber wir lebten und aßen hauptsächlich wie Inder. Es fiel mir nicht ganz leicht, sie als Familienmitglieder zu sehen, wohingegen es ihnen sehr leichtfiel, sich unter meinem Dach völlig heimisch zu fühlen. In Johannesburg wurden diese Kontakte noch enger als in Durban.

12. Kontakte mit Europäern (Fortsetzung)

In Johannesburg hatte ich zeitweise vier indische Angestellte, die wohl eher wie Söhne waren. Trotzdem bewältigten wir meine Arbeit nicht. Ohne Maschinenschreiben ging es nicht, eine Kunst, die nur ich einigermaßen beherrschte. Ich brachte es zwei von ihnen bei, aber sie genügten den Anforderungen trotzdem nicht, weil ihr Englisch zu schlecht war. Einen wollte ich zum Buchhalter ausbilden. Aus Natal konnte ich niemanden anstellen, weil jeder Inder für den Transvaal einen Passierschein benötigte, ich aber den zuständigen Beamten nicht um einen persönlichen Gefallen bitten wollte.

Ich wusste mir keinen Rat mehr, kam mit der Arbeit immer mehr in Verzug, bis ich das Gefühl hatte, egal wie sehr ich mich anstrengte, ich würde mit der beruflichen und öffentlichen Arbeit nicht zu Rande kommen. Ich war durchaus bereit, einen Europäer zu beschäftigen, aber nicht sicher, ob ein Weißer oder eine Weiße für einen Farbigen arbeiten würde. Ich wollte es jedenfalls versuchen. So wandte ich mich an den mir bekannten Leiter eines Schreibbüros, er solle mir jemand vermitteln, egal ob Mann oder Frau, der Schreibmaschine schreiben könne und nichts dagegen habe, unter einem «Schwarzen» zu arbeiten. In Südafrika sind Stenotypisten und Schreibkräfte meistens weiblich. Der Mann versprach, mir jemand Geeignetes zu vermitteln, und fand Miss Dick, eine junge Frau, die gerade aus Schottland gekommen war. Sie hatte nichts dagegen, sich ehrlich ihren Lebensunterhalt zu verdienen, wo immer möglich, und sie brauchte Geld. Der Mann schickte sie zu mir, und ich war sofort von ihr eingenommen.

«Macht es Ihnen nichts aus, für einen Inder zu arbeiten?», fragte ich.

«Überhaupt nicht», lautete ihre entschiedene Antwort.

«An welches Gehalt denken Sie?»

«Wären siebzehn Pfund, zehn Shilling zu viel?»

«Nicht, wenn Sie so arbeiten, wie ich es mir vorstelle. Wann können Sie anfangen?»

«Wenn Sie wollen, sofort.»

Hochzufrieden begann ich ihr auf der Stelle Briefe zu diktieren.

Bald war sie für mich mehr eine Tochter oder Schwester als nur eine Stenotypistin. Ich musste ihr gegenüber nie laut werden, und an ihrer Arbeit gab es selten etwas zu mäkeln. Einmal wurde sie mit der Verwaltung von mehreren tausend Pfund betraut und führte auch die Rechnungsbücher. Ich hatte uneingeschränktes Vertrauen zu ihr, aber noch wichtiger war vielleicht, sie vertraute mir ihre geheimsten Gedanken und Gefühle an. Auch bei der letztendlichen Wahl ihres Ehemanns fragte sie mich um Rat, und ich hatte die ehrenvolle Aufgabe, die Rolle des Brautvaters zu übernehmen. Nachdem aus Miss Dick Mrs. Macdonald geworden war, musste sie bei mir aufhören, ließ mich aber auch nach ihrer Verheiratung nicht im Stich, wenn ich mich in Notfällen an sie wandte.

Doch ich brauchte einen ständigen Ersatz für sie, und glücklicherweise fand sich eine andere junge Stenotypistin – Miss Schlesin, mit der mich Hermann Kallenbach, über den der Leser demnächst mehr erfahren wird, bekanntgemacht hatte. Zurzeit ist sie an einer der Oberschulen im Transvaal Lehrerin. Sie war ungefähr siebzehn Jahre alt, als sie zu mir kam, und hatte ein paar Eigenarten, die für Kallenbach und mich gelegentlich schwer erträglich waren. Ihr ging es eher darum, Erfahrungen zu sammeln, als um die Arbeit als Stenotypistin. Rassismus war ihr fremd, und sie fürchtete niemanden. Ohne zu zögern, sagte sie jedem ins Gesicht, was sie von ihm dachte, selbst wenn es beleidigend war. Ihre Impulsivität brachte mich oft in Schwierigkeiten, die sich aber durch ihre offene und arglose Art genauso schnell lösten, wie sie entstanden waren. Die von ihr getippten Briefe unterschrieb ich oft, ohne sie durchzulesen, weil ich ihr Englisch für besser hielt als meines und vollstes Vertrauen in ihre Loyalität hatte.

Sie opferte sich geradezu auf. Ziemlich lange bekam sie nicht mehr als sechs Pfund im Monat und wollte auch später nie mehr als zehn Pfund. Wenn ich sie drängte, mehr zu nehmen, schimpfte sie mich aus. «Ich bin nicht wegen des Gehalts bei Ihnen. Ich bin hier, weil ich gern mit Ihnen zusammenarbeite und weil mir Ihre Ideale gefallen.»

Einmal nahm sie vierzig Pfund von mir an, bestand aber darauf, dass es ein Darlehen sei, und zahlte mir letztes Jahr die gesamte Summe zurück. Sie war genauso mutig wie aufopferungsvoll. Kaum eine Frau, die ich kenne, hat einen derart kristallklaren Charakter und Mut, der einen Krieger beschämen würde. Jetzt ist sie eine erwachsene, unverheiratete Frau. Ich bin mit ihrem Denken nicht mehr so vertraut wie damals, aber meine Begegnung mit dieser jungen Dame wird für mich immer eine kostbare Erinnerung sein. Deshalb würde ich der Wahrheit nicht gerecht, wenn ich für mich behielte, was ich über sie weiß.

Wenn es um den Einsatz für die Sache ging, kannte sie weder Nacht noch Tag. Selbst in der Dunkelheit erledigte sie allein Botengänge und lehnte jede Begleitung verärgert ab. Tausende bärtige, treue, tapfere Inder sahen zu ihr auf und warteten auf Anweisung. Als zur Zeit von Satyagraha fast alle Anführer im Gefängnis saßen, leitete sie ganz allein die Bewegung. Sie hatte mit der Verwaltung von Hunderttausenden von Rupien, einem riesigen Postberg und der *Indian Opinion* alle Hände voll zu tun, schwächelte aber kein einziges Mal.

Ich könnte pausenlos von Miss Schlesin erzählen, schließe aber dieses Kapitel mit Gokhales Einschätzung. Er kannte jeden meiner Mitarbeiter, mochte die meisten und stellte gern Ranglisten nach Charakter auf. Unter allen indischen und europäischen Mitarbeitern bekam Miss Schlesin den ersten Platz. «Ich habe selten jemanden erlebt, der so aufopferungsbereit und lauter, so furchtlos und fähig ist wie Miss Schlesin», erklärte er.

13. *Indian Opinion*

Ehe ich über enge Kontakte mit anderen Europäern spreche, muss ich zwei, drei wichtige Dinge anführen. Einer der Kontakte sollte jedoch gleich zu Anfang erwähnt werden. Es reichte nicht, dass ich Miss Dick eingestellt hatte, ich brauchte weitere Unterstützung. Mr. Ritch, den ich gut kannte, habe ich bereits in früheren Kapiteln erwähnt. Er war der Geschäftsführer einer Handelsfirma, dem ich vorschlug, das Unternehmen zu verlassen und für mich zu arbeiten. Er war einverstanden und nahm mir meine Last teilweise ab.

Ungefähr zu dieser Zeit kam Sjt. Madanjit mit der Idee zu mir, die *Indian Opinion* zu gründen, und wollte meinen Rat. Er hatte schon einmal einen Zeitungsbetrieb geleitet, und ich ermutigte ihn. Die erste Ausgabe erschien 1904, Mansukhlal Naazar wurde ihr erster Herausgeber. Der Großteil der Arbeit lag allerdings bei mir, denn ich war praktisch die meiste Zeit für die *Indian Opinion* verantwortlich. Es ist immer mein Schicksal gewesen, aus der Ferne ein Presseorgan zu leiten. Nicht etwa, dass Mansukhlal dazu nicht in der Lage gewesen wäre, denn er hatte in Indien viel journalistisch gearbeitet. Er traute sich aber, solange ich da war, nicht an Berichte über verzwickte südafrikanische Probleme heran. Er hatte größtes Vertrauen in mein Urteilsvermögen und schob mir deshalb die Verantwortung für die Leitartikel zu. Bis zum heutigen Tag erscheint die Zeitung im Wochenrhythmus. Anfänglich erschien sie auf Gujarati, Hindi, Tamilisch und Englisch. Ich stellte jedoch rasch fest, dass die Ausgaben auf Hindi und Tamilisch nur des schönen Scheins wegen erschienen. Sie erfüllten ihren eigentlichen Zweck nicht, deshalb stellte ich sie ein. Ich hatte das Gefühl gehabt, ihre Weiterführung wäre irgendwie Betrug, nun war ich etwas entlastet.

Ich hatte nicht geahnt, dass ich in dieses Blatt Geld stecken musste, stellte aber bald fest, dass es ohne meine finanzielle Unterstützung nicht überlebensfähig war. Sowohl den Indern wie auch den Europäern war klar, dass ich eigentlich derjenige war, der die Artikel in der *Indian Opinion* verfasste, auch wenn ich nicht offiziell als Herausgeber auftrat. Wenn die Zeitung nie erschienen wäre, hätte das niemanden gestört, sie aber einzustellen, nachdem sie nun einmal existierte, wäre sowohl eine Schande als auch ein Verlust für die Gemeinschaft gewesen. Also steckte ich ständig Geld hinein, bis praktisch meine gesamten Ersparnisse dahin waren. Eine Zeitlang musste ich jeden Monat fünfundsiebzig Pfund aufbringen.

Nach diesen vielen Jahren habe ich das Gefühl, dass die Zeitung der Gemeinschaft gute Dienste geleistet hat. Als kommerzielles Unternehmen war sie nie gedacht. Solange sie unter meiner Leitung stand, spiegelten die Veränderungen in der *Indian Opinion* die Veränderungen in meinem Leben wider, so wie das heute auf *Young India* und *Navajivan* zutrifft. Wöchentlich füllte ich die Spalten mit dem, was mich bewegte, und erläuterte, was ich unter den Grundsätzen sowie der praktischen

Umsetzung von Satyagraha verstand. Zehn Jahre lang, das heißt bis 1914 – bis auf die Pause, als ich im Gefängnis saß –, erschien fast keine Nummer der *Indian Opinion* ohne einen Artikel von mir. Wahrscheinlich gibt es in keinem dieser Artikel ein Wort, das ich gedankenlos oder unüberlegt hingeschrieben habe, nichts, das bewusst aufbauschen oder einfach nur unterhalten sollte. Vielmehr war die Zeitung für mich eine Schulung in Selbstdisziplin und für Freunde ein Medium, durch das sie mit meinen Gedanken in Kontakt bleiben konnten. Der Kritik bot sie wenig Angriffsfläche. Im Gegenteil, durch den Ton der *Indian Opinion* waren die Kritiker gezwungen, ihre Aggressionen im Zaum zu halten.

Ohne *Indian Opinion* wäre Satyagraha wahrscheinlich nicht möglich gewesen. Die Leser, die sich in hohem Maße mit der Zeitung identifizierten, erwarteten von ihr eine vertrauenswürdige Berichterstattung über die Satyagraha-Kampagne und die tatsächliche Lage der südafrikanischen Inder. Mir bot sie die Gelegenheit, die menschliche Natur in all ihren Facetten zu studieren, denn ich bemühte mich immer um eine enge Verbindung zwischen Herausgeber und Lesern. Ich bekam Berge von Briefen, in denen man mir das Herz ausschüttete, freundliche, kritische oder verbitterte, je nach Naturell des Verfassers. Auch diese Zuschriften, das Nachdenken darüber und die Beantwortung waren für mich eine wunderbare Schulung. Es war, als dächten die Gemeinschaft und ich auf diesem Wege gemeinsam nach. Ich begriff deutlich, welche Verantwortung ein Journalist hat, und der Einfluss, den ich so auf die Gemeinschaft nahm, ermöglichte später die Kampagne, verlieh ihr Würde und machte sie unwiderstehlich.

Schon im ersten Monat der *Indian Opinion* begriff ich, dass das Ziel des Journalismus einzig und allein der Dienst an der Öffentlichkeit sein sollte. Die Presse stellt eine große Macht dar, aber so wie eine entfesselte Flut ganze Landstriche unter Wasser setzt und Ernten vernichtet, dient eine unkontrollierte Feder einzig der Zerstörung. Eine Kontrolle von außen verbreitet aber mehr Gift als gar keine Kontrolle. Kontrolle ist nur sinnvoll, wenn sie von innen heraus kommt. Wenn diese Argumentation stimmt, wie viele Zeitungen der Welt bestehen dann diese Prüfung? Wer sollte die nutzlosen Druckerzeugnisse an ihrem Erscheinen hindern? Und wer Richter sein? Die nützlichen und nutzlosen werden nebeneinander weiterbestehen, und der Mensch muss seine Wahl treffen.

14. Kulisiedlungen oder Ghettos?

Einige der Klassen, die uns den größten Dienst leisten, von uns Hindus aber als «Unberührbare» betrachtet werden, sind in entlegene Viertel der Städte und Dörfer verbannt worden, die auf Gujarati *dhedvado* heißen, ein Wort, das einen bitteren Beigeschmack bekommen hat. Genauso waren einst im christlichen Europa die Juden «Unberührbare», die Viertel, die ihnen zugewiesen wurden, trugen den diffamierenden Namen «Ghetto». Ganz ähnlich sind wir heute zu den Unberührbaren Südafrikas geworden. Es bleibt abzuwarten, inwiefern uns Andrews' Opfer und Shastris Zauberstab rehabilitieren können.

Die Juden betrachteten sich als einzig auserwähltes Volk Gottes, was dazu führte, dass man sich an ihnen auf seltsame, ungerechte Art und Weise rächte. Ähnlich haben sich die Hindus als Aryas oder Zivilisierte betrachtet, einen Teil ihrer Brüder und Schwestern als Anaryas oder Unberührbare, was dazu führte, dass eine seltsame, ungerechte Nemesis nicht nur die Hindus in Südafrika und anderen Kolonien, sondern auch die dort lebenden Muslime und Parsen heimsucht, weil sie aus demselben Land stammen und dieselbe Hautfarbe haben.

Der Leser wird jetzt wahrscheinlich die Bedeutung des Wortes «Siedlung» in der Kapitelüberschrift verstanden haben. In Afrika hat man uns den hassenswerten Namen «Kuli» gegeben. In Indien ist ein «Kuli» nichts anderes als ein Lastenträger oder Lohnarbeiter, aber in Südafrika hat das Wort einen verächtlichen Beiklang und die gleiche Bedeutung, die bei uns «Paria» oder «Unberührbarer» hat. Die den «Kulis» zugewiesenen Viertel heißen «Kulisiedlungen»; Johannesburg hatte ebenfalls eine solche Siedlung, aber anders als in anderen Städten mit derartigen Siedlungen, wo die Inder Pachtrechte besaßen, hatten sie in den Siedlungen in Johannesburg die Grundstücke für einen Zeitraum von neunundneunzig Jahren gemietet. Sie lebten dort dicht zusammengedrängt, die Größe des Gebiets blieb unverändert, obwohl immer mehr Menschen dort wohnten. Gelegentlich wurden die Latrinen geputzt, ansonsten kümmerte sich die Stadtverwaltung nicht um die Verbesserung der sanitären Verhältnisse, von richtigen Straßen oder Beleuchtung ganz zu schweigen. Eher unwahrscheinlich, dass sie sich um Abwasser- und Müllentsorgung scheren würde, wenn ihr das Wohl der Bewohner egal war. Die dort lebenden

Kulisiedlungen oder Ghettos? 283

Inder waren ungebildet, kannten sich mit städtischen Hygieneverordnungen nicht aus und waren deshalb auf die Hilfe oder Beaufsichtigung der Stadtverwaltung angewiesen. Wenn diese Inder Menschen gewesen wären, die sich im Wald wohlgefühlt hätten und Staub in Gold verwandeln hätten können, wäre es ihnen anders ergangen. Aber es ist nicht bekannt, dass dieser Menschentyp irgendwo in einem fremden Land zu Wohlstand gekommen ist. Normalerweise wandern die Leute aus, weil sie Handel treiben und reich werden wollen, aber das Gros der Inder, die nach Südafrika gingen, bestand aus ungebildeten, armen Landarbeitern, die jede erdenkliche Hilfe und Förderung gebraucht hätten. Unter den Indern, die ihnen nachfolgten, waren kaum Händler und solche ohne Kontrakt.

Die sträfliche Vernachlässigung durch die Stadtverwaltung führte in Kombination mit der Unwissenheit der indischen Siedler zu völlig unhaltbaren hygienischen Verhältnissen. Die Stadt sah nicht nur tatenlos zu, sondern benutzte die durch ihre eigene Fahrlässigkeit entstandenen Missstände als Vorwand, die Siedlung zu zerstören. Dazu erwirkte sie vom Stadtrat die Befugnis, die Siedler zu enteignen. Das war der Stand der Dinge, als ich mich in Johannesburg niederließ.

Die Siedler, die Eigentumsrechte an ihrem Land besaßen, hatten natürlich Anspruch auf Entschädigung. Zur Verhandlung solcher Fälle wurde ein Sondergericht eingesetzt, an das sich Betroffene wenden konnten, die das Angebot der Stadt nicht annehmen wollten. Legte dieses Gericht eine höhere Entschädigung fest als die Stadt, musste die Stadt die Kosten tragen.

Die meisten Betroffenen engagierten mich als Rechtsberater. Ich wollte daran nicht verdienen, deshalb sagte ich ihnen, falls zu ihren Gunsten entschieden würde, sei ich mit dem Kostenentscheid des Gerichts und, unabhängig davon, pro Fall mit einem Honorar von zehn Pfund zufrieden. Außerdem würde ich die Hälfte des Geldes, das sie zahlten, für den Bau eines Armenkrankenhauses oder einer ähnlichen Einrichtung beiseitelegen. Davon waren natürlich alle begeistert.

Von ungefähr siebzig Fällen verlor ich nur einen, deshalb summierten sich die Honorare zu einer recht ordentlichen Summe. Aber die *Indian Opinion* war eine ständige Belastung und verschlang, wenn ich mich recht erinnere, eintausendsechshundert Pfund. Ich hatte für diese Fälle hart gearbeitet, war unentwegt von Mandanten umgeben. Die meisten waren ehemalige Kontraktarbeiter aus Bihar und Umgebung sowie aus den Tamil- und Telugu-Regionen Südindiens. Zur Behebung ihrer Missstände hatten sie eine eigene Vereinigung gegründet, die unabhängig von den freien indischen Kaufleuten und Händlern agierte. Darunter waren aufrichtige, liberale Männer mit gutem Charakter. Sjt. Jairamsing, der Präsident, und Sjt. Badri, waren die Anführer und mir eine große Hilfe. Badri wurde bald mein enger Mitarbeiter und spielte eine große Rolle bei der Satyagraha-Bewegung. Durch diese und andere Freunde kam ich in engen Kontakt mit vielen Siedlern aus Nord- und Südindien. Ich war nicht mehr nur ihr Rechtsberater, sondern eher ihr Bruder und teilte ihre Sorgen.

Abdulla Sheth weigerte sich, mich mit «Gandhi» anzureden. Es kam zum Glück keiner auf den Gedanken, mich «Sahib» zu nennen oder mich gar als solchen zu betrachten. Abdulla Sheth fand eine schöne Bezeichnung – «Bhai», Bruder. Andere taten es ihm nach und nannten mich so, bis ich Südafrika verließ. Aus dem Mund der ehemaligen Kontraktarbeiter hörte sich diese Anrede besonders schön an.

15. Die Pest I

Nachdem die Stadt ihren Eigentumsanspruch auf die Siedlung durchgesetzt hatte, konnte mit der Räumung nicht sofort begonnen werden, weil für die Bewohner erst geeignete neue Unterkünfte gefunden werden mussten. Das stellte sich als schwierig heraus, deshalb mussten die Inder weiterhin in derselben «dreckigen» Siedlung wohnen bleiben. Mittlerweile waren sie keine Eigentümer mehr, sondern Mieter der Stadt, mit dem Ergebnis, dass sich die hygienischen Verhältnisse noch verschlimmerten. Als Eigentümer hatten sie eine gewisse Sauberkeit aufrechterhalten, und sei es nur aus Angst vor dem Gesetz. Der Stadt lagen solche Ängste fern. Es wurden immer mehr Mieter, die Siedlung verkam immer mehr.

Während sich die Inder noch über diesen Zustand aufregten, brach plötzlich die Lungenpest aus, die noch grauenvoller und gefährlicher ist als die Beulenpest. Glücklicherweise war nicht die Siedlung für den Ausbruch verantwortlich, sondern eine der vielen Goldminen in der Umgebung Johannesburgs. Die meisten der Minenarbeiter waren Schwarze, für die hygienischen Zustände waren aber ausschließlich die weißen Arbeitgeber verantwortlich. Auch einige Inder arbeiteten in der Grube, von denen sich dreiundzwanzig ganz plötzlich ansteckten und eines Abends mit einer akuten Pestinfektion in ihre Behausungen in der Siedlung zurückkamen. Zufällig war Madanjit dort unterwegs, weil er Abonnenten für die *Indian Opinion* werben und fällige Gebühren eintreiben wollte. Er war ein außergewöhnlich unerschrockener Mensch. Ihm blutete das Herz, als er die Seuchenopfer sah, und er schickte mir ein paar Bleistiftzeilen. «Hier ist plötzlich die Pest ausgebrochen. Sie müssen sofort herkommen und schnellstens Maßnahmen ergreifen, sonst müssen wir uns auf das Schlimmste gefasst machen. Bitte kommen Sie sofort!»

Mutig brach Madanjit das Schloss eines leerstehenden Hauses auf und brachte alle Erkrankten dort unter. Ich radelte zur Siedlung und teilte dem Stadtsekretär schriftlich mit, aus welchem Grund wir das Haus besetzt hatten.

Dr. William Godfrey, der in Johannesburg eine Praxis hatte, kam umgehend zu Hilfe, als er davon erfuhr, und kümmerte sich als Arzt und Pfleger um die Kranken. Aber mit dreiundzwanzig Patienten waren wir drei überfordert.

Wenn man ein reines Herz hat, so mein auf Erfahrung begründeter Glaube, bringt ein Unglück auch immer Menschen und Mittel mit sich, um es zu bekämpfen. Damals hatte ich in meinem Büro vier Angestellte: Kalyandas, Maneklal, Gunvantrai Desai und einen anderen, dessen Name mir nicht mehr einfällt. Kalyandas war mir von seinem Vater in Obhut gegeben worden. Ich bin in Südafrika selten jemandem begegnet, der zuvorkommender und so zu absolutem Gehorsam bereit war wie Kalyandas. Zum Glück war er damals unverheiratet, so dass ich ihm auch riskante Aufgaben übertragen konnte. Maneklal hatte ich in Johannesburg getroffen; soweit ich mich entsinne, war er ebenfalls unverheiratet. Deshalb beschloss ich, alle vier – ob man sie nun als Angestellte, Mitarbeiter oder Söhne bezeichnet – zu opfern. Kalyandas brauchte ich gar nicht zu fragen, auch die anderen erklärten sich bereit, als ich sie darauf ansprach. «Wo immer Sie hingehen, wir gehen mit», lautete ihre knappe, rührende Antwort.

Mr. Ritch hatte eine große Familie, war aber bereit, sich dem Risiko auszusetzen. Ich hielt ihn davon ab, weil ich es nicht übers Herz brachte. Daher kümmerte er sich in sicherem Abstand um andere Aufgaben.

Es war eine grauenvolle Nacht, diese Nacht des Wachens und Pflegens. Zwar hatte ich schon etliche Patienten gepflegt, aber noch nie einen Pestkranken. Dr. Godfreys Mut wirkte inspirierend. Viel Pflege war nicht nötig. Wir mussten lediglich Medikamente verabreichen, auf die Bedürfnisse der Patienten eingehen, sie und ihre Betten sauber halten und für Aufmunterung sorgen.

Der unermüdliche Einsatz, die Unerschrockenheit, mit der die vier jungen Männer arbeiteten, beglückten mich sehr. Dass Dr. Godfrey und ein erfahrener Mann wie Madanjit Mut bewiesen, war nicht verwunderlich, aber Hut ab vor dem Engagement dieser unerfahrenen Burschen! Soweit ich mich erinnere, brachten wir alle Patienten durch die lange Nacht.

Der ganze Vorfall ist, abgesehen vom Gefühlswirrwarr, den er auslöste, hochinteressant und für mich von so großem religiösem Wert, dass ich ihm mindestens noch zwei weitere Kapitel widmen muss.

16. Die Pest II

Der Stadtsekretär dankte mir, dass ich das leerstehende Haus zum Krankenrevier umfunktioniert und mich um die Kranken gekümmert hatte. Er gab offen zu, der Stadtrat sei auf einen solchen Notfall nicht vorbereitet, versprach aber, dass sie uns nach Kräften unterstützen würden. Nun war sich die Stadtverwaltung ihrer Verantwortung bewusst geworden, es wurden umgehend Maßnahmen ergriffen.

Am nächsten Tag stellte man mir ein leeres Lagerhaus zur Verfügung und schlug vor, die Kranken dorthin zu bringen. Weil die Stadt das verwahrloste Gebäude nicht gereinigt hatte, packten wir selbst an. Mit der Unterstützung einiger wohltätiger Inder trieben wir einige Betten und andere notwendige Dinge auf und improvisierten so ein Krankenhaus. Die Stadtverwaltung stellte uns eine Krankenschwester zur Verfügung, die mit Branntwein und anderen notwendigen Dingen für die Patienten erschien. Dr. Godfrey hatte weiterhin die Leitung inne.

Die Krankenschwester war eine nette Dame und hätte sich gern um die Patienten gekümmert, durfte diese aber nur in Ausnahmefällen berühren, weil wir Angst hatten, sie könnte sich anstecken.

Wir hatten die Anweisung, den Kranken häufig Branntwein zu verabreichen. Die Pflegerin bat uns sogar, wir sollten ihrem Beispiel folgen und zur Vorbeugung selbst etwas trinken. Doch keiner von uns rührte den Alkohol an. Ich glaube auch nicht, dass er auf die Patienten heilend wirkte. Mit Dr. Godfreys Erlaubnis wandte ich bei drei Kranken, die auf Branntwein verzichten wollten, die Heilerdekur an und legte ihnen feuchte Umschläge auf Kopf und Brust. Zwei von ihnen überlebten. Die anderen zwanzig starben in dem Lagerhaus.

Inzwischen war die Stadtverwaltung damit beschäftigt, weitere Maßnahmen zu ergreifen. Ungefähr sieben Meilen von Johannesburg entfernt lag ein Lazarett, in dem Patienten mit ansteckenden Krankheiten untergebracht wurden. Die beiden Überlebenden wurden in Zelte verlegt, die in der Nähe des Lazaretts aufgebaut worden waren, und man traf Vorkehrungen, damit alle neuen Fälle dort hingebracht werden konnten. Damit war unsere Arbeit beendet.

Nach ein paar Tagen erfuhren wir, dass sich die nette Krankenschwester angesteckt hatte und sofort gestorben war. Weshalb die beiden Patienten gerettet wurden und wir immun blieben, lässt sich unmöglich sagen, aber diese Erfahrung bestätigte mein Vertrauen in Heilerdekuren und gleichzeitig meine Skepsis, ob Branntwein als Medizin taugte. Natürlich gibt es weder für das eine noch das andere eine solide Grundlage, aber der Eindruck von damals hat immer noch Auswirkungen auf mich.

Als die Pest ausbrach, hatte ich einen deutlichen Brief an die Presse gerichtet, in dem ich die Stadtverwaltung beschuldigte, sie habe die Siedlung nach der Übernahme vernachlässigt und sei selbst für den Ausbruch der Seuche verantwortlich. Durch diesen Brief lernte ich Henry Polak kennen, der mitverantwortlich war für meine Freundschaft mit Reverend Joseph Doke.

Ich habe bereits erwähnt, dass ich meistens in einem vegetarischen Restaurant aß, wo ich auch Albert West kennenlernte. Wir trafen uns fast jeden Abend dort und machten nach dem Essen einen Spaziergang. West war Teilhaber einer kleinen Druckerei. Er hatte in der Zeitung meinen Brief über den Pestausbruch gelesen, und als er mich nicht im Restaurant antraf, war er beunruhigt.

Seit dem Seuchenausbruch aßen meine Mitarbeiter und ich weniger als sonst, denn schon seit langem nahm ich während Pestepidemien nur leichte Kost zu mir. Zudem beendete ich mein Mittagessen, bevor die anderen Gäste kamen, weil ich sie keiner Gefahr aussetzen wollte. Ich kannte den Besitzer sehr gut und hatte ihm erklärt, ich wolle den Kontakt mit anderen möglichst vermeiden, da ich Pestkranke pflegte.

Nachdem West mich ein, zwei Tage lang nicht im Restaurant angetroffen hatte, klopfte er eines Morgens bei mir, gerade als ich einen Spaziergang machen wollte. Als ich die Tür aufmachte, sagte er: «Ich habe Sie nicht im Restaurant gesehen und mir wirklich Sorgen gemacht, dass Ihnen etwas zugestoßen ist. Deshalb wollte ich Sie so früh wie möglich aufsuchen, damit Sie auch bestimmt noch zu Hause sind. Also, jetzt bin ich hier und stehe Ihnen zur Verfügung. Ich bin bereit, bei der Krankenpflege mitanzupacken. Sie wissen, dass ich keine Angehörigen habe.»

Ich dankte ihm und erwiderte, ohne eine Sekunde zu zögern: «Als Pfleger brauche ich Sie nicht, denn wenn keine neuen Fälle auftreten, müsste in ein, zwei Tagen unsere Arbeit beendet sein. Aber es gibt da etwas anderes.»

«Was wäre das?»

«Könnten Sie den Druck der *Indian Opinion* in Durban übernehmen? Voraussichtlich kann Mr. Mandanjit hier noch nicht weg, und in Durban brauchen wir noch eine weitere Person. Wenn Sie das übernehmen könnten, wäre das für mich eine große Erleichterung.»

«Sie wissen ja, dass ich selbst eine Druckerei habe. Höchstwahrscheinlich werde ich es einrichten können, aber ich kann Ihnen erst heute Abend endgültig Bescheid geben. Reden wir bei unserem Abendspaziergang darüber, wenn Sie Zeit dafür haben.»

Ich war hocherfreut. Wir besprachen die Angelegenheit; er war bereit, nach Durban zu gehen. Das Gehalt spielte für ihn keine Rolle, denn es ging ihm nicht um das Geld. Wir einigten uns auf ein Monatsgehalt von zehn Pfund sowie einen Anteil am Gewinn, sollte es einen geben. Schon am nächsten Tag fuhr West, nachdem er mich noch mit dem Eintreiben seiner Außenstände beauftragt hatte, mit dem Abendzug nach Durban. Von da ab, bis zu dem Tag, an dem ich Südafrikas Küste hinter mir ließ, teilten wir Freud und Leid.

West stammte aus einer Bauernfamilie in Louth, Lincolnshire. Er besaß nur eine bescheidene Schulbildung, hatte aber viel in der Schule des Lebens und durch Eigeninitiative gelernt. Ich habe ihn immer als besonnenen und gottesfürchtigen Engländer erlebt, lauter und menschlich.

17. Die Siedlung in Flammen

Zwar mussten meine Mitarbeiter und ich uns nicht mehr um die Kranken kümmern, aber es gab trotzdem einiges zu tun.

Wie bereits erwähnt, wurde die Siedlung von der Stadtverwaltung vernachlässigt. Aber wenn es um die Gesundheit ihrer weißen Bürger ging, war sie mehr als umsichtig, wandte riesige Beträge dafür auf. Das Geld zur Pestbekämpfung floss in Strömen. Trotz der vielen Fehler, die ich der Stadt im Umgang mit den Indern anlastete, konnte ich nicht umhin, ihre Sorge um die weiße Bevölkerung anzuerkennen, und unterstützte sie dabei nach Kräften. Wahrscheinlich wäre ohne meine Mitarbeit diese Aufgabe für die Stadt schwieriger gewesen und sie hätte nicht gezögert, Waffengewalt einzusetzen, um ihre Vorhaben umzusetzen.

Doch so weit kam es nicht. Die städtischen Behörden waren vom Verhalten der Inder angetan, und viele künftige Maßnahmen für etwaige Pestausbrüche wurden vereinfacht. Ich bot meinen gesamten Einfluss auf die indische Gemeinschaft auf, dass sie die Anforderungen der Stadt erfüllten, was keinesfalls leicht war. Soweit ich mich erinnere, widersetzte sich niemand meinem Rat.

Die Siedlung wurde unter strenge Bewachung gestellt, niemand durfte sie ohne Genehmigung verlassen oder betreten. Meine Mitarbeiter und ich hatten allerdings Passierscheine. Man beschloss, die Siedlung vollständig zu räumen und niederzubrennen. Die Bewohner sollten drei Wochen lang in Zelten untergebracht werden. Die Errichtung des Zeltlagers, ungefähr dreizehn Meilen außerhalb von Johannesburg sowie die Bereitstellung von Lebensmitteln und anderen notwendigen Dingen dauerte einige Zeit, und währenddessen war eine Bewachung notwendig.

Die Leute hatten fürchterliche Angst, aber meine ständige Anwesenheit tröstete sie. Viele der Armen hatten ihre mageren Ersparnisse vergraben, die jetzt ausgebuddelt werden mussten. Sie hatten kein Bankkonto und kannten niemanden, also wurde ich ihr Bankier, mit dem

Resultat, dass sich bei mir das Geld anhäufte. In solchen Krisenzeiten konnte ich schlecht etwas für meine Leistungen verlangen. Irgendwie kam ich mit der Arbeit zurande. Ich kannte den Direktor meiner Bank sehr gut und erklärte ihm, dass ich die Gelder bei ihm deponieren müsse. Die Banken waren nicht auf riesige Mengen Kupfer- und Silbermünzen erpicht, eventuell würden sich die Bankangestellten weigern, Geld aus einer Gegend anzufassen, die von der Pest befallen war. Doch der Bankdirektor kam mir in allen Belangen entgegen. Es wurde beschlossen, alles Geld zu desinfizieren, bevor es zur Bank gebracht wurde; letztendlich waren es fast sechzigtausend Pfund. Wer ausreichend Geld habe, solle ein Bankkonto eröffnen, riet ich den Leuten, und sie befolgten meinen Rat. Einige legten von da an ihr Geld bei einer Bank an.

Die Bewohner der Siedlung wurden mit einem Sonderzug zur Klipspruit Farm bei Johannesburg gebracht, wo die Stadt sie mit Lebensmitteln versorgte, die aus der öffentlichen Kasse bezahlt wurden. Diese Zeltstadt sah aus wie ein Armeelager. Die Menschen, die ein solches Lagerleben nicht kannten, waren bekümmert oder erstaunt, hatten es aber eigentlich einigermaßen angenehm. Ich radelte fast täglich zu ihnen hinaus. Nach vierundzwanzig Stunden hatten sie ihren Kummer überwunden und lebten sich gutgelaunt ein. Jedes Mal, wenn ich zu ihnen kam, sangen sie und waren fröhlich. Drei Wochen im Freien wirkten sich offenbar positiv auf ihre Gesundheit aus.

Die Siedlung wurde bereits am Tag nach der Räumung in Brand gesetzt. Die Stadtverwaltung war entschlossen, alles ohne Ausnahme niederzubrennen. Gleichzeitig und aus demselben Grund verbrannte sie ihr gesamtes Holz, das auf dem Marktplatz gelagert war, was einen Verlust von mehreren zehntausend Pfund bedeutete. Grund für diesen drastischen Schritt waren mehrere tote Ratten, die dort gefunden worden waren.

Es wurde kostspielig für die Stadt, doch die Ausbreitung der Pest wurde damit erfolgreich verhindert, und man atmete auf.

18. Der Zauber eines Buches

Durch den Pestausbruch wurde mein Einfluss auf die armen Inder größer, gleichzeitig bekam ich mehr Aufträge und mehr Verantwortung. Die Beziehung zu manchen Europäern wurde so eng, dass ich mich moralisch mehr verpflichtet fühlte.

In dem vegetarischen Restaurant, in dem ich bereits West getroffen hatte, machte ich auch die Bekanntschaft von Mr. Polak. Eines Abends ließ mir ein junger Mann, der an einem Nebentisch saß, seine Visitenkarte mit dem Wunsch überreichen, mich kennenzulernen. Er folgte der Einladung an meinen Tisch.

«Ich bin Redakteur beim *Critic*», stellte er sich vor, «und als ich Ihren Brief an die Presse über die Pest las, wollte ich Sie unbedingt kennenlernen. Wie schön, dass ich jetzt die Gelegenheit dazu habe.»

Polaks Offenheit war gewinnend. Noch am selben Abend freundeten wir uns an. Es stellte sich heraus, dass wir in wesentlichen Fragen sehr ähnliche Ansichten hatten. Er mochte das einfache Leben und besaß die wunderbare Fähigkeit, sofort in die Tat umzusetzen, was ihm gefiel. Einige Veränderungen in seinem Leben wurden ebenso so schnell wie radikal umgesetzt.

Mit jedem Tag wurde die *Indian Opinion* teurer. Gleich der erste Bericht von West war alarmierend. «Wahrscheinlich wird das Unternehmen nicht den von Ihnen erwarteten Gewinn abwerfen. Ich rechne sogar eher mit einem Verlust. Die Rechnungsbücher sind ein Chaos, enorme Rückstände müssen eingetrieben werden, aber aus den vorliegenden Angaben wird niemand schlau. Doch keine Sorge, ich tue mein Bestes, um alles wieder ins Lot zu bringen. Ich bleibe, ob wir Profit machen oder nicht.»

West hätte gehen können, als er entdeckte, dass kein Gewinn heraussprang, und ich hätte es ihm nicht verübelt. Vielmehr hätte er jedes Recht gehabt, mich zur Rechenschaft zu ziehen, weil ich ihm ein Unternehmen als gewinnbringend angepriesen hatte, ohne Beweise dafür vorzulegen. Aber es kam von ihm kein einziges Wort der Klage. Seit dieser Entdeckung habe ich allerdings den Eindruck, dass er mich für leichtgläubig hält. Ich hatte einfach Madanjits Einschätzung unhinterfragt übernommen und West gesagt, er könne mit Gewinn rechnen.

Heute ist mir klar, dass jemand, der in der Öffentlichkeit tätig ist, keine

Aussagen machen sollte, deren Korrektheit er nicht zuvor überprüft hat. Vor allem ein Verfechter der Wahrheit muss größte Vorsicht walten lassen. Jemanden etwas glauben zu machen, was man nicht gründlich überprüft hat, bedeutet, die Wahrheit zu manipulieren. Bedrückt gestehe ich, dass ich trotz dieses Wissens immer noch zur Gutgläubigkeit neige, woran mein Hang, mir mehr Arbeit aufzuladen, als ich bewältigen kann, schuld ist. Diese Charaktereigenschaft bereitete oft Sorgen, mir weniger als meinen Mitarbeitern.

Nachdem ich Wests Brief bekommen hatte, reiste ich nach Natal; Polak hatte ich in alles eingeweiht. Er brachte mich zum Bahnhof und gab mir zum Abschied Reiselektüre mit, die mir sicher gefallen würde, John Ruskins «Diesem Letzten».

Erst einmal angefangen, konnte ich das Buch nicht beiseitelegen, so fesselnd fand ich es. Die Fahrt von Johannesburg nach Durban, wo der Zug gegen Abend ankam, dauerte vierundzwanzig Stunden. In dieser Nacht konnte ich nicht schlafen. Ich beschloss, mein Leben nach den Idealen dieses Buches neu auszurichten.

Es war mein erstes Buch von Ruskin. Während des Studiums hatte ich fast ausschließlich Lehrbücher gelesen, und seit ich mitten im Leben stand, blieb mir nur wenig Zeit für Lektüre, weshalb ich mich nicht mit viel Bücherwissen brüsten kann. Wahrscheinlich ist mir dadurch nicht viel entgangen. Im Gegenteil, weil ich so wenig las, konnte ich das Gelesene umso gründlicher verarbeiten. Von diesen Büchern bewirkte nur «Diesem Letzten» eine unmittelbare und fruchtbare Veränderung in meinem Leben. Später habe ich es ins Gujarati übersetzt, unter dem Titel «Sarvodaya» («Wohlfahrt für alle»).

In Ruskins großartigem Buch fand ich einige meiner tiefsten Überzeugungen formuliert, deshalb fesselte es mich auch so und veranlasste mich, mein Leben zu ändern. Ein Dichter kann das Gute, das in uns schlummert, wecken. Dichter haben jedoch nicht auf jeden den gleichen Einfluss, denn nicht jeder steckt voller guter Ideale.

Die Essenz von «Diesem Letzten» war für mich folgende:

1. Das Wohl des Einzelnen liegt im Wohl aller.

2. Die Tätigkeit eines Rechtsanwalts hat denselben Wert wie die eines Barbiers, insofern alle das gleiche Recht haben, sich den Lebensunterhalt durch ihre Arbeit zu verdienen

3. Ein Leben körperlicher Arbeit, das heißt das Leben eines Ackermanns, ist das wirklich lebenswerte Leben.

Die erste Lehre kannte ich, die zweite war mir vage bewusst. Die dritte war mir noch nie in den Sinn gekommen. «Diesem Letzten» machte mir völlig klar, dass die zweite und dritte in der ersten Lehre enthalten waren. Ich stand mit der Morgendämmerung auf, bereit, diese Grundsätze in die Praxis umzusetzen.

19. Das Phoenix Settlement

Gleich am Morgen redete ich mit West, beschrieb ihm, welche Wirkung «Diesem Letzten» auf mich hatte, und schlug vor, die *Indian Opinion* ab jetzt von einer Farm aus zu betreiben, wo jeder körperlich arbeiten, den gleichen Lohn bekommen und sich in der Freizeit mit dem Zeitungsmachen beschäftigen solle. West gefiel diese Idee, und wir legten eine monatliche Vergütung von drei Pfund pro Person fest, unabhängig davon, ob sie weiß oder schwarz war.

Die eine Frage war, ob alle der zehn oder mehr Druckereiarbeiter mit dem Umzug in die Wildnis einverstanden wären, die andere, ob sie sich mit einem Lohn zufriedengeben würden, der für alle gleich war und gerade einmal für Essen und Kleidung ausreichte. Deshalb schlugen wir vor, wer sich nicht entschließen konnte mitzumachen, solle sein Gehalt weiterhin beziehen, aber nach und nach versuchen, sich dem Ideal anzunähern und Mitglied der Siedlung zu werden.

Ich teilte den Arbeitern den Plan mit; Madanjit war nicht angetan. Er hielt ihn für albern und meinte, die Arbeiter würden davonlaufen, das Unternehmen, das er mit so viel Herzblut aufgebaut hatte, gehe den Bach hinunter, und schließlich werde die *Indian Opinion* nicht mehr erscheinen und die Druckerei schließen müssen.

Unter den Druckereiarbeitern war auch einer meiner Neffen, Chhaganlal Gandhi. Ich hatte ihm zur selben Zeit wie West meine Idee erläutert. Er hatte Frau und Kinder, sich aber von klein auf entschieden, von mir seine Ausbildung zu erhalten und für mich zu arbeiten, und hatte daher volles Vertrauen zu mir. Ohne weiteres erklärte er sich mit dem Plan einverstanden und ist seitdem an meiner Seite. Der Maschinenschlosser Govindaswami war ebenfalls einverstanden; die anderen wollten sich nicht am Projekt beteiligen, willigten aber ein, mitzukommen, egal, wohin ich die Druckerei verlegte.

Mehr als zwei Tage wird es nicht gedauert haben, bis alles mit den Männern geklärt war. Im Anschluss gab ich umgehend eine Annonce auf, in der ich nach einem Grundstück in der Nähe eines Bahnhofs suchte, der in der Umgebung von Durban lag. Daraufhin kam das Angebot für Phoenix. West und ich fuhren hin, um das Anwesen zu besichtigen. Innerhalb einer Woche kauften wir zwanzig Acres Land samt einer hübschen kleinen Quelle sowie einigen Orangen- und Mangobäumen. Das Nachbargrundstück, auf dem noch viel mehr Obstbäume und ein verfallenes kleines Landhaus standen, war achtzig Acres groß. Nach einigen Tagen kauften wir es ebenfalls; alles in allem beliefen sich die Kosten auf tausend Pfund.

Bei solchen Unternehmungen hatte ich immer die Unterstützung von Sheth Parsi Rustomji; das Projekt gefiel ihm. Er stellte mir gebrauchte Wellblechplatten, die von einem Lagerhaus stammten, und anderes Baumaterial zur Verfügung, und wir legten los. Einige indische Zimmerleute und Maurer, die mit mir im Burenkrieg gewesen waren, halfen mir, einen Schuppen für die Druckerpresse zu errichten. In weniger als einem Monat war das Gebäude, fünfundsiebzig Fuß lang und fünfzig breit, fertiggestellt. West und einige andere blieben unter großem, persönlichem Risiko bei den Zimmerleuten und Maurern. Auf dem unbewohnten, mit Gras überwucherten Grundstück wimmelte es nur so von Schlangen, es war hier eindeutig gefährlich. Anfänglich lebten alle in Zelten. Als das Hauptgebäude fertig war, schafften wir fast alle unsere Sachen nach Phoenix, das vierzehn Meilen von Durban und zweieinhalb Meilen vom Bahnhof Phoenix entfernt lag.

Nur eine Ausgabe der *Indian Opinion* musste außer Haus, in der Mercury Press, gedruckt werden.

Nun versuchte ich, Verwandte und Freunde, die mit mir aus Indien gekommen waren, um hier in Südafrika ihr Glück zu machen, für meinen Plan und für Phoenix zu gewinnen. Sie gingen den unterschiedlichsten Arbeiten nach, wollten reich werden, daher war es schwierig, sie zu überzeugen, aber einige willigten ein. Von ihnen möchte ich nur Maganlal Gandhi erwähnen; die anderen kehrten, nach kürzerem oder längerem Aufenthalt in Phoenix, in ihr Geschäftsleben zurück. Maganlal

Gandhi, der seine Geschäfte ganz aufgab, um mein Schicksal zu teilen, nimmt unter denen, die seit der ersten Stunde bei meinen ethischen Experimenten mitarbeiteten, den ersten Platz ein was Fähigkeiten, Opferbereitschaft und Hingabe betrifft. Niemand hat sich so wie er handwerkliche Fertigkeiten selbst angeeignet.

So wurde 1904 das Phoenix Settlement gegründet, wo die *Indian Opinion* trotz zahlreicher Widrigkeiten heute immer noch erscheint. Doch die anfänglichen Schwierigkeiten, die Hoffnungen und die Enttäuschungen erfordern ein eigenes Kapitel.

20. Die erste Nacht

Die erste in Phoenix gedruckte Nummer der *Indian Opinion* herauszubringen, war nicht einfach. Wenn ich nicht zwei Vorsichtsmaßnahmen getroffen hätte, wäre die erste Nummer ausgefallen oder hätte verschoben werden müssen. Die Vorstellung, mit einer Maschine zu drucken, gefiel mir nicht, Handdruck würde doch viel besser in eine Umgebung passen, in der auch die landwirtschaftliche Arbeit manuell verrichtet wurde. Da das jedoch nicht durchführbar erschien, hatten wir einen Ölmotor eingebaut. Allerdings hatte ich West geraten, er solle einen Ersatz bereithalten, falls der Motor versagen würde, und er hatte ein Rad besorgt, mit dem die Maschine auch ohne bedient werden konnte. Ursprünglich hatte die *Indian Opinion* das Format einer Tageszeitung. In Phoenix hätte es keine Möglichkeit gegeben, eine so große Druckerpresse sofort zu reparieren, weswegen im schlimmsten Fall die Zeitung nicht erschienen wäre. Wir stellten deshalb auf das kleinere Wochenformat um, so dass notfalls die Exemplare mittels Fußbetrieb hergestellt werden konnten.

Am Anfang mussten vor dem Erscheinungstag alle bis spät in die Nacht hinein mitanpacken. Jeder, Jung und Alt, hatte beim Falzen der Bogen zu helfen. Normalerweise waren wir zwischen zehn Uhr und Mitternacht mit der Arbeit fertig. Die erste Nacht war unvergesslich. Die Papierbogen waren eingespannt, aber der Motor sprang nicht an. Wir hatten aus Durban einen Ingenieur kommen lassen, der ihn einbauen und in Gang setzen sollte. Er und West gaben alles, leider vergeblich. Alle waren besorgt. Schließlich kam West voller Verzweiflung, mit Tränen in den Augen zu mir. «Der Motor will einfach nicht. Ich fürchte, wir können das Blatt nicht rechtzeitig herausbringen.»

«Wenn das so ist, können wir nichts machen. Tränen ändern daran auch nichts. Wir wollen tun, was menschenmöglich ist», tröstete ich ihn. «Wie sieht es mit dem Handrad aus?»

«Woher sollen wir die Leute nehmen?», hielt er dagegen. «Wir sind nicht genug Personen für diese Aufgabe. Dazu braucht es Schichten mit je vier Mann, und wir sind alle müde.»

Die Bauarbeiten waren noch nicht beendet, daher waren die Zimmerleute noch da, die auf dem Boden der Druckerei schliefen. Ich zeigte auf die Männer. «Können wir denn nicht die Zimmerleute einspannen? Und wir haben die ganze Nacht noch vor uns. Das wäre doch eine Möglichkeit.»

«Ich traue mich nicht, die Zimmerleute zu wecken. Und unsere Männer sind wirklich viel zu müde», meinte West.

«Das ist meine Sache, ich rede mit ihnen», sagte ich.

«Dann könnten wir es schaffen.»

So weckte ich die Zimmerleute auf und bat sie um Hilfe. Ich musste sie nicht lange bitten. «Wenn wir in einem Notfall nicht einspringen würden, dürften wir uns nicht Mensch nennen. Ruht euch aus, und wir bedienen das Handrad. Für uns ist das leichte Arbeit», sagten sie. Unsere Leute waren natürlich auch bereit.

West war begeistert und stimmte ein Kirchenlied an. Ich war in der Gruppe der Zimmerleute, die anderen sprangen abwechselnd ein, und so ging es bis sieben Uhr morgens. Und noch immer gab es viel zu tun. Deshalb schlug ich West vor, den Ingenieur jetzt doch zu wecken, damit er nochmals versuchte, den Motor zu starten, damit wir vielleicht doch noch rechtzeitig fertig würden.

West weckte ihn, und er machte sich sofort an die Arbeit. Kaum hatte er den Motor berührt, sprang dieser an. Jubelgeschrei schallte durch die ganze Druckerei. «Wie kann das denn sein? Wie kommt es, dass wir uns heute Nacht ganz umsonst bemüht haben, und jetzt am Morgen springt er an, als wäre nie etwas gewesen?», wollte ich wissen.

«Schwer zu sagen», meinte entweder West oder der Ingenieur. «Manchmal benehmen sich Maschinen so, als brauchten sie wie wir auch mal eine Verschnaufpause.»

Ich betrachtete den Aussetzer des Motors gewissermaßen als kollektive Prüfung und dass er dann gerade noch rechtzeitig angesprungen war, als Belohnung für unsere ernsthafte Arbeit.

Die Zeitungen wurden rechtzeitig zum Bahnhof gebracht, und alle waren glücklich.

Diese Beharrlichkeit sorgte in der Anfangszeit dafür, dass die Zeitung regelmäßig erschien, und schuf eine Atmosphäre voller Selbstvertrauen in Phoenix. Es kam die Phase, wo wir bewusst auf den Einsatz des Motors verzichteten und nur manuell arbeiteten – in meinen Augen die Tage, in denen wir in Phoenix besonderen moralischen Aufschwung erlebten.

21. Polak wagt den Schritt

Ich habe es immer bedauert, dass ich als Gründer des Phoenix Settlement immer nur für kurze Zeit dort sein konnte. Ursprünglich hatte ich meine Anwaltstätigkeit nach und nach aufgeben, mich in Phoenix niederlassen, dort meinen Lebensunterhalt verdienen und das Glück des Dienens in der Vervollkommnung von Phoenix finden wollen. Doch es sollte nicht sein. Die Erfahrung hat mich gelehrt, dass wir uns das eine wünschen und das Leben uns in eine ganz andere Richtung führt. Gleichzeitig aber, egal wie die Pläne des Menschen durchkreuzt werden, ist das Resultat, wenn es dabei um die Suche nach Wahrheit geht, nie schlecht und oft sogar besser als gedacht. Die unerwartete Entwicklung, die Phoenix nahm, die unerwarteten Vorfälle schadeten sicherlich nicht, auch wenn man nur schwer beurteilen kann, ob diese Entwicklung besser war als unsere ursprünglichen Pläne.

Damit sich jeder von seiner Hände Arbeit ernähren konnte, teilten wir das Land um die Druckerei in je drei Acres große Parzellen auf. Eine ging an mich. Auf diesen Grundstücken errichteten wir Häuser aus Wellblech, obwohl wir eigentlich strohgedeckte Lehmhütten oder kleine Ziegelhäuser im Sinn gehabt hatten, wie es sich für richtige Bauern gehörte, aber das ging nicht. Sie wären teurer gekommen, ihr Bau hätte mehr Zeit gekostet, und jeder wollte möglichst schnell ein Dach über dem Kopf haben.

Mansukhlal Naazar war immer noch der Herausgeber. Er hielt sich aus dem neuen Projekt heraus und leitete das Blatt von Durban aus, wo die *Indian Opinion* ein Redaktionsbüro hatte. Obwohl wir Setzer angestellt hatten, sollte jedes Mitglied des Settlements Schriftsetzen lernen, die einfachste, aber auch langweiligste Tätigkeit in einer Druckerei. Wer es noch nicht beherrschte, lernte es. Ich blieb darin bis zum Schluss eine Niete. Maganlal Gandhi übertraf uns alle. Obwohl er noch nie in einer Druckerei gearbeitet hatte, wurde er ein hervorragender Schriftsetzer und war bald nicht nur sehr schnell, sondern meisterte, welch freudige Überraschung, auch alle anderen Arbeitsvorgänge einer Druckerei. Ich hatte immer das Gefühl, dass er sich seiner Fähigkeiten gar nicht bewusst war.

Kaum hatten wir uns richtig niedergelassen, die Gebäude waren gerade eben erst fertiggestellt, musste ich die frischgebildete Familie auch schon verlassen und nach Johannesburg. Die Arbeit dort konnte nicht über längere Zeit unbeaufsichtigt bleiben.

In Johannesburg erzählte ich Polak, welche wichtige Veränderung in mir vorgegangen war. Er freute sich maßlos, als er hörte, welche Früchte das Buch trug, das er mir geliehen hatte. «Könnte ich nicht auch bei dem neuen Unternehmen mitmachen?», fragte er begeistert. «Natürlich», sagte ich. «Wenn Sie wollen, können Sie gern Mitglied der Siedlung werden.» – «Ich bin bereit, wenn Sie mich aufnehmen.»

Seine Entschlossenheit begeisterte mich. Er kündigte zum Ende des nächsten Monats beim *Critic* und kam anschließend wie abgemacht nach Phoenix. Mit seinem geselligen Wesen gewann er alle Herzen und wurde bald zum Familienmitglied. Einfachheit war sein Naturell, er fand das Leben in Phoenix weder eigenartig noch entbehrungsreich, es gefiel ihm. Doch ich konnte ihn nicht lange dortbleiben lassen. Mr. Ritch wollte in England sein Jurastudium beenden, und ich konnte unmöglich das Arbeitsaufkommen der Kanzlei ganz allein bewältigen. Also schlug ich Polak vor, dass er in meine Kanzlei eintreten und sich als Attorney qualifizieren solle. Ich hatte die Vorstellung gehabt, wir könnten uns beide später ganz aus der Juristerei zurückziehen und in Phoenix niederlassen, aber es kam anders. Polak war eine so treuherzige Natur, dass er mit einem Menschen, dem er vertraute, immer einer Meinung sein wollte, statt mit ihm zu diskutieren. Er schrieb mir aus Phoenix, auch wenn ihn das Leben dort sehr glücklich mache und er hoffentlich das Settlement weiterentwickeln könne, wäre er bereit, in meine Kanzlei einzutreten und sich als Anwalt zu qualifizieren, wenn sich so unsere Ideale schneller verwirklichen ließen. Ich begrüßte den Brief von Herzen. Polak kam nach Johannesburg zurück und trat sein Referendariat bei mir an.

Ungefähr zur selben Zeit fing Mr. MacIntyre, ein schottischer Theosoph, den ich für das juristische Examen hier vorbereitet hatte, ebenfalls als Referendar bei mir an, nachdem ich ihm empfohlen hatte, Polaks Beispiel zu folgen.

So geriet ich, mit dem lobenswerten Ziel, die Ideale in Phoenix schnell zu verwirklichen, offenbar immer tiefer in eine entgegengesetzte Strömung, und hätte Gott es nicht anders gewollt, hätte ich mich in dem Netz verfangen, das im Namen des einfachen Lebens ausgespannt war.

Einige Kapitel später werde ich schildern, wie ich und meine Ideale ganz unerwartet gerettet wurden.

22. Wen Gott schützt

Mittlerweile hatte ich die Hoffnung, bald nach Indien heimzukehren, ganz aufgegeben. Meiner Frau hatte ich versprochen, ich wäre innerhalb eines Jahres wieder zurück. Das Jahr war vorbei, ohne dass Aussicht darauf bestanden hätte, deshalb ließ ich die Kinder herkommen.

Auf dem Dampfer brach sich mein Sohn Ramdas beim Spielen mit dem Kapitän den Arm. Der Kapitän, mit dem er sich angefreundet hatte, kümmerte sich gut um ihn und ließ ihn vom Schiffsarzt behandeln. Bei der Anlandung hatte Ramdas den Arm in der Schlinge. Der Arzt hatte empfohlen, die Wunde sofort von einem qualifizierten Kollegen versorgen zu lassen. Das war allerdings zu der Zeit, als ich ohne Wenn und Aber an meine Heilerde-Experimente glaubte. Ich hatte sogar einige meiner Mandanten, die Zutrauen in meine Laienkünste hatten, überzeugt, die Heilerde- und Wassertherapie auszuprobieren.

Wie konnte ich da mit Ramdas anders verfahren? «Hättest du Angst, wenn ich deine Wunde versorge?», fragte ich ihn. Lächelnd erlaubte er mir, das Experiment durchzuführen. In seinem Alter, er war gerade acht geworden, konnte er unmöglich beurteilen, was das Beste für ihn war, wusste aber sehr wohl zwischen Laienkunst und richtiger ärztlicher Behandlung zu unterscheiden. Er wusste auch, wie gern ich experimentierte, und hatte genug Vertrauen zu mir. Vor Aufregung zitternd wickelte ich den Verband ab, wusch die Wunde, legte einen Heilerde-Umschlag auf und verband den Arm wieder. Einen Monat lang legte ich täglich einen solchen Umschlag auf, bis die Verletzung ganz verheilt war. Es gab keine Komplikationen, und der Heilungsprozess hatte nicht länger gedauert als die vom Schiffsarzt angegebene Zeitspanne bei der üblichen Behandlung.

Diese Experimente bestärkten meinen Glauben an solche Hausmittel, die ich von da an mit größerem Selbstvertrauen einsetzte. Ja, ich wandte sie auch in anderen Bereichen an, versuchte, Frauen und Männer, Jung und Alt mit Heilerde, Wasser und Fasten von Wunden, Fieber, Verdauungsstörungen, Gelbsucht und anderen Beschwerden zu heilen, meist erfolgreich. Heute habe ich allerdings nicht mehr dasselbe Vertrauen in diese Methoden wie damals, zudem habe ich die Erfahrung gemacht, dass diese Experimente auch durchaus Risiken bergen.

Ich erwähne diese Experimente daher nicht, weil sie erfolgreich waren, das war nicht jedes. Aber das können nicht einmal Mediziner für sich reklamieren. Ich möchte nur klarstellen, dass jeder, der mit neuen Experimenten loslegen möchte, diese als Erstes bei sich selbst ausprobieren muss. So lässt sich die Wahrheit schneller herausfinden, und Gott beschützt Menschen, die Neues versuchen.

Die Risiken bei den Experimenten, engen Kontakt mit Europäern zu pflegen, waren genauso gravierend wie bei Experimenten mit Naturheilkunde, nur anders. Allerdings dachte ich im Umgang mit ihnen fast nie an die Risiken.

Ich bot Polak an, er könne bei mir wohnen, und bald lebten wir Blutsbrüder zusammen. Die Dame, die demnächst Mrs. Polak werden würde, und er waren seit mehreren Jahren verlobt, aber man hatte die Hochzeit auf einen geeigneteren Zeitpunkt verschoben. Wahrscheinlich wollte Polak erst noch etwas Geld auf die Seite legen, bevor er sich ins Eheleben stürzte. Er war mit Ruskin viel vertrauter als ich, aber durch sein westliches Umfeld gelang es ihm nicht, Ruskins Lehren gleich in die Tat umzusetzen. «Wenn es wie in deinem Fall eine Herzensverbindung ist, kann es doch wohl nicht richtig sein, aus rein finanziellen Gründen die Hochzeit zu verschieben», redete ich ihm gut zu. «Wenn Armut ein Hinderungsgrund wäre, könnten Arme nie heiraten. Außerdem wohnst du jetzt bei mir, also fallen keine Haushaltskosten an. Wenn du mich fragst, du solltest so bald wie möglich heiraten.» Wie bereits erwähnt, musste ich mit Polak kein Thema zweimal diskutieren. Meine starken Argumente überzeugten ihn, und er schrieb deswegen umgehend an die zukünftige Mrs. Polak, die sich damals in England befand. Sie war begeistert und traf einige Monate später in Johannesburg ein. Geld für die Hochzeit auszugeben, kam nicht in Frage, nicht einmal Festtagskleidung wurde angeschafft. Sie brauchten auch keinen religiösen Ritus, um ihre Verbindung zu besiegeln. Mrs. Polak war Christin und Polak Jude. Ihre gemeinsame Religion war die der Ethik.

Ich möchte kurz einen amüsanten Zwischenfall erwähnen, der bei dieser Hochzeit passierte. Der Standesbeamte, der im Transvaal für europäische Eheschließungen zuständig war, durfte keine Ehen zwischen Schwarzen und Farbigen schließen. Bei besagter Hochzeit war ich Trauzeuge des Bräutigams. Natürlich hätte auch ein europäischer Freund diese Rolle übernehmen können, aber davon wollte Polak nichts hören. Also marschierten wir drei zum Standesbeamten. Wie konnte er nun sicher sein, dass das Brautpaar, für das jemand wie ich Trauzeuge war, tatsächlich weiß war? Er schlug vor, die Eheschließung zu verschieben, damit er Erkundigungen einziehen konnte. Der nächste Tag war ein Sonntag, der darauffolgende Neujahr, ein Feiertag. Wegen eines derart fadenscheinigen Vorwands eine Hochzeit zu verschieben, kam nicht in Frage. Ich kannte den Leiter des Standesamts und ging mit dem Paar zu ihm. Er lachte, gab mir eine Anweisung für seinen Beamten mit, und die Ehe wurde ordnungsgemäß geschlossen.

Bisher hatte ich die Europäer, bevor sie bei unserer Familie einzogen, mehr oder weniger gut gekannt. Aber jetzt wohnte eine wildfremde englische Dame bei uns. Ich kann mich an keinen einzigen Streit mit dem frischverheirateten Paar erinnern, doch selbst wenn Mrs. Polak und meine Frau einige Zusammenstöße gehabt hätten, so hätten sich diese nicht von denen unterschieden, die sich in den harmonischsten homogenen Familien abspielen. Man darf nicht vergessen, dass meine Familie, die die unterschiedlichsten Menschen mit den verschiedensten Naturellen großzügig aufnahm, eher heterogen war. Wenn man es genauer betrachtet, ist die Unterscheidung zwischen heterogen und homogen reine Imagination. Wir sind alle eine Familie.

Am besten feiern wir Wests Hochzeit auch gleich in diesem Kapitel. In dieser Lebensphase war meine Vorstellung von Brahmacharya noch nicht ganz ausgereift, daher wollte ich alle meine Junggesellenfreunde verheiraten. Als West dann nach Louth reiste, um endlich einmal wieder seine Eltern zu besuchen, gab ich ihm mit auf den Weg, er solle doch am besten als verheirateter Mann zurückkommen. Phoenix war unser gemeinsames Zuhause, und da wir uns alle mittlerweile für Farmer hielten, scheuten wir weder Ehe noch Fortpflanzung. West kam mit Mrs. West zurück, einer schönen, jungen Dame aus Leicester. Sie kam aus einer Schuhmacherfamilie, die dort in einer Fabrik arbeitete. Auch Mrs. West hatte dort Arbeitserfahrung gesammelt. Ich habe sie als schön bezeichnet, weil mich ihre moralische Schönheit sofort anzog. Reinheit des Herzens ist die wahre Schönheit. West hatte auch seine Schwiegermutter mitgebracht. An ihrem Fleiß und ihrem überschäumenden, fröhlichen Temperament konnten wir uns alle ein Beispiel nehmen.

So wie ich meine europäischen Freunde zum Heiraten überredete, ermutigte ich auch die indischen Freunde, sie sollten ihre Familien aus Indien nachkommen lassen. Aus Phoenix wurde ein kleines Dorf; ein halbes Dutzend indische Familien hatte sich dort angesiedelt, nach und nach vermehrten sie sich.

23. Einblick ins häusliche Leben

Bekanntlich zeigte sich bereits in Durban eine Tendenz zur Einfachheit, wenn auch die Haushaltskosten hoch waren. Doch im Haus in Johannesburg ergaben sich unter dem Einfluss Ruskins noch stärker einschneidende Veränderungen.

Ich wollte es so einfach haben, wie es in einem Barrister-Haushalt möglich war. Ohne bestimmte Möbelstücke ging es nicht. Die Veränderung war eher innerlich; die wahre Veränderung ist die des Geistes. Meine Vorliebe, alle körperliche Arbeit selbst zu machen, wurde immer ausgeprägter. Deshalb hielt ich auch meine Kinder nach und nach dazu an.

Wir kauften das Brot nicht mehr beim Bäcker, sondern stellten ungesäuertes Weizenschrotbrot nach Kuhnes Rezept selbst her. Normales Fabrikmehl eignete sich dazu nicht, und handgemahlenes Mehl trug zur Einfachheit, Gesundheit und Kostenreduzierung bei. Also kaufte ich für

Einblick ins häusliche Leben 303

sieben Pfund eine Handmühle. Das Rad war derart schwer, dass es von zwei Personen bedient werden musste. Normalerweise waren Polak, ich und die Kinder dafür zuständig. Gelegentlich half meine Frau mit, obwohl das Mehl meistens gemahlen wurde, wenn sie mit der Küchenarbeit anfing. Als Mrs. Polak zu uns zog, machte sie ebenfalls mit. Für die Kinder erwies sich das Mahlen als sehr nützliche Übung. Sie wurden zu dieser oder einer anderen Arbeit nie gezwungen, aber sie hatten Spaß daran, dabei zu sein und mitzuhelfen. Wenn sie müde waren, durften sie jederzeit aufhören. Doch die Kinder, einschließlich derjenigen, die ich später noch vorstellen werde, haben sich immer ungeheuer für mich ins Zeug gelegt. Natürlich waren auch Bummelanten darunter, aber die meisten waren gutgelaunt bei der Arbeit. Mir fallen nur wenige ein, die sich gedrückt oder Müdigkeit vorgeschützt hätten.

Wir hatten einen Diener angestellt, der sich um das Haus kümmerte. Er war wie ein Familienmitglied, und die Kinder halfen ihm meistens bei der Arbeit. Der städtische Straßenfeger entsorgte die Fäkalien, aber das Klosett reinigten wir selbst, statt den Diener damit zu beauftragen oder es von ihm zu erwarten. Für die Kinder war das eine gute Übung, mit dem Effekt, dass keiner meiner Söhne eine Abneigung gegen das Klosettputzen entwickelte und sie ganz nebenher Hygiene vermittelt bekamen. In unserem Haus in Johannesburg erkrankte so gut wie niemand, wenn doch, übernahmen die Kinder bereitwillig die Pflege.

Ihre Schulbildung war mir nicht gleichgültig, so weit würde ich nicht gehen, allerdings opferte ich diese auch ohne Zögern. Daher haben meine Söhne Grund, sich über mich zu beschweren, weil es bei ihnen in dieser Hinsicht Mängel gibt – was sie gelegentlich auch taten. Ich habe mich bis zu einem gewissen Grad durchaus schuldig gemacht, auch wenn der Wunsch, ihnen eine Schulbildung mitzugeben, da war. Ich bemühte mich sogar, sie selbst zu unterrichten, aber es kam immer mal wieder etwas dazwischen. Weil ich aber auch keinen Privatlehrer für sie engagiert hatte, begleiteten sie mich täglich auf meinem Weg in die Kanzlei und zurück, eine Strecke von insgesamt etwa fünf Meilen, was uns alle körperlich recht fit hielt. Wenn niemand sonst dabei war, versuchte ich ihnen währenddessen Wissen zu vermitteln. In der Kanzlei unterhielten sie sich mit Mandanten und Angestellten, lasen, was ihnen in die Finger kam, erledigten Botengänge oder kauften für den Haushalt ein. Alle meine Kinder, bis auf Harilal, den Ältesten, der in Indien geblieben war, wurden in Johannesburg so erzogen. Hätte ich mich ihrem Unterricht mit absoluter Regelmäßigkeit täglich mindestens eine Stunde lang widmen können, dann hätten sie wahrscheinlich die ideale Bildung vermittelt bekommen. Aber zu ihrem wie meinem Bedauern bestand ich nicht auf der Einhaltung eines regelmäßigen Unterrichts. Mein Ältester hat seiner Verärgerung darüber häufig Luft gemacht, sowohl mir gegenüber als auch in der Presse; die anderen Söhne haben mir mein Versagen großzügig als unvermeidlichen Nebeneffekt verziehen.

Ich bedaure dieses Versäumnis nicht, sondern bedauere, wenn überhaupt, dass ich mich nicht als idealer Vater erwiesen habe. Ich habe ihre Schulbildung für das geopfert, was ich wirklich, vielleicht irrtümlich, für den Dienst an der Gemeinschaft hielt. Mit großer Sicherheit habe ich alles für ihre charakterliche Entwicklung getan. Sich darum richtig und ausreichend zu kümmern, ist in meinen Augen die Pflicht und Schuldigkeit aller Eltern. Wann immer meine Söhne trotz meiner Bemühungen zu wünschen übrig ließen, liegt das an den Charakterschwächen beider Elternteile.

Kinder erben nicht nur die äußerlichen Merkmale der Eltern, sondern auch ihre Eigenschaften. Auch das Umfeld spielt eine wichtige Rolle, aber das Hauptkapital, mit dem das Kind ins Leben aufbricht, stammt von seinen Vorfahren. Doch ich kenne auch Kinder, die ein böses Erbe erfolgreich überwunden haben.

Polak und ich hatten häufig sehr hitzige Diskussionen, ob die Kinder eine englischsprachige Erziehung bekommen sollten. Ich war immer der Überzeugung, dass indische Eltern, die ihre Kinder von klein auf dazu anhalten, auf Englisch zu reden und zu denken, sowohl ihre Kinder als auch ihr Land verraten. Sie berauben sie des geistigen und sozialen indischen Erbes, mit dem Resultat, dass die Kinder ihrem Land und der Welt nur schlecht dienen können. Deshalb legte ich Wert darauf, mit meinen Kindern immer Gujarati zu sprechen. Polak gefiel das nicht. Er meinte, ich legte ihrer Zukunft damit Steine in den Weg. Äußerst nachdrücklich beharrte er darauf, wenn Kinder von Anfang an eine Weltsprache wie Englisch lernten, hätten sie einen beträchtlichen Vorteil im Wettlauf des Lebens.

Es gelang ihm nicht, mich zu überzeugen. Ich weiß nicht mehr, ob ich umgekehrt ihn schließlich überzeugen konnte oder ob er mich als unverbesserlich aufgab. Das ist ungefähr zwanzig Jahre her, aber meine Einstellung wurde durch Erfahrungen nur bestärkt. Wenn auch meine Söhne unter ihrer mangelnden Schulbildung gelitten haben, die Kenntnis der Muttersprache, die sie ganz natürlich erwarben, kam ihnen und dem Land absolut zugute, weil sie nicht wie Fremde wirken, was sonst der Fall gewesen wäre. Sie wurden auf ganz unangestrengte Art und Weise zweisprachig, sprechen und schreiben mühelos Englisch, weil sie täglich mit einem großen Kreis englischer Freunde zusammenkamen und in einem Land aufwuchsen, in dem hauptsächlich Englisch gesprochen wird.

24. Der «Zulu-Aufstand»

Es war mein Schicksal, niemals auf Dauer sesshaft zu werden, wenn ich einen Haushalt eingerichtet hatte. Gerade als ich das Gefühl hatte, nun könnte ich ruhig vor mich hin leben, geschah etwas Unerwartetes. Die Zeitungen berichteten vom «Zulu-Aufstand» in Natal. Ich hatte nichts gegen die Zulus, die keinem Inder etwas zuleide taten, und bezweifelte, ob der Ausdruck «Aufstand» richtig war. Doch damals glaubte ich auch noch, das britische Empire sei für die Welt von Nutzen, und meine Loyalität kam von Herzen. Ich wollte seinen Untergang nicht, deshalb spielt die Frage, ob der Einsatz von Gewalt hier moralisch oder unmoralisch war, bei meiner Entscheidung keine Rolle. In Natal existierte eine Freiwilligenschutztruppe, die in Krisenzeiten weitere Männer anwerben konnte. Diese Truppe war bereits mobilisiert worden, um den «Aufstand» niederzuschlagen.

Da ich so eng mit Natal verbunden war, betrachtete ich mich als dessen Bürger und schrieb dem Gouverneur, ich sei bereit, ein indisches Sanitätskorps aufzubauen, falls nötig. Postwendend nahm er mein Angebot an.

Ich hatte nicht damit gerechnet, dass es so schnell gehen würde, aber glücklicherweise schon alle erforderlichen Vorkehrungen getroffen, ehe ich den Brief abgeschickt hatte. Im Fall einer positiven Reaktion wollte ich den Haushalt in Johannesburg auflösen, Polak sollte in ein kleineres Haus ziehen und meine Frau nach Phoenix übersiedeln, womit sie völlig einverstanden war. Ich kann mich nicht entsinnen, dass sie mir in solchen Angelegenheiten je im Weg gestanden wäre. Daher schickte ich, als die Antwort des Gouverneurs eintraf, dem Vermieter sofort die Kündigung mit der üblichen Monatsfrist, ließ einige Sachen nach Phoenix bringen, andere blieben bei Polak.

Ich fuhr nach Durban und warb Freiwillige an; ein großer Trupp war nicht nötig. Letztendlich bestand er aus vierundzwanzig Männern, darunter vier weitere Gujaratis (mich nicht eingerechnet). Alle anderen, bis auf einen Paschtunen, der sich nicht verpflichtet hatte, waren ehemalige Kontraktarbeiter aus Südindien.

Damit ich einen gewissen Status bekam, der meine Arbeit erleichtern sollte, sowie in Übereinstimmung mit den bestehenden Vorschriften ernannte mich der leitende Sanitätsoffizier vorübergehend zum Sergeant Major, drei von mir ausgewählte Männer zu Sergeants und einen zum Corporal. Unsere Uniformen wurden von der Regierung gestellt. Unser Korps war fast sechs Wochen lang im Einsatz. Als wir zum Schauplatz des «Aufstands» kamen, stellte ich fest, dass die Bezeichnung «Aufstand» durch nichts zu rechtfertigen war, denn es gab keinen sichtbaren Widerstand. Man hatte die Unruhe zu einem Aufstand aufgebauscht, weil ein Zulu-Chief seine Gruppe aufgerufen hatte, eine ihnen neu auferlegte Steuer nicht zu zahlen, und einen Sergeant, der die Steuer eintreiben sollte, mit einem Assegai-Speer getötet hatte. Mein Herz war jedenfalls auf Seiten der Zulus, und ich war froh, als ich bei der Ankunft im Hauptquartier erfuhr, dass wir hauptsächlich die verwundeten Zulus versorgen sollten. Der diensthabende Sanitätsoffizier begrüßte uns und sagte, die Weißen seien nicht bereit, sich um die verletzten Zulus zu kümmern, deren Wunden bereits eiterten, er wisse nicht mehr weiter. Unsere Ankunft bezeichnete er als Gottesgeschenk für diese unschuldigen Menschen, rüstete uns mit Verbandszeug, Desinfektionsmittel etc. aus und brachte uns zum Notlazarett. Die Patienten waren heilfroh, als wir kamen. Häufig spähten die weißen Soldaten durch den Zaun, der uns von ihnen trennte, und wollten uns davon abbringen, die Zulus zu versorgen. Da wir sie ignorierten, wurden sie aufgebracht und beschimpften die Zulus derart wüst, dass einem, wie man auf Gujarati sagt, Würmer aus den Ohren fielen.

Nach und nach lernte ich die Soldaten besser kennen, und sie hörten auf, sich einzumischen. Unter den kommandierenden Offizieren waren auch Colonel Sparks und Colonel Wylie, die mich 1896 so erbittert angegriffen hatten. Sie waren über meine Einstellung erstaunt, bedankten sich und stellten mich auch General Mackenzie vor. Bei ihnen handelte es sich keineswegs um Berufssoldaten; Colonel Wylie war ein ganz berühmter Anwalt, General Mackenzie ein angesehener Farmer in Natal, und Colonel Sparks besaß in Durban eine bekannte Metzgerei. Alle Männer waren Freiwillige und hatten als solche militärische Ausbildung und Erfahrung erworben.

Die Patienten, um die wir uns kümmerten, waren nicht im Kampf verwundet worden. Einige von ihnen hatte man als Verdächtige verhaftet, die der General zur Strafe hatte auspeitschen lassen. Dabei hatten sie schwere Verletzungen davongetragen, die eiterten, weil sie nicht behandelt worden waren. Die anderen waren verbündete Zulus, die irrtümlich angeschossen worden waren, obwohl sie Abzeichen bekommen hatten, damit man sie vom «Feind» unterscheiden konnte.

Neben dieser Arbeit musste ich für die weißen Soldaten Medikamente herstellen und ausgeben, was ich ja bereits bei meiner einjährigen Ausbildung in Dr. Booths kleiner Klinik gelernt hatte. Dadurch kam ich in engen Kontakt mit vielen Europäern.

Wir waren einer schnellen Eingreiftruppe zugeteilt, die den Befehl hatte, sich dorthin zu begeben, wo Gefahr gemeldet wurde, und größtenteils aus berittener Infanterie bestand. Sobald unser Lager verlegt wurde, mussten wir zu Fuß mit unseren Tragen auf den Schultern folgen. Zwei-, dreimal mussten wir vierzig Meilen am Tag marschieren. Aber wohin wir auch kamen, konnten wir Gottes Werk tun, indem wir die versehentlich angeschossenen Zulu-Verbündeten auf unseren Tragen ins Lager brachten und versorgten.

25. Herzensprüfung

Beim «Zulu-Aufstand» machte ich viele neue Erfahrungen und bekam jede Menge Stoff zum Nachdenken. Der Burenkrieg hatte mir das Grauen des Krieges nicht annähernd so drastisch vor Augen geführt wie dieser sogenannte Aufstand. Das war kein Krieg, sondern eine Menschenjagd. Viele Engländer, mit denen ich mich unterhielt, waren meiner Meinung.

Die allmorgendlichen Berichte, wie die Soldaten, mit denen ich zusammenleben musste, mit ihren Gewehren in friedlichen Dörfern geradezu Schussfeuerwerke veranstalteten, waren nahezu unerträglich. Doch es gelang mir, diese bittere Pille zu schlucken, weil mein Korps ausschließlich verwundete Zulus versorgte. Wären wir nicht gewesen, hätte sich keiner um sie gekümmert. Die Tätigkeit beruhigte daher mein Gewissen.

Die Gegend war spärlich besiedelt. Zwischen Hügeln und Tälern lagen verstreut ein paar Krale, in denen die einfachen oder sogenannten «unzivilisierten» Zulus lebten. Wenn wir meilenweit mit oder ohne Verwundete durch diese erhabene Einsamkeit marschierten, versank ich oft in tiefe Gedanken.

Ich sinnierte über Brahmacharya und ihre Konsequenzen, war von diesem Lebenskonzept immer überzeugter und diskutierte mit meinen Mitarbeitern darüber. Damals hatte ich noch nicht erkannt, wie unerlässlich Brahmacharya für die Selbsterkenntnis ist, verstand aber, dass sie unabdingbar war, wenn man dienen wollte. Mir wurde klar, dass ich immer häufiger Gelegenheiten haben würde zu dienen und dieser Aufgabe nicht gewachsen wäre, wenn ich weiterhin das Leben genoss, Kinder zeugte und großzog.

Ich konnte nicht auf zwei Pferden gleichzeitig reiten. In diesem konkreten Fall hätte ich mich dem Dienst nicht widmen können, wenn meine Frau schwanger gewesen wäre. Wenn ich mich nicht Brahmacharya verschrieb, würde die Familie größer werden, was sich nicht mit meinen Bemühungen vereinbaren ließ, die Gesellschaft zu verbessern. Wer in der Ehe Brahmacharya befolgte, konnte seiner Familie auf eine Art dienen, die im Einklang mit dem Dienst an der Gesellschaft stand.

Bei diesem Gedanken wurde ich immer ungeduldiger, wollte das endgültige Gelübde ablegen, eine Aussicht, die mich innerlich jubeln ließ und die Phantasie anregte – es gab endlos viele Möglichkeiten zu dienen.

Während ich körperlich und geistig völlig in Anspruch genommen war, kam das Gerücht auf, dass der Aufstand niedergeschlagen sei und wir bald entlassen würden. Ein, zwei Tage später erfolgte tatsächlich unsere Entlassung, und kurz darauf waren wir zu Hause. Wenig später bekam ich einen Brief vom Gouverneur, in dem er dem Sanitätskorps für seinen Einsatz ganz besonders dankte.

Herzensprüfung 309

Nachdem ich wieder in Phoenix war, schnitt ich voller Begeisterung das Thema Brahmacharya an. Chhaganlal, Maganlal, West und anderen gefiel der Gedanke, und sie sahen ein, dass es notwendig war, ein Gelübde abzulegen, wiesen aber auch auf die damit verbundenen Schwierigkeiten hin. Einige wollten es tapfer befolgen, und mehreren gelang es wohl auch.

Auch ich legte das Gelübde ab, zeit meines Lebens Brahmacharya zu üben. Damals war mir die Tragweite dieses großen Schritts nicht bewusst. Sogar heute noch bin ich mit Schwierigkeiten konfrontiert, wird mir die Bedeutung des Gelübdes immer klarer. Ein Leben ohne Brahmacharya kommt mir geistlos und tierisch vor. Das Tier kennt von Natur aus keine Selbstbeherrschung. Der Mensch ist deshalb Mensch, weil er sich freiwillig der Selbstdisziplin unterwirft. Was mir früher in unseren religiösen Schriften wie eine übertriebene Verherrlichung von Brahmacharya vorkam, erscheint heute, mit jedem Tag mehr Erfahrung, völlig richtig.

Mir war bewusst, dass Brahmacharya, die so viel wunderbareres Potential in sich birgt, keinesfalls eine leichte Aufgabe war und sich ganz sicher nicht nur auf den Körper beschränkte, auch wenn sie mit dessen Beherrschung anfängt. In ihrer Vervollkommnung gibt es nicht einmal unreine Gedanken. Ein echter Brahmachari träumt nicht einmal von der Befriedigung der fleischlichen Lust; solange die Lust in Gedanken existiert, ist Brahmacharya nicht vollkommen.

Für mich war die körperliche Seite von Brahmacharya sehr schwierig. Heute kann ich sagen, dass ich mich sicher fühle, aber um die so wesentliche Kontrolle der Gedanken, ringe ich immer noch. Mir fehlt es weder an Willen noch an Bemühen, aber leider habe ich immer noch nicht herausgefunden, woher diese unerwünschten Gedanken stammen, die einen so heimtückisch überfallen. Mit Sicherheit gibt es einen Schlüssel, mit dem man diese unerwünschten Gedanken aussperren kann, aber jeder muss ihn allein finden. Große Männer haben uns ihre Erfahrungen hinterlassen, die uns zwar den Weg weisen, aber nicht vollkommen sind. Denn Vollkommenheit erwächst nur aus Gnade, daher haben uns diejenigen, die nach Gott suchten, Mantras wie das Ramanama hinterlassen, sie sind durch ihre Entsagungen geheiligt und von ihrer Reinheit erfüllt. Ohne rückhaltlose Hingabe an Seine Gnade ist es unmöglich, das Denken vollständig zu beherrschen. Das lehrt jede große Religionsschrift, und diese Wahrheit wird mir in jedem Augenblick bewusst, in dem ich nach dieser vollkommenen Brahmacharya strebe.

Ein Teil dieses Strebens und Ringens wird in späteren Kapiteln zur Sprache kommen. Am Schluss dieses Abschnitts will ich nur sagen, dass ich in meiner anfänglichen Begeisterung die Einhaltung des Gelübdes ziemlich einfach fand. Die erste Veränderung sah so aus, dass ich weder das Bett mit meiner Frau teilte noch die Zweisamkeit mit ihr suchte.

So wurde die Brahmacharya, die ich seit 1900 mehr oder weniger befolgte, Mitte 1906 durch ein Gelübde besiegelt.

26. Die Geburt von Satyagraha

So wie sich die Ereignisse in Johannesburg entwickelten, wurde meine Selbst-Reinigung gewissermaßen eine Vorstufe zu Satyagraha. Im Nachhinein stelle ich fest, dass mich alle wichtigen Ereignisse in meinem Leben, allen voran das Brahmacharya-Gelübde, unbemerkt darauf vorbereiteten. Ehe das Wort Satyagraha erfunden wurde, war erst das Prinzip selbst entstanden. Ja, als es entstand, konnte auch ich nicht sagen, was genau es war. Auf Gujarati benutzten wir ebenfalls den englischen Ausdruck *passive resistance*. Im Gespräch mit Europäern stellte ich fest, dass der Begriff «passiver Widerstand» zu eng gefasst war, dass man ihn als Waffe der Schwachen verstand, annahm, er könnte von Hass geprägt sein und sich letztendlich sogar in Gewalt äußern. Ich musste diesen Interpretationen widersprechen und die wahre Natur dieser indischen Bewegung erklären. Es war klar, dass die Inder einen neuen Begriff für ihren Kampf prägen mussten.

Aber mir wollte absolut kein neuer, von nichts belasteter Name einfallen, daher schrieb ich in der *Indian Opinion* einen bescheidenen Preis für denjenigen Leser aus, der den besten Vorschlag machte. Es war Maganlal Gandhi, der das Wort *sadagraha* prägte (*sat* «Wahrheit» – *agraha* «Entschiedenheit; Festhalten an einer Sache») und den Preis gewann. Damit die Bedeutung noch klarer wurde, machte ich «Satyagraha» daraus, was auf Gujarati seitdem der geläufige Begriff für den Kampf wurde.

Die Geschichte dieses Kampfes ist praktisch eine Geschichte meines restlichen Jahres in Südafrika, vor allem meiner dortigen Experimente mit der Wahrheit. Diese Geschichte habe ich größtenteils im Yeravda-

Gefängnis niedergeschrieben und nach meiner Freilassung beendet. Veröffentlicht wurde sie im *Navajivan* und später in Buchform. Valji Govindji Desai hat den Text für *Current Thought* ins Englische übersetzt. Derzeit organisiere ich eine Veröffentlichung der englischen Übersetzung; das Buch soll bald erscheinen, so dass jeder Interessierte meine wichtigsten Experimente in Südafrika nachlesen kann. Den Gujarati-Lesern, die meine Geschichte der Satyagraha-Kampagne in Südafrika noch nicht kennen, möchte ich empfehlen, sie sorgfältig zu lesen. Ich werde hier nichts davon wiederholen, sondern in den nächsten Kapiteln nur ein paar persönliche Erlebnisse in Südafrika erzählen, die in dem Buch nicht erwähnt sind. Anschließend komme ich gleich zu meinen Experimenten in Indien. Wer aber interessiert ist, die Experimente in genauer chronologischer Abfolge zu lesen, sollte die Geschichte von Satyagraha in Südafrika parat haben.

27. Fortsetzung der Ernährungsexperimente

Ich bemühte mich sehr, Brahmacharya in meinem Denken, Reden und Tun umzusetzen, wollte aber auch möglichst viel Zeit dem Satyagraha-Kampf widmen, dem ich durch größte Reinheit gerecht werden wollte. Deshalb musste ich weitere Veränderungen vornehmen und mich beim Essen noch mehr einschränken. Die früheren Veränderungen hatten meistens gesundheitliche Gründe, die neuen Experimente waren religiös motiviert.

Fasten und die Beschränkung der Ernährung spielten nun eine wichtige Rolle in meinem Leben. Beim Menschen geht Leidenschaft meistens mit dem Verlangen nach Gaumenfreuden einher, das war auch bei mir so. Beim Versuch, Leidenschaft und auch Appetit in Schach zu halten, stieß ich häufig auf Schwierigkeiten und habe auch heute beides noch nicht ganz unter Kontrolle. In meinen Augen war ich ein starker Esser, auch wenn meine Freunde das anders sahen. Hätte ich mich nicht wenigstens einigermaßen im Griff gehabt, wäre ich tiefer gesunken als ein Tier und mein letztes Stündlein hätte schon längst geschlagen. Als mir aber meine Schwächen richtig bewusst wurden, setzte ich alles daran, sie loszuwerden. Dank dieser Anstrengungen konnte ich meinen Körper immer bei der Stange halten und ihn als Arbeitswerkzeug einsetzen.

Weil ich mir meiner Schwäche bewusst war und unerwartet Geistesverwandten begegnete, fing ich an, am Ekadashi-Tag nur Obst zu essen oder zu fasten, hielt auch Janmashtami und ähnliche Feiertage ein.

Hinsichtlich Selbstdisziplin war für mich kein großer Unterschied zwischen einer Ernährung, die sich auf Obst, und einer, die sich auf Getreideprodukte beschränkte. Man konnte Genuss in beiden finden, der sogar noch intensiver wurde, wenn man sich erst einmal daran gewöhnt hatte. Deshalb wurde es immer wichtiger für mich, an Feiertagen zu fasten oder nur eine Mahlzeit am Tag zu mir zu nehmen. Und wenn sich Anlass zur Buße ergab, nutzte ich den ebenfalls gern zum Fasten oder beschränkte mich auf eine einzige Mahlzeit am Tag.

Weil aber nun mein Körper stärker durch Arbeit strapaziert war, wurde Essen wichtiger, mein Appetit größer. Mir dämmerte, dass Fasten sowohl eine Waffe des Genusses wie der Selbstdisziplin sein kann. Viele ähnliche spätere Erfahrungen, die ich und auch andere machten, können als Beweis dafür gelten. Ich wollte meinen Körper stärken und trainieren, aber weil mein Hauptziel jetzt Selbstdisziplin und Gaumenbeherrschung waren, wählte ich zuerst ein Nahrungsmittel und dann ein anderes aus, aß gleichzeitig weniger. Doch dem Appetit konnte ich nicht entkommen. Wenn ich auf eine Sache verzichtete und stattdessen etwas anderes aß, schmeckte mir das Neue besser.

Bei diesen Experimenten hatte ich Gesellschaft, unter anderem von Hermann Kallenbach, einem Freund, über den ich bereits in «Satyagraha in Südafrika» geschrieben habe. Kallenbach machte immer mit, ob beim Fasten oder bei den Ernährungsumstellungen. Als der Satyagraha-Kampf seinen Höhepunkt erreichte, wohnte ich in seinem Haus. Wir besprachen, welche Änderungen wir bei unserem Speiseplan vornehmen würden, fanden die neue Diät schmackhafter als die vorige. Solche Gespräche waren sehr anregend und kamen mir überhaupt nicht unpassend vor. Doch die Erfahrung hat mir gezeigt, dass es falsch war, sich so intensiv mit dem Essen zu beschäftigen. Man soll nicht essen, um dem Gaumen zu schmeicheln, sondern nur, um dem Körper ausreichend Nahrung zuzuführen.

Wenn jedes Sinnesorgan dem Körper dient und durch den Körper mit der Seele konfrontiert wird, verliert es den Wunsch nach Genuss, und erst dann funktioniert es so, wie es die Natur vorgesehen hat.

Damit man diesen Einklang mit der Natur erreicht, kann man gar nicht genug Experimente durchführen, ist kein Opfer zu groß. Leider geht derzeit die Tendenz in die genau entgegengesetzte Richtung. Wir opfern zahllose andere Lebewesen, um unseren vergänglichen Körper einzukleiden und seine Existenz zu verlängern, was dazu führt, dass wir beides töten, unseren Körper und unsere Seele. Indem wir ein altes Leiden zu kurieren versuchen, schaffen wir viele andere. Wenn wir Sinnesfreuden genießen, verlieren wir letzten Endes selbst die Fähigkeit zur Freude. Das spielt sich alles direkt vor unseren Augen ab, aber niemand ist so blind wie der, der nicht sehen will. Damit die hier zur Diskussion gestellten Ernährungsexperimente auch verstanden werden, musste ich etwas weiter ausholen.

28. Eine entschlossene Ehefrau

Dreimal ist meine Frau beinahe an einer schweren Krankheit gestorben. Geheilt wurde sie jedes Mal durch Hausmittel. Bei der ersten Erkrankung war Satyagraha bereits im Gang. Sie hatte häufig Blutungen, und ein befreundeter Mediziner riet zu einer Operation, der sie nach einigem Zögern zustimmte. Sie war sehr geschwächt, daher musste der Arzt in Durban den Eingriff ohne Chloroform durchführen. Er war erfolgreich, aber sie hatte große Schmerzen, die sie mit erstaunlicher Gelassenheit ertrug. Der Doktor und seine Frau, die sie pflegte, waren voller Fürsorge. Ich könne jetzt unbesorgt wieder nach Johannesburg fahren, meinte der Arzt.

Doch nach ein paar Tagen bekam ich einen Brief, es gehe Kasturba schlechter. Sie sei so schwach, dass sie sich nicht im Bett aufsetzen könne und auch einmal ohnmächtig geworden sei. Der Arzt wusste, dass er ihr ohne meine Zustimmung weder Wein noch Fleisch geben durfte – auch nicht als Arznei. Deshalb rief er mich in Johannesburg an und fragte, ob er ihr Rinderbrühe geben dürfe. Das könne ich nicht erlauben, sagte ich, aber wenn sie imstande sei, sich dazu zu äußern, dürfe sie selbst entscheiden. «Ich lehne es ab, mich nach Patientenwünschen zu richten», entgegnete der Arzt, «Sie müssen herkommen. Wenn Sie mir nicht freie Hand bei der Krankenkost lassen, kann ich die Verantwortung für das Leben Ihrer Frau nicht übernehmen.»

Noch am selben Tag nahm ich den Zug nach Durban und suchte den Arzt auf. «Als ich Sie angerufen habe, hatte ich Mrs. Gandhi die Fleischbrühe bereits verabreicht», eröffnete er mir gelassen.

«Doktor, das ist Betrug», sagte ich.

«Man kann es nicht als Betrug bezeichnen, wenn man einem Patienten Medizin oder eine Diät verordnet. Im Gegenteil, wir Ärzte halten es für sehr sinnvoll, die Kranken oder ihre Angehörigen zu beschummeln, wenn wir dadurch das Patientenleben retten», sagte der Arzt mit Nachdruck.

Ich war sehr betroffen, blieb aber ruhig. Der Arzt war ein guter Mensch, ein Freund. Ich war ihm und seiner Frau sehr dankbar, wollte aber trotzdem seine Einstellung nicht einfach so hinnehmen.

«Doktor, wie soll es jetzt weitergehen? Ich werde es nicht zulassen, dass meine Frau Fleisch oder Rinderbrühe bekommt, nicht einmal, wenn es um ihr Leben geht. Außer sie verlangt selbst danach.»

«Sie dürfen gern zu Ihrer Meinung stehen. Doch ich sage Ihnen, solange Sie Ihre Frau von mir behandeln lassen, werde ich ihr, wenn nötig, auch Fleisch geben. Wenn Ihnen das nicht gefällt, dann muss ich Sie leider bitten, sie mitzunehmen. Ich sehe nicht zu, wie sie unter meinem Dach stirbt.»

«Wollen Sie damit sagen, dass ich sie sofort mitnehmen muss?»

«Wann habe ich gesagt, dass Sie sie mitnehmen müssen? Ich möchte nur völlig freie Hand haben. Wenn Sie dem zustimmen, werden meine Frau und ich alles Menschenmögliche tun, und Sie können ganz beruhigt abreisen. Aber wenn Sie so etwas Einfaches nicht begreifen wollen, muss ich Sie gezwungenermaßen auffordern, Ihre Frau von hier wegzubringen.»

Einer meiner Söhne war mitgekommen, mit dem ich mich nun beriet. Er war ganz meiner Meinung und sagte, seine Mutter solle keine Rinderbrühe bekommen. Als Nächstes sprach ich mit Kasturba selbst. Sie war sehr schwach, das Sprechen fiel ihr mehr als schwer. Ich erzählte ihr von meinem Gespräch mit dem Arzt. «Ich werde keine Rinderbrühe trinken. Man kommt nur selten als Mensch auf diese Welt, deshalb möchte ich lieber in deinem Schoß sterben, als meinen Körper zu verunreinigen», sagte sie entschieden.

Ich redete ihr zu, sagte, sie müsse mir nicht folgen, nannte ihr Hindus – Freunde und bekannte Persönlichkeiten –, die bedenkenlos Fleisch und Wein aus medizinischen Gründen zu sich nahmen. Aber sie blieb eisern. «Nein, bring mich sofort von hier weg.»

Ich war überglücklich und beschloss, auch wenn mir bang zumute war, sie mitzunehmen. Als ich dem Arzt ihren Entschluss mitteilte, rief er wutentbrannt: «Was sind Sie für ein kaltschnäuziger Mensch! Sie sollten sich schämen, dass Sie Ihre Frau in ihrem derzeitigen Zustand darauf angesprochen haben! Ihre Frau ist nicht in der Verfassung für einen Transport, jede kleinste Erschütterung ist gefährlich. Es würde mich nicht wundern, wenn sie unterwegs stirbt. Aber wenn Sie darauf bestehen, dann bitte. Wenn sie keine Rinderbrühe trinken darf, nehme ich nicht das Risiko auf mich, sie auch nur einen Tag länger unter meinem Dach zu behalten.»

Es nieselte und der Bahnhof war ein gutes Stück entfernt. Wir mussten den Zug von Durban nach Phoenix nehmen, von wo es noch zweieinhalb Meilen zum Settlement waren. Zweifellos ging ich ein sehr großes Risiko ein, vertraute aber auf Gott. Ich schickte einen Boten nach Phoenix, wo wir eine «Hängematte» hatten. Eine «Hängematte» ist eine Liegestatt aus Schnurgeflecht oder Leinwand, an der an allen vier Ecken Bambusstangen befestigt sind und die sich gut als Krankentrage eignet. West wurde gebeten, uns damit am Bahnhof von Phoenix abzuholen. Ich besorgte eine Rikscha, mit der ich Kasturba zum nächsten Zug bringen konnte, setzte sie in ihrem geschwächten Zustand hinein und marschierte los.

Meine Frau musste nicht aufgemuntert werden, im Gegenteil. «Mir passiert schon nichts, keine Sorge», tröstete sie mich.

Sie war nur noch Haut und Knochen, denn sie hatte tagelang nichts zu sich genommen. Der Bahnsteig war sehr lang, und da man mit der Rikscha nicht bis direkt vor den Zug konnte, musste man das letzte Stück zu Fuß gehen. Also trug ich sie und setzte sie ins Abteil. Von Phoenix aus trugen wir sie in der «Hängematte» nach Hause, wo sie durch eine Wasserkur langsam wieder zu Kräften kam.

Zwei, drei Tage später suchte uns ein Swami auf. Er hatte gehört, wie hartnäckig wir auf unserer Haltung beharrten, die er uns mit der besten Absicht ausreden wollte. Soweit ich mich entsinne, waren auch Manilal und Ramdas anwesend, als der Swami mit uns sprach. Ausführlich erklärte er, dass Fleischverzehr aus religiöser Sicht unbedenklich sei, und zitierte aus dem «Manusmriti». Mir gefiel es nicht, dass er sich in Anwesenheit meiner Frau darüber verbreitete, ließ ihn aber höflich ausreden. Die Zitate waren mir bekannt, spielten bei meiner Überzeugung aber keine Rolle. Ich wusste von einer Schule, die diese Verse für nachträgliche Ergänzungen hielt, doch selbst wenn dem nicht so war, meine Ansichten über Vegetarismus basierten nicht auf religiösen Texten, und Kasturbas Glauben war felsenfest. Was verstand die arme Frau schon von der Autorität spiritueller Schriften? Für sie waren die Traditionen ihrer Vorväter Religion. Die Kinder teilten die väterlichen Überzeugungen und ließen sich vom Swami nicht beirren. Kasturba würgte das Gespräch ab. «Swamiji, was Sie auch sagen, ich möchte nicht durch Rinderbrühe gesund werden. Ich wäre dankbar, wenn Sie mir keine Kopfschmerzen verursachen würden. Sie können sich gern mit dem Vater meiner Söhne darüber unterhalten. Mein Entschluss steht jedoch fest.»

29. Satyagraha im eigenen Haus

1908 machte ich meine ersten Gefängniserfahrungen und stellte fest, dass einige der Vorschriften für die Gefangenen denen entsprachen, die ein Brahmachari freiwillig einhalten sollte. Beispielsweise, dass die letzte Mahlzeit vor Sonnenuntergang bis fünf Uhr beendet sein soll. Die indischen und afrikanischen Insassen bekamen weder Tee noch Kaffee. Wenn sie wollten, durften sie ihr Essen salzen, bekamen aber nichts, was der bloßen Gaumenschmeichelei diente. Als ich den Gefängnisarzt bat, uns Currypulver zu geben und die Speisen schon beim Kochen zu salzen, meinte er: «Sie sind nicht hier, um gut zu essen. Currypulver ist gesundheitlich nicht notwendig, und es macht keinen Unterschied, ob Sie Salz während oder nach dem Kochen zugeben.»

Letztendlich wurden diese Maßnahmen gelockert, allerdings unter nicht unerheblichen Schwierigkeiten. Vom Standpunkt der Selbstbeherrschung betrachtet, waren aber beide wünschenswert. Gebote, die einem oktroyiert werden, sind selten erfolgreich, hält man sie freiwillig ein, haben sie eine ganz andere Wirkung. Deshalb übernahm ich gleich nach der Entlassung zwei Regeln, trank kaum mehr Tee und beendete meine letzte Mahlzeit vor Sonnenuntergang. Beides fällt mir heute sehr leicht.

Ein Vorfall zwang mich allerdings ganz zum Salzverzicht, den ich dann zehn Jahre lang ohne Unterbrechung durchhielt. Ich hatte in einigen Büchern über Vegetarismus gelesen, Salz sei für eine ausgewogene Ernährung nicht nötig, im Gegenteil, salzlos essen sei gesünder. Daraus schloss ich, salzlose Kost müsse für einen Brahmachari ideal sein. Ich hatte auch gelesen und am eigenen Leib erfahren, dass körperlich Schwache Hülsenfrüchte meiden sollten. Das war mir allerdings nicht sofort gelungen, denn ich aß sie sehr gern.

Dann traten bei Kasturba, der es nach der Operation vorübergehend bessergegangen war, wieder Blutungen auf – die Krankheit erwies sich als hartnäckig. Die Wasserbehandlung allein half nicht. Sie hatte kein allzu großes Vertrauen in meine Heilmittel, sträubte sich aber weder dagegen noch wollte sie eine andere Behandlung. Als alle meine Mittel versagten, bat ich sie deshalb inständig, auf Salz und Hülsenfrüchte zu verzichten. Das wollte sie nicht, egal wie sehr ich ihr zuredete und mich auf Autoritäten berief. Schließlich sagte sie herausfordernd, sogar ich könne auf diese Dinge nicht verzichten, wenn man mir dazu riete. Ich war betroffen und beglückt zugleich, beglückt, weil ich dadurch Gelegenheit bekam, sie mit meiner Liebe zu überschütten: «Du täuschst dich. Wenn ich krank wäre und der *vaidya* mir raten würde, auf dies oder das zu verzichten, würde ich das sofort tun. Und jetzt pass auf – ich verzichte ein Jahr lang auf Salz und Hülsenfrüchte, ob du es nun auch tust oder nicht.»

Sie wurde von Gewissensbissen gepackt. «Bitte verzeih mir! Obwohl ich dich kenne, sind mir diese Worte irgendwie entschlüpft. Von heute an esse ich weder Hülsenfrüchte noch Salz. Aber bitte nimm dein Gelübde zurück. Das ist eine zu große Strafe für mich.»

«Es ist sehr gut, dass du darauf verzichten willst. Ich habe überhaupt keinen Zweifel, dass es dir ohne Salz und Hülsenfrüchte viel besser gehen wird. Was mich betrifft, ich kann ein Gelübde nicht zurücknehmen. Und bestimmt wird es mir guttun, denn Enthaltsamkeit, egal welcher Art und aus welchem Grund, ist gut für den Menschen. Lass es also gut sein. Für mich ist es eine Prüfung und für dich moralische Unterstützung, damit du deinen Entschluss durchhältst.»

Sie gab auf. «Was bist du halsstarrig. Nie hörst du auf jemanden», sagte sie und flüchtete sich in Tränen.

Dieser Vorfall ist für mich ein Beispiel für Satyagraha und eine meiner schönsten Erinnerungen.

Danach erholte sich Kasturba rasch – ob es nun am Verzicht auf Salz und Hülsenfrüchte lag oder an der sich daraus ergebenden Ernährungsumstellung oder weil ich streng auf Einhaltung der sonstigen Lebensregeln bestand, oder ob es eine Begleiterscheinung der Hochstimmung war, die durch diesen Vorfall ausgelöst wurde, ich weiß es nicht. Jedenfalls kam sie schnell wieder zu Kräften, die Blutungen hörten ganz auf, und mein Ansehen als Heilkundiger wuchs.

Mir persönlich ging es durch die neuen Entsagungen bestens. Ich spürte nie Verlangen nach dem, was ich aufgegeben hatte; das Jahr verging wie im Flug, und ich stellte fest, dass meine Sinne nicht mehr so ungebändigt waren. Dieses Experiment verstärkte meinen Hang zur Selbstdisziplin, und ich verzichtete lange auf beides, auch nachdem ich wieder in Indien war. Nur einmal, 1914 in London, aß ich beides. Aber dazu später.

Ich habe das Experiment einer Kost ohne Salz und Hülsenfrüchte bei vielen meiner Mitarbeiter in Südafrika erfolgreich ausprobiert. Aus medizinischer Sicht mag es zweierlei Meinungen dazu geben, aber vom Standpunkt der Selbstdisziplin ist ein Verzicht auf beides begrüßenswert. Wer nach Selbstdisziplin strebt, muss sich anders ernähren als jemand, der sich dem Vergnügen hingibt, so wie auch ihre Lebensweisen unterschiedlich sind. Wer nach Brahmacharya strebt, steht sich oft selbst im Weg, weil er ein Leben voller Vergnügung lebt.

30. Der Weg zur Selbstdisziplin

Kasturbas Erkrankung gab also den Ausschlag, meine Ernährung zu ändern. Später führe ich weitere Änderungen ein, die mit Brahmacharya zusammenhängen.

Als Erstes verzichtete ich auf Milch. Von Raychandbhai hatte ich erstmals erfahren, dass Milch sinnliche Begierde auslöst; Bücher über Vegetarismus bestätigten diese Meinung; doch erst als ich Brahmacharya-Gelübde abgelegt hatte, konnte ich mich zum Verzicht aufraffen, obwohl mir schon lange klar war, dass Milch für den Körper nicht unbedingt notwendig ist. Es fiel mir schwer. Während ich immer überzeugter wurde, dass dieser Verzicht für die Selbstdisziplin notwendig war, las ich zufällig Berichte aus Kalkutta, wie grausam die Viehhalter mit Kühen und Büffeln umgingen. Die Wirkung dieser Schilderungen war wunderbar, und ich sprach mit Mr. Kallenbach darüber.

Wir hatten uns zufällig kennengelernt. Er war ein Freund von Mr. Khan, der in ihm eine Neigung zu jenseitigen Dingen bemerkt hatte und uns miteinander bekannt machte. Anfänglich war ich von Kallenbachs Hang zu Luxus und Extravaganz überrascht, aber schon bei unserer ersten Begegnung stellte er tiefschürfende religiöse Fragen. Wir kamen auf Gautama Buddhas Entsagung zu sprechen. Aus unserer Bekanntschaft wurde bald eine so enge Freundschaft, dass wir gleich dachten und er überzeugt war, er müsse sein Leben meinem anpassen, die gleichen Veränderungen vornehmen.

Damals war er alleinstehend und gab monatlich, neben der Miete, zwölfhundert Rupien aus. Jetzt fing er ein so einfaches Leben an, dass seine Ausgaben auf einhundertzwanzig Rupien zusammenschnurrten. Nachdem ich meinen Haushalt aufgelöst hatte und zum ersten Mal aus dem Gefängnis entlassen wurde, zogen wir zusammen. Unser Leben war ziemlich frugal.

Während dieser Zeit hatten wir die Diskussion über Milch. «Wir reden ständig davon, wie schädlich Milch ist. Warum verzichten wir dann nicht darauf? Sie ist bestimmt unnötig», sagte Kallenbach. Angenehm überrascht begrüßte ich den Vorschlag wärmstens, und wir gelobten beide, ab sofort der Milch abzuschwören. Das war 1912 auf der Tolstoi-Farm.

Aber damit war ich noch nicht zufrieden und beschloss kurz darauf, mich ausschließlich von Obst zu ernähren, und zwar von möglichst preiswerten Früchten. Unser Ehrgeiz war es, zu leben wie die Ärmsten der Armen.

Die Obstdiät stellte sich zudem als höchst praktisch heraus, das Kochen entfiel weitgehend. Unser Essen bestand meistens aus rohen Erdnüssen, Bananen, Datteln, Zitronen und Olivenöl.

Ich muss diejenigen, die nach Brahmacharya streben, hier warnen. Obwohl ich herausgefunden habe, dass es zwischen Ernährung, Fasten und Brahmacharya einen engen Zusammenhang gibt, spielt zweifellos der Geist eine entscheidende Rolle. Ein unreiner Geist wird durch Fasten nicht gereinigt, Ernährungsumstellung wirkt sich auf ihn nicht aus. Die Lüsternheit des Geistes kann nur durch intensive Selbstprüfung, Meditation über Gott und schließlich durch Gnade ausgerottet werden. Zwischen Geist und Körper besteht jedoch eine enge Verbindung, und der fleischliche Geist giert immer nach Leckerbissen und Luxus, die sich beide auf ihn auswirken. Um dem zuvorzukommen, sind Fasten und Beschränkung beim Essen notwendig. Damit der fleischliche Geist nicht mehr Herr, sondern Sklave der Sinne ist, braucht der Körper immer reine Nahrung, die keine stimulierenden Effekte hat, sowie regelmäßiges Fasten.

Wer sich über beides lustig macht, ist genau so auf dem Holzweg wie derjenige, der ausschließlich darauf setzt. Aus Erfahrung weiß ich, dass für jeden, der um Selbstdisziplin ringt, Fasten und Beschränkung beim Essen sehr hilfreich sind. Ohne ihre Hilfe kann Begehrlichkeit nicht ausgerottet werden.

31. Fasten

Zur selben Zeit, als ich Milch und Getreideprodukte aufgab und das Experiment mit der Obstdiät begann, setzte ich Fasten als Mittel zur Selbstdisziplin ein. Auch hier machte Kallenbach mit. Ich hatte gelegentlich schon gefastet, aber nur aus rein gesundheitlichen Gründen. Von einem Freund lernte ich, dass Fasten für die Kasteiung des Körpers wichtig ist.

Da ich in einer Vaishnava-Familie aufgewachsen bin und meine Mutter alle möglichen schweren Gelübde einhielt, hatte ich in Indien zu Ekadashi und anderen Anlässen gefastet, dabei allerdings nur meine Mutter nachgeahmt und meinen Eltern gefallen wollen.

Damals verstand ich die Wirksamkeit des Fastens weder noch glaubte ich an sie. Als ich aber mitbekam, dass der erwähnte Freund fastete, und weil ich hoffte, mir könne so das Brahmacharya-Gelübde leichter fallen, folgte ich seinem Beispiel und fastete an Ekadashi. Normalerweise gestattet man sich an einem Fastentag Milch und Obst, aber da das ja meine normale Ernährung war, verzichtete ich darauf und nahm nur Wasser zu mir.

Als ich das Experiment begann, fielen zufällig der hinduistische Monat Shravan und der islamische Ramzan zusammen. Die Gandhis befolgten nicht nur die Vaishnava-, sondern auch die Shaivite-Gelübde und besuchten auch beide Tempel. Manche Familienmitglieder hielten während des gesamten Shravan *pradosha* ein. Das wollte ich auch tun.

Diese wichtigen Experimente führten wir durch, während Kallenbach und ich auf der Tolstoi-Farm lebten, gemeinsam mit einigen Satyagrahi-Familien, darunter auch Jugendliche und Kinder. Für die Kinder, darunter vier, fünf Muslime, gab es eine Schule. Ich unterstützte und ermutigte sie, sämtliche ihrer religiösen Gebote einzuhalten, achtete darauf, dass sie ihre täglichen *namaz* verrichteten. Es gab auch einige Christen und Parsen, die ich ebenfalls anspornte, ihre jeweiligen religiösen Pflichten einzuhalten.

In diesem Monat überzeugte ich die jungen Muslime, das Ramzan-Fasten einzuhalten. Ich selbst wollte natürlich *pradosha* befolgen, forderte die jungen Hindus, Christen und Parsen auf, es den muslimischen Kameraden gleichzutun, und erklärte ihnen, es sei immer eine gute Sache, wenn man anderen beim Verzichten Gesellschaft leiste. Viele der Farmbewohner fanden meinen Vorschlag gut. Die Hindus und Parsen nahmen sich die Muslime nicht in allem zum Vorbild, aber das war auch nicht nötig. Die Muslime mussten mit ihrem Frühstück bis zum Sonnenuntergang warten, das taten die anderen nicht und konnten daher für ihre muslimischen Freunde Leckerbissen zubereiten, die sie ihnen dann auch auftischten. Die Hindus und die anderen Jugendlichen mussten auch nicht wie die Muslime am nächsten Morgen ihre letzte Mahlzeit vor Sonnenaufgang essen, und natürlich durften alle, bis auf die Muslime, tagsüber Wasser trinken.

Durch diese Experimente waren schließlich alle vom Wert des Fastens überzeugt; Großzügigkeit und das Gefühl der Zuneigung wuchsen.

Auf der Tolstoi-Farm waren wir alle Vegetarier, denn glücklicherweise nahmen alle auf meine Gefühle Rücksicht. Bestimmt hat den Muslimen während Ramzan ihr Fleisch gefehlt, aber keiner hat je eine Bemerkung darüber zu mir gemacht. Sie aßen mit Begeisterung die vegetarischen Gerichte, und die jungen Hindus kochten ihnen oft vegetarische Leckereien, die sich mit der einfachen Lebensweise auf der Farm vereinbaren ließen.

Ich bin absichtlich in der Mitte des Fasten-Kapitels abgeschweift, weil ich diese schönen Erinnerungen nirgendwo anders hätte anbringen können. Indirekt habe ich damit auch eine meiner Eigenheiten beschrieben, nämlich dass es mir gefiel, wenn sich meine Mitarbeiter mir in allem anschlossen, was ich für gut befand. Fasten war recht ungewohnt für sie, doch dank *pradosha* und Ramzan konnte ich sie problemlos dafür gewinnen.

So entwickelte sich auf der Farm ganz natürlich eine Atmosphäre der Selbstdisziplin. Nach und nach schlossen sich alle Farmbewohner an, wenn wir teilweise oder ganz fasteten, was ganz gewiss eine gute Sache war. Ich kann nicht sicher sagen, inwieweit diese Selbstbeherrschung ihr Herz berührte und ihnen bei ihren Bemühungen half, das Fleisch zu überwinden. Ich jedenfalls profitierte davon, sowohl gesundheitlich als auch was die Kontrolle über das Verlangen betraf. Natürlich folgt daraus nicht notwendigerweise, dass Fasten und ähnliche Einschränkungen auf alle gleich wirken.

Fasten kann nur dann die tierischen Verlangen zügeln helfen, wenn es aus Gründen der Selbstdisziplin geschieht. So haben manche meiner Freunde festgestellt, dass nach dem Fasten tierisches Verlangen und Essensgelüste intensiver waren. Fasten hat also nur dann einen Nutzen, wenn es mit dem ständigen Bedürfnis nach Selbstdisziplin, nach Kontrolle über den Gaumen gekoppelt ist. Es wäre dumm zu glauben, man könne durch zielloses Fasten, bei dem der Geist nicht miteinbezogen wird, seine Leidenschaften unter Kontrolle bringen.

In diesen Zusammenhang passen die Verse aus dem zweiten Kapitel der Bhagavad Gita:

> Die Sinnesobjekte, aber nicht das Verlangen nach ihnen,
> verschwinden für das verkörperte Selbst,
> das sich in striktes Fasten begeben hat.
> Selbst Verlangen verschwindet, wenn es das Höchste geschaut hat.*

Mit Fasten und ähnlichen Maßnahmen kann Selbstdisziplin erreicht werden, aber das reicht nicht, denn wenn körperliches Fasten nicht mit geistigem einhergeht, ist es heuchlerisch und endet in der Katastrophe.

---

* Kapitel 2, Vers 59; Übs. Michael von Brück, 1993.

32. Als Lehrer

Als die Farm größer wurde, musste etwas für die Ausbildung der Kinder getan werden. Unter den Jungen waren Hindus, Muslime, Parsen und Christen; dazu gab es noch einige Hindumädchen. Für sie Lehrer einzustellen, war nicht möglich – und ich hielt es auch nicht für nötig –, denn qualifizierte indische Lehrer waren dünn gesät, und die wenigen wären nicht bereit gewesen, an einem Ort, der einundzwanzig Meilen von Durban entfernt lag, für ein kleines Gehalt zu unterrichten. Geld im Überfluss hatten wir nämlich absolut nicht. Ich misstraute dem bestehenden Bildungssystem und wollte durch Erfahrung und Experimente herausfinden, was das richtige System war. So viel war sicher: Unter idealen Bedingungen konnten wahre Bildung und echtes Wissen einzig von den Eltern vermittelt werden, Hilfe von außen sollte nur selten hinzugezogen werden. Die Tolstoi-Farm war eine Familie, in der ich die Stelle des Vaters innehatte, daher sollte die Ausbildung der Jugendlichen möglichst unter meiner Ägide stehen.

Dieses Konzept hatte zweifellos seine Mängel. Nicht alle jungen Leute waren von klein auf mit mir zusammen, sondern in unterschiedlichen Umgebungen, unter jeweils anderen Bedingungen aufgewachsen und gehörten unterschiedlichen Religionen an. Wie konnte ich unter diesen Umständen den Jungen und Mädchen gerecht werden, selbst wenn ich die Rolle des Paterfamilias übernahm?

Aber ich hatte die Herzens-, die Charakterbildung immer an erste Stelle gesetzt, und da ich überzeugt war, dass alle, mochten sie auch unterschiedlichen Alters, unterschiedlicher Herkunft sein, moralisch erzogen werden konnten, beschloss ich, alle vierundzwanzig Stunden des Tages als ihr Vater mit ihnen zu leben. Charakterbildung stellte in meinen Augen die richtige Grundlage für jegliche Wissensvermittlung dar, bestimmt würden die Kinder, wenn dieses Fundament erst einmal richtig gelegt war, alles andere selbständig oder mit Hilfe von Freunden lernen können.

Doch da eine Schulbildung zumindest in gewissem Umfang zusätzlich vermittelt werden sollte, gab ich, unterstützt von Kallenbach und Pragji Desai, Unterrichtsstunden. Auch die körperliche Entwicklung war wichtig, aber dafür sorgte schon der Alltag. Auf der Farm gab es keine Diener, deshalb mussten sämtliche Arbeiten, vom Latrinenputzen und der Entsorgung der Exkremente bis zum Kochen, von den Bewohnern selbst geleistet werden. Außerdem gab es viele Obstbäume, um die man sich kümmern musste, dazu Gartenarbeit zuhauf. Kallenbach liebte die Landwirtschaft und hatte auf einer staatlichen Musterfarm einiges Wissen erworben. Für alle galt, ob Jung oder Alt: wer nicht in der Küche tätig war, musste eine gewisse Zeit im Garten arbeiten. Die Kinder übernahmen den Löwenanteil der Arbeit, einschließlich Gräbenziehen, Holzfällen und Lastenschleppen, und hatten dabei reichlich körperliche Bewegung. Die Arbeit machte ihnen Spaß, deshalb brauchten sie eigentlich weder Sport noch Spiel. Natürlich stellten sich manche, gelegentlich auch alle, krank oder drückten sich. Manchmal ignorierte ich ihre Streiche, reagierte aber meistens streng. Das gefiel ihnen nicht, sie nahmen es allerdings immer hin. Ich machte ihnen deutlich, dass man während der Arbeit nicht spielen dürfe. Die Wirkung hielt meistens nicht lange an, im nächsten Augenblick ließen sie die Arbeit liegen und gingen spielen. Trotzdem kamen wir gut miteinander aus, und die Kinder entwickelten sich körperlich gut. Nur selten wurde eines krank, wozu bestimmt die gute Luft, das Wasser und die geregelten Mahlzeiten viel dazu beigetragen haben.

Ein Wort zum Thema Berufsausbildung. Jeder der Jugendlichen sollte ein nützliches Handwerk erlernen. Kallenbach ging zu diesem Zweck in ein Trappistenkloster, als er zurückkam, wusste er, wie man Schuhe macht. Ich lernte das von ihm und gab die Kunst an diejenigen weiter, die sie lernen wollten. Kallenbach hatte auch Ahnung vom Schreinern, ein anderer Bewohner ebenfalls, daher richteten wir eine Schreinerklasse ein. Fast alle Jugendlichen konnten kochen.

Für sie war das alles neu. Sie hatten nicht einmal im Traum daran gedacht, dass sie einmal so etwas lernen würden. Normalerweise beschränkte sich die Bildung indischer Kinder in Südafrika auf die Grundkenntnisse in Schreiben, Lesen, Rechnen.

Auf der Tolstoi-Farm hatten wir es uns zur Regel gemacht, dass die Jugendlichen nichts tun sollten, was die Lehrer nicht auch taten, deshalb war immer, wenn sie eine Arbeit erledigen sollten, ein Lehrer dabei, der mitanpackte. Und so ging es beim Lernen immer vergnügt zu.

33. Schulbildung

Auch wenn ich nicht ganz zufrieden war, sorgten wir auf der Tolstoi-Farm doch für körperliche Betätigung und auch für eine Berufsausbildung, die mehr oder weniger erfolgreich war. Die klassische Schulbildung hingegen gestaltete sich schwierig, denn ich hatte weder die notwendigen Vorkenntnisse noch die nötigen Unterlagen, und ganz bestimmt nicht so viel Zeit, wie ich gern darin investiert hätte. Die körperliche Arbeit war so anstrengend, dass ich am Ende des Tages meistens völlig erschöpft war und gerade dann unterrichtete, wenn ich dringend hätte ausruhen müssen. Statt also frisch und dynamisch meine Lehrtätigkeit auszuüben, konnte ich mich mit Mühe und Not wach halten. Morgens musste auf der Farm und im Haushalt gearbeitet werden, deshalb fand die Schule kurz nach dem Mittagessen statt, eine andere Möglichkeit hatten wir nicht.

Es gab höchsten drei Stunden Unterricht. Auf dem Lehrplan standen Hindi, Tamilisch, Gujarati und Urdu, der Unterricht fand in der Muttersprache der Jungen statt. Englisch wurde ebenfalls gelehrt. Den Hindukindern aus dem Gujarat musste ein wenig Sanskrit beigebracht werden, allen anderen ein bisschen Hindi. Sämtlichen Kindern wurden Grundkenntnisse in Geschichte, Geografie und Rechnen vermittelt.

Ich hatte den Tamilisch- und Urdu-Unterricht übernommen. Mein rudimentäres Tamilisch hatte ich mir auf Reisen und im Gefängnis angeeignet, war über Popes hervorragendes Lehrbuch nie hinausgediehen. Meine Kenntnisse der Urdu-Schrift beschränkten sich auf das, was ich auf einer einzigen Reise aufgeschnappt hatte, und mein Vokabular ging nicht über die vertrauten persischen und arabischen Wörter hinaus, die ich von meinen muslimischen Freunden aufgeschnappt hatte. Sanskrit beherrschte ich nur in dem Umfang, wie es mir auf der höheren Schule beigebracht worden war. Selbst mein Gujarati reichte nicht über Schulkenntnisse hinaus.

Das war mein Arbeitswerkzeug; meine Kollegen wussten noch weniger als ich. Aber meine Liebe für die Sprachen meines Landes, mein Vertrauen in meine Fähigkeiten als Lehrer kamen mir genauso zugute wie die Unwissenheit und mehr noch die Nachsicht meiner Schüler.

Alle Tamilen-Jungen waren in Südafrika geboren worden und daher mit ihrer Muttersprache kaum, mit der Schrift gar nicht vertraut. Also musste ich ihnen die Schrift und Grammatikgrundlagen beibringen, was nicht schwer war. Meine Schüler wussten, dass sie mich jederzeit in einer Unterhaltung auf Tamilisch schlagen konnten, und fungierten als Dolmetscher, wenn mich Tamilen aufsuchten, die kein Englisch sprachen. Ich kam gut mit ihnen zurecht, weil ich nie versuchte, mein Unwissen zu vertuschen. Ich gab mich in allem und immer so, wie ich wirklich war. Deshalb verlor ich, obwohl mein Tamilisch lausig war, nie ihre Zuneigung und Achtung. Dagegen war es vergleichsweise leicht, den muslimischen Jungen Urdu beizubringen, sie kannten die Schrift. Ich musste nur ihre Lesebegeisterung wecken und ihre Handschrift verbessern.

Diese Kinder hatten größtenteils noch gar keine Bildung. Während des Unterrichts stellte ich allerdings fest, dass ich ihnen nur wenig beibringen konnte. Ich beschränkte mich darauf, ihnen die Faulheit abzugewöhnen, zum selbständigen Lesen zu animieren und ihre Lernaufgaben zu überwachen. Weil ich mich darauf beschränkte, konnte ich Jungen unterschiedlichen Alters in ein und demselben Klassenzimmer in verschiedenen Fächern unterrichten.

Lehrbücher, von denen jetzt so viel die Rede ist, vermisste ich nie. Ich kann mich nicht einmal erinnern, dass wir die vorhandenen Bücher viel genutzt hätten. Es war unnötig, den Jungen Unmengen Bücher aufzubürden. War das wahre Lehrbuch nicht der Lehrer? Ich kann mich nur vage an den Inhalt meiner Schulbücher erinnern, dafür umso deutlicher an das, was mir meine Lehrer mündlich vermittelten.

Kinder nehmen mehr und müheloser über das Ohr als über das Auge auf. Wahrscheinlich habe ich mit meinen Jungen kein einziges Buch ganz durchgelesen. Ich gab ihnen aber in eigenen Worten wieder, was ich aus vielen Büchern für mich mitgenommen hatte, und vermutlich erinnern sie sich heute noch daran. Buchinhalte zu behalten, fiel ihnen schwer, aber was ich ihnen mündlich vermittelt hatte, konnten sie sofort mühelos wiedergeben. Lesen war Arbeit für sie, mir zuzuhören ein Spaß, wenn ich nicht gerade, weil ich übermüdet war oder aus sonst einem Grund, das Thema langweilig aufbereitete. Und an den Fragen, die sie mir jeweils stellten, konnte ich ersehen, inwiefern sie den Stoff verstanden hatten.

34. Atman-Übungen

Die spirituelle Erziehung der Schüler war sehr viel schwieriger als ihre körperliche und geistige. Auf religiöse Bücher stützte ich mich dabei kaum. Natürlich sollte jeder Schüler mit den Grundlagen seiner Religion vertraut sein, die entsprechenden Schriften wenigstens oberflächlich kennen. Diese Kenntnisse, die meiner Meinung nach allerdings zum geistigen Unterricht gehörten, vermittelte ich ihnen, so gut ich konnte. Lange bevor ich die Ausbildung der Kinder auf der Tolstoi-Farm übernahm, begriff ich, dass die spirituelle Erziehung eine Sache für sich ist. Die Entwicklung der Seele, bei der Kinder auf viel Unterstützung angewiesen sind, hat mit Charakterbildung zu tun, mit dem Wissen um Gott und das eigene Ich. Ohne Seelenkultur taugt alle Bildung nicht, ist möglicherweise sogar schädlich.

Mir ist der Aberglaube bekannt, dass Selbsterkenntnis angeblich nur im vierten Lebensstadium möglich ist, das heißt *sannyasa* (Entsagung). Wer aber die Vorbereitung auf diese unschätzbare Erfahrung bis zum letzten Lebensstadium hinausschiebt, erlangt bekanntermaßen nicht Selbsterkenntnis, sondern erlebt ein Greisenalter, das einer zweiten Kindheit voller Elend gleicht und das Leben auf der Erde zur Last macht.

Wie sollte diese spirituelle Erziehung nun aussehen? Ich ließ die Kinder geistliche Lieder singen und las ihnen aus Moralbüchern vor. Doch das stellte mich alles andere als zufrieden. Je besser ich die Kinder kennenlernte, desto mehr begriff ich, dass Bücher keine spirituelle Erziehung vermitteln können. So wie der Körper durch Bewegung und Sport, der Intellekt durch Geistesübungen erzogen werden muss, ist die Bildung der Seele nur durch entsprechende Anleitung möglich – und die hängt ganz vom Leben und Charakter des Lehrers ab. Der Lehrer muss immer ein untadeliges Verhalten an den Tag legen, egal, ob seine Schüler anwesend sind oder nicht.

Auch ein Lehrer, der meilenweit entfernt wohnt, kann die Seelen seiner Schüler durch seine Lebensführung beeinflussen. Es wäre sinnlos, wenn ich als Lügner den Jungen beibrächte, die Wahrheit zu sagen. Ein Feigling kann seine Schüler nie zu mutigen Menschen erziehen, und wie soll ein moralisch verkommener Lehrer Selbstbeherrschung lehren? Daher musste ich für die Jungen und Mädchen, die mit mir lebten, der fleischgewordene Anschauungsunterricht sein, und zwar rund um die Uhr. So wurden sie umgekehrt zu meinen Lehrern, ich lernte, und sei es nur ihretwegen, dass ich gut sein und ein ehrliches Leben führen musste. Ich verdanke es also hauptsächlich meinen Schützlingen, dass ich auf der Tolstoi-Farm immer disziplinierter und enthaltsamer lebte.

Einer von ihnen war ein wilder, verlogener Streithansel. Einmal ließ er sich überhaupt nicht mehr bremsen. Ich war besorgt und, obwohl ich meine Schüler nie bestrafte, diesmal sehr wütend. Ich versuchte, vernünftig mit ihm zu reden, aber er war unverbesserlich und wollte mich austricksen. Irgendwann griff ich nach einem Lineal, das in der Nähe lag, und schlug ihm auf den Arm. Dabei zitterte ich sichtbar. Das war für alle Schüler eine völlig neue Erfahrung, und mit einem Aufschrei bat der Junge um Verzeihung, aber nicht etwa, weil ihm der Schlag wehgetan hatte. Er hätte es mir leicht mit gleicher Münze heimzahlen können, denn er war ein kräftiger Siebzehnjähriger. Aber er begriff, wie weh es mir tat, dass ich zu diesem gewalttätigen Schritt getrieben worden war. Nach diesem Vorfall gehorchte er mir immer. Doch bis heute bedauere ich den Schlag mit dem Lineal. An diesem Tag kam nicht meine Seele, sondern das Tier in mir zum Vorschein.

Ich bin immer gegen Prügelstrafe gewesen und kann mich nur an eine Gelegenheit erinnern, bei der ich gegenüber einem meiner Söhne handgreiflich wurde. Bis heute bin ich mir nicht im Klaren, ob der Einsatz des Lineals richtig oder falsch war. Wahrscheinlich falsch, weil Wut und der Drang, ihn zu bestrafen, der Auslöser gewesen waren. Als Zeichen, dass ich nicht mehr weiterwusste, wäre der Linealhieb wahrscheinlich gerechtfertigt gewesen. Doch das Motiv in diesem Fall war ambivalent.

Dieser Vorfall brachte mich auf eine bessere Methode, meine Schüler zu maßregeln – ob sie auch in diesem Fall gefruchtet hätte, weiß ich nicht. Der Junge vergaß bald alles, richtig gebessert hat er sich allerdings nie. Aber für mich war der Zwischenfall der Anlass, genauer über die Pflichten nachzudenken, die ein Lehrer gegenüber seinen Schülern hat.

Auch danach kam es häufig vor, dass sich die Jungen ähnlich schlecht benahmen, aber ich wurde nie wieder handgreiflich. So lernte ich, während ich meine Jungen und Mädchen spirituell bilden wollte, immer besser die Beschaffenheit der Seele kennen.

35. Eine Mischung aus Gut und Böse

Kallenbach lenkte meine Aufmerksamkeit auf ein Problem, das mir bisher nicht aufgefallen war. Einige der Jungen auf der Farm waren ungezogen und widerspenstig, auch Faulpelze waren darunter. Kallenbach fragte sich, welche Auswirkungen das Zusammenleben mit diesen Burschen auf meine drei Söhne und die Kinder haben würde, die ähnlich erzogen worden waren.

Eines Tages wurde er deutlich. «Mir gefällt es nicht, dass deine Jungen mit diesen ungezogenen Kerlen aufwachsen sollen, die haben einen schlechten Einfluss auf sie.»

«Ich kann doch keinen Unterschied zwischen meinen Söhnen und diesen Faulpelzen machen», antwortete ich. «Ich bin für alle gleichermaßen verantwortlich. Die Jungen sind hier, weil ich sie dazu aufgefordert habe. Wenn ich ihnen jetzt Geld in die Hand drücke und sie wegschicke, würden sie sofort nach Johannesburg gehen und leben wie zuvor. Sehr wahrscheinlich meinen sie und ihre Vormunde, dass ich den Jungen gegenüber eine Verpflichtung übernommen habe. Wir wissen beide, dass sie sich hier teilweise ordentlich plagen müssen. Sie bleiben hier, und meine Söhne müssen deshalb mit ihnen zusammenleben. Bestimmt möchtest du nicht, dass ich meinen Jungen erkläre, dass sie etwas Besseres sind. Wenn ich ihnen das Gefühl der Überlegenheit vermittle, kommen sie vom rechten Weg ab. Durch diesen Umgang lernen sie vielmehr, zwischen Gut und Böse zu unterscheiden. Warum sollten nicht umgekehrt ihre guten Eigenschaften, wenn sie denn welche haben, auf ihre Kameraden abfärben? Ich muss sie auf alle Fälle hierbehalten, und wir müssen das eventuelle Risiko eben eingehen.»

Kallenbach schüttelte den Kopf.

Letztendlich war das Ergebnis dieses Experiments nicht allzu schlecht, meinen Söhnen hat es nicht geschadet, im Gegenteil, sie haben davon profitiert. Sollten sie sich auch nur ein klein wenig überlegen gefühlt haben, wurde ihnen das ausgetrieben, und sie lernten den Umgang mit völlig unterschiedlichen Kindern, mussten sich bewähren und lernten Disziplin.

Dieses und ähnliche Experimente haben bewiesen, dass es guten Kindern nicht schadet, wenn sie zusammen mit schlechten unterrichtet werden und dem Umgang mit ihnen ausgesetzt sind, vorausgesetzt, das Experiment findet unter wachsamen Elternaugen statt.

Es ist nicht unbedingt so, dass unsere Kinder reinen Herzens bleiben, wenn sie in einem eisernen Tresor eingeschlossen sind, und verdorben werden, wenn man sie herausholt. Es stimmt jedoch, dass es für Eltern und Lehrer eine riesige Herausforderung darstellt, wenn Jungen und Mädchen, die völlig unterschiedlich erzogen wurden, zusammenleben und unterrichtet werden. Sie müssen ständig auf der Hut sein.

36. Fasten als Buße

Mit jedem Tag wurde mir klarer, wie außerordentlich schwierig es war, Jungen und Mädchen auf die richtige Weise zu erziehen. Wenn ich ihr Lehrer und Vormund sein wollte, musste ich ihre Herzen erreichen, ihre Freuden und Sorgen teilen, bei der Lösung ihrer Probleme helfen und ihre jugendlichen Sehnsüchte in die richtigen Bahnen lenken.

Nachdem einige Satyagrahis aus dem Gefängnis entlassen worden waren, gab es fast niemanden mehr, der auf der Tolstoi-Farm lebte. Da die wenigen Bewohner fast alle aus Phoenix stammten, brachte ich sie dorthin. Dort galt es, eine besonders heiße Feuerprobe zu bestehen.

Damals musste ich oft zwischen Johannesburg und Phoenix hin- und herreisen. Ich hielt mich gerade in Johannesburg auf, als ich die Nachricht bekam, zwei Bewohner der Tolstoi-Farm hätten sich schrecklich danebenbenommen. Meldungen, der Satyagraha-Kampf sei offenbar gescheitert oder es habe einen Rückschlag geben, brachten mich nie aus der Fassung, aber dieser Vorfall traf mich wie ein Blitz. Noch am selben Tag fuhr ich mit dem Zug nach Phoenix. Kallenbach bestand darauf, mich zu begleiten, denn er hatte bemerkt, in welchem Zustand ich mich befand. Ihm war der Gedanke unerträglich, dass ich allein reisen würde, denn er war derjenige, der mir von dem Fehlverhalten erzählt hatte.

Unterwegs wurde mir klar, was ich tun musste. In meinen Augen war ein Vormund oder Lehrer zumindest teilweise für die Entgleisung seines Schützlings oder Schülers verantwortlich, deshalb war meine Verantwortung in diesem Fall sonnenklar. Meine Frau hatte mich bereits vor so etwas gewarnt, aber als vertrauensseliger Mensch hatte ich ihre Warnung ignoriert. Es gab wohl nur einen Weg, um den Schuldigen begreiflich zu machen, wie tief ich getroffen war und wie sehr sie versagt hatten – ich musste Buße tun. Also erlegte ich mir sieben Tage Fasten auf und das Gelübde, viereinhalb Monate lang täglich nur eine Mahlzeit zu essen. Kallenbach versuchte vergeblich, mich davon abzubringen. Letztendlich gab er zu, die Buße sei angemessen, und bestand darauf, sich mir anzuschließen. Ich hatte seiner offensichtlichen Zuneigung nichts entgegenzusetzen.

Der Entschluss nahm mir einen großen Stein vom Herzen. Meine Wut auf die Schuldigen verrauchte und machte reinstem Mitleid Platz. Einigermaßen gelassen kam ich in Phoenix an, wo ich weitere Nachforschungen anstellte und einige wissenswerte Einzelheiten erfuhr.

Meine Buße bedrückte alle, reinigte aber die Atmosphäre. Jeder begriff, wie schlimm es war, sich sündhaft zu benehmen, und das Band, das mich mit den Jungen und Mädchen verband, wurde stärker und aufrichtiger.

Aus diesem Vorfall ergab sich ein Umstand, der mich kurz darauf zu vierzehntägigem Fasten nötigte. Die Ergebnisse übertrafen alle meine Erwartungen.

Nun sollte ein Lehrer nicht jedes Mal fasten, wenn seine Schüler auf die schiefe Bahn geraten, aber unter bestimmten Umständen ist ein derartiges Bußfasten absolut berechtigt. Dazu braucht es jedoch das richtige Augenmaß und einen gesunden Körper. Besteht zwischen Lehrer und Schüler keine wirkliche Zuneigung, ist der Lehrer vom Fehlverhalten des Schülers nicht zutiefst betroffen, hat der Schüler keine Achtung vor seinem Lehrer, ist Fasten sinnlos und kann sogar schädlich sein. Auch wenn man zweifeln mag, ob Fasten immer das richtige Mittel ist, steht außer Frage, dass der Lehrer mehr oder weniger verantwortlich für die Fehler seines Schülers ist.

Das siebentägige Fasten und die viereinhalb Monate mit nur einer Mahlzeit täglich waren für Kallenbach und mich kein Problem. Ich musste keine meiner üblichen Tätigkeiten aufschieben oder vernachlässigen. Während dieser Zeit aß ich ausschließlich Obst.

Die Endphase des zweiten, vierzehntägigen Fastens fiel mir ziemlich schwer. Damals hatte ich noch nicht begriffen, wie herrlich wirksam das Ramanama sein kann, deshalb war meine Leidensfähigkeit noch nicht so ausgeprägt. Zudem beherrschte ich die Kunst des Fastens noch nicht, wusste insbesondere nicht, dass man unbedingt viel Wasser trinken muss. Und weil mir das erste Fasten leichtgefallen war, ging ich das zweite ziemlich sorglos an. Während des ersten Fastens nahm ich täglich ein Kuhne'sches Heilbad, beim vierzehntägigen gab ich das nach zwei, drei Tagen auf und trank sehr wenig Wasser, weil es grässlich schmeckte und mir übel wurde. Meine Kehle war trocken und angegriffen, die letzten Tage konnte ich nur noch sehr leise sprechen. Trotzdem erledigte ich meine Arbeit weiterhin und hatte auch genügend Kraft, um alle dringenden Angelegenheiten zu besprechen und meinen Rat zu geben; wenn es etwas zu schreiben gab, diktierte ich es. Ich ließ mir regelmäßig aus dem «Ramayana» und anderen Büchern vorlesen.

37. Zu einem Treffen mit Gokhale

Ich muss viele Erinnerungen an Südafrika überspringen.

1914, nachdem der Satyagraha-Kampf beendet war, bekam ich von Gokhale die Anweisung, über London heimzukehren. Also fuhren Kasturba, Kallenbach und ich mit einem Schiff nach England.

Während der Satyagraha-Kampagne fing ich an, dritter Klasse zu reisen, hatte also auch für diese Fahrt dritte Klasse gebucht. Allerdings bestand ein großer Unterschied zwischen dieser dritten Klasse und der indischen dritten Klasse. In unseren Verkehrsmitteln gibt es zu wenig Sitzplätze, kaum Schlafmöglichkeiten, und die Sauberkeit lässt sehr zu wünschen übrig. Auf der Reise nach London gab es hingegen genügend Platz für alle Passagiere, sauber war es auch, zudem ließ uns die Dampfschifffahrtgesellschaft eine Sonderbehandlung zukommen. Wir hatten einen eigenen Waschraum, und der Steward versorgte uns mit Obst und Nüssen – beides bekommen Dritter-Klasse-Passagiere so gut wie nie. Die achtzehn Tage auf dem Schiff waren ziemlich gemütlich.

Einige der Reiseerlebnisse sind durchaus erwähnenswert. Kallenbach liebte Ferngläser und besaß ein teures Exemplar. Fast täglich hatten wir deswegen Auseinandersetzungen, denn ich versuchte ihn zu überzeugen, dass dieser Gegenstand sich nicht mit dem Ideal einer einfachen Lebensweise vertrug, die wir anstrebten. Eines Tages, als wir beim Bullauge unserer Kabine standen, wurde die Diskussion hitzig.

«Statt uns deswegen in die Haare zu kriegen, wäre es nicht besser, wenn wir das Fernglas ins Meer werfen und nie wieder erwähnen?», schlug ich vor.

«Dann wirf das unselige Ding halt weg», sagte Kallenbach.

«Ich meine es ernst.»

«Ich auch», kam sofort die Antwort.

Unverzüglich schleuderte ich das Fernglas ins Meer. Es hatte sieben Pfund gekostet, aber nicht der materielle Wert war wichtig, sondern dass Kallenbach so daran hing. Nachdem es aber erst einmal weg war, trauerte er ihm nicht hinterher.

Jeden Tag gab es Neues zu lernen, denn wir versuchten beide, den Pfad der Wahrheit zu beschreiten. Auf diesem Marsch muss man Wut, Egoismus, Hass usw. loswerden, sonst bleibt die Wahrheit unerreichbar. Jemand, der von seinen Leidenschaften beherrscht wird, kann noch so sehr aufrichtig sein wollen, die reine Wahrheit wird er nie finden. Die Suche nach Wahrheit bedeutet, sich vom Druck der beiden Pole Liebe und Hass ganz zu lösen.

Als wir unsere Reise antraten, war mein Fasten noch nicht lange her und ich nicht so kräftig wie sonst. Ich schlenderte immer mal wieder übers Deck, um Bewegung und Appetit zu bekommen und meine Verdauung anzuregen. Doch selbst das war zu anstrengend, ich bekam so starke Wadenschmerzen, dass ich mich bei der Ankunft in London nicht besser, sondern schlechter fühlte. Ich lernte Dr. Jivray Mehta kennen, dem ich von meinem Fasten und den anschließenden Schmerzen erzählte. «Wenn Sie nicht einige Tage völlige Ruhe einhalten, besteht die Gefahr, dass Sie Ihre Beine gar nicht mehr benutzen können», diagnostizierte er.

Jemand, der gerade eine lange Fastenperiode beendet hat, sollte sich also Zeit lassen, seine Kräfte wiederzugewinnen, und auch nicht zu viel essen. Wahrscheinlich muss man beim Fastenbrechen vorsichtiger und disziplinierter sein als beim Fasten selbst.

In Madeira erfuhren wir, jeden Augenblick könne der Große Krieg ausbrechen. Als wir in den Ärmelkanal einfuhren, kam die Nachricht, dass es wirklich passiert war. Wir wurden einige Zeit aufgehalten. Es war schwierig, das Schiff um die im gesamten Englischen Kanal ausgelegten Unterwasserminen herum zu manövrieren. Daher dauerte es beinahe zwei Tage, bis wir in Southampton ankamen.

Der Krieg war am 4. August erklärt worden, wir erreichten London am 6. August.

38. Meine Rolle im Krieg

In England erfuhr ich, dass Gokhale in Paris festsaß, das er der Gesundheit wegen aufgesucht hatte, und da es keine Verbindung mehr zwischen Paris und London gab, war unklar, wann er zurückkommen würde. Ich wollte aber nicht heimfahren, ohne ihn gesehen zu haben.

Was sollte ich bis dahin tun? Was war im Krieg meine Pflicht? Sorabji Adajania, mein Gefängniskamerad, studierte damals in London, denn als bester Satyagrahi sollte er hier zum Barrister ausgebildet werden, um anschließend meinen Platz in Südafrika einzunehmen; für die Kosten kam Dr. Pranjivandas Mehta auf. Durch ihn lernte ich Dr. Jivraj Mehta und andere kennen, die ebenfalls in London studierten, und gemeinsam hielten wir eine Besprechung ab. Wir beschlossen, eine Versammlung aller Inder einzuberufen, die in Großbritannien und Irland lebten. Dort trug ich meine Ansichten vor.

Inder, die in England lebten, sollten ihren Beitrag zum Krieg leisten, fand ich. Englische Studenten hatten sich freiwillig gemeldet, da sollten ihnen die Inder nicht nachstehen. Es gab einige Einwände – zwischen Indern und Engländern gebe es einen Unterschied wie zwischen Elefant und Pferd; wir seien Sklaven, sie die Herren. Weshalb sollte ein Sklave freiwillig mit dem Herrn an einem Strang ziehen, wenn dieser in Not sei? Sollte der Sklave, der frei sein wollte, nicht im Gegenteil diese Notsituation ausnutzen? Eine Argumentation, die mir damals nicht zusagte. Ich war mir unserer unterschiedlichen sozialen Stände bewusst, hielt uns aber nicht tatsächlich für Sklaven. Ich suchte den Fehler eher bei einzelnen britischen Beamten – die wir durch Liebe verändern konnten –, und nicht beim britischen System selbst. Wenn wir unseren sozialen Stand mit Hilfe der Briten verbessern wollten, mussten wir ihre Unterstützung gewinnen, und zwar indem wir ihnen in ihrer Notlage beistanden. Das System mochte zwar fehlerbehaftet sein, doch anders als heute hielt ich es nicht für untragbar. Aber wenn ich mich heute, nachdem ich meinen Glauben an das britische System verloren habe, weigern würde, der britischen Regierung zu helfen, dann verstehe ich, dass damals die Freunde,

Meine Rolle im Krieg 335

die nicht nur ihren Glauben an das System, sondern auch an die britischen Beamten verloren hatten, nicht anders handeln konnten.

Das sei jetzt die Gelegenheit, eine energische Erklärung mit Forderungen abzugeben, damit die indische Position gestärkt werde, hielten die Freunde dagegen, die anderer Meinung waren.

Wir sollten aus Englands Notlage keinen Vorteil ziehen, fand ich, es sei anständiger und weitsichtiger, unsere Forderungen erst nach dem Krieg zu stellen. Ich blieb bei meinem Vorschlag und wiederholte, wer bereit sei, solle sich melden. Er kam gut an; es meldeten sich Freiwillige praktisch aus allen Provinzen und aller Religionen.

Ich teilte dem Marquess von Crewe, Minister für indische Angelegenheiten, schriftlich mit, wir seien bereit, uns als Sanitäter ausbilden zu lassen.

Nach kurzer Überlegung nahm Lord Crewe das Angebot an und dankte uns, dass wir dem Empire in dieser kritischen Stunde unsere Dienste offerierten.

Die Freiwilligen absolvierten ihre Grundausbildung in Erster Hilfe für Verwundete unter dem bekannten Arzt Dr. James Cantlie, ein lediglich sechswöchiger Lehrgang, der aber den gesamten Stoff in Erster Hilfe abdeckte.

Wir waren ungefähr achtzig Teilnehmer; nach sechs Wochen fand eine Prüfung statt, die mit einer Ausnahme alle bestanden. Anschließend ließ uns die Regierung, unter Leitung von Colonel Richard Baker, der zum Befehlshaber der Truppe ernannt wurde, militärisches Training und andere Lehrgänge durchlaufen.

England bot damals einen bemerkenswerten Anblick. Nirgendwo herrschte Panik, alle bemühten sich zu helfen, so gut sie konnten. Wehrtaugliche Männer ließen sich zu Soldaten ausbilden. Auch für die Alten, Gebrechlichen und Frauen gab es genügend Arbeit; wer sich einbringen wollte, schneiderte Uniformen und schnitt Verbände für die Verwundeten zu.

Das Lyceum, ein Damenverein, verpflichtete sich, möglichst viele Soldatenuniformen zu schneidern. Diesem Verein gehörte auch Shrimati Sarojini Naidu an, die sich mit Feuereifer auf die Arbeit warf. Als wir uns kennenlernten, legte sie mir einen Stapel Zuschnitte hin, ich solle bitte so viele wie möglich zusammennähen und ihr anschließend bringen. Ich kam dem gern nach und stellte gemeinsam mit Freunden so viele Uniformen fertig, wie mir neben meiner Erste-Hilfe-Ausbildung möglich war.

39. Ein spirituelles Dilemma

Sobald in Südafrika bekannt wurde, dass ich gemeinsam mit anderen Indern Kriegsdienst leisten wollte, bekam ich zwei Telegramme. Eines kam von Polak. «Ist dieser Einsatz nicht unvereinbar mit deinem Bekenntnis zu Ahimsa?»

Diese Frage hatte ich halb vorausgesehen, denn ich hatte das Problem in «Hind Swaraj or Indian Home Rule» beleuchtet und in Südafrika tagein, tagaus mit Freunden diskutiert.

Für uns alle war Krieg unmoralisch. Wenn ich nicht bereit war, meinen Angreifer strafrechtlich zu verfolgen, wie konnte ich dann an einem Krieg teilnehmen, besonders wenn ich dessen Hintergründe nicht kannte? Natürlich wussten meine Freunde, dass ich im Burenkrieg gewesen war, nahmen aber an, ich wäre mittlerweile anderer Auffassung.

Tatsächlich hatte genau dieselbe Argumentationskette, die mich veranlasst hatte, am Burenkrieg teilzunehmen, auch in diesem Fall den Ausschlag gegeben. Natürlich war ich mir im Klaren, dass die Teilnahme an einem Krieg nie mit Ahimsa vereinbar ist, doch man hat nicht immer das Glück, dass man sich über seine Pflicht genauso im Klaren ist. Ein Anhänger der Wahrheit tappt gezwungenermaßen oft im Dunkeln.

Ahimsa ist ein umfassendes Prinzip. Wir sind hilflose Sterbliche, vom Flächenbrand der *himsa* umzingelt. Die Redensart, dass Leben vom Leben lebt, ist nicht falsch. Der Mensch kann keinen Augenblick leben, ohne äußerlich bewusst oder unbewusst *himsa* zu begehen. Essen, trinken, sich bewegen – sämtliche Handlungen beinhalten automatisch *himsa*, die Zerstörung von Leben, und sei es noch so winzig. Ein Anhänger der Ahimsa bleibt deshalb seinem Glauben treu, wenn der Auslöser seines gesamten Handelns Mitgefühl ist, wenn er sich so gut wie möglich bemüht, auch nicht das kleinste Lebewesen zu zerstören, sondern es zu retten versucht und unaufhörlich danach strebt, sich aus der tödlichen Umarmung der *himsa* zu befreien. Dabei wachsen zwar Selbstdisziplin

Ein spirituelles Dilemma 337

und Mitgefühl, aber sich ganz von äußerlicher *himsa* befreien – das kann der Mensch nicht.

Weil wiederum Ahimsa alles Leben eint, beeinflusst die Sünde eines Einzelnen automatisch alle, deshalb wird der Mensch nolens volens von *himsa* berührt. Solange er ein soziales Wesen bleibt, hat er an der *himsa* teil, die von der Gesellschaft begangen wird. Wenn zwei Nationen gegeneinander kämpfen, hat der Anhänger der Ahimsa die Pflicht, den Krieg zu beenden. Wer dieser Pflicht nicht gewachsen ist, wer dem Krieg nicht wiederstehen kann, soll am Krieg teilnehmen und sich trotzdem aufrichtig bemühen, sich selbst, seine Nation und die Welt vom Krieg zu befreien.

Ich hatte gehofft, meine Position, das heißt die meines Volkes, durch das britische Empire zu verbessern. Solange ich mich in England aufhielt, genoss ich den Schutz der britischen Flotte, und indem ich mich in den Schutz ihrer bewaffneten Macht begab, war ich direkt an ihrer potentiellen Gewaltausübung beteiligt. Wenn ich also meine Beziehung mit dem Empire aufrechterhalten und unter seine Flagge leben wollte, gab es drei Möglichkeiten: Ich konnte offen Widerstand gegen den Krieg erklären und das Empire gemäß den Prinzipien von Satyagraha boykottieren, bis es seine Militärpolitik änderte; oder ich provozierte eine Inhaftierung wegen zivilen Ungehorsams, indem ich gegen die Gesetze verstieß, bei denen es angebracht war; oder ich konnte an der Seite des Empire am Krieg teilnehmen und so die Fähigkeit und Eignung erwerben, mich der Gewalt des Krieges zu widersetzen. Mir fehlte diese Fähigkeit, diese Eignung, weshalb mir nichts anderes übrigblieb, als Kriegsdienst zu leisten.

Im Sinne der Ahimsa unterscheide ich nicht zwischen denen, die kämpfen, und jenen, die nicht kämpfen. Wer freiwillig einer Bande von Banditen dient, als Bote oder Wachmann, während sie auf Raubzug sind, oder als Krankenpfleger, wenn sie verwundet sind, macht sich genauso wie die Banditen des Verbrechens schuldig. Genauso wenig können diejenigen, die lediglich die in der Schlacht Verwundeten pflegen, nicht von Kriegsschuld freigesprochen werden.

Ich hatte mir also schon reiflich Gedanken gemacht, bevor ich Polaks Telegramm bekam. Kurz darauf diskutierte ich dieses Thema mit verschiedenen Freunden und kam zu dem Schluss, dass ich verpflichtet war, mich freiwillig zum Kriegsdienst zu melden. Auch heute sehe ich weder

Schwachstellen in dieser Argumentationskette noch bedauere ich den Entschluss, denn damals sah ich das britische Empire in einem anderen Licht.

Selbst damals konnte ich nicht alle Freunde von der Richtigkeit meines Standpunkts überzeugen. Es ist eine knifflige Frage, die unterschiedliche Antworten zulässt, deshalb habe ich denjenigen, die an Ahimsa glauben und sich in jeder Lebenslage um deren Umsetzung bemühen, meine Argumente so klar wie möglich dargelegt. Ein Anhänger der Wahrheit darf nichts nur der Konvention zuliebe tun. Er darf sich nicht stur an seine Meinung klammern, und wenn er feststellt, dass er sich geirrt hat, muss er das unbedingt eingestehen und wiedergutmachen.

40. Satyagraha im Kleinen

Obwohl ich also aus Pflichtgefühl am Krieg teilnahm, ergab es sich zufällig, dass ich nicht nur außerstande war, am eigentlichen Geschehen teilzunehmen, sondern mich gezwungen sah, sogar unter diesen kritischen Umständen gewissermaßen Satyagraha im Kleinen auszuüben.

Wie schon erwähnt, hatte Colonel Baker die Aufgabe bekommen, uns auszubilden, sobald wir offiziell in die Armee eingetreten waren. Wir hatten alle angenommen, dieser befehlshabende Offizier würde nur in technischen Fragen unser Vorgesetzter sein und dass ansonsten ich das Korps, das mir in Sachen interner Disziplin verstand, anführte, er also über meine Person mit dem Korps verkehren würde. So wie man seinem Sohn bereits in der Wiege ansieht, was einmal aus ihm werden wird, verriet uns gleich am ersten Tag ein Blick in die Augen des Offiziers, dass es anders laufen würde.

Sorabji Adajania war ein scharfsinniger Mann. «Bhai, nehmen Sie sich vor diesem Mann in Acht», warnte er. «Sieht so aus, als wollte er wie Mogul Jahangir regieren. Wir sind bereit, ihn als Ausbilder anzuerkennen, lassen uns nicht von ihm herumkommandieren. Aber diese Jungspunde, die er als unsere Ausbilder eingesetzt hat, benehmen sich, als wären sie unsere Herren.» Diese Jungspunde, die der befehlshabende Offizier auch noch zu unseren Gruppenführern ernannt hatte, waren Studenten aus Oxford.

Mir war das ebenfalls nicht entgangen, aber ich redete beruhigend auf ihn ein, er solle sich keine Sorgen machen. Doch Sorabji war jemand, der sich nicht so leicht etwas ausreden ließ.

«Sie sind zu vertrauensselig. Diese Leute werden Ihnen Honig um den Bart schmieren, und wenn Sie sie endlich durchschaut haben, werden Sie uns alle zu Satyagraha auffordern und damit in Schwierigkeiten bringen», sagte er lächelnd.

«Wenn Sie sich mir anschließen, müssen Sie automatisch mit Schwierigkeiten rechnen», meinte ich. «Ein Satyagrahi ist dazu bestimmt, dass man ihn täuscht. Soll der befehlshabende Offizier uns eben täuschen. Habe ich Ihnen nicht schon unzählige Male gesagt, wer andere täuscht, täuscht schlussendlich sich selbst?»

Sorabji lachte laut. «Na, dann, lassen Sie sich weiterhin täuschen. Eines Tages wird Satyagraha noch Ihr Tod sein, in den Sie arme Sterbliche wie mich mitreißen.»

Diese Worte erinnerten mich an das, was mir Emily Hobhouse, die Menschenrechtlerin, einmal in Bezug auf die Nicht-Kooperation mit einem System schrieb: «Es würde mich nicht wundern, wenn Sie demnächst für die Wahrheit am Galgen baumeln. Möge Gott Ihnen den rechten Weg zeigen und Sie schützen.»

Das Gespräch mit Sorabji fand kurz nach Berufung des befehlshabenden Offiziers statt. Innerhalb weniger Tage erreichte unsere Beziehung die Grenze der Belastbarkeit. Als die Ausbildung anfing, war ich von den zwei Wochen Fasten immer noch geschwächt. Oft musste ich zu Fuß zwei Meilen von daheim zur Ausbildungsstätte laufen, worauf mich eine Rippenfellentzündung erwischte. In diesem Zustand musste ich zum Wochenendlager. Während die anderen dort blieben, ging ich wieder nach Hause, wo sich die Gelegenheit zu Satyagraha ergab.

Mittlerweile übte der Kommandant seine Macht ziemlich hemmungslos aus. Er gab uns sehr deutlich zu verstehen, dass er in allen Belangen unser Vorgesetzter war, gleichzeitig bekamen wir eine Kostprobe seiner Autorität. Sorabji kam zu mir. Er war keinesfalls gewillt, diese Überheblichkeit hinzunehmen. «Alle Befehle müssen von Ihnen kommen», sagte er. «Noch befinden wir uns im Ausbildungslager, aber schon jetzt werden alle möglichen absurden Befehle erteilt. Zwischen uns und diesen Jungspunden von Ausbildern macht man unfaire Unterschiede. Wir müssen das mit dem befehlshabenden Offizier ausfechten; wenn sich nichts ändert, war's das für uns. Weder die indischen Studenten, noch die anderen, die unserem Korps beigetreten sind, werden diesen absurden Befehlen Folge leisten. Nachdem wir hier um unserer Selbstachtung willen mitmachen, können wir keinesfalls hinnehmen, dass sie uns genommen wird.»

Ich informierte den befehlshabenden Offizier schriftlich, dass man sich bei mir beschwert habe. Er schrieb zurück, ich solle ihm die Beschwerden schriftlich zukommen lassen, und forderte mich gleichzeitig auf, «denjenigen, die sich beschweren, einzuschärfen, dass es einen Dienstweg gibt. Beschwerden werden über die mittlerweile ernannten Gruppenführer an die Ausbilder weitergegeben, die sie dann an mich weiterleiten.»

Ich würde keine Weisungsbefugnis für mich beanspruchen, antwortete ich, sei im militärischen Sinne ein einfacher Soldat wie jeder andere, habe aber geglaubt, ich werde als Leiter unserer Freiwilligengruppe als deren Repräsentant akzeptiert. Ich listete auch die mir bekannten Klagen und Bitten auf, insbesondere, dass die Berufung der Gruppenführer ohne Rücksicht auf die Gefühle der Korpsangehörigen enorme Unzufriedenheit ausgelöst habe, dass sie abberufen werden sollten und das Korps die Möglichkeit bekommen solle, Gruppenführer zu wählen, mit Genehmigung des Commanders selbstverständlich.

Das schmeckte dem befehlshabenden Offizier gar nicht. Es verstoße gegen alle militärischen Regeln, dass ein Korps seinen Gruppenführer selbst wähle, und eine Zurücknahme bereits erfolgter Beförderungen untergrabe jegliche Disziplin.

Wir hielten eine Besprechung ab, bei der ich die Teilnehmer über die gravierenden Konsequenzen aufklärte, die Satyagraha haben könnte. Doch der überwiegende Teil stimmte für die Resolution, dass sich die Korpsangehörigen gezwungen sähen, mit dem Drill und den Wochenendlagern auszusetzen, wenn die Beförderungen nicht zurückgenommen würden und das Korps nicht die Möglichkeit bekomme, seine Corporals selbst zu wählen.

Im Anschluss schrieb ich dem befehlshabenden Offizier, wie sehr mich seine Ablehnung meines Vorschlags enttäuscht habe. Erneut versicherte ich, dass mir keinesfalls an Weisungsbefugnis gelegen sei, sondern ich unbedingt dienen und gute Arbeit leisten wolle. Obwohl ich keinen offiziellen Dienstgrad gehabt hätte, habe es im Burenkrieg zwischen Colonel Gallwey und dem Sanitätskorps nie Probleme gegeben, der Colonel habe nie einen Schritt getan, ohne ihn mit mir und dem Korps abzustimmen. Ich fügte eine Abschrift unserer Resolution bei.

Das kam beim Officer nicht gut an, der unsere Versammlung und Resolution für gravierende Verstöße gegen die Disziplin hielt.

Darauf richtete ich einen Brief an Charles Roberts, den Staatssekretär im Ministerium für indische Angelegenheiten, informierte ihn detailliert und fügte eine Abschrift der Resolution bei. Er erklärte, in Südafrika seien die Umstände anders gewesen, und wies mich darauf hin, dass vorschriftsgemäß der befehlshabende Offizier die Gruppenführer ernenne, versicherte aber, zukünftig werde dieser bei der Berufung der Gruppenführer meine Empfehlungen berücksichtigen.

Es gingen ziemlich viele Briefe zwischen uns hin und her, doch ich möchte diese bittere Geschichte nicht weiter vertiefen. Es genügt zu sagen, dass meine Erfahrung identisch mit dem Alltag in Indien ist.

Durch Drohungen und geschickte Manöver gelang es dem befehlshabenden Offizier, unser Korps zu spalten. Einige der Männer, die für die Resolution gestimmt hatten, gaben unter dem Druck des Commanders nach und zogen ihre Stimme zurück.

Ungefähr zu dieser Zeit traf unerwartet eine große Zahl Verwundeter im Netley Hospital ein, und unser Korps wurde angefordert. Manche, die der befehlshabende Offizier überreden konnte, gingen nach Netley, andere weigerten sich. Das Ministerium für indische Angelegenheiten war nicht begeistert. Ich lag krank im Bett, hatte aber Kontakt zu den Korpsangehörigen. Mittlerweile war ich gut mit Mr. Roberts bekannt. Er besuchte mich und bestand darauf, dass ich die anderen ebenfalls nach Netley schickte. Sie sollten ein eigenes Korps bilden, schlug er vor, und würden im Netley Hospital nur dem dortigen Befehlshaber unterstehen, damit die Selbstachtung gewahrt bleibe. Die Regierung wäre beschwichtigt, gleichzeitig wäre den vielen Verwundeten, die im Krankenhaus lagen, sehr geholfen. Dieser Vorschlag gefiel sowohl meinen Kameraden als auch mir, so dass letztendlich auch diejenigen, die sich anfänglich geweigert hatten, nach Netley gingen.

Nur ich blieb fern, wurde langsam gesund und knirschte mit den Zähnen.

41. Gokhales Mitgefühl

Ich habe bereits die Rippenfellentzündung erwähnt, die ich in England bekam. Gokhale war zu diesem Zeitpunkt schon wieder in England. Kallenbach und ich besuchten ihn regelmäßig. Unsere Gespräche drehten sich größtenteils um den Krieg, und da Kallenbach Deutschlands Geografie kannte wie seine Westentasche und viel durch Europa gereist war, zeigte er Gokhale auf einer Landkarte die verschiedenen Kriegsschauplätze.

Im täglichen Gespräch ging es dann auch teilweise um meine Rippenfellentzündung. Meine Ernährungsexperimente führte ich trotz der Krankheit weiter. Ich nahm unter anderem reife und unreife Bananen zu mir, Zitronen, Olivenöl, Tomaten und Trauben – auf Milch, Getreideprodukte, Hülsenfrüchte und anderes verzichtete ich ganz.

Ich wurde von Dr. Jivraj Mehta behandelt, der mich sehr drängte, wieder Milch und Getreideprodukte zu essen, aber ich blieb stur. Die Sache kam Gokhale zu Ohren, der von meinen Obstdiät-Argumenten wenig beeindruckt war und wollte, dass ich alles aß, was mir der Arzt verschrieb.

Es war schwierig, Gokhales Drängen nicht nachzugeben. Ich bat um vierundzwanzig Stunden Bedenkzeit. Als Kallenbach und ich an jenem Abend heimgingen, diskutierten wir, was nun meine Pflicht sei. Er hatte mich begeistert bei meinem Experiment begleitet, aber es war spürbar, dass es für ihn in Ordnung wäre, wenn ich aus gesundheitlichen Gründen aussetzte. Also musste ich auf meine innere Stimme hören.

Die ganze Nacht lang grübelte ich. Mit einem Abbruch hätte ich meinen gesamten Ernährungsideen abgeschworen, die doch völlig richtig waren. Inwiefern sollte ich Gokhales liebevollem Drängen nachgeben, inwieweit sollte ich mein Experiment im Sinne der Gesundheit anpassen? Letztendlich blieb ich dem Experiment treu, was die religiösen Motive anging, aber folgte ansonsten dem ärztlichen Rat. Der Verzicht auf Milch war hauptsächlich religiös motiviert; ich hatte vor Augen, wie grausam die Kühe und Büffel in Indien behandelt wurden. Zudem hielt ich tierische Milch für genauso wenig geeignet für den Menschen wie Fleisch. Daher stand ich morgens sehr erleichtert mit dem Entschluss auf, weiterhin auf Milch zu verzichten. Dem Gespräch mit Gokhale sah ich besorgt entgegen, vertraute aber darauf, dass er meine Entscheidung akzeptieren würde.

Abends besuchten Kallenbach und ich Gokhale im National Liberal Club. «Wollen Sie den ärztlichen Rat nun befolgen oder nicht?», lautete seine erste Frage.

«Ich gebe gern in allem nach, nur in einem Punkt nicht. Bitte bedrängen Sie mich nicht mehr», antwortete ich leise. «Ich werde weder Milch, Milchprodukte noch Fleisch essen. Wenn das mein Tod sein sollte, dann ist das eben meine Pflicht.»

«Ist diese Entscheidung endgültig?», fragte Gokhale.

«Ich kann leider nicht anders», sagte ich. «und ich weiß, dass meine Entscheidung Sie traurig macht. Bitte verzeihen Sie mir.»

«Mir gefällt Ihre Entscheidung nicht, ich kann darin keine religiösen Motive erkennen, aber ich bedränge Sie nicht länger», sagte Gokhale schmerzlich berührt, aber voller Zuneigung. Dann wandte er sich an Dr. Jivraj Mehta. «Bitte setzen Sie ihm nicht weiter zu. Verschreiben Sie ihm alles, was er in dem von ihm gesteckten Rahmen zu sich nehmen kann.»

Der Arzt brachte Einwände, vergeblich. Er verordnete Mungbohnensuppe mit einer Prise Asafötida, die ich ein, zwei Tage aß, doch meine Schmerzen wurden stärker. Da mir die Suppe nicht guttat, kam ich wieder auf Obst zurück. Der Arzt führte die äußerliche Behandlung fort, die meine Schmerzen etwas linderte, doch meine Nahrungsmittelgebote behinderten ihn beträchtlich bei seiner Arbeit.

Inzwischen fuhr Gokhale nach Hause, denn er fand den Londoner Oktobernebel unerträglich.

42. Wie die Krankheit behandelt wurde

Die Rippenfellentzündung war beunruhigend hartnäckig, aber ich wusste, der Genesungsprozess würde sich letztlich nicht innerlich angewandten Medikamenten verdanken, sondern einer Ernährungsumstellung in Kombination mit äußerlich angewandten Heilmitteln.

Ich ließ Dr. Thomas Allinson kommen, den berühmten Vegetarier, der Krankheiten mittels Ernährungsumstellung behandelte. Wir hatten uns 1890 kennengelernt. Er untersuchte mich gründlich. Ich erklärte, warum ich auf Milch verzichtete. «Sie müssen auch gar keine Milch trinken», heiterte er mich auf. «Ich möchte vielmehr, dass Sie sich einige Tage lang fettfrei ernähren.» Ich solle trockenes Brot und rohes Gemüse wie Rote Beete, Rettich, Zwiebel, andere Knollengewächse und Blattgemüse essen, außerdem frisches Obst, hauptsächlich Orangen. Das Gemüse solle nicht gekocht, sondern nur fein geraspelt werden.

Drei Tage lang hielt ich mich an diesen Diätplan, doch ich vertrug die Rohkost nicht, war auch nicht in der körperlichen Verfassung für dieses Experiment – und ich glaubte auch nicht daran. Ich aß mit großem Bedenken.

Dr. Allinson riet mir auch, rund um die Uhr mein Zimmerfenster offen zu lassen, in lauwarmem Wasser zu baden, die betroffenen Körperteile mit Öl zu massieren und einen fünfzehn-, bis zwanzigminütigen Spaziergang zu machen, alles Vorschläge, die mir gefielen. Mein Zimmer hatte Flügelfenster, durch die es hereinregnete, wenn sie weit offen standen. Das Oberlicht ließ sich nicht öffnen, daher ließ ich das Glas herausbrechen, damit frische Luft hereinkam, und machte die Fenster nur so weit auf, dass kein Regen hereinfiel. Mein Zustand verbesserte sich durch diese Maßnahmen allmählich, aber ganz gesund wurde ich nicht.

Hin und wieder besuchte mich Charles Roberts' Frau, Lady Cecilia, mit der ich gut befreundet war. Sie wollte mich unbedingt zum Milchtrinken überreden. Weil ich nicht nachgab, machte sie sich auf die Suche nach einem Ersatz. Ein Freund schlug Malzmilch vor, versicherte ihr völlig ahnungslos, diese sei ein absolut milchfreies, chemisches Präparat mit allen Nährwerten der Milch. Lady Cecilia nahm meine religiösen Bedenken sehr ernst, daher vertraute ich ihr bedingungslos. Ich löste das Pulver in Wasser auf und schmeckte beim Trinken Milch. Beim Blick auf das Flaschenetikett stellte ich fest, dass das Pulver aus Milch hergestellt wurde, und trank keinen Schluck mehr.

Ich informierte Lady Cecilia, schrieb beruhigend, sie müsse sich keine Sorgen machen. Sie kam schnellstens zu mir und versicherte, wie leid ihr das Missverständnis tue. Ihr Freund habe leider gar nicht aufs Etikett geschaut. Ich beruhigte sie nochmals und bedauerte, dass sie sich umsonst so viel Mühe beim Besorgen gemacht hatte. Außerdem versicherte ich ihr, ich habe keinerlei Schuldgefühle, denn ich habe die Milch ja irrtümlich getrunken.

Ich muss viele schöne Erinnerungen an Lady Cecilia auslassen. Mir fallen auch viele weitere Freunde ein, die mir bei Prüfungen und Enttäuschungen ein großer Trost waren. Der Gläubige sieht in ihnen die göttliche Vorsehung, die uns die Sorgen versüßt.

Als Dr. Allinson das nächste Mal vorbeikam, veränderte er meine Diät, ich dürfe als Fettlieferanten nun Erdnussbutter oder Olivenöl verwenden, das Gemüse könne gekocht werden, und wenn ich wolle, könne ich Reis dazu essen. Auch wenn mir das sehr zusagte, brachte diese Ernährungsumstellung ebenfalls nicht die völlige Genesung. Ich musste weiterhin gepflegt werden und die meiste Zeit im Bett verbringen. Gelegentlich kam Dr. Mehta vorbei, um mich zu untersuchen, und versicherte mir weiterhin, Heilung sei gewiss, wenn ich nur auf seine Behandlung eingehen wollte.

Eines Tages besuchte mich Mr. Roberts und riet mir dringend zur Heimreise. «In diesem Zustand können Sie unmöglich nach Netley. Es soll noch viel kälter werden. Gehen Sie unbedingt nach Indien zurück, nur dort werden Sie wieder ganz gesund. Wenn bis dahin immer noch Krieg ist, haben Sie noch genügend Gelegenheit zu helfen. Das, was Sie bereits getan haben, ist für mich übrigens alles andere als unbedeutend.»

Ich nahm den Rat an und bereitete mich auf die Rückkehr nach Indien vor.

43. Abreise

Kallenbach war mit nach England gekommen und hatte auch vor, mich nach Indien zu begleiten. Natürlich wollten wir mit demselben Schiff fahren, doch Deutsche standen unter derart kritischer Beobachtung, dass Kallenbach wahrscheinlich keinen Pass bekommen würde. Ich setzte mich sehr dafür ein, ebenso Mr. Roberts, der sich telegrafisch an den Vizekönig wandte. «Bedauere. Indische Regierung nicht zu diesem Risiko bereit», lautete die sofortige, eindeutige Antwort. Wir alle wussten, dass da nichts zu machen war.

Heftiger Abschiedsschmerz überkam mich, aber Kallenbach traf die Trennung noch härter. Hätte er nach Indien fahren dürfen, würde er heute das einfache, schöne Leben eines Farmers und Webers führen.

Jetzt lebt er in Südafrika wieder sein altes Leben als erfolgreicher Architekt.

Wir wollten dritte Klasse buchen, mussten aber, weil die auf den Schiffen der P & O nicht gab, zweiter reisen. Wir packten die Trockenfrüchte ein, die wir aus Südafrika mitgebracht hatten, weil es so etwas, im Gegensatz zu frischem Obst, an Bord nicht mitgeführt wurde.

Dr. Jivraj Mehta hatte meinen Brustkorb in ein Gipskorsett gesteckt, das ich erst entfernen sollte, wenn wir das Rote Meer erreichten. Zwei Tage lang plagte ich mich damit herum, dann hielt ich es nicht mehr aus. Mit Mühe bekam ich das Korsett wieder ab und konnte mich endlich wieder gründlich waschen und richtig baden.

Ich aß hauptsächlich Nüsse und Obst. Mir ging es täglich besser, und als wir in den Suezkanal einliefen, fühlte ich mich schon viel gesünder, noch schwach zwar, aber völlig außer Gefahr, und bewegte mich auch immer mehr. Wahrscheinlich hatte ich das der reinen Luft der gemäßigten Klimazone zu verdanken.

Eine derartige Distanz, wie sie an Bord zwischen Engländern und Indern bestand, hatte nicht einmal auf meiner Reise von Südafrika nach England oder in Südafrika geherrscht. Meine Gespräche mit Engländern beschränkten sich meist auf einen förmlichen Gruß. Zu herzlichen Unterhaltungen, wie sie auf den südafrikanischen Schiffen immer wieder geführt worden waren, kam es so gut wie nie – wahrscheinlich weil der Engländer bewusst oder unbewusst das Gefühl hatte, er gehöre zur Rasse der Herrschenden, und der Inder im tiefsten Innersten dachte, er gehöre zur minderwertigen Rasse.

Ich wollte endlich zu Hause ankommen, um dieser Atmosphäre zu entfliehen.

Ab der Ankunft in Aden fühlten wir uns allmählich etwas heimischer. Wir kannten die Adenwallas, die dort lebenden Inder, ziemlich gut, denn wir hatten Kekobad Kavasji kennengelernt und engen Kontakt mit ihm und seiner Frau gehalten.

Wenige Tage später erreichten wir Bombay. Nach zehn Jahren kehrte ich in ein Land zurück, in das ich bereits 1905 zurückzukommen gehofft hatte. Freude!

Gokhale hatte einen Empfang für mich angeregt, an dem er trotz seiner angegriffenen Gesundheit teilnahm. Ich war in Bombay mit dem sehnlichen Wunsch angekommen, ihn zu treffen, mit seinem Leben zu verschmelzen und aller Last ledig zu sein. Aber das Schicksal wollte es anders.

44. Erinnerungen an die Zeit als Anwalt

Ehe ich über mein Leben in Indien berichte, sollte ich vielleicht noch einige Erfahrungen in Südafrika schildern, die ich bisher bewusst ausgelassen habe.

Einige Anwaltskollegen haben mich gebeten, aus meiner Anwaltszeit zu erzählen. Es sind derart viele Erinnerungen, dass sie allein schon buchfüllend wären und den Rahmen hier sprengen würden. Ich beschränke mich deshalb auf einige wenige, bei denen es um Wahrheit geht.

Wie erwähnt, suchte ich in meinem Beruf nie Zuflucht in der Unwahrheit, und ein Großteil meiner Anwaltsarbeit geschah im Dienst der Öffentlichkeit, für den ich lediglich meine Auslagen in Rechnung stellte, und selbst die zahlte ich manchmal selbst. Damit fand ich, sei alles zu meiner juristischen Tätigkeit gesagt, aber Freunde sind offenbar der Ansicht, es wäre für andere Anwälte lehrreich, wenn ich zumindest einige der Fälle schildere, in denen ich mich weigerte, von der Wahrheit abzuweichen.

Schon als Student hatte ich gehört, Rechtsanwälte seien professionelle Lügner. Das schreckte mich nicht ab, weil ich mir weder Einfluss noch Geld erlügen wollte.

Mein Grundsatz wurde in Südafrika so manches Mal auf die Probe gestellt. Oft hatten die Gegenanwälte ihre Zeugen entsprechend instruiert, und wir konnten den Fall nur gewinnen, wenn ich meinen Mandanten oder dessen Zeugen zum Lügen anhalten würde. Doch ich widerstand dieser Versuchung immer. Mir fällt nur ein einziges Mal ein, dass ich nach einem gewonnenen Fall den Verdacht hatte, mein Mandant habe mich getäuscht. Im tiefsten Herzen hatte ich immer nur gewinnen wollen, wenn mein Mandant im Recht war. Ich habe die Honorarhöhe nie davon abhängig gemacht, ob ich den Fall gewann. Ob mein Mandant nun gewann oder verlor, ich erwartete nicht weniger, aber auch nicht mehr als das, was ich mit meiner Arbeit verdient hatte.

Jeden neuen Mandanten warnte ich im Voraus, er solle nicht erwarten, dass ich Fälle mit betrügerischen Absichten übernehmen oder Zeugen beeinflussen würde. Dadurch bekam ich einen solchen Ruf, dass mir so gut wie nie Fälle mit betrügerischen Absichten angeboten wurden, im Gegenteil, einige meiner Mandanten wandten sich dann an Kollegen und übertrugen mir nur die einwandfreien Fälle.

Ein Fall, den mir einer meiner besten Mandanten übertragen hatte, stellte sich als wahre Prüfung heraus. Es ging um hochkomplexe Bilanzfragen, der Fall war in Teilen vor verschiedenen Gerichten verhandelt worden und zog sich endlos hin. Schließlich vertraute das Gericht den Teil, bei dem es um die Buchhaltung ging, mehreren qualifizierten Buchhaltern an. Der Schiedsspruch fiel zugunsten meines Mandanten aus, allerdings hatten die Gutachter versehentlich einen Rechenfehler gemacht. Der war zwar winzig, aber von großer Tragweite, weil eine Position, die zur Sollseite gehörte, auf der Habenseite eingetragen worden war. Die Gegenseite forderte die Aufhebung des Schiedsspruchs. Ich war der Junior Counsel des Mandanten. Als dem Senior Counsel der Fehler auffiel, meinte er, unser Mandant müsse nicht darauf hinweisen. Kein Rechtsanwalt sei verpflichtet, etwas zuzugeben oder offenzulegen, was den Interessen seines Mandanten zuwiderlaufen könnte. Ich sagte, wir müssten auf den Fehler hinweisen.

«Wenn wir das tun, hebt das Gericht höchstwahrscheinlich den ganzen Schiedsspruch auf – kein Anwalt, der bei Verstand ist, wird die Position seines Mandanten derart gefährden», behauptete der Senior Counsel. «Ich jedenfalls bin der Letzte, der ein solches Risiko eingeht. Wenn der Fall erneut verhandelt werden sollte, lässt sich nicht einschätzen, welche Kosten unserem Mandanten dadurch entstehen und wie letztlich das Urteil lautet!»

Der Mandant war während dieser Unterhaltung anwesend.

«Ich finde, dass sowohl unser Mandant als auch wir das Risiko eingehen sollten. Wer garantiert uns, dass das Gericht ein falsches Gutachten bestätigt, nur weil wir nicht auf den Fehler hinweisen? Und angenommen, die Richtigstellung würde dem Mandanten schaden, wäre das so schlimm?»

«Aber warum sollten wir überhaupt darauf hinweisen?», fragte der Senior Counsel.

«Wie sicher ist es, dass weder das Gericht noch die Gegenseite den Fehler bemerkt?», stellte ich die Gegenfrage.

«Wollen Sie dann die mündliche Verhandlung übernehmen? Unter Ihren Bedingungen bin ich dazu nämlich nicht bereit», erklärte der Senior Counsel entschieden.

«Wenn Sie das nicht machen wollen, dann übernehme ich das – sofern unser Mandant das möchte», antwortete ich bescheiden. «Wenn auf den Fehler nicht hingewiesen wird, möchte ich mit dem Fall nichts mehr zu tun haben.»

Dabei sah ich meinen Mandanten an, der verwirrt war. Ich hatte den Fall von Anfang an bearbeitet, der Mann hatte volles Vertrauen in mich und kannte mich bestens. «Dann übernehmen Sie die mündliche Verhandlung und weisen auf den Fehler hin», sagte er. «Wenn wir verlieren, soll das eben so sein. Gott schütze die Gerechten.»

Ich war begeistert, obwohl ich nichts anderes von ihm erwartet hatte. Der Senior Counsel warnte mich nochmals, bedauerte meine Sturköpfigkeit und wünschte mir viel Glück.

45. Ein Verfahrenstrick?

Ich hatte keine Zweifel, dass meine Empfehlung richtig war, aber große, ob ich dem Fall gerecht werden konnte. Einen derart schwierigen Fall vor dem Supreme Court zu verhandeln, war eine gewagte Sache, und ich trat den Richtern zitternd gegenüber, das Herz in der Hose.

Kaum hatte ich auf den Buchhaltungsfehler hingewiesen, sagte einer der Richter: «Ist das jetzt ein Verfahrenstrick?»

Dieser Vorwurf ließ mich innerlich kochen. Es war unerträglich, eines Verfahrenstricks beschuldigt zu werden, wenn es nicht den mindesten Grund gab. Bei einem von Anfang an voreingenommenen Richter stehen die Erfolgsaussichten in einem derart komplexen Fall schlecht, sagte ich mir, ordnete aber meine Gedanken und sagte: «Ich bin überrascht, dass Euer Ehren mir einen Verfahrenstrick unterstellen, wenn ich meine Ausführungen noch nicht einmal beendet habe.»

«Davon kann keine Rede sein», sagte der Richter, «es handelt sich lediglich um eine Vermutung.»

«Die Vermutung scheint mir auf eine Anschuldigung hinauszulaufen.

Ich möchte Euer Ehren bitten, mich ausreden zu lassen und mich dann erst, sollte es dazu noch einen Grund geben, eines Verfahrenstricks zu beschuldigen.»

«Tut mir leid, dass ich Sie unterbrochen habe», sagte der Richter. «Fahren Sie mit Ihrer Erklärung der Unstimmigkeit fort.»

Dank der Frage des Richters konnte ich die Aufmerksamkeit des Gerichts gleich auf meine Beweisführung lenken und fühlte mich ermutigt, die Gelegenheit zu einer ausführlichen Erklärung zu nutzen. Geduldig hörte das Gericht zu, und ich konnte die Richter überzeugen, dass die Unstimmigkeit wirklich nur ein Versehen war. Sie sahen daher davon ab, den Schiedsspruch aufzuheben, in den eine Menge Arbeit investiert worden war.

Der Anwalt der Gegenseite war sich offenbar sicher, dass nach dem Hinweis auf den Fehler nun seinerseits kaum Beweise nötig seien. Aber die Richter waren nicht geneigt, den Schiedsspruch aufgrund einer derartigen leicht zu korrigierenden Lappalie aufzuheben. Der Anwalt bemühte sich sehr, die Gutachter anzugreifen, aber der Richter, der mich anfänglich eines Verfahrenstricks verdächtigt hatte, stand mittlerweile definitiv auf meiner Seite.

«Angenommen, Mr. Gandhi hätte nicht auf den Fehler hingewiesen, was hätten Sie dann getan?», wollte er wissen.

«Wir haben keinen kompetenteren und ehrlicheren Gutachter finden können als den von uns bestellten.»

«Das Gericht muss annehmen, dass Sie Ihren Fall am besten kennen. Wenn Sie außer dem Versehen, das jedem Rechnungsprüfer einmal unterlaufen kann, sonst nichts anführen können, ist das Gericht nicht willens, die beiden Parteien wegen eines Versehens zu einem neuen Prozess und weiteren Kosten zu verdonnern. Da sich dieser Fehler leicht korrigieren lässt, ordnen wir keinen neuen Termin an», fuhr der Richter fort.

Und damit wurde dem Einspruch der Gegenseite nicht stattgegeben.

Ich war froh, mein Mandant und der Senior Counsel ebenfalls. Damit bestätigte sich meine Überzeugung, dass man als Anwalt praktizieren kann, ohne die Wahrheit zu kompromittieren.

Der Leser darf allerdings nicht vergessen, dass selbst ein um Wahrheit bemühter Anwalt nicht den grundlegenden Defekt dieses Berufsstands beheben kann.

46. Aus Mandanten werden Mitarbeiter

Der Unterschied zwischen der Rechtspraxis in Natal und der im Transvaal bestand darin, dass die Zuständigkeitsbereiche für Anwälte nicht differenziert waren. Ein Barrister, der als Advocate zugelassen war, konnte auch als Attorney praktizieren, im Transvaal hingegen, wie auch in Bombay, waren die Bereiche von Attorney und Advocate getrennt. Ein Barrister konnte wählen, ob er als Advocate oder als Attorney praktizieren wollte. Während ich in Natal als Advocate zugelassen war, beantragte ich im Transvaal die Attorney-Zulassung, weil ich als Advocate nicht in direkten Kontakt mit Indern gekommen wäre und die weißen Attorneys in Südafrika mir keine Mandate übertragen hätten.

Im Transvaal durften Attorneys auch vor Friedensrichtern erscheinen. Als ich einmal einen Fall vor einem Friedensrichter in Johannesburg vertrat, stellte ich fest, dass mein Mandant mich hintergangen hatte. Er brach im Zeugenstand völlig zusammen. Umgehend bat ich den Friedensrichter, die Klage abzuweisen. Der Anwalt der Gegenseite war verblüfft, der Friedensrichter erfreut. Ich wies meinen Mandanten zurecht, der genau wusste, dass ich keine betrügerischen Absichten duldete. Er gab seine Schuld zu und schien es mir nicht übelzunehmen, dass ich den Richter aufgefordert hatte, ein Urteil gegen ihn zu fällen. Mein Verhalten in diesem Fall hatte keine negativen Folgen für meine Kanzlei, im Gegenteil. Meine Wahrheitsliebe ließ mich auch im Ansehen der Kollegen steigen, und trotz seltsamer Umstände konnte ich in manchen Fällen sogar ihre Sympathie gewinnen.

Ich hielt auch nicht hinterm Berg, weder vor Mandanten noch vor Kollegen, wenn ich mich nicht auskannte. Dann verwies ich den Mandanten an Kollegen, oder wenn er bei mir bleiben wollte, bat ich darum, einen Senior Counsel hinzuzuziehen. Dieser Offenheit verdanke ich das uneingeschränkte Vertrauen meiner Mandanten und ihre Zuneigung, die mir auch bei meiner öffentlichen Arbeit sehr zugute kamen. Meine Mandanten waren immer bereit, das Honorar für einen Senior Counsel zu bezahlen.

In früheren Kapiteln habe ich darauf hingewiesen, dass ich in Südafrika einzig deshalb als Anwalt arbeitete, um der Gemeinschaft zu dienen. Auch aus diesem Grund war es unverzichtbar, dass ich das Vertrauen der Menschen gewann. Die großherzigen Inder sahen auch in einer beruflichen Tätigkeit, die für Geld geleistet wurde, einen Dienst, und wenn ich ihnen riet, sie sollten um ihrer Rechte willen die Strapazen einer Haft auf sich nehmen, befolgten viele den Rat – nicht weil sie sich auf seine Richtigkeit verließen, sondern weil sie mir vertrauten und mich liebten.

Während ich schreibe, fallen mir viele schöne Erinnerungen ein. Hunderte Mandanten wurden Freunde und echte Mitarbeiter im Dienst der Sache, und ihre Unterstützung machte ein Leben leichter, das auf viele Schwierigkeiten stieß.

47. Wie ein Mandant vor dem Gefängnis gerettet wurde

Mittlerweile ist der Leser mit dem Namen Parsi Rustomji vertraut. Er war sowohl mein Mandant und Mitarbeiter, genauer gesagt, er war zuerst mein Mitarbeiter und wurde dann mein Mandant. So sehr vertraute er mir, dass er auch im Privaten meinen Rat suchte und befolgte. Sogar als er krank wurde, bat er mich um Hilfe, und obwohl wir sehr unterschiedlich lebten, vertraute er auf meine Heilmethoden.

Einmal geriet Parsi Rustomji schwer in die Bredouille. Obwohl er mich in die meisten seiner Geschäfte einweihte, hielt er eine Sache absichtlich zurück. Er importierte in großem Stil Waren aus Bombay und Kalkutta, besser gesagt: er schmuggelte sie. Weil er mit den Zöllnern auf bestem Fuß stand, kam niemand auf die Idee, ihn zu verdächtigen. Bei der Abfertigung verließen sie sich auf seine Rechnungen. Manche profitierten wahrscheinlich sogar von seiner Schmuggelei.

Aber um es mit Akho, dem Gujarati-Dichter, zu sagen: Diebstahl und Quecksilber kommen irgendwann ans Tageslicht, das war auch bei Parsi Rustomji der Fall. Mit tränenüberströmten Wangen kam der gute Freund angelaufen. «Bhai, ich habe Sie hintergangen. Meine Sünde ist heute entdeckt worden – ich habe geschmuggelt. Das ist das Ende, ich muss ins Gefängnis. Ich bin ruiniert. Nur Sie können mir aus dieser Notlage helfen. Ich habe sonst nie etwas vor Ihnen verheimlicht, aber den Schmuggel habe ich Ihnen verschwiegen, weil ich Sie mit solchen Geschäftstricks nicht belasten wollte. Wie ich das jetzt bereue!»

Ich beruhige ihn. «Ihre Rettung liegt in Gottes Hand. Sie kennen mich, ich kann Sie nur durch ein Geständnis zu retten versuchen.»

Wie ein Mandant vor dem Gefängnis gerettet wurde 353

Parsis Gesicht fiel in sich zusammen. «Reicht es denn nicht, dass ich es Ihnen gestanden habe?»

«Sie haben nicht mich, sondern die Regierung geschädigt. Wie soll da ein Geständnis helfen, das Sie mir gemacht haben?», fragte ich sanft.

«Natürlich mache ich genau, was Sie sagen, aber wollen Sie sich nicht mit meinem Anwalt Mr. – beratschlagen? Er ist ebenfalls ein alter Freund», meinte Parsi Rustomji.

Auf meine Nachfrage stellte sich heraus, dass Parsi schon lange schmuggelte, es sich bei dem aufgeflogenen Vorfall aber nur um eine unbedeutende Summe handelte. Wir gingen zu seinem Anwalt, der sich die Unterlagen ansah. «Der Fall kommt vor eine Jury, und eine Jury in Natal wird die letzte sein, die einen Inder freispricht. Aber ich gebe die Hoffnung nicht auf.»

Ich kannte diesen Anwalt nicht näher. Parsi Rustomji unterbrach ihn. «Ich bedanke mich, aber in diesem Fall möchte ich auf Mr. Gandhis Rat hören, der mich gut kennt. Wenn es nötig sein sollte, ziehen wir Sie natürlich hinzu.» Damit war die Anwaltsfrage geklärt, und wir gingen zu Parsi Rustomjis Geschäft.

«Dieser Fall muss nicht notwendigerweise vor Gericht landen», erklärte ich ihm meine Sicht der Dinge. «Es liegt am Zollbeamten, ob er Sie strafrechtlich verfolgt oder laufen lässt, und er wiederum muss sich daran halten, was der Attorney General sagt. Ich bin bereit, mich mit beiden zu unterhalten. Aber ich werde Ihre Schmuggelei aufdecken müssen. Ich schlage vor, Sie bieten an, die Strafe zu zahlen, die die beiden festlegen. Höchstwahrscheinlich gehen sie darauf ein. Wenn nicht, müssen Sie mit einer Inhaftierung rechnen. Meiner Meinung nach ist Haft weniger schändlich als die Straftat, die ja bereits begangen worden ist. Sehen Sie die Gefängnisstrafe als Buße an. Die wahre Buße wäre allerdings, wenn Sie beschließen, ein für alle Mal mit dem Schmuggeln aufzuhören.»

Mein Vorschlag kam bei Parsi Rustomji nicht besonders gut an. Er war ein mutiger Mann, aber sein Mut ließ ihn vorübergehend im Stich. Sein Name und sein Ruf standen auf dem Spiel. Was würde aus ihm werden, wenn das Gebäude einstürzte, das er so sorgfältig und mühsam errichtet hatte?

«Wie gesagt, ich begebe mich ganz in Ihre Hand», erklärte er. «Tun Sie, was Sie für richtig halten.»

Bei diesem Fall wandte ich meine sämtlichen Überredungskünste auf. Ich suchte den Zollbeamten auf, dem ich unbeschönigt das ganze Ausmaß mitteilte. Ich versprach, ihm alle Rechnungsbücher zur Verfügung zu stellen, und schilderte ihm, wie reuig Parsi Rustomji sei.

«Ich kann den alten Parsi gut leiden», sagte der Zollbeamte, «es tut mir leid, dass er eine derartige Dummheit begangen hat. Sie wissen, ich bin verpflichtet, die Weisung des Attorney General zu befolgen. Wenden Sie daher Ihre ganze Überzeugungskraft bei ihm auf.»

«Ich wäre dankbar, wenn Sie nicht darauf bestehen, dass er vor Gericht gezerrt wird.»

Nachdem ich ihm sein Versprechen entrissen hatte, begann ich einen Schriftwechsel mit dem Attorney General und suchte ihn dann auf. Er wusste meine Wahrheitsliebe zu schätzen und war überzeugt, dass ich nichts verheimlichte.

«Ich sehe schon, Sie setzen immer Ihren Willen durch», konstatierte er.

Parsi Rustomji wurde nicht gerichtlich belangt. Er musste eine Strafe bezahlen, die doppelt so hoch war wie der Betrag, den er nach eigenen Angaben mit Schmuggeln verdient hatte. Er schrieb den Fall in groben Zügen auf, rahmte das Blatt und hängte es zur steten Mahnung für seine Nachkommen und andere Kaufleute in seinem Büro auf.

Rustomjis Freunde warnten mich, die Reue sei nicht echt. Inwiefern sie recht hatten, weiß ich. Als ich Rustomji davon erzählte, meinte er: «Wie sähe mein Schicksal aus, wenn ich Sie hintergehen würde?»

FÜNFTER TEIL

1. Die erste Erfahrung

Die Gruppe, die von Phoenix aus aufgebrochen war, erreichte vor mir die Heimat. Ursprünglich hätte ich zuerst eintreffen sollen, war aber wegen des Krieges in London geblieben. Es stellte sich das Problem, wo die Phoenix-Gruppe unterkommen sollte. Sie sollte in Indien möglichst zusammenbleiben und so leben wie in Phoenix. Doch ich kannte kein Ashram-Oberhaupt, an das ich sie verweisen konnte, und telegrafierte deshalb, sie sollten Mr. Andrews aufsuchen und seinem Rat folgen.

Zunächst kamen sie im *gurukul* in Kangri unter, wo Swami Shraddhanandji sie wie seine eigenen Kinder behandelte. Danach wohnten sie im Shantiniketan-Ashram, wo der Dichter Rabindranath Tagore und seine Leute sie genauso liebevoll aufnahmen. Die Erfahrungen, die sie an beiden Orten sammelten, kamen ihnen und mir zugute.

Der Dichter, Shraddhanandji und der College-Rektor Sushil Rudra bildeten Andrews' Trias, wie ich zu sagen pflegte. Während seiner Zeit in Südafrika lobte er diese drei unausgesetzt. Von den Erinnerungen an unsere liebevolle Kameradschaft in Südafrika habe ich besonders lebhaft vor Augen, wie die Namen dieser drei Großen ständig auf seinen Lippen und in seinem Herzen waren. Natürlich machte Andrews die Phoenix-Gruppe auch mit Sushil Rudra bekannt. Rektor Sushil hatte keinen Ashram, stellte aber sein Haus ganz der Phoenix-Familie zur Verfügung. Schon am Tag nach ihrer Ankunft hatten es seine Söhne und Töchter geschafft, dass sie sich wie zu Hause fühlten und Phoenix offenbar gar nicht mehr vermissten.

Erst als ich in Bombay eintraf, erfuhr ich, dass sich die Phoenix-Gruppe in Shantiniketan aufhielt, und wollte nach meinem Treffen mit Gokhale so schnell wie möglich zu ihnen.

In Bombay wurde ich geehrt und konnte mich revanchieren, indem ich kleine Einführungen in Satyagraha gab.

Beim Empfang, der mir zu Ehren im Haus von Jehangir Petit gegeben wurde, getraute ich mich nicht, Gujarati zu sprechen. Nachdem ich unter

Kontraktarbeitern gelebt hatte, kam ich mir in dieser luxuriösen, palastähnlichen Umgebung wie ein Bauer und fehl am Platz vor, obwohl ich mit Kathiawadi-Umhang, Turban und *dhoti* etwas zivilisierter aussah als heute. Doch ich schlug mich ganz gut, denn ich hatte unter Sir Pherozeshahs Fittichen Schutz gefunden.

Dann kam die Gujarati-Feier, die von Uttamlal Trivedi, dem Rechtsanwalt und Literaturkritiker, ausgerichtet wurde. Ich hatte mich im Vorhinein über das Programm informiert. Muhammad Ali Jinnah, der Rechtsanwalt, der dem Indian National Congress angehörte und ebenfalls aus Gujarat stammte, war der Hauptredner und hielt eine kurze, sehr wohlwollende Rede. Soweit ich mich entsinne, wurden die meisten anderen Reden ebenfalls auf Englisch gehalten. Als die Reihe an mir war, dankte ich kurz auf Gujarati, erklärte meine Vorliebe für diese Sprache sowie für Hindi und äußerte vorsichtig meinen Protest, dass bei einer Gujarati-Zusammenkunft Englisch gesprochen wurde. Ich hatte gezögert, das Thema anzusprechen, denn es hätte als Unhöflichkeit ausgelegt werden können, wenn ein unerfahrener Mann, der nach langem Auslandsaufenthalt zurückkam, etablierte Usancen kritisierte. Aber offenbar war niemand vergrätzt, dass ich darauf bestand, Gujarati zu sprechen. Im Gegenteil, es war schön, dass wohl alle mit mir übereinstimmten.

Diese Feier ließ mich hoffen, dass es nicht schwierig werden würde, meinen Landsleuten meine anderen neumodischen Ideen näherzubringen. Nach einem kurzen Aufenthalt in Bombay reiste ich, erfüllt von diesen ersten Eindrücken, nach Poona, wohin Gokhale mich gebeten hatte.

2. Mit Gokhale in Poona

Sobald ich Bombayer Boden betreten hatte, ließ mir Gokhale ausrichten, der Gouverneur wolle mich sehen, ein Wunsch, dem ich vor meiner Abreise nach Poona doch bitte nachkommen solle. Also suchte ich Lord Willingdon auf, und nach den üblichen Fragen sagte er:

«Versprechen Sie mir bitte eins – wann immer Sie einen Schritt unternehmen wollen, der die Regierung betrifft, kommen Sie zuerst zu mir.»

«Das kann ich Ihnen gern versprechen, denn als Satyagrahi möchte ich den Standpunkt der Partei, mit der ich mich auseinandersetze, verstehen und möglichst zu einer Übereinkunft kommen. Diesen Grund-

Mit Gokhale in Poona 359

satz habe ich bereits in Südafrika strikt befolgt und beabsichtige das auch hier.»

Lord Willingdon dankte mir. «Sie können zu mir kommen, wann immer Sie wollen. Sie werden feststellen, dass meine Regierung nicht absichtlich Unrecht tun möchte.»

«Darauf vertraue ich, und das gibt mir Kraft», erwiderte ich.

Danach fuhr ich nach Poona. Gokhale und alle Mitglieder der Servants of India Society überschütteten mich mit Zuneigung. Soweit ich mich erinnere, hatte Gokhale alle zusammengerufen, damit sie mich kennenlernen konnten. Ich sprach ganz offen die unterschiedlichsten Themen an.

Gokhale wollte unbedingt, dass ich der Society beitrat, und ich ebenso. Die Mitglieder fanden jedoch, mein Beitritt sei nicht ganz passend, denn zwischen meinen und ihren Idealen und Methoden gebe es doch große Unterschiede. Gokhale hingegen war überzeugt, dass ich, auch wenn ich auf meinen Grundsätzen beharrte, bereit und fähig sei, die Ideale anderer zu tolerieren und beides einträchtig zusammenzuführen.

«Die Mitglieder der Society wissen noch nicht, wie kompromissbereit Sie sind», meinte er. «Diese Männer sind prinzipientreu und ziemlich unabhängig. Hoffentlich nehmen sie Sie auf. Wenn nicht, denken Sie keine Sekunde lang, dass sie Ihnen nicht genügend Respekt oder Liebe entgegenbringen. Sie wollen nur nicht das Risiko eingehen, ihre Hochachtung für Sie zu gefährden. Doch egal, ob Sie formelles Mitglied werden oder nicht, für mich sind Sie eines.»

Ich informierte Gokhale über meine Vorhaben. Ob ich nun Mitglied wurde oder nicht, ich wollte einen Ashram haben, wo ich mich mit meiner Phoenix-Familie niederlassen konnte, bevorzugt in Gujarat, weil ich als Gujarati dem ganzen Land wahrscheinlich am besten diente, wenn ich Gujarat diente. Gokhale war angetan. «Machen Sie das unbedingt. Egal, wie Ihre Gespräche mit den Mitgliedern ausgehen, wenden Sie sich wegen der Kosten für den Ashram, der für mich wie mein eigener sein wird, an mich.»

Ich war überglücklich. Wie wunderbar, dass ich nicht mehr ständig Geld auftreiben musste, bei meiner Arbeit nicht mehr ganz allein auf mich gestellt war, sondern in jeder schwierigen Situation auf einen zuverlässigen Führer zählen konnte. Mir fiel ein Stein vom Herzen.

Dr. Deva, der Sekretär, wurde dazugeholt und bekam den Auftrag, für mich bei der Society ein Konto zu eröffnen und mir so viel Geld zu geben, wie ich für den Ashram und öffentliche Ausgaben benötigte.

Anschließend bereitete ich mich auf die Reise nach Shantiniketan vor. Am Abend vor der Abreise richtete Gokhale eine Feier für mich aus, zu der ausgewählte Freunde eingeladen waren, wobei er genau darauf achtete, dass die gereichten Snacks nach meinem Geschmack waren, das heißt Obst und Nüsse. Die Feier fand nur einige Schritte von seiner Wohnung entfernt statt, aber er schaffte es kaum, herüberzukommen und dabei zu sein. Doch seine Zuneigung zu mir machte es möglich – er kam, wurde allerdings ohnmächtig und musste weggetragen werden. Das kam öfter vor; als er wieder zu sich kam, ließ er ausrichten, wir sollten unbedingt weiterfeiern.

Die Feier war natürlich nicht mehr als eine Zusammenkunft auf der Freifläche gegenüber dem Gästehaus der Society, bei der Freunde auf Teppichen saßen, vertrauliche Gespräche über Kunst, Literatur und Ähnliches führten und Kleinigkeiten wie Erdnüsse und Früchte der Saison schnabulierten.

Aber diese Ohnmacht sollte sich als ungewöhnliches Ereignis in meinem Leben herausstellen.

3. War es eine Drohung?

Von Bombay ging es nach Rajkot und Porbandar, wo ich die Witwe meines Bruders und andere Verwandte treffen musste.

Während der Satyagraha-Kampagne in Südafrika hatte ich meinen Kleidungsstil geändert, der nun dem der Kontraktarbeiter ähnelte, und war ihm auch in England zumindest zu Hause treu geblieben. In Indien wollte ich die Kathiawad-Kleidung tragen, die ich in Südafrika dabeigehabt hatte, trug also bei der Ankunft in Bombay ein entsprechendes Hemd, *dhoti*, Umhang und einen weißen Turban, alles aus in indischen Spinnereien gefertigtem Stoff. Weil ich aber ab Bombay dritter Klasse reiste, fand ich Umhang und Turban etwas lästig und investierte acht oder zehn Anna in eine kaschmirische Kappe. Wer so angezogen war, konnte sicher als Armer gelten.

Wegen der Pest, die damals herrschte, wurden die Passagiere der dritten Klasse entweder in Viramgam oder Wadhwan einer Gesundheitsinspektion unterzogen. Ich hatte erhöhte Temperatur. Als der Arzt das feststellte, notierte er sich meinen Namen, und ich erhielt die Anweisung, mich beim Amtsarzt in Rajkot zu melden.

Möglicherweise hatte jemand telegrafiert, dass ich durch Wadhwan kommen würde, denn der Schneider Motilal, der sich dort sehr für das öffentliche Wohl engagierte, tauchte auf dem Bahnsteig auf. Er erzählte vom Zoll in Viramgam und wie die Zugreisenden dort schikaniert wurden. Mir war wegen des Fiebers nicht nach einem Gespräch zumute, daher wollte ich ihn mit einer Antwort in Form einer Frage abspeisen:

«Sind Sie bereit, ins Gefängnis zu gehen?»

Ich hatte Motilal für einen dieser jungen Wilden gehalten, die reden, ohne nachzudenken. Aber Motilal war anders.

«Natürlich sind wir dazu bereit – unter der Voraussetzung, dass Sie unser Anführer sind», entgegnete er wohlüberlegt. «Als Kathiawadis haben wir als Erste ein Anrecht auf Sie. Selbstverständlich wollen wir Sie jetzt nicht festhalten, aber Sie müssen versprechen, auf der Rückreise hier Halt zu machen. Die Arbeit und das Engagement unserer jungen Leute werden Sie begeistern. Wenn Sie uns in Ihre Armee beordern, rücken wir ein.»

Motilal faszinierte mich. Sein Kamerad lobte ihn in den höchsten Tönen.

«Unser Freund ist nur Schneider, aber ein solcher Meister seines Fachs, dass er mit täglich einer Stunde Arbeit fünfzehn Rupien im Monat verdient, mehr braucht er nicht. Die restliche Zeit engagiert er sich für das öffentliche Wohl. Er ist der Anführer der Gebildeten, stellt alle in den Schatten.»

Später kam ich in engen Kontakt mit Motilal und stellte fest, dass die hymnische Lobrede nicht übertrieben war. Er legte großen Wert darauf, jeden Monat einige Tage im neugegründeten Ashram zu verbringen, um den Kindern das Nähen beizubringen und selbst einige Schneiderarbeiten für den Ashram zu erledigen. Jeden Tag berichtete er mir dann von Viramgam und wie die Schikaniererei der Reisenden für ihn völlig unerträglich geworden war. Ganz plötzlich wurde er in der Blüte seiner Jugend dahingerafft, ein Verlust, der das öffentliche Leben in Wadhwan ziemlich traf.

Nach meiner Ankunft in Rajkot meldete ich mich am nächsten Morgen beim Gesundheitsbeamten. Hier war ich kein Unbekannter, und dem Arzt war die Sache peinlich. Er war wütend auf den Gesundheitsinspektor, in meinen Augen grundlos, denn der Mann hatte nur seine Pflicht getan. Er kannte mich nicht und selbst wenn, hätte er sich nicht anders verhalten dürfen. Da der Gesundheitsbeamte mich nun kannte, ließ er mich kein zweites Mal kommen, sondern bestand darauf, einen Inspektor zu mir zu schicken.

Die Gesundheitsinspektion von Reisenden dritter Klasse ist bei solchen Anlässen unabdingbar. Auch wenn wichtige Männer sich für eine Fahrt in der dritten Klasse entscheiden, müssen sie sich freiwillig allen Anordnungen unterwerfen, denen die Armen unterliegen, und die Beamten sollten objektiv sein. Meiner Erfahrung nach betrachten die Beamten die Fahrgäste dritter Klasse nicht als Mitmenschen, sondern eher als Tiere. Sie werden angeschnauzt, dürfen keine Widerworte geben, haben den Beamten wie Diener zu gehorchen. Die Beamten dürfen diese Passagiere ungestraft verprügeln und erpressen. Wenn der Reisende dann unter größten Schwierigkeiten endlich seine Fahrkarte bekommen hat, ist der Zug oft schon abgefahren. Alles Sachen, die ich selbst erlebt habe. Diese Zustände werden sich erst dann bessern, wenn sich einige Gebildete und Reiche auf dieselbe Stufe stellen wie die Armen, dritter Klasse reisen, alle Annehmlichkeiten ausschlagen, die den Armen verwehrt werden, und Beleidigungen, Prügel und Ungerechtigkeit nicht hinnehmen, sondern bekämpfen.

Wo ich in Kathiawad auch hinkam, beschwerte man sich über die brutalen Zustände beim Zoll in Viramgam. Umgehend beschloss ich, Lord Willingdons Angebot wahrzunehmen. Ich suchte alle zum Thema erhältliche Literatur zusammen, überzeugte mich, dass die Klagen begründet waren, und schrieb an das Bombay Gouvernment. Ich suchte den Privatsekretär von Lord Willingdon auf, ebenso Seine Exzellenz, der sich mitfühlend zeigte, aber die Schuld auf Delhi schob. «Wenn dies in unserer Verantwortung läge, hätten wir die Zollgrenze schon lange abgeschafft. Sie sollten sich an die indische Regierung wenden», sagte der Sekretär.

Das tat ich, bekam aber außer einer Empfangsbestätigung keine Antwort. Erst als ich ungefähr zwei Jahre später mit Lord Chelmsford, 1916–1921 indischer Vizekönig, zusammentraf, ließ sich Abhilfe schaffen. Als ich ihm die Fakten schilderte, reagierte er erstaunt, davon habe er nichts gewusst. Geduldig hörte er mir zu, telefonierte umgehend nach den entsprechenden Unterlagen und versprach, die Zollgrenze abzuschaffen, wenn die Behörden dafür keine Begründung liefern könnten. Einige Tage später las ich in den Zeitungen, die Zollgrenze in Viramgam sei abgeschafft worden.

Für mich war dieser Sieg elementar für Satyagraha in Indien. Während meines Gesprächs mit der Regierung in Bombay hatte der Sekretär sein Missfallen deutlich gemacht, weil ich in einer Rede in Bagasra, Kathiawad, über Satyagraha gesprochen hatte.

«Soll das etwa eine Drohung sein?», hatte er wissen wollen. «Sie glauben doch nicht, dass sich eine mächtige Regierung davon beeindrucken lässt?»

«Das ist keine Drohung», hatte ich geantwortet. «Ich wollte die Menschen informieren. Es ist meine Pflicht, ihnen klarzumachen, welche legitimen Mittel sie haben. Ein Volk, das die Freiheit will, braucht entsprechende Mittel. Normalerweise gehört Gewalt als letztes Mittel dazu. Satyagraha hingegen ist eine absolut gewaltfreie Waffe, und ich halte es für meine Pflicht, ihre Anwendung und ihre Grenzen zu erläutern. Ich halte die britische Regierung für mächtig, halte aber Satyagraha für ein souveränes Gegenmittel.»

«Wir werden sehen», sagte der kluge Sekretär kopfschüttelnd.

4. Shantiniketan

Von Rajkot ging es nach Shantiniketan, wo mich die Lehrer und Schüler voller Zuneigung begrüßten. Der Empfang war eine wunderbare Kombination aus Schlichtheit, Kunst und Liebe. Hier traf ich Kakasaheb Kalelkar zum ersten Mal.

Damals wusste ich nicht, warum Kalelkar «Kakasaheb» genannt wurde; später erfuhr ich, dass Keshavrao Deshpande, mit dem ich in England gut bekannt war, in Baroda die Ganganath-Vidyalay-Schule geleitet und den Lehrern Verwandtschaftsbezeichnungen gegeben hatte, um eine familiäre Atmosphäre zu schaffen. Kalelkar, der dort Lehrer war, wurde «Kaka» (wörtlich: Onkel väterlicherseits) genannt, Vitthal Phadke «Mama» (Onkel mütterlicherseits) und Harihar Sharma «Anna» (Bruder). Auch andere erhielten ähnliche Namen; später gesellten sich Ananandanand (Swami), Kakas Freund, und Patwardhan (Appa), Mamas Freund, zur Familie, und alle wurden im Laufe der Zeit meine Mitarbeiter. Deshpande, der gleichalt war wie ich, wurde meistens «Sahib» genannt. Als Vidyalaya geschlossen werden musste, brach auch die Familie auseinander, aber ihre geistige Verwandtschaft und die angenommenen Namen hatten weiterhin Bestand.

Kakasaheb wollte in unterschiedlichen Institutionen Erfahrungen sammeln und war zufällig in Shantiniketan, als ich eintraf. Chintaman Sastri, der zur selben Bruderschaft gehörte, war ebenfalls dort. Beide halfen beim Sanskrit-Unterricht.

Der Phoenix-Familie war in Shantiniketan ein gesondertes Quartier zugewiesen worden, dem Maganlal Gandhi vorstand. Er hatte es sich zur Aufgabe gemacht, dafür zu sorgen, dass alle Regeln der Phoenix-Farm minutiös befolgt wurden. Mit Liebe, Wissen und Beharrlichkeit hatte er in ganz Shantiniketan seine Duftmarken gesetzt. Andrews war da, auch sein guter Freund William Pearson, ein Missionar.

Wie üblich mischte ich mich rasch unter Lehrer und Schüler, verwickelte sie in eine Diskussion über Selbsthilfe. Ich schlug den Lehrern vor, wenn sie und die Jungen auf bezahlte Köche verzichten und sich ihr Essen selbst kochen würden, dann könnten sie in der Küche bestimmen, was gut für die körperliche und moralische Gesundheit der Jungen sei, gleichzeitig wäre das für die Schüler ein schönes Praxisbeispiel für Selbsthilfe. Ein, zwei Lehrer schüttelten skeptisch den Kopf, andere waren Feuer und Flamme. Die Jungen fanden den Vorschlag gut, und sei es nur, weil Neues an sich reizvoll ist. Als ich den Dichter Tagore um seine Meinung bat, meinte er, solange die Lehrer dafür seien, habe er nichts dagegen. «Dieses Experiment beinhaltet den Schlüssel zu Swaraj.»

Pearson gefiel das Experiment gut, und er arbeitete bis zum Umfallen, damit es ein Erfolg wurde. Es wurden Gruppen gebildet, eine schnitt Gemüse, die andere putzte das Getreide usw. Nagenbabu, einer der bengalischen Lehrer, sorgte mit anderen für Hygiene in der Küche und ihrem Umfeld. Es gefiel mir, dass sie gewissermaßen mit dem Spaten in der Hand arbeiteten.

Aber man konnte nicht erwarten, dass sich hundertfünfundzwanzig Jungen und ihre Lehrer auf der Stelle für körperliche Arbeit begeisterten. Täglich kam es zu Diskussionen; manche zeigten schnell Ermüdungserscheinungen. Pearson jedoch war unermüdlich. Mit einem Lächeln machte er sich entweder in der Küche oder ihrer Umgebung zu schaffen, hatte auch die Reinigung der größeren Gerätschaften übernommen. Einige Schüler unterhielten den Putztrupp während seiner langweiligen

Arbeit mit Sitarmusik. Alle waren mit Feuereifer dabei, in Shantiniketan ging es bald fleißig zu wie in einem Bienenstock.

Einmal ins Rollen gekommen, entwickeln sich solche Veränderungen immer weiter. Nicht nur führte die Phoenix-Gruppe ihre Küche in Eigenregie, sondern das Essen war auch sehr einfach. Sie mieden Gewürze; Reis, Dal, Gemüse und sogar Weizenmehl wurden alle gleichzeitig in einem Dampfgarer gekocht. Weil sie die bengalische Küche reformieren wollten, richteten die Jungen von Shantiniketan eine ähnliche Kochstube ein, die von ein, zwei Lehrern sowie mehreren Schülern geführt wurde.

Nach einiger Zeit wurde das Experiment allerdings eingestellt. Es hat der weltberühmten Organisation nicht geschadet, dass sie diese Küche betrieb, wenn auch nur kurz, und einige der dort gewonnenen Erfahrungen kamen den Lehrern automatisch zugute.

Ich hatte einige Zeit in Shantiniketan bleiben wollen, aber das Schicksal zerrte mich mit Gewalt vorwärts. Nach nicht einmal einer Woche bekam ich ein Telegramm aus Poona – Gokhale war gestorben. Shantiniketan versank in Trauer. Jeder kam und sprach mir sein Beileid aus. Im Tempel fand eine Gedenkfeier statt. Am selben Tag brach ich mit meiner Frau und Maganlal nach Poona auf. Alle anderen blieben in Shantiniketan.

Andrews begleitete mich bis Burdwan. «Glaubst du, dass in Indien einmal die Zeit für Satyagraha kommt? Und wenn ja, wann?»

«Schwer zu sagen. Ein Jahr lang darf ich nichts unternehmen», antwortete ich, «denn Gokhale hat mir das Versprechen abgenommen, dass ich Indien bereise, um Erfahrung zu sammeln. Und ich soll über öffentliche Belange erst nachdenken und mich dazu äußern, wenn diese Probezeit vorbei ist. Auch danach werde ich nur dann meine Meinung sagen, wenn ich die Angelegenheit als sehr pressant empfinde, deshalb nehme ich nicht an, dass sich in den nächsten fünf Jahren eine Gelegenheit für Satyagraha ergibt.»

In diesem Zusammenhang möchte ich erwähnen, dass sich Gokhale über manche meiner Ideen, die ich im *Hind Swaraj* oder im *Indian Home Rule* geäußert hatte, lustig gemacht hatte. «Leben Sie erst einmal ein Jahr in Indien, dann ändern sich Ihre Ansichten von selbst.»

5. Nöte der Dritte-Klasse-Passagiere

In Burdwan mussten wir uns Fahrkarten für die dritte Klasse besorgen, was sich als nicht einfach erwies. «Fahrkarten für die dritte Klasse werden nicht so weit im Voraus ausgegeben», erklärte man uns. Ich wollte zum Bahnhofsvorsteher, aber auch das stellte sich als schwierig heraus, bis mir jemand freundlicherweise sagte, wo er zu finden war. Ich schilderte ihm unser Problem und bekam die gleiche Antwort. Sobald das Fenster des Fahrkartenschalters hochging, wollte ich die Karten kaufen, doch Gewalt ging vor Recht, ständig tauchten Reisende auf, die mich unverschämt und rücksichtslos wegdrängten. Endlich hielt ich die Fahrkarten in der Hand.

Der Zug fuhr ein, und auch hier drängten sich die Stärksten als erste hinein. Zwischen den Passagieren, die sich bereits im Zug befanden, und den einsteigenden Neuankömmlingen entwickelte sich ein wüstes, von Beschimpfungen untermaltes Gerangel. Ich konnte mich einfach nicht in dieses Gedränge stürzen, und so rannten wir den Bahnsteig auf und ab, bekamen aber überall die gleiche Antwort: «Kein Platz mehr.» Ich ging zum Schaffner, der meinte: «Entweder Sie zwängen sich irgendwo rein oder nehmen den nächsten Zug.»

«Aber ich habe es eilig», entgegnete ich höflich, er hatte jedoch keine Zeit für mich. Ich wurde unruhig, wies Maganlal an, sich irgendwo hineinzuquetschen, und stieg mit meiner Frau in ein Zwischenabteil. Der Schaffner sah uns einsteigen und kassierte in Asansol den Zuschlag ein.

«Es war Ihre Aufgabe, für uns einen Platz zu finden», sagte ich. «Uns ist es nicht gelungen, deshalb sitzen wir jetzt hier. Wenn Sie uns in einem Dritter-Klasse-Abteil unterbringen können, gehen wir dort sehr gern hin.»

«Diskutieren ist zwecklos», sagte der Schaffner, «ich kann Sie nicht unterbringen. Entweder zahlen Sie den Zuschlag oder Sie müssen aussteigen.»

Ich wollte nach Poona, deshalb konnte ich nicht mit dem Schaffner streiten, und zahlte den Aufpreis bis dorthin. Aber die Ungerechtigkeit fuchste mich.

Am Morgen kamen wir in Mogalsarai an. Maganlal hatte einen Platz in der dritten Klasse ergattert, auf den ich wechselte. Ich informierte den Schaffner darüber und bat ihn, mir einen Nachweis auszustellen, dass ich in Mogalsarai in ein Dritter-Klasse-Abteil gewechselt war. Er weigerte sich. Ich meldete schriftlich Regress bei der Eisenbahnbehörde an und bekam folgende Antwort: «Normalerweise erstatten wir überbezahlte Zuschläge nicht ohne Vorlage eines Nachweises aus. In Ihrem Fall machen wir eine Ausnahme. Die Zuschlagsrückerstattung für den Streckenabschnitt zwischen Burdwan und Mogalsarai ist jedoch nicht möglich.»

Die Erfahrungen, die ich seitdem bei Reisen in der dritten Klasse gemacht habe, würden leicht ein ganzes Buch füllen. Ich bedaure immer noch, dass ich aufgrund meines Gesundheitszustands nicht mehr in der dritten Klasse reisen kann.

Zweifellos ist die schwer erträgliche Situation der Dritter-Klasse-Fahrgäste auf die Arroganz der Eisenbahnbehörden zurückzuführen. Aber einige Reisende sind mit schuld an der Misere – leider merken sie oft nicht, wie ungehobelt, unhygienisch, ignorant und egoistisch ihr Verhalten ist. Sie halten das für normal. Das liegt vielleicht daran, dass diese Menschen uns, den «Gebildeten», gleichgültig sind.

Todmüde kamen wir in Kalyan an und suchten gleich nach einer Waschgelegenheit. Maganlal und ich holten uns Wasser von der Wasserleitung des Bahnsteigs und wuschen uns. Als ich gerade dabei war, für meine Frau eine Waschmöglichkeit zu organisieren, sah uns Sjt. Kaul von der Servants of India Society, der ebenfalls nach Poona fuhr. Er bot an, meine Frau zum Waschraum der zweiten Klasse zu bringen. Ich zögerte, das höfliche Angebot anzunehmen, denn meine Frau war dazu ja nicht berechtigt, ließ aber letztendlich den Übergriff zu – was einem Anhänger der Wahrheit schlecht zu Gesicht steht, ich weiß. Nicht dass meine Frau den Waschraum unbedingt benutzen wollte, aber die Vorliebe eines Mannes für seine Frau gewann die Oberhand über seine Vorliebe für die Wahrheit. Die Tür zur Wahrheit wird von einer goldenen Scheibe verdeckt, heißt es in den Upanishaden.

6. Meine Bemühungen

In Poona diskutierten wir, nachdem die Shraddha-Zeremonie beendet war, über die Zukunft der Servants of India Society und die Frage, ob ich beitreten sollte oder nicht. Ich trug eine große Last auf meinen Schultern. Solange Gokhale unter uns gewesen war, hatte ich mich nicht um einen

Mitgliedstatus bemühen müssen. Ich musste lediglich seinen Wünschen gehorchen, was ich mehr als gern tat. Als ich mich auf das stürmische Meer des öffentlichen Lebens in Indien begab, benötigte ich einen zuverlässigen Lotsen, Gokhale war ein solcher gewesen, ich hatte mich unter seiner Obhut sicher gefühlt. Nach seinem Tod war ich auf mich gestellt und hielt es für meine Pflicht, die Aufnahme zu beantragen, was sicherlich Gokhales Geist gefallen würde. Entschlossen bemühte ich mich sofort darum.

Zu diesem Zeitpunkt hielten sich fast alle Mitglieder in Poona auf, und ich plädierte für meine Aufnahme, versuchte ihre Bedenken mir gegenüber zu zerstreuen. Die Society war gespalten, eine Partei war für meine Mitgliedschaft, eine andere strikt dagegen. Beide brachten mir große Sympathien entgegen, aber wahrscheinlich war ihre Loyalität zur Gesellschaft größer, jedenfalls nicht geringer als ihre Zuneigung zu mir. Daher waren unsere Diskussionen alle entspannt und drehten sich ausschließlich um grundsätzliche Fragen. Die Gegenfraktion meinte, wir seien in etlichen wesentlichen Fragen zu konträrer Ansicht, zudem könne mein Betritt genau die Ziele gefährden, derentwegen Gokhale die Society gegründet habe. Dieses Risiko konnten sie selbstverständlich nicht eingehen.

Nach langer Diskussion trennten wir uns; die endgültige Entscheidung wurde auf ein anderes Treffen vertagt.

Ich kam ziemlich aufgewühlt nach Hause. War es ratsam, durch Mehrheitsbeschluss aufgenommen zu werden? War das mit meiner Loyalität zu Gokhale vereinbar? Wenn ich nicht gewann, wäre das für die Society nicht peinlich? Angesichts der starken Spaltung war es eindeutig am besten, wenn ich mein Aufnahmegesuch zurückzog und meine Opponenten aus ihrer heiklen Lage befreite. Das war wohl die wahre Loyalität gegenüber der Society, gegenüber Gokhale. Diese Erkenntnis überkam mich blitzartig, und ich bat Mr. Sastri sofort schriftlich, das verschobene Treffen ganz abzusagen. Meine Opponenten begrüßten meine Entscheidung sehr; sie waren damit moralisch aus dem Schneider, und das Band unserer Freundschaft verstärkte sich. Gerade die Rücknahme meines Antrags machte mich zu einem Mitglied der Society.

Aus heutiger Erfahrung war es richtig, auf die formelle Mitgliedschaft zu verzichten, die Opposition gegen meine Aufnahme war gerechtfertigt. Unsere Auffassungen in Grundsatzfragen stellten sich zudem als sehr konträr heraus. Aber diese Unterschiede haben uns weder entfremdet noch verbittert. Wir sind Brüder geblieben, und das Haus der Society in Poona war immer ein Pilgerort für mich.

Auch wenn ich nie offizielles Mitglied geworden bin, bin ich es doch im Geiste immer gewesen. Geistige Verwandtschaft ist sehr viel wertvoller als physische. Physische Verwandtschaft ohne geistige ist wie ein Körper ohne Seele.

7. Kumbh Mela

Als Nächstes ging es nach Rangun, wo ich mich mit Dr. Mehta treffen wollte. Unterwegs machte ich in Kalkutta Halt, wo ich in Begleitung meines Sohnes Ramdas bei Babu Bhupendranath Basu zu Gast war und man die bengalische Gastfreundschaft auf die Spitze trieb. Damals aß ich ausschließlich Früchte, weshalb der gesamte Obst- und Nussbestand Kalkuttas für mich herbeigeschafft wurde. Die ganze Nacht lang schälten die Damen des Hauses die verschiedenen Nüsse. Man scheute keine Mühe, das frische Obst auf indische Art anzurichten. Für meine Begleiter wurden zahllose Leckereien zubereitet. So sehr ich diese liebevolle Gastlichkeit schätzte, ich fand die Vorstellung unerträglich, dass ein gesamter Haushalt mit der Bewirtung von einigen wenigen Gästen derart in Atem gehalten wurde, wusste aber nicht, wie ich mich dieser beschämenden Aufmerksamkeit entziehen konnte.

Die Schiffsreise nach Rangun unternahm ich als Deckpassagier. Waren wir angesichts der übermäßigen Fürsorge in Basus Haus peinlich berührt gewesen, so wurden auf dem Schiff die Deckpassagiere und ihre elementarsten Bedürfnisse nahezu ignoriert. Der Waschraum war dermaßen schmutzig, dass man dort kaum stehen konnte, die Latrinen waren stinkende Löcher. Wenn man sie benutzen wollte, musste man durch Urin und Exkremente waten oder darüberspringen.

Das war mehr, als ich ertragen konnte, und ich wandte mich an den Kapitän, allerdings vergeblich. Durch ihre unsauberen Angewohnheiten verschmutzten die Passagiere das Deck noch mehr. Sie spuckten, wo sie saßen, verdreckten ihre Umgebung mit Essensresten, Tabak und Betelblättern. Der Geräuschpegel war enorm, jeder breitete sich aus, verteidigte energisch den ergatterten Raum, so auch mein Sohn Ramdas. Das

Gepäck nahm mehr Platz ein als die Fahrgäste. Diese zwei Tage waren eine harte Prüfung.

Nach der Ankunft in Rangun informierte ich den Reisevermittler über die Zustände an Bord des Dampfers. Dank dieses Briefes und Dr. Mehtas Intervention war die Rückreise, die wir ebenfalls als Deckpassagiere antraten, erträglicher.

Auch in Rangun machte meine Obstdiät den Gastgebern Umstände. Aber weil ich mich bei Dr. Mehta fast wie zu Hause fühlte, konnte ich verhindern, dass allzu großer Aufwand betrieben wurde. Ich hatte meinen Speiseplan noch nicht beschränkt, daher weideten sich Augen und Gaumen übermäßig an der dargebotenen Auswahl. Festgelegte Essenszeiten gab es nicht. Ich persönlich hätte die letzte Mahlzeit gern vor Einbruch der Dunkelheit zu mir genommen, aber in aller Regel wurde es acht oder neun Uhr.

In diesem Jahr, 1915, fand die Kumbh Mela statt, die alle zwölf Jahre in Haridwar gefeiert wird. Ich wollte überhaupt nicht daran teilnehmen, aber unbedingt Mahatma Munshiramji treffen, der in seinem *gurukul* war. Gokhales Society hatte eine große Schar Freiwilliger abgesandt, die beim Fest helfen sollte und von Pandit Hridayanath Kunzru angeführt wurde; Dr. Dev war der begleitende Arzt. Weil man mich gebeten hatte, die Phoenix-Gruppe zu ihrer Unterstützung zu schicken, war Maganlal Gandhi bereits vorausgefahren. Nachdem ich aus Rangun zurück war, stieß ich wieder zur Gruppe.

Die Reise von Kalkutta nach Haridwar war besonders beschwerlich. Manchmal hatten die Zugabteile keine Fenster. Ab Saharanpur wurden wir in offene Güter- oder Viehwaggons gepfercht. Durch die sengende Mittagshitze und den glühend heißen Eisenboden wurden wir förmlich gebraten.

Nicht einmal der quälendste Durst konnte die orthodoxen Hindus auf dieser Reise bewegen, Wasser zu trinken, das «muslimisch» war. Sie warteten, bis sie «Hinduwasser» bekommen konnten. Genau dieselben Hindus zögern übrigens keine Sekunde, wenn der Arzt ihnen im Krankheitsfall Wein oder Fleischbrühe verordnet oder ein muslimischer oder christlicher Apotheker ihnen Wasser gibt.

Unser Aufenthalt in Shantiniketan hatte gezeigt, dass es wohl unsere besondere Aufgabe in Indien war, Latrinen zu putzen. In Haridwar hatte man in einer *dharmsala* Zelte für die freiwilligen Helfer aufgebaut.

Dr. Dev hatte einige Gruben ausheben lassen, die als Latrinen benutzt werden sollten und für deren Säuberung er Latrinenputzer bezahlte. Die Phoenix-Gruppe erklärte sich bereit, die Exkremente mit Erde zu bedecken und zu entsorgen. Dr. Dev nahm unser Angebot gern an, das natürlich von mir gemacht wurde, dessen Durchführung aber auf Maganlal Gandhi lastete. Meine Aufgabe bestand hauptsächlich darin, im Zelt zu sitzen und den zahlreichen Pilgern, die mich aufsuchten, *darshan* zu gewähren und mit ihnen Gespräche über Religion und andere Themen zu führen. *Darshan* zu gewähren war sehr störend, ich hatte keine freie Minute für mich. Sogar bis zum Bade-Ghat verfolgten mich diese *darshan*-Suchenden, die mir auch während der Mahlzeiten nicht von der Seite wichen. Nirgendwo im Zelt konnte ich einmal für mich allein sitzen. In Haridwar begriff ich, was für einen tiefen Eindruck meine bescheidenen Dienste in Südafrika auf gesamt Indien gemacht hatten.

Ich kam mir vor, als würde ich zwischen zwei Mahlsteinen zerrieben. Wo ich nicht erkannt wurde, musste ich die Unannehmlichkeiten eines Dritter-Klasse-Passagiers ertragen, wenn ich ausstieg, wurde ich von der Liebe der *darshan*-Suchenden behelligt. Ich hätte nicht sagen können, was schlimmer war. Aber ich kann sagen, dass mich die blinde Liebe der *darshanwallas* oft wütend und mir noch häufiger das Herz schwer machte. Anders das Reisen, das trotz aller Anstrengungen das Herz leicht und mich selten wütend machte.

Damals hatte ich eine so gute Konstitution, dass ich lange durch die Straßen schlendern konnte. Glücklicherweise war ich noch nicht so bekannt, erregte also kaum Aufsehen. Bei diesem Herumstreifen konnte ich beobachten, wie abgelenkt, scheinheilig und schmuddelig die Pilger waren und wie wenig fromm. Die Sadhus, die in Scharen gekommen waren, schienen ihren Lebenszweck darin zu sehen, *malpua*, süße Pfannkuchen, und *kheer*, Milchreis, zu schmausen.

Ich sah eine Kuh mit fünf Beinen. Ich staunte, aber kundige Menschen nahmen mir rasch die Illusion – die arme fünfbeinige Kuh war ein Opfer der Habgier. Das fünfte Bein war einem lebenden Kalb abgehackt und in die Kuhschulter eingepflanzt worden. Mit dem Ergebnis dieser zweifachen Grausamkeit wurde den Ungebildeten Geld abgeluchst. Kein Hindu, der die Wunderkuh nicht mit Almosen überschüttet hätte.

Der Tag der Kumbh war da. Es sollte ein gesegneter Tag für mich werden. Ich war nicht als Pilger nach Haridwar gekommen. Wallfahrtsstätten waren in meinen Augen kein Ort, wo sich Frömmigkeit finden ließ. Doch die siebzehn Lakh Menschen, die hier angeblich zusammengekommen waren, konnten ja nicht alle Heuchler oder Schaulustige sein. Ganz sicher waren unzählige Menschen darunter, die hier Heil und Läuterung suchten. Schwer, wenn nicht unmöglich, zu sagen, wie sehr ein solcher Glaube die Seele erhöht.

Ich verbrachte die ganze Nacht tief in Gedanken versunken. Diese frommen Seelen inmitten der Heuchelei ringsum wären im Königreich Gottes sicher frei von Schuld. Wenn der Besuch in Haridwar an sich schon eine Sünde war, musste ich öffentlich dagegen protestieren und den Ort am Tag der Kumbh verlassen. Wenn es keine Sünde war, hierherzukommen und den Tag der Kumbh hier zu verbringen, musste ich ein schweres Gelübde ablegen, damit ich für die Sünde büßte, die hier allgegenwärtig war. Mein Leben besteht aus Gelübden, daher beschloss ich, einige schwere Gelübde abzulegen. Ich dachte an die unnötige Mühe, die ich meinen Gastgebern in Kalkutta und Rangun gemacht hatte, und beschloss, die Zahl der Dinge auf meinem Speiseplan einzuschränken und die letzte Mahlzeit vor Sonnenuntergang zu essen. Wenn ich das nicht tat, würden künftige Gastgeber wieder viel Aufwand betreiben müssen und mir Dienste erweisen, statt dass ich selbst diente. Deshalb gelobte ich, innerhalb von vierundzwanzig Stunden nie mehr als fünf unterschiedliche Nahrungsmittel zu konsumieren – Wasser fiel nicht darunter –, und nie nach Einbruch der Dunkelheit zu essen. Ich überdachte gründlich sämtliche eventuellen Probleme, ich wollte kein Schlupfloch übersehen. Was wäre im Krankheitsfall, sollte ich Medikamente nicht zu den Lebensmitteln zählen, für besondere Krankenkost eine Ausnahme machen? Letztendlich beschloss ich, es würde keinerlei Ausnahmen geben.

Mittlerweile halte ich dieses Gelübde seit fünfzehn Jahren ein, was mir natürlich oft schwergefallen ist. Doch es hat bestimmt mein Leben um einige Jahre verlängert und mich vor so mancher Krankheit bewahrt.

8. Lakshman Jhula

Was für eine Erleichterung, in den *gurukul* zu kommen und Mahatma Munshiramji zu treffen, ein Mann wie ein Berg. Der Gegensatz zwischen der Ruhe hier drinnen und dem lärmenden Getöse von Haridwar war erstaunlich.

Der Mahatma überschüttete mich mit Zuneigung. Die Brahmacharis waren mehr als aufmerksam. Hier begegnete ich zum ersten Mal Acharya Ramadevji, dem Vorsteher des *gurukul*, und bemerkte sofort, wie viel Kraft er ausstrahlte. Obwohl wir bei verschiedenen Themen unterschiedlicher Ansicht waren, wurde aus unserer Bekanntschaft bald eine Freundschaft.

Ich führte lange Gespräche mit ihm und anderen Lehrern über die Notwendigkeit, dem *gurukul* eine Gewerbeschule anzugliedern. Als die Zeit zur Abreise kam, fiel mir das Abschiednehmen sehr schwer.

Viele hatten begeistert von der Lakshman Jhula erzählt, einer Hängebrücke über den Ganges in der Nähe von Rishikesh, und einige Freunde drängten mich, ich müsse erst nach Rishikesh, ehe ich abfahren könne. Ich wollte diese Pilgerreise zu Fuß machen und brauchte zwei Tage dazu.

In Rishikesh suchten mich zahlreiche Sannyasis auf, von denen einer besonders von mir angetan war. Der Swami wollte alles über die Phoenix-Gruppe wissen, die ebenfalls anwesend war.

Wir unterhielten uns über Religion, und er merkte, dass mich das Thema sehr beschäftigte. Als er mich mit bloßem Kopf und ohne Hemd vom Bad im Ganges zurückkommen sah, war er betrübt, dass ich keine *shikha*-Locke hatte und auch keine heilige Schnur um den Körper trug.

«Es tut mir weh, Sie, einen gläubigen Hindu, ohne heilige Schnur und ohne *shikha* zu sehen», sagte er. «Das sind die beiden äußerlichen Symbole des Hinduismus, die jeder Hindu tragen sollte.»

Dazu gibt es Folgendes zu erzählen: Als Zehnjähriger beneidete ich die Brahmanen in Porbandar, die einen Schlüsselbund an ihrer heiligen Schnur hängen hatten, so etwas wollte ich auch. Unter den Vaishnava-Familien in Kathiawad war es damals noch nicht üblich, die heilige Schnur zu tragen. Aber es gab eine Bewegung, die das für die ersten drei Varnas zur Pflicht machen wollte. Deshalb legten mehrere Mitglieder der Gandhi-Sippe die heilige Schnur um. Der Brahmane, der ein paar von uns Jungen das Rama Raksha lehrte, stattete uns mit einer Schnur aus, und obwohl ich gar keinen Schlüsselbund brauchte, organisierte ich mir einen und trug ihn stolz zur Schau. Ob meine Obsession bereits abgeklungen war, als die Schnur später zerriss, weiß ich nicht mehr, nur, dass ich mir keine neue mehr besorgte.

Als ich erwachsen war, wurden sowohl in Indien als auch in Südafrika etliche Versuche gemacht, mich wieder mit einer heiligen Schnur auszustatten, mit herzlich wenig Erfolg. Wenn die Shudras, die Angehörigen der vierten Kaste, sie nicht tragen dürfen, wandte ich ein, welches Recht hatten dann die anderen Varnas? Außerdem fand ich es nicht plausibel, einen Brauch zu befolgen, der in meiner Familie keine Tradition hatte. Ich hatte nichts gegen die Schnur an sich, aber es fehlte mir einfach ein Grund, weshalb ich sie tragen sollte. Als Vaishnava hatte ich natürlich die *kanthi* um den Hals getragen, und die Familienältesten hielten für uns zwei Brüder die *shikha* zwingend nötig. Am Abend vor meiner Abreise nach England entledigte ich mich der *shikha*, damit ich mich, wenn ich keine Kopfbedeckung trug, nicht lächerlich machte oder in den Augen der Engländer wie ein Barbar wirkte. In Südafrika brachte ich sogar meinen Neffen Chhanganlal Gandhi, der die *shikha* aus religiösen Gründen trug, dazu, sie abzurasieren. Ich hatte Sorge, sie könnte ihm bei seiner öffentlichen Tätigkeit schaden, und überredete ihn zu diesem Schritt, egal, ob ihn das schmerzte oder nicht.

Ich erzählte dem Swami diese Vorgeschichte. «Ich trage die heilige Schnur nicht, weil ich sie für unnötig halte, kommen doch zahllose Hindus ohne sie aus und sind trotzdem Hindus. Außerdem sollte die heilige Schnur ein Sinnbild für die spirituelle Wiedergeburt sein; wer sie trägt, muss sich ganz bewusst um ein höheres, reineres Leben bemühen. Ich bezweifle, dass Hinduismus und Indien in ihrem derzeitigen Zustand ein Anrecht auf dieses Symbol haben. Das wird erst der Fall sein, wenn der Hinduismus sich von der Unberührbarkeit gereinigt, alle Unterschiede zwischen hoch und niedrig und jede Menge anderer Übel beseitigt, sich von Irreligiosität und Betrug befreit hat, die sich in ihm breitgemacht haben. Deshalb leuchtet mir Ihre Argumentation, weshalb die heilige Schnur getragen werden sollte, nicht ein. Aber Ihr Vorschlag wegen der *shikha* ist eine Überlegung wert. Ich habe früher eine getragen und sie aus Schamgefühl abrasiert. Wahrscheinlich sollte ich sie wieder wachsen lassen. Ich rede mit meinen Gefährten darüber.»

Der Swami billigte meine Einstellung zur heiligen Schnur nicht. Eben jene Gründe, die aus meiner Sicht dagegensprachen, sprachen in seinen Augen dafür. Auch heute noch vertrete ich dieselbe Haltung wie in Rishikesh. Solange es verschiedene Religionen gibt, wird wahrscheinlich jede ein äußeres Unterscheidungssymbol benötigen. Wenn jedoch dieses Symbol zum Fetisch und Instrument gemacht wird, um die Überlegenheit einer Religion über die andere zu beweisen, muss es abgeschafft werden. Die heilige Schnur scheint mir heute nicht geeignet, den Hinduismus auf eine höhere Ebene zu heben. Deshalb ist sie mir gleichgültig.

Die *shikha* hingegen hatte ich damals abrasiert, weil ich mir ihrer schämte, aber nachdem ich mich mit Freunden beraten hatte, beschloss ich, sie jetzt wieder wachsen zu lassen.

Doch zurück zur Lakshman Jhula. Ich war bezaubert von der Landschaft, in der Rishikesh und die Brücke lagen, und verneigte mich vor unseren Vorfahren, die einen solchen Sinn für die Schönheiten der Natur und den Weitblick gehabt hatten, besonders herrlichen Plätzen eine religiöse Bedeutung zu verleihen.

Aber der Mensch hat die Seelenruhe gestört. Wie in Haridwar verdreckten die Leute auch in Rishikesh die Straßen und die schönen Ufer des Ganges. Sie schreckten nicht einmal davor zurück, sein heiliges Wasser zu entweihen. Mir tat der Anblick weh, wie die Menschen ihre Notdurft in den Durchgängen und an den Flussufern verrichteten, wenn sie sich dazu ganz einfach ein Stück von den belebten Orten hätten entfernen können.

Die Lakshman Jhula war lediglich eine eiserne Hängebrücke; ich erfuhr, dass sich dort früher eine Seilbrücke befunden hatte. Ein philanthropischer Marwadi hatte es sich in den Kopf gesetzt, die Brücke abzureißen und für viel Geld eine neue aus Eisen errichten zu lassen, deren Schlüssel er der Regierung übergab. Von der Seilbrücke habe ich keine Vorstellung, denn ich habe sie ja nie gesehen, die Eisenbrücke ist jedoch völlig fehl am Platze und zerstört die ganze Schönheit der Umgebung. Die Übergabe der Schlüssel für diese Pilgerbrücke ging mir sogar in meiner damaligen Loyalität zu weit.

Der Svarg-Ashram, zu dem man kommt, wenn man die Brücke überquert, war ein deprimierender Ort, der lediglich aus ein paar heruntergekommenen Eisenblechhütten bestand. Sie waren offenbar für die *sadhakas*, die spirituellen Anwärter, gedacht und standen damals fast leer.

Die Bewohner des Hauptgebäudes machten ebenfalls keinen guten Eindruck auf mich.

Die Erfahrungen in Haridwar stellten sich allerdings als unschätzbar wertvoll heraus, denn sie halfen mir sehr bei der Entscheidung, wo ich leben und was ich tun sollte.

9. Ashram-Gründung

Die Pilgerreise zur Kumbh war mein zweiter Besuch in Haridwar.

Der Satyagraha-Ashram wurde am 25. Mai 1915 gegründet. Sharddhanandji wollte, dass ich nach Haridwar zog, andere Freunde votierten für Vaidyanathadham, die nächsten für Rajkot. Als ich durch Ahmedabad kam, drängten mich viele Freunde, ich solle mich hier niederlassen, sie wollten auch die finanziellen Mittel für den Ashram auftreiben sowie ein Haus für uns organisieren.

Meine Augen waren auf Ahmedabad zur Ruhe gekommen. Als Gujarati würde ich dem Land wohl am besten dienen können, wenn ich Gujarati sprechen konnte. Zudem war Ahmedabad ein altes Zentrum der Handweberei, daher wahrscheinlich besonders geeignet für Arbeiten mit dem Spinnrad. Da Ahmedabad die Hauptstadt Gujarats ist, würde ich hier hoffentlich mehr finanzielle Unterstützung durch wohlhabende Bürger bekommen als anderswo.

Unter anderem besprach ich mit den Freunden aus Ahmedabad auch die Frage der Unberührbarkeit. Ich machte deutlich, dass ich die erste Gelegenheit ergreifen würde, einen unberührbaren Bewerber im Ashram aufzunehmen, wenn er ansonsten würdig sei. «Wo ist denn der Unberührbare, der Ihren Ansprüchen genügt?», wollte ein Vaishnava-Freund selbstgefällig wissen.

Schließlich beschloss ich, mich in Ahmedabad niederzulassen.

Wir kamen überein, in Kochrab den Bungalow von Jivanlal Desai zu mieten, einem Barrister, der hauptsächlich dafür verantwortlich war, dass ich mich in Ahmedabad niederließ. Als Erstes mussten wir einen Namen für den Ashram finden; ich beriet mich mit Freunden. Unter den Vorschlägen waren «Sevashram» (Wohnstatt des Dienens), «Tapovan» (Wohnstatt der Entbehrung) usw. Mir gefiel «Sevashram», nur ging daraus nicht die Art des Dienens hervor. «Tapovan» ging nicht, denn zwar war uns *tapas*,

Selbstbeherrschung, nahe, aber der Name schien anmaßend. Wir wollten die Wahrheit anbeten, die Wahrheit suchen und an ihr festhalten. Ich wollte Indien mit der Methode bekanntmachen, die ich in Südafrika angewandt hatte, und ausprobieren, in welchem Umfang sie hier möglich war. Deshalb wählten meine Gefährten und ich den Namen «Satyagraha-Ashram», der sowohl das Ziel als auch unsere Art des Dienens beinhaltete.

Für das Verhalten im Ashram war eine Hausordnung nötig, ein Entwurf wurde erarbeitet, Freunde wurden um ihre Meinung gebeten. Unter den vielen Wortmeldungen ist mir die von Sir Gurudas Banerji immer noch in Erinnerung. Mit den Regeln war er einverstanden, schlug aber vor, dass zu den Geboten auch Demut gehören solle, die den Jüngeren in seinen Augen bedauerlicherweise fehle. Obwohl mir das ebenfalls aufgefallen war, hatte ich die Sorge, Demut könne in dem Augenblick keine Demut mehr sein, wenn sie zum Gelübde werde. Der eigentliche Sinn von Demut ist Selbstauslöschung. Selbstauslöschung ist Moksha, Erlösung, die zwar an und für sich kein Gebot sein kann, aber um sie zu erreichen, sind möglicherweise andere Gebote nötig. Wenn jemand, der nach Moksha strebt, oder ein Dienender ohne Demut und Selbstlosigkeit handelt, fehlt das Verlangen nach Moksha oder Dienen. Dienen ohne Demut ist selbstsüchtig und egoistisch.

Damals gehörten ungefähr dreizehn Tamilen zu unserer Gruppe. Fünf tamilische Jugendliche hatten mich aus Südafrika begleitet, die anderen kamen aus unterschiedlichen Teilen des Landes. Alles in allem waren wir ungefähr fünfundzwanzig Männer und Frauen.

So wurde der Ashram gegründet. Alle aßen in der gemeinsamen Küche und bemühten sich, wie eine große Familie zu leben.

10. Auf dem Amboss

Der Ashram bestand erst seit wenigen Monaten, als wir auf eine unerwartete Probe gestellt wurden. Ich bekam einen Brief von Amritlal Thakkar, einem Mitglied der Servants of India Society. «Eine bescheidene, ehrbare Unberührbarenfamilie würde gern in Ihren Ashram eintreten. Ist das möglich?»

Ich war betroffen, denn ich hatte überhaupt nicht damit gerechnet, dass bereits jetzt eine Unberührbarenfamilie in unseren Ashram eintreten wollte, und dann auch noch vermittelt durch keinen Geringeren als Thakkar Bapa. Ich zeigte den Brief meinen Gefährten, die einverstanden waren.

Ich schrieb Amritlal Thakkar also zurück, wir seien bereit, die Familie aufzunehmen, unter der Voraussetzung, dass sich alle Mitglieder an die Regeln des Ashrams hielten.

Die Familie bestand aus Dudabhai, seiner Frau Danibehn und ihrer Tochter Lakshmi, die damals im Krabbelalter war und noch gestillt wurde. Dudabhai war Lehrer in Bombay gewesen. Alle waren einverstanden, sich an die Vorschriften zu halten, und wurden aufgenommen.

Doch ihre Aufnahme löste unter den Freunden, die dem Ashram geholfen hatten, Unruhe aus. Das erste Problem tauchte bei der Benutzung des Brunnens auf, die teilweise dem Bungalowbesitzer unterstand. Der Mann, der das Wasser heraufholte, protestierte – durch Wassertropfen aus unserem Eimer werde er verunreinigt. Er beschimpfte uns und schikanierte Dudabhai. Ich sagte allen, sie sollten die Beschimpfungen einfach hinnehmen und unbedingt weiterhin Wasser holen gehen. Als der Mann feststellte, dass wir auf seine Beschimpfungen nicht eingingen, schämte er sich und behelligte uns nicht weiter.

Allerdings wurde die finanzielle Unterstützung komplett eingestellt. Der Freund, der gefragt hatte, ob ein Unberührbarer die Ashramregeln befolgen würde, hatte nie damit gerechnet, dass tatsächlich einer auftauchen könnte.

Gleichzeitig kam das Gerücht auf, es sei eine gesellschaftliche Ächtung geplant. Wir waren auf alles vorbereitet. Ich hatte meinen Gefährten mitgeteilt, selbst wenn wir geächtet würden und keinen Zugang zu den üblichen Einrichtungen bekämen, würden wir Ahmedabad nicht verlassen. Eher würden wir in das Unberührbarenviertel ziehen und von unserer Hände Arbeit leben und von der Unterstützung, die wir eventuell bekämen.

Die Lage verschlimmerte sich derart, dass Maganlal Gandhi mir eines Tages mitteilte: «Wir haben für den nächsten Monat kein Geld mehr.»

«Dann ziehen wir ins Unberührbarenviertel um», erwiderte ich gelassen.

Es war nicht meine erste derartige Prüfung, aber jedes Mal hat Krishna mir im letzten Augenblick Hilfe geschickt. Eines Morgens, kurz nachdem mich Maganlal auf unsere Geldnöte aufmerksam gemacht hatte, kam eines der Kinder und sagte, draußen sitze ein Sheth in seinem Auto und wolle mich sprechen. Ich ging zu ihm. «Ich möchte den Ashram unterstützen», sagte er. «Nehmen Sie meine Hilfe an?»

«Natürlich. Ich muss gestehen, dass ich momentan gar kein Geld mehr habe.»

«Ich komme morgen um die gleiche Zeit vorbei», sagte er. «Werden Sie da sein?»

Ich bejahte und er fuhr davon.

Am nächsten Tag genau zur versprochenen Zeit hielt das Auto hupend vor unserem Quartier. Die Kinder machten mich darauf aufmerksam, und ich ging hinaus, weil der Sheth nicht hereinkommen wollte. Er drückte mir Geldscheine im Wert von dreizehntausend Rupien in die Hand und fuhr davon.

Mit einer derartigen und so unerwarteten Unterstützung hatte ich nicht gerechnet. Der Herr hatte den Ashram noch nie besucht, und soweit ich mich erinnern konnte, war ich ihm nur ein einziges Mal begegnet. Kein Besuch, keine Fragen, einfach helfen und davonfahren. Es war eine einzigartige Erfahrung. Unser Exodus ins Unberührbarenviertel war vorerst verschoben. Wir waren für ungefähr ein Jahr abgesichert.

Nicht nur draußen stürmte es, auch im Ashram selbst. Obwohl mich auch in Südafrika befreundete Unberührbare besucht, bei mir gewohnt und gegessen hatten, waren meine Frau und mehrere andere Frauen von der Aufnahme der Unberührbaren offenbar nicht sehr begeistert. Meine scharfen Augen und aufmerksamen Ohren registrierten Gleichgültigkeit, wenn nicht sogar Abneigung gegenüber Danibehn. Die Geldnöte hatten mich nicht belastet, aber dieser Sturm im eigenen Haus war unerträglich. Danibehn war eine einfache Frau, Dudabhai nicht besonders gebildet, aber intelligent. Ich schätzte seine Geduld. Manchmal war er aufbrausend, aber meistens beeindruckend langmütig. Ich redete ihm zu, kleinere Kränkungen herunterzuschlucken. Er war nicht nur einverstanden, sondern überzeugte auch seine Frau davon.

Die Aufnahme dieser Familie war eine wertvolle Lektion für den Ashram. Von Anfang an zeigten wir der Welt, dass der Ashram Unberührbarkeit nicht hinnahm. Der Ashram bezog eindeutig Stellung, was seine Arbeit beträchtlich erleichterte. Die Tatsache, dass hauptsächlich sehr orthodoxe Hindus die täglich wachsenden Ashramkosten bestritten haben, ist wohl ein deutliches Zeichen, wie sehr die Unberührbarkeit in ihren Grundfesten erschüttert ist. Es gibt noch weitere Beweise dafür, aber dass gläubige Hindus keine Bedenken haben, einen Ashram zu unterstützen, wo wir sogar gemeinsam mit den Unberührbaren essen, will viel heißen.

Leider muss ich hier vieles weglassen, etwa wie wir mit heiklen Problemen umgingen, die sich aus unserem Hauptproblem ergaben, wie wir gutgelaunt einige unerwartete Schwierigkeiten bewältigten und vieles andere, was für einen Bericht der Experimente mit der Wahrheit relevant wäre.

11. Abschaffung des Kontraktsystems

Wir verlassen kurz den Ashram, der gleich zu Anfang innere und äußere Stürme überstehen musste, um uns mit dem System der Kontraktarbeit zu beschäftigen.

Kontraktarbeiter waren Personen, die aus Indien nach Südafrika ausgewandert waren und sich zu fünf oder weniger Jahren Arbeit verpflichtet hatten. 1914 war nach dem Smuts-Gandhi Settlement die Drei-Pfund-Steuer für die Auswanderer nach Natal abgeschafft worden, die einen Kontrakt unterschrieben hatten. Aber das System selbst war noch nicht abgeschafft.

Im März 1916 brachte Pandit Madan Mohan Malaviyaji eine Resolution beim Imperial Legislative Council zur Abschaffung des Kontraktsystems ein. Bei deren Annahme verkündete Lord Hardinge, er habe von Kaiser George V. «die Zusage erhalten, das System werde zu einem geeigneten Zeitpunkt abgeschafft». In meinen Augen musste aber das System sofort abgeschafft werden. Indien hatte das System aus bloßer Nachlässigkeit hingenommen, und ich glaubte, dass mittlerweile die Zeit reif für seine Abschaffung war. Ich traf mich mit mehreren führenden Persönlichkeiten, schrieb Zeitungsartikel. Es stellte sich heraus, dass die Öffentlichkeit entschieden für eine sofortige Abschaffung war. Könnte das ein geeigneter Gegenstand für Satyagraha sein? Zweifellos, aber wie vorgehen?

Mittlerweile hatte der Vizekönig erklärt, was unter «geeignetem Zeitpunkt» zu verstehen war, nämlich die Abschaffung «innerhalb einer vernünftigen Zeitspanne, in der alternative Regelungen eingeführt werden können».

Deshalb stellte Pandit Malaviyaji im Februar 1917 den Antrag auf eine Gesetzesvorlage für die sofortige Abschaffung des Systems. Lord Chelmsford beschied ihn abschlägig. Nun wurde Zeit für mich, durch das Land zu reisen, um in ganz Indien eine Bewegung in Gang zu bringen.

Doch zuvor war es angemessen, dass ich den Vizekönig darüber informierte. Ich bat um eine Audienz, die sofort gewährt wurde. Das Gespräch mit Lord Chelmsford verlief befriedigend, er versprach mir Unterstützung, blieb allerdings vage.

Ich begann meine Reise in Bombay. Jehangir Petit organisierte eine Versammlung unter der Schirmherrschaft der Imperial Citizenship Association. Davor traf sich der Lenkungsausschuss, um die Resolutionen zu formulieren, die bei der Versammlung vorgelegt werden sollten. Bei dieser Sitzung waren Dr. Stanley Reed, Lallubhai Samaldas, Kamakshi Natarajan und Jehangir Petit anwesend. Die Diskussion drehte sich um die Frage, innerhalb welcher Frist die Regierung das System abschaffen sollte. Es gab drei Vorschläge: Abschaffung «so bald wie möglich», «bis zum 31. Mai» und «sofort». Ich war für ein konkretes Datum, weil wir so entscheiden konnten, was getan werden sollte, falls die Regierung unserer Forderung zum festgesetzten Termin nicht nachkam. Lallubhai war für «sofortige Abschaffung», denn «sofortig» war seiner Meinung nach eine kürzere Zeitspanne als 31. Mai. Ich wandte ein, die Bevölkerung werde das Wort «sofortig» nicht verstehen. Wenn wir die Menschen in Bewegung bringen wollten, brauchten wir ein eindeutigeres Wort. Jede Seite würde «sofortig» nämlich unterschiedlich auslegen – die Regierung so, die Bevölkerung so. «Bis zum 31. Mai» hingegen sei unmissverständlich, und wir könnten, wenn bis dahin nichts geschehen sei, weitere Schritte unternehmen. Dr. Reed fand meine Argumentation einleuchtend, und schließlich stimmte Lallubhai ebenfalls zu. Wir setzten den 31. Mai als letztmöglichen Zeitpunkt fest, an dem die Abschaffung bekanntgegeben werden sollte. Eine entsprechende Resolution wurde auf der öffentlichen Versammlung verabschiedet, und in ganz Indien fanden ähnliche Versammlungen statt.

Mrs. Jaiji Petit verwandte ihre gesamte Energie darauf, eine Bombayer Damenabordnung zu organisieren, die beim Vizekönig vorsprechen sollte. Die Unterredung war höchst erfolgreich, die Antwort des Vizekönigs ermutigend.

Ich besuchte Karatschi, Kalkutta und verschiedene andere Orte. Überall fanden Versammlungen statt, es herrschte grenzenlose Begeisterung. Meine Erwartungen wurden übertroffen.

Ich reiste allein und machte deshalb wunderbare Erfahrungen. Die Männer vom Criminal Investigation Department waren ständig hinter mir her. Aber da ich nichts zu verbergen hatte, belästigten sie mich nicht, und ich machte ihnen keine Schwierigkeiten. Glücklicherweise war ich damals noch nicht als Mahatma abgestempelt, obwohl der Name oft ertönte, wenn mich die Leute erkannten.

Auf einer Fahrt sprachen die Kriminalbeamten mich doch auf fast jedem Bahnhof an, wollten meine Fahrkarten sehen und schrieben die Nummer auf. Natürlich beantwortete ich bereitwillig ihre sämtlichen Fragen. Meine Mitreisenden hielten mich für einen gewöhnlichen Sadhu oder Fakir. Als sie merkten, dass ich an jeder Station belästigt wurde, waren sie empört und beschimpften die Beamten. «Warum plagt ihr den armen Sadhu für nichts und wieder nichts?», protestierten sie. «Zeigen Sie diesen Halunken nicht immer wieder Ihre Fahrkarte», wandten sie sich an mich.

«Es macht mir keine Umstände. Die Männer tun nur ihre Pflicht und mich stört es nicht», sagte ich beruhigend. Doch die Reisenden gaben sich damit nicht zufrieden, sie ereiferten sich immer mehr und protestierten vehement gegen die rüde Behandlung eines Unschuldigen.

Doch die Kripobeamten waren harmlos. Die eigentliche Herausforderung waren die überfüllten Züge. Am schlimmsten war die Fahrt von Lahore nach Delhi. Ich war unterwegs von Karatschi nach Kalkutta über Lahore, wo ich umsteigen musste. Es war unmöglich, in dem Zug einen Platz zu finden. Er war rammelvoll, einige Reisende konnten sich noch mit Gewalt hineindrängen, indem sie beispielsweise durch die Fenster kletterten, nachdem die Türen verschlossen worden waren. Wenn ich diesen Zug versäumte, würde ich nicht rechtzeitig zur Versammlung in Kalkutta sein. Ich hatte die Hoffnung schon beinahe aufgegeben, niemand wollte mich hineinlassen. Da kam ein Gepäckträger zu mir, der meine Notlage bemerkt hatte. «Geben Sie mir zwölf Anna und ich besorge Ihnen einen Platz», meinte er. «Gut, du bekommst die zwölf Anna, wenn ich einen Platz bekomme.» Der junge Mann lief von Wagen zu Wagen und flehte die Passagiere an, aber niemand beachtete ihn. Gerade als der Zug abfahren wollte, riefen ein paar Reisende: «Hier ist zwar kein Platz, aber du kannst ihn zu uns reinquetschen. Er muss aber stehen.» – «Wie sieht's aus?», fragte der junge Gepäckträger mich. Ich war sofort einverstanden, und er schob mich kraftvoll durchs Fenster. Damit war ich im Zug, und der Mann kam zu seinen zwölf Anna.

Die Nacht war eine Tortur. Die anderen Fahrgäste hatten irgendwie einen Platz gefunden. Ich stand zwei Stunden lang, hielt mich dabei an der Kette der oberen Liege fest. Unterdessen setzten mir einige Mitreisende pausenlos zu. «Warum setzen Sie sich nicht?», fragten sie. Ich versuchte, vernünftig mit ihnen zu reden, es gebe keinen Platz für mich, aber sie störte es, dass ich stand, während sie sich auf den oberen Liegen ausgestreckt hatten. Sie hörten nicht auf, mir zuzusetzen, und ich nicht, ihnen freundlich zu antworten. Irgendwann war Ruhe. Einige fragten nach meinem Namen, und als ich ihn nannte, schämten sie sich. Entschuldigend machten sie mir Platz. Mir fiel das Sprichwort «Süß sind die Früchte der Geduld» ein. Ich war todmüde, mir schwirrte der Kopf. Gott schickte Hilfe, gerade als sie am dringendsten gebraucht wurde.

So kam ich irgendwie nach Kalkutta. Der Maharadscha von Cassimbazaar, der Vorsitzende der Kalkuttaer Versammlung, war mein Gastgeber. Genau wie in Karatschi herrschte auch hier grenzenlose Begeisterung.

An der Versammlung nahmen auch einige Engländer teil. Noch vor dem 31. Mai gab die Regierung bekannt, dass die Auswanderung von indischen Kontraktarbeitern nach Südafrika verboten worden sei.

1897 hatte ich das erste Gesuch gegen das System verfasst, in der Hoffnung, dass diese «Halbsklaverei», wie es Sir William Wilson Hunter genannt hatte, eines Tages abgeschafft würde.

Viele haben bei dieser Bewegung mitgeholfen, die 1894 begann, doch ich bin überzeugt, dass es vor allem Satyagraha war, die ihren Erfolg beschleunigte.

12. Der Indigo-Schandfleck

Champaran ist das Land des sagenhaften Königs Janaka. So üppig wie die Mangowälder waren dort bis zum Jahr 1917 auch die Indigoplantagen. Jeder Pächter in Champaran war gesetzlich verpflichtet, auf drei Zwanzigsteln seines Landes für seinen Grundherrn Indigo zu pflanzen. Dieses

System war als Tinkathia-System bekannt, da auf drei von zwanzig *katha* (ein Acre) Indigo angebaut werden musste.

Ich kannte damals nicht einmal den Namen, geschweige denn die geografische Lage von Champaran, und über Indigoplantagen wusste ich auch so gut wie nichts. Ich hatte Päckchen mit Indigo gesehen, aber nicht geahnt, dass er in Champaran von Tausenden Bauern unter grauenvollen Bedingungen angebaut und verarbeitet wurde.

Rajkumar Shukla war einer dieser geschundenen Bauern. Er hatte den glühenden Wunsch, den Indigo-Schandfleck von den Tausenden abzuwaschen, die litten, so wie er früher darunter gelitten hatte.

Dieser Mann bekam mich 1916 in Lucknow zu fassen, wohin ich zur Tagung des Congress gefahren war. «Vakil Babu wird Ihnen alles über unsere verzweifelte Situation erzählen», sagte er und bestürmte mich, nach Champaran zu fahren. Vakil Babu war kein anderer als Babu Brajkishore Prasad, der in Champaran mein geschätzter Mitarbeiter wurde und die Seele der öffentlichen Aktivitäten in Bihar ist. Rajkumar Shukla brachte ihn zu meinem Zelt. Brajkishore Babu trug einen schwarzen *achkan* aus Alpakawolle und machte keinerlei Eindruck auf mich. Ich hielt ihn für irgendeinen Vakil, der die einfachen Bauern ausnutzte. Nachdem er mir einiges über Champaran erzählt hatte, erwiderte ich wie immer in solchen Situationen: «Ich kann mich erst äußern, wenn ich die Dinge mit eigenen Augen gesehen habe. Bitte bringen Sie Ihre Resolution im Congress ein, aber lassen Sie mich vorerst aus dem Spiel.» Rajkumar Shukla erhoffte sich natürlich Hilfe vom Congress. Babu Brajkishore Prasad verlas die Resolution, die den Menschen von Champaran ihr Mitgefühl aussprach. Sie wurde einstimmig angenommen.

Rajkumar Shukla war angetan, aber alles andere als zufrieden und wollte, dass ich mir in Champaran persönlich ein Bild vom Elend der *ryots* machte. Ich sagte, ich würde Champaran in meinen Reiseplan einbauen und mir dort ein, zwei Tage Zeit nehmen. «Ein Tag reicht», sagte er, «um alles mit eigenen Augen zu sehen.»

Ich fuhr von Lucknow nach Cawnpore; Rajkumar Shukla folgte mir. «Champaran liegt ganz in der Nähe. Bitte kommen Sie einen Tag zu uns», drängte er. «Diesmal müssen Sie mich bitte entschuldigen. Aber ich verspreche Ihnen, ich komme», legte ich mich noch mehr fest.

Ich kehrte in den Ashram zurück. Der allgegenwärtige Rajkumar tauchte auch hier auf. «Nennen Sie mir bitte einen genauen Termin», bat er. «Ich muss dann und dann in Kalkutta sein», sagte ich. «Holen Sie mich dort ab.» Ich wusste nicht, wohin ich fahren, was ich tun sollte und was ich sehen würde.

Noch ehe ich bei Bhupen Babus Haus in Kalkutta eintraf, hatte sich Rajkumar Shukla dort bereits einquartiert. So fing mich dieser einfache, ungebildete, aber energische Bauersmann ein.

Anfang 1917 brachen wir also von Kalkutta nach Champaran auf, wir waren ein nettes Paar, sahen wie zwei Bauern aus. Ich wusste nicht einmal, welchen Zug wir nehmen mussten. Er ging voraus, und nach gemeinsamer Fahrt erreichten wir am nächsten Morgen Patna.

Ich war zum ersten Mal in Patna, kannte dort niemanden, bei dem ich hätte unterkommen können. Anfänglich hatte ich die Vorstellung gehabt, dass Rajkumar Shukla, einfacher Bauer hin oder her, einen gewissen Einfluss in Patna habe. Aber unterwegs hatte ich ihn näher kennengelernt und bei der Ankunft in Patna machte ich mir keinerlei Illusionen mehr. Er war in allem vollkommen ahnungslos. Die Vakils, die er für seine Freunde gehalten hatte, waren in Wirklichkeit keine. Der arme Rajkumar war für sie nichts anderes als ein Knecht. Solche bäuerlichen Mandanten und ihre Vakils trennt ein Strom so breit wie der Ganges bei Hochwasser.

Rajkumar Shukla brachte mich zum Haus von Rajendra Bapu, der nach Puri gefahren war. Die zwei Diener in seinem Bungalow schenkten uns keine Beachtung. Ich hatte zwar etwas zu essen dabei, wollte aber auch Datteln, die mir Rajkumar Shukla auf dem Basar besorgte.

In Bihar herrschte strenge Unberührbarkeit. Während die Diener am Brunnen waren, durfte ich daraus kein Wasser ziehen, damit sie ja nicht durch einen Wassertropfen aus meinem Eimer verunreinigt würden, denn sie wussten ja nicht, welcher Kaste ich angehörte. Rajkumar schickte mich zur Latrine im Haus, der Diener schickte mich prompt zu der draußen. All das war weder überraschend noch ärgerlich, ich war an solche Dinge gewöhnt. Die Diener taten einfach pflichtschuldig das, was Rajendra Babu ihrer Meinung nach von ihnen erwartete.

Diese amüsanten Erfahrungen ließen Rajkumar Shukla in meiner Achtung steigen, aber nun konnte ich ihn auch besser einschätzen. Ab Patna nahm ich die Zügel in die Hand.

13. Der einfache Bihari

Ich hatte Maulana Mazharul Haq in London kennengelernt, wo er Jura studierte, und als wir uns 1915 auf dem Parteitag in Bombay trafen, dem Jahr, in dem er Präsident der All-India Muslim League war, frischten wir unsere Bekanntschaft auf. Er lud mich zu sich ein, sollte ich zufällig nach Patna kommen. Mir fiel diese Einladung wieder ein, und ich schickte ihm eine Nachricht, in der ich kurz den Grund meines Besuchs erklärte. Er kam sofort mit seinem Auto und bestürmte mich, sein Gast zu sein. Ich bedankte mich und bat ihn, mir dabei zu helfen, den nächstmöglichen Zug zu meinem Bestimmungsort herauszufinden, da ich als Fremder mit dem Fahrplan nicht zurechtkomme. Er besprach sich mit Rajkumar Shukla und schlug vor, ich solle zuerst nach Muzaffarpur. Dorthin fuhr noch am selben Abend ein Zug, zu dem er mich brachte.

In Muzaffarpur wohnte damals Rektor Kripalani, über den ich seit meinem ersten Besuch in Hyderabad viel gehört hatte. Dr. Choitram Gidwani hatte mir von seiner großen Hingabe erzählt, wie einfach er lebte und dass er selbst einen Ashram leitete, der mit Geldern von Professor Kripalani finanziert wurde. Er war Professor am Government College gewesen, eine Stellung, die er gerade aufgegeben hatte. Ich hatte ihm ein Telegramm geschickt, und er holte mich mit einer Gruppe Studenten ab, obwohl der Zug um Mitternacht ankam. Er hatte keine eigene Wohnung, sondern lebte bei Professor Malkani, wo ich auch unterkam. Damals war es außergewöhnlich, dass ein staatlicher Professor einen Mann wie mich beherbergte.

Professor Kripalani schilderte mir die schlimmen Zustände in Bihar, besonders im Bezirk Tirhut, und vermittelte mir einen Eindruck, wie schwierig meine Aufgabe sein würde. Er hatte engen Kontakt zu den Biharis und sie bereits informiert, welche Mission mich hierherführte.

Morgens suchte mich eine kleine Gruppe von Vakils auf, darunter Ramnavmi Prasad, dessen Ernsthaftigkeit mir besonders gefiel.

«Sie werden der Aufgabe, derentwegen Sie hierhergekommen sind, nicht nachgehen können, wenn Sie weiterhin bei Professor Malkani wohnen. Sie müssen bei einem von uns unterkommen. Gaya Babu, der hier ein sehr bekannter Vakil ist, lädt Sie ein, bei ihm zu wohnen. Wir haben zwar alle Angst vor der Regierung, werden Sie aber so gut wie möglich unterstützen. Was Rajkumar Shukla Ihnen erzählt hat, stimmt

Der einfache Bihari 387

größtenteils. Es ist sehr schade, dass heute unsere Führer nicht da sind, aber ich habe sowohl Bapu Brajkishore Prasad und Babu Rajendra Prasad telegrafiert, die hoffentlich demnächst eintreffen. Die beiden werden Ihnen mit Sicherheit alle gewünschten Informationen geben und Sie sehr unterstützen können. Bitte kommen Sie mit zu Gaya Babu.»

Diese Einladung konnte ich nicht ablehnen, auch wenn ich Sorge hatte, dass ich Gaya Babu zur Last fallen könnte. Doch er beruhigte mich, und so zog ich zu ihm um. Er und seine Leute überschütteten mich mit Zuneigung.

Dann trafen Brajkishorebabu aus Darbhanga und Rajendra Babu aus Puri ein. Brajkishorebabu war nicht mehr der Babu Brajkishore Prasad, den ich in Lucknow kennengelernt hatte. Seine Bescheidenheit, Einfachheit, Güte und außergewöhnliche Gläubigkeit, die so charakteristisch für die Biharis ist, freuten mich von Herzen, und ich war angenehm überrascht, dass er von den biharischen Vakils sehr respektiert wurde.

Bald entstanden mit diesem Kreis lebenslange Freundschaften. Brajkishorebabu klärte mich über die Fakten auf. Er vertrat häufig arme Pächter vor Gericht. Genau zu dieser Zeit waren zwei solcher Fälle anhängig. Indem er sie annahm, hatte er das tröstliche Gefühl, etwas für diese armen Menschen zu tun. Manchmal ließ er sie allerdings auch im Stich. Er hat bei diesen armen Bauern sehr wohl Honorar verlangt, mit der üblichen Begründung, wenn ein Anwalt keines in Rechnung stelle, würde ihm das Geld zum Leben fehlen und er könnte den Armen nicht mehr helfen. Die üblichen Barrister-Honorare in Bengalen und in Bihar waren erstaunlich hoch.

«Wir haben Soundso für sein Gutachten zehntausend Rupien gezahlt», hörte ich. Unter ein paar tausend Rupien ging nichts.

Die Freunde hörten sich meinen sanften Tadel an, ohne mich missszuverstehen.

«Nachdem ich mir diese Fälle angesehen habe, bin ich zum Schluss gekommen, wir sollten nicht vor Gericht gehen, das bringt wenig. Wenn die *ryots* so niedergedrückt und voller Angst sind, lässt sich auf diese Weise nichts erreichen. Das eigentliche Heilmittel ist, sie von ihrer Angst zu befreien. Wir dürfen nicht ruhen, bis das *tinkathia*-System in Bihar abgeschafft ist. Ich hatte gedacht, dass ich nach zwei Tagen wieder abreisen kann, sehe jetzt aber, dass es bis zu zwei Jahre dauern kann, bis das Ziel erreicht ist. Wenn es sein muss, bin ich bereit, diese Zeit zu investieren. Ich weiß ungefähr, was zu tun ist, aber ich möchte Ihre Unterstützung.»

Brajkishorebabu war ein ungewöhnlich besonnener Mann. «Wir wollen Ihnen sehr gern helfen, soweit wir können», sagte er ruhig. «Was genau haben Sie im Sinn?»

Und so berieten wir uns bis Mitternacht.

«An Ihren juristischen Fähigkeiten bin ich weniger interessiert», sagte ich, «ich brauche Unterstützung bei Büroarbeiten, außerdem Dolmetscher», erklärte ich. «Sie müssen eventuell sogar mit Inhaftierung rechnen, aber so gern ich es sähe, dass Sie dieses Risiko auf sich nähmen, Sie sollten sich nur so weit einbringen, wie Sie es vertreten können. Es ist schon kein kleines Opfer, wenn Sie Büroarbeiten übernehmen und mit Ihrem Beruf für unbestimmte Zeit pausieren. Ich verstehe den hiesigen Hindi-Dialekt nur schlecht, und Dokumente, die auf Kaithi oder Urdu sind, kann ich nicht lesen, Sie werden sie für mich übersetzen müssen. Für derartige Arbeiten können wir unmöglich Geld ausgeben. Alles sollte aus Liebe und im Geist des Dienens geschehen.»

Brajkishorebabu verstand sofort und nahm abwechselnd mich und seine Kollegen ins Kreuzverhör; er wollte sich über sämtliche Konsequenzen klar sein – wie lange sie gebraucht würden, wie viele von ihnen, ob sie sich abwechseln könnten usw. Dann fragte er die Vakils, zu welchen Opfern sie bereit seien.

Schließlich sagten sie mir Folgendes zu: «Soundsoviele von uns werden allen Ihren Anweisungen folgen. Einige von uns bleiben so lange hier, wie Sie sie brauchen. An den Gedanken einer Inhaftierung müssen wir uns erst gewöhnen und versuchen, uns darauf einzustellen.»

14. Von Angesicht zu Angesicht mit Ahimsa

Meine Aufgabe bestand darin, die Lage der Bauern in Champaran zu untersuchen und zu verstehen, was genau sie den Indigopflanzern vorwarfen. Dazu mussten Tausende *ryots* befragt werden. Aber ich fand es wichtig, vor der Untersuchung den Standpunkt der Pflanzer zu kennen und mit dem Commissioner des Bezirks zu sprechen. Ich bekam Zusagen für beide Gesprächstermine. Der Sekretär der Planter's Association sagte unumwunden, als Außenstehender habe ich nicht das Recht, mich zwischen die Plantagenbesitzer und ihre Pächter zu stellen; wenn ich etwas zu beanstanden habe, solle ich das schriftlich tun. Höflich erwiderte ich, dass ich mich nicht als Außenstehenden betrachte und es mein gutes Recht sei, die Situation der Pächter auf deren Wunsch hin zu untersuchen.

Der Commissioner versuchte, mich einzuschüchtern, und legte mir nahe, Tirhut umgehend zu verlassen.

Ich brachte meine Mitarbeiter auf den aktuellen Stand und sagte, wahrscheinlich werde mich die Regierung am Weitermachen hindern und ich vermutlich eher als erwartet ins Gefängnis müssen. In diesem Fall sei es besser, wenn die Verhaftung in Motihari oder, wenn möglich, in Bettiah erfolge. Deshalb sei es ratsam, am besten sofort dorthin zu fahren.

Champaran ist ein Distrikt im Bezirk Tirhut, Motihari sein Regierungssitz. Rajkumar Shukla wohnte in der Nähe von Bettiah; die Pächter dort waren die Ärmsten des gesamten Distrikts. Rajkumar Shukla wollte, dass ich mich mit ihnen traf, und auch mir war daran sehr gelegen.

Also brachen meine Mitarbeiter und ich am selben Tag nach Motihari auf, wo uns Babu Gorakh Prasad in seinem Haus aufnahm, das sich geradezu in eine Karawanserei verwandelte. Es platzte aus allen Nähten. Noch am selben Tag hörten wir, dass ungefähr fünf Meilen von Motihari entfernt ein Pächter misshandelt worden war. Wir beschlossen, dass ich ihn am nächsten Morgen zusammen mit Babu Dharanidhar aufsuchen sollte, und zogen auf einem Elefanten los. In Champaran ist ein Elefant so alltäglich wie in Gujarat der Ochsenkarren. Wir hatten gerade einmal die Hälfte des Weges zurückgelegt, als uns ein Bote des örtlichen Polizeichefs einholte und mir dessen Empfehlungen ausrichtete. Mir war klar, was das bedeutete. Dharanidhar Babu ritt weiter zu unserem Ziel, und ich stieg in den Mietwagen des Boten. Er händigte mir die Aufforderung aus, Champaran zu verlassen, und fuhr mich zu meiner Unterkunft. Auf seine Bitte, ich solle den Erhalt quittieren, schrieb ich stattdessen, ich dächte nicht daran, mich danach zu richten, und würde Champaran erst verlassen, wenn meine Untersuchung abgeschlossen sei. Daraufhin bekam ich eine Vorladung, mich am nächsten Tag vor Gericht einzufinden, weil ich einen Befehl des Distrikt-Richters missachtet hatte.

Ich blieb die ganze Nacht auf, schrieb Briefe und gab Babu Brajkishore Prasad entsprechende Anweisungen.

Die Nachricht von der Vorladung machte im Nu die Runde, man erzählte mir, in Motihari hätten sich bis dato unbekannte Szenen abgespielt. Gorakhbabus Haus und das Gerichtsgebäude würden von Menschenmengen umlagert. Glücklicherweise hatte ich nachts meine gesamte Arbeit erledigt und konnte mich nun der Menge widmen. Meine Gefährten waren mir dabei die allergrößte Hilfe. Sie versuchten, das Chaos einzudämmen, denn die Menschen folgten mir zum Gericht.

Zwischen dem Distriktvorsteher, dem Richter, dem örtlichen Polizeichef und mir entstand ein fast freundschaftliches Verhältnis. Ich hätte die Vorladung anfechten können, stattdessen hatte ich ihr Folge geleistet und verhielt mich den Beamten gegenüber völlig korrekt. Sie begriffen, dass ich sie nicht persönlich beleidigen, sondern zivilen Widerstand gegen ihre Anordnungen leisten wollte. Das wirkte sich beruhigend aus, und statt mich zu drangsalieren, nahmen sie gern unsere Mithilfe an, um die Massen im Zaum zu halten. Aber sie hatten auch begriffen, dass ihre Autorität wankte. Vorübergehend hatten die Menschen überhaupt keine Angst mehr vor Bestrafung und gehorchten der Macht der Liebe, die ihr neuer Freund ausübte.

Man sollte nicht vergessen, dass mich in Champaran niemand kannte. Die Bauern waren alle ungebildet. Champaran, das weit nördlich des Ganges am Fuß des Himalaya in der Nähe der nepalesischen Grenze liegt, war vom übrigen Indien abgeschnitten. In dieser Gegend war der Congress praktisch unbekannt. Sogar diejenigen, die von ihm gehört hatten, schreckten davor zurück, ihm beizutreten oder ihn auch nur zu erwähnen. Und nun waren der Congress und seine Mitglieder hierhergekommen, wenn auch nicht in seinem Namen, aber es wurde doch ersichtlich, welche Macht er hatte.

In Absprache mit meinen Mitarbeitern hatte ich beschlossen, dass nichts im Namen des Congress geschehen solle. Uns ging es um die Arbeit, nicht um den Namen, wir wollten essen und nicht dem Kochtopfgeklapper lauschen. Der Congress war für die Regierung und die Plantagenbesitzer, die die Kontrolle über sie hatten, ein Schreckgespenst. Für sie war der Name gleichbedeutend mit Anwaltsstreitigkeiten, Gesetzesumgehung unter Ausnutzung juristischer Schlupflöcher, der Inbegriff für Bomben und anarchistische Verbrechen, für Schönrednerei und Heuchelei. Wir mussten sie alle eines Besseren belehren. Daher hatten wir entschieden, die Organisation namens Congress weder zu erwähnen noch die Bauern über die Existenz dieser Organisation aufzuklären. Wir fanden, es war ausreichend, wenn sie den Geist des Congress verstanden und in seinem Sinne handelten.

Deshalb hatte der Congress auch niemanden abgesandt, weder offen noch heimlich, der den Boden für unsere Ankunft bereitete. Rajkumar Shukla war nicht fähig, die Tausenden von Bauern zu erreichen, unter denen noch keinerlei politische Aufklärung betrieben worden war. Die Welt außerhalb von Champaran war ihnen unbekannt. Und trotzdem empfingen sie mich, als wären wir schon immer Freunde gewesen. Es ist keine Übertreibung, sondern die reine Wahrheit, wenn ich sage, dass ich bei dieser Begegnung mit den Bauern Gott, Ahimsa und der Wahrheit von Angesicht zu Angesicht gegenüberstand.

Wenn ich darüber nachdenke, weshalb mir diese Erfahrung gewährt wurde, fällt mir nur meine Liebe zum Volk ein. Und die wiederum ist nichts anderes als ein Ausdruck meines unerschütterlichen Glaubens an Ahimsa.

Dieser Tag in Champaran war ein unvergessliches Ereignis in meinem Leben. Ein Tag der Freude für die Bauern und mich.

Nach dem Gesetz sollte mir der Prozess gemacht werden, aber in Wahrheit wurde der Regierung der Prozess gemacht. Dem Commissioner war lediglich gelungen, die Regierung in dem Netz zu fangen, das er für mich ausgelegt hatte.

15. Das Verfahren wird eingestellt

Der Prozess begann. Der Anwalt der Regierung, der Richter und die anderen Beamten saßen wie auf glühenden Kohlen. Sie wussten nicht, was sie tun sollten. Der Anwalt drängte den Richter, den Prozess zu vertagen. Aber ich erhob Einspruch, weil ich mich schuldig bekennen wollte, dass ich der Anordnung, Champaran zu verlassen, nicht Folge geleistet hatte:

«Mit Erlaubnis des Gerichts möchte ich eine kurze Erklärung abgeben, warum ich den sehr ernsten Schritt getan habe, der nach Paragraf 144 der Strafprozessordnung erlassenen Anordnung scheinbar nicht Folge zu leisten. Meiner bescheidenen Meinung nach vertreten die Bezirksverwaltung und ich unterschiedliche Auffassungen. Ich kam in der Absicht her, humanitäre und vaterländische Dienste zu leisten. Und zwar auf eine dringende Einladung hin, den *ryots* zu helfen, die über eine ungerechte Behandlung durch die Indigopflanzer klagen. Ohne Kenntnis der Verhältnisse konnte ich keine Hilfe leisten. Und genau um mich über die Verhältnisse zu informieren, wenn möglich mit Hilfe der Verwaltung und der Pflanzer, bin ich hergekommen. Ich habe keinen anderen Beweggrund und kann nicht glauben, dass meine Anwesenheit auf irgendeine Weise den öffentlichen Frieden stören oder Menschenleben kosten könnte. Ich behaupte, dass ich in derartigen Dingen über beträchtliche Erfahrung verfüge. Die Bezirksverwaltung hingegen ist anderer Meinung. Ich kann ihre schwierige Lage völlig nachvollziehen und verstehe auch, dass sie nur gemäß den ihnen zur Verfügung stehenden Informationen handeln kann.

Als gesetzestreuer Bürger war mein erster Impuls, der gegen mich erlassenen Anordnung Folge zu leisten, was ich auch tat. Doch damit hätte ich meine Pflicht gegenüber denjenigen, derentwegen ich gekommen bin, verraten. Ich bin der Überzeugung, dass ich diesen Menschen nur dienen kann, wenn ich unter ihnen bin. Aus diesem Grund konnte ich mich nicht freiwillig zurückziehen. Angesichts dieses Pflichtkonflikts hatte ich keine andere Möglichkeit, als die Verantwortung, mich von diesen Menschen zu trennen, auf die Verwaltung zu übertragen. Ich bin mir vollends darüber im Klaren, dass ein Mann, der wie ich eine Rolle im öffentlichen Leben Indiens innehat, äußerst vorsichtig sein muss, wenn er ein Exempel statuieren will. Ich bin der festen Überzeugung, dass angesichts unserer derzeitigen problematischen Verfassung für einen Mann mit Selbstachtung der einzig sichere und ehrenhafte Weg darin besteht, unter den gegebenen Umständen das zu tun, wozu ich mich entschlossen habe, nämlich mich klaglos dem Urteil wegen Zuwiderhandlung zu fügen. Diese Erklärung soll in keiner Weise Strafmilderung erwirken, sondern vielmehr deutlich machen, dass ich die gegen mich erlassene Anweisung nicht aus mangelndem Respekt vor der Obrigkeit missachtet habe, sondern aus Gehorsam gegenüber dem höheren Gesetz unseres Seins – der Stimme des Gewissens.»

Jetzt gab es keinen Grund mehr, die Verhandlung zu vertagen, doch da sowohl der Richter als auch der Anwalt nicht mit dieser Aussage gerechnet hatten, vertagte der Richter die Urteilsverkündung. In der Zwischenzeit telegrafierte ich die Einzelheiten des Vorfalls an den Vizekönig, an Freunde in Patna, an Bharat Bhushan, Pandit Madan Mohan Malaviya und andere.

Noch bevor ich zum zweiten Mal vor Gericht erscheinen konnte, um das Urteil entgegenzunehmen, teilte mir der Richter schriftlich mit, der Vizegouverneur habe die Anweisung gegeben, das Verfahren gegen mich einzustellen. Der Distriktvorsteher schrieb, es stehe mir frei, die geplante Untersuchung durchzuführen, bei der ich auf jegliche Unterstützung durch die Behörden zählen könne. Mit diesem schnellen, glücklichen Ausgang hatte niemand von uns gerechnet.

Ich besuchte den Distriktvorsteher, Mr. Heycock. Er schien ein guter, um Gerechtigkeit bemühter Mann. Ich könne alle Akten anfordern, die ich einsehen wolle, und ihn jederzeit aufsuchen.

Damit hatte das Land zum ersten Mal unmittelbaren Anschauungsunterricht in zivilem Ungehorsam oder Satyagraha bekommen. Der Fall wurde ausgiebig sowohl von der hiesigen Bevölkerung als auch in der Presse erörtert, wodurch Champaran und meine Untersuchung unerwartete öffentliche Aufmerksamkeit bekamen.

Für meine Untersuchung war es nötig, dass die Regierung neutral blieb, sie brauchte keine Unterstützung durch Leitartikel oder Journalisten. Nicht nur das, sondern übereifrige Kritik oder einseitige Reportagen konnten im Gegenteil der Sache leicht schaden. Deshalb bat ich die Herausgeber der wichtigsten Zeitungen brieflich, keine Berichterstatter zu schicken, denn ich würde sie auf dem Laufenden halten und ihnen alles schicken, was der Veröffentlichung wert sei.

Ich wusste, dass die Plantagenbesitzer mehr als wütend waren, und ich wusste auch, dass den Beamten das keinesfalls gefiel. Ungenaue oder irreführende Artikel brächten sie daher noch mehr auf, und ihr Zorn würde sich sicherlich nicht auf mich entladen, sondern auf die armen, verängstigten *ryots*, was wiederum meine Suche nach der Wahrheit in dieser Sache ernstlich behindern würde.

Trotz dieser Vorsichtsmaßnahmen entfesselten die Plantagenbesitzer eine Hasskampagne gegen mich. In der Presse erschienen alle möglichen Lügengeschichten über meine Mitarbeiter und mich. Doch ich war extrem vorsichtig und hielt mich auch im kleinsten Detail an die Wahrheit, so dass ihre Pfeile ins Nichts gingen.

Die Pflanzer ließen nichts unversucht, Brajkishorebabu zu verleumden, aber je mehr sie das taten, desto höher stieg er in der Achtung der Menschen.

In dieser heiklen Situation ermutigte ich weder Reporter herzukommen noch lud ich Führer aus anderen Provinzen ein. Pandit Malaviyaji hatte mir schriftlich zugesichert, wann immer ich ihn brauche, werde er kommen, aber ich behelligte ihn nicht. So verhinderte ich, dass der Kampf einen politischen Charakter bekam. Allerdings schickte ich den Führern und den wichtigsten Zeitungen gelegentlich Berichte. Ich hatte festgestellt, dass man einer unpolitischen Sache schadet, wenn man sie politisiert, und ihr nützt, wenn man sie unpolitisch behandelt, selbst wenn das Ziel letztlich ein politisches sein sollte. Der Kampf in Champaran war der Beweis, dass selbstloser Dienst am Volk, egal in welchem Bereich, letztendlich dem Land politisch nützt.

16. Arbeitsmethoden

Ein Bericht über die Untersuchung in Champaran wäre nur vollständig, wenn ich jetzt die gesamte Historie der dortigen *ryots* schilderte, ein Ding der Unmöglichkeit. Die Untersuchung in Champaran war ein kühnes Experiment mit Wahrheit und Ahimsa, über das ich wöchentlich nur schreibe, was mir unter diesem Aspekt mitteilenswert erscheint.

Die Untersuchung hätte nur dann in Gorakhbabus Haus durchgeführt werden können, wenn er es geräumt hätte, und die Bevölkerung von Motihari hatte immer noch so viel Angst, dass sie uns kein Gebäude vermietet hätte. Trotzdem gelang es Brajkishorebabu mit großem Taktgefühl, ein Haus mit viel Platz darum herum für uns zu organisieren, in das wir nun einzogen.

Unsere Arbeit ließ sich ohne Geld schlecht durchführen. Bisher war es nicht üblich gewesen, die Öffentlichkeit für solche Aktionen um Geld zu bitten. Brajkishorebabu und seine Freunde waren größtenteils Vakils, die entweder selbst Geld beisteuerten oder, wenn es nicht reichte, Freunde aktivierten. Wie hätten sie, so lautete ein Einwand, die Menschen um Geld bitten können, wenn sie und ihresgleichen doch eigentlich genug aufbringen konnten? Ich hatte mich entschlossen, von den *ryots* in Champaran nichts anzunehmen, das würde unwillkürlich missverstanden werden. Ich wollte mich auch unter keinen Umständen an ganz Indien wenden und um Geldmittel für die Untersuchung bitten, das hätte ihr vermutlich einen politischen Anstrich verliehen. Bombayer Freunde boten telegrafisch fünfzehntausend Rupien an, die ich dankend ablehnte. Mit Brajkishorebabus Hilfe würde ich möglichst viel Geld bei den wohlhabenden Biharis sammeln, die außerhalb Champarans lebten, und mich, wenn wir mehr brauchten, an meinen Freund Dr. P. J. Mehta in Rangun wenden. Er war sofort bereit, so viel Geld zu schicken wie nötig. Damit waren wir diese Sorge los. Es war unwahrscheinlich, dass wir sehr viel benötigen würden, da wir so sparsam wie möglich arbeiten wollten. Tatsächlich stellte sich am Schluss heraus, dass wir keinen großen Betrag brauchten; insgesamt gaben wir alles in allem nicht mehr als dreitausend Rupien aus und hatten von den eingesammelten Mitteln letztlich noch fünfhundert bis tausend übrig.

Die merkwürdige Lebensweise meiner Freunde zu jener Zeit trug ihnen viel Spott von meiner Seite ein. Jeder der Vakils hatte einen Diener und einen Koch, somit auch eine separate Küche, und oft aßen sie erst gegen Mitternacht zu Abend. Obwohl sie alles selbst bezahlten, störte mich ihr Lebensstil; da wir aber gute Freunde geworden waren, gab es deshalb keine Missstimmung, und sie nahmen meine Spötteleien gutmütig hin. Schließlich wurde vereinbart, dass die Diener entlassen, sämtliche Küchen zusammengelegt und regelmäßige Essenszeiten eingehalten werden sollten. Da wir nicht alle Vegetarier waren, zwei Küchen jedoch zu teuer gekommen wären, einigten wir uns auf einen gemeinsamen vegetarischen Speiseplan mit einfachen Mahlzeiten.

Damit sparten wir viel Geld, eine Menge Zeit und Kraft, die wir anderswo sehr nötig hatten. Bauern schwärmten nur so herbei, um ihre Aussagen zu machen, immer gefolgt von ganzen Heerscharen an Begleitern, die sich in Hof und Garten ausbreiteten. Meine Gefährten bemühten sich oft erfolglos, mich vor *darshan*-Suchenden zu bewahren, deshalb musste ich zu bestimmten Zeiten *darshan* gewähren. Mindestens fünf bis sieben Freiwillige waren nötig, um die Aussagen zu protokollieren, und selbst dann mussten manche abends wieder gehen, ohne dass sie ausgesagt hatten. Viele dieser Aussagen waren unnötig, weil es sich um Wiederholungen handelte, aber den Leuten war es ein mehr als dringendes Bedürfnis, und mir half es, sie besser zu verstehen.

Die Protokollanten mussten bestimmte Regeln beachten. Jeder Bauer musste sich gewissermaßen einem Kreuzverhör unterziehen, wer nicht bestand, wurde abgewiesen. Das kostete viel zusätzliche Zeit, aber die Aussagen wurden damit unanfechtbar.

Bei der Aussagenaufnahme war immer ein Beamter des Criminal Investigation Department dabei. Wir hätten dagegen vorgehen können, hatten aber gleich zu Beginn beschlossen, die Anwesenheit der Kriminalbeamten nicht nur hinzunehmen, sondern die Männer auch höflich zu behandeln und ihnen möglichst umfassend Auskunft zu geben – was uns durchaus zugutekam. Gerade die Tatsache, dass die Aussagen in Gegenwart von CID-Beamten protokolliert wurden, nahm den Bauern einerseits ihre übertriebene Angst vor der Kriminalpolizei, machte sie andererseits natürlich auch vorsichtiger, so dass sie Übertreibungen vermieden. Es gehörte zum Beruf der CID-Beamten, Menschen Fallen zu stellen, daher hüteten sich die Bauern automatisch vor Lügen.

Da ich die Plantagenbesitzer nicht aufstacheln, sondern durch Sanftmut gewinnen wollte, machte ich es mir zum Grundsatz, jene anzuschreiben oder aufzusuchen, gegen die besonders schwerwiegende Klagen erhoben wurden. Ich traf mich auch mit Leuten der Planters' Association, legte ihnen die Beschwerden der *ryots* vor und informierte mich über ihren Standpunkt. Etliche Pflanzer hassten mich, manche verhielten sich neutral, und einige behandelten mich höflich.

17. Gefährten

Zwei Männer wie Brajkishorebabu und Rajendrababu findet man nicht so leicht noch einmal. Ihre Hingabe war dermaßen groß, dass ich keinen Schritt mehr ohne ihre Hilfe tun konnte. Ihre Anhänger oder Gefährten – Shambhaubabu, Anugrahababu, Dharanibabu, Ramnavmibabu und andere Vakils – waren die ganze Zeit über bei uns. Gelegentlich halfen uns auch Vindhyababu und Janakdharibabu; all diese Männer waren Biharis, und ihre Hauptaufgabe bestand darin, die Aussagen der *ryots* zu protokollieren.

Professor Kripalani konnte nicht anders, als sich uns anzuschließen. Obwohl er aus dem Sindh stammte, war er biharischer als manch gebürtiger Bihari. Ich kenne nur wenige Menschen, die sich so mit ihrer Wahlheimat identifizieren wie er, man konnte kaum glauben, dass er aus einer anderen Provinz stammte. Er war mein Obertürhüter, dessen vorübergehendes Lebensziel darin bestand, mich vor den *darshan*-Suchenden zu beschützen, wobei er seinen unverwüstlichen Humor, aber auch harmlose, verbale Drohungen einsetzte. Sobald es dunkelte, wurde er wieder zum Lehrer, erfreute uns mit seinen historischen Kenntnissen und Beobachtungen und nahm jedem zurückhaltenden Besucher die Scheu.

Maulana Mazharul Haq stand auf der Liste der Helfer, auf die ich jederzeit zurückgreifen konnte, er ließ es sich nicht nehmen, ein-, zweimal im Monat vorbeizukommen. Der Unterschied zwischen seinem damaligen Leben voller Prunk und dem heutigen, sehr einfachen, ist wie Himmel und Erde. Er benahm sich uns gegenüber so, dass wir das Gefühl hatten, er sei einer von uns, auch wenn seine modische Kleidung einem Außenstehenden wahrscheinlich einen anderen Eindruck vermittelte.

Je mehr ich mich über die Verhältnisse in Bihar informierte, desto überzeugter war ich, dass sich hier auf Dauer nur etwas verändern ließ, wenn in den Dörfern für Schulbildung gesorgt wurde. Die Unwissenheit der *ryots* war erschütternd. Sie ließen ihre Kinder entweder herumstromern oder auf den Indigoplantagen von früh bis spät für ein paar Kupfermünzen schuften. Damals verdiente ein Arbeiter höchstens zehn Pice, eine Arbeiterin sechs und ein Kind drei. Wer es schaffte, vier Anna am Tag zu verdienen, galt als Glückspilz.

In Absprache mit meinen Gefährten beschloss ich, in sechs Dörfern Grundschulen zu eröffnen. Eine unserer Bedingungen lautete, dass die Dorfbewohner für Kost und Logis der Lehrer sorgen mussten, während wir die anderen Ausgaben übernahmen. Die Dörfler hatten so gut wie kein Bargeld, aber Lebensmittel konnten sie sehr wohl zur Verfügung stellen. Sie hatten bereits von sich aus angeboten, Getreide und andere Grundnahrungsmittel beizusteuern.

Das große Problem jedoch lautete: woher die Lehrer nehmen? In der Gegend würden sich wohl kaum welche finden, die lediglich für ein Taschengeld oder ganz ohne Bezahlung arbeiteten. Zudem wollte ich die Kinder auch nicht den üblichen Feld-Wald-und-Wiesen-Lehrern anvertrauen. Ein Lehrer braucht beim Unterrichtsstoff nicht ganz sattelfest zu sein, muss aber über Charakterstärke verfügen.

Deshalb warb ich mit einem öffentlichen Aufruf um freiwillige Lehrkräfte, der prompt Resonanz fand. Gangadharrao Deshpande schickte

Babasaheb Soman, Pundalik Shrimati Avantikabai Gokhale kam aus Bombay und Mrs. Anandibai Vaishampayan aus Poona. Aus dem Ashram ließ ich Chhotalal, Surendranath und meinen Sohn Devdas holen. Um diese Zeit schlossen sich mir auch Mahadev Desai und Narahari Parikh mit ihren Frauen an. Kasturba wurde ebenfalls zur Arbeit herangezogen. Alles in allem ein ansehnliches Lehreraufgebot. Shrimati Avantikabai und Shrimati Anandibai waren ausreichend gebildet, aber Shrimati Durga Desai und Shrimati Manibehn Parikh hatten lediglich Gujarati-Grundkenntnisse, Kasturba nicht einmal das. Wie sollten diese Damen die Kinder auf Hindi unterrichten?

Ich erklärte ihnen, dass sie den Kindern nicht so sehr Grammatik, Lesen, Schreiben und Rechnen beibringen sollten, sondern vielmehr Sauberkeit, Hygiene und gute Manieren. Außerdem seien die Unterschiede zwischen Gujarati, Hindi und Marathi kleiner als gedacht, es dürfte also kein Problem sein, den unteren Klassen Grundkenntnisse im Lesen und Rechnen beizubringen. Es stellte sich heraus, dass gerade die Klassen, die von diesen Frauen unterrichtet wurden, besonders erfolgreich waren. Deren Selbstvertrauen wuchs, und sie begeisterten sich immer mehr für ihre Arbeit. Avantikabais Schule wurde zur Musterschule. Mit Leib und Seele stürzte sich diese Gefährtin in ihre Arbeit und brachte ihre außergewöhnlichen Fähigkeiten ein. Über diese Frauen erreichten wir auch die weibliche Dorfbevölkerung.

Aber ich wollte mich nicht auf die Vermittlung von Grundschulwissen beschränken. Die Verhältnisse in den Dörfern waren absolut unhygienisch, die Wege verdreckt, die Innenhöfe unerträglich heruntergekommen, die Brunnen standen inmitten von stinkendem Schlamm. Den älteren Bewohnern musste dringend Sauberkeit beigebracht werden. Alle litten an irgendwelchen Hautkrankheiten. Wir beschlossen, möglichst viele Hygienemaßnahmen einzuführen, die alle Lebensbereiche einschließen sollten.

Dazu waren Ärzte nötig. Ich bat Gokhales Society, mir Dr. Dev auszuleihen. Wir waren enge Freunde. und er stellte bereitwillig seine Hilfe für sechs Monate zur Verfügung. Alle Lehrer und Lehrerinnen wurden ihm zugeteilt. Sie hatten die ausdrückliche Anweisung, sich nicht mit Klagen gegen die Pflanzer oder mit Politik zu befassen. Wer Klagen vorbringen wollte, wurde an mich weiterverwiesen. Jeder sollte bei seinem Leisten bleiben. Die Gefährten aus Champaran hielten sich buchstabengetreu an diese Anweisungen, ich kann mich nicht erinnern, dass sie je übertreten worden wären.

18. Auswirkung auf die Dörfer

Wenn möglich, wurde die Leitung der einzelnen Schulen je einem Mann und einer Frau übertragen; die weibliche Bevölkerung konnte nur durch eine Frau ins Boot geholt werden. Diese Freiwilligen kümmerten sich um medizinische Versorgung und Hygiene.

Die medizinische Versorgung war höchst rudimentär, den Freiwilligen standen in jeder Schule lediglich Rizinusöl, Chinin und Schwefelsalbe zur Verfügung. Wenn der Patient eine belegte Zunge oder Verstopfung hatte, wurde Rizinusöl verabreicht, bei Fieber wurde zuerst eine Abführdosis Rizinusöl, dann Chinin gegeben, und die Schwefelsalbe kam bei Furunkeln oder Krätze zum Einsatz. Kein Patient durfte Arzneimittel mit nach Hause nehmen. Sobald es Komplikationen gab, wurde der Fall Dr. Dev übertragen, der jede Krankenstation an einem festgelegten Wochentag besuchte.

Ziemlich viele Dorfbewohner machten von unseren einfachen Heilmethoden Gebrauch. Darüber muss man sich nicht lustig machen, wenn man bedenkt, dass die wenigen Krankheiten hier mit einfachsten Mitteln kuriert werden konnten, dazu waren keine medizinischen Fachkräfte erforderlich. Bei den Leuten kam diese Methode jedenfalls glänzend an.

Die unhygienischen Verhältnisse zu ändern, war schwieriger. Die Menschen zeigten sich unfähig zur Eigeninitiative. Nicht einmal die Feldarbeiter waren bereit, ihren Unrat selbst zu entsorgen. Aber Dr. Dev war jemand, der nicht so schnell aufgab. Er und die Freiwilligen fegten die Straßen und Innenhöfe, räumten die Brunnen aus, schütteten die Lachen drumherum zu und überredeten die Dorfbewohner sehr lieb, aus ihren Reihen Freiwillige zu stellen. In einigen Dörfern arbeiteten die Leute schließlich mit, weil sie sich schämten, in anderen legten sie sogar Straßen an, damit mein Wagen von Ort zu Ort fahren konnte. Neben solch schönen Erfahrungen gab es aber auch bittere, z. B. die Gleichgültigkeit mancher Menschen. Einige Dorfbewohner äußerten auch ganz offen ihre Abneigung gegen diese Maßnahmen.

Das hier ist wohl die passende Gelegenheit, ein Erlebnis zu schildern, das ich schon auf vielen Frauenversammlungen erzählt habe. Bhitiharva gehörte zu den Dörfchen, in denen sich eine unserer Schulen befand. Ich besuchte gerade zufällig einen kleinen Ort in der Nähe und stellte fest, dass einige Frauen sehr schmutzige Kleidung trugen. Ob sie diese nicht überreden könne, ihre Kleider zu waschen und etwas anderes anzuziehen, meinte ich zu Kasturba. Als sie mit ihnen sprach, nahm eine der Frauen sie mit in ihre Hütte. «Schauen Sie her, ich habe keine Truhe, keinen Schrank mit Kleidung. Der Sari, den ich trage, ist der einzige, den ich habe. Wie soll ich ihn waschen? Sagen Sie Mahatmaji, wenn er mir einen anderen besorgt, verspreche ich, täglich zu baden und saubere Kleidung anzuziehen.»

Diese Hütte war keine Ausnahme, ähnliche Behausungen finden sich in vielen indischen Dörfern. In zahllosen Hütten in Indien leben die Menschen ohne Möbel und ohne Wechselkleidung, nur mit einem Lumpen, der ihre Blöße bedeckt.

Ich möchte noch ein Erlebnis erzählen. In Champaran gibt es Bambus und Gras zuhauf. Die Schulhütte in Bhitiharva war aus diesem Material gebaut. Jemand, vermutlich einer der Männer, die für die Pflanzer der Gegend arbeiteten, zündete sie eines Nachts an. Es schien nicht ratsam, noch einmal eine Hütte aus Bambus und Gras zu errichten. Die Schule wurde von Sjt. Soman und Kasturba geleitet. Soman beschloss, diesmal ein richtiges, echtes Haus zu bauen, und dank seines ansteckenden Arbeitseifers halfen viele mit, so dass kurz darauf das Backsteingebäude fertig dastand. Jetzt musste man nicht mehr befürchten, dass die Schule abgefackelt würde.

So gewannen die Freiwilligen durch ihre Schulen, ihre Hygienemaßnahmen und ärztlichen Hilfeleistungen das Vertrauen und die Achtung der Dorfbewohner, übten einen positiven Einfluss auf sie aus.

Bedauerlicherweise erfüllte sich meine Hoffnung nicht, diese Aufbauarbeit auf eine dauerhafte Grundlage zu stellen. Die Freiwilligen waren nur für eine befristete Zeit hier, von außerhalb konnte ich niemanden bekommen, und in Bihar gab es keine geeigneten, langfristigen Helfer. Sobald meine Tätigkeit in Champaran beendet war, wurde ich weggerufen, es gab anderweitig viel zu tun. Trotzdem schlug das, was wir in sechs Monaten ausgerichtet hatten, so tiefe Wurzeln, dass die Wirkung zumindest teilweise bis heute anhält.

19. Ein guter Gouverneur

Während wir einerseits soziale Hilfestellung leisteten, ging andererseits das Protokollieren der Beschwerden der *ryots* zügig vonstatten. Tausende Aussagen wurden aufgenommen, das musste Auswirkungen haben. Je mehr *ryots* kamen – der Strom schien gar nicht abzureißen –, die ihre Aussage machten, desto wütender wurden die Plantagenbesitzer und verstärkten ihre Anstrengungen, meine Untersuchung zu behindern.

Eines Tages erhielt ich ein Schreiben von der Regierung von Bihar. «Ihre Untersuchung dauert nun schon lange genug an. Sollten Sie diese nicht zu einem Abschluss bringen und Bihar verlassen?» Der Brief war höflich, aber eindeutig.

Die Untersuchung müsse noch fortgeführt werden, schrieb ich zurück, und ehe diese nicht die Lebensqualität der Menschen hier verbessert habe, hätte ich nicht die Absicht, Bihar zu verlassen. Ich wies darauf hin, dass die Regierung meine Untersuchung beenden könne, indem sie die Beschwerden der *ryots* als gerechtfertigt akzeptiere und für Abhilfe sorge oder indem sie anerkenne, dass die Beschwerden genügend Grund für eine offizielle amtliche Untersuchung darstellten.

Sir Edward Gait, der Vizegouverneur, bat mich zu sich, erklärte sich bereit, eine Untersuchung anzuordnen, und forderte mich auf, Mitglied des Ausschusses zu werden. Ich erfragte die Namen der anderen Ausschussmitglieder, dann sagte ich nach Absprache mit meinen Mitarbeitern die Teilnahme zu, und zwar zu folgenden Bedingungen: dass ich mich während der laufenden Untersuchung mit meinen Mitarbeitern beraten konnte, dass die Regierung mich trotzdem nach wie vor als Anwalt der *ryots* anerkannte und dass es mir freistand, falls ich mit dem Untersuchungsergebnis nicht einverstanden wäre, die Pächter hinsichtlich weiterer Schritte zu beraten.

Sir Edward Gait ging auf meine Bedingungen ein, die er gerecht und angemessen fand, und ordnete die Untersuchung an; Ausschussvorsitzender wurde Sir Frank Sly. Der Ausschuss entschied zugunsten der *ryots* und empfahl, dass die Pflanzer den Teil der bereits erhobenen Abgaben, die der Ausschuss für ungesetzlich befunden hatte, zurückerstatten sollten, das *Tinkathia*-System müsse gesetzlich abgeschafft werden.

Es war größtenteils das Verdienst Sir Edward Gaits, dass der Ausschuss einen einstimmig gebilligten Bericht vorlegte und das Agrargesetz gemäß den Ausschussvorschlägen verabschiedet wurde. Wäre er nicht so unbeugsam gewesen, hätte er nicht sein ganzes Verhandlungsgeschick eingebracht, so wäre der Bericht nicht einvernehmlich entstanden und das Agrargesetz nicht durchgegangen. Die Pflanzer verfügten über enorme Macht; einige kämpften trotz des Berichts vehement gegen eine Gesetzesverabschiedung, doch Sir Edward Gait blieb standhaft bis zuletzt und setzte alle Empfehlungen des Ausschusses um.

So wurde das *Tinkathia*-System, das fast ein Jahrhundert lang Bestand gehabt hatte, abgeschafft, und mit ihm fand die Pflanzer-Herrschaft ein Ende. Die *ryots*, die die ganze Zeit über unterdrückt worden waren, erkannten, welche Macht sie hatten, und der Aberglaube, der Indigo-Schandfleck könne nicht abgewaschen werden, wurde ausgerottet.

Ich hatte den Wunsch gehabt, die Aufbauarbeit in Champaran noch einige Jahre fortzuführen, mehr Schulen zu gründen und in den Dörfern noch mehr zu bewirken. Der Boden war bereitet, aber wie schon so oft gefiel es Gott nicht, meine Pläne Wirklichkeit werden zu lassen. Das Schicksal entschied dagegen und setzte mich woanders ein.

20. Unter Arbeitern

Noch während ich meine Arbeit im Ausschuss abwickelte, kam ein Brief von Mohanlal Pandya und Shankarlal Parikh, in dem sie mich über die Missernten im Distrikt Kheda informierten und baten, ich solle die Führung der Bauern übernehmen, die außerstande seien, ihre Steuern zu zahlen. Ich war nicht so dreist, Ratschläge zu geben, ohne mich vor Ort über die Situation zu informieren.

Gleichzeitig erreichte mich ein Brief von Shrimati Anasuyabai über die Arbeitsbedingungen in Ahmedabad, wo die Löhne niedrig waren und die Arbeiter schon lange um Lohnerhöhung gekämpft hatten. Ich hätte gern die Führung übernommen, doch selbst bei dieser vergleichsweise einfachen Aufgabe traute ich es mir aus dieser Entfernung nicht zu. Deshalb fuhr ich bei der nächsten sich bietenden Gelegenheit nach Ahmedabad. Ich hoffte, ich könnte beide Aufgaben zügig erledigen und dann nach Champaran zurückkehren.

Aber die Dinge entwickelten sich nicht so rasch wie gewünscht, so konnte ich eine Zeitlang nicht nach Champaran zurück, mit dem Ergebnis, dass die Schulen eine nach der anderen schlossen. Meine Mitarbeiter und ich hatten viele Luftschlösser gebaut, die sich vorerst alle auflösten.

Eines dieser Luftschlösser in Champaran war – neben hygienischen Lebensbedingungen und Bildung – eine Kampagne zum Schutz der Kuh. Auf meinen Reisen hatte ich bemerkt, dass sich ausschließlich die Marwadis für die Hindi-Sprache und den Schutz der Kuh einsetzten. Während ich mich in Bettiah aufgehalten hatte, war ich in der *dharmsala* eines Marwadi-Freunds untergekommen. Andere Marwadis hatten mir ihre *goshala,* die Molkerei, gezeigt. Meine Ideen zum Schutz der Kuh nahmen dort ihre endgültige Form an und haben bis heute Bestand. Zum Schutz der Kuh gehörten in meinen Augen Zuchtprogramme, Verbesserung des Bestands, wenig Schläge für die Ochsen, Entwicklung von Mustermolkereien usw. Die Marwadi-Freunde hatten ihre volle Unterstützung zugesichert, aber weil ich mich nicht in Champaran niederlassen konnte, wurde nichts aus dem Projekt.

Die *goshala* in Bettiah gibt es immer noch, aber eine Mustermolkerei ist daraus nicht geworden. Der Ochse in Champaran muss immer noch bis zur völligen Erschöpfung arbeiten, und der sogenannte Hindu prügelt das arme Tier immer noch grausam und bringt Schande über seine Religion.

Ich bedauere noch heute, dass dieses Vorhaben nicht in die Tat umgesetzt werden konnte. Wenn ich bei meinen Besuchen in Champaran die leisen Vorwürfe der befreundeten Marwadis und Biharis höre, erinnere ich mich seufzend an die vielen Pläne, die ich so unvermittelt fallen lassen musste. Die Bildungsarbeit geht in vielen Orten in der einen oder anderen Form weiter. Aber die Maßnahmen zum Schutz der Kuh haben sich nie richtig etabliert und entwickeln sich deshalb auch nicht in die gewünschte Richtung.

Während noch über die Frage der Kheda-Bauern diskutiert wurde, befasste ich mich bereits mit dem Problem der Textilarbeiter in Ahmedabad.

Ich befand mich in einer äußerst heiklen Position. Mir erschienen die Beschwerden der Textilarbeiter sehr berechtigt. Shrimati Anasuyabai musste gegen ihren eigenen Bruder, Ambalal Sarabhai, kämpfen, der die Seite der Fabrikbesitzer vertrat. Meine Beziehung zu beiden war freundschaftlich, was die Auseinandersetzung mit ihnen umso schwieriger machte. Es gab Beratungsgespräche, in denen ich sie bat, den Konflikt durch ein Schlichtungsverfahren beizulegen, aber die Fabrikbesitzer lehnten die Vermittlung durch ein Schiedsgericht ab.

Deshalb riet ich den Arbeitern zum Streik, aber erst nachdem ich einen guten Kontakt zu ihnen und ihren Anführern hergestellt und die Bedingungen eines erfolgreichen Streiks erklärt hatte:

1. Nie zu Gewalt greifen,

2. nie Streikbrecher behelligen,

3. sich nie von Almosen abhängig machen und

4. hart bleiben, egal wie lange der Streik dauert, und sein Brot während des Streiks durch andere ehrliche Arbeit verdienen.

Die Streikführer verstanden und akzeptierten die Bedingungen, und die Arbeiter gelobten auf einer Generalversammlung, sie wollten die Arbeit erst wieder aufnehmen, wenn entweder ihre Forderungen erfüllt oder die Fabrikbesitzer in ein Schiedsverfahren einwilligen würden.

Täglich versammelten sich die Streikenden im Schatten eines Baumes am Ufer des Sabarmati. Es waren Hunderte, und ich erinnerte sie in meinen Ansprachen an ihr Versprechen und an die Verpflichtung, Frieden und Selbstachtung zu wahren. Tag für Tag zogen sie mit ihrem Spruchband, auf dem «*Ek Tek*» (Haltet das Gelöbnis) stand, durch die Straßen der Stadt.

Der Streik dauerte einundzwanzig Tage. Während dieser Zeit redete ich immer wieder auf die Fabrikbesitzer ein, beschwor sie, den Arbeitern Gerechtigkeit widerfahren zu lassen. «Wir haben auch unser Gelöbnis», lautete ihre Entgegnung stets. «Wir haben zu den Arbeitern eine Beziehung wie Eltern zu ihren Kindern ... Wie können wir da die Einmischung Dritter dulden? Wo soll da Platz für ein Schiedsverfahren sein?»

21. Einblick in den Ashram

Bevor ich beschreibe, wie sich der Arbeitskampf weiterentwickelte, muss unbedingt ein Blick in den Ashram geworfen werden. Während der Zeit, die ich in Champaran verbrachte, war ich in Gedanken stets beim Ashram und schaute auch gelegentlich dort vorbei.

Damals war der Ashram in Kochrab, einem kleinen Dorf bei Ahmedabad. Dort brach die Pest aus, und ich fürchtete um die Kinder im

Ashram. Wir konnten uns nicht vor den unhygienischen Zuständen außerhalb schützen, egal wie peinlich genau wir die Sauberkeitsregeln innerhalb des Ashrams befolgten. Leider konnten wir weder die Bewohner Kochrabs zur Befolgung dieser Regeln überreden noch dem Dorf anderweitig dienen.

Idealerweise sollte unser Ashram in gewisser Entfernung von Stadt und Dorf und doch in erreichbarer Nähe von beiden liegen. Und es war unabdingbar, dass der Ashram irgendwann auf eigenem Grund und Boden stand, sonst wäre die Bezeichnung Ashram nicht gerechtfertigt.

Die Pest war ein hinreichender Grund, aus Kochrab wegzuziehen. Punjabhai Hirachand, ein Kaufmann aus Ahmedabad, stand in engem Kontakt mit dem Ashram und hatte uns oftmals völlig selbstlos geholfen. Er kannte sich in Ahmedabad bestens aus und bot an, uns so schnell wie möglich ein geeignetes Stück Land zu organisieren. Ich sah mich mit ihm im Norden und Süden Kochrabs um und bat ihn, nach einem Grundstück zu suchen, das drei, vier Meilen Richtung Norden lag. Er fand das Gelände, auf dem wir heute wohnen. Die Nähe zum Sabarmati Central Jail fand ich besonders passend, denn für einen Satyagrahi ist es sein Schicksal, ins Gefängnis zu gehen. Und meistens werden Gefängnisse an Orten errichtet, die in sauberer Umgebung liegen.

Nach ungefähr acht Tagen war der Kauf abgeschlossen. Auf dem Grundstück gab es weder Gebäude noch Bäume, aber die Lage am Flussufer und die Abgeschiedenheit waren große Pluspunkte. Bis feste Häuser gebaut waren, würden wir in Zelten wohnen und einen Blechschuppen errichten, der als Küche diente.

Der Ashram war allmählich gewachsen. Wir zählten mittlerweile vierzig Personen, Männer, Frauen und Kinder, die aßen, was in der gemeinsamen Küche gekocht wurde. Das Umsiedlungskonzept stammte von mir – es umzusetzen blieb wie üblich Maganlal überlassen.

Bis unsere richtigen Unterkünfte standen, hatten wir mit großen Schwierigkeiten zu kämpfen. Die Regenzeit stand bevor, die Lebensmittel mussten in der Stadt besorgt werden, die vier Meilen entfernt lag. Auf dem Gelände, einer ehemaligen Brache, wimmelte es von Schlangen; für kleine Kinder war es dort sehr gefährlich. Keine Schlangen töten, lautete die Grundregel, obwohl wir uns alle vor diesen Reptilien fürchteten – bis heute.

In Phoenix, auf der Tolstoi-Farm und am Sabarmati – Ödland alle drei, mit Schlangen zuhauf – wurde die Regel, giftige Reptilien nicht zu töten, fast nie gebrochen. Trotzdem hat es bisher keinen einzigen Todesfall durch Schlangenbiss gegeben. Mit den Augen eines Gläubigen sehe ich darin die Hand des Gottes der Barmherzigkeit am Werk.

Während des Textilarbeiterstreiks in Ahmedabad wurde der Grundstein der Ashram-Weberei gelegt. Weben war damals nämlich die Haupttätigkeit des Ashrams. Das Spinnen hatten wir bis zu diesem Zeitpunkt noch nicht für uns entdeckt. Niemand soll mir jetzt damit kommen, Gott sei stets unparteiisch und habe keine Zeit, sich um den Alltagskram der Menschen zu kümmern. Auch wenn ich diese profanen Worte wähle, um Gottes Taten zu beschreiben, weiß ich sehr wohl, dass sich Sein Werk nicht beschreiben lässt. Aber wenn der sterbliche Mensch es zu beschreiben wagt, steht ihm nur kindisches Gestammel zur Verfügung. Selbst wenn es Aberglaube wäre, dass wir diese fünfundzwanzig Jahre lang nicht durch Zufall, sondern durch Gottes Gnade völlig unbeschadet überstanden haben, obwohl wir fast nie eine Schlange töten – ich würde daran festhalten.

22. Das Fasten

In den ersten vierzehn Tagen zeigten die Textilarbeiter großen Mut und Selbstdisziplin. Viele von ihnen nahmen an den täglichen Versammlungen teil, bei denen ich sie an ihr Gelöbnis erinnerte, worauf sie mir zuriefen, sie würden eher sterben, als ihr Wort brechen.

Schließlich zeigten sich aber doch Ermüdungserscheinungen. So wie sich körperliche Schwäche in Gereiztheit äußert, verhielten sie sich gegenüber den Streikbrechern immer aggressiver, je mehr der Streik zu erlahmen drohte, und ich befürchtete, es könnte zu Gewalttätigkeiten kommen. Es kamen auch immer weniger Teilnehmer zu den täglichen Versammlungen, auf den Gesichtern der Anwesenden zeichneten sich deutlich Niedergeschlagenheit und Verzweiflung ab. Schließlich informierte man mich, dass die Streikenden kurz vorm Aufgeben waren. Äußerst bedrückt überlegte ich, was unter diesen Umständen meine Pflicht war. Ich hatte bisher nur Erfahrungen mit dem Arbeiterstreik in Südafrika, aber das hier war etwas ganz anderes. Dieses Gelöbnis war auf meinen Vorschlag hin geleistet worden, ein Gelöbnis, dessen Zeuge ich tagtäglich war. Der Gedanke, dass dieses Gelöbnis gebrochen werden könnte, war mir unerträglich – vielleicht war Stolz der Grund, vielleicht aber auch die Liebe zu den Arbeitern und zur Wahrheit.

Eines Morgens, während einer Versammlung der Textilarbeiter, als ich noch nach dem Weg tastete, kam mir die Erleuchtung. Unvermittelt schlüpften mir folgende Worte über die Lippen: «Solange sich die Streikenden nicht wieder zusammenraufen und weitermachen, esse ich keinen Bissen mehr.»

Die Anwesenden waren wie vom Donner gerührt. Anasuyabehn liefen die Tränen über die Wangen. «Nicht Sie, wir fasten», brach es aus den Textilarbeitern heraus, «Sie dürfen nicht fasten. Bitte vergeben Sie uns, wir bleiben unserem Gelübde treu.»

«Ihr braucht nicht zu fasten», erklärte ich, «es genügt, wenn ihr zu eurem Gelöbnis steht. Bekanntlich haben wir keine Geldmittel. Wenn wir den Streik fortsetzen, wollen wir aber nicht von den Spenden der Öffentlichkeit leben. Ihr müsst euch daher mit irgendeiner Arbeit durchbringen, damit ihr unabhängig bleibt, egal, wie lange der Streik dauert. Was mein Fasten betrifft, das wird erst gebrochen, wenn der Streik endet.»

Mittlerweile bemühte sich Vallabhbhai bei der Stadtverwaltung um Arbeit für die Streikenden, aber die Chancen waren gering. Weil wir Sand für das Fundament unserer Webereischule im Ashram benötigten, könnten wir einige Arbeiter bei uns beschäftigen, schlug Maganlal vor. Die Arbeiter begrüßten den Vorschlag. Anasuyabehn machte mit einem Korb auf dem Kopf den Anfang, und bald stieg ein endloser Strom Arbeiter mit Körben voller Sand auf dem Kopf aus dem Flussbett herauf – ein wahrlich sehenswerter Anblick. Neue Kraft erfüllte die Arbeiter; für uns hingegen war es schwierig, ihnen den Lohn zu zahlen.

Mein Fasten hatte auch einen großen Nachteil. Ich pflegte ja einen sehr engen, herzlichen Kontakt mit den Fabrikbesitzern, und mein Fasten wirkte sich zwangsläufig auf ihre Entscheidung aus. Als Satyagrahi wusste ich, mein Fasten durfte sich nicht gegen sie richten, sie sollten einzig und allein vom Streik der Arbeiter beeinflusst werden. Ich fastete nicht, weil die Fabrikbesitzer sich etwas zu Schulden hatten kommen lassen, sondern die Arbeiter. Und daran hatte ich nach meinem Gefühl als ihr Vertreter einen Anteil. Mit den Fabrikbesitzern wollte ich ausschließlich verhandeln, mein Fasten gegen sie zu richten, wäre Nötigung gewesen. Obwohl ich wusste, dass mein Fasten sie automatisch unter Druck setzte, konnte ich nicht anders. In meinen Augen hatte ich die Pflicht, ein solches unreines Fasten durchzuführen.

Ich versuchte, die Fabrikbesitzer zu beruhigen. «Es gibt keinen Grund, weshalb Sie Ihre Position ändern sollten.» Sie reagierten kühl und warfen mir sarkastische Bemerkungen an den Kopf, mit Recht.

Der Mann hinter ihrer unbeugsamen Haltung gegenüber den Streikenden hieß Sheth Ambalal. Seine Entschlusskraft, seine Aufrichtigkeit gefielen mir sehr. Ein Gegner wie er war geradezu ein Vergnügen. Mir ging es daher sehr nahe, dass ich mit meinem Fasten einen derartigen Druck auf die Fabrikbesitzer, deren Anführer er war, ausübte. Für seine Frau Sarladevi war ich fast so etwas wie ein leiblicher Bruder, und es war unerträglich, dass sie wegen meiner Aktion leiden musste.

Am ersten Tag schlossen sich Anasuyabehn und andere Freunde und Arbeiter meinem Fasten an. Ich versuchte, sie davon abzubringen, was mir nach einiger Mühe auch gelang.

Mein Fasten sorgte letztendlich rundum für eine positive Atmosphäre. Die Fabrikbesitzer wurden weich und suchten nach einer möglichen Einigung. Ihre Diskussionen fanden im Haus von Anasuyabehn statt. Auch Anandshankar Dhruva griff ein und wurde schließlich zum Schlichter ernannt. Ich hatte erst drei Tage lang gefastet, als der Streik beendet wurde. Die Fabrikbesitzer feierten, indem sie Süßigkeiten an die Arbeiter verteilten. Nach einundzwanzig Tagen war eine Einigung erzielt.

Anlässlich der Einigung fand eine Feier statt, bei der auch die Fabrikbesitzer und der Commissioner anwesend waren, der bei dieser Gelegenheit den Textilarbeitern empfahl: «Ihr solltet immer Mr. Gandhis Rat befolgen.» Fast unmittelbar danach musste ich mit ebenjenem Herrn streiten. Mittlerweile hatten sich jedoch die Umstände geändert und er sich mit ihnen. Diesmal warnte er die Patidars in Kheda davor, meine Ratschläge zu befolgen.

Ich kann dieses Kapitel nicht beenden, ohne noch einen Vorfall zu erzählen, der sowohl lustig als auch ergreifend ist und sich bei der Verteilung der Süßigkeiten ereignete, von denen die Fabrikbesitzer große Mengen bestellt hatten. Wie sollte man diese nun unter den vielen tausenden Arbeitern verteilen? Am passendsten wohl im Freien, kam man überein, und zwar unter genau dem Baum, unter dem das Gelöbnis geleistet worden war – vor allem, weil es extrem umständlich gewesen wäre, die Menge anderswo zu versammeln.

Ich hatte es für selbstverständlich gehalten, dass Männer, die einundzwanzig Tage lang mehr als diszipliniert gewesen waren, ohne Weiteres in der Lage waren, sich für die Ausgabe der Süßigkeiten ordentlich, ohne ungeduldiges Drängeln anzustellen. Aber die Probe aufs Exempel scheiterte, zwei, drei Versuche, die Verteilung zu organisieren, schlugen fehl. Immer wieder brach Chaos aus, kurz nachdem mit dem Austeilen begonnen worden war. Die Anführer der Arbeiter taten ihr Bestes, um wieder Ordnung herzustellen, aber vergeblich. Schließlich nahmen Durcheinander, Gedränge und Gedrängel derart überhand, dass ziemlich viele Süßigkeiten zertrampelt wurden. Das Unterfangen, sie im Freien zu verteilen, wurde eingestellt. Mit Müh und Not konnten wir die Überreste in Sheth Ambalals Bungalow in Mirzapur retten. Am nächsten Tag wurden sie auf dem dortigen Gelände verteilt.

Die komische Seite des Vorfalls ist klar, die ergreifende muss erklärt werden. Bei Nachforschungen stellte sich heraus, dass die Bettler von Ahmedabad davon Wind bekommen hatten, unter dem *Ek-Tek*-Baum sollten Süßigkeiten verteilt werden. Daraufhin waren sie in Scharen herbeigeströmt und hatten durch ihr Gedrängel das ganze Chaos ausgelöst.

Unser Land ist derart von drückender Armut und Hunger gebeutelt, dass jedes Jahr immer mehr Menschen zu Bettlern werden, die, um an Essen zu kommen, Anstand und Selbstachtung völlig vergessen. Und unsere Reichen geben ihnen Almosen statt Arbeit.

23. Satyagraha in Kheda

Für mich gab es keine Atempause. Kaum war der Streik der Textilarbeiter in Ahmedabad vorbei, musste ich mich dem Satyagraha-Kampf in Kheda widmen. Im Distrikt Kheda hatten Missernten zu hungersnotähnlichen Zuständen geführt, und die Patidars von Kheda überlegten, ob sie eine Aussetzung der Grundsteuerzahlung für das Jahr fordern sollten.

Amritlal Thakkar hatte die Situation bereits untersucht und ich die Frage bereits persönlich mit dem Commissioner besprochen, bevor ich den Bauern konkrete Ratschläge gab. Mohanlal Pandya und Shankarlal Parikh hatten sich ebenfalls in den Kampf gestürzt und über Vithalbhai Patel sowie Sir Gokuldas Kahandas Parekh eine Protestnote im Bombay Legislative Council eingebracht. Mehr als eine Delegation hatte beim Gouverneur vorgesprochen.

Ich war zu diesem Zeitpunkt Präsident der Organisation Gujarat Sabha; wir schickten eine Reihe von Petitionen und Telegrammen an die Regierung und nahmen geduldig die Beleidigungen und Drohungen des Commissioners hin. Das Verhalten der Beamten war derart lächerlich und würdelos, dass es aus heutiger Sicht geradezu unglaublich erscheint.

Die Forderung der Bauern war eindeutig und zudem so moderat, dass vieles für ihre Annahme sprach. Gemäß den geltenden Grundsteuergesetzen konnten die Landwirte, wenn die Ernte vier Anna und weniger betrug, eine vollständige Aussetzung der Steuer für das Jahr beantragen. Nach offiziellen Angaben lag der Ernteertrag über vier Anna. Die Bauern behaupteten dagegen, er liege darunter. Aber warum sollte die Regierung dem Beachtung schenken? Die Leute forderten die Ernennung von Schlichtern, ein Ansinnen, das die Regierung ungeheuerlich fand. Nachdem alle Bitten und Gebete gescheitert waren und ich mich mit meinen Mitstreitern beraten hatte, schlug ich den Patidars vor, Zuflucht bei Satyagraha zu suchen.

Neben den Freiwilligen aus Kheda waren meine wichtigsten Kameraden in diesem Kampf Vallabhbhai Patel, Shankarlal Banker, Shrimati Anasuyabehn, Indulal Yajnik, Mahadev Desai und einige andere. Vallabhbhai, der sich dem Kampf anschloss, musste mit seiner höchst erfolgreichen Arbeit als Rechtsanwalt pausieren und konnte sie praktisch nie wieder aufnehmen.

Unser Hauptquartier wurde das Waisenheim Anathashram in Nadiad, das einzige Gebäude, das groß genug war.

Folgendes Gelöbnis wurde von den Satyagrahis unterzeichnet:

«Weil die Ernteerträge unserer Dörfer weniger als vier Anna betragen, haben wir die Regierung ersucht, die Erhebung der Grundsteuer bis zum folgenden Jahr auszusetzen, doch die Regierung hat sich unserer Bitte verweigert. Daher erklären wir, die Unterzeichner, hiermit feierlich, dass wir der Regierung aus eigenem Antrieb weder den vollen noch den restlichen Steuerbetrag für dieses Jahr freiwillig zahlen. Wir werden die Regierung alle rechtlichen Schritte unternehmen lassen, die sie für angemessen hält, und die Folgen unserer Steuerverweigerung stolz ertragen. Lieber verlieren wir unser Land, als durch freiwillige Zahlungen ein Unrechtsgeständnis abzulegen oder unsere Selbstachtung zu beschädigen. Sollte die Regierung aber zustimmen, im gesamten Distrikt mit der Einziehung der zweiten Rate auszusetzen, werden all jene von uns, die dazu in der Lage sind, den gesamten Betrag resp. den fälligen Rest begleichen. Die Zahlungsfähigen haben das nur deshalb noch nicht getan, weil dann die ärmeren *ryots* in ihrer Panik, ebenfalls zahlen zu müssen, ihren gesamten Besitz verkauft oder sich verschuldet hätten und damit noch mehr in Not geraten wären. Unter diesen Umständen sind wir der Meinung, dass es um der Armen willen die Pflicht der Vermögenderen ist, die Steuerzahlung zu verweigern.»

24. «Der Zwiebeldieb»

Champaran, das in einer entlegenen Ecke Indiens liegt und während der Kampagne aus der Presse herausgehalten wurde, zog keine Schaulustigen an. Ganz anders die Kheda-Kampagne: Die Presse berichtete täglich darüber. Die Gujaratis hatten großes Interesse an diesem Kampf, einem für sie neuen Experiment, und waren bereit, ihr Vermögen für den Erfolg der Sache einzusetzen. Es war ihnen unverständlich, dass Satyagraha nicht einfach mit Geld zum Erfolg geführt werden konnte. Geld ist hier bei Weitem das Unwichtigste. Obwohl ich dagegen war, schickten uns die Händler aus Bombay mehr Geld als nötig, so dass wir am Ende der Kampagne ein Plus verzeichneten.

Gleichzeitig musste die Satyagrahi-Armee eine neue Lektion lernen: Einfachheit. Diese wurde zwar nicht vollständig verinnerlicht, aber sie veränderte die Lebensweise dieser Freiwilligen erheblich. Auch für die Patidar war der Kampf eine ganz neue Erfahrung; deshalb mussten wir von Dorf zu Dorf gehen und sie über die Prinzipien von Satyagraha aufklären.

Vor allem mussten wir den Landwirten ihre Angst nehmen, ihnen klarmachen, dass die Beamten nicht die Herren, sondern die Diener des Volkes waren, da sie ihre Gehälter vom Steuerzahler, also von ihnen, erhielten. Und dann war ihnen kaum verständlich zu machen, dass Furchtlosigkeit mit Höflichkeit kombiniert werden musste. Hatten sie einmal die Angst vor den Beamten abgelegt, wie konnte man sie daran hindern, die erlittenen Beleidigungen zurückzuzahlen? Doch jede Unhöflichkeit würde ihren Satyagraha-Kampf vergiften, wie ein Tropfen Arsen die Milch. Später zeigte sich, dass sie die Lektion der Höflichkeit nicht besonders gut gelernt hatten. Die Erfahrung hat mich gelehrt, dass Höflichkeit der schwierigste Teil von Satyagraha ist. Höflichkeit bedeutet Respekt für den Gegner, echtes Interesse an seinem Standpunkt, gepaart mit dem entsprechenden Benehmen.

In der Anfangsphase schien die Regierung, trotz des mutigen Auftretens des Volkes, wenig geneigt, energische Schritte zu ergreifen. Aber da die Menschen weiterhin nicht wankten, griff die Regierung dann doch zu repressiven Maßnahmen. Die Vollstreckungsbeamten verkauften das Vieh der Bauern und beschlagnahmten alle beweglichen Güter, die sie in die Hände bekommen konnten. Strafbescheide wurden zugestellt, in einigen Fällen wurde sogar die Ernte auf dem Halm beschlagnahmt. Das zermürbte die Bauern, von denen manche ihre Steuern zahlten und andere den Beamten entbehrliche bewegliche Güter anboten, damit sie diese zur Schuldenbegleichung beschlagnahmen konnten. Auf der anderen Seite waren etliche bereit, bis zum bittern Ende zu kämpfen.

Während dieser Entwicklungen bezahlte einer der Pächter von Shankarlal Parikh die auf sein Land fällige Steuer. Das sorgte für großes Aufsehen. Shankarlal Parikh korrigierte umgehend den Fehler seines Pächters, indem er das betreffende Land für gemeinnützige Zwecke verschenkte. So rettete er seine Ehre und ging mit gutem Beispiel voran.

Um die Ängstlichen zu ermuntern, riet ich den Bauern, unter Führung von Mohanlal Pandya ein Zwiebelfeld abzuernten, das meiner Meinung nach zu Unrecht beschlagnahmt worden war, zumal der Vollstreckungsbeamte den Wert der Ernte viel zu niedrig geschätzt hatte. Ich betrachtete dies nicht als Gesetzesübertretung, doch selbst wenn es eine sein sollte, so meine Argumentation, war die Beschlagnahmung noch nicht eingebrachter Ernte moralisch falsch, mochte sie auch im Einklang mit dem Gesetz stehen. Das war nichts anderes als Plünderung, und somit hatte das Volk die Pflicht, die Zwiebeln für sich selbst einzufahren. Ich hatte allen klargemacht, dass diese Handlung sowohl Geldstrafen als auch Inhaftierung nach sich ziehen könnte. Das war ganz in Mohanlal Pandyas Sinne, denn es hätte ihm nicht gefallen, wenn die Kampagne geendet hätte, ohne dass jemand für die Prinzipien von Satyagraha ins Gefängnis gegangen wäre. Also meldete er sich freiwillig zur Zwiebelernte; sieben oder acht Freunde schlossen sich ihm an.

Wie hätte die Regierung sie nicht einsperren können? Die Verhaftung von Mohanlal und seinen Begleitern fachte den Enthusiasmus der Bevölkerung an. Wenn die Angst vor dem Gefängnis schwindet, fördern Strafmaßnahmen der Regierung den Mut der Menschen, sind nicht länger ein Instrument der Unterdrückung. Am Tag der Verhandlung belagerten viele Bauern das Gerichtsgebäude. Pandya und seine Gefährten wurden zu einer kurzen Freiheitsstrafe verurteilt. Meines Erachtens ein Fehlurteil, denn das Abernten eines Zwiebelfelds konnte wohl kaum unter «Diebstahl» subsumiert werden. Aber niemand hatte vor, Berufung einzulegen.

Eine Prozession begleitete die «Verurteilten» zum Gefängnis. An diesem Tag bekam Mohanlal Pandya vom Volk den Ehrentitel Dungli Chor, «Zwiebeldieb», den er bis zum heutigen Tag stolz trägt.

25. Das Ende von Satyagraha in Kheda

Die Kampagne nahm ein eigenartiges Ende. Die Menschen waren erschöpft, und es widerstrebte mir, die Unbeugsamen in den totalen Ruin zu treiben. Ich suchte nach einer würdevollen, für einen Satyagrahi akzeptablen Art, den Kampf zu beenden. Ganz überraschend ergab sich eine solche Möglichkeit. Der *mamlatdar*, der für Steuerangelegenheiten zuständige Beamte im *taluk* Nadiad, ließ mich wissen, den Ärmeren werde die Steuer gestundet, wenn die wohlhabenden Patidars zahlen. Ich bat um eine schriftliche Bestätigung dieser Aussage, die ich auch bekam. Aber da ein *mamlatdar* nur für seinen Subdistrikt verantwortlich war, erkundigte ich mich beim Distriktvorsteher, der als Einziger für den gesamten Distrikt Zusagen machen konnte, ob das für alle *taluks* gelte. Er antwortete, eine entsprechende Anordnung sei bereits erlassen worden. Davon wusste ich nichts, aber wenn das stimmte, dann war dem Gelöbnis des Volkes entsprochen worden. Also zeigten wir uns zufrieden.

Dieser Ausgang machte allerdings keinen von uns glücklich, denn es mangelte an der Würde, mit der jede Satyagraha-Kampagne beendet werden sollte. Der Distriktvorsteher fuhr mit seiner Arbeit fort, als hätte er nie ein Abkommen geschlossen. Den Armen sollte zwar die Steuer gestundet werden, doch kaum jemand kam in den Genuss. Das Volk hatte das angestammte Recht festzulegen, wer arm war, aber nicht die Kraft, es auszuüben. Das stimmte mich traurig. Obwohl das Resultat als Triumph von Satyagraha gefeiert wurde, kam mir dieser schal vor, da ihm das Wesentliche eines echten Triumphs fehlte. Das Ende einer Satyagraha-Kampagne ist nur rein und würdevoll, wenn die Satyagrahis stärker und beseelter daraus hervorgehen. Das schien mir hier nicht der Fall.

Die Kampagne in Kheda zeitigte jedoch einige indirekte Resultate, von denen wir heute noch profitieren. Sie markiert den Beginn des Erwachens unter den Bauern von Gujarat, den Beginn ihrer wahren politischen Bildung.

Die Bewegung für Home Rule, die indische Selbstregierung, so wunderbar betrieben durch die verehrte Dr. Annie Besant, hatte sicherlich Einfluss auf die Bauern gehabt, doch erst die Kheda-Kampagne zwang die gebildeten Beamten, sich mit dem Leben der Bauern auseinanderzusetzen. Sie lernten, sich mit diesen zu identifizieren, hatten ihr wahres Tätigkeitsgebiet gefunden, und ihre Opferbereitschaft nahm zu. Dass Vallabhbhai während dieser Kampagne zu sich fand, war allein schon ein großer Gewinn. Wie groß, haben wir durch seinen Einsatz bei der Hochwasserkatastrophe letztes Jahr und der diesjährigen Bardoli-Satyagraha erfahren. Das öffentliche Leben in Gujarat war von einer neuen Energie und Kraft durchdrungen. Der Patidar-Bauer erlangte ein Bewusstsein seiner Stärke. Die Öffentlichkeit lernte die unvergessliche Lektion, dass nur das Volk sich befreien kann, und zwar durch Leidens- und Opferfähigkeit. Dank der Kheda-Kampagne hat Satyagraha feste Wurzeln im Boden von Gujarat geschlagen.

Obwohl ich nach der Beendigung der Satyagraha-Kampagne nicht glücklich war, jubelten die Kheda-Bauern, weil sie wussten, dass sie die wahre und unfehlbare Methode zur Behebung von Missständen kennengelernt hatten. Dieses Wissen allein rechtfertigte ihren Jubel.

Dennoch hatten die Menschen in Kheda die wahre Bedeutung von Satyagraha nicht ganz verstanden. Dafür würden sie noch einen hohen Preis zahlen.

26. Drang zur Einheit

Als die Kheda-Kampagne anlief, dauerte der Große Krieg in Europa noch an. Angesichts der Krise hatte der Vizekönig verschiedene führende Persönlichkeiten, darunter auch mich, zu einer Kriegskonferenz nach Delhi eingeladen. Wie schon erwähnt, hatten Lord Chelmsford und ich eine herzliche Beziehung.

Ich fuhr also nach Delhi, obwohl ich Bedenken hatte, an dieser Konferenz teilzunehmen, insbesondere weil wichtige Führer wie etwa die Gebrüder Ali, die damals im Gefängnis saßen, ausgeschlossen waren. Ich hatte sie nur ein-, zweimal getroffen, aber viel von ihnen gehört. Alle sprachen von ihren Verdiensten und ihrem Mut. Zu dieser Zeit hatte ich noch keinen engeren Kontakt mit Hakim Sahib, von dem mir Rektor Rudra und Dinabandhu Andrew oft voll des Lobs erzählt hatten. Shuaib Qureshi und Barrister Khawaja Abdul Majiid hatte ich bei der Muslim League in Kalkutta kennengelernt. Auch mit Ärzten wie Mukhtar Ahmed Ansari und Abdur Rahman kam ich in Kontakt. Ich suchte die Freundschaft mit guten Muslimen; im Umgang mit ihren edelsten und patriotischsten Vertretern wollte ich das muslimische Denken begreifen lernen. Deshalb musste man mich auch nie drängen, ihre Gesellschaft zu suchen.

Ich hatte in Südafrika früh erkannt, dass es keine echte Freundschaft zwischen den Hindus und den Muslimen gab, und jede Gelegenheit genutzt, der Verstimmung zwischen ihnen entgegenzuwirken. Es lag nicht in meiner Natur, jemanden durch plumpe Bewunderung oder auf Kosten der Selbstachtung zu besänftigen. Aber nach meinen dortigen Erfahrungen war ich überzeugt, dass die Frage der hinduistisch-muslimischen Einheit meine Vorstellung von Ahimsa auf die härteste Probe stellen und sich hier das größte Experimentierfeld für Gewaltfreiheit bieten würde. Diese Überzeugung hege ich weiterhin. Gott stellt mich in jedem Augenblick auf die Probe.

Mit diesen festen Überzeugungen aus Südafrika zurückgekehrt, suchte ich sofort Kontakt zu den Gebrüdern Ali. Wir freundeten uns an. Doch kurz darauf wurden die beiden von der Regierung lebendig begraben. Maulana Mahomed Ali schrieb mir lange Briefe aus Betul und Chhindwada, wann immer seine Gefängniswärter es erlaubten. Ich beantragte vergeblich Besuchserlaubnis.

Nach der Inhaftierung der Gebrüder Ali wurde ich von muslimischen Freunden eingeladen, an der Sitzung der Muslim League in Kalkutta teilzunehmen. Als mir das Wort erteilt wurde, erinnerte ich sie an die Pflicht der Muslime, die Freilassung der beiden zu erwirken. Kurze Zeit später nahmen mich diese Freunde zum Muslim College in Aligarh mit, wo ich die jungen Männer anregte, Fakire im Dienst des Vaterlands zu werden.

Als Nächstes trat ich in Briefwechsel mit der Regierung, um die Freilassung der Brüder zu erreichen. Dazu musste ich mich mit den Ansichten der Alis zur Khilafat-Frage und ihren diesbezüglichen Aktivitäten beschäftigen. Ich führte Gespräche mit muslimischen Freunden und kam zur Überzeugung, dass ich, wenn ich ein echter Freund der Muslime sein wollte, mein Möglichstes zur Freilassung der Brüder und zu einer gerechten Lösung in der Khilafat-Frage beitragen musste. Für mich war die Khilafat-Frage ganz einfach: Es war nicht an mir, zu den muslimischen Forderungen Stellung zu beziehen, solange diese nicht unmoralisch waren. Wenn es um Religion geht, zählt für jeden einzig der eigene Glaube. Wenn alle denselben Glauben hätten, gäbe es nur eine Religion auf der Welt. Mit der Zeit bekam ich heraus, dass die muslimische Forderung nach dem Khilafat gegen kein ethisches Prinzip verstieß, sondern dass auch der britische Premierminister Lloyd George zugegeben hatte, sie sei gerechtfertigt. Ich fühlte mich daher verpflichtet, alles in meiner Macht Stehende zu tun, dafür zu sorgen, dass sein Versprechen rasch umgesetzt wurde. Das Versprechen war so klar formuliert, dass ich die muslimische Forderung nur überprüfte, um mein eigenes Gewissen zu beruhigen.

Freunde und Beobachter haben meine Einstellung zur Khilafat-Frage heftig kritisiert. Trotzdem sehe ich keinen Grund, sie zu überdenken oder meine Zusammenarbeit mit den Muslimen zu bedauern. In einer ähnlichen Situation würde ich wieder diese Haltung einnehmen.

Ich brach also mit der festen Absicht aus Delhi auf, mit dem Vizekönig über dieses Thema zu reden. Damals hatte die Khilafat-Frage noch nicht ihre spätere Bedeutung gewonnen.

Als ich Delhi erreichte, stellte sich meiner Konferenzteilnahme ein weiteres Problem in den Weg. Dinabandhu Andrews stellte die Frage, ob diese denn angesichts der aktuellen kontroversen Berichte in der britischen Presse über geheime Verträge zwischen England und Italien moralisch vertretbar sei. Ich wusste nichts von den Verträgen, Dinabandhu

Andrews' Wort genügte mir jedoch. Daher informierte ich Lord Chelmsford schriftlich, warum ich zögerte, an der Konferenz teilzunehmen. Er lud mich zu sich, und nach einem längeren Gespräch mit ihm und seinem Privatsekretär Mr. Maffey stimmte ich schließlich meiner Teilnahme zu. «Sie glauben doch nicht, dass der Vizekönig alles weiß, was das britische Kabinett tut», argumentierte Lord Chelmsford. «Ich behaupte nicht – das tut übrigens niemand –, dass die britische Regierung unfehlbar ist. Wenn Sie aber zustimmen, dass das Empire im Großen und Ganzen eine gute Sache gewesen ist, wenn Sie glauben, dass Indien im Großen und Ganzen von der Beziehung mit Großbritannien profitiert hat, müssen Sie doch konzedieren, dass es die Pflicht jedes indischen Bürgers ist, dem Empire in der Stunde seiner Not zu helfen. Auch ich habe gelesen, was die britischen Zeitungen über die Geheimverträge schreiben. Ich kann Ihnen versichern, dass ich darüber auch nicht mehr weiß als das, was in den Zeitungen steht – und Sie wissen nur zu gut, wie viele Enten die Zeitungen fabrizieren. Können Sie lediglich auf Grundlage eines bloßen Zeitungsberichts dem Empire in einem so kritischen Moment die Hilfe verweigern? Nach Kriegsende können Sie moralische Einwände erheben und uns nach Belieben hinterfragen, aber nicht heute.»

Diese Argumentation war mir nicht neu. Mich überzeugte, wie sie zu dieser Stunde präsentiert wurde, und so willigte ich ein, an der Konferenz teilzunehmen. Was die muslimischen Forderungen betraf, sollte ich einen Brief an den Vizekönig schreiben.

27. Die Rekrutierungskampagne

Ich nahm also an der Konferenz teil. Der Vizekönig war sehr darauf bedacht, dass ich die Resolution zur Rekrutierung unterstützte. Ich bat um Erlaubnis, auf Hindustani sprechen zu dürfen. Der Vizekönig entsprach meiner Bitte, schlug aber vor, dass ich auch auf Englisch sprechen solle. Ich hielt keine Rede, sondern sagte lediglich einen Satz: «Im vollen Bewusstsein meiner Verantwortung erlaube ich mir, die Resolution zu unterstützen.»

Viele beglückwünschten mich, weil ich Hindustani gesprochen hatte. Zum ersten Mal seit Menschengedenken habe jemand auf einer Versammlung des Vizekönigs Hindustani gesprochen, erklärten sie. Ich war in meinem Nationalstolz verletzt und zutiefst getroffen. Was für eine Tragödie, dass bei einem Treffen in diesem Land, bei dem es um die Interessen genau dieses Landes ging, die Sprache dieses Landes tabu sein sollte und man es für etwas Besonderes hielt, wenn ein zufälliger Besucher wie ich Hindustani sprach, wozu er auch noch beglückwünscht wurde. Vorfälle wie dieser führen einem vor Augen, in welchem Zustand der Erniedrigung wir uns befinden.

Dieser eine Satz, den ich auf der Konferenz von mir gegeben hatte, sollte beachtliche Konsequenzen für mich haben. Ich werde weder diese Konferenz noch die von mir unterstützte Resolution je vergessen. Ich hatte noch eine Verpflichtung zu erfüllen, solange ich in Delhi war: den Brief an den Vizekönig zu schreiben. Das fiel mir nicht leicht. Ich empfand es als meine Pflicht, im Interesse der Regierung wie auch des Volkes zu erklären, warum ich an der Konferenz teilgenommen hatte und was genau die Menschen jetzt von der Regierung erwarteten.

Ich äußerte auch mein Bedauern, dass Führer wie Lokamanya Tilak und die Gebrüder Ali von der Konferenz ausgeschlossen worden waren, und formulierte die politischen Mindestanforderungen des Volkes sowie die Forderungen der Muslime aufgrund der durch den Krieg entstandenen Situation. Der Vizekönig stimmte meiner Bitte, den Brief veröffentlichen zu dürfen, bereitwillig zu.

Der Brief musste nach Simla geschickt werden, wohin der Vizekönig unmittelbar nach der Konferenz gereist war. Der Brief hatte für mich große Bedeutung; ihn mit der Post zu schicken, dauerte mir zu lange. Ich wollte Zeit sparen, ihn aber nicht jedem x-beliebigen Boten anvertrauen. Ein zuverlässiger Mann sollte ihn befördern und persönlich in der vizeköniglichen Residenz abgeben. Dinabandhu Andrews und Rektor Rudra schlugen den guten Reverend Ireland von der Cambridge Mission vor. Er stimmte unter der Bedingung zu, dass er den Brief zuvor lesen durfte und mit seinem Inhalt einverstanden war. Ich hatte nichts dagegen, da der Brief nicht privat war. Er las ihn, war zufrieden und erklärte sich einverstanden, die Aufgabe zu übernehmen. Ich bot ihm eine Fahrkarte zweiter Klasse an, aber er lehnte ab, er sei es gewohnt, in der Zwischenklasse zu reisen. Dies tat er auch, obwohl er die ganze Nacht unterwegs war. Seine Schlichtheit und seine geradlinige Art gefielen mir sehr. Der

Brief, übergeben durch die Hände eines rein gesinnten Mannes, erzielte das gewünschte Ergebnis und ebnete mir den weiteren Weg.

Der andere Teil meiner Verpflichtung bestand in der Rekrutenanwerbung. Wo sollte ich den Anfang machen, wenn nicht in Kheda? Und wen sollte ich als Erste fragen, wenn nicht meine Mitarbeiter? Sobald ich Nadiad erreicht hatte, besprach ich mich mit Vallabhbhai Patel und anderen Freunden. Einige konnten sich mit meinem Vorschlag nicht gleich anfreunden, anderen gefiel er, doch sie zweifelten an seinem Erfolg, da diejenigen, an die ich meinen Appell richten wollte, der Regierung alles andere als grün waren. Die bitteren Erfahrungen, die sie mit den Regierungsbeamten gemacht hatten, waren ihnen noch frisch in Erinnerung.

Und doch waren meine Mitarbeiter für dieses Projekt. Sobald ich mich ihm widmete, wurden mir die Augen geöffnet. Mein Optimismus wurde ziemlich erschüttert. Während bei der Steuerkampagne die Menschen ihre Wagen kostenlos zur Verfügung stellten und zwei Freiwillige aufstanden, wo einer gebraucht wurde, war es jetzt schwierig, überhaupt einen Wagen zu finden, von Freiwilligen ganz zu schweigen. Aber wir ließen uns nicht entmutigen und beschlossen, auf Wagen zu verzichten und unsere Reisen zu Fuß zu unternehmen, wobei wir ungefähr zwanzig Meilen am Tag bewältigen mussten. Wenn es schon keine Wagen gab, wie konnten wir da erwarten, dass wir mit Essen versorgt würden? Darum zu bitten, kam nicht in Frage. Daher trug jeder Freiwillige Proviant in seiner Tasche. Decken oder Laken waren nicht erforderlich, weil Sommer war.

Wohin wir auch kamen, hielten wir Versammlungen ab. Die Leute nahmen teil, aber kaum einer bot sich als Rekrut an. «Sie sind ein Anhänger von Ahimsa, wie können Sie uns da zu den Waffen rufen?» – «Was hat die Regierung je für Indien getan, dass sie unsere Unterstützung verdient?» Diese und ähnliche Fragen bekamen wir zu hören.

Doch unsere stetige Arbeit begann sich auszuzahlen. Eine ganze Menge Männer registrierte sich, und wir hofften, weiterhin Rekruten zu verpflichten, sobald der erste Trupp abgeschickt wäre. Ich hatte bereits mit dem Commissioner beratschlagt, wo die Rekruten untergebracht werden sollten.

Im ganzen Land fanden Konferenzen nach dem Delhi-Modell statt, eine davon auch in Gujarat. Meine Mitarbeiter und ich waren dazu eingeladen. Wir nahmen zwar teil, aber ich fühlte mich hier noch weniger am Platz als in Delhi. In dieser Atmosphäre der Unterwürfigkeit war mir unwohl. Schließlich sagte ich ein paar Worte, keine, um den Beamten zu schmeicheln, sondern ein, zwei recht unangenehme.

Ich verteilte Flugblätter, mit denen ich um Rekruten warb. Ein Punkt darauf war dem Commissioner sauer aufgestoßen: «Unter den vielen Untaten der britischen Herrschaft in Indien wird das Gesetz, das einer ganzen Nation die Waffen entzog, als das schwärzeste in die Geschichte eingehen. Wenn wir wollen, dass das Waffengesetz aufgehoben wird, wenn wir den Gebrauch von Waffen erlernen wollen, dann ist dies eine einmalige Gelegenheit. Wenn das Bürgertum der Regierung in der Stunde ihrer Not freiwillig Hilfe leistet, wird das Misstrauen überwunden und das Verbot des Waffenbesitzes aufgehoben werden.» Der Commissioner sprach dies an und meinte, er wisse meine Teilnahme an der Konferenz trotz unserer unterschiedlichen Positionen zu schätzen. Und ich musste meinen Standpunkt so höflich wie möglich begründen.

Hier ist der oben erwähnte Brief an den Vizekönig:

«Wie Sie wissen, fühlte ich mich nach reiflicher Überlegung genötigt, Eurer Exzellenz mitzuteilen, dass ich aus den im Schreiben vom 26. April genannten Gründen nicht an der Konferenz teilnehmen kann, aber nach dem Gespräch, das Sie mir freundlicherweise gewährt haben, habe ich meine Meinung vor allem aus Achtung vor Ihnen geändert. Einer der Gründe, wenn nicht gar der ausschlaggebende für meine Ablehnung war, dass Lokamanya Tilak, Mrs. Besant und die Gebrüder Ali, die ich für die wichtigsten Repräsentanten der öffentlichen Meinung halte, nicht zur Konferenz eingeladen worden waren. Ich denke weiterhin, dass dies ein schwerer Fehler war, und ich schlage respektvoll vor, dass der Fehler behoben werden könnte, indem man sie zu einer der offenbar geplanten Provinzkonferenzen einlädt, damit die Regierung von ihren Vorschlägen profitieren kann. Ich wage zu behaupten, dass es sich keine Regierung leisten kann, jene Führer zu ignorieren, die einen Großteil des Volkes vertreten, auch wenn sie möglicherweise eine grundlegend andere Position einnehmen.

Gleichzeitig freue ich mich sagen zu können, dass alle Parteien in den Konferenzausschüssen ihre Meinung frei zum Ausdruck bringen konnten. Ich persönlich habe es absichtlich unterlassen, meine Ansichten im Ausschuss, dem anzugehören ich die Ehre hatte, oder auf der Konferenz selbst darzulegen, da ich der Auffassung war, ich könnte den Zielen der Konferenz am besten dienen, indem ich meine Unterstützung für die ihr unterbreiteten Resolutionen ohne Wenn und Aber bekunde, und das habe ich vorbehaltlos getan. Ich hoffe, das gesprochene Wort in die Tat umzusetzen, sobald die Regierung sich in der Lage sieht, mein Angebot anzunehmen, das ich in einem gesonderten Schreiben beifüge.

Ich erkenne an, dass wir in der Stunde der Gefahr dem Empire, dessen Partner im Sinne der überseeischen Dominions wir in naher Zukunft sein wollen, uneingeschränkt unterstützen müssen. Aber es ist auch wahr, dass unsere Entscheidung auf der Erwartung basiert, unser Ziel werde dadurch schneller erreicht.

Aus diesem Grund und weil die Erfüllung einer Pflicht automatisch ein entsprechendes Recht verleiht, ist das Volk zur Annahme berechtigt, dass die bevorstehenden Reformen, auf die Sie in Ihrer Rede anspielten, die wichtigsten Forderungen des Lucknow Pacts berücksichtigen. Gewiss ist es eben diese Hoffnung, die viele Konferenzmitglieder dazu gebracht hat, der Regierung ihre uneingeschränkte Mitarbeit anzubieten.

Wenn ich meine Landsleute nur dazu bringen könnte, ihre Entscheidungen zurückzunehmen, ich würde sie alle Congress-Beschlüsse annullieren und nicht einmal mehr die Worte «Home Rule» oder «verantwortliche Regierung» in den Mund nehmen lassen, solange der Krieg andauert. Ich würde Indien dazu bewegen, dem Empire alle wehrtauglichen Söhne als Opfer anzubieten, wodurch Indien der beliebteste Partner im Empire würde und Rassenunterschiede der Vergangenheit angehörten. Aber das gebildete Indien hat praktisch einstimmig beschlossen, einen anderen, weniger effektiven Kurs einzuschlagen, und man kann keineswegs behaupten, das gebildete Indien übe keinen Einfluss auf die Massen aus. Seit meiner Rückkehr aus Südafrika stehe ich mit den *ryots* in höchst engem Kontakt, und ich versichere Ihnen, dass sie völlig von dem Wunsch durchdrungen sind, sich selbst zu regieren. Ich selbst habe an den letzten Congress-Sitzungen teilgenommen und war an der Resolution beteiligt, die fordert, dass Britisch-Indien die vollständige Home Rule erhalten soll, im Rahmen einer Frist, die durch ein Parlamentsstatut festgelegt werden soll. Ich gebe zu, dass dies ein mutiger Schritt ist, aber ich bin sicher, dass einzig die konkrete Aussicht auf baldige Home Rule das indische Volk zufriedenstellen wird. Viele in Indien halten kein Opfer für zu groß, um dieses Ziel zu erreichen, aber sie begreifen auch, dass sie ebenso bereit sein müssen, sich für das Empire zu opfern, innerhalb dessen sie diesen endgültigen Status zu erreichen wünschen und hoffen. Ergo können wir diesem Ziel nur näher kommen, indem wir uns schlicht und einfach mit Leib und Seele der Aufgabe widmen, das Empire vor dieser drohenden Gefahr zu bewahren. Diese elementare Wahrheit nicht zu erkennen wäre nationaler Selbstmord. Wir müssen begreifen, dass wir uns Home Rule sichern, indem wir das Empire retten.

Während mir daher klar ist, dass wir dem Empire jeden tauglichen Mann zur Verteidigung zur Verfügung stellen müssen, trifft das leider auf eine finanzielle Unterstützung nicht zu. Mein enger Umgang mit den *ryots* hat mir gezeigt, dass Indien bereits weit über seine Möglichkeiten hinaus an die Staatskasse des Empire gespendet hat. Ich weiß, dass ich mit dieser Aussage die Mehrheitsmeinung meiner Landsleute zum Ausdruck bringe.

Die Konferenz bedeutet für mich, und wohl für viele von uns, einen entscheidenden Schritt in der Bereitschaft, unser Leben einer gemeinsamen Sache zu weihen. Aber wir befinden uns in einer ungewöhnlichen Lage. Wir sind heute nicht Teil einer Partnerschaft. Unsere Hingabe basiert auf der Hoffnung auf eine bessere Zukunft. Ich wäre Ihnen und meinem Land gegenüber nicht ehrlich, wenn ich nicht klar und unmissverständlich zum Ausdruck brächte, wie diese aussieht. Ich feilsche nicht um ihre Erfüllung, aber Sie sollten wissen, dass enttäuschte Hoffnung Desillusion bedeutet.

Eines noch darf ich nicht verschweigen. Sie haben an uns appelliert, unsere internen Streitigkeiten beizulegen. Wenn Sie damit die Duldung von Tyrannei und Fehlverhalten Ihrer Beamten meinen, kann ich nichts für Sie tun. Ich werde mich der organisierten Tyrannei bis aufs Äußerste widersetzen. Ihr Appell sollte sich an die Beamten richten, damit diese keinen einzigen Menschen mehr misshandeln und mehr denn je auf die öffentliche Meinung hören und diese respektieren. In Champaran habe ich durch den Widerstand gegen eine jahrhundertealte Tyrannei bewiesen, wie überragend das britische Rechtssystem eigentlich ist. In Kheda glaubt nun die Bevölkerung, die zuvor die Regierung verflucht hat, dass sie die Macht hat, nicht die Regierung – wenn sie bereit ist, für die von ihr repräsentierte Wahrheit zu leiden. Sie ist daher nicht mehr verbittert und sagt sich, die Regierung müsse eine Regierung des Volkes sein, weil sie geordneten und respektvollen Ungehorsam toleriert, wann immer etwas als ungerecht empfunden wird. Somit sind die Aktionen in Champaran und Kheda mein direkter, konkreter und besonderer Beitrag zum Krieg. Wenn Sie mich bitten, meine diesbezüglichen Aktivitäten aufzugeben, bitten Sie mich, mein Leben aufzugeben. Wäre es mir nur möglich, die Kraft der Seele, die nichts anderes ist als die Kraft der Liebe, anstelle von roher Gewalt beim Volk zu verbreiten, so könnte ich Ihnen ganz gewiss ein Indien vorführen, das die Welt vom Schlimmsten abhalten könnte. Deshalb werde ich möglichst immer und überall in meinem Leben dieses ewige Gesetz des Leidens ausüben und es jedem, der daran interessiert ist, ans Herz legen. Sollte ich an anderen Aktivitäten teilnehmen, dann nur um die unvergleichliche Überlegenheit dieses Gesetzes zu demonstrieren.

Abschließend möchte ich Sie bitten, die Minister Seiner Majestät aufzufordern, eine endgültige Zusicherung hinsichtlich islamischer Staaten abzugeben. Bestimmt wissen Sie, dass jeder Muslim ein großes Interesse daran hat. Als Hindu kann mir das nicht gleichgültig sein. Deren Sorgen müssen unsere Sorgen sein. Die Sicherheit des Empires hängt ab von der gewissenhaftesten Achtung vor den Rechten dieser Staaten, vor den Gefühlen, die die Muslime ihren heiligen Stätten entgegenbringen, und Ihrer gerechten, rechtzeitigen Klärung von Indiens Forderung nach Home Rule. Ich schreibe das, weil ich die englische Nation liebe und weil ich in jedem Inder die Loyalität zu den Engländern wecken möchte.»

28. An der Schwelle des Todes

Während der Rekrutierungskampagne ruinierte ich mir fast meine Gesundheit. Meine Nahrung bestand hauptsächlich aus gerösteten und gestampften Erdnüssen mit Palmzucker, Obst wie Bananen etc. und dem Saft von zwei, drei Zitronen – und das, obwohl ich wusste, dass zu viele Nüsse der Gesundheit schaden können. Ich bekam eine leichte Form der Ruhr, die ich ignorierte, und ging an jenem Abend in den Ashram, wie ich das hin und wieder tat. Damals nahm ich kaum Medikamente. Wenn ich eine Mahlzeit auslasse, geht es bestimmt wieder besser, dachte ich und fühlte mich in der Tat ziemlich wohl, nachdem ich am nächsten

Morgen auf das Frühstück verzichtet hatte. Um völlig zu genesen, musste ich mein Fasten verlängern, das war mir klar, und durfte höchstens Fruchtsäfte zu mir nehmen.

An diesem Tag wurde ein Fest gefeiert. Obwohl ich Kasturba gesagt hatte, dass ich nichts zu Mittag essen wolle, führte sie mich in Versuchung, und ich konnte nicht widerstehen. Da ich ein Gelübde abgelegt hatte, weder Milch noch Milchprodukte zu mir zu nehmen, hatte sie für mich einen süßen Weizenbrei mit Öl anstelle von Ghee zubereitet. Auch hatte sie eine Schale mit Mungbohnen für mich aufgehoben. Ich gab dem Appetit nach und nahm beides bereitwillig an, in der Hoffnung, ich könnte ein paar Bissen essen, um Kasturba zu erfreuen und meinen Gaumen zu befriedigen, ohne dass es mir schaden würde. Aber der Teufel hatte nur auf eine solche Gelegenheit gewartet. Anstatt nur zu kosten, langte ich tüchtig zu. Dies war eine hinreichende Einladung an Yamaraj, den Gott des Todes. Innerhalb einer Stunde bekam ich einen akuten Ruhranfall.

Am selben Abend musste ich zurück nach Nadiad. Mit großer Mühe schleppte ich mich zum Bahnhof Sabarmati, der ungefähr eineinviertel Meilen entfernt lag. Vallabhbhai, der sich mir in Ahmedabad anschloss, sah, wie schlecht es mir ging, aber ich verheimlichte ihm, wie unerträglich die Schmerzen waren.

Gegen zehn Uhr erreichten wir Nadiad. Der Anath-Ashram, in dem wir unser Hauptquartier aufgeschlagen hatten, war nur eine halbe Meile vom Bahnhof entfernt, aber es fühlte sich an wie zehn. Irgendwie schleppte ich mich zu unserer Unterkunft, während die Darmkoliken immer heftiger wurden. Ich musste alle fünfzehn Minuten das Klosett aufsuchen. Schließlich gab ich mich geschlagen, erzählte von meinen unerträglichen Schmerzen und legte mich ins Bett. Anstatt die übliche, weit entfernte Latrine zu benutzen, bat ich um einen Nachtstuhl im Nebenraum. Ich schämte mich für diese Bitte, aber es blieb mir nichts anderes übrig. Fulchand Bapooji beschaffte sofort einen. Alle anwesenden Freunde umringten mich sehr besorgt. Sie waren ganz Zuneigung und Aufmerksamkeit, konnten aber meine Schmerzen nicht lindern. Mein Starrsinn machte sie noch hilfloser. Ich lehnte jede medizinische Hilfe ab. Ich wollte keine Medizin nehmen, sondern lieber die Strafe für meine Sünde erdulden. Meine Freunde waren bestürzt und sahen hilflos zu. In den nächsten vierundzwanzig Stunden entleerte ich mich bestimmt dreißig bis vierzig Mal. Ich fastete und nahm anfangs nicht einmal Fruchtsäfte zu mir, hatte keinerlei Appetit. Ich war immer der Ansicht gewesen, ich hätte einen Körper hart wie Stein, aber jetzt stellte sich heraus, dass er zu einem Klumpen Lehm geworden war. Er hatte jegliche Widerstandskraft verloren. Dr. Kanuga kam und flehte mich an, Medikamente zu nehmen. Ich lehnte ab. Er bot an, mir eine Spritze zu geben. Auch das lehnte ich ab. Ich war damals von einer geradezu lächerlichen Unwissenheit, was Spritzen betraf, denn ich glaubte, eine Injektion müsse eine Art Serum sein. Später begriff ich, dass der Arzt eine pflanzliche Substanz vorgeschlagen hatte, doch diese Entdeckung kam zu spät. Der Durchfall nahm kein Ende, so dass ich völlig ausgelaugt war. Die Erschöpfung wiederum hatte ein fiebriges Delirium zur Folge. Die Freunde wurden zunehmend nervöser und zogen weitere Ärzte hinzu. Aber was konnten diese schon mit einem Patienten anstellen, der nicht auf sie hören wollte?

Sheth Ambalalal kam mit seiner lieben Frau nach Nadiad, beriet sich mit meinen Mitarbeitern und transportierte mich behutsam nach Ahmedabad in seinen Bungalow. Unvorstellbar, dass jemand liebevoller und selbstloser gepflegt wird als ich während dieser Krankheit. Aber ein niedriges Fieber hielt sich hartnäckig, das meinen Körper täglich kraftloser werden ließ. Ich spürte, dass die Krankheit länger andauern und möglicherweise tödlich sein würde. Trotz der vielen Liebe und Aufmerksamkeit, die man mir unter Sheth Ambalals Dach entgegenbrachte, wurde ich allmählich unruhig und drängte ihn, mich in den Ashram zurückzubringen. Schließlich beugte er sich meiner Beharrlichkeit.

Während ich mich vor Schmerzen hin und her wälzte, brachte Vallabhbhai die Nachricht, dass Deutschland besiegt worden sei und der Commissioner mitgeteilt habe, weitere Rekrutierungen erübrigten sich. Die Nachricht war eine große Erleichterung.

Ich hatte es inzwischen mit Wasserkuren probiert, die mir etwas Linderung verschafften, aber es war schwierig, den Körper wieder zu kräftigen. Die vielen medizinischen Berater überschütteten mich mit Ratschlägen, aber ich konnte mich nicht dazu durchringen, irgendetwas zu mir zu nehmen. Zwei oder drei schlugen Fleischbrühe vor, um das Milchgelübde nicht zu brechen, und zitierten entsprechende Stellen aus Ayurveda-Texten. Einer empfahl mir nachdrücklich Eier. Aber ich hatte für sie alle nur eine Antwort parat: Nein.

Für mich war die Frage der Ernährung nichts, was mittels shastrischer Autorität entschieden werden konnte. Sie war mit meinem Lebensweg verwoben, der sich von Prinzipien leiten ließ, die von jeder äußeren Autorität unabhängig sind. Ich hatte nicht den Wunsch, auf Kosten ihrer Preisgabe zu überleben. Wie könnte ich ein Prinzip aufgeben, das ich gegenüber meiner Frau, meinen Kindern und Freunden unerbittlich durchgesetzt hatte?

Diese langwierige Krankheit, die erste meines Lebens, bot mir eine einzigartige Gelegenheit, meine Prinzipien zu überprüfen. Eines Nachts gab ich mich der Verzweiflung hin. Ich fühlte, dass ich an der Schwelle des Todes stand. Ich ließ Anasuyabehn benachrichtigen, die zum Ashram hinunterrannte. Vallabhbhai traf mit Dr. Kanuga ein, der meinen Puls fühlte. «Ihr Puls ist ziemlich stabil. Ich sehe keinerlei Gefahr. Es handelt sich um einen Nervenzusammenbruch infolge extremer Schwächung.» Aber ich war keineswegs beruhigt und verbrachte eine schlaflose Nacht.

Der Morgen brach an, ohne dass der Tod eingetreten wäre. Aber ich wurde das Gefühl nicht los, dass das Ende nahe war, und so lauschte ich in jeder wachen Stunde den Worten der Gita, die mir von Mitgliedern des Ashrams vorgelesen wurde. Ich konnte nicht arbeiten, nicht einmal lesen und mochte auch nicht sprechen. Schon das kürzeste Gespräch war eine geistige Anstrengung. Ich hatte das Interesse am Leben verloren, da ich nie allein um des Lebens willen gelebt habe. Es war eine solche Qual, in diesem hilflosen Zustand dahinzudämmern, nichts tun zu können, von Freunden und Mitarbeitern abhängig zu sein und mitzuerleben, wie der Körper allmählich verfiel.

Während ich in ständiger Erwartung meines Todes dalag, kam eines Tages Dr. Talvalkar mit einer seltsamen Kreatur aus Maharashtra im Schlepptau zu mir. Der Mann war nicht berühmt, aber ich sah sofort, dass er ein Sonderling war wie ich. Er war gekommen, um seine Behandlungsmethode an mir auszuprobieren. Er hatte sein Studium am Grant Medical College kurz vor dem Abschluss abgebrochen. Später erfuhr ich, dass er ein Mitglied der Brahmo Samaj war. Sjt. Kelkar, so sein Name, ist ein unabhängiger Geist. Er schwor auf seine Eisbehandlung, die er an mir ausprobieren wollte. Wir gaben ihm den Namen «Eisdoktor». Er ist fest davon überzeugt, dass er bestimmte Dinge entdeckt hat, die Ärzten von Rang entgangen sind. Schade für ihn und für mich, dass er mich mit seinem Glauben an sein System nicht anstecken konnte. Bis zu einem gewissen Punkt hatte ich Vertrauen in seine Methode, leider hat er sich wohl zu voreiligen Schlussfolgerungen verleiten lassen.

Aber was auch immer der Wert seiner Entdeckungen sein mag, ich ließ ihn mit meinem Körper experimentieren. Gegen eine äußerliche Behandlung hatte ich nichts, sie bestand darin, den ganzen Körper in Eis zu packen. Obwohl seine Behandlung meines Erachtens nicht so wirkte wie von ihm behauptet, gab sie mir trotzdem neue Hoffnung und Energie, und natürlich wirkt der Geist auf den Körper. Mein Appetit kehrte zurück, und ich konnte kurze Spaziergänge von fünf bis zehn Minuten machen. Jetzt schlug er eine Ernährungsumstellung vor. «Ich versichere Ihnen, wenn Sie rohe Eier essen, werden Sie wieder mehr Energie haben und schneller zu Kräften kommen. Eier sind so harmlos wie Milch. Sie fallen garantiert nicht unter die Kategorie Fleisch. Und wissen Sie, dass nicht alle Eier befruchtet sind? Auf dem Markt gibt es auch unbefruchtete Eier.» Ich wollte jedoch nicht einmal unbefruchtete Eier essen. Aber immerhin war ich so weit wiederhergestellt, dass ich mich wieder für meine Umgebung interessierte.

29. Der Rowlatt Act und mein moralisches Dilemma

Da Freunde und Ärzte mir versicherten, dass ich mich in Matheran schneller erholen würde, zog ich dorthin. Aber weil das Wasser in Matheran sehr hart ist, machte das den Aufenthalt für einen Patienten wie mich extrem unangenehm. Durch die Ruhrerkrankung war mein Analbereich sehr empfindlich geworden, Fissuren verursachten mir bei jeder Entleerung qualvolle Schmerzen, so dass mich allein der Gedanke an Essen mit Angst erfüllte. Bevor die Woche zu Ende ging, floh ich aus Matheran. Shankarlal Banker, der sich zum Hüter meiner Gesundheit aufgeschwungen hatte, drängte mich, Dr. Dalal zu konsultieren, also wurde dieser gerufen. Seine Fähigkeit, schnelle Entscheidungen zu treffen, beeindruckte mich.

«Ich kann Ihren Körper nur wieder aufbauen, wenn Sie Milch trinken», erklärte er. «Mit einigen zusätzlichen Eisen- und Arsenspritzen kann ich garantieren, dass Sie vollständig gesund werden.»

«Die Spritzen können Sie mir geben», antwortete ich, «aber Milch kommt nicht in Frage. Ich habe ein Gelübde abgelegt.»

«Was für ein Gelübde genau?», fragte der Arzt.

Ich erzählte ihm die ganze Geschichte und die Gründe für mein Gelübde. Seit ich erfahren hätte, dass Kühe und Büffelkühe dem Prozess des Kuhblasens unterworfen werden, sei mir Milch ein Graus. Außerdem hätte ich stets gefunden, Milch sei keine natürliche Menschennahrung, und daher vollständig darauf verzichtet. Kasturba stand neben meinem Bett und hörte diesem Gespräch die ganze Zeit zu.

«Aber gegen Ziegenmilch kannst du eigentlich nichts einwenden», warf sie ein.

Der Arzt griff das Stichwort auf. «Mit Ziegenmilch wäre ich zufrieden.»

Ich fügte mich. Mein leidenschaftlicher Wunsch, den Satyagraha-Kampf aufzunehmen, hatte einen starken Lebenswillen in mir geweckt, daher begnügte ich mich damit, meinem Gelübde nur dem Buchstaben nach treu zu bleiben, und opferte seinen Geist. Denn obwohl ich, als ich das Gelübde ablegte, nur an Kuh- und Büffelmilch gedacht hatte, war natürlich die Milch aller Tiere gemeint. Es konnte nicht richtig sein, irgendeine Milch zu trinken, wenn ich der Meinung war, dass Milch nicht zur natürlichen Ernährung des Menschen gehöre. Und obwohl ich das alles wusste, willigte ich ein, Ziegenmilch zu trinken. Der Lebenswille war stärker als die Hingabe an die Wahrheit, und ausnahmsweise setzte der Anhänger der Wahrheit sein heiliges Ideal durch seinen Eifer aufs Spiel, den Satyagraha-Kampf wieder aufzunehmen. Die Erinnerung an diese Entscheidung brennt noch heute in meiner Brust und erfüllt mich mit Reue, und ich überlege ständig, wie ich Ziegenmilch aufgeben kann. Aber ich habe mich noch nicht von der subtilsten aller Versuchungen befreit, dem Wunsch zu dienen, der mich immer noch beherrscht.

Meine Ernährungsexperimente waren mir vom Standpunkt der Ahimsa wichtig. Sie waren mir Erholung und Freude. Mein Ziegenmilchkonsum beunruhigt mich nicht so sehr aus der Sicht einer gewaltfreien Diät, sondern aus der Sicht der Wahrheit, da es sich um nichts Geringeres als einen Verstoß gegen mein Gelübde handelt. Offenbar verstehe ich das Ideal der Wahrheit besser als das von Ahimsa, und meine Erfahrung sagt mir, wenn ich meinen Wahrheitsanspruch aufgebe,

Der Rowlatt Act und mein moralisches Dilemma 429

werde ich das Rätsel von Ahimsa nie lösen. Das Ideal der Wahrheit verlangt, dass ein Gelübde sowohl dem Geist als auch dem Buchstaben gemäß erfüllt werden muss. Im vorliegenden Fall habe ich den Geist – die Seele meines Gelübdes – getötet, und das nagt an mir. Aber trotz dieser klaren Einsicht kann ich keinen Weg vor mir sehen. Mit anderen Worten, ich habe wohl nicht den Mut, den richtigen Weg einzuschlagen. Beides kommt aufs Gleiche heraus, denn der Zweifel ist stets das Resultat mangelnden Glaubens. «Herr, schenk mir Glauben,» bete ich daher Tag und Nacht.

Kurz nachdem ich anfing, Ziegenmilch zu trinken, operierte Dr. Dalal erfolgreich meine Fissuren. Während ich mich erholte, wurde auch mein Lebenswille stärker, denn Gott hielt weitere Arbeit für mich bereit.

Ich befand mich auf dem Weg der Genesung, als ich zufällig in der Zeitung den gerade veröffentlichten Bericht des Rowlatt Committee las, dessen Empfehlungen mich erschreckten. Shankarlal Banker und Umar Sobani kamen mit dem Vorschlag, ich solle in dieser Angelegenheit unbedingt etwas unternehmen. Ungefähr einen Monat später ging ich nach Ahmedabad. Ich erwähnte meine Bedenken gegenüber Vallabhbhai, der mich fast täglich besuchte. «Etwas muss getan werden», sagte ich zu ihm. «Aber was können wir unter den gegebenen Umständen tun?», fragte er zurück. «Wenn nur eine Handvoll Männer das Gelöbnis zum Widerstand ablegt, müssen wir, wenn die vorgeschlagenen Maßnahmen trotz allem Gesetz werden, sofort mit Satyagraha darauf reagieren», erklärte ich. «Wäre ich nicht so erschöpft, würde ich allein dagegen kämpfen, in der Erwartung, dass andere meinem Beispiel folgten. Aber in meinem gegenwärtigen hilflosen Zustand fühle ich mich der Aufgabe so gar nicht gewachsen.»

Wir entschieden, ein kleines Treffen von Personen einzuberufen, die mit mir in Kontakt standen. Die Empfehlungen des Rowlatt Committee schienen mir durch die im Bericht veröffentlichten Fakten nicht gerechtfertigt. Sie waren so einseitig, dass kein Volk, das Selbstachtung besaß, sie hinnehmen konnte.

Die geplante Konferenz fand schließlich im Ashram statt. Es waren nicht einmal zwanzig Personen eingeladen. Soweit ich mich erinnern kann, waren neben Vallabhbhai auch Shrimati Sarojini Naidu, Benjamin Horniman, Umar Sobani, Shankarlal Banker und Shrimati Anasuyabehn anwesend. Ein Satyagraha-Gelöbnis wurde verfasst und von allen Anwesenden unterzeichnet. Ich gab damals keine Zeitschrift heraus, schrieb aber gelegentlich für die Tagespresse darüber, und natürlich jetzt. Shankarlal Banker nahm die Kampagne sehr ernst, und ich erhielt zum ersten Mal eine Vorstellung von seinem Organisationstalent und Arbeitseifer.

Da ich bezweifelte, dass irgendeine der bestehenden Institutionen eine so neuartige Waffe wie Satyagraha übernehmen würde, gründeten wir eine eigene Organisation namens Satyagraha Sabha. Die wichtigsten Mitglieder kamen aus Bombay, weswegen dort auch das Hauptquartier war. Die Menschen kamen in Scharen und unterzeichneten das Satyagraha-Gelöbnis, es wurden Mitteilungen herausgegeben, überall fanden Versammlungen statt, die sehr an die Kheda-Kampagne erinnerten.

Ich wurde Vorsitzender des Satyagraha Sabha, stellte aber bald fest, dass es keine große Übereinstimmung zwischen mir und der Intelligenzia dieser Organisation gab. Mein Beharren auf dem Gebrauch von Gujarati, aber auch einige meiner anderen Arbeitsmethoden sorgten für Probleme und Peinlichkeiten. Ich muss ihnen jedoch hoch anrechnen, dass die meisten von ihnen meine Eigenarten großzügig hinnahmen.

Aber von Anfang an war mir klar, dass Sabha nicht lange bestehen würde. Mein Beharren auf Wahrheit und Ahimsa wurde von einigen Mitgliedern bald abgelehnt. Dennoch entwickelte sich unsere neue Unternehmung anfänglich durchaus dynamisch.

30. Ein großartiges Ereignis!

Während einerseits die Kampagne gegen den Bericht des Rowlatt Committee an Umfang und Intensität zunahm, wuchs andererseits die Entschlossenheit der Regierung, die Empfehlungen umzusetzen. Die Rowlatt-Gesetzesvorlage wurde veröffentlicht. Ich habe nur einmal in meinem Leben an den Verhandlungen der indischen Legislativkammer teilgenommen, und das war anlässlich der Debatte über diesen Gesetzentwurf. Shastriji hielt eine leidenschaftliche Rede, in der er die Regierung mit feierlichen Worten warnte. Der Vizekönig hörte offenbar gebannt zu, die Augen fest auf Shastriji gerichtet, der sich so eloquent äußerte. In diesem Augenblick schien es mir, als müsse der Vizekönig tief berührt von ihm sein, so wahr und so voller Gefühle sprach er.

Aber man kann einen Menschen nur wecken, wenn er wirklich schläft; stellt er sich nur schlafend, sind alle Bemühungen umsonst. Genau das war bei der Regierung der Fall. Sie wollte lediglich die Farce einer gesetzlichen Formalität einhalten. Ihre Entscheidung war bereits getroffen. Die feierliche Warnung Shastrijis kam daher bei der Regierung überhaupt nicht an.

Wer wollte unter diesen Umständen meine leise Stimme überhaupt hören? Ich redete ernst mit dem Vizekönig, schrieb ihm private und auch öffentliche Briefe, in denen ich ihm deutlich sagte, dass mir das Vorgehen der Regierung keinen anderen Weg als Satyagraha ließ. Aber alles war vergeblich.

Noch war die Vorlage nicht als Gesetz im Amtsblatt veröffentlicht worden. Ich war in einem sehr schwachen Zustand, als ich eine Einladung aus Madras erhielt, wollte aber das Risiko der langen Reise trotzdem eingehen. Meine Stimme war für Versammlungen noch zu leise. Und ich konnte mich nicht lange genug auf den Beinen halten, um im Stehen zu reden; das ist noch heute so. Dann zittert mein ganzer Körper, und mein Puls rast.

Ich habe mich im Süden stets heimisch gefühlt. Dank meiner Jahre in Südafrika hatte ich den Eindruck, eine besondere Beziehung zu Tamilen und Telugus zu haben, und bisher habe ich mich nicht getäuscht. Die Einladung war von Kasturi Ranga Iyengar unterschrieben, aber der Mann hinter der Einladung, wie ich auf dem Weg nach Madras erfuhr, war Rajagopalachari. Es war unsere erste persönliche Begegnung. Ich erkannte ihn auf Anhieb. Rajagopalachari war damals gerade erst aus Salem gekommen, um sich auf dringliche Einladung von Freunden wie Kasturi Ranga Iyengar als Anwalt in Madras niederzulassen und aktiver am öffentlichen Leben teilzunehmen. Wir kamen zu ihm in seinem Bungalow. Sehr bald entwickelte mein persönlicher Sekretär Mahadev Desai eine enge Beziehung zu Rajagopalachari, der sich aufgrund seiner angeborenen Schüchternheit immer im Hintergrund hielt. Aber Mahadev machte mich auf ihn aufmerksam. «Diesen Mann sollten Sie an sich binden», sagte er eines Tages zu mir.

Und das tat ich. Wir diskutierten täglich über die Pläne für unseren Kampf, doch außer öffentlichen Treffen fielen mir zu dem Zeitpunkt keine weiteren Aktivitäten ein. Ich war ratlos – wie sollte der zivile Ungehorsam gegen die Rowlatt-Vorlage aussehen, wenn sie in Kraft treten würde? Man kann ein Gesetz ja nur missachten, wenn die Regierung einem die Möglichkeit dazu gibt. Wenn nicht, wie konnten wir zivilen Ungehorsam gegen andere Gesetze einsetzen? Und wo sollte die Grenze gezogen werden? Diese und eine Vielzahl ähnlicher Fragen waren Thema unserer Diskussionen.

Kasturi Ranga Iyengar berief eine kleine Konferenz führender Persönlichkeiten ein. Einer der herausragenden Teilnehmer war Sjt. Vijayaraghavachari. Er schlug vor, ich solle ein umfassendes Handbuch über die Wissenschaft von Satyagraha schreiben, das selbst die nebensächlichsten Details enthalte. Ich erklärte ihm, diese Aufgabe übersteige meine Fähigkeiten.

Während wir noch tagten, erreichte mich die Nachricht, dass die Rowlatt-Vorlage als Gesetz veröffentlicht worden war. Nachts grübelte ich lange über dem Problem, bis ich einschlief. Beim Aufwachen früh am Morgen, früher als sonst, als ich mich noch im Dämmerzustand zwischen Schlaf und Wachsein befand, kam mir plötzlich eine Idee – es war wie im Traum. Am Morgen erzählte ich alles Rajagopalachari.

«Mir kam gestern im Traum die Idee, dass wir als Reaktion auf dieses Gesetz das Land zum Generalstreik auffordern sollten. Satyagraha ist ein Prozess der Selbstreinigung, unser Satyagraha-Kampf ist heilig, und es scheint mir passend, wenn er mit einem Akt der Selbstreinigung beginnt. Das ganze indische Volk soll daher seine Arbeit an einem bestimmten Tag ruhen lassen und den Tag als Tag des Fastens und des Gebets betrachten. Die Muslime werden wohl nicht länger als einen Tag fasten, deshalb soll das Fasten vierundzwanzig Stunden dauern. Es ist schwer zu sagen, ob alle Provinzen mitmachen, aber ich bin mir ziemlich sicher, dass Bombay, Madras, Bihar und Sindh dabei sind. Wir können schon ziemlich zufrieden sein, wenn diese Orte den *hartal* unterstützen.»

Rajagopalachari war von meinem Vorschlag sofort angetan. Auch andere Freunde begrüßten ihn. Ich verfasste einen kurzen Aufruf. Das Datum des *hartal* wurde zunächst auf den 30. März 1919 festgelegt, später auf den 6. April verschoben. Die Leute erfuhren also ziemlich kurzfristig davon. Da sofort etwas unternommen werden musste, war eine längere Frist nicht möglich.

Wer hätte voraussehen können, wie sich alles entwickelte? Ganz Indien von einem Ende zum anderen, Städte wie auch Dörfer, streikten an diesem Tag. Es war ein großartiges Ereignis.

31. Diese unvergessliche Woche I

Nach einer kurzen Tour durch Südindien erreichte ich Bombay, am 4. April, wenn ich mich recht entsinne. Kurz zuvor hatte ich ein Telegramm von Shankarlal Banker erhalten, mit der Bitte, an den Feierlichkeiten zum 6. April teilzunehmen.

Aber in der Zwischenzeit war in Delhi bereits am 30. März ein *hartal* ausgerufen worden. Das Wort von Swami Shraddhanandji und Hakim Ajmal Khan Sahib galt dort als Gesetz. Die Nachricht über die Verschiebung des *hartal* auf den 6. April hatte Delhi zu spät erreicht. So einen *hartal* wie diesen hatte Delhi noch nie erlebt. Hindus und Muslime schienen im Herzen vereint. Swami Shraddhanandji nahm die Einladung an, in der Jumma Masjid eine Rede zu halten. Das konnten die Behörden nicht hinnehmen. Die Polizei hielt den Zug der Streikenden auf dem Weg zum Bahnhof an und eröffnete das Feuer, viele wurden verletzt und einige getötet. Damit begann die Herrschaft der Unterdrückung in Delhi. Shraddhanandji schrieb, ich solle dringend nach Delhi kommen. Ich telegrafierte zurück, ich würde sofort nach den Feierlichkeiten am 6. April nach Delhi aufbrechen.

Was in Delhi geschah, wiederholte sich auch in Lahore und Amritsar. Aus Amritsar erreichte mich eine Nachricht von Dr. Satyapal und Dr. Kitchlu, die mich nachdrücklich zum Kommen aufforderten. Ich kannte sie damals nicht, teilte ihnen aber mit, ich würde Amritsar gleich im Anschluss an Delhi besuchen.

Am Morgen des 6. Juni strömten die Bürger Bombays zu Tausenden zum Chowpatty-Strand, um im Meer zu baden; anschließend zog die Menge weiter nach Madhav Baug. Dem Zug, der aus nicht wenigen Frauen und Kindern bestand, schlossen sich Muslime in großer Zahl an. Am Madhav Baug wurden mehrere von uns von muslimischen Freunden gebeten, in eine nahegelegene Moschee mitzukommen, wo man Mrs. Naidu und mich überredete, eine Ansprache zu halten. Vithaldas Jerajani schlug vor, alle sollten gleich hier und jetzt ein Gelöbnis auf Swadeshi und die hindu-muslimische Einheit ablegen, aber ich lehnte dies mit der Begründung ab, kein Gelöbnis dürfe unter Druck oder in Eile erfolgen, und dass wir mit dem zufrieden sein sollten, was die Menschen bereits geleistet hatten. Ein Gelöbnis, argumentierte ich, dürfe nicht gebrochen werden, weswegen sich alle Beteiligten zuerst über die Auswirkungen eines Swadeshi-Gelöbnisses und die schwere Verantwortung im Klaren sein müssten, die mit dem Gelöbnis zur hindu-muslimischen Einheit verbunden sei. Am Ende schlug ich vor, dass diejenigen, die das Gelöbnis leisten wollten, sich am nächsten Morgen am Chowpatty-Strand wieder versammeln sollten.

Der *hartal* in Bombay war ein voller Erfolg. Alle nötigen Vorbereitungen für den Beginn des zivilen Ungehorsams waren getroffen. In diesem Zusammenhang wurden einige weitere Fragen besprochen. Es wurde beschlossen, zivilen Ungehorsam nur gegen diejenigen Gesetze zu leisten, die von den Massen leicht übertreten werden könnten. Die Salzsteuer etwa war äußerst unbeliebt, eine mächtige Bewegung kämpfte seit geraumer Zeit für ihre Abschaffung. Deshalb schlug ich vor, die Menschen sollten bei sich zu Hause Salz aus Meerwasser gewinnen und damit gegen das Salzgesetz verstoßen. Mein anderer Vorschlag betraf den Verkauf von verbotener Literatur, darunter auch zwei meiner eigenen Bücher, nämlich «Hind Swaraj» und «Sarvodaya», die Gujarati-Fassung von Ruskins «Diesem Letzten». Sie nachzudrucken und in aller Öffentlichkeit zu verkaufen, schien ein einfacher Weg des zivilen Ungehorsams zu sein. Also wurde eine ausreichende Anzahl Exemplare gedruckt und bereitgestellt, damit wir sie am Ende der Massenveranstaltung verkaufen konnten, die an diesem Abend nach dem Fastenbrechen stattfand.

Am Abend des 6. Juni strömten zahlreiche Freiwillige aus, um die verbotene Literatur unters Volk zu bringen. Shrimati Sarojini Devi und ich fuhren in Autos herum. Bald waren die vorhandenen Exemplare ausverkauft. Der Verkaufserlös sollte die Kampagne des zivilen Ungehorsams unterstützen. Beide Bücher kosteten je vier Anna, aber ich erinnere mich kaum an jemanden, der sie zu diesem Nennwert gekauft hätte. Viele gaben alles Geld, das sie in der Tasche hatten, für ein einziges Exemplar aus. Manche gaben Fünf- und Zehn-Rupien-Scheine, ich erinnere mich, dass ich ein Exemplar für fünfzig Rupien verkaufte! Allen wurde ausführlich erklärt, dass sie wegen Erwerb verbotener Literatur verhaftet und ins Gefängnis gesteckt werden könnten. Aber sie hatten die Angst vor einer Verhaftung komplett abgeschüttelt.

Später erfuhren wir, dass sich die Regierung auf die bequeme Haltung versteift hatte, wir hätten nicht gegen das Verbot verstoßen, denn das, was wir verkauft hätten, falle nicht unter die Rubrik der verbotenen Literatur. Unser Nachdruck wurde von der Regierung als legale Neuauflage betrachtet, und der Verkauf solcher Bücher stelle folglich keine Straftat dar. Diese Nachricht löste allgemeine Enttäuschung aus.

Am nächsten Morgen fand eine weitere Versammlung statt, um die beiden Gelöbnisse auf Swadeshi und die hindu-muslimische Einheit zu leisten. Vithaldas Jerajani erkannte zum ersten Mal, dass nicht alles, was weiß ist, Milch sein muss, wie das Gujarati-Sprichwort sagt. Es erschien nur eine Handvoll Personen. Ich erinnere mich sehr gut an einige der wenigen anwesenden Schwestern. Auch Männer waren dünn gesät. Ich hatte das Gelöbnis bereits formuliert und erklärte den Anwesenden ausführlich seine Bedeutung, bevor ich es ihnen abnahm. Ich war weder überrascht noch traurig, dass so wenige gekommen waren, denn ich habe diesen charakteristischen Unterschied in der Einstellung der Menschen immer wieder erlebt: Vorliebe für aufregende Aktionen, Abneigung gegenüber unspektakulärer konstruktiver Arbeit. Daran hat sich bis zum heutigen Tag nichts geändert.

In der Nacht des 7. Juni brach ich nach Delhi und Amritsar auf. Als ich am 8. Mai Mathura erreichte, hörte ich zum ersten Mal Gerüchte über meine bevorstehende Verhaftung. Beim nächsten Zwischenhalt suchte mich Acharya Gidvani auf und ließ mich wissen, dass ich mit Sicherheit verhaftet werden würde. Er bot mir seine Dienste an, sollte ich sie brauchen. Ich dankte ihm für das Angebot und versicherte ihm, dass ich sie im Notfall bestimmt in Anspruch nähme.

Noch bevor der Zug Palwal erreichte, wurde mir ein schriftlicher Befehl zugestellt, der mir verbot, die Grenze zum Punjab zu überschreiten, da meine Anwesenheit dort wahrscheinlich zu Ruhestörungen führen würde. Die Polizei forderte mich auf, aus dem Zug auszusteigen. Ich weigerte mich. «Ich fahre auf dringende Einladung in den Punjab. Ich möchte keine Unruhe stiften, sondern für Ruhe sorgen. Bedauerlicherweise kann ich daher dieser Anordnung nicht nachkommen.»

Schließlich fuhren wir in Palwal ein. Ich bat Mahadev, der an meiner

Seite war, nach Delhi vorauszufahren, um Swami Shraddhanandji zu informieren und das Volk zur Ruhe zu ermahnen. Er sollte erklären, warum ich mich entschieden hatte, der Anordnung nicht Folge zu leisten und die Strafe dafür in Kauf zu nehmen, und auch, warum es für uns ein Sieg wäre, wenn wir trotz der Strafe, die vielleicht über mich verhängt würde, Ruhe bewahrten.

Am Bahnhof Palwal wurde ich aus dem Zug geholt und in Polizeigewahrsam genommen. Kurz darauf kam ein Zug aus Richtung Delhi. Die Polizei brachte mich in einen Wagen dritter Klasse. Als wir Mathura erreichten, führte man mich in die Polizeikaserne, aber keiner der Beamten konnte mir dort sagen, was man mit mir vorhatte oder wohin ich als Nächstes gebracht werden sollte. Früh um vier Uhr am nächsten Morgen weckte man mich und setzte mich in einen Güterzug, der nach Bombay fuhr. Gegen Mittag wurde ich gezwungen, in Sawai Madhopur auszusteigen. Police Inspector Bowring, der mit dem Postzug aus Lahore gekommen war, übernahm nun meine Bewachung. Ich wurde mit ihm in einem Erster-Klasse-Abteil untergebracht. Vom gewöhnlichen Häftling war ich zum Gentleman-Gefangenen geworden. Der Inspector hob zu einer langen Lobrede auf Sir Michael O'Dwyer an. Sir Michael habe nichts gegen mich persönlich, nur betrachte er es als Ruhestörung, wenn ich den Punjab beträte, und so weiter. Am Ende der Eloge bat er mich, freiwillig nach Bombay zurückzukehren und ihm zuzusichern, dass ich die Grenze zum Punjab nicht überqueren würde. Diesem Befehl könne ich unmöglich entsprechen, antwortete ich. Ich sei nicht bereit, aus freien Stücken umzukehren. Daraufhin erklärte er mir, er sehe sich gezwungen, rechtlich gegen mich vorzugehen. «Aber was wollen Sie mit mir machen?», fragte ich. Er erklärte, das wisse er selbst nicht, er warte auf weitere Befehle. «Erstmal bringe ich Sie nach Bombay», sagte er.

Wir erreichten Surat. Hier wurde ich einem anderen Polizisten unterstellt. «Sie sind jetzt frei», sagte er, als wir Bombay erreichten. «Es wäre jedoch besser», fügte er hinzu, «wenn Sie in der Nähe von Marine Lines aussteigen. Ich lasse den Zug für Sie anhalten. In Colaba wartet wahrscheinlich eine große Menschenmenge auf Sie.» Ich antwortete, dass ich seinem Wunsch gerne nachkomme. Er bedankte sich erfreut. Also stieg ich an den Marine Lines aus. Zufällig fuhr gerade ein Freund vorbei, der mich in seinem Wagen mitnahm und bei Revashankar Jhaveri absetzte.

Der Freund erzählte mir, die Nachricht von meiner Verhaftung habe die Leute höchst erzürnt. «In der Gegend von Pydhuni wird jeden Moment ein Ausbruch befürchtet, der Richter und die Polizei sind bereits dort», fügte er hinzu.

Kaum war ich im Haus, kamen Umar Sobani und Anasuyabehn angelaufen und beschworen mich, sofort nach Pydhuni zu fahren. «Die Menschen sind ungeduldig und äußerst aufgebracht», sagten sie, «wir können sie nicht beruhigen. Das kann nur Ihre Anwesenheit.»

Ich stieg ins Auto. Als wir uns Pydhuni näherten, sah ich, dass sich eine riesige Menge versammelt hatte. Bei meinem Anblick gerieten die Leute fast außer sich vor Freude. Sofort bildete sich ein Zug, und die Rufe «*Vande mataram*», Mutter, ich preise dich, und «*Allahu akbar*», Gott ist groß, stiegen zum Himmel. In Pydhuni erblickten wir einen Trupp berittene Polizei. Es hagelte Ziegelbrocken. Vergeblich versuchte ich, die Menge zu beschwichtigen, aber es fielen weiterhin Ziegelbrocken auf uns. Als der Zug von der Abdur Rahman Street in den Crawford Market einbog, sah er sich plötzlich den berittenen Polizisten gegenüber, die sich dort postiert hatten, damit die Menge nicht weiter in Richtung Fort vorrücken konnte. Die Menschen standen dicht gedrängt, waren kurz davor, die Polizeiabsperrung zu durchbrechen. Es bestand kaum eine Chance, mir in diesem Chaos Gehör zu verschaffen. Genau in diesem Moment gab der Polizeikommandeur den Befehl, die Menschen auseinanderzutreiben, und sofort preschten die Reiter mit gezückten Lanzen auf das Volk zu. Einen Augenblick lang fürchtete ich, dass eine der Lanzen uns treffen könnte, eine unbegründete Befürchtung, denn sie schrammten nur am Auto entlang, als die Reiter vorbeirauschten. Die Reihen waren bald durchbrochen, ein wildes Durcheinander entstand, das sich zur Panik entwickelte. Menschen wurden zertrampelt, andere schwer verletzt, zerquetscht. In dieser brodelnden Masse kamen die Pferde kaum durch, es gab keine Fluchtwege für die Menschen. Die Lanzenreiter schlugen sich blindlings eine Bresche durch die Menge. Ich kann mir kaum vorstellen, dass sie sehen konnten, was sie anrichteten. Es war ein furchtbarer Anblick! Reiter und Menschen in wahnsinniger Verwirrung ineinander verkeilt.

So wurde die Menge auseinandergetrieben, am Weitermarsch gehindert. Unser Auto durfte weiterfahren. Ich ließ vor dem Büro des Commissioners anhalten, um mich bei ihm über das Verhalten der Polizei zu beschweren.

32. Diese unvergessliche Woche II

Ich ging zum Büro des Commissioners, Francis Griffith. Überall auf der Treppe, die zu seinem Büro führte, standen bis zu den Zähnen bewaffnete Soldaten, wie zur Schlacht gerüstet. Auch auf der Veranda wimmelte es von ihnen. Als ich eingelassen wurde, saß Bowring neben Griffith.

Ich schilderte dem Commissioner die Szenen, die ich miterlebt hatte. «Ich wollte nicht, dass die Menschenmenge zum Fort weiterzieht, weil es dort unweigerlich zu Ausschreitungen gekommen wäre. Und als ich sah, dass die Leute auf gutes Zureden nicht reagierten, konnte ich nicht anders, als der Polizei den Befehl zu geben, durch die Menge zu reiten», erklärte er knapp.

«Aber Ihnen muss doch klar gewesen sein, was passieren würde», warf ich ihm vor. «Die Pferde mussten zwangsläufig auf den Menschen herumtrampeln. Es war völlig unnötig, eine Reiterstaffel einzusetzen.»

«Das können Sie nicht beurteilen», sagte Mr. Griffith. «Wir Polizisten kennen die Wirkung Ihrer Lehre auf das Volk besser als Sie. Wenn wir nicht gleich zu drastischen Maßnahmen greifen, würde uns die Situation entgleiten. Ich sage Ihnen, Sie werden die Kontrolle über die Menschen verlieren. Ungehorsam gegen das Gesetz, das gefällt ihnen, dass sie aber dabei friedlich vorgehen sollen, das begreifen sie nicht. Ich zweifle nicht an Ihren guten Absichten, aber das Volk versteht sie nicht. Es folgt seinem natürlichen Instinkt.»

«Da widerspreche ich Ihnen. Die Menschen sind nicht von Natur aus gewalttätig, sondern friedlich.»

So stritten wir lange hin und her. «Aber angenommen, Sie gelangen zu der Überzeugung, dass Ihre Lehre bei den Menschen nicht mehr ankommt?», wollte Mr. Griffith schließlich wissen.

«Wenn ich wirklich davon überzeugt wäre, würde ich den zivilen Ungehorsam einstellen.»

«Was wollen Sie damit sagen? Sie haben doch Mr. Bowring erklärt, Sie würden sofort nach Ihrer Freilassung in den Punjab gehen?»

«Ja, ich wollte den nächstmöglichen Zug nehmen. Aber das kommt heute nicht in Frage.»

«Warten Sie ab, dann werden Sie mit Sicherheit zu dieser Überzeugung gelangen. Wissen Sie, was in Ahmedabad passiert? Und was in Amritsar los ist? Überall benehmen sich die Menschen wie die Wahnsinnigen. Dabei habe ich noch nicht einmal alle Informationen, weil Telegrafenleitungen an einigen Stellen durchtrennt worden sind. Die Verantwortung für diesen ganzen Aufruhr liegt bei Ihnen.»

«Ich versichere Ihnen, dass ich sie gern auf mich nehme, wenn das tatsächlich der Fall ist. Aber ich wäre tief getroffen und überrascht, sollte es in Ahmedabad tatsächlich Unruhen geben. Zu Amritsar kann ich nichts sagen, ich war noch nie da, niemand kennt mich dort. Aber was den Punjab betrifft, dort hätte ich sicherlich dazu beitragen können, dass alles ruhig bleibt, wenn die dortige Regierung nicht meine Einreise verhindert hätte. Damit wurden die Menschen unnötig provoziert.»

Und so stritten wir immer weiter. Eine Übereinstimmung schien unmöglich. Ich teilte ihm mit, dass ich bei einem Treffen in Chowpatty sprechen und die Menschen auffordern wollte, Ruhe zu wahren, dann verabschiedete ich mich. Die Versammlung fand am Chowpatty-Strand statt. Ich sprach ausführlich über die Pflicht zur Gewaltlosigkeit und über die Grenzen von Satyagraha. «Satyagraha ist im Wesentlichen eine Waffe der Wahrhaftigen. Wenn die Menschen nicht friedfertig bleiben, kann ich den Satyagraha-Kampf nicht führen.»

Anasuyabehn hatte ebenfalls von den Unruhen in Ahmedabad erfahren. Jemand hatte das Gerücht verbreitet, auch sie sei verhaftet worden. Die Textilarbeiter waren wegen dieser angeblichen Verhaftung außer sich geraten, hatten die Arbeit niedergelegt und Gewalttaten begangen, wobei ein Soldat umgekommen war.

Ich fuhr weiter nach Ahmedabad. Unterwegs hörte ich, dass man versucht hatte, die Schienen in der Nähe des Bahnhofs von Nadiad herauszureißen, dass ein Regierungsbeamter in Viramgam ermordet worden war und Ahmedabad unter Kriegsrecht stand. Die Bevölkerung war in Panik. Sie hatte sich der Gewalt hingegeben und musste nun dafür zahlen, mit Zins und Zinseszinsen.

Ein Polizeibeamter wartete auf dem Bahnhof, um mich zu Mr. Pratt, dem Commissioner, zu bringen, der höchst aufgebracht war. Ich sprach beruhigend auf ihn ein und bedauerte die Unruhen. Die Verhängung des Kriegsrechts sei unnötig, deutete ich an, und erklärte meine Bereitschaft, bei allen Bemühungen zur Wiederherstellung der öffentlichen Ruhe mit ihm zusammenzuarbeiten. Ich bat um die Erlaubnis, eine Versammlung auf dem Gelände des Sabarmati-Ashrams abzuhalten. Der Vorschlag sagte ihm zu, und die Versammlung fand am Montag, den 14. April statt; das Kriegsrecht wurde am selben oder am nächsten Tag aufgehoben. Als ich mich an die Versammelten wandte, versuchte ich, ihnen das begangene Unrecht zu verdeutlichen, verkündete ein dreitägiges Bußfasten meinerseits, appellierte an die Menschen, ebenfalls einen Tag lang zu fasten, und drängte jene, die Gewalttaten begangen hatten, sich offen zu ihrer Schuld zu bekennen.

Ich sah meine Pflicht glasklar vor mir. Die Vorstellung, dass die Arbeiter, unter denen ich so viel Zeit verbracht, denen ich gedient und von denen ich Besseres erwartet hatte, an den Ausschreitungen teilgenommen hatten, war unerträglich, ich fühlte mich mitschuldig.

So wie ich dem Volk vorgeschlagen hatte, seine Schuld einzugestehen, legte ich der Regierung nahe, die Verbrechen nicht zu verfolgen. Beide Seiten ignorierten meinen Rat.

Sir Ramanbhai und andere Bürger Ahmedabads kamen zu mir mit der Bitte, Satyagraha auszusetzen. Eine unnötige Bitte, denn ich hatte mich bereits entschlossen, Satyagraha auszusetzen, solange die Menschen die Lehren des Friedens nicht verinnerlicht hatten. Die Freunde verabschiedeten sich glücklich.

Es gab jedoch andere, die mit dieser Entscheidung nicht glücklich waren. Sie waren der Meinung, dass eine Massen-Satyagraha unmöglich wäre, wenn ich Frieden als Voraussetzung für die Verkündung von Satyagraha betrachtete. Ich widersprach ihnen. Wenn selbst diejenigen, mit denen ich zusammenarbeitete und die daher auf Gewaltlosigkeit und Selbstaufopferung geeicht sein müssten, nicht gewaltfrei sein konnten, war Satyagraha freilich unmöglich. Ich war fest überzeugt, dass diejenigen, die das Volk zu Satyagraha führen wollten, in der Lage sein sollten, das Volk in den Schranken der Gewaltlosigkeit zu halten, die verlangt wurde. Dieser Meinung bin ich auch heute noch.

33. «Eine Himalaya-große Fehleinschätzung»

Kurz nach dem Treffen in Ahmedabad fuhr ich nach Nadiad. Dort gebrauchte ich zum ersten Mal den Ausdruck «Himalaya-große Fehleinschätzung», der danach so populär wurde. Schon in Ahmedabad hatte ich meinen Fehler geahnt. Doch erst angesichts der Lage in Nadiad, als ich hörte, dass in Kheda viele verhaftet worden waren, und während meiner Rede bei der öffentlichen Versammlung begriff ich, es war ein Fehler gewesen, die Menschen aus Kheda und anderswo zum zivilen Ungehorsam aufzufordern, ein Fehler, der die Ausmaße eines Berges zu haben schien. Mein Eingeständnis provozierte nicht wenig Spott, aber ich habe es nie bereut, denn ich bin immer der Ansicht gewesen, wir sollten die elefantengroßen Fehler anderer auf ein Staubkorn reduzieren, die eigenen Fehler hingegen, und mögen sie klein wie ein Senfsamen sein, als Himalaya-groß ansehen. Nur dann erhalten wir eine relative Einschätzung der jeweiligen Fehler. Zudem glaube ich, dass eine gewissenhafte Einhaltung dieser Regel für jeden, der ein Satyagrahi sein möchte, unerlässlich ist.

Analysieren wir nun die Fehleinschätzung. Bevor man für zivilen Ungehorsam geeignet ist, muss man zuvor den staatlichen Gesetzen freiwillig und respektvoll Gehorsam geleistet haben. Meistens befolgen wir Gesetze aus Angst vor einer Strafe, insbesondere jene Gesetze, die kein moralisches Prinzip beinhalten. Ein guter Mensch wird nicht plötzlich stehlen, egal ob es ein Gesetz gegen Diebstahl gibt oder nicht, aber derselbe Mensch wird ohne Schuldgefühl die Vorschrift missachten, nach Einbruch der Dunkelheit nur mit Licht Fahrrad zu fahren. Und selbst wenn man zur Befolgung dieser Vorschrift mahnte, würden nicht einmal gute Menschen diesen Ratschlag ohne Weiteres befolgen. Vielmehr würde dieser Mensch im Dunkeln mit Licht fahren, um sich der Unannehmlichkeit einer Strafverfolgung zu entziehen. Eine derartige Regeltreue ist aber kein Gehorsam aus freien Stücken, wie er von einem Satyagrahi verlangt wird. Ein Satyagrahi gehorcht den Gesetzen der Gesellschaft aus Einsicht und freiem Willen, weil er dies für seine heilige Pflicht hält. Erst wenn ein Mensch die Gesetze der Gesellschaft gewissenhaft befolgt hat, kann er beurteilen, welche Vorschriften gut und gerecht sind, welche schlecht und ungerecht. Erst dann erwächst ihm das Recht auf zivilen

Ungehorsam gegen bestimmte Gesetze und unter klar definierten Umständen. Mein Fehler lag darin, dass ich diese notwendige Einschränkung nicht beachtet hatte. Ich hatte die Menschen zu zivilem Ungehorsam aufgefordert, ehe sie diese Vorbedingung erfüllt hatten, und eben dieser Fehler kam mir riesig wie der Himalaya vor. In Kheda prasselten all die Erinnerungen an den dortigen Satyagraha-Kampf auf mich ein, und ich fragte mich, wie ich das Offensichtliche hatte übersehen können.

Bevor ein Volk für zivilen Ungehorsam geeignet ist, muss es dessen tiefere Bedeutung ganz verstanden haben. Wie sollen diejenigen, die tagtäglich in Gedanken Gesetze übertreten, die oft heimlich das Gesetz brechen, plötzlich zivilen Ungehorsam begreifen? Wie seine Grenzen verstehen? Dieser Idealzustand kann nicht von Tausenden oder Hunderttausenden aus dem Stand heraus erreicht werden. Bevor der zivile Ungehorsam zur Massenbewegung werden konnte, musste eine Gruppe von bewährten Freiwilligen gebildet werden, die reinen Herzens waren und die Grenzen des zivilen Ungehorsams genau verstanden. Ihre Aufgabe war es, diese der Bevölkerung zu erklären, sie dabei ständig zu überwachen.

Mit solchen Gedanken erreichte ich Bombay, stellte über die Satyagraha Sabha ein Satyagrahi-Freiwilligenkorps zusammen und begann mit seiner Hilfe, die Menschen über die Bedeutung und den tieferen Sinn von Satyagraha zu erziehen. Dies geschah vor allem durch die Verteilung von aufklärenden Flugblättern.

Dabei wurde mir immer klarer, wie schwierig es war, die Menschen für Satyagraha zu interessieren. Auch meldeten sich kaum Freiwillige, und selbst diejenigen, die sich gemeldet hatten, sträubten sich gegen regelmäßige systematische Schulungen, so dass im Laufe der Zeit sogar die neuen Rekruten, statt vertrauter mit der Materie zu werden, immer weniger von Satyagraha verstanden. Ich erkannte, dass die Karre des zivilen Ungehorsams nicht so schnell voranrollen würde wie erwartet.

34. *Navajivan* und *Young India*

Während die Bewegung zur Einhaltung der Gewaltlosigkeit langsame, aber stetige Fortschritte machte, führte die Regierung ihre Politik der ungesetzlichen Unterdrückung fort. Im Punjab manifestierte sie sich völlig

Navajivan und Young India 443

hemmungslos. Die Führer wurden verhaftet, das Kriegsrecht – mit anderen Worten Rechtlosigkeit – wurde verhängt. Sondergerichte entstanden, die keine wirklichen Gerichte, sondern Instrumente zur Erfüllung willkürlicher Autokratenbefehle waren. Urteile wurden ohne Beweise und in flagranter Verletzung der Rechtsnormen verhängt. In Amritsar wurden unschuldige Männer und Frauen dazu gebracht, wie Würmer auf dem Bauch zu kriechen. So empört war ich, dass selbst die Tragödie von Jallianwala Bagh im April 1919 in meinen Augen verblasste, obwohl es gerade dieses Massaker war, das die Aufmerksamkeit der indischen und der internationalen Bevölkerung auf sich zog.

Ich wurde gedrängt, sofort und ohne Rücksicht auf die Folgen in den Punjab zu kommen. Ich schrieb und telegrafierte dem Vizekönig wegen einer Reiseerlaubnis, vergeblich. Wenn ich mich ohne Erlaubnis auf den Weg machte, würde ich die Grenze zum Punjab nicht überschreiten dürfen und müsste mich ganz auf die Option des zivilen Ungehorsams verlassen. Ich stand also vor einem moralischen Dilemma. So wie die Dinge lagen, konnte die Übertretung des Einreiseverbots meiner Meinung nach kaum als ziviler Ungehorsam eingestuft werden, weil die Atmosphäre keineswegs so friedlich war, wie ich es mir wünschte, und die hemmungslose Unterdrückung im Punjab hatte dazu beigetragen, dass der Groll noch grimmiger geworden war. Hätte ich mich also über die Anordnung hinweggesetzt, so hätte ich Ghee ins Feuer gegossen. Deshalb entschied ich mich, nicht in den Punjab zu fahren, auch wenn die Freunde mich drängten. Diese bittere Pille musste ich schlucken. Tagtäglich drangen Berichte über übelstes Unrecht und Unterdrückung aus dem Punjab zu uns, aber ich konnte nichts anderes tun, als hilflos dazusitzen und mit den Zähnen zu knirschen.

Gerade da wurde Mr. Horniman, in dessen Händen sich der *Bombay Chronicle* zu einer ernstzunehmenden Kraft entwickelt hatte, während wir alle schliefen, von den Behörden ausgewiesen. Dieser Schachzug der Regierung war dermaßen übel und faul, dass ich noch heute den Gestank in meinen Nasenlöchern habe. Ich weiß, dass Mr. Horniman nie für Gesetzlosigkeit eintrat. Er hatte es nicht gutgeheißen, dass ich ohne Zustimmung der Satyagraha Sabha das Verbot der Punjab-Regierung übertrat, und er hatte die Entscheidung, den zivilen Ungehorsam auszusetzen, voll und ganz unterstützt. Er hatte mir sogar einen Brief in diesem Sinn geschickt, den ich wegen der Entfernung zwischen Bombay und Ahmedabad erst hinterher erhielt. Seine überraschende Deportation verursachte mir großen Schmerz.

Als Folge dieser Entwicklungen wurde ich von den Direktoren des *Bombay Chronicle* gebeten, die Verantwortung als Herausgeber für diese Zeitung zu übernehmen. Mr. Brelvi war bereits mit den täglichen Geschäften befasst, so dass mir nicht viel zu tun blieb, aber so wie ich beschaffen war, würde diese Verantwortung zu einer zusätzlichen Belastung. Aber ich musste diese Bürde nicht tragen, die Regierung kam mir freundlicherweise zu Hilfe, denn der *Chronicle* musste eingestellt werden.

Die Freunde, die sowohl die Geschäfte des *Chronicle* als auch der *Young India* führten, Umar Sobani und Shankarlal Banker, schlugen vor, ich solle die Herausgabe von *Young India* übernehmen und die Zeitung nunmehr nicht ein-, sondern zweimal die Woche herausbringen, damit die durch das Verbot des *Chronicle* entstandene Lücke geschlossen wurde. Das war ganz in meinem Sinn. Ich wollte der Öffentlichkeit unbedingt die innere Bedeutung von Satyagraha erläutern und war hoffentlich auch in der Lage, der Situation im Punjab kritisch gerecht zu werden. Denn Satyagraha war das Fundament von allem, was ich geschrieben hatte, und die Regierung wusste das. Deshalb nahm ich den Vorschlag dieser Freunde gern an.

Aber wie sollte die breite Öffentlichkeit auf Englisch in Satyagraha geschult werden? Mein Tätigkeitsbereich war vor allem der Gujarat. Indulal Yajnik, eng mit Sobani und Banker verbunden, leitete die monatliche Gujarati-Zeitschrift *Navajivan*, die von diesen Freunden finanziell unterstützt wurde. Sie stellten mir diese Monatsschrift zur Verfügung, und Indulal bot an, mich dabei zu unterstützen. Die Zeitschrift würde zukünftig nicht monatlich, sondern wöchentlich erscheinen.

In der Zwischenzeit wurde der *Chronicle* wiederbelebt. *Young India* erschien deshalb wieder wie früher einmal wöchentlich. Zwei Wochenzeitungen von zwei verschiedenen Orten aus herauszubringen, wäre für mich sehr anstrengend gewesen und hätte zusätzliche Kosten bedeutet. Da *Navajivan* bereits in Ahmedabad erschien, siedelte *Young India* auf meinen Vorschlag hin dorthin um.

Ich hatte bereits aus meinen Erfahrungen mit *Indian Opinion* gelernt, dass Zeitschriften eine eigene Druckerei brauchen. Darüber hinaus waren die damals in Indien geltenden Pressegesetze so gestaltet, dass die existierenden Druckereien, die natürlich Geld verdienen mussten, gezögert hätten, meine Meinung unzensiert zu veröffentlichen. Es war daher dringend notwendig, eigene Druckmaschinen zu erwerben, was nur in Ahmedabad halbwegs problemlos möglich war.

Durch diese Publikationen begann ich nun nach bestem Wissen und Gewissen die Leserschaft über Satyagraha aufzuklären. Beide erreichten eine sehr hohe Auflage, die einmal beinahe vierzigtausend Exemplare erreichte. Während die Zahlen für *Navajivan* in die Höhe schnellten, entwickelte sich *Young India* nur langsam. Nach meiner Inhaftierung sank die Auflage, beide liegen heute bei unter achttausend.

Von Anfang an habe ich mich dagegen gewehrt, Werbung in diesen Zeitschriften zu schalten. Ich glaube nicht, dass ihnen das geschadet hat. Im Gegenteil, das hat wahrscheinlich nicht unerheblich dazu beigetragen, dass sich beide ihre Unabhängigkeit bewahren konnten.

Diese Zeitungen halfen mir übrigens auch, Frieden mit mir selbst zu schließen, denn solange eine erneute Ausrufung des zivilen Ungehorsams nicht in Frage kam, ermöglichten sie es mir, meine Ansichten frei zu äußern und mich für jene einzusetzen, die von mir Rat und Führung erhofften. Beide haben den Menschen in diesen schwierigen Tagen einen guten Dienst erwiesen und einen bescheidenen Beitrag dazu geleistet, die Tyrannei des Kriegsrechts zu lindern.

35. Im Punjab

Sir Michael O'Dwyer machte mich verantwortlich für alles, was im Punjab geschehen war, und einige junge zornige Punjabis hatten keine Hemmungen, mir das Kriegsrecht anzulasten. Sie behaupteten, es sei nur deshalb zum Massaker in Jallianwala Bagh gekommen, weil ich den zivilen Ungehorsam ausgesetzt hatte. Einige von ihnen drohten sogar, sie würden mich umbringen, wenn ich in den Punjab käme.

Meiner Ansicht nach war jedoch meine Position so richtig und unbestritten, dass kein intelligenter Mensch sie missverstehen konnte.

Ich wartete ungeduldig, bis ich endlich in den Punjab reisen konnte. Ich war noch nie dort gewesen, wollte mir deshalb umso mehr persönlich ein Bild der Situation machen. Dr. Satyapal, Dr. Kitchly und Pandit Rambhaj Dutt Chowdhari, die mich eingeladen hatten, waren zu diesem Zeitpunkt im Gefängnis. Aber ich war mir sicher, dass die Regierung es nicht wagen würde, sie und die anderen Gefangenen lange in Haft zu halten. Wenn ich in Bombay war, besuchten mich oft Punjabis, denen ich aufmunternd zusprach, was sie tröstete. Mein damaliges Selbstvertrauen war ansteckend. Aber meine Reise in den Punjab musste immer wieder verschoben werden, weil der Vizekönig jedes Mal «noch nicht» sagte, wenn ich um Erlaubnis nachsuchte.

In der Zwischenzeit wurde bekanntgegeben, dass das Hunter Committee die Vorgehensweise der Punjab-Regierung unter Kriegsrecht untersuchen würde. C. F. Andrews war mittlerweile im Punjab, seine Briefe schilderten herzzerreißend die dortigen Zustände, und ich bekam den Eindruck, dass die unter Kriegsrecht begangenen Gräueltaten tatsächlich noch schlimmer waren als in der Presse berichtet. Er drängte, ich solle mich ihm unbedingt anschließen. Gleichzeitig schickte Malaviyaji Telegramme, in denen er mich bat, sofort in den Punjab zu kommen. Ich fragte nochmals telegrafisch den Vizekönig, ob ich jetzt in den Punjab dürfe. Er antwortete mir, nach einem bestimmten Datum könne ich das tun. Ich kann mich jetzt nicht genau erinnern, es war wohl der 17. Oktober.

Den Anblick, der sich mir bei der Ankunft in Lahore bot, werde ich nie vergessen. Der Bahnhof war von einem Ende bis zum anderen eine einzige brodelnde Menschenmasse. Die gesamte Bevölkerung war in gespannter Erwartung aus dem Haus gegangen, als wollte sie nach einer langen Trennung einen lieben Verwandten wiedersehen, und befand sich im Freudentaumel. Ich wurde im Bungalow von Pandit Rambhaj Dutt untergebracht, und die Last, mich zu bewirten, lag auf Shrimati Sarala Devis Schultern. Und es war tatsächlich eine Last, denn schon damals entwickelte sich der Ort, an dem ich untergebracht war, zu einer wahren Karawanserei.

Da die wichtigsten Punjab-Führer im Gefängnis waren, wurden ihre Plätze von Pandit Malaviyaji, Pandit Motilalji Nehru und Swami Shraddhanandji eingenommen. Malaviyaji und Shraddhanandji kannte ich schon lange gut, aber dies war die erste Gelegenheit, bei der ich in engen persönlichen Kontakt mit Motilalji kam. All diese Anführer, wie auch die Anführer vor Ort, denen die Ehre eines Gefängnisaufenthaltes versagt worden war, gingen gleich ganz vertraulich mit mir um, so dass ich mich in ihrer Mitte nie fremd fühlte.

Wir beschlossen einstimmig, vor dem Hunter Committee keine Zeugenaussage zu machen. Die Gründe für diesen Entschluss wurden damals veröffentlicht und müssen hier nicht wiederholt werden. Ich bin immer noch der Meinung, dass unsere Entscheidung, den Ausschuss zu boykottieren, absolut richtig und angemessen war.

Da wir das Hunter Committee boykottierten, wurde beschlossen, einen Ausschuss zu ernennen, der im Namen des Volkes, also des Congress, eine Untersuchung durchführen sollte. Pandit Motilalji, Deshbandhu C. R. Das, Abbas Tyabji, M. R. Jayakar und ich wurden von Pandit Malaviyaji in diesen Ausschuss berufen. Für unsere Untersuchung teilten wir uns auf verschiedene Orte auf. Die Verantwortung für die Organisation des Ausschusses lag bei mir, und da mir auch das Privileg zufiel, die Untersuchung an den meisten Orten durchzuführen, hatte ich die seltene Gelegenheit, das Volk und die Dörfer des Punjab aus nächster Nähe kennenzulernen.

Im Laufe meiner Umfrage lernte ich auch die Frauen des Punjab kennen. Wir waren uns gleich sehr vertraut. Wohin ich auch ging, sie kamen in Scharen und häuften ihr Garn vor mir auf. Meine Arbeit für den Untersuchungsausschuss machte mir klar, dass der Punjab ein wichtiges Feld für die Khadi-Arbeit werden könnte.

Als meine Untersuchung der Gräueltaten, die am Volk begangen worden waren, weiter voranschritt, stieß ich auf Berichte über die Tyrannei der Regierung und den willkürlichen Despotismus ihrer Beamten, auf die ich nicht vorbereitet war. Sie erfüllten mich mit großem Schmerz. Was mich damals überraschte und heute noch immer erstaunt, ist die Tatsache, dass eine Provinz, die der britischen Regierung während des Krieges die meisten Soldaten gestellt hatte, all diese brutalen Exzesse widerstandslos hinnahm.

Mir wurde auch die Aufgabe übertragen, den Ausschussbericht zu verfassen. Ich empfehle jedem, der eine Vorstellung bekommen will, welche Gräueltaten am Volk des Punjab begangen wurden, die Lektüre dieses Berichts. An dieser Stelle möchte ich nur anmerken, dass es darin keine einzige bewusste Übertreibung gibt und jede Aussage durch Beweise untermauert ist. Darüber hinaus enthält der Bericht nur einen Bruchteil des Beweismaterials, das dem Ausschuss vorlag. Keine einzige Aussage, an der auch nur der geringste Zweifel bestand, fand Eingang. Dieser Bericht, der einzig mit dem Ziel erstellt wurde, die Wahrheit und nichts als die Wahrheit ans Licht zu bringen, macht dem Leser verständlich, wie weit die britische Regierung zur Erhaltung ihrer Macht geht und zu welchen Unmenschlichkeiten und Barbareien sie fähig ist. Soweit ich weiß, wurde keine einzige Aussage in diesem Bericht je widerlegt.

36. Das Khilafat gegen den Schutz der Kühe?

Verlassen wir für den Augenblick die Massaker im Punjab. Die Untersuchung des Congress zum Dyerismus hatte gerade erst mit ihrer Arbeit begonnen, als ich eine Einladung zu einer gemeinsamen Konferenz erhielt, an der in Delhi Hindus und Muslime teilnehmen sollten. Unter den Unterzeichnern waren Hakim Ajmal Khan Sahib und Asaf Ali. Swami Shraddhanandji hatte seine Teilnahme ebenfalls zugesagt; wenn ich mich recht erinnere, sollte er der Vizepräsident der im November jenes Jahres stattfindenden Konferenz sein. Man wollte sich mit der Situation befassen, die aus dem Verrat in der Khilafat-Angelegenheit entstanden war, sowie mit der Frage, ob Hindus und Muslime an den Friedensfeiern teilnehmen sollten. In dem Einladungsschreiben hieß es, neben der Khilafat-Frage werde auch die Frage des Kuhschutzes diskutiert, da die Konferenz die ideale Gelegenheit biete, hier zu einer Übereinkunft zu kommen. Mir gefiel dieser Hinweis auf die Kuhfrage nicht. In meiner Antwort versprach ich, wenn möglich teilzunehmen, und schlug gleichzeitig vor, die beiden Fragen nicht miteinander zu vermischen oder als Tauschgeschäft zu betrachten, sondern einzeln zu behandeln und separat darüber zu entscheiden.

Ich fuhr zur Konferenz, die sehr gut besucht war, obwohl sie sich nicht vergleichen ließ mit dem Schauspiel späterer Tage, als Zehntausende teilnahmen. Ich hatte die oben skizzierte Frage mit Swami Shraddhanandji besprochen, der ebenfalls anwesend war. Er gab mir recht und überließ es mir, der Konferenz meine Meinung vorzutragen. Mit Hakim Sahib hatte ich die Frage ebenfalls erörtert. Wenn die Khilafat-Frage eine gerechte und legitime Grundlage sei und die Regierung tatsächlich eine grobe Ungerechtigkeit begangen habe, seien die Hindus verpflichtet, den Muslimen bei der Forderung nach einer Wiedergutmachung dieses Unrechts beizustehen. Aber es sei unwürdig, in diesem Zusammenhang die Kuhfrage zu verquicken oder die Gelegenheit zu nutzen, den Muslimen Bedingungen zu stellen, ebenso wie es der Muslime unwürdig sei, wenn sie anböten, als Belohnung für die Unterstützung der Hindus in der Khilafat-Frage keine Kühe mehr zu schlachten. Etwas ganz anderes, sehr Verdienstvolles obendrein wäre es, wenn die Muslime freiwillig und aus Rücksicht auf die religiösen Gefühle der Hindus das Schlachten einstellen würden. Es sei ihre Pflicht, diese unabhängige Haltung einzunehmen und werde ihrer Entscheidung zusätzlich Würde verleihen. Wenn die Muslime es als ihre nachbarschaftliche Pflicht betrachteten, mit dem Schlachten von Kühen aufzuhören, sollten sie dies unabhängig davon tun, ob die Hindus ihnen in der Khilafat-Frage helfen würden oder nicht. «Deswegen sollten die beiden Fragen unabhängig voneinander diskutiert werden», erklärte ich, «und die Beratungen der Konferenz sich auf die Frage des Khilafats beschränken.» Meine Argumentation überzeugte die Anwesenden, der Kuhschutz wurde nicht diskutiert.

Doch trotz meiner warnenden Worte sagte Maulana Abdul Bari Sahib: «Egal, ob die Hindus uns helfen oder nicht, die Muslime sollten als Landsleute der Hindus aus Rücksicht auf deren Feingefühl das Schlachten von Kühen aufgeben.» Und eine Zeitlang sah es so aus, als würden sie wirklich damit aufhören.

Von einigen Seiten wurde vorgeschlagen, die Punjab-Frage mit dem Khilafat-Unrecht zu verknüpfen. Ich war dagegen. Die Punjab-Frage, sagte ich, sei eine lokale Angelegenheit und könne daher nicht für unsere Entscheidung den Ausschlag geben, ob wir an den Friedensfeiern für das ganze Empire teilnehmen sollten oder nicht. Wenn wir diese lokale Angelegenheit mit der Khilafat-Frage vermengten, wäre dies mehr als unbesonnen. Mein Argument war überzeugend.

Auch Maulana Hasrat Mohani war bei dieser Konferenz anwesend. Ich kannte ihn bereits, aber erst jetzt entdeckte ich, was für eine Kämpfernatur er war. Bei dieser Versammlung waren wir von Anfang an unterschiedlicher Meinung und sind es bei manchen Themen heute noch.

Unter den zahlreichen Resolutionen, die auf dieser Konferenz verabschiedet wurden, gab es auch den Aufruf an alle Hindus und Muslime, das

Swadeshi-Gelübde abzulegen und folglich ausländische Stoffe zu boykottieren. Khadi wartete damals noch auf seine Wiedergeburt. Hasrat Sahib wollte dieser Resolution nicht zustimmen. Er wollte sich am britischen Empire rächen, wenn die Muslime in der Khilafat-Frage nicht zu ihrem Recht kämen. Daher stellte er den Gegenantrag für den Boykott britischer Waren, soweit er praktikabel war. Ich sprach mich aus prinzipiellen, aber auch aus praktischen Gründen dagegen aus und führte jene Argumente an, die inzwischen allgemein bekannt sind. Ich legte auch meine Auffassung von der Gewaltlosigkeit dar. Ich bemerkte, dass meine Argumente einen tiefen Eindruck beim Publikum hinterließen. Vor mir war Hasrat Mohanis Rede mit so lauten Rufen aufgenommen worden, dass ich befürchtete, meine würde nur ein Schrei in der Wildnis sein. Ich sprach eigentlich nur, weil ich es für eine Pflichtverletzung gehalten hätte, meine Ansichten nicht vorzutragen. Aber zu meiner angenehmen Überraschung wurde meine Rede von den Anwesenden mit größter Aufmerksamkeit verfolgt und von den Vorsitzenden auf dem Podium vollständig unterstützt. Redner um Redner erhob sich und pflichtete mir bei. Es war klar, dass ein Boykott britischer Waren nicht nur seinen Zweck nicht erfüllen, sondern seine Unterstützer zum Gespött machen würde. Kaum ein Anwesender, der nicht ein Kleidungsstück britischen Fabrikats trug. Viele der Zuhörer erkannten, dass es nur schaden würde, eine Resolution anzunehmen, die nicht einmal ihre Befürworter einhalten konnten.

«Ein bloßer Boykott ausländischer Stoffe allein genügt nicht, denn wer weiß, wie lange es dauern wird, bis wir Swadeshi-Stoffe in für uns ausreichender Menge herstellen können und damit zu einem wirksamen Boykott ausländischer Stoffe fähig sind. Wir brauchen etwas, was die Briten sofort trifft. Bleibt bei eurem Boykott ausländischer Stoffe, das stört uns nicht, aber schlagen Sie uns außerdem etwas Schnelleres, Wirkungsvolleres vor», so ungefähr lauteten des Maulanas Worte. Noch während ich ihm zuhörte, spürte ich, dass eine andere, über den Boykott ausländischer Stoffe hinausgehende Maßnahme notwendig war. Ein sofortiger Boykott ausländischer Stoffe schien mir damals ein Ding der Unmöglichkeit zu sein. Ich wusste zu dieser Zeit nicht, dass wir, wenn wir wollten, so viel Khadi wie nötig produzieren konnten, das entdeckte ich erst später. Andererseits wusste ich schon damals, dass wir verraten und verkauft wären, wenn wir uns beim Boykott ausländischen Tuchs allein auf

Das Khilafat gegen den Schutz der Kühe? 451

die Textilfabriken verlassen würden. Das Dilemma beschäftigte mich noch, als der Maulana seine Rede beendete.

Ich war im Nachteil, weil mir die passenden Hindi- bzw. Urdu-Worte fehlten. Dies war meine erste Gelegenheit, eine Gegenrede vor einem Publikum zu halten, das sich aus Muslimen zusammensetzte. Ich hatte auf der Tagung der Muslim League in Kalkutta auf Urdu gesprochen, aber nur wenige Minuten und mit dem Ziel, das Publikum zu berühren. Hier hingegen stand ich vor einem kritischen, wenn nicht gar feindseligen Publikum, dem ich meinen Standpunkt erklären und vermitteln musste. Ich schüttelte jegliche Schüchternheit ab. Es war nicht wichtig, eine Rede im makellosen, eleganten Urdu der Muslime von Delhi zu halten, sondern meine Ansichten in einem wenn auch gebrochenen Hindi so gut wie möglich vorzutragen. Und das gelang mir. Diese Konferenz lieferte mir den Beweis, dass allein Hindi-Urdu die Nationalsprache Indiens sein kann. Hätte ich auf Englisch gesprochen, ich hätte nicht den gleichen Eindruck beim Publikum erzielt, und der Maulana hätte sich vielleicht nicht zur Gegenrede aufgerufen gefühlt, die ich dann wiederum nicht wirksam hätte aufgreifen können.

Ärgerlicherweise fiel mir kein geeignetes Hindi- oder Urdu-Wort für die neue Idee ein. Schließlich kam ich auf «Nicht-Kooperation», ein Ausdruck, den ich bei dieser Versammlung zum ersten Mal verwendete. Noch während der Maulana redete, war mir durch den Kopf gegangen, dass es sinnlos war, von wirksamem Widerstand gegen eine Regierung zu sprechen, wenn man mit dieser, so wie er, in mehrerlei Hinsicht zusammenarbeitete. Wenn bewaffneter Widerstand nicht möglich oder unerwünscht war, schien mir der einzig wahre Widerstand gegen die Regierung darin zu bestehen, nicht mehr mit ihr zusammenzuarbeiten. So kam ich auf das Wort «Nicht-Kooperation», ohne dass ich damals schon eine klare Vorstellung von ihren vielfältigen Ausprägungen gehabt hätte. Ich ging daher nicht ins Detail, sondern sagte nur:

«Die Muslime haben eine sehr wichtige Resolution angenommen. Wenn die Friedensbedingungen für sie ungünstig sind – was Gott verhüten möge –, werden sie jede Zusammenarbeit mit der Regierung einstellen. Es ist das unveräußerliche Recht des Volkes, die Zusammenarbeit zu verweigern. Wir sind nicht verpflichtet, die von der Regierung verliehenen Titel und Auszeichnungen zu behalten oder weiterhin in ihrem

Dienst tätig zu sein. Sollte uns die Regierung in einer so wichtigen religiösen Sache wie dem Khilafat betrügen, bleibt uns nur, nicht mehr mit ihr zu kooperieren.»

Aber es dauerte Monate, bis sich der Begriff «Nicht-Kooperation» durchsetzte. Vorläufig verschwand er in den Konferenzprotokollen. Als ich auf der Congress-Tagung, die einen Monat später in Amritsar stattfand, die Resolution zur Zusammenarbeit unterstützte, tat ich dies in der Hoffnung, dass es nie zum Verrat kommen würde.

37. Die Congress-Tagung in Amritsar

Die Punjab-Regierung konnte die vielen hundert Punjabis, die unter dem Kriegsrecht aufgrund dürftigster Beweise von Tribunalen, die nur dem Namen nach Gerichte waren, kürzer oder länger ins Gefängnis geworfen worden waren, nicht auf Dauer in Haft lassen, weil gegen diese eklatante Ungerechtigkeit ein lauter Aufschrei erschallte. Die meisten Gefangenen wurden noch vor Beginn der Congress-Tagung freigelassen, Lala Harkishanlal und die anderen Anführer, während die Sitzungen noch im Gange waren. Auch die Gebrüder Ali kamen direkt aus dem Gefängnis zu uns. Die Freude der Menschen kannte keine Grenzen. Pandit Motilal Nehru, der seine glänzend laufende Kanzlei vorübergehend aufgegeben und den Punjab zu seinem Hauptsitz auserkoren hatte, war der Präsident des Congress, Swami Shraddhanandji der Vorsitzende des Empfangskomitees.

Bis zu diesem Zeitpunkt hatte sich mein Beitrag zur jährlichen Tagung auf eine Fürsprache für das Hindi beschränkt, indem ich die Rede, in der ich die Lage der Inder im Ausland thematisierte, in eben dieser Sprache hielt. Ich erwartete auch nicht, dass in diesem Jahr sonst noch etwas von mir verlangt werden würde. Aber wie schon so oft bei früheren Gelegenheiten fiel mir plötzlich eine wichtige Aufgabe in den Schoß.

Die Bekanntmachung der neuen Reformen durch den König war gerade veröffentlicht worden. Sogar für mich waren sie nicht zufriedenstellend und für alle anderen unbefriedigend. Aber ich war damals der Überzeugung, dass die Reformen trotz ihrer Mängel akzeptiert werden konnten. In der Verlautbarung des Königs, vor allem in ihrer Sprache, vermeinte ich die Handschrift von Lord Sinha zu erkennen, was wie ein Hoffnungsschimmer auf mich wirkte. Aber erfahrene Kämpfer wie

Die Congress-Tagung in Amritsar 453

Lokamanya und Deshabandhu Chittaranjan Das schüttelten nur den Kopf. Pandit Malaviyaji blieb neutral.

Pandit Malaviyaji hatte mich in dem Raum, in dem er lebte, untergebracht. Schon bei der Gründungszeremonie der Banaras Hindu University hatte ich einen oberflächlichen Eindruck erhalten, wie einfach er lebte, aber nachdem ich nun mit ihm einen Raum teilte, konnte ich seinen Tagesablauf bis ins kleinste Detail beobachten, und was ich sah, erfüllte mich mit freudiger Überraschung. Sein Zimmer glich einem Armenasyl. Man kam fast nicht von einem Ende des Raums zum anderen, überall lagen Menschen; es gab weder Platz noch Ruhe. Er war selbst zu den unpassendsten Zeiten für jeden Besucher zugänglich, der beliebig viel seiner Zeit in Anspruch nehmen konnte. In einer Ecke dieser Zufluchtsstätte stand mein Charpai in seiner ganzen Würde.

Ich diskutierte täglich mit Malaviyaji, der mir wie ein großer Bruder liebevoll die unterschiedlichen Standpunkte der verschiedenen Parteien erklärte. Ich erkannte, dass es meine Pflicht war, an den Beratungen über eine Resolution zu den Reformen teilzunehmen. Da ich an der Erstellung des Congress-Berichts über die Rechtsverletzungen im Punjab beteiligt gewesen war, fand ich, ich müsste auf alles achten, was in diesem Zusammenhang noch zu tun war, z. B. die Verhandlungen mit der Regierung. Das Gleiche galt für die Khilafat-Frage. Damals glaubte ich noch, dass Mr. Montagu die indische Sache nicht verraten würde. Die Freilassung der Gebrüder Ali und anderer Gefangener schien mir ein vielversprechendes Zeichen zu sein. Unter diesen Umständen befürwortete ich eine Resolution, die die Reformen akzeptierte. Chittaranjan Das hingegen vertrat nachdrücklich die Auffassung, die Reformen seien als völlig unzureichend und unbefriedigend abzulehnen. Lokamanya war mehr oder weniger neutral, hatte sich aber entschieden, jede Resolution zu unterstützen, die von Deshabandhu befürwortet wurde.

Die Vorstellung, mich gegen solche erfahrenen und allgemein verehrten Anführer stellen zu müssen, war mir unerträglich. Andererseits sprach mein Gewissen ein klares Wort. Ich versuchte, mich vom Congress zurückzuziehen, und schlug Pandit Malaviyaji und Motilalji vor, dass es im allgemeinen Interesse wäre, wenn ich den restlichen Sitzungen fernbleiben dürfte. Damit werde mir erspart, meine Meinungsverschiedenheiten mit den geschätzten Anführern öffentlich kundzutun.

Aber diese beiden Altehrwürdigen fanden keinen Gefallen an meinem Vorschlag. Auch Lala Harkishanlal bekam Wind davon. «Das geht auf keinen Fall. Das würde die Gefühle der Punjabis verletzen», erklärte er. Ich besprach mich mit Lokamanya, Deshabandhu und Mr. Jinnah, aber wir fanden keinen Ausweg. Schließlich erzählte ich Malaviyaji von meinen Nöten. «Ich sehe keine Aussicht auf einen Kompromiss», sagte ich ihm, «und wenn ich wirklich meine Resolution einbringen soll, wird eine Abstimmung durch Hammelsprung nötig. Das ist in den Regularien nicht vorgesehen. Bei den öffentlichen Sitzungen des Congress ist es bisher üblich gewesen, mit Handzeichen abzustimmen, deshalb kann man nicht zwischen Besuchern und Delegierten unterscheiden, und überhaupt sind wir nicht darauf eingerichtet, bei einer derart großen Versammlung Stimmen zu zählen. Selbst wenn ich einen Hammelsprung beantrage, können wir ihn nicht durchführen. Das Ganze ist also sinnlos.» Lala Harkishanlal kam mir zu Hilfe und verpflichtete sich, die notwendigen Vorkehrungen zu treffen. «An dem Tag, an dem der Congress abstimmt, sind keine Besucher erlaubt. Ums Auszählen kümmere ich mich persönlich. Aber Sie dürfen dem Congress nicht fernbleiben.» Ich kapitulierte, formulierte meine Resolution und brachte sie zögernd ein. Pandit Malaviyaji und Mr. Jinnah sollten sie unterstützen. Obwohl unsere Meinungsverschiedenheiten frei von Bitternis waren und unsere Reden nichts als kühle Argumente enthielten, waren für die Versammlung Meinungsverschiedenheiten unter den Führungspersönlichkeiten unerträglich. Die Menschen wollten Einstimmigkeit.

Schon während der Reden bemühte man sich auf dem Podium, die Differenzen beizulegen, dazu wurden viele Zettel unter den Führern hin und her gereicht. Malaviyaji ließ nichts unversucht, die Kluft zu überbrücken. Da übergab mir Jeramdas seinen Änderungsantrag und bat mich auf seine reizende Art inständig, den Delegierten das Dilemma eines Hammelsprungs zu ersparen. Sein Änderungsvorschlag sagte mir zu. Malaviyajis Augen suchten bereits den ganzen Horizont nach einem Lichtblick ab. Ich sagte ihm, dass der Änderungsantrag von Jeramdas wahrscheinlich für beide Seiten akzeptabel sei. Lokamanya, dem er als Nächstes gezeigt wurde, erklärte: «Wenn Deshabandhu zustimmt, habe ich nichts dagegen einzuwenden.» Deshabandhu taute endlich auf und wandte sich hilfesuchend an Bepin Chandra Pal. Malaviyaji war voller

Hoffnung, schnappte sich den Zettel mit dem Änderungsantrag, und bevor Deshabandhu überhaupt ein klares «Ja» ausgesprochen hatte, rief er aus: «Brüder Delegierte, Sie werden sich freuen zu erfahren, dass ein Kompromiss erzielt wurde.» Was wollte man mehr? Ein Beifallssturm ließ den *pandal* erzittern, die bis dahin düsteren Gesichter der Zuhörer strahlten vor Freude.

Es ist nicht nötig, auf den Text des Änderungsvorschlags einzugehen. Ich wollte das Zustandekommen der Resolution nur als Teil meiner Experimente schildern, um die es in diesem Bericht geht.

Dieser Kompromiss vergrößerte meine Verantwortung noch zusätzlich.

38. Meine Initiation im Congress

Dass ich Teilnehmer des Congress war, betrachte ich nicht als eigentlichen Beginn meiner politischen Mitarbeit dort. Meine Anwesenheit bei früheren Tagungen war wahrscheinlich eher als ein jährlich erneuertes Loyalitätsgelöbnis gegenüber dem Congress anzusehen. Ich hatte dabei nie das Gefühl, dass mich eine andere Arbeit als die eines kleinen Gefreiten erwartete, und das war mir recht.

Meine Erfahrung in Amritsar hatte gezeigt, dass ich dem Congress in der einen oder anderen Hinsicht nützlich sein konnte. Lokamanya, Deshabandhu, Pandit Motilalji und die anderen Führer waren mit meiner Arbeit im Zusammenhang mit der Punjab-Untersuchung offensichtlich zufrieden. Sie luden mich zu ihren informellen Treffen ein, bei denen die eigentliche Arbeit der Fachausschüsse stattfand. Zu diesen Treffen wurden nur diejenigen Personen eingeladen, die besonderes Vertrauen genossen und deren Dienste benötigt wurden. Allerdings verschafften sich auch manchmal Eindringlinge Zugang.

Für das kommende Jahr gab es zwei Aufgaben, die mich interessierten, weil sie meinen Eignungen entsprachen. Eine davon war das Denkmal zur Erinnerung an das Massaker von Jallianwala Bagh. Unter großer Begeisterung hatte der Congress dazu eine Resolution verabschiedet. Zu diesem Zweck mussten für einen Fonds etwa fünf Lakh gesammelt werden. Ich wurde zu einem der Treuhänder ernannt. Pandit Malaviyaji genoss den Ruf, bei öffentlichen Spendenaktionen der König unter den

Bettlern zu sein. Aber ich wusste, dass ich ihm in dieser Hinsicht nicht viel nachstand. Während meiner Zeit in Südafrika hatte ich gewisse Fähigkeiten auf diesem Gebiet bei mir entdeckt. Auch wenn ich nicht, damals wie heute, die Fähigkeit hatte, Fürsten und Könige so zu becircen, dass sie sich von Hunderttausenden Rupien trennten. In dieser Hinsicht kann niemand mit Malaviyaji konkurrieren. Aber ich wusste, dass wir die Radschas und Maharadschas nicht um Geld für das Jallianwala-Bagh-Denkmal angehen konnten. Die Hauptverantwortung für den Fonds lag auf meinen Schultern. Das war mir in dem Moment klar gewesen, als ich den Posten eines Treuhänders annahm. Und ich hatte recht. Die großzügigen Bürger von Bombay spendeten am meisten, so dass die Gedenkstätte derzeit über ein stattliches Guthaben auf der Bank verfügt. Heute ist das Land allerdings mit dem Problem konfrontiert, was für ein Denkmal an der Stelle errichtet werden soll, wo Hindus, Muslime und Sikhs die Erde mit ihrem Blut getränkt haben. Statt dass sie in Freundschaft und Liebe verbunden sind, herrscht zwischen den drei Gemeinschaften allem Anschein nach Krieg.

Auch mein Talent als Formulierungskünstler konnte dem Congress nützlich sein. Seine Führungspersönlichkeiten hatten festgestellt, dass ich mich knapp und neutral ausdrücken konnte, eine durch lange Übung erworbene Fähigkeit. Die damalige Satzung des Congress war das Vermächtnis von Gokhale. Er hatte ein paar Organisationsregeln formuliert, die als Grundlage für den Betrieb der Congress-Maschinerie dienten. Die interessante Geschichte über die Schaffung dieser Regeln hatte ich von Gokhale selbst gehört. Aber mittlerweile waren alle zu dem Schluss gekommen, dass diese Regeln für den laufenden Betrieb nicht mehr ausreichend waren. Jahr für Jahr war dieses Problem angesprochen worden. Der Congress hatte damals keinen Apparat für die Phasen zwischen den Sitzungen, zukunftsfähig war er schon gar nicht. Die bestehenden Regeln sahen drei Sekretäre vor, von denen eigentlich nur einer vollwertig diese Position ausfüllte, aber auch er nur nebenberuflich. Wie sollte er im Alleingang das Congress-Büro leiten, die Zukunft planen und die Verpflichtungen erfüllen, die der Congress im vorigen Jahr eingegangen war? In diesem Jahr waren daher alle der Meinung, dass diese Frage dringlich nach einer Antwort verlangte. Bei den Congress-Sitzungen kamen Tausende zusammen, wie sollte da Arbeit zum Wohl des Volks geleistet werden können? Die Zahl der Tagungsteilnehmer war nicht gedeckelt, die Provinzen konnten nach Belieben Delegierte entsenden, und jeder der wollte, konnte Delegierter werden. Eine Verbesserung war daher zwingend notwendig. Ich übernahm die Verantwortung für die Ausarbeitung einer Satzung, unter folgender Bedingung: Diejenigen, die den größten öffentlichen Einfluss besaßen, Lokamanya und Deshabandhu, würden gemeinsam mit mir einen entsprechenden Ausschuss bilden. Aber da die beiden ganz offensichtlich nicht die Zeit hatten, persönlich an der Ausarbeitung der Satzung mitzuwirken, schlug ich vor, dass zwei Personen ihres Vertrauens zusammen mit mir in den entsprechenden, auf drei Mitglieder beschränkten Ausschuss berufen werden sollten. Die beiden waren einverstanden; Deshabandhu schlug Kelkar und I. B. Sen als ihre Bevollmächtigten vor. Der Satzungsausschuss konnte kein einziges Mal zusammentreten, aber wir berieten uns schriftlich und legten zum Schluss einen einstimmig abgesegneten Bericht vor. Ich betrachte die Satzung durchaus mit einem gewissen Stolz. Könnten wir sie richtig ausarbeiten, dann würde unser Schiff das Ufer erreichen. Irgendwann wird das auch geschehen. Diese Aufgabe könnte man als meinen eigentlichen Einstieg in die Congress-Politik bezeichnen.

39. Die Geburt der Khadi-Bewegung

Ich kann mich nicht erinnern, dass ich je einen Handwebstuhl oder ein Spinnrad gesehen hätte, als ich diese 1909 in «Hind Swaraj» als Allheilmittel gegen die wachsende Verarmung Indiens bezeichnete. Ich nahm damals an, dass alles, was Indien den Hunger überwinden ließ, zugleich auch Swaraj fördern würde. Selbst als ich 1915 aus Südafrika nach Indien zurückkehrte, hatte ich noch immer kein Spinnrad mit eigenen Augen gesehen. Als der Satyagraha Ashram in Sabarmati gegründet wurde, stellten wir dort ein paar Handwebstühle auf und standen sogleich vor einer neuen Schwierigkeit: Wir hatten alle keine Ahnung vom Weben, und einen Webstuhl aufstellen ist nicht dasselbe wie ihn bedienen. Alle, die wir da im Ashram wohnten, konnten einen Stift oder ein Geschäft führen, doch keiner von uns war Handwerker. Wir brauchten einen Fachmann, der uns das Weben beibrachte.

Schließlich fanden wir jemanden in Palanpur, der uns allerdings nicht alle Geheimnisse seiner Kunst verriet. Doch Maganlal Gandhi ließ sich nicht entmutigen; er hatte von Natur aus Sinn für Mechanik und meisterte die Kunst recht schnell. Nach und nach lernten auch andere im Ashram das Weben.

Wir wollten unsere Kleidung selbst schneidern und dabei auf maschinengewebte Stoffe verzichten. Alle Mitglieder des Ashrams beschlossen, ausschließlich handgewebte Stoffe aus indischem Garn zu tragen, wodurch sich uns ganz neue Erfahrungen eröffneten, denn wir kamen mit der Welt der Weber in Verbindung. Wir lernten ihre Lebensbedingungen kennen, den Umfang ihrer Produktion; wir erfuhren, wie schwierig es war, genügend Garn zu bekommen, wie sie Betrügereien zum Opfer fielen und sich immer mehr verschuldeten. Es war uns nicht auf Anhieb möglich, genügend Stoff für unseren Bedarf herzustellen. Die Alternative bestand darin, den restlichen Stoff über Handweber zu beziehen. Aber so ohne Weiteres konnte man bei den Webern keinen fertigen Stoff aus indischem Garn kaufen. Alle von ihnen hergestellten feinen Tuche waren aus ausländischem Garn, denn indische Spinnereien stellten kein feines Garn her. Sogar heute werden dort nur wenige feine Garne produziert, ganz feinfädige überhaupt nicht. Erst nach langer Suche fanden wir einige Weber, die sich herabließen, für uns Swadeshi-Garn zu verarbeiten, und auch nur unter der Bedingung, dass ihnen der Ashram ihre gesamte Produktion abnahm. Da wir also für unsere Kleidung auch Tuch aus Fabrikgarn verwendeten und dieses unseren Freunden ebenfalls ans Herz legten, wurden wir unbezahlte Vertreter der indischen Spinnereien, was uns wiederum in Kontakt mit den Fabriken brachte. Wir bekamen einen Eindruck, wie sie geführt wurden, mit welchen Schwierigkeiten sie zu kämpfen hatten. Die Fabriken wollten zunehmend dazu übergehen, ihre gesponnenen Garne auch selbst zu verweben, die Zusammenarbeit mit den Handwebern war nicht gewollt, sondern unvermeidbar. Wir wollten nun unbedingt auch unser eigenes Garn spinnen, denn dann wären wir nicht mehr von den Fabriken abhängig. Wir hielten es für unwahrscheinlich, dass wir dem Land dienen würden, wenn wir weiterhin gewissermaßen als Spinnereivertreter tätig wären.

Die Schwierigkeiten nahmen kein Ende. Wir fanden weder ein Spinnrad noch jemanden, der uns das Spinnen beibringen konnte. Im Ashram gab es einige Räder, die zum Bestücken der Webspulen genutzt wurden, aber wir hatten keine Ahnung, dass diese auch als Spinnräder einsetzbar waren. Einmal stöberte Kalidas Jhaveri eine Frau auf, die uns, so sagte er, das Spinnen beibringen könne. Wir schickten ein Mitglied des Ashrams, das für seine rasche Auffassungsgabe bekannt war, zu ihr. Doch auch er kehrte zurück, ohne ihr das Geheimnis ihrer Kunst entlockt zu haben.

So verging die Zeit, und ich wurde immer ungeduldiger. Ich quetschte jeden zufälligen Ashrambesucher aus, der vielleicht etwas von der Kunst des Handspinnens verstehen könnte. Diese mittlerweile fast ausgestorbene Kunst war immer Frauensache gewesen. Sollte es in einer entfernten Ecke des Landes noch eine einsame Spinnerin geben, konnte nur eine Frau sie aufspüren.

1917 wurde ich von meinen Gujarati-Freunden zum Vorsitzenden der Broach Educational Conference gewählt. Hier lernte ich die bemerkenswerte Gangabehn Majmundar kennen. Sie war Witwe, aber ihr Unternehmungsgeist war grenzenlos. Sie war nicht besonders gebildet, besaß aber mehr Mut und gesunden Menschenverstand als unsere gebildeten Frauen. Sie hatte den Fluch der Unberührbarkeit überwunden, bewegte sich furchtlos unter den Unterdrückten und diente ihnen. Sie war nicht unbemittelt, dabei aber recht anspruchslos. Sie hatte eine robuste Konstitution und ging überall ohne Begleitung hin, war auch durchaus bereit, ein Pferd zu reiten. Auf der Konferenz in Godhra lernte ich sie besser kennen und vertraute ihr meinen Kummer wegen des *charkha*, Spinnrads, an. Sie versprach, sich ernsthaft und unermüdlich auf die Suche zu machen, so wie Damayanti nach Nala im «Mahabharata», und befreite mich so von einer großen Last.

40. Endlich gefunden!

Nachdem Gangabehn ganz Gujarat durchwandert hatte, fand sie das Spinnrad in Vijapur im Staat Baroda. Dort besaßen noch viele Leute Spinnräder, die allerdings längst auf den Dachboden verbannt worden waren. Sie erklärten sich bereit, das Spinnen wieder aufzunehmen, wenn man sie regelmäßig mit Vorbändern versorgte und die Abnahme allen gesponnenen Garns garantierte. Gangabehn übermittelte mir die frohe Botschaft. An Vorbänder heranzukommen, stellte sich als schwierig heraus, bis uns Umar Sobani, mit dem ich darüber gesprochen hatte, eine ausreichende Menge aus seiner Fabrik lieferte. Ich schickte Gangabehn die Vorbänder, und bald schon trudelte Garn in solchen Mengen ein, dass wir nicht mehr wussten, wohin damit.

Die Großzügigkeit von Umar Sobani war wunderbar, aber man konnte sie nicht ewig in Anspruch nehmen. Außerdem erschien es mir falsch, industrielle Vorbänder zu verwenden. Dann hätten wir ja gleich Industriegarn verwenden können. Garantiert hatten unsere Vorfahren ihre Vorbänder nicht aus der Fabrik bekommen. Wie wurden diese damals hergestellt? Ich bat Gangabehn, Krempler zu finden, die Vorbänder für uns herstellen würden. Voller Zuversicht machte sie sich auf die Suche und fand auch einen Mann, der bereit war, Baumwolle zu kardieren. Er wurde zu einem Monatsgehalt von fünfunddreißig Rupien oder etwas mehr angestellt. Damals war mir kein Preis zu hoch. Gangabehn brachte einigen Jugendlichen bei, wie man aus der kardierten Baumwolle Vorbänder herstellte. Ich bat in Bombay um Baumwolle, und Yashvantprasad Desai übernahm es, uns mit Baumwollballen zu beliefern. Sofort vergrößerte Gangabehn ihr Unternehmen, fand Weber, die das in Vijapur gesponnene Garn verarbeiteten, und bald war Vijapur-Khadi berühmt.

In unserem Ashram gewann das Spinnrad, an dem Maganlal Gandhi dank seiner großartigen technischen Begabung verschiedene Verbesserungen anbrachte, zunehmend an Boden. Bald stellten wir Spinnräder nebst Spindeln selbst her. Das erste Stück Khadi, das im Ashram gewebt wurde, kostete siebzehn Anna pro Yard. Ich hatte keine Bedenken, diesen sehr groben Khadi allen Freunden anzubieten, die diesen Preis auch bereitwillig zahlten.

Ich wurde in Bombay krank, zog aber weiterhin Erkundigungen ein. Zufällig lernte ich zwei Spinnerinnen kennen, die pro Seer Garn eine Rupie verlangten. Damals ignorierte ich die ökonomische Seite von Khadi. Mir ging es einzig um handgesponnenes Garn und dass Spinnerinnen beschäftigt wurden. Als ich diesen Preis mit dem verglich, was Garn in Vijapur kostete, merkte ich, dass ich über den Tisch gezogen worden war. Da sich die Spinnerinnen weigerten, mit ihrem Preis heruntergehen, musste ich auf ihre Dienste verzichten. Doch immerhin hatten sie Shrimati Avantikabai, Ramibai Kamdar, der verwitweten Mutter von Shankarlal Banker, sowie Shrimati Vasumatibehn das Spinnen beigebracht. Bald surrten in meinem Zimmer fröhlich die Räder, was ohne Übertreibung sehr zu meiner Genesung beitrug. Auch wenn die Wirkung eher psychologisch als physisch war, so beweist dies nur, wie stark das Psychische auf das Physische wirkt. Auch ich legte Hand ans Rad, damals ohne großen Erfolg.

Wie sollte ich in Bombay an handgefertigte Vorbänder kommen? An Sjt. Revashankars Haus kam täglich ein Wollkrempler vorbei und fabrizierte mit seinem Gerät Geräusche, um auf sich aufmerksam zu machen. Ich ließ ihn rufen und erfuhr, dass er Baumwolle für Matratzenfüllungen kardierte. Er erklärte sich einverstanden, Florbänder zu krempeln, verlangte aber einen gesalzenen Preis. Ich bezahlte ihn trotzdem. Das daraus gesponnene Garn reichte ich an einige befreundete Vaishnavas weiter, die daraus Girlanden für Pavitra Ekadashi machten. Sjt. Shiyji gab in Bombay Unterricht im Spinnen. Alle diese Experimente gingen tüchtig ins Geld. Die Kosten wurden von treuen Verehrern des Landes beglichen, die an das Khadi-Projekt glaubten. Meiner bescheidenen Ansicht nach waren die Mittel nicht vergeudet, denn so konnten wir viele Erfahrungen sammeln und unsere Grenzen ausloten.

Ich konnte es gar nicht erwarten, ausschließlich Khadi zu tragen. Mein *dhoti* war noch immer aus indischem Fabrikstoff. Der grobe Khadi, der im Ashram und in Vijapur gewebt wurde, war nur dreißig Zoll breit. Ich sagte Gangabehn, wenn sie mir nicht innerhalb eines Monats einen fünfundvierzig Zoll breiten *dhoti* aus Khadi anfertigte, würde ich mit dem groben, schmalen Khadi vorliebnehmen müssen. Das Ultimatum schockierte sie, aber sie zeigte sich der Aufgabe gewachsen, denn innerhalb eines Monats schickte sie mir zwei fünfundvierzig Zoll breite *dhotis* aus Khadi und half mir so aus der Bredouille. Ungefähr um diese Zeit holte Sjt. Lakshmidas den Weber Sjt. Ramji und dessen Frau Gangabehn aus Lahti in den Ashram, wo sie breiteren Khadi herstellten. Dieses Ehepaar spielte eine nicht unbedeutende Rolle bei der Verbreitung von Khadi. Sie weihten eine Vielzahl von Menschen im Gujarat und anderswo in die Kunst des Webens mit handgesponnenem Garn ein. Gangabehn an ihrem Webstuhl ist ein bewegender Anblick. Wenn diese ungebildete, aber kultivierte Schwester am Webstuhl sitzt, ist sie so sehr in diese Tätigkeit versunken, dass man nur schwer ihre Aufmerksamkeit erregen oder dazu veranlassen kann, den Blick von ihrem geliebten Webstuhl zu heben.

41. Ein lehrreiches Gespräch

Von Anfang an rief diese Tätigkeit, die Swadeshi-Bewegung, wie sie damals genannt wurde, viel Kritik bei Tuchfabrikanten hervor. Umar Sobani, selbst ein gewiefter Fabrikbesitzer, ließ mich nicht nur an seinem Erfahrungsschatz teilhaben, sondern hielt mich auch über die Meinung anderer Stofffabrikanten auf dem Laufenden. Einer von ihnen führte ein Argument an, das mich sehr beeindruckte, und ich wollte den Mann unbedingt kennenlernen. Sobani und ich trafen uns mit ihm, und der Fabrikbesitzer kam sofort zur Sache.

«Sie wissen, dass es schon einmal eine Swadeshi-Bewegung gegeben hat?»

Ich bejahte.

«Sie wissen auch, dass wir die Swadeshi-Bewegung damals, als Bengalen geteilt war, mehr als ausgenutzt haben. Auf ihrem Höhepunkt erhöhten wir Stoffpreise und taten noch Schlimmeres.»

«Davon habe ich mit großem Bedauern gehört.»

«Ich finde Ihren Kummer nachvollziehbar, wenn auch aus meiner Warte unverständlich. Wir betreiben unser Geschäft nicht aus Menschenliebe, sondern wir wollen Profit machen und müssen unsere Aktionäre zufriedenstellen. Der Preis eines Artikels richtet sich nach der Nachfrage. Wer soll dieses Gesetz aushebeln? Die Bengalen hätten wissen müssen, dass ihre Bewegung aufgrund der gesteigerten Nachfrage den Preis für Swadeshi-Stoff in die Höhe treiben würde.»

«Die Bengalen waren vertrauensselig, so wie ich auch», unterbrach ich ihn. «Es war unvorstellbar für sie, dass die Textilfabrikanten so egoistisch handeln und überdies auch noch mit betrügerischer Absicht ausländische Stoffe als Swadeshi ausgeben würden.»

«Ich weiß, wie vertrauensselig Sie sind», erwiderte er, «und habe Sie deshalb hergebeten, damit Sie nicht den gleichen Fehler machen wie diese arglosen Bengalen.»

Mit diesen Worten ließ der Fabrikant einen seiner Angestellten Muster bringen. Es handelte sich um Decken, die aus Abfallgarn hergestellt waren. «Sehen Sie sich dieses Material an, das ist unser neuestes Produkt. Es ist sehr gefragt. Wir stellen es aus Abfall her, deshalb ist es so billig. Wir liefern es bis hoch in den Norden. Wir haben im ganzen

Ein lehrreiches Gespräch 463

Land Vertretungen, sogar an Orten, zu denen Ihre Stimme oder Ihre Vertreter niemals vordringen werden. Sie sehen also, dass wir keine Vertreter wie Sie brauchen. Außerdem sollten Sie wissen, dass die indische Stoffproduktion weit hinter dem Bedarf zurückbleibt. Die Swadeshi-Frage ist daher weitgehend eine Frage der Produktion. In dem Moment, in dem wir unsere Produktion steigern und die Qualität entsprechend verbessern, wird der Import ausländischer Stoffe automatisch eingestellt. Deshalb rate ich Ihnen, Ihre Aktionen nicht in der jetzigen Form fortzusetzen, sondern Ihre ganze Aufmerksamkeit auf die Errichtung neuer Fabriken zu richten. Wir brauchen keine Propaganda, um die Nachfrage nach unseren Waren zu steigern, sondern eine erhöhte Produktion.»

«Dann sind Sie bestimmt davon angetan, dass ich bereits in dieser Richtung tätig bin?», wollte ich wissen.

«Wie denn das?», rief er leicht verdutzt. «Wenn Sie tatsächlich die Errichtung neuer Fabriken fördern, verdienen Sie jedes Lob.»

«Nein, nicht ganz. Ich bin dabei, das Spinnrad zu neuem Leben zu erwecken», erklärte ich.

«Wie darf ich das verstehen?», fragte er noch verwirrter. Ich erzählte ihm alles über das Spinnrad und meine lange Suche danach. «Ich bin völlig Ihrer Meinung, dass es unsinnig wäre, mich praktisch zum Vertreter der Tuchfabriken zu machen», ergänzte ich. «Das würde dem Land mehr schaden als nutzen. Unseren Fabriken droht in absehbarer Zeit kein Absatzmangel. Meine Aufgabe muss deshalb darin bestehen, die Produktion von handgesponnenem Tuch zu organisieren und herauszufinden, wie sich dieser Khadi-Stoff am besten absetzen lässt. Deshalb konzentriere ich mich ganz auf die Khadi-Produktion. Ich glaube an diese Form von Swadeshi, denn damit kann ich den halbverhungerten, unterbeschäftigten Frauen Indiens Arbeit verschaffen. Mein Ziel ist es, dass diese Frauen Garn spinnen und das indische Volk Khadi-Kleidung aus diesem Garn trägt. Ich weiß nicht, inwieweit diese Bewegung erfolgreich sein wird, derzeit befindet sie sich erst in der Anfangsphase. Aber ich glaube felsenfest daran. Schaden anrichten kann sie jedenfalls nicht, im Gegenteil, selbst wenn sie nur wenig zur Tuchproduktion des Landes beiträgt, ist das schon ein Gewinn. Wie Sie sehen, meine Bewegung ist frei von jenen üblen Auswüchsen, die Sie erwähnt haben.»

«Wenn Ihre Bewegung so läuft, habe ich nichts dagegen», erwiderte er. «Ob sich das Spinnrad im Zeitalter der industriellen Maschinen durchsetzen kann, ist eine andere Frage. Aber ich wünsche Ihnen viel Erfolg.»

42. Die Nicht-Kooperation ist in vollem Gange

Dies ist nicht der Zeitpunkt, auf die weiteren Fortschritte der Khadi-Bewegung einzugehen. Es würde den Rahmen sprengen, hier meine Aktivitäten zu schildern, die der Öffentlichkeit weithin bekannt sind, sie würden ein eigenes Buch füllen. Ich wollte lediglich beschreiben, wie sich mir die Dinge im Laufe meiner Experimente mit der Wahrheit unmittelbar präsentiert haben.

An dieser Stelle soll näher auf die Bewegung der Nicht-Kooperation eingegangen werden. Während die mächtige Khilafat-Bewegung der Gebrüder Ali immer mehr in Fahrt kam, führte ich lange Gespräche mit Maulana Abdul Bari und anderen Ulema, vor allem über die Frage, inwieweit ein Muslim das Gebot der Gewaltlosigkeit einhalten kann. Letztlich waren sich alle einig, dass der Islam Gewaltfreiheit als politisches Mittel nicht verbiete, und wer sich ihr durch ein Gelöbnis verpflichtet habe, dieses auch strikt einhalte. Schließlich wurde auf der Khilafat-Konferenz die Resolution über die Nicht-Kooperation eingebracht und nach langen Diskussionen angenommen. Ich erinnere mich lebhaft, wie sich einmal in Allahabad ein Ausschuss die ganze Nacht über dieses Thema die Köpfe heiß redete. Hakim Sahib hatte anfänglich so seine Zweifel, ob gewaltfreie Nicht-Kooperation überhaupt praktikabel wäre. Aber nachdem er seine Skepsis überwunden hatte, stand er auf unserer Seite, seine Hilfe erwies sich für die Bewegung als sehr wertvoll.

Als Nächstes brachte ich die Resolution zur Nicht-Kooperation auf der politischen Konferenz in Gujarat ein, die kurz darauf stattfand. Die Opposition wandte gleich ein, es falle nicht in den Zuständigkeitsbereich einer Provinzkonferenz, durch Annahme von Resolutionen der Entscheidung der Congress-Jahrestagung vorzugreifen. Ich entgegnete, eine solche Einschränkung könne wohl für Entscheidungen mit nachträglicher Wirkung gelten, wenn es aber um die Zukunft gehe, seien die untergeordneten Organisationen dazu nicht nur berechtigt, sondern sogar verpflichtet, wenn sie ausreichend Mumm und Selbstvertrauen mitbrächten. Damit könne das Prestige der Mutterorganisation nur gemehrt werden. Der Inhalt der Resolution wurde dann doch noch diskutiert, wobei die Debatte sowohl von einer besonderen Schärfe wie auch von einer Atmosphäre «herzlicher Vernunft» geprägt war. Bei der Abstimmung wurde die Resolution mit überwältigender Mehrheit angenommen, was nicht zuletzt Vallabhbhai und Abbas Tyabji zu verdanken war. Letzterer hatte den Vorsitz inne und befürwortete die Nicht-Kooperation entschieden.

Der All-India Congress beschloss eine Sondersitzung für den September 1920 in Kalkutta, um über diese Frage zu beraten. Dazu waren Vorbereitungen im großen Stil notwendig. Lala Lajpat Rai wurde zum Vorsitzenden gewählt. Sonderzüge transportierten die vielen Congress- und Khilafat-Anhänger von Bombay nach Kalkutta, wo unzählige Delegierte und Besucher an der gigantischen Versammlung teilnahmen.

Auf Wunsch von Maulana Shaukat Ali bereitete ich schon im Zug einen Resolutionsentwurf zur Nicht-Kooperation vor. Bis zu diesem Zeitpunkt hatte ich die Verwendung des Wortes «gewaltfrei» in meinen Entwürfen mehr oder weniger vermieden, in meinen Reden jedoch wiederholt verwendet, denn es war mir vor rein muslimischen Zuhörern nicht gelungen, den rechten Sinn durch Sanskrit-Wörter wie «Friede» zu vermitteln. Daher bat ich Maulana Abdul Kalam Azad, mir alternative Begriffe zu nennen. Er schlug das Wort *ba-aman* (Friede) vor und für Nicht-Kooperation *tark-i-mavalat* (Aufgabe der Freundschaft).

Während ich noch damit beschäftigt war, geeignete Hindi-, Gujarati- und Urdu-Wörter für Nicht-Kooperation zu finden, wurde ich aufgefordert, die entsprechende Resolution für diese geschichtsträchtige Congress-Tagung zu formulieren. Im ursprünglichen Entwurf, den ich Maulana Shaukat Ali gegeben hatte, der im selben Abteil reiste, fehlte das Wort «gewaltfrei», was mir nicht aufgefallen war. In der Nacht fiel mir das Versehen ein. Am Morgen schickte ich Mahadev mit der Botschaft los, der Fehler müsse behoben werden, ehe der Entwurf an die Presse gehe, doch man druckte den Entwurf ohne diese Ergänzung. Noch am selben Abend sollte der Tagesordnungsausschuss tagen. So musste ich die Korrektur in den gedruckten Exemplaren vornehmen. Es wäre eine schwierige Situation entstanden, wenn mein Entwurf nicht rechtzeitig vorgelegen hätte.

Nichtsdestotrotz war meine Lage denkbar unangenehm. Ich hatte keine Ahnung, wer die Resolution unterstützen und wer sie ablehnen würde, ebenso wenig, welche Haltung Lalaji einnehmen würde. Es hatten sich jede Menge altgediente Kämpen in Kalkutta versammelt, darunter die verehrte Dr. Besant, Pandit Malaviyaji, Sjt. Vijayaraghavachari, Pandit Motilalji und Chittaranjan Das, der Deshabandhu genannt wurde, «Freund der Nation».

In meiner Resolution hatte ich die Nicht-Kooperation nur in Anbetracht des Unrechts im Punjab und hinsichtlich der Khilafat-Frage geordert. Das gefiel Vijayaraghavachari jedoch nicht. «Wenn wir Nicht-Kooperation verkünden, warum dann nur in Bezug auf einzelne Dinge, die unrecht sind? Dass uns Swaraj vorenthalten wird, ist das größte Unrecht in unserem Land, also sollte sich die Nicht-Kooperation dagegen richten», argumentierte er. Auch Pandit Motilalji wollte, dass die Forderung nach Swaraj in die Resolution aufgenommen wurde. Diesen Vorschlag nahm ich gern auf; meine Resolution wurde nach einer ausführlichen, ernsthaften und durchaus hitzigen Diskussion angenommen.

Motilalji war der Erste, der sich der Bewegung anschloss. Ich erinnere mich gut an das schöne Gespräch, das ich mit ihm über die Resolution führte. Er schlug einige Formulierungsänderungen vor, die ich übernahm. Er verpflichtete sich, Deshabandhu für die Bewegung zu gewinnen, der ihr wohl innerlich zugeneigt war, aber Zweifel hatte, inwieweit die Menschen das Programm würden umsetzen können. Erst auf dem Congress in Nagpur legten er und Lalaji alle Einwände bei.

Bei dieser Sondersitzung empfand ich den Verlust von Lokamanya, der im Juli gestorben war, sehr stark. Es ist meine feste Überzeugung, dass er mir bei dieser Gelegenheit seinen Segen gegeben hätte, wäre er noch am Leben gewesen. Aber selbst wenn er gegen die Bewegung gewesen wäre, hätte ich seine Opposition als ehrenvoll und lehrreich empfunden. Wir hatten immer wieder Meinungsverschiedenheiten, aber sie führten nie zu Verbitterung. Er gab mir stets das Gefühl, wir seien aufs Engste verbunden. Während ich diese Zeilen niederschreibe, erinnere ich mich genau an den Augenblick, als ich von seinem Tod erfuhr. Es war ungefähr Mitternacht, als mich Patwardhan, der damals mit mir arbeitete, telefonisch benachrichtigte. Ich war von Gefährten umgeben. «Mein stärkstes Bollwerk ist weg», entfuhr es mir unvermittelt. Die Nicht-

Kooperations-Bewegung war in vollem Gange, und ich hatte mich auf seine Ermutigung und Inspiration gefreut. Wie seine Haltung in der Schlussphase der Nicht-Kooperation ausgesehen hätte, wird auf ewig eine offene und somit müßige Frage bleiben. Aber eines ist sicher, die Leere, die sein Tod hinterlassen hat, traf alle in Kalkutta schwer. Jeder spürte, wie sehr seine Ratschläge in diesem historischen Moment der Krise unserer Nation fehlten.

43. In Nagpur

Die auf der Sondersitzung des Congress in Kalkutta verabschiedeten Resolutionen mussten auf der Jahrestagung in Nagpur bestätigt werden. Wie in Kalkutta herrschte auch hier ein großer Ansturm von Besuchern und Delegierten. Die Zahl der Delegierten war noch nicht gedeckelt, deshalb gab es, soweit ich mich erinnere, an die vierzehntausend Teilnehmer. Lalaji forderte eine kleine Änderung der Klausel über den Schulboykott, die ich akzeptierte. Einige weitere Änderungen wurden auf Ersuchen Deshabandhus vorgenommen; danach wurde die Resolution über die Nicht-Kooperation einstimmig angenommen.

Die Resolution zur Neufassung der Congress-Satzung stand ebenfalls auf der Tagesordnung. Der Entwurf des Unterausschusses war auf der Sondertagung in Kalkutta vorgelegt worden, die Angelegenheit somit schon gründlich beleuchtet und diskutiert. Sjt. C. Vijayaraghavachari leitete die Sitzung in Nagpur. Der Fachausschuss verabschiedete den Entwurf mit nur einer wichtigen Änderung: In meinem Entwurf war die Zahl der Delegierten auf fünfzehnhundert begrenzt, der Fachausschuss erhöhte die Zahl auf sechstausend. Meiner Meinung nach war diese Entscheidung unüberlegt, und die Erfahrung seitdem gibt mir recht. Es ist illusorisch zu glauben, dass eine große Zahl an Delegierten mehr Effizienz oder Demokratie garantiert. Fünfzehnhundert aufgeschlossene und ehrliche Delegierte, denen die Interessen des Volkes am Herzen liegen, schützen die Demokratie mehr als sechstausend beliebig gewählte, autoritäre Männer. Um die Demokratie zu schützen, muss das Volk ein ausgeprägtes Gespür für Unabhängigkeit, Selbstachtung und Einigkeit besitzen und sollte ausschließlich lautere und wahrheitsliebende Personen als seine Vertreter wählen. Der zahlenbesessene Fachausschuss hätte am liebsten noch mehr Delegierte zugelassen, so dass die Obergrenze von sechstausend bereits ein Kompromiss war.

Die Frage, welches Ziel der Congress verfolgen sollte, war Gegenstand heftiger Diskussionen. In dem von mir vorgelegten Satzungsentwurf wurde Swaraj innerhalb des Britischen Empire angestrebt, wenn möglich oder wenn nötig auch außerhalb. Eine Gruppe wollte Swaraj nur innerhalb des britischen Empire erreichen. Ihr Standpunkt wurde von Pandit Malaviyaji und Mr. Jinnah verfochten, aber sie bekamen nur wenige Stimmen. Der Satzungsentwurf sah außerdem vor, dass dieses Ziel friedlich und aufrichtig erreicht werden sollte. Auch diese Bedingung stieß auf Ablehnung, mit der Begründung, man dürfe nicht im Vorhinein festlegen, auf welchem Weg dieses Ziel erreicht werden solle. Doch nach einer aufschlussreichen und offenen Diskussion verabschiedete der Congress den ursprünglichen Entwurf. Wäre diese Satzung von allen Beteiligten ehrlich, klug und zielstrebig umgesetzt worden, so hätte sie zweifellos ein wirksames Instrument der Volkserziehung werden können. Bereits die Arbeit an ihrer Umsetzung hätte uns Swaraj gebracht. Aber eine Erörterung dieses Themas tut hier nichts zur Sache.

Auf dieser Jahressitzung wurden zudem Resolutionen zur Einheit von Hindus und Muslimen, zur Abschaffung der Unberührbarkeit und zur Khadi-Bewegung verabschiedet. Seitdem kämpfen unsere hinduistischen Mitglieder darum, den Hinduismus vom Fluch der Unberührbarkeit zu befreien, und der Congress hat durch Khadi eine lebendige Beziehung zu den «Skeletten» Indiens aufgebaut, den ausgemergelten Ärmsten. Und die Annahme der Resolution zur Nicht-Kooperation um des Khilafats willen war ein bedeutender Versuch des Congress, die hindu-muslimische Einheit herbeizuführen.

Abschied

Nun ist der Zeitpunkt gekommen, diesen Bericht zu beenden.

Mein Leben ist von nun an derart öffentlich gewesen, dass es kaum etwas gibt, was nicht allgemein bekannt ist. Zudem arbeite ich seit 1921 so eng mit den führenden Persönlichkeiten des Congress zusammen, dass ich kaum eine Episode meines Lebens sinnvoll beschreiben könnte, ohne auf meine Beziehung zu ihnen einzugehen. Auch wenn Shraddhanandji, Deshabandhu, Hakim Sahib und Lalaji nicht mehr unter uns weilen, so lebt und arbeitet zum Glück noch eine Vielzahl anderer erfahrener Congress-Führer in unserer Mitte. Die Geschichte des Congress ist nach den großen Veränderungen, die ich oben beschrieben habe, noch nicht abgeschlossen. Und da meine wichtigsten Experimente während der letzten sieben Jahre alle bei der Arbeit für den Congress erfolgten, müsste ich, wollte ich sie beschreiben, näher auf die Führungspersönlichkeiten eingehen. Und das verbietet mir der Anstand. Schließlich habe ich noch keine endgültigen Schlussfolgerungen aus meinen aktuellen Experimenten gezogen. Daher ist es meine Pflicht, diesen Bericht nun abzuschließen. Mein Stift weigert sich sogar instinktiv, weiterzuschreiben.

Der Abschied vom Leser fällt mir schwer. Meine Experimente bedeuten mir außerordentlich viel, auch wenn ich mir nicht sicher bin, ob ich sie wahrheitsgetreu beschrieben habe, ich habe mich jedenfalls sehr darum bemüht. Es ging mir immer darum, die Wahrheit genau so zu beschreiben, wie sie mir erschienen ist und wie ich zu ihr gelangt bin. Dem Leser zu schildern, was ich erlebt habe, hat mir geistigen Frieden im höchsten Maß beschert, getragen von der festen Hoffnung, die Unentschlossenen zum Glauben an Wahrheit und Ahimsa zu bekehren.

Meiner Erfahrung nach gibt es keinen anderen Gott als die Wahrheit. Und wenn nicht jede Seite dieses Buchs dem Leser verkündet, dass allein Ahimsa zur Wahrheit führt, müsste ich die Mühe, die ich bei der Niederschrift der Kapitel aufgewandt habe, als vergebens betrachten. Vielleicht ist das Ergebnis mangelhaft, das Prinzip aber nicht. Denn so aufrichtig mein Streben nach Ahimsa auch gewesen sein mag, es war unvollkommen und unzureichend. Die kleinen flüchtigen Blicke, die ich auf die Wahrheit werfen konnte, können kaum eine Vorstellung von ihrem unbeschreiblichen Glanz vermitteln, der Millionen Mal strahlender ist als jener der Sonne, die wir Tag für Tag sehen. Auch wenn ich nur den schwächsten Abglanz dieses Leuchtens erhascht habe, kann ich aufgrund meiner Experimente mit Bestimmtheit behaupten, dass Ahimsa vollständig verwirklicht werden muss, bevor die Wahrheit in ihrer ganzen Pracht sichtbar ist.

Um den universellen und allgegenwärtigen Geist der Wahrheit von Angesicht zu Angesicht zu schauen, muss man alle Schöpfung wie sich selbst lieben. Ein Mensch, der danach strebt, kann sich aus keinem Bereich des Lebens heraushalten. Deshalb hat mich meine Hingabe an die Wahrheit in die Politik geführt, und ich kann ohne Zögern und doch in aller Demut sagen, dass diejenigen, die meinen, Glaube habe nichts mit Politik gemein, nicht wissen, was Glaube bedeutet.

Ohne Selbstläuterung ist es nicht möglich, sich mit allem Lebenden zu identifizieren; ohne Selbstläuterung ist es völlig unmöglich, das Gesetz von Ahimsa einzuhalten; Gott kann nur von jenen erkannt werden, die reinen Herzens sind. Selbstläuterung bedeutet daher zwingend Läuterung in allen Lebensbereichen. Und da das Persönliche und das Universelle nahe beieinander sind, führt die Läuterung des Einen zur Läuterung der Vielen. Der Gott der Wahrheit hat jeden von Geburt aus mit der Fähigkeit ausgestattet, nach Selbstläuterung zu streben.

Aber dieser Weg ist steil und steinig. Um zur wahren Läuterung zu gelangen, muss man absolut leidenschaftslos werden im Denken, Reden und Handeln; man muss sich über die Leidenschaften von Liebe und Hass, Bindung und Ablehnung erheben. Ich weiß, dass ich diese Reinheit noch nicht erreicht habe, trotz meines unaufhörlichen Strebens. Deshalb berührt mich weltliches Lob nicht, es schmerzt mich vielfach. Die subtilen Leidenschaften zu überwinden, erscheint mir weitaus schwerer zu sein als die Eroberung der Welt mit Waffengewalt. Seit meiner Rückkehr nach Indien habe ich manche Erfahrung mit den in mir schlummernden Leidenschaften gesammelt. Das Wissen um sie hat mich gedemütigt, aber nie besiegt. Die Experimente mit der Wahrheit haben mir große Freude bereitet, und sie tun es weiterhin. Aber ich weiß, dass ich noch einen schwierigen Weg vor mir habe. Ich muss mein Ego auf null reduzieren. Solange sich ein Mensch nicht freiwillig als Geringster unter seinen Mitgeschöpfen betrachtet, kann es keine Erlösung für ihn geben. Ahimsa ist der fernste Horizont der Demut. Und die Erfahrung beweist, dass ohne Demut Erlösung unmöglich bleibt.

Mit einem Gebet um Demut und der Bitte, die Welt möge sich meinem Gebet anschließen, beende ich diesen Bericht, zumindest vorläufig.

*Ein Mensch ist größer als ein Heiliger
Das inspirierende, widersprüchliche Leben
des Mohandas K. Gandhi*

Von Ilija Trojanow

«Mit einem Heiligen im Himmelreich zu leben,
Ist Segen und Licht;
Mit einem Heiligen auf Erden zu leben,
Eine völlig andere Geschicht'.»
Gandhis Sekretär und Übersetzer Mahadev Desai

«Gandhi ist ein Europäer – wahrlich ein russischer Christ in einem indischen Körper.» *Sri Aurobindo*

«Der Heilige hat unsere Ufer verlassen – ich hoffe aufrichtig, für immer.» *General Jan Smuts*

«Ihr könnt euch nicht vorstellen, wie viel es uns kostet, diesen Heiligen, diesen wunderbaren alten Mann, in Armut zu halten!»
Sarojini Naidu

Gandhi ist ein Heiliger. Oder eine beschädigte Ikone. Für viele auf der Welt ein Vorbild, für manche in Indien ein Verräter. Gandhi wird heute, hundertfünfzig Jahre nach seiner Geburt und mehr als siebzig Jahre nach seiner Ermordung, hoch geachtet, tief geächtet. Jeder kennt sein Konterfei, doch Schulkinder in seinem heimischen Gujarat sind sich nicht mehr sicher, ob er der Vater von Indien war oder von Indira Gandhi, der langjährigen indischen Premierministerin, die nicht mit ihm verwandt war. Wie alle historischen Figuren, die zu Idolen geworden sind, war Gandhi ein widersprüchlicher Mensch. Aber trotz seiner Schwächen und zahlreichen Stärken hat er weder Heiligsprechung noch Verdammung verdient. Die Verehrung gilt einem Abziehbild, das sich nicht zuletzt einem hagiografischen Hollywoodfilm verdankt. Die vielen Denkmäler zu seinen Ehren dienen weniger der Erinnerung als dem Verdrängen seines Lebenswerks. Gelegentlich werden sie beschmiert, denn Gandhis Vermächtnis – ein kulturell und religiös vielfältiges, inklusives Indien – ist den hinduistischen Nationalisten, die seit Jahrzehnten erstarken und seit 2014 an der Macht sind, ein Dorn im Auge. Einer aus ihren Reihen hat Gandhi am 30. Januar 1948 ermordet. Der indische Premierminister Narendra Modi zitiert häufig und ausführlich V. D. Savarkar, einen rechtsextremen Rassisten, der Hitler bewunderte und in allem der Antipode von Gandhi war. Kritik kommt aber auch aus progressiver Warte. Die Schriftstellerin Arundhati Roy etwa wirft Gandhi vor, das hinduistische Kastensystem nicht in Bausch und Bogen verurteilt zu haben, und tituliert ihn etwas gehässig als «Heiligen des Status-Quo». Ob als Ikone oder Karikatur, seine vielfältigen Ideen leben kaum fort. Er ruht als eingemottete geistige Seneszenz in einer Vitrine aus Panzerglas.

Der Mensch und sein lebenslanges Streben nach Erkenntnis und Verwandlung werden von diesem Glorienschein überschattet. Früh schon wurde er seliggesprochen, von dem Dichter Rabindranath Tagore (1946 mit dem Nobelpreis ausgezeichnet), der ihn als *Mahatma* («große Seele») titulierte. Mohandas Karamchand Gandhi war an diesem Bild seiner selbst nicht unschuldig, trotz seiner Einwände, er sei kein Visionär und «anfällig für viele Schwächen». Er protestierte zwar gegen Tagores Apotheose, schlüpfte aber bei Bedarf in die eigene Verklärung wie in ein handgewebtes Gewand. Gandhi war sich bewusst, dass er die Gefolgschaft der meist ungebildeten, einfachen indischen Bevölkerung allein durch sakrale Inszenierungen gewinnen würde. Seine widerständige Politik aus großen Gesten, klaren Symbolen und strengen Grundsätzen entsprach dem dramatischen Streben der Helden hinduistischer Epen, die in Indien jedes Kind kennt. In einem Gespräch mit Tagore verteidigte Gandhi die Idee von Götzen. Er glaubte, dass die Massen nicht in der Lage wären, abstrakten Ideen zu folgen. Tagore hingegen lehnte Götzen ab, weil sie die Menschen auf ihre Kindlichkeit reduzieren.

Das Aussehen dieses «halb nackten Fakirs» (Winston Churchill) hat

Beobachter immer wieder getäuscht. Gandhi war kein naiver, rückständiger, vormoderner, seinen Instinkten folgender Mensch, sondern ein gebildeter und selbstreflektierter Rechtsanwalt, Publizist, Kommunarde, Widerstandskämpfer und Lehrer. Er stolperte nicht in diese Rollen hinein, er nutzte – wie er in seiner Autobiografie detailliert beschreibt – bewusst ihre Gestaltungsmöglichkeiten.

Es ist bedauerlich, dass die Inszenierungen und Projektionen unseren Blick auf die politische sowie geistige Aktualität dieses Menschen verstellt haben. Seine einfache Kleidung aus selbstgesponnener Baumwolle lassen ihn archaisch, seine politischen Kämpfe für Gleichberechtigung in Südafrika und die Unabhängigkeit Indiens rein historisch erscheinen, zumal die damals angestrebten Ziele, vordergründig betrachtet, erreicht worden sind. Doch Gandhi war ein Denker und Aktivist, der Wesentliches erprobt hat, das für unsere Zeit von Bedeutung ist. Wir sollten ihn von den Fesseln des historischen Kontextes befreien, um zu erkennen, welche Bedeutung er als Denker und Vorbild heute haben könnte. Er hätte viel beizutragen zu den Irrungen und Wirrungen unserer Gegenwart: der wachsenden Ungleichheit, der ökologischen Zerstörung, des Aufstiegs von Demagogie sowie des Schwindens demokratischer Überzeugung. In vielen seiner Kämpfe hat er die brennenden Themen unserer Zeit vorweggenommen: toleranter Glauben, utopisches Denken, spirituell bewusstes Essen, soziale Gerechtigkeit, das Politische im Privaten.

Gandhi war ein politisches Gesamtkunstwerk. Kein Heiliger, nicht einmal ein Mensch ohne Makel, zweifellos aber ein konkreter Utopist, ein engagierter Theoretiker, ein Gesundheitsapostel, ein Menschenfreund, ein Friedensaktivist, ein Freigläubiger sowie ein Memoirenschreiber.

Der Memoirenschreiber

«Warum möchtest du eine Autobiografie schreiben? Das ist doch nur typisch für die westliche Welt. Hier im Osten kenne ich niemanden, der eine geschrieben hat.» So zitiert Gandhi, ohne zu widersprechen, die unzutreffende Aussage eines Freundes. Seit dem 19. Jahrhundert wurde in Indien eine Vielzahl an Memoiren veröffentlicht, nicht wenige von ihnen von Frauen, zuvorderst in bengalischer Sprache. Es ist unklar, ob Gandhi der Ansicht war, eine neue Form der öffentlichen Biografie zu verfassen, oder ob er von diesem Reichtum der indischen Literaturen nichts wusste, was durchaus möglich ist, denn Gandhi hat nach der Grundschule eine englischsprachige Realschule besucht und in London studiert, seine intellektuelle Ausbildung ist überwiegend auf Englisch erfolgt. Viele seiner unzähligen Artikel und Essays wurden auf Englisch geschrieben (die Gesammelten Werke umfassen 98 Bände!), natürlich auch ein Großteil seiner umfangreichen Korrespondenz. Und doch wählte er für seine Autobiografie seine Muttersprache Gujarati. Er erklärt diese Entscheidung nicht. Zweifellos war ihm seine kulturelle Herkunft ein Leben lang wichtig. Mit seiner Ehefrau Kasturba und seinen Kindern unterhielt er sich in Südafrika stets auf Gujarati, er brachte seinen Söhnen Lesen und Schreiben samt Grammatik und Stil auf Gujarati bei, auf Kosten der englischen Sprache, die sie erst spät erlernten (Freunde kritisierten ihn hierfür). Sein erster Arbeitgeber in Südafrika, der Großhändler Dada Abdulla, führte seine Bücher auf Gujarati, insofern war Gandhi auch als Anwalt mit dieser Sprache verbunden, und die von ihm später herausgegebenen Zeitschriften erschienen sowohl auf Gujarati als auch auf Englisch. Es spricht einiges dafür, dass er sich in der Gujarati-Sprache eher zuhause fühlte.

Vielleicht war seine Entscheidung aber nicht nur ästhetisch und emotional, sondern auch politisch motiviert. Die Autobiografie erschien zu einem Zeitpunkt, als Gandhi, wie die letzten Kapitel deutlich zum Ausdruck bringen, in politische Aktionen und Konflikte verstrickt war, bei denen er strategisch vorgehen musste. Bei diesen hemdsärmeligen Kämpfen würde eine derartig wichtige Schrift, geschrieben in einer indischen Sprache, die repräsentative Autorität ihres Verfassers stärken. Gandhi hatte in diesem Sinn einen gewissen Nachholbedarf. Nicht nur, weil er seine prägenden Jahre im fernen Südafrika verbracht hatte, sondern auch, weil er in den ersten vier Jahrzehnten seines Lebens «vielleicht nie mit einem einzigen indischen Bauern oder Arbeiter gesprochen hat, der in Indien lebt oder arbeitet» (so sein bedeutendster Biograf Ramachandra Guha). Er war in Indien angesehen, wurde aber auch missverstanden. Sein erstes Buch, *Hind Swaraj* (Indiens Freiheit), war vor allem in Europa rezipiert worden, von Anarchisten, Sozialisten, Pazifisten und Tierschützern.

Gandhi hat diese Erinnerungen in turbulenten Zeiten verfasst (einige der frühen Kapitel hat er diktiert, den Rest selbst aufgeschrieben). Während er schreibt, kommt es am 17. November 1921 zu Zusammenstößen in Bombay, weswegen er ab dem 19. November in einen Hungerstreik tritt. Auch wenn die Konflikte am 22. November beigelegt werden, beschließt er, von nun an jeden Montag zu fasten, bis Swaraj (Selbstregierung) erreicht sei. Das ist typisch für Gandhi: Introspektion wechselt sich ab mit Aktion. In einem Brief an seinen Mitstreiter C. E. Andrews bekennt er: «Ich habe keine Ahnung, wann das Ganze fertig sein wird, obwohl ich viele wichtige Ereignisse auslasse und versuche, schnell zu den Vorgängen um die Nicht-Kooperation zu gelangen.» Die Arbeit, die er selbst während eines längeren Gefängnisaufenthalts 1922 bis 1924 fortsetzt, wird immer wieder von politischen Aktionen unterbrochen. Eine weitere Schwierigkeit besteht darin, dass die beschriebenen Ereignisse viele Jahre zurückliegen und Gandhi über keinerlei Gedächtnisstützen verfügt, weder über Notizbücher noch über ein privates Archiv. Es wäre ein Fehler, seinem Gedächtnis zu viel Verlässlichkeit abzuverlangen.

Ausschnitte erschienen in der Zeitschrift *Navajivan* (Neues Leben) zwischen Ende 1925 und Anfang 1929, fast gleichzeitig mit der englischen Übersetzung in *Young India*; kurz darauf und ebenfalls zeitnah kamen die Erinnerungen in Buchform in beiden Sprachen heraus. Der Originaltitel lautet wörtlich übersetzt: *Die Experimente der Wahrheit oder Eine Autobiografie.* Zu Gandhis Verehrung der Wahrheit wird noch einiges zu sagen sein, schon im Titel räumt er ihr den handelnden Part ein, so als hätte die Wahrheit mit ihm experimentiert und nicht umgekehrt. So als sei sein Leben von einer höheren Macht gestaltet worden, der er nun demütig Reverenz erweist. Das relativiert die ich-gesättigte Perspektive dieses Berichts. Wie in den meisten Memoiren verschränken sich auch bei ihm Selbstbefragung und Selbstinszenierung.

Eigentlich sollte diese Autobiografie «Meine südafrikanischen Jahre» betitelt sein. In Südafrika entwickelte Gandhi fast alle seine wesentlichen Ideen, hier wandelte er sich von einem Petitionenschreiber in einen Aktivisten, von einem Mann mit begrenztem kulturellem Horizont in einen kosmopolitischen Universalisten. Nelson Mandela hat dies 1999 in einem Artikel für die Zeitschrift *Time* auf den Punkt gebracht: «Indien ist Gandhis Geburtsland, Südafrika sein adoptiertes Land. Er war sowohl indischer als auch südafrikanischer Staatsbürger. Beide Länder haben einen Beitrag geleistet zu seinem intellektuellen und moralischen Genie, und er prägte die Befreiungsbewegungen in beiden kolonialen Sphären.»

Ob in Südafrika, England, Deutschland oder anderswo, gelesen wurde Gandhis Autobiografie von den allermeisten Menschen auf Englisch, übersetzt in andere Sprachen wurde sie anhand der englischen Fassung seines langjährigen Sekretärs Mahadev Desai. Die Übersetzung einer Übersetzung ist stets ein Tee zweiten oder gar dritten Aufgusses, der Geschmack, die Farbe, die Intensität verändern sich. Es ist daher ein großes Geschenk, dass einer der besten Kenner von Gandhis Werk, Tridip Suhrud, 2018 eine umfangreiche, annotierte kritische Ausgabe der Autobiografie in Indien veröffentlicht hat, in der er minutiös die Auslassungen und Hinzufügungen, die Veränderungen und Anpassungen der englischen Übersetzung im Vergleich zum Original kenntlich macht. Das ermöglicht uns zumindest einen Blick durch ein beschlagenes Fenster in Gandhis Gujarati-Raum. Auch wenn die Abweichungen selten schwer wiegen, in ihrer Vielzahl lassen sie klar erkennen, dass Desai nicht nur sprachliche Eigenwilligkeiten und folkloristische Idiome geglättet hat, sondern auch manch eine Ungereimtheit, mit der Absicht, dass alle ethischen und politischen Gleichungen aufgehen. Ein Beispiel: Auf Gujarati vergisst Gandhi immer wieder, seine Frau zu erwähnen, wenn er über seine Familie schreibt; der brave Desai fügt häufig «my wife» hinzu. Zudem webt er Erklärungen in die Erzählung hinein, die selbstverständlich – da sie auf Englisch erfolgen – eine imperiale Sichtweise auf die Ereignisse transportieren, denn die englische Terminologie für alles Indische ist nicht neutral, sondern Folge kolonialer Attitüden und Interessen. Insofern bietet die hier vorliegende Übersetzung zwar keine direkte Verbindung zu dem Gujarati-Original, aber immerhin eine wacklige Hängebrücke, die uns schwankend über all die Widersprüchlichkeiten und Eigenwilligkeiten der historischen Figur trägt.

Der Freigläubige

Nach dem Ableben Kabirs, eines bedeutenden mystischen Dichters aus dem 15. Jahrhundert, brach einer berühmten Legende zufolge unter seinen Schülern ein heftiger Streit aus. Die Hindus bestanden darauf, dass er kremiert, die Muslime, dass er beerdigt werde. Es kam zu einem Handgemenge, bei dem das Leichentuch weggerissen wurde: Siehe da, der Meister war verschwunden, an seiner Stelle befand sich ein großer, bunter Blumenstrauß. Die Moral der Geschichte: Was in Indien erblüht, verweigert sich den Etiketten, den klaren Zuordnungen.

Gemeinhin wird Gandhi als gläubiger Hindu dargestellt. Doch die Realität seines spirituellen Lebens und seiner religiösen Zugehörigkeit ist erheblich komplizierter und repräsentiert auf wunderbare Weise die vielen Schattierungen des Glaubens in Südasien, die dynamischen und fluiden Identitäten, die so sehr Wesenskern dieses Subkontinents sind. Auch wenn Gandhi es in dieser Autobiografie verschweigt, seine Mutter war eine Pranami, Anhängerin einer Religionsgemeinschaft, die in der einfachen, aber einleuchtenden Überzeugung wurzelt, dass alle spirituellen Traditionen einen Kern Wahrheit in sich tragen und keine ausschließlich zur Erlösung führt.

Die wichtigste Pilgerstätte der Pranami befindet sich in Panna, einer Bezirksstadt in Madya Pradesh im Norden des Landes, die sowohl Synkretisten als auch Diamantenschürfer anzieht. Die Tempelanlage erinnert mit ihren vielen Kuppeln und Bögen an einen Gurdwara-Tempel der Sikhs, im Inneren sind Abbildungen von Krishna zu sehen, im Allerheiligsten befinden sich nur eine Flöte und eine Krone auf einem feinbestickten Kissen. An der Wand gegenüber hängt das Porträt eines Mannes, Lord Prannath, mit muslimischem Spitzbart. Mahamati Prannath war Gujarati, 1618 in der Hafenstadt Jamnagar geboren, einen Vogelflug von Gandhis Geburtsstadt Porbandar entfernt und dieser sozioökonomisch sowie kulturell ähnlich. Auch sein Vater diente dem örtlichen Herrscher als hoher Beamter. Prannath hat Arabisch gelernt und den Koran ausgiebig studiert. Fast ein Jahrzehnt lang bereiste er den arabischen Raum. Schon früh predigte er, dass Gott eins und ohne Form sei, dass alle Religionen nur den einen Gott verehren. Das heilige Buch der Pranami, *Kuljam Sharif*, umfasst vierzehn Bände mit 18 758 Versen, es besteht aus Texten verschiedener Religionen, ein ökumenisches Kompendium. Bestimmt hat Gandhi an der Seite seiner Mutter erlebt, wie der Priester aus dem Koran sowie aus der Bhagavad Gita vorträgt, zwischen den beiden changierend, als wäre es ohne Bedeutung, aus welchem er vorträgt.

Vor vielen Jahren erklärte mir ein Priester in Panna: «Unser Glaube erlaubt uns nicht, andere zu bekehren. Was nottut, ist eine Veränderung der eigenen geistigen Einstellung. Wenn man Religion richtig begriffen hat, spielt es keine Rolle, welchem Glauben man äußerlich anhängt. Konflikte haben ihren Ursprung in der Ignoranz der Menschen, die sich auf ihre äußeren Unterschiede versteifen. Das ist der Grund allen Elends in der Welt. Wenn sie das verstanden haben, werden sie erkennen, dass es nur eine Religion auf der Welt geben kann, die Religion Gottes, und nur ein Volk, das Volk Gottes.» Es waren Worte, die sich so oder so ähnlich immer wieder bei Gandhi finden lassen: «Es gibt viele Religionen, aber alle Religion ist eins» oder «Religion ist wie die Seele – eins und viele».

Wieso Gandhi diese frühe Prägung in seiner Autobiografie verschweigt, können wir nur erahnen. Es war wohl nicht der richtige Zeitpunkt, sektiererisch zu erscheinen. Seine Kompromissbereitschaft gegenüber den im Unabhängigkeitskampf einflussreichen muslimischen Gruppen wurde in manchen Kreisen sehr misstrauisch beäugt; es ist naheliegend, dass er das Gemeinsame betonen wollte. Aber in seiner spirituellen Praxis blieb er ein Leben lang dem Geist der Pranami treu: durch seine Beschäftigung mit den heiligen Texten des Christentums, des Islams und anderer Religionen und durch seine Gewohnheit, in seinen Aschrams den Tag mit ökumenischen Gebeten und Lesungen zu beginnen. Er selbst suchte selten einen hinduistischen Tempel auf und nie, um dort zu beten. In der Phoenix-Kommune, die er 1904 in Südafrika gründete, begann und endete der Tag mit einem gemeinsamen, konfessionsfreien Gebet, das hinduistische, christliche und islamische Texte enthielt. «Bapuji hatte universale Gebete aus den Texten der verschiedensten Religionen herausgefiltert», so sein Enkel Arun Gandhi in seinen eigenen Erinnerungen.

Ein weiterer Beleg ist Gandhis bevorzugtes Bhajan (Hymne), das er täglich anstimmte. Die Struktur dieses Bhajans stammt aus der Vaishnava-Tradition, die sich der Verehrung des Gottes Vishnu hingibt. Die Version von Gandhi enthält allerdings nur den ersten Zweizeiler des ursprünglichen Lieds, in dem der Gott Rama und seine Gemahlin Sita angerufen werden. Der Rest entstammt eindeutig der Pranami-Tradition und versteht den hinduistischen Ehrentitel Ishvara («allmächtiger Herr») und die arabische Gottesbezeichnung Rahim («der Barmherzige») als Namen für den gleichen Gott:

Sita, Rama, segne Sita, Rama.
Möge der Fromme zu Sita, Rama beten.
Ishvara und Allah, beides sind Deine Namen:
Herr, gewähre uns allen wahre Erkenntnis.
Ob Rama oder Rahim, beide sind gleich gnädig:
wir sind ihre Kinder, wir alle.
Lasst uns alle um diesen Segen beten,
vereine uns in der Wahrheit des Menschen.

Gandhis Lieblingsmantra lautete «*Ram nam sath hae*»: «Gott, Dein Name ist Wahrheit». Ein Mantra, das traditionell rezitiert wird, während ein Verstorbener zur Verbrennungsstätte getragen wird. Mantras sind bekanntlich schwer zu interpretieren, manche von ihnen sind hermetische Wortgebilde, die als magische Skulpturen per se wirken, nicht aufgrund ihrer Bedeutung. Aber in diesem Fall ist vor dem Hintergrund seiner Lebensbeichte klar, was Gandhi angezogen hat. Nicht die Behauptung, religiöse Tradition sei Wahrheit im Sinne von Dogma, von ideologischer Verbindlichkeit, sondern das Gegenteil. Das Göttliche liegt in dem Konzept von Wahrheit, in diesem so ungemein hohen und so immens fordernden Ideal, dem wir als Menschen nie vollends genügen können, das wir aber zum ethischen Existieren so sehr benötigen wie die Luft zum Atmen. Insofern verdichtete Gandhi die Vielstimmigkeit religiöser Anweisung zu einem zentralen Moment, einem alles überragenden Ziel: Streben nach Wahrheit – «die universelle und alles durchdringende Wahrheit», so eine seiner wiederholten Formulierungen. Und weil Wahrheit religiös konnotiert sein kann, aber nicht muss, sprechen Gandhis Experimente mit dieser Wahrheit Tiefgläubige ebenso an wie Atheisten.

Auch Gandhis Liebe zur Bhagavad Gita, kurz «Gita», offenbart seinen freigläubigen Zugang. Er las dieses auf Sanskrit verfasste philosophische Hauptwerk zum ersten Mal 1888 oder 1889 in London, allerdings nicht auf Gujarati, sondern in Edwin Arnolds populärer und poetischer (manche würde sagen: schwärmerischer) englischer Fassung unter dem Titel *The Song Celestial*. Gleichzeitig las er Arnolds Nacherzählung des Lebens des Buddha *(The Light of Asia)* sowie das Neue Testament. «Mein junger Geist versuchte, die Lehren der ‹Gita›, von ‹Die Leuchte Asiens› und der

Bergpredigt miteinander zu vereinen», schrieb er viele Jahre später. Gandhi war übrigens ein so hingebungsvoller Bibelleser, dass Papst Johannes Paul II. einmal behauptete, er sei «viel mehr Christ als viele Menschen, die von sich behaupten, Christen zu sein».

Die Lehre der Bhagavad Gita stellte Gandhi vor größere interpretatorische Herausforderungen. Konfrontiert mit Krishnas Ermahnung an Arjuna (halb Gott, halb König), einen gewalttätigen Kampf zu führen – die Rahmengeschichte der Gita –, argumentierte Gandhi, dass Krishna Arjuna nur zur Pflicht rufe. «Kämpfen» sei eine Metapher für den inneren moralischen Kampf des Menschen und Gewaltlosigkeit die Folge der angestrebten Loslösung von den Früchten des Handelns. In einem zentralen Vierzeiler postuliert Krishna das Gebot, man solle unabhängig von den erwarteten Folgen oder Belohnungen handeln, ein Handeln per se, das sich ausrichtet an der höchsten ethischen Wahrheit, weswegen Mord oder Lüge logischerweise streng verboten sein müssen, denn ihre Rechtfertigung könnte nur anhand der ansonsten zu befürchtenden Folgen geschehen. Das bedeutet eine entschiedene Ablehnung des Zweck-Mittel-Kalküls, da das Argument der Selbstverteidigung nichts anderes ist als die Aufhebung von Schuld durch Einbindung in Kausalität. Ganz anders übrigens einer der großen Widersacher Gandhis, der Führer der All-India Muslim League Muhammad Ali Jinnah: «Die Muslim League würde sich mit dem Teufel selbst verbinden, wenn dies im Interesse der Muslime sein sollte.» Die lineare Zeitvorstellung im Islam (wie auch im Christentum) begünstigt derartige Kompromisse zwischen ethischer Norm und Abweichung in der Praxis angesichts klarer eschatologischer Erwartungen. Die zyklischen Vorstellungen im Hinduismus und Buddhismus hingegen gehen von der ewigen Wiederkehr des Gleichen aus, die einzige Option ist also, dass wir zukünftig auf höherem Niveau kreisen. Die einen vertrauen auf die Letzten Dinge, die anderen auf die Höchsten Dinge.

Das Ideal von der Loslösung von den Früchten des Handelns (Nishkama-Karma) ist ein zentraler Grundsatz der Lehre von Karma-Yoga, die Gandhi und viele seiner Mitstreiter als geistiges Fundament des Unabhängigkeitskampfes adaptierten. Nur eine selektive Interpretation der Gita konnte ihnen erlauben, die Gewaltlosigkeit aus diesem in Indien so tief verehrten Lehrgedicht abzuleiten. Diese Lesart ermöglichte es ihnen zudem, jegliche Berufung auf die Gita zur Rechtfertigung von Gewalt für eine gute Sache abzulehnen. Auch hat Gandhi konsequent den Anspruch zurückgewiesen, die Gita sei eine Art «Hindu-Bibel»: «Das ist ein Werk, das Menschen aller Glaubensrichtungen lesen können. Es unterstützt keine sektiererische Sichtweise. Es lehrt nichts als reine Ethik.» Nicht alle lesen die Gita auf diese Weise. Am Abend des 30. Januar 1948 feuerte ein Mann namens Nathuram Godse zwei Kugeln aus nächster Nähe auf Gandhi ab. Zwei Tage vor seiner Hinrichtung schrieb der Attentäter einen Brief an seine Eltern, in dem er argumentierte, dass «Lord Krishna im Krieg und auf andere Weise viele selbstherrliche und einflussreiche Personen zur Verbesserung der Welt getötet hat, und in der Gita hat er Arjuna immer wieder geraten und gedrängt, ihm nahestehende Menschen zu töten.» Godse gelangte zu dem Schluss, Krishna hätte den Mord an dem «einflussreichen» Gandhi gewollt. Er schritt mit einem Exemplar der Bhagavad Gita in der Hand zur Hinrichtung.

Die vielfältigen, idiosynkratischen Prägungen Gandhis beschränken sich nicht auf das Religiöse, er ist das Produkt einer in mancherlei Hinsicht bereits globalisierten Welt. Sein Denken wurde geschult am angelsächsischen Recht (beschädigt, würden manche behaupten, denn er hat sich vom legalistischen Denken nie völlig befreien können). Seine Suche nach Alternativen wurde maßgeblich beeinflusst von dem russischen Romancier Leo Tolstoi und dem britischen Philosophen John Ruskin, wie er in seiner Autobiografie nachzeichnet. Er hat in der kosmopolitischsten Metropole seiner Epoche, in London, studiert, und er ist zu einem Denker und Aktivisten in einem Land ethnisch-kultureller Vielfalt gereift, in dem die Einwanderer die Einheimischen knechteten, weswegen ihn schon damals jene offenen Fragen eines multikulturellen Miteinanders umgetrieben haben, die wir seit Jahrzehnten in Europa diskutieren. Gewiss, er hat immer wieder traditionelle hinduistische Konzepte, etwa Brahmacharya (Enthaltsamkeit) und Swaraj (Selbstregierung), aufgegriffen. Man kann aber nicht genug betonen, dass Gandhi in jungen Jahren und mit einer eher mittelmäßigen Ausbildung Indien verließ, um die nächsten zwei Jahrzehnte, in denen sich seine Persönlichkeit und sein Geist formten, von wenigen Ausnahmen abgesehen, außerhalb Indiens zu verbringen. Dieser Bildungsweg, der nicht zuletzt seinen Sinn für das Universelle schärfte, ist in diesem Buch auf faszinierende Weise nachzuvollziehen. Insofern liegt die Annahme nahe, dass Gandhi sich am reichen Fundus der indischen Tradition nach eigenem Gutdünken bediente und nicht an bestimmte Traditionen gefesselt war. Er war weder ein Konservativer noch ein Progressiver, da ihm das Althergebrachte nicht suspekt war, aber auch nicht an sich verehrungswürdig erschien.

Der Friedensaktivist

Meine Großmutter pflegte zu sagen, man kann mit Gewalt nehmen, aber nicht mit Gewalt geben. Gandhi hätte ihr widersprochen. Zumindest eingeschränkt: Man kann die Menschen durchaus zum Guten zwingen. Gandhis Gewaltlosigkeit war nicht allein durch die Abwesenheit von Verletzung, Verbrechen oder Sünde definiert. Sie war ein Instrument in den Händen der Schwächeren, ein Mittel, die Macht zu nötigen. Oft wird behauptet, diese Methode bestünde darin, die Herrschenden durch freiwilliges und weithin sichtbares Leiden zu beschämen. Das greift zu kurz. Gandhi war nicht naiv. Er wusste, die Macht ist immun gegen eine Ansteckung mit Scham. Sein Prinzip von Satyagraha, wortwörtlich «an der Wahrheit festhalten», bedeutete aktiven Widerstand gegen Gewalt, nicht Hinnehmen, nicht Erdulden. Gandhi selbst verwendete lange Zeit eine ungeeignete englische Übersetzung des Begriffs: «passive resistance» (passiver Widerstand). Martin Luther King hat mit «militant nonviolence» (militante Gewaltlosigkeit) ein besserer Ausdruck für die Prinzipien dieses Kampfes gewählt. Auch wenn dieser Begriff das spirituelle Streben nach Wahrheit nicht sichtbar macht, so beschreibt er genauer die zur Verfügung stehenden Handlungsoptionen. Die konkreten taktischen Aktionen – Streik, Boykott, Protest, Verweigerung – waren aktive Maßnahmen, um den Gegner zu einer Veränderung seiner Politik zu zwingen. Gandhi war überzeugt, dass der Mensch sich zum Besseren wandeln könne, nicht durch gutes Zureden, sondern durch einen von ethischen Werten geprägten Widerstand, der sich gegen die Bedingungen struktureller Gewalt an sich richtet, der also nicht gegen brutale Repression zurückschlägt, wie beim bewaffneten Widerstand, sondern die Existenz von Unterdrückung an sich in Frage stellt. Dazu gehören alle möglichen Formen der sozialen Sabotage, die das Ziel haben, das Funktionieren des repressiven Systems zu untergraben. Damit war ihm ernst. In einer 1930 in Bombay gehaltenen Rede verkündete er: «Hochverrat (*oder Aufruhr*) ist meine Religion.» Gemeint war, dass in der radikalen Verweigerung eine Erlösung aus dem Kreislauf von Macht und Widerstand mitgedacht ist. Insofern ist Satyagraha entgegen vieler Unkenrufe eine universell gültige Strategie, auch gegen totalitäre Systeme und Diktaturen.

Strittig ist, inwieweit Gandhis Experimente mit Satyagraha auf weit zurückreichenden indischen Traditionen basieren. Das Ideal der Gewaltfreiheit (*ahimsa*) wurde in Südasien schon früh formuliert und gehört zu den Leitlinien indischer Kulturen (König Ashoka gehörte zu den wenigen Herrschern der Menschheitsgeschichte, der zu einer buddhistischen Friedfertigkeit konvertiert ist). Ein zentraler Bestandteil von Dharma (Pflicht, Glaube, Recht) ist das Mitgefühl (*daya*) mit allen Lebewesen und als Folge davon die Verpflichtung, ihnen nicht zu schaden. Dieses Ideal prägt den frühen Buddhismus ebenso wie die Lehren der Jain, einer Religionsgemeinschaft, deren Mönche es in extremis praktizieren: *ahimsa* leitet jeden ihrer Gedanken, jede ihrer Handlungen, weswegen sie mit Mundschutz durch den atmenden Tag gleiten, um kein Insekt zu verschlucken, und den Boden vor ihren Füßen mit einem Besen fegen, um auf keine Ameise zu treten. Denn wer einem anderen Lebewesen Schaden zugefügt, wird so sehr beschmutzt, dass es zur Reinigung mehrere Wiedergeburten voller Leid braucht.

Gandhi war mit diesen Denkweisen vertraut. Aber er war kein Nachahmer. Jede vermeintliche Erkenntnis musste in dem Versuchslabor der eigenen Anwendung geprüft werden. Erst, wenn sie sich bewährte, wurde sie angenommen. Der Pazifismus Tolstois hat ihn ebenso stark beeinflusst, und natürlich auch – wie diese Memoiren zeigen – die eigenen Erfahrungen in Südafrika, als er immer wieder die erniedrigenden und schmerzhaften Übergriffe staatlicher Gewalt erleiden musste.

Für Gandhi war allerdings Wahrheit der ultimative Wert, weswegen er immer wieder bereit war, sein eigenes Leben aufs Spiel zu setzen und – wenn es von ihm abhinge – auch das Leben anderer. Gegen Ende des Ersten Weltkrieges schrieb er: «Ich würde Indien dazu bringen, dem Empire alle wehrtauglichen Söhne als Opfer anzubieten, wodurch Indien der beliebteste Partner im Empire würde und Rassenunterschiede der Vergangenheit angehörten.» Vermutlich irrte Gandhi in seiner Annahme, Rassismus hänge vom Verhalten der Verachteten ab. Ein ängstlicher Pazifismus, der vor Gewalt zurückschreckt, war weit von seinen

Überzeugungen entfernt. An seinen alten Freund Reverend C. F. Andrews schrieb er im Juni 1918, es gebe manche, die allein aus «Feigheit oder Trotz» nicht kämpfen wollten. «Man kann jemandem, der unfähig ist zu töten, nicht *ahimsa* beibringen, so wie man einem Tauben nicht die Schönheit und den Wert von Stille vermitteln kann.» Sein Ziel war es nicht, Gewalt zu vermeiden, sondern die Gewaltfreiheit in der Welt zu verankern, und zu diesem Zweck müssten die Menschen als Erstes lernen, den Tod nicht zu fürchten.

Ob 1918, 1926, 1930 oder 1947, immer wieder postulierte Gandhi, dass Chaos der Unterdrückung und Tod der Sklaverei vorzuziehen seien. Er sprach wiederholt davon, die Wahrheit auf Kosten des Lebens zu schützen. Die Bereitschaft, sich selbst zu opfern, gehört zum Wesen der Gewaltlosigkeit. Diese Überzeugung führte zu radikalen Haltungen, die aus der Sicht eines Nachgeborenen befremdlich erscheinen, etwa wenn Gandhi angesichts der schrecklichen Gemetzel zwischen Hindus und Muslimen 1947 schreibt: «Wenn alle Hindus kämpfend sterben müssten, würde es mir nicht leidtun. Wir müssen den Weg der Gerechtigkeit wählen.» Wobei er gleichzeitig alles in seiner Macht Stehende unternahm, die hasserfüllten Menschen zu beruhigen, die Lage zu befrieden.

Die Taufe der Gerechtigkeit (gleich Wahrheit) durch Feuer erscheint nur dann widersprüchlich, wenn wir aus den Augen verlieren, dass die Kompromisslosigkeit des politischen Kampfs für Gandhi stets eine spirituelle Komponente enthielt. Nur wer nach den Sternen greift, kann über sich hinauswachsen. Was wir an ihm bewundern, wurzelt in einem unbedingten und aus rein irdischer Sicht maßlosen Anspruch, der in einer Epoche des bürgerlichen Überflusses und der individuellen Bequemlichkeit radikal, ja fast fanatisch erscheinen muss.

Aussagen dieser Art schockieren uns besonders, weil wir in Europa von Anfang an einer süßlich-lieblichen Version von Gandhi ausgesetzt waren. Einflussreiche Vermittler wie der französische Schriftsteller Romain Rolland verkauften dem staunenden Westen einen «kleinen indischen Franziskus», gar einen «Christus Indiens», dem nur das Kreuz fehle («*il ne lui manque que la croix*»).

In den letzten anderthalb Jahrzehnten seines Lebens konzentrierte sich Gandhi auf den Aufbau Indiens «von unten nach oben», eine Vorwegnahme der heutigen «Globalisierung von unten». Er kämpfte gegen die soziale Praxis der Unberührbarkeit, entwickelte Methoden der Pädagogik und Hygiene für die ländliche Bevölkerung, förderte Spinnerei, Weberei und anderes Handwerk als Alternativen zur hierarchischen und zentralisierten Industrialisierung und Modernisierung von oben herab in einem Land, das weitgehend von Bauern bevölkert war und immer noch ist. Hätte er die sozialen Stagnationen des unabhängigen Indiens erlebt, er hätte bestimmt entschieden aufbegehrt gegen die Globalisierung der Profite, während die Produzenten vor Ort die Defizite tragen. Radikal unversöhnlich, aber gewaltfrei. Denn Frieden bedeutet nicht duldsame Tolerierung des Ungerechten, sondern einen hehren Kampf für die Würde jedes einzelnen Menschen.

Der Menschenfreund (mit Abstrichen)

Die gandhianische Ethik der Sorge um die Schwachen und Unterdrückten liegt in der heiligen Natur aller Mitmenschen begründet, die als individuelle Seelen Teil einer einzigen universellen Seele sind. Der Atem des Selbst ist zugleich der kosmische Atem. Die Folge: Gandhi geht mit seinen Gegnern so um, als seien sie nicht seine Gegner. Er zeigt sich respektvoll gegenüber seinen Widersachern, er hält sich penibel an die Tatsachen, er übertreibt nicht, er unterlässt persönliche Angriffe, er meidet eine Sprache des Hasses. In allem strebt er nach Sachlichkeit und Fairness. Er verhält sich ehrenhaft und ehrlich. Die Lektüre dieser Erinnerungen im Zeitalter des wildwütend um sich postenden Users zeigt uns ein leuchtendes Beispiel für ein anderes Miteinander, einen anderen öffentlichen Diskurs.

Gandhi konnte auch mit Schalk reagieren, ein Wesenszug, der wohl in seinem Verhalten klarer zutage trat als in seinen Schriften. Sein Enkel Arun erzählt von einer Begebenheit bei der berühmten Round-Table-Konferenz in London 1930/31. Ein britischer Beamter hatte Gandhi einen ausführlichen Brief voller böswilliger Unterstellungen überreicht. Als der Beamte Gandhi am nächsten Morgen fragte, ob er den Brief gelesen habe, antwortete Gandhi, er habe die zwei wertvollsten Dinge daraus aufbewahrt: die Klammer und den Briefumschlag. Den Rest habe er weggeworfen.

Aber Gandhi war auch ein Kind seines Vaters, ein Kind seiner Kaste und ein Kind seiner Zeit. Als er 1893 nach Südafrika ging, glaubte er an eine zivilisatorische Hierarchie, bei der die Afrikaner auf der untersten Sprosse anzusiedeln seien. Dreißig Jahre später hatte er sich mühsam zu einem Universalisten entwickelt, der in dem wenig bekannten Band *Satyagraha in South Africa* klare Worte findet: «In meinen Augen kann jede Rasse, egal wo auf der Welt, die besten Menschen hervorbringen, es müssen nur die Umstände und die Ausbildung stimmen.»

Ramachandra Guha behauptet zwar, Gandhi sei in Südafrika «unter den ersten Gegnern der Apartheid» gewesen, doch es wäre präziser zu urteilen, dass der junge Anwalt aus dem fernen Gujarat die Notwendigkeit einer möglichst breiten Koalition gegen den staatlichen Rassismus nicht erkannt hat. Egal, ob man ihn als einen «Stretcher-Bearer of Empire» (einen Sanitäter) abkanzelt (so die südafrikanischen Wissenschaftler Ashwin Desai und Goolam Vahed) oder ihm eine positive Entwicklung zugesteht, in seiner Autobiografie kommen Afrikaner tatsächlich (fast) nicht vor. Und es ist bezeichnend, dass er bei seinem unbedingten Drang zur Wahrheit diese Blindstelle bei sich selbst nicht aufdeckt.

Während es ihm gelang, seine kulturelle Engstirnigkeit – heute würden wir von identitärer Starrheit sprechen – abzulegen, war er weitaus weniger erfolgreich, seine patriarchalische Prägung zu überwinden. Seine Ehefrau Kasturba war eine konventionelle Mutter und Hausfrau, die sich einige Male weigerte, Gandhis apodiktisch verkündeten Erkenntnissprüngen zu folgen. So auch, als sie das Haus mit einem tamilischen Mann aus der Kaste der Panchama, der Unberührbaren, teilen musste.

«Unser Haus war im westlichen Stil erbaut, daher fehlten in den Räumen Abwasserabflüsse. Stattdessen gab es in jedem Zimmer Nachttöpfe, die nicht von einem Diener oder Latrinenputzer, sondern von meiner Frau oder mir geleert wurden. Die Büroangestellten, die sich völlig zuhause fühlten, reinigten ihr Nachtgeschirr natürlich selbst. Der Angestellte, der aus einer Panchama-Familie stammte, war jedoch neu, und es lag an uns, seinen Topf zu leeren. Meine Frau kümmerte sich um die Töpfe der anderen, aber diesen einen zu putzen schien ihr doch zu viel. Wir gerieten aneinander. Sie ertrug es nicht, dass ich das Nachtgeschirr reinigte, wollte es aber selbst auch nicht tun. Noch heute sehe ich sie vor mir, wie sie schimpfend, mit zornesroten Augen und tränenüberströmten Wangen die Treppe herunterkam, den Topf in der Hand. Ich war ein ebenso grausamer wie liebender Gatte; ich sah mich als ihren Lehrer und drangsalierte sie aus blinder Liebe.»

Diese Stelle ist vielsagend, weil Gandhi seine konkrete Grausamkeit – er drohte, sie aus dem Haus zu werfen – mit Liebe legitimiert, so als nehme er für sich in Anspruch, Kasturba zu einer höheren Wahrheit zu verpflichten (hier ist er wieder, der gewaltfreie Zwang). Ähnlich verfuhr er, nachdem er seinen Eintritt in den Zustand eines Brahmacharyas, eines sexuell Enthaltsamen, eigenmächtig entschied, ohne seine Frau in seine Überlegungen einzubeziehen, ohne sich mit ihr zu beraten. Zwar behauptet er in seinen Memoiren, sie sei ihm «seine Kameradin und Gehilfin, eine ebenbürtige Partnerin in Freud und Leid» gewesen, aber kaum etwas in seinen Erinnerungen untermauert diese Einschätzung – sie kommt selten vor und wird nie zu einer plastischen Figur.

Bemerkenswert ist, was Gandhi alles verschweigt. Ein Beispiel: In den Jahren 1919 bis 1920, nach einer langen Zeit des selbstauferlegten Zölibats, entwickelte er eine platonische Beziehung zu der charismatischen und hoch gebildeten Dichterin, Sängerin und Nichte von Tagore, Sarala Devi Chaudhurani, die ebenso wie er verheiratet war. Der Briefwechsel zwischen den beiden, den die minutiöse Biografie von Ramachandra Guha nachzeichnet, offenbart sein Verlangen: «Du verfolgst mich weiterhin, sogar im Schlaf.» Er nennt sie «meine geistige Frau». Er unterschreibt seine Briefe mit «Dein Gesetzgeber». Seine Freunde scheinen ihn davon überzeugt zu haben, diese «spirituelle Ehe» nicht öffentlich zu machen. Er bekannte, dass er in der Praxis nicht die «unendlich höhere Reinheit» hatte, «die ich in Gedanken besitze», um eine «spirituelle Ehe» aufrechtzuerhalten. Der Mahatma war in Versuchung geraten. Anstatt aber diese allzu menschliche Schwäche zu offenbaren, um den Lesern eine Ahnung von den Schwierigkeiten eines kompromisslosen Lebens zu vermitteln, verschweigt Gandhi die ganze Geschichte – Sarala Devi Chaudhurani wird ein einziges Mal erwähnt, in einem Nebensatz.

Gandhis Abscheu gegen die weibliche Sinnlichkeit als eine Quelle des Bösen entspringt einer puritanisch-patriarchalischen Haltung, die mit den hinduistischen Einstellungen vorkolonialer Tage, als dem Sexuellen nichts Sündiges anhaftete, wenig gemein hat. Offensichtlich hat sich Gandhi wenig Gedanken darüber gemacht, wie unmöglich Satyagraha in einer Welt der unterdrückten Triebe wäre. Wie wir heute klarer wissen als zu seiner Zeit, führt Triebunterdrückung zu neuen Konflikten, fördert Gewalt gegen Frauen und andere Verbrechen, um einen unerträglichen Druck zu lindern.

Der seltsamste Akt in diesem gandhianischen Drama um seine Sexualität war eines seiner letzten «Experimente mit der Wahrheit». Er bat seine siebzehnjährige Großnichte, seinen körperlichen Bedürfnissen zu dienen – nicht nur, seine Ernährung zu beaufsichtigen, sein tägliches Bad zu bereiten und ihm Ölmassagen zu geben, sondern auch neben ihm in seinem Bett zu schlafen, nackt oder kaum bekleidet, um die eigene zölibatäre Willensstärke zu testen. Gandhi scheint fest daran geglaubt zu haben, das ganze Land könne die Lust auf Gewalt unterdrücken, wenn er nur seine eigene «animalische Erregung» in den Griff bekäme. Das hat selbst seine ergebensten Anhänger schockiert. Die junge Frau war für ihr restliches Leben traumatisiert. Indem er eine unbedingte Kausalität zwischen Sex und Gewalt, Abstinenz und Gewaltlosigkeit konstruierte, versuchte ein verzweifelt ohnmächtiger Gandhi, seine inneren Widersprüche aufzulösen, ohne zur Quelle der Qual, die patriarchalische Dämonisierung der Frau, durchzudringen.

Der Gesundheitsapostel

Ein Leben lang pflegte Gandhi, der 1921 ein Pamphlet mit dem Titel *A Guide To Health* veröffentlichte, eine Obsession mit Gesundheit, der eigenen sowie jener seiner Mitstreiterinnen. Fragen über den Stuhlgang waren für ihn so selbstverständlich wie für andere Menschen Beobachtungen über das Wetter. Aber wie nicht anders zu erwarten, standen bei ihm Werte und Blutwerte in einem sich gegenseitig bedingenden Verhältnis. Er huldigte nicht einem Tempel des Körpers, wie die Selbstoptimierer von heute, sondern suchte nach einer gesamtheitlichen Gesundheit, die auf der Grundlage ethischer Gebote den Einzelnen in Einklang bringen sollte mit dem Wohl der Allgemeinheit und des Planeten. Wäre der Begriff «Gaia» als Ausdruck einer ökologischen Einsicht in den «Organismus Natur» damals schon bekannt gewesen, er hätte ihn gewiss aufgegriffen und in sein Denken eingearbeitet.

Wie bei der Gewaltfreiheit konnte Gandhi auch im Hinblick auf eine gesamtheitliche Gesundheit auf eine weit zurückreichende, reichhaltige indische Tradition aufbauen. Der Vegetarismus im hinduistischen wie auch im buddhistischen Denken und Handeln, die veganen Vorstellungen der Jains sowie die ganzheitliche medizinische Lehre von Ayurveda, all das war seit vielen Jahrhunderten integraler Bestandteil des Alltags auf dem Subkontinent (und gilt bis zum heutigen Tag weltweit als kulturelle Kernkompetenz Indiens, wie der globale Erfolg von Yoga zeigt). Aber wie bei vielen anderen Fragen, die ihn umtrieben, misstraute Gandhi dem Diktum der Tradition, er musste alles selbst überprüfen. Aus Überzeugung, mehr Kraft für den Kampf gegen das British Empire zu benötigen – damals herrschte das Vorurteil, Vegetarier seien körperlich unterlegen, geschürt von der Annahme, die fleischkonsumierenden Sikhs und Muslime seien kriegerischer –, aß Gandhi in jungen Jahren heimlich Fleisch. (Es gab für ihn keinen Anreiz, Alkohol zu probieren, denn niemand war der Überzeugung, Alkohol verleihe ungeahnte Kräfte; er hat in späteren Jahren an der einen oder anderen Zigarette gepafft.) In England quälte er sich mit der Schwierigkeit, vegetarisches Essen zu finden – Brot und Milch, zerkochtes englisches Gemüse –, aber er blieb standhaft, denn er hatte seiner Mutter Abstinenz geschworen. Doch er war, wie er anschaulich beschreibt, unter einigem Druck, solchen «Aberglauben» abzulegen. Zu einem überzeugten Vegetarier wurde Gandhi bemerkenswerterweise erst, als er eine Schrift des frühen Tierrechtsaktivisten Henry Salt las: *A Plea for Vegetarianism*. Henry Salt nahm die Stimmigkeit seines eigenen Lebens so ernst, wie Gandhi es bald auch tun würde. Zusammen mit seiner Frau Kate hatte er ein komfortables Leben in Eton gegen eine Arbeiterhütte in Surrey getauscht, um dort ohne Diener ein frugales Dasein zu führen – ein damals radikaler Schritt für Menschen aus höheren Schichten, Karl Marx etwa genehmigte sich selbst in pfennigfuchserischen Zeiten eine Haushälterin. Inspiriert von Henry David Thoreaus Aussteigerbuch *Walden* bauten sie ihr eigenes Gemüse an, trugen Sandalen, verzichteten auf Überfluss. Salt predigte Vegetarismus, weil auch Tiere ein Anrecht auf humane Behandlung haben, er schimpfte auf die Federhüte der Damen, seiner Ansicht nach eine nicht zu rechtfertigende Frivolität.

Vegetarismus war für Henry Salt kein Opfer, sondern ein gewonnenes Glück, die Freude an der Verbundenheit mit jeglicher Existenz. Von einiger Aktualität ist auch seine Erwiderung auf Kritik, er sei halbherzig und inkonsequent, weil er Milch trinke und Eier esse: «Sicherlich ist es vernünftig, sich zuerst mit den schlimmsten Missständen zu befassen. Auf einer Alles-oder-Nichts-Politik zu bestehen, wäre für jede Reform fatal. Verbesserungen kommen nie en masse, sondern stets in Raten. Nur Reaktionäre leugnen, dass ein halber Laib besser ist als gar kein Brot.» Salt war überzeugt, dass ein Voranschreiten des Vegetarismus die demokratische Entwicklung der Gesellschaft stärken würde.

Enthaltsamkeit war für Gandhi ein wichtiges Instrument. Dem Verzicht, die kleinere Schwester des Opfers, schrieb er materielle wie auch spirituelle Kräfte zu. So verzichtete er eine Zeitlang auf das Frühstück, inspiriert von der No Breakfast Association, die der Völlerei des europäischen Bürgertums durch morgendliches Fasten beikommen wollte. Und da Gandhi selten halbe Sachen machte, wuchs der Verzicht über sich hinaus (*no breakfast, no lunch, no dinner*). Viele Jahre lang ernährte er sich nur von Rohkost. Sein Verzicht hatte allerdings auch eine sparsame Seite, die auf eine weitere gegenwärtige Sensibilisierung verweist: Er verwendete zum Schreiben Altpapier, seien es eingegangene Telegramme und Briefe oder alte Umschläge. Doch auch die Rohkost als Form der bereichernden Entsagung war Teil der indischen Tradition, denn die Gebote zum hinduistischen Fastentag Ekdashi entsprechen in etwa seiner bevorzugten Diät. Nur dass Gandhi an den Anspruch der Bedürfnislosigkeit eine moderne ethische Maxime knüpfte: «Etwas zu vergeuden (...) ist Gewalt gegen die Natur.» Und in einem Vorgriff auf die heutige Kritik an der imperialen Lebensweise des reichen Nordens führte er aus: «Wenn wir die Ressourcen vergeuden, verknappen wir sie für jene, die sich nicht einmal Reste leisten können.»

Der handelnde Theoretiker

In *The Impossible Indian* bezeichnet der junge Wissenschaftler Faisal Devji Gandhi als «einen der großen politischen Denker unserer Zeit», eine Einschätzung, die sich erst durchsetzen muss gegen das allseits bekannte Abziehbild von Gandhi als Fakir, weiser Narr und verschrobener Dickkopf, das sowohl Anhänger als auch Kritiker hochhalten. Laut der Philosophin Martha Nussbaum hat Gandhi der indischen Demokratie eine spirituelle und philosophische Grundlage gegeben, indem er «alle

Inder zu einer höheren Vision von sich selbst aufrief, indem er die Menschen dazu brachte, die Würde jedes Einzelnen wahrzunehmen». Denn nur Menschen, die sich ihrer eigenen Widersprüche und Leidenschaften kritisch bewusst sind, können eine echte Demokratie aufbauen. Swaraj (Selbstregierung) beinhaltet, wie der Begriff genau betrachtet von allein aussagt, die Kontrolle über das eigene Innenleben, eine Voraussetzung für den Respekt für die Mitmenschen, der selbstbewusste, engagierte Bürger und Bürgerinnen hervorbringt. Im gandhianischen Sinn ist der zentrale Kampf in einer Demokratie ein innerer, ein individueller Kampf zwischen dem Drang, zu beherrschen, und der Fähigkeit, voller Mitgefühl in Gleichheit mit anderen zu leben.

Neben den bekannteren Vorbildern Tolstoi, Ruskin und Thoreau war Gandhi zudem von dem homosexuellen Anarchisten Edward Carpenter beeinflusst, der die ethische und spirituelle Dimension der Demokratie betonte und ihrem institutionellen Apparat misstraute, insbesondere dem zentralisierten bürokratischen Staat. Gandhi hegte keine Illusionen über die «westliche Demokratie», die seiner Meinung nach die Existenz von Gewalt und Ausbeutung lediglich besser verbarg als autoritärere Systeme. Eine Demokratie sei «eindeutig eine Unmöglichkeit, solange die große Kluft zwischen den Reichen und den Hungernden fortbesteht», solange die Gesetzgeber wie «Prostituierte» (so nannte er das britische Parlament einmal) agierten. Die Menschen im Westen, so Gandhi, «bildeten sich nur ein, sie hätten eine Stimme in ihrer eigenen Regierung»; stattdessen würden sie «von der herrschenden Klasse oder Kaste unter dem heiligen Namen der Demokratie ausgebeutet». Ein System, in dem «einige wenige kapitalistische Eigentümer» gedeihen, kann «nicht aufrechterhalten werden, außer durch Gewalt, verschleiert, wenn nicht gar offen». Deshalb müssten selbst «die Staaten, die heute nominell demokratisch sind, offen totalitär werden».

Die Schwächung demokratischer Prozesse, die wir gegenwärtig erleben, hätte Gandhi folgerichtig als Ausdruck von Macht- und Vermögenskonzentration analysiert. In diesem Sinn schreibt er 1930, unmittelbar vor seinem berühmten Salzmarsch, der das Prinzip der Nicht-Kooperation weltweit berühmt machte, einen Brief an den Vizekönig Lord Irwin:

«Nehmen Sie Ihr eigenes Gehalt! Ohne die erheblichen Nebeneinkünfte einzubeziehen, übersteigt es monatlich 21 000 Rupien. Der britische Premierminister bezieht jährlich 5000 Pfund, also nach dem derzeitigen Kurs rund 5400 Rupien monatlich. Bei dem britischen Einkommensdurchschnitt von 2 Rupien täglich entspricht dies dem 90-Fachen. Ihre 21 000 Rupien hingegen bei dem indischen Einkommensdurchschnitt von 2 Annas täglich (ein Anna war ein Sechzehntel einer Rupie) das 5000-Fache.» Zum Vergleich: Christian Sewing, Konzernchef der Deutschen Bank, die wegen Geldwäsche und anderer Wirtschaftsvergehen in den USA zur höchsten Strafzahlung der Geschichte verurteilt worden ist, strich 2018 ein Jahresgehalt von sieben Millionen Euro ein, bei einem momentanen Durchschnittsgehalt von etwa 30 000 € knapp das 200-Fache. Ergo ist der Banker mehr wert als ein Premierminister und weniger wert als ein Vizekönig.

Gandhi war nicht weltfremd. Aber er stellte den eigenen Pragmatismus immer wieder in Frage. 1902 schloss er in Bombay eine Lebensversicherung über 10 000 Pfund ab. Doch schon 1903 kündigte er sie, weil sie seiner Ansicht nach einen Mangel an Gottvertrauen offenbarte.

Sein Konzept von *satyagraha* (Festhalten an der Wahrheit) begriff er «als das Ziel einer in sozialer Interaktion unablässig zu erarbeitenden Annäherung, die sich fragmentarisch im Experiment bewährt». Gandhi fuhr schon 1896 bei seinem Indienbesuch 3. Klasse, wo die Passagiere zusammengepfercht waren, wie heute auch noch, wo es kaum Platz zum Bewegen und kaum Luft zum Atmen gab und auch keine sanitären Anlagen. Gandhi wollte die Entbehrungen der Armen kennenlernen und teilen.

Wahrheit als absoluter Wert ist eine Abstraktion und zugleich ein fortwährender Prozess, ein Ausverhandeln, eine «kommunikative Verflüssigung» (Jan Assmann) – eine Theorie mit Gebrauchsanweisung, ein Aktionismus mit theoretischem Gerüst. Gandhi hätte wenig Verständnis für die gegenwärtige Debatte um die Klimakatastrophe gehabt, bei der immer wieder mit dem Argument hantiert wird, das eigene individuelle Handeln und der nationale Alleingang seien zum Scheitern verurteilt, da von geringem Einfluss.

Die Satyagrahi sind aufgefordert, «immer offenzubleiben und immer bereit zu sein, herauszufinden, dass das, was wir für Wahrheit hielten, schließlich unwahr sein könnte». Aber auch den eigenen Weg nicht zu verabsolutieren (Sturheit: ja; Dogma: nein). Das erklärt, wieso Gandhi, dessen Glaube alle seine Lebensbereiche durchdrang und sich auch auf politische Weise äußerte, gleichzeitig für die Errichtung eines säkularen Staates eintrat und Religionsunterricht aus öffentlichen Schulen verbannen wollte!

Die politische Theorie Gandhis kann klarer verstanden werden, wenn wir sie mit jener eines anderen einflussreichen indischen Denkers vergleichen. Wie Gandhi war Jiddu Krishnamurti eine globale Figur, ein eigenwilliger spiritueller Lehrer, der die vielfältigen philosophischen Traditionen Indiens zu einer eigenen Synthese geformt und das Gespräch mit der Wissenschaft gesucht hat. Allerdings hielt er sich absichtlich und konsequent von allen weltlichen Angelegenheiten fern. Für ihn bedeutete «Wahrheit als pfadloses Land» Rückzug, nicht Beteiligung. Auch Krishnamurti wollte die Menschen zu höheren, bewussteren Lebewesen erziehen, aber seine Abwendung von den konkreten Kämpfen der Zeit führte in vielen Fällen eher zur Gleichgültigkeit als zur Anteilnahme, Gandhis emphatisches Verständnis von Leid hingegen zu konkreten Handlungen.

Der konkrete Utopist

Gandhis gesamtes Werk kann als utopischer Versuch verstanden werden, die existierende Welt zu erhöhen, in einem ethischen, spirituellen wie auch materiellen Sinn, das Private mit dem Öffentlichen, das Körperliche mit dem Geistigen, das Ich mit der Weltseele, das Örtliche mit dem Universellen zu verbinden, zu versöhnen und zu einer sinnträchtigen Synthese zu vereinen. Die Unabhängigkeit, nach der Gandhi strebte, war nicht nur eine von britischer Fremdherrschaft, sondern auch von einem giergetriebenen, profitorientierten Kapitalismus. Es reichte aus seiner Sicht nicht aus, die Befreiung von «Ausbeutung und Erniedrigung» zu fordern, wie es viele zeitgenössische Sozialisten taten. Sein Anspruch war radikaler. 1925 argumentierte er in dem Artikel «Was ist mit dem Westen?», dass diejenigen, die «die Übel des Kapitals vermeiden wollten», den «Standpunkt des Kapitals vollständig überdenken müssten», um zu einer Perspektive zu gelangen, bei der «die Vielfalt der materiellen Wünsche nicht das Ziel des Lebens» sei. Gandhis Kritik an der modernen Zivilisation hängt eng mit dem zusammen, was wir inzwischen «die Grenzen des Wachstums» nennen. Schon früh stellte er die Frage nach der Pathologie einer Zivilisation, die keine Grenzen anerkennt, sich keine Grenzen auferlegt.

Purna swaraj, die völlige, reine Unabhängigkeit, beinhaltet Wohlergehen und Fürsorge für alle, eine «organisierte Anarchie», ein gewaltfreies Regulieren sozialer Bedürfnisse und Konflikte. «Wahre *swaraj* wird nicht entstehen, weil einige wenige Autorität einbüßen, sondern wenn alle die Fähigkeit erlangen, sich der Autorität zu widersetzen, jedes Mal, wenn sie missbraucht wird (…). Die Ausbeutung der Armen hört nicht auf, nur weil ein paar Millionäre getötet werden, sondern kann nur erreicht werden, indem die Armen Bildung erhalten und ihnen beigebracht wird, mit ihren Ausbeutern nicht mehr zu kooperieren.» Widerstand ist ein Experiment in gesellschaftlicher und individueller Transformation. Bei diesem Test der utopischen Ideale gegen die existierenden gesellschaftlichen Normen werden beide auf den Prüfstein gestellt, damit die jeweiligen Schwächen sichtbar werden können. Das führt zu Veränderungen, entweder in der Gesellschaft oder im Einzelnen, dessen Ideale sich unter Umständen als tönern, dessen Überzeugungen sich als schwach herausstellen. Experimentieren war für Gandhi kein Spiel oder Test, sondern die existentielle Konfrontation mit dem eigenen Ich, mit der Gesellschaft und ihren Normen. Das Experiment in seinem Sinne ist ein Aufbegehren gegen kulturelle Hegemonien, ein utopischer Impuls, ein «essentiell kreativer und inhärent konstruktiver» Prozess. Denn: «Wer glaubt, das, was sich in der Geschichte bisher nicht ereignet hat, werde sich nie ereignen, glaubt nicht an die Würde des Menschen.»

Gandhis Leben ist geprägt von vermeintlichen Widersprüchlichkeiten: die tiefreligiöse Grundierung und der wissenschaftliche Zugang, die empirische Herangehensweise bei gleichzeitigem Glauben an Grundwahrheiten. Doch waren diese Paradoxien für ihn Instrumente der Erkenntnis, der Entwicklung seines Denkens und Wirkens. Gegen Ende seines Lebens fasste er diesen Lebensweg zusammen: «Es geht mir überhaupt nicht darum, konsequent zu erscheinen. Auf meiner Suche nach der Wahrheit habe ich viele Ideen verworfen und viel Neues gelernt. So alt ich auch bin, ich habe nicht den Eindruck, dass ich aufgehört habe zu wachsen.»

Seine Autobiografie ist in diesem Sinne ein großartiger dokumentarischer Entwicklungsroman. Keine Heiligenlegende, sondern der Bericht über ein Leben, das die Möglichkeiten des Menschlichen voll ausgeschöpft hat.

Glossar

Vorab eine Notiz zu der verwirrenden südafrikanischen Begrifflichkeit: Die Rassenideologie hat Spuren in der Sprache hinterlassen. Es gibt «Weiße», «Schwarze» und «Coloreds» («Farbige») – Menschen, deren Eltern bzw. Vorfahren «weiß» und «schwarz» waren –, sowie Nachkommen von Einwanderern aus Asien, etwa Malaysia. Jene aus Südasien Eingewanderten heißen meist «Indians». Für die «Schwarzen» gibt es neben dem generellen Begriff «Africans» auch spezifischere ethnische Zuordnungen, zum Beispiel Zulu oder Xhosa. Die «Weißen» hingegen sind «Buren» oder «Briten», auf jeden Fall «europäisch», selbst wenn sie sich, wie etwa viele Buren, als «weiße Afrikaner» empfinden.

Acharya: spiritueller Lehrer
Achkan: knielanger Überwurf für Männer
Ahimsa: Gewaltfreiheit, wörtlich «Nichtverletzung von Lebewesen»
Allahu akbar: «Gott ist groß»
Anna: indische Münze (1/16 Rupie)
Aparigraha: Besitzlosigkeit
Arya Samaj und **Brahmo Samaj:** hinduistische Reformbewegungen, gegründet im 19. Jahrhundert
Ashram: wörtlich «Lebensstadium»; ein spiritueller Rückzugsort
Atman: Seele, das Selbst
Babu: «Herr», respektvolle Anrede
Bania: Händler, Kaufmann; Kaste der Händler, Kaufleute, Geldverleiher, Großhändler für Getreide oder Gewürze
Bapu: «Vater», liebevolle Anrede
-behn: Suffix an weibliche Namen, «Schwester», vertrauliche Anrede
Bhagavad Gita: kurz «Gita», wörtlich «der Gesang des Erhabenen», Lehrgedicht aus dem 5. bis 2. Jahrhundert v. Chr., in dem sich Krishna dem jungen Krieger Arjuna als göttliches und kosmisches Selbst zu erken-

nen gibt und ihm Grundgedanken über das Leben und die Erkenntnis des Göttlichen darlegt

Bhai: «Bruder», freundschaftliche Anrede

Bhakti-marga: Weg (*marga*) der Hingabe (*bhakti* bedeutet «Liebe zu Gott»)

Bidi: kleine Zigarette

Bilva: bengalischer Quittenbaum

Brahmacharya: wörtlich «Verhalten, das einen zu Gott führt»; Keuschheit, Selbstbeherrschung; jemand, der dies ausübt, ist ein Brahmachari

Brahman: Weltseele, das alles durchdringende Bewusstsein des Universums

Brahmane: Angehöriger der Priester- und Gelehrtenkaste

Chandrayana: eine Form des Fastens, bei der die tägliche Nahrungsaufnahme der Zu- und Abnahme des Mondes folgt, also entweder mehr oder weniger gegessen wird

Charkha: Spinnrad

Charpai: Bett

Chaturmas: wörtlich «ein viermonatiger Zeitraum»; das Gelübde, während der Regenzeit ganz oder teilweise zu fasten

Dal: Linsen

Danda: wörtlich «Stock»; Bestrafung

Darbar: Empfang, Hof

Darshan: Sicht im spirituellen Sinn; die Überzeugung, dass der Anblick des Idols segensreich ist

Deshbandhu: «Freund der Nation»

Dharmsala: Rastplatz bzw. Herberge für Pilger

Dhoti: um die Hüften geschlungenes Tuch

Dinabandhu: «Freund der Armen», Ehrentitel

Diwan: Rat, Premierminister

Ekadashi: elfter Tag des zunehmenden sowie des abnehmenden Monds

Gadi: als Thron dienendes Sitzkissen eines indischen Herrschers; Synonym für Machtposition, Amt

Ganga: Ganges

Ghat: Treppe, die zum Fluss oder Wassertank führt; Badestelle für rituelle Waschungen

Ghee: Butterschmalz

Gita: siehe «Bhagavad Gita»
Goshala: Kuhstall, Molkerei
Goval: Züchter von Milchvieh
Gurudeva: wörtlich «verehrter Lehrer»; Ehrentitel Rabindranath Tagores
Gurukul: «wo der Guru lebt», traditionell wo er auch lehrt
Hakim: Arzt, Gelehrter
Harijan: «Gottesvolk»; «Hari» ist ein Beiname Vishnus
Hartal: Streik
Haveli: eigentlich ein Stadtpalast, vor allem in Rajasthan; später Begriff für prächtige Gebäude, auch Tempel
Himsa: Gewalt
Janmashtami: Feiertag zu Ehren der Geburt Krishnas, der achten Inkarnation von Vishnu
-ji: an Eigennamen angehängter Ausdruck von Respekt
Jnani: Wissender, Seher
Jumma Masjid: Freitagsmoschee
Kaithi: historische Schrift zum Verfassen von Gerichts- und Verwaltungsdokumenten
Kaka: Onkel, jüngerer Bruder des Vaters
Kali: Erscheinungsform der Göttin Devi in zerstörerischer Gestalt
Kansar: süßes Weizengericht, das vom Hochzeitspaar nach Abschluss der Zeremonie zusammen gegessen wird
Kanthi: Halskette aus Tulsi-Samen, die von den Vaishnavas als Initiationszeichen getragen wird
Kashi: ursprünglicher Name von Varanasi
Khadi: handgewebter Stoff aus Baumwolle
Khilafat: in Indien gängige Bezeichnung für das islamische Kalifat
Kumbh Mela: größtes hinduistisches Fest, findet alle drei Jahre an verschiedenen Orten statt
Lakh: Zahlwort für 100 000; auch: unbestimmte große Menge
Lokamanya: «hochverehrter Anführer»
Mahatma: «Große Seele»
Mama: Onkel mütterlicherseits
Mamlatdar: der für die Eintreibung der Steuern in einem Bezirk Zuständige
Mandir: Tempel

Mantra: rituell wirksame Formel, akustische Skulptur mit segensreicher Wirkung
Manu: angeblicher Autor des «Manusmriti»
Manusmriti: «Gesetz des Manu», Gesetzestext, der als Grundlage für das Kastensystem dient, aber auch die Schöpfung und die ersten Menschen beschreibt
Marwadi/Marwari: Volksgruppe in Marwar, Rajasthan
Maulana: «unser Herr, unser Meister», religiöser Titel eines angesehenen islamischen Geistlichen
Maya: zentraler Begriff der hinduistischen Philosophie, meist mit «Täuschung» oder «Illusion» übersetzt; gemeint ist die Unfähigkeit bzw. Unmöglichkeit, die wahre geistige Realität zu erkennen
Memon: muslimische Gemeinschaft in Gujarat und Sindh
Mer: Volksgruppe in Saurashtra, Gujarat
Modh (Bania): Unterkaste, Händler
Moksha: wörtlich «Befreiung von Geburt und Tod»; am nächsten kommt ihm der Begriff «Erlösung»
Mowhra: Öl aus den Früchten des Mowhra-Baums gewonnen
Munshi: Schreiber, Angestellter; Lehrer; respektvoller Titel für einen Gelehrten
Nawab: Herrschertitel; auch «Nabob» geschrieben
Namaz: das muslimische Gebet
Navajivan: «Neues Leben», von Gandhi herausgegebene Gujarati-Wochenzeitschrift
Paijama: Pyjama
Paisa: kleinste indische Währungseinheit; 1 Rupie = 100 Paisa
Panchama: «Fünftgeborener»; (Selbst-)Bezeichnung für Kastenlose (die ehemals «Unberührbaren»)
Panda: Priester an Pilgerstätten
Pandit: religiöser Gelehrter
Papad: dünner, knuspriger Fladen aus Linsenmehl
Parsen, Parsi: Anhänger des Zoroastrismus in Indien, meist Gujarati-Sprecher
Patidar: Angehöriger einer Bauernkaste, hauptsächlich im Gujarat beheimatet
Pice und **Pie:** 3 Pies = 1 Pice; 4 Pice = 1 Anna; 16 Anna = 1 Rupie

Glossar 501

Pioneer: von den Briten herausgegebene Zeitung in Nordindien, gegr. 1865

Pradosha: Fasten bis zum Sonnenuntergang; ähnlich dem islamischen Fasten während des Ramadan

Pranayam: wörtlich «Erweiterung des Lebens», bewusstes Wahrnehmen des Atems durch Übungen

Puja: hinduistischer Ritus

Punarjanma: Wiedergeburt

Purdah: wörtlich «Vorhang»; restriktive Praxis, hinduistische Frauen zu Hause einzusperren bzw. in der Öffentlichkeit zu verschleiern

Purgree: turbanähnliche Kopfbedeckung

Radscha: König

Rama: siebte Inkarnation des Gottes Vishnu; allgemeines Wort für Gott

Rama Raksha: Lob Gottes

Ramanama: die ständige Wiederholung des göttlichen Namens «Rama» als Gebet und Meditation

Ramayana: sehr populäres religiöses Epos über Rama und seine Ehefrau Sita

Ramzan: in Persien und Indien gebräuchliche Bezeichnung für den islamischen Fastenmonat Ramadan

Rupie: indische Währungseinheit

Ryot: selbständiger Bauer mit dem vererbbaren Recht, ein Stück Land zu bebauen

Sabha: Vereinigung, Verband, Versammlung

Sadhaka: «Suchender», spiritueller Anwärter

Sadhu: Asket

Sahib: «Herr», einstige Anrede für Europäer in Indien

Samabhava: Gleichheit, Gleichwertigkeit

Sanatana Dharma: Selbstbezeichnung der hinduistischen Religion (Hinduismus ist eine fremde Zuordnung, die nichts anderes bedeutet als «hinter dem Indus»)

Sandhya: wörtlich «Dämmerung»; brahmanisches Morgen- und Abendritual

Sannyasi: Asket; eine Person, die Entsagung (*sannyasa*) praktiziert

Saptapadi: «sieben Schritte», die bei der traditionellen Trauung von Braut und Bräutigam als Schwur der gegenseitigen Liebe und Treue zurückgelegt werden

Satyagraha: «Festhalten (*agraha*) an der Wahrheit (*satya*)»; Name für Gandhis politische Kampagnen, begonnen in Südafrika

Seer: Gewichtseinheit, je nach Region unterschiedlich definiert

Shaivite: Anhänger Shivas

Shastra: Lehrbuch, religiöser Text

Shikha: traditionelle Locke am ansonsten kahl- oder kurgeschorenen Kopf eines Vaishnava

Shirastedar: Gerichtsdiener

Shraddha: Zeremonie für Verstorbene

Shravan: fünfter Monat im hinduistischen Mondkalender

Shrimati: Anrede «Frau»

Sjt.: siehe «Srijut»

Smriti: «das Erinnerte»; Bezeichnung für die heiligen Schriften, im Unterschied zum offenbarten Wissen (*shruti*)

Srijut (Sjt.): Titel, ähnlich dem englischen «Esquire»

Swadeshi: vom eigenen Land, zum eigenen Land gehörig

Swami: «Herr, Meister», Titel für eine religiöse Respektsperson

Swaraj: Selbstregierung, Home Rule, Losung der indischen Unabhängigkeitsbewegung

Taluk: Verwaltungseinheit unterhalb der Distriktebene

Tapas: asketische Anstrengung, Selbstbeherrschung, Konzentration

Tark-i-mavalat: Nicht-Kooperation

Tola: Gewichtseinheit, insbesondere für Edelmetalle (11,66 g)

Tulsi: Indisches Basilikum (*Ocimum tenuiflorum*); wichtig bei der Verehrung von Gott Vishnu

Ulema: islamische Rechtsgelehrte; Singular: Alim

Upanishaden: Sanskrit-Texte mit stark philosophischer Ausrichtung

Vaidya: ayurvedischer Arzt

Vaishnava: Anhänger Vishnus

Vakil: Rechtsanwalt

Vande mataram: «Mutter, ich preise dich»; Hymne des nationalen Widerstands, von der britischen Kolonialverwaltung verboten

Varna: Bezeichnung für die vier Kasten: Brahmanen, Kshatriyas, Vaishyas, Shudras

Varnadharma: das Gesetz über die Pflichten der Mitglieder einer jeden Kaste

Vasishtha und **Vishvamitra:** mythische Weisen
Veden: die frühesten Hymnen Indiens
Vidyalaya: wörtlich «Ort des Wissens»; Schule
Vighoti: Landsteuer
Vishnu: hinduistische Gottheit
-walla: wörtlich: «gehört zu, stammt aus»; Bezeichnung für einen Beruf oder eine Herkunft («Bombaywalla» ist jemand aus Bombay, «chaiwalla» ist ein Teeverkäufer)
Yogavasishtha: Grundwerk der Advaita-Philosophie
Yogi: Asket, Einsiedler

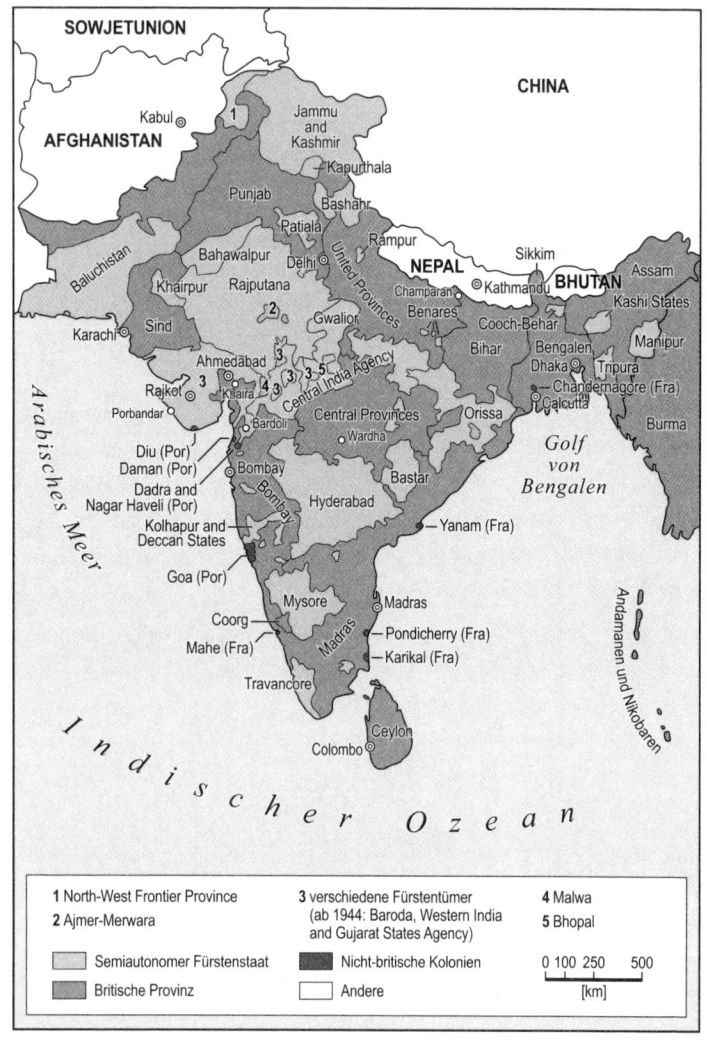

Britisch-Indien zur Zeit Gandhis

Personenregister

INC: Indian National Congress; NIC: Natal Indian Congress

Adajania (Shapurji), Sorabji (1883–1918), Barrister, Satyagrahi 334, 338 f.
Akha Bhagat «Akho» (1615?–1674?), Gujarati-Dichter 226
Ali, Asaf (1888–1953), Anwalt, erster ind. Botschafter in den USA 448
Ali, Maulana «Shaukat» Mahomed (1878–1931), Dichter, Gründer der All-India Muslim League 415, 465
Allinson, Thomas (1858–1918), Arzt, Ernährungskundler 63, 73 f., 209, 343–345
Andrews, «Dinabandhu» Charles Freer (1871–1940), Priester und Pädagoge 282, 357, 364 f., 416–418, 446, 479, 488
Arnold, Sir Edwin (1832–1904), Dichter, Übersetzer der Baghavad Gita 72, 80, 166, 483

Baker, Albert Weir (1856–1939), Anwalt, christl. Laienprediger 129–131, 143 f.
Banerji, Kalicharan (1847–1907), Gründer des Calcutta Christo Samaj, Mitglied des INC 234 f.
Banerji, Sir Gurudas (1844–1918), Richter, Vizekanzler der Universität Kalkutta 377
Banerji, Surendranath (1848–1925), Mitglied des INC 185
Basu, Bhupendranath Nath (1859–1924), Vorsitzender des INC 227, 369
Besant, Annie (1847–1933), Frauenrechtlerin, Gründerin der Home-Rule-Bewegung, Mitglied des INC 81 f., 238, 242, 414, 420, 466
Bhandarkar, Ramkrishna Gopal (1837–1925), Orientalist 183
Bhatt, Shamal (1694–1765), Gujarati-Dichter 82
Binns, Sir Henry (1837–1899), Vorsitzender des Indian Immigration Trust Board 163
Bradlaugh, Charles (1833–1891), Mitglied des brit. Parlaments, Freidenker, Gründer der National Secular Society 82
Buller, Sir Redvers Henry (1839–1908), brit. General 218 f.
Butler, Joseph (1692–1752), engl. Bischof 132

Carlyle, Thomas (1795–1881), schott. Schriftsteller 82, 166
Carpenter, Edward (1844–1929), brit. Dichter 495

Chamberlain, Joseph (1836–1914), brit. Kolonialminister 199 f., 249 f., 253, 255, 257 f.
Chaudhurani, Sarala Devi (1872–1945), ind. Dichterin und Frauenrechtlerin 491
Chelmsford, Viscount, Frederic J. N. Thesiger (1868–1933), Vizekönig von Indien 362, 381, 415, 417
Chesney jr., Sir George Maclagan, Herausgeber des *Pioneer* 173
Crewe-Milnes, Robert, Marquess (1858–1945), brit. Minister für indische Angelegenheiten 335
Curzon, Lord, George Nathaniel (1859–1925), Vizekönig von Indien 231

Dada Abdulla *siehe* Jhaveri, Abdulla
Dada, Sheth Haji Muhammad Haji, Gründungsmitglied des NIC 148
Das, Chittaranjan «Deshabandhu» (1869–1925), Anwalt, Vorsitzender des INC, Mitbegründer der Swaraj Party 447, 453–455, 457, 466, 469
Dave, Kevalram Mavji, Anwalt 51, 243–245
Dave, Narmadashankar Lalshankar («Narmad») (1833–1886), Gujarati-Dichter, Sozialreformer 37, 165
Desai, Mahadev (1892–1942), Schriftsteller, Übersetzer, persönlicher Sekretär von M. K. Gandhi 11, 398, 410, 431, 435, 465, 475, 480
Desai, Valji Govindji, Schriftsteller, Übersetzer von Gandhis Buch «Satyagraha in Südafrika» 311
Devji, Faisal (*1964), Historiker 494
Disraeli, Benjamin (1804–1881), brit. Premierminister 87

Doulatram, Jairamdas (1892–1979), Generalsekretär des INC 13, 276
Dvivedi, Manibhai Nabhubhai (1858–1898), Philosoph 261

Edward VII. (1841–1910), König des Vereinten Königreichs, Kaiser von Indien 177
Elgin, 9. Earl of, Victor A. Bruce (1849–1917), Vizekönig von Indien 163
Escombe, Harry (1838–1899), Generalstaatsanwalt, Premierminister von Natal 147, 149, 153 f., 194, 196, 199 f., 218

Gait, Sir Edward (1863–1950), Vizegouverneur der Provinz Bihar 401 f.
Gandhi, Arun (*1934), Enkel M. K. Gandhis, polit. Aktivist 482, 489
Gandhi, Harilal (1888–1948), ältester Sohn von M. K. Gandhi 203 f., 304
Gandhi, Karamchand (Kaba), (1822–1885), Diwan von Porbadar, Vater von M. K. Gandhi 21–28, 32 f., 43–48, 51, 55, 249, 263
Gandhi, Kasturba (1869–1944), Ehefrau von M. K. Gandhi 28–31, 37, 41, 44, 46, 53, 103, 113, 187, 191, 196, 207 f., 210 f., 215, 222–224, 247, 249 f., 259 f., 272–274, 276, 301, 303, 305, 310, 313–318, 330, 332, 365–367, 379, 398, 400, 424, 426, 428, 478, 480, 490 f.
Gandhi, Lakshmidas (1860–1914), ältester Bruder von M. K. Gandhi 31, 35, 51–56, 64, 68, 99, 102, 107–112, 259 f., 262 f.

Gandhi, Maganlal (1883–1928), Neffe von M. K. Gandhi 249 f., 294 f., 298, 309 f., 364–366, 370 f., 378, 406 f., 458, 460

Gandhi, Manilal (1892–1956), zweitältester Sohn von M. K. Gandhi 203 f., 245–248, 315

Gandhi, Putlibai (1839–1891), Mutter von M. K. Gandhi 22 f., 35, 39, 44, 51–55, 57, 59 f., 62, 70–72, 84, 99, 132, 320, 481, 493

Gandhi, Ramdas Mohandas (1897–1969), dritter Sohn von M. K. Gandhi 299, 315, 369

Gandhi, Virchand (1864–1901), Jainist und Anwalt 105, 179

George V. (1865–1936), König des Vereinigten Königreichs, Kaiser von Indien 380

Ghosal, Janki Nath (1840–1913), Sekretär des INC 227 f.

Ghosh, Motilal, Herausgeber der *Amrita Bazar Patrika* 225

Gladstone, Catherine (1812–1900) 208

Gladstone, William Ewart (1809–1898), brit. Premierminister 209

Godse, Nathuram (1910–1949), hindunationalist. Aktivist, Mörder M. K. Gandhis 485

Gokhale, Gopal Krishna (1866–1915), Führungsmitglied des INC 164, 183, 216, 228–235, 237–239, 243, 249, 279, 332–334, 342 f., 346, 357–360, 365, 367 f., 398, 456

Gorkhodu, Parsi Rustomji Jivanji G. (1861–1924), Geschäftsmann, Mitbegründer des NIC, Satyagrahi 119, 149, 151, 171, 181, 196 f., 199, 206, 222, 294, 352–354

Guha, Ramachandra (*1958), Historiker, Biograf M. K. Gandhis 478, 490 f.

Haq, Maulana Mazharul (1866–1930), Anwalt, Mitbegründer der All-India Muslim League, Herausgeber von *The Motherland* 386, 397

Hardinge, Lord Charles (1858–1944), Vizekönig von Indien 231, 380

Harkinshanlal, Lala (1864–1937), Geschäftsmann, Mitbegründer der Punjab National Bank 452, 454

Haribhadra Suri (ca. 459–529), Dichter 146

Hemchandra, Narayan (1855–1904), Gujarati-Schriftsteller und Übersetzer 85–88

Hobhouse, Emily (1860–1926), Menschenrechtlerin 339

Horniman, Benjamin (1873–1948), Journalist, Herausgeber des *British Chronicle* 429, 443

Hunter, Sir William (1840–1900), schott. Historiker, Mitglied des Indian Civil Service 160, 383

Irving, Washington (1783–1859), amerik. Schriftsteller 166

Iyengar, Kasturi Ranga (1859–1923), Anwalt, Herausgeber von *The Hindu* 431 f.

Jayakar, Mukund Ramrao (1873–1959), Richter, Mitglied der Constituent Assembly of India 447

Jhaveri, Abdulla Haji Adam «Dada Abdulla», ind. Kaufmann in Südafrika, erster Arbeitgeber von M. K. Gandhi, Mitglied des NIC 116–123, 125, 129 f., 134,

140–142, 145–149, 151–156, 187, 193–196, 284, 478
Jinnah, Muhammad Ali (1876–1948), Mitglied des INC, Führer der All-India Muslim League, erster Generalgouverneur Pakistans 358, 454, 468, 484
Johannes Paul II. (1920–2005), Papst 484
Just, Adolf (1859–1936), Naturheilkundler 266 f.

Kalelkar, Dattatreya «Kakasaheb» (1885–1981), Pädagoge 363 f.
Kallenbach, Hermann (1871–1945), Architekt, Satyagrahi 278, 312, 319–321, 323 f., 329–333, 342 f., 345
Kelkar, Narasimha Chintaman (Tatyasaheb) (1872–1947), Anwalt, Schriftsteller, Biograf von B. G. Tilak 426, 457
Khan, Hakim Ajmal (1868–1927), Mitbegründer von Jamia Millia Islamia 206, 319, 415, 448, 464, 469
King, Martin Luther (1929–1968), amerikan. Baptistenpfarrer, Sprecher des Civil Rights Movement 486
Kingsford, Anna (1846–1888), brit. Ärztin, Frauenrechtlerin 63, 145
Krause, Dr. Albert E. J., Staatsanwalt in Südafrika 138
Kripalani, Jivatram B. (1888–1982), Professor, Vorsitzender des INC, Parlamentsmitglied im unabhängigen Indien 386
Krishnamurti, Jiddu (1895–1986), Philosoph und Theosoph 497
Kuhne, Louis (1835–1901), Naturheilkundler 246, 264, 266, 302, 332

Kunzru, Hridayanath (1887–1978), Vorsitzender der Servants of India Society 370

Lajpat Rai, Lala (1865–1928), Anwalt, Mitglied des INC 465–467, 469
Laughton, Frederick August, Anwalt 194, 196–200, 217
Lloyd George, David (1863–1945), brit. Premierminister 416

Mahatma Munshiramvij *siehe* Swami Shraddhanand
Maitland, Edward (1824–1897), brit. Autor, Theosoph 145 f.
Malaviya, Madan Mohan (1861–1946), Vorsitzender des INC, Vorstand der *Hindustan Times* 48, 231, 380, 394, 446 f., 453–456, 466, 468
Mandela, Nelson (1918–2013), Mitglied des African National Congress, erster schwarzer Präsident von Südafrika 479
Manning, Elizabeth A. (1828–1905), Mitglied der National Indian Association 85
Manning, Henry Edward (1808–1892), röm.-kath. Erzbischof von Westminster 87 f.
Mazumdar, Pratap Chandra (1840–1905), Brahmo-Führer 237
Mehta, Dr. Jivray Narayan (1887–1978), Arzt, Mitglied des INC 333 f., 342 f., 346
Mehta, Dr. Pranjivandas J. (1864–1932), Arzt, Anwalt, Kaufmann, langjähriger Freund von M. K. Gandhi 58–61, 99 f., 265, 334, 369 f., 395

Mehta, Sir Pherozeshah (1845–1915), Anwalt, Vorsitzender des INC, Vizekanzler der Universität Bombay 93–95, 110, 178, 180, 224, 229, 243

Mehta, Raychand(dra), «Raychandbhai» (1867–1901), Kaufmann, Dichter 100 f., 145 f., 165, 208 f.

Mirabai (um 1498–1546), ind. Mystikerin und Dichterin 221

Miyakhan, Adamji (1866–1907), Vizepräsident des NIC 119, 149, 151, 171, 202

Modi, Narendra (*1950), ind. Premierminister 476

Muhammad, Sheth Dawud, Vorsitzender des NIC 149, 151

Muhiyuddin, Abul Kalam G. (1888–1958), Philologe, Vorsitzender des INC, erster Bildungsminister des unabhängigen Indien 465

Muktanand (1758–1830), Dichter, Asket 100

Müller (Muller), Friedrich Max (1823–1900), dt. Orientalist, Professor in Oxford 165

Naazar, Manshukhlal (1862–1906), Sekretär des NIC, Herausgeber der *Indian Opinion* 194

Naidu, Sarojini (1879–1949), Dichterin, Vorsitzende des INC 335, 429, 433, 475

Naoroji, Dadabhai (1825–1917), der «Große alte Mann Indiens», Mitglied des brit. House of Commons 58, 93 f.

Nehru, Motilal (1861–1931), Anwalt, Vorsitzender des INC 446 f., 452 f., 455, 466

Nivedita (Margaret Noble, 1867–1911), ir. Ordensschwester 237 f.

Nussbaum, Martha (*1947), amerikan. Philosophin 495

O'Dwyer, Sir Michael (1864–1940), Vizegouverneur von Punjab 436, 445

Oldfield, Dr. Josiah, Theologe, Anwalt, Arzt, Herausgeber des *Vegetarian* 72 f.

Parker, Joseph (1830–1902), Pfarrer und Autor 132

Patanjali (zw. 2. und 4. Jh.), ind. Gelehrter, Verfasser des Yogasutra 261

Patel, Vallabhbhai (1873–1933), Anwalt, Vorsitzender des Bombay Legislative Council 106, 410, 419

Pearson, Arthur T. (1837–1911), Pfarrer und Autor 132

Pearson, William (1881–1923), Missionar in Bengalen 364

Pillay, G. Parameshvaran (1864–1903), Herausgeber des *Madras Standard* 184

Polak, Henry (1882–1952), jüd.-brit. Journalist, Anwalt, Satyagrahi, Vertrauter von M. K. Gandhi 287, 291 f., 297–301, 303–306, 336 f.

Prannath, Mahamati (1618–1694), Diwan, spirit. Führer der Pranami 481

Prasad, Brajkishore, bengal. Anwalt, Satyagrahi 384, 387–389, 393–396

Rajagopalachar, Chakravarti (1878–1972), Premierminister von Madras, Generalgouverneur des unabhängigen Indien 431 f.

Ranade, Mahadev Govind (1842–1901), Richter, Mitbegründer des INC 178 f., 216, 233 f.
Ray, Prafulla Chandra (1861–1944), Professor für Chemie 232 f., 238 f.
Ripon, George, Marquess (1827–1909), brit. Kolonialminister, Vizekönig von Indien 150, 225
Ritch, Lewis Walter, Kaufmann und Anwalt 259 f., 279, 286, 298
Roberts, Frederick, Earl (1832–1914), Oberbefehlshaber im Burenkrieg 219
Roberts, Lady Cecilia (1868–1947) 344 f.
Roberts, Sir Charles Henry (1865–1959), Staatssekretär im Ministerium für indische Angelegenheiten 341, 344
Robinson, Sir John (1839–1903), Premierminister von Natal 149
Rolland, Romain (1866–1944), franz. Schriftsteller 488
Roy, Arundhati (*1961), ind. Schriftstellerin, polit. Aktivistin 476
Rudra, Sushil (1861–1925), College-Rektor 357, 415, 418
Ruskin, John (1819–1900), brit. Philosoph 101, 292, 300, 302, 434, 485, 495

Salt, Henry Stephens (1851–1939), brit. Sozialreformer, Vertreter des Vegetarismus 62, 493 f.
Saunders, John O'Brien (1852–1905), Herausgeber des *Englishman* 186
Savarkar, Vinayak Damodar (1883–1966), hindunationalist. Politiker 476
Setalvad, Sir Chimanlal Harilal (1864–1947), Anwalt 225
Sewing, Christian (*1970), dt. Bankkaufmann 496
Shastri, Shivanath (1847–1919), bengal. Dichter und Sozialreformer 237, 282, 430 f.
Sinha, Satyendra Prasanno, Baron (1863–1928), Vorsitzender des INC, erstes Mitglied im brit. House of Lords 452
Subrahmaniam, Ganapathy Dikshitiar (1855–1916), Herausgeber von *The Hindu* 184
Swami Shraddhanand, auch: Mahatma Munshiramvij (1856–1926), Erzieher und Missionar 433, 436, 446, 448, 452, 469

Tagore, Jatindramohan (1831–1908), Maharadscha 185
Tagore, Maharshi Debendranath (1817–1905), bengal. Philosoph und Religionsführer, Gründer des Brahmo Samaj 86, 237
Tagore, Rabindranath (1861–1941), Schriftsteller, einziger Literaturnobelpreisträger Indiens 357, 364, 476
Telang, Kashinath Trimbak (1850–1893), Richter, Mitbegründer des INC 233
Thakkar, Amritlal (1869–1951), Bauingenieur, Mitglied der Servants of India Society 378 f., 409
Thoreau, Henry David (1817–1862), amerikan. Philosoph 493, 495
Tilak, Bal Gangadhar «Lokamanya» (1856–1920), Begründer des Swaraj, Vorsitzender des INC 182 f., 225, 418, 420, 453–455, 457, 466
Tolstoi, Lew N. (1828–1910), Schriftsteller 90, 101, 146, 166, 485, 487, 495

Trivedi, Uttamlal (1872–1923), Anwalt und Literaturkritiker 358
Tyabji, Abbas (1854–1936), Richter und Mitstreiter Gandhis 181, 447, 465
Tyabji, Badruddin (1844–1906), Vorsitzender des INC, Richter am High Court Bombay 105, 178 f.

Vijayaraghavachari, Chakravarti (1852–1944), Vorsitzender des INC 466 f.
Vivekananda, Swami (1863–1902), hinduist. Gelehrter 237, 261
Vyavaharik, Madanjit, Gründer der *Indian Opinion* 280, 285 f., 291, 293

Wacha, Dinshaw Edulji (1844–1936), Mitbegründer des INC 179 f., 224, f., 229 f.
Williams, Howard (1837–1931), brit. Autor, Vertreter des Vegetarismus 63, 92
Willingdon, Freeman Thomas, Marquess (1866–1941), Gouverneur von Bombay, Vizekönig von Indien 358 f., 362
Wood, Edward, «Lord Irwin» (1881–1959), Vizekönig von Indien 496
Woodgate, Sir Edward R. P. (1845–1900), General 218